Stephan Wahle/Helmut Hoping/Winfried Haunerland (Hg.)
Römische Messe und Liturgie in der Moderne

Römische Messe und Liturgie in der Moderne

Herausgegeben von

Stephan Wahle, Helmut Hoping
und Winfried Haunerland

HERDER

FREIBURG · BASEL · WIEN

FSC
www.fsc.org
MIX
Papier aus verantwortungsvollen Quellen
FSC® C106847

www.herder.de
Umschlaggestaltung: Verlag Herder GmbH
Satz: Claudia Wild, Konstanz
Herstellung: fgb · freiburger graphische betriebe
www.fgb.de
Printed in Germany
ISBN 978-3-451-30908-3

Inhalt

II. Liturgische Ästhetik und theologische Bedeutung des Gottesdienstes

III. Rituelle Performance der Messfeier

IV. Im Fokus: Welche Sprache braucht das Messbuch?

Vorwort

Das Zweite Vatikanische Konzil ist für die römisch-katholische Kirche das wichtigste Ereignis des 20. Jahrhunderts. Fraglos hat es das Selbstverständnis der Kirche in der modernen Welt entscheidend verändert. Zu den signifikantesten Veränderungen gehört die vom Konzil angestoßene Liturgiereform, die viele positive Früchte gebracht hat: Stärkung der aktiven Teilnahme der Gläubigen, Einfachheit und Transparenz der Riten, Verwendung der Volkssprache sowie die stärkere Bedeutung der Schriftverkündigung und der Predigt. Offensichtlich sind aber auch ein dramatischer Rückgang der Zahl derer, die regelmäßig am Gottesdienst teilnehmen, sowie zuweilen eine mangelnde *ars celebrandi*, nach deren vielfältigen Ursachen noch genauer zu fragen ist.

Neben breiter positiver Zustimmung zu den Reformen des Messbuchs gab es von Anfang an auch kritische Stimmen. So setzten die „Liebhaber“ der alten Form der Messe alles daran, diese zu erhalten. Nach einer Zeit der Indulte gab Papst Benedikt XVI. mit dem Motu Proprio *Summorum Pontificum* vom 7. Juli 2007 die Feier der sogenannten „tridentinischen Messe“ weitgehend wieder frei. In seinem Begleitbrief zum Motu Proprio benennt Papst Benedikt XVI. als Beweggründe zur Verwendung des *Missale Romanum* von 1962 als „außerordentliche Form“ des römischen Messritus die Förderung innerer Versöhnung in der Kirche, die Überwindung von Spannungen und die Wiederherstellung von Einheit.

Versöhnung setzt bekanntlich die Bereitschaft zum Dialog voraus, zum gegenseitigen Wahrnehmen und Hören auf den Anderen. Spannungen können nur überwunden werden, wo das Verstehen füreinander gefördert wird, wo in Ehrlichkeit und Offenheit die jeweils andere Meinung ernst genommen wird. Diese fast selbstverständlichen Grundsätze menschlichen Zusammenlebens stoßen leider allzu oft an ihre Grenzen – in der Gesellschaft wie in der Kirche. So führt die ermöglichte Ko-Existenz von „alter“ und „erneuerter“ Messe in einer Gemeinde oder einer Seelsorgeregion nicht selten zu neuen Spannungen, zumal wenn sie als Nebeneinander kultiviert wird, ohne ein Zueinander und eine Hinordnung auf die Einheit der Kirche vor Ort zu fördern. Auch auf akademischer Ebene sind in den vergangenen Jahren ein gegenseitiger Erfahrungsaustausch und eine wissenschaftlich fundierte Auseinandersetzung eher selten geblieben. Geredet wurde in der Regel übereinander oder gegeneinander, selten aber miteinander. Angesichts ihrer Bedeutung für das Leben der Kirche, für die Weitergabe und Erfahrbarkeit des Glaubens gehört die redliche, faire und offene Auseinandersetzung über die Feier der Liturgie aber zu den Kernaufgaben von Theologie und Kirche, so dass gerade hier die Glaubwürdigkeit der Kirche angesichts der berechtigten Anfragen unserer Zeit auf dem Prüfstand steht.

Dem Anspruch eines gegenseitigen Wahrnehmens unterschiedlicher Perspektiven und differenter Analysen zur Reform der Messfeier wollte eine internationale Fachtagung gerecht werden, die vom Lehrstuhl für Dogmatik und Liturgiewissenschaft in Freiburg und vom Lehrstuhl für Liturgiewissenschaft in München veranstaltet wurde. Gefördert von der Deutschen Bischofskonferenz und der Erzdiözese Freiburg, fand sie vom 12. bis 14. September 2011 in Freiburg im Breisgau statt, somit im unmittelbaren Vorfeld des Deutschlandbesuches von Papst Benedikt. Die Tagung stellte sich die Aufgabe, ausgehend von der Liturgischen Bewegung und vom Zweiten Vatikanischen Konzil die Messbuchreformen im 20. Jahrhundert zu betrachten und zu bewerten. Dabei wurden analytische Vergleiche zwischen dem *Missale Romanum* von 1962, den sogenannten Interimsmissalien und dem *Missale Romanum* von 1970/1975 angestellt. Es sollten eine vorläufige Bilanz gezogen beziehungsweise Perspektiven entwickelt werden für die Feier der Messe angesichts einer sich weiter ausdifferenzierenden Kultur, in der sich Kirche befindet und zu der sie sich auch aktiv und nicht nur re-aktiv verhalten muss. Wie lässt sich die Reform heute, im Abstand von mehr als vierzig Jahren, beurteilen? Was hat sich bewährt? Wo treten Probleme und Fragen auf?

Das übergreifende Thema der Tagung war also die Frage nach der Zukunft der römischen Messe und der Liturgie in der Moderne. Die Doppeldeutigkeit der Fragestellung ist im Titel dieses Bandes bewusst gewählt: Bilden römische Messe und Liturgie in der Moderne ein Gegensatz? Oder gibt es eine Kontinuität zwischen römischer Messe und Liturgie, die auch in heutiger Zeit gefeiert werden kann und gefeiert wird? Braucht die Moderne nicht sogar eine Liturgie inklusive der römischen Messe? Nur, was zeichnet die Moderne aus? Worin besteht das Proprium der Messfeier im *römischen* Ritus? Sollte die Liturgie in ihrer ästhetischen Gestalt eher einen Gegenpol zur Welt bilden, und wieweit muss sie sich dieser Welt – etwa in ihrer Sprachgestalt – auch angleichen?

Der vorliegende Band, der die Beiträge der Tagung dokumentiert, wurde für die Drucklegung um zwei Beiträge ergänzt. Die Einzelbeiträge berücksichtigen auch kontroverse Meinungen und Positionen. Es bleibt der kundigen Leserschaft überlassen, einen eigenen Standpunkt zu den hier dokumentierten Beurteilungen der Liturgiereform in Bezug auf die Messfeier einzunehmen.

In einem ersten Teil werden vor allem liturgiehistorische Analysen zur liturgischen Erneuerung und zu den Missalereformen nach dem Zweiten Vatikanischen Konzil vorgelegt. Winfried Haunerland (München) zeichnet die wesentlichen Entwicklungslinien nach, die sich von der Liturgischen Bewegung bis zum Konzil und der nachfolgenden Liturgiereform erstrecken. Andreas Odenthal (Tübingen) und Alcuin Reid (Fréjus-Toulon) schauen weiter in die Liturgiegeschichte und diskutieren auf je eigene, zum Teil gegensätzliche Weise das Prinzip der „organischen Liturgieentwicklung". Hans-Jürgen Feulner (Wien) unterzieht den sogenannten Interims-Ordo-Missae von 1965 einer genaueren Untersuchung, während Jürgen Bärsch (Eichstätt) die weitere Entwicklung bis zum deutschen Messbuch von 1975 vorstellt und bewertet. Uwe Michael Lang (London) schließlich zeichnet die jüngsten Reformen der Liturgie unter dem Pontifikat Benedikts XVI. nach.

Der zweite Teil des Bandes widmet sich der liturgischen Ästhetik und theologischen Bedeutung des Gottesdienstes. In einem Grundsatzreferat stellt Hans Maier (München) die Frage „Verlust des Sakralen?" und nimmt eine Standortbestimmung von Liturgie und Kultur in unserer Zeit vor. Albert Gerhards (Bonn) reflektiert speziell die Bedeutung von liturgischem Raum und Gebetsrichtung für die ästhetische Erfahrbarkeit des Glaubens in der Feier der Liturgie. Aus systematisch-theologischer Perspektive wenden sich Maria Weiland (Augsburg) und Julia Knop (Wuppertal) dem Gottesdienst generell zu, zum einen unter dem

Fokus der Materialität und Sakramentalität gottesdienstlichen Handelns, zum anderen prinzipientheologisch im Blick auf die Relevanz des Gottesdienstes für die reflektierende Theologie.

Ein dritter Teil widmet sich einzelnen rituellen Problemstellungen in der Feier der Messe. Reinhard Meßner (Innsbruck) nimmt einige „Defizite in der Performance der Eucharistie" zum Anlass, die Bedeutung der Messfeier als rituelles Handlungsgeschehen zu schärfen. Den Reformen einzelner Teile der Messfeier gehen Stephan Wahle (Freiburg) zur Wortliturgie, Helmut Hoping (Freiburg) zu den Offertoriumsgebeten und Peter Ebenbauer (Graz) zu den Eucharistischen Hochgebeten nach.

Die derzeit virulente Kontroverse um eine angemessene Liturgiesprache, speziell zur Sprache des Messbuchs für das deutsche Sprachgebiet, wird schließlich in einem vierten Teil eigens behandelt. Alex Stock (Köln) stellt ausgehend von eigenen Erfahrungen mit der Übersetzung liturgischer Texte einige Kriterien zur Diskussion, worauf Winfried Haunerland (München), Rudolf Pacik (Salzburg) und Uwe Michael Lang (London) jeweils aus ihrer Sicht antworten. Martin Stuflesser (Würzburg) ergänzt die Debatte um einen Einblick in das neue *Roman Missal* (2011) im angelsächsischen Sprachraum, das er als „Testfall" auch für das in der Überarbeitung befindliche deutschsprachige Messbuch ansieht.

Die Herausgeber danken allen, die zum Gelingen dieses umfangreichen Bandes beigetragen haben. Neben den Autoren gilt ein herzlicher Dank vor allem Herrn Dr. Bruno Steimer und dem Verlag Herder für die verlegerische Betreuung des Buches. Den Mitarbeiterinnen und Mitarbeitern des Freiburger Lehrstuhls für Dogmatik und Liturgiewissenschaft ist für die Durchführung der Tagung und die redaktionelle Begleitung der Publikation zu danken, namentlich Annette Bauer, Andreas Fritzsch, Andrea Hauber, Renate Müller, Maximilian Nowak und Markus Westermann. Besonderer Dank gilt schließlich Herrn Erzbischof Robert Zollitsch, Freiburg, und Herrn Erzbischof Reinhard Kardinal Marx, München, die durch großzügige Druckkostenzuschüsse die Form dieser Publikation ermöglicht haben.

Freiburg im Breisgau und München, Ostern 2013
Stephan Wahle, Helmut Hoping, Winfried Haunerland

I. Liturgische Bewegung und die Messbuchreform nach dem Zweiten Vatikanischen Konzil

Gottesdienst in der Moderne

Liturgische Bewegung und das Zweite Vatikanische Konzil

Winfried Haunerland, München

„Gottesdienst in der Moderne. Liturgische Bewegung und das Zweite Vatikanische Konzil" – das Thema muss mehrfach eingegrenzt werden, denn es kann im Folgenden nur um den katholischen Gottesdienst im 20. Jahrhundert gehen und die Ungleichzeitigkeit vieler Entwicklungen in den unterschiedlichen Erdteilen und Ländern kann nicht in wünschenswerter Breite wahrgenommen werden. Eine Fokussierung auf den deutschsprachigen Raum ist unvermeidlich.[1] Diese Konkretisierungen sind also bei den folgenden Thesen mitzubedenken, die den liturgie- und kirchengeschichtlichen Hintergrund der Gegenwart skizzieren sollen.

1. Das 20. Jahrhundert ist ein Jahrhundert der liturgischen Erneuerung.

Vermutlich hat es noch kein Jahrhundert gegeben, das so stark auf vielen Ebenen und mit unterschiedlichen Akzenten von Bemühungen um eine liturgische Erneuerung geprägt war. Zu erinnern ist an Papst Pius X. (1903–1914), dem schon in seiner Zeit als Seelsorger die Liturgie ein großes Anliegen war und der

---

1 Eingehender wären zu vergleichen Untersuchungen zur liturgischen Erneuerung in anderen Ländern; vgl. z. B. *Ikica Stela Mijić*, Die pastoralliturgische Entwicklung in Kroatien dargestellt am Beispiel der Messe vom Beginn des 20. Jahrhunderts bis zum Ende des Zweiten Weltkrieges. Diss., Wien 2009 (URL: http://othes.univie.ac.at/8388/1/2009-11-17_9903699.pdf; download 20.08.2011).

sich für eine Erneuerung des gregorianischen Gesangs, die häufigere Kommunion und frühere Erstkommunion der Kinder und – wie später noch zu zeigen sein wird – für erste liturgische Reformen einsetzte.[2] Zum 20. Jahrhundert gehört die Liturgische Bewegung, die beim Mechelner Katholikentag 1909 einen ersten Durchbruch erlebte[3] und die nach einem vom Zweiten Vatikanum aufgenommenen Wort Pius' XII. „wie ein Einströmen des Heiligen Geistes in seiner Kirche" – „comme un passage du Saint-Esprit dans son Eglise"[4] – verstanden werden kann.[5] Nicht nur in Benediktinerklöstern wie Maria Laach, sondern auch in der einfachen Pfarrseelsorge gab es das Bemühen, Liturgie so zu feiern, dass die Menschen aus ihr Kraft schöpfen konnten.[6] Auch wis-

---

2 Vgl. zur Person *Roger Aubert*, Art. Pius X., in: LThK[3] 8 (1999) 333–335.

3 Vgl. *Balthasar Fischer*, Das „Mechelner Ereignis" vom 23. September 1909. Ein Beitrag zur Geschichte der Liturgischen Bewegung, in: LJ 9 (1959) 203–219.

4 Ansprache des Heiligen Vaters *Papst Pius XII.* vom 22. September 1956 an die Teilnehmer des Kongresses in Assisi, in: LJ 6 (1956) 234–246, hier 234; französische Originalversion auch *Carlo Braga – Annibale Bugnini*, Documenta ad instaurationem liturgicam spectantia 1903–1963, Roma 2002 (im Folgenden *Braga – Bugnini* abgekürzt), 2989–3024, hier 2990; vgl. das Bild auch – allerdings ohne Quellenangabe – SC 43.

5 Vgl. dazu knapp, aber instruktiv: *Martin Klöckener*, Die katholische Liturgische Bewegung in Europa. 10 Thesen und Auswahlbibliographie, in: Liturgie in Bewegung. Liturgie en mouvement, hg. v. *Bruno Bürki, Martin Klöckener* unter Mitarb. v. *Arnaud Join-Lambert*, Freiburg Schweiz – Genève 2000, 25–32; *Arno Schilson*, Die Liturgische Bewegung. Anstöße – Geschichte – Hintergründe, in: Den Glauben feiern. Weg liturgischer Erneuerung, hg. v. *Klemens Richter, Arno Schilson*, Mainz 1989, 11–77; *Theodor Maas-Ewerd – Klemens Richter*, Die Liturgische Bewegung in Deutschland, in: Liturgiereformen. Historische Studien zu einem bleibenden Grundzug des christlichen Gottesdienstes, hg. v. *Martin Klöckener, Benedikt Kranemann*, Teil II (LQF 88/II), Münster 2002, 629–648; materialreich und quellennah für die ersten Jahrzehnte *Theodor Maas-Ewerd*, Die Krise der Liturgischen Bewegung in Deutschland und Österreich. Zu den Auseinandersetzungen um die „liturgische Frage" in den Jahren 1939–1944 (StPaLi 3), Regensburg 1981.

6 Vgl. dazu etwa *Theodor Maas-Ewerd*, Liturgie und Pfarrei. Einfluß der Liturgischen Erneuerung auf Leben und Verständnis der Pfarrei im deut-

senschaftlich erstarkte das Interesse an der Liturgie: Das von Benedikt Kranemann und Klaus Raschzok herausgegebene Sammelwerk mit über 90 Einzelporträts deutschsprachiger Liturgiewissenschaftler des 20. Jahrhunderts legt davon ein beredtes Zeugnis ab.[7] All das verdichtete sich in der Liturgiekonstitution des Zweiten Vatikanischen Konzils *Sacrosanctum Concilium*, die zum Ausgangspunkt einer umfassenden Erneuerung der Liturgie des römischen Ritus und – wie sich später zeigen sollte – nicht nur des römischen Ritus, sondern auch anderer lateinischer Riten der katholischen Kirche und mittelbar sogar anderer christlicher Konfessionen werden sollte.[8] Mit dem Zweiten Vatikanum und der von diesem Konzil initiierten Liturgiereform ist aber die Liturgische Erneuerung nicht abgeschlossen.[9] Sie geht auch im 21. Jahrhundert weiter, wie sie ja auch vorbereitet war durch Entwicklungen am Ende des 19. Jahrhunderts – namentlich genannt sei nur Abt Prosper Guéranger OSB (1805–1875) von der Benediktinerabtei Solesmes in Frankreich.[10]

---

schen Sprachgebiet, Paderborn 1969; *Jürgen Bärsch*, Pastor Konrad Jakobs (1874–1931). Seelsorge aus dem Geist der Liturgie, in: Christen an der Ruhr. Bd. 1, hg. v. *Alfred Pothmann, Reimund Haas*, Bottrop – Essen 1998, 150–164.

7 Vgl. Gottesdienst als Feld theologischer Wissenschaft im 20. Jahrhundert. Deutschsprachige Liturgiewissenschaft in Einzelporträts. 2 Bde., hg. v. *Benedikt Kranemann, Klaus Raschzok* (LQF 98/I-II), Münster 2011.

8 Vgl. zur Liturgiekonstitution die einschlägigen Kommentare von *Josef Andreas Jungmann*, Konstitution über die Heilige Liturgie, in: LThK.E 1 (1966) 9–109; *Emil Josef Lengeling*, Die Konstitution des Zweiten Vatikanischen Konzils über die Heilige Liturgie. Lateinisch-deutscher Text mit einem Kommentar (RLGD 5/6), Münster 1964 und *Reiner Kaczynski*, Sacrosanctum Concilium, in: Sacrosanctum Concilium, Inter mirifica, Lumen Gentium (Herders Theologischer Kommentar zum Zweiten Vatikanischen Konzil 2), Freiburg – Basel – Wien 2004, 1–227.

9 Vgl. dazu etwa *Winfried Haunerland*, Unerledigte Reformimpulse der Konstitution *Sacrosanctum Concilium*, in: Das Zweite Vatikanische Konzil und die Zeichen der Zeit heute, hg. v. *Peter Hünermann* in Verb. mit *Bernd Jochen Hilberath* und *Lieven Boeve*, Freiburg – Basel – Wien 2006, 243–252.

10 Vgl. zu ihm *Cuthbert Johnson*, Prosper Gueranger (1805–1875): A liturgical theologian. An introduction to his liturgical writings and work,

2. Im Zentrum der Liturgie und der Bemühungen um die liturgische Erneuerung steht die Feier der heiligen Messe.

Wer von liturgischer Erneuerung, von der Liturgischen Bewegung oder auch von Liturgiereform spricht, muss prinzipiell das ganze Feld gottesdienstlichen Handelns im Blick haben. Insofern müsste auf das Gebet der Kirche, die Tagzeitenliturgie, geschaut werden. Auch die Feier der Sakramente und Sakramentalien wäre zu berücksichtigen. Im Zentrum des liturgischen Lebens aber steht die Feier der heiligen Messe. Das ist nicht nur eine theologische Aussage, sondern deckt sich auch mit den Erfahrungen der Menschen. Tag für Tag und vor allem Sonntag für Sonntag versammelt sich die Kirche zur Feier der Eucharistie. Keine andere Art des Gottesdienstes wird in der katholischen Kirche so häufig gefeiert. Der Genusbegriff „Gottesdienst" steht deshalb in der katholischen Alltagskommunikation häufig für den zentralen Gottesdienst, die Messfeier.

Dieser theologisch und faktisch zentralen Stellung der Messfeier entspricht auch die Aufmerksamkeit, die ihr auf allen Ebenen der liturgischen Erneuerung geschenkt wird. Schon bei den Vertretern der liturgischen Bewegung geht es vor allem um die Messfeier. Auch die amtlichen römischen Dokumente befassen sich mit keinem anderen Aspekt der Liturgie so intensiv wie mit der Feier der Eucharistie.[11] Es ist also von der Sache her durchaus legitim, bei der Frage nach dem Gottesdienst in der Moderne zuerst und zentral nach der eucharistischen Praxis zu fragen.

Roma 1984; *Arno Schilson*, Erneuerung aus dem Geist der Restauration. Ein Blick auf den Ursprung der Liturgischen Bewegung bei Prosper Guéranger, in: RJKG12 (1993) 35–56.

11 Vgl. dazu im Blick auf das Pontifikat Johannes Pauls II. etwa *Winfried Haunerland*, Eucharistie der Kirche. Zur Spiritualität und Feierpraxis in unseren Gemeinden, in: HlD 61 (2007) 85–98.

3. Ziel der Liturgischen Bewegung ist eine Vertiefung des Glaubens und der Spiritualität aus der Feier der Liturgie.

Ohne Zweifel war eine Liturgiereform nicht von Anfang an im Fokus der meisten Vertreter der Liturgischen Bewegung. Martin Klöckener weist zu Recht darauf hin: „Ziel der Liturgischen Bewegung war lange Zeit nicht eine Erneuerung der Liturgie durch Revision der bestehenden oder Schaffung neuer gottesdienstlicher Ordnungen. Unter Rückgriff auf altkirchliche Vorbilder ging es vielmehr um die Weckung eines neuen Verständnisses für die bestehende Liturgie und die Hinführung der Christen zu ihr."[12]

Die Liturgische Bewegung zielte auf die Erneuerung der Kirche und des Glaubens durch die Liturgie. Der Weg dazu war die Hinführung der Christen zur Liturgie. Der Gottesdienst, der vielfach allein als Sache des Klerus angesehen wurde, sollte wieder wirklich eine Sache des ganzen Volkes sein. Lambert Beauduin OSB (1873–1960) hat dies einmal auf die griffige, wenngleich missverständliche und deshalb interpretationsbedürftige Formel gebracht: „il faudrait démocratiser la liturgie"[13]. Natürlich soll nicht das Volk über die Liturgie herrschen, aber man müsste die Liturgie dem ganzen Volk öffnen – so könnte man vielleicht Beauduins Ansatz übersetzen. Auf dem Mechelner Katholikentag hat Beauduin herausgestellt, was man sicher als das Grundanliegen der gesamten Liturgischen Bewegung bezeichnen kann: „unsere ganze Frömmigkeit [muss] sich an der Liturgie der Kirche ausrichten und aus der Verbindung mit ihr ihre Kraft ziehen"[14]. Den Weg dazu hat Beauduin programmatisch im ersten Satz seiner Rede bereits gezeigt: „Die erste und durch nichts zu ersetzende Quelle wahren christlichen Geistes liegt im Mittun der Gläubigen beim Gottesdienst der Kirche." Damit greift Beauduin einen Gedanken Pius' X. auf. In seinem ersten Motu Proprio *Tra le sollecitudini* hatte der Papst 1903 bereits seiner Überzeugung Ausdruck verliehen, dass eine Erneuerung des Glaubens und der

---

12 *Klöckener*, Die katholische Liturgische Bewegung, 27.

13 Hier zit. nach *Fischer*, Das „Mechelner Ereignis", 212.

14 *Lambert Beauduin*, Das eigentliche Gebet der Kirche, in: LJ 9 (1959) 198–202, hier 202.

Frömmigkeit aus der tätigen Teilnahme an der Liturgie erwachsen muss. Pius X. formulierte: „Da es nun Unser lebhaftester Wunsch ist, daß der wahrhaft christliche Geist in jeder Hinsicht aufblühe und bei allen Gläubigen erhalten bleibe, müssen Wir zuallererst für die Heiligkeit und Würde des Gotteshauses sorgen; denn dort versammeln sich ja die Gläubigen, um diesen Geist aus seiner ersten und unentbehrlichen Quelle zu schöpfen: aus der tätigen Teilnahme an den hochheiligen Mysterien und am öffentlichen feierlichen Gebet der Kirche."[15] Die Liturgische Bewegung nimmt also ein Anliegen des großen Papstes auf und sucht nach den angemessenen Wegen, wie denn die Gläubigen an der Liturgie der Kirche teilnehmen können.

4. Die Liturgische Bewegung sucht nach angemessenen Wegen der Teilnahme an der Liturgie.

Das pastorale Ziel der Liturgischen Bewegung ist es, den Gläubigen eine intensivere Form der Teilnahme an der Liturgie zu eröffnen. Von diesem Ziel her erklären sich schon die Überlegungen zur sogenannten Messfeier *versus populum.*[16] Zentraler aber sind die Bemühungen, die zur sogenannten Gemeinschaftsmesse führen. Andreas Poschmann hat in seiner Studie über das Leipziger Oratorium die maßgeblichen Versuche aufgelistet, wie innerhalb der Liturgischen Bewegung versucht wurde, den Gläubigen einen Zugang zur Gestalt der Messfeier zu eröffnen.[17] Da die Normalform

---

15 *Pius X.*, Motu Proprio *Tra le sollecitudini* vom 22.11.1903, in: *Braga – Bugnini* 32–67, hier 34; dt. Text zit. nach: Dokumente zur Kirchenmusik unter besonderer Berücksichtigung des deutschen Sprachgebietes, hg. v. *Hans Bernhard Meyer, Rudolf Pacik*, Regensburg 1981, 23–34, hier 25.

16 Vgl. *Burkhard Neunheuser*, Eucharistiefeier am altare *versus populum.* Geschichte und Problematik, in: Florentissima proles Ecclesiae. Miscellanea hagiographica, historica et liturgica Reginaldo Grégoire (Bibliotheca Civis 9), Trento 1996, 417–444, hier 433–437.

17 Vgl. *Andreas Poschmann*, Das Leipziger Oratorium. Liturgie als Mitte einer lebendigen Gemeinde (EThSt81), Leipzig 2001, 109–171.

der Gemeindemesse die stille Messe des Priesters, die sogenannte *missa lecta*, war, gab es formal keine Beteiligung des Volkes am Tun des Priesters. Diese offensichtliche Fehlentwicklung ermöglicht allerdings, auf unterschiedliche Weise nicht nur während der Messe zu beten, sondern auch Formen für einen geistlichen Anschluss an das Geschehen der Liturgie zu entwickeln. Schon seit dem 19. Jahrhundert hatte es vor allem in westdeutschen Diözesangesangbüchern Messandachten gegeben, die unter anderem auch liturgische Texte in deutschen Übersetzungen oder Paraphrasen enthielten. Seit der Jahrhundertwende wuchs die Schar derer, die die lateinischen Texte des Priesters still in den Volksmessbüchern mitbeteten.[18] Eine erste Form der Gemeinschaftsmesse entstand dort, wo die lateinischen Antworten, die den Ministranten zukamen, von allen Gläubigen laut gesprochen wurden.

Mit seiner Messandacht von 1917 geht Romano Guardini einen Schritt weiter und lädt vor allem die Jugend ein, die Worte des Priesters mitzubeten. Faktisch wird bei der Feier nach Guardinis Messandacht „aus der stillen Messe eine gemeinschaftlich in deutscher Sprache laut gebetete Messe im Dialog mit dem Vorbeter“[19]. Die Möglichkeit zur Beteiligung der ganzen Gemeinde in lateinischer Sprache eröffneten dann 1924 Joseph Kramp mit seiner „Missa“, die für den Bund Neudeutschland konzipiert war, und die „Chormesse“ aus Maria Laach. Angeregt von Maria Laach entwickelte Pius Parsch in Klosterneuburg verschiedene Formen der von ihm „liturgische Messe“ genannten Chormesse, die ebenso wie die Modelle des Leipziger Oratoriums für die normale Pfarrmesse in deutscher Sprache konzipiert war.[20] Große Bedeutung hatte, dass auf Initiative des Kölner Pfarrers Josef Könn eine ein-

18 Vgl. dazu knapp mit weiterführender Literatur *Angelus A. Häußling*, Art. Volksmeßbuch, in: LThK³ 10 (2001) 867f; *Ansgar Stolte*, Das Laien-Meßbuch von Pater Anselm Schott OSB. Untersuchungen zur Geschichte, Theologie und liturgischen Bedeutung. Liz. masch., Roma 2006; dazu Rez. von *Angelus A. Häußling*, in: ALW 52 (2010) 134.

19 *Poschmann*, Das Leipziger Oratorium, 118.

20 Zur Rezeption der Gemeinschaftsmesse in den Jahren 1929 bis 1933 vgl. auch *Annika Bender*, Programm und Rezeption der Liturgischen Bewegung im Spiegel der *Liturgischen Zeitschrift*, in: ALW 51 (2009) 311–333; 319–325.

heitliche Übersetzung des *Ordo Missae* vorlag, die in die Volksmessbücher von Bomm und Schott, in die Diözesangesangbücher und vor allem auch in das maßgeblich von Ludwig Wolker geprägte „Kirchengebet für den Gemeinschaftsgottesdienst katholischer Jugend“[21] übernommen wurde.[22] Als schließlich 1937 durch die Orientierung am Hochamt Kriterien entwickelt wurden, welche liturgischen Texte sinnvollerweise auf deutsch laut mitgebetet werden sollten, hatte man zumindest für das deutsche Sprachgebiet in der später sogenannten „Hochamtsregel“ einen gemeinsamen Gestaltungsmaßstab für die Feier der Gemeinschaftsmesse gefunden.[23]

5. Nicht erst seit dem Zweiten Vatikanischen Konzil ist das 20. Jahrhundert ein Jahrhundert der Liturgiereform.

Aus der theoretischen Beschäftigung mit der Liturgie und aus den pastoralliturgischen Bemühungen erwachsen zunehmend konkrete Reformwünsche. Sie trugen auch nicht erst auf dem Konzil und in der nachkonziliaren Liturgiereform Früchte. Vielmehr zeigte sich, dass eine Erneuerung der Liturgie und konkrete Reformprojekte von Beginn des 20. Jahrhunderts an auch auf der Agende der römischen Kirchenleitung standen.

Immerhin hatte schon Papst Pius X. 1911 mit seiner Apostolischen Konstitution *Divino afflatu*[24] eine Brevierreform initiiert,

---

21 Vgl. Kirchengebet für den Gemeinschaftsgottesdienst katholischer Jugend, hg. v. *Katholischen Jungmännerverband*, Düsseldorf 1930; dass., hg. v. *Verlag Jugendhaus Düsseldorf*, Düsseldorf [1937].

22 Vgl. *Angelus A. Häußling*, „Einheit in den deutschen liturgischen Texten“. Josef Könn und die Übersetzung des Ordo missae von 1929, in: ALW 22 (1980) 124–128; *Theodor Maas-Ewerd*, Zur Übersetzung des Ordo Missae von 1929. Die erfolgreiche Initiative des Kölner Pfarrers Dr. Josef Könn (1876–1960) unter Berücksichtigung späterer Versuche, in: FKTh 9 (1993) 97–116; *Poschmann*, Das Leipziger Oratorium, 127–131.

23 Vgl. *Poschmann*, Das Leipziger Oratorium, 156f; 161.

24 Vgl. *Pius X.*, Apostolische Konstitution *Divino afflatu*, in: *Braga – Bugnini* 285–291.

mit der „in der Liturgie der Tagzeiten eine eineinhalbtausendjähr.[ige] Trad.[ition] aufgegeben wurde – ein unerhörter Eingriff, den Pius V. nicht gewagt hatte –, weil die Ordnung der Psalmaufteilung v.[on] Grund auf neu gestaltet wurde“[25]. Offensichtlich sah der Papst die Notwendigkeit weiterer Reformen, die allerdings mangels entsprechender Vorarbeiten nicht mehr von ihm umzusetzen waren. Während seine unmittelbaren Nachfolger diese Überlegungen nicht aufgriffen, hat Pius XII. bekanntlich der Liturgie nicht nur mit seiner Enzyklika *Mediator Dei* besondere Aufmerksamkeit geschenkt.[26] Für die meisten völlig überraschend hat er 1951 eine Reform der Osternacht und 1956 eine Reform der gesamten Heiligen Woche dekretiert. Er griff damit Anliegen auf, die in der liturgischen Bewegung vorbereitet waren, offensichtlich, zumindest im Blick auf die Osternacht, auch von deutschen Bischöfen dem Papst mehrfach vorgetragen worden waren.[27] Diese Reformen waren die erste Frucht einer besonderen Kommission, in der Literatur oft „Pius-Kommission“ genannt, die von 1948 bis 1960 mit dem vollen Vertrauen des Papstes an dem Projekt einer Liturgiereform arbeitete. Ihr letztes Werk sollte der Rubrikenkodex von 1960 sein, dessen Veröffentlichung bereits in die Zeit der Vorbereitung des Zweiten Vatikanischen Konzils fiel. Es sei dahingestellt, ob mancher die Hoffnung hatte, mit dem Rubrikenkodex sei die Aufgabe einer Liturgiereform erledigt und weitergehende Pläne könnten verhindert werden. Die weitere

---

25 *Angelus A. Häußling*, Art. Gottesdienst. III. Liturgiegeschichtlich, in: LThK³ 4 (1995) 891–901, hier 898.

26 Vgl. zum Folgenden *Andreas Heinz*, Liturgiereform vor dem Konzil. Die Bedeutung Pius XII. (1939–1958) für die gottesdienstliche Erneuerung, in: *ders.*, Lebendiges Erbe. Beiträge zur abendländischen Liturgie- und Frömmigkeitsgeschichte (PiLi.S 21), Tübingen 2010, 281–314.

27 Vgl. *Theodor Maas-Ewerd*, Ein Zeugnis für die Bemühungen der deutschen Bischöfe für die Wiedergewinnung der Feier der Osternacht. Die Eingabe des Kölner Erzbischofs Josef Kardinal Frings an Papst Pius XII. vom 22. November 1949, in: ALW 30 (1988) 1–20; vgl. allerdings auch schon die Denkschrift der Bischöfe Albert Stohr (Mainz) und Simon Landersdorfer (Passau) vom 02.06.1942, hier zit. nach *Maas-Ewerd*, Die Krise der Liturgischen Bewegung in Deutschland und Österreich, 527–532, zu diesem Dokument vgl. auch ebd. 244–253.

Entwicklung zeigt, dass die Bemühungen der Pius-Päpste vom Zweiten Vatikanum aufgegriffen und unter Paul VI. kraftvoll und alle Bereiche der Liturgie umfassend weitergeführt wurden.

Will man mehr als 50 Jahre später verstehen, worin die wesentlichen Errungenschaften der vorkonziliaren Reformen lagen, dann hilft eine Auflistung rubrikaler Einzelheiten kaum weiter. Eine wesentliche und wegweisende Veränderung bestand allerdings darin, dass schon bei der Reform der Osternacht und der Heiligen Woche, aber dann grundsätzlich durch den Rubrikenkodex ein Einstieg in einen rollengerechten Vollzug der Liturgie gelungen war.[28] Musste bisher der zelebrierende Priester alle Teile der Liturgie selbst still beten, auch wenn diese vom Diakon, Subdiakon oder einem Lektor vorgetragen wurden, so waren diese nun wirklich liturgische Handlung, die der Priester hörend mitvollziehen konnte, aber nicht selbst *labialiter* zu sprechen hatte.

Für eine wirkliche Beteiligung des Volkes von weit größerem Gewicht war jedoch die Sprachenfrage. Sie wurde durch die vorkonziliaren Reformen noch nicht gelöst. Zwar durften gewohnheitsrechtlich in Deutschland nach der lateinischen Rezitation von Epistel und Evangelium diese zusätzlich auf Deutsch und durch ein Privileg im Jahr 1959 sogar in der Karwoche nur auf Deutsch vorgetragen werden.[29] Aber manche sahen in der Apostolischen Konstitution *Veterum sapientia*, mit der Johannes XXIII. 1962 in feierlicher Form die Verwendung der lateinischen Sprache im Studium dekretierte, den Versuch, in der Frage der Liturgiesprache die Entscheidungen des Konzils negativ zu präjudizieren.[30] Bekanntlich hat sich das Konzil knapp zwei Jahre später dann für eine grundsätzliche Beibehaltung der lateinischen Litur-

---

28 Vgl. dazu Instauratio Vigiliae paschalis, De Vigilia Paschalis Nr. 15, in: *Braga – Bugnini* 2334; Celebratio instauratae Vigiliae Paschalis ad triennium prorogatur, De Vigilia Paschalis Nr. 15, in: *Braga – Bugnini* 2418; Ordo Hebdomadae Sanctae instauratus, Feria Sexta in Passione et Morte Domini Nr. 7 u. ö., in: *Braga – Bugnini* 2836 u. ö. und Codex Rubricarum Nr. 473, in: *Braga – Bugnini* 3913.

29 Vgl. dazu *Heinz*, Liturgiereform vor dem Konzil, 308 f.

30 Vgl. *Annibale Bugnini*, Die Liturgiereform 1948–1975. Zeugnis und Testament. Dt. Ausg. hg. v. *Johannes Wagner* unter Mitarb. v. *François Raas*, Freiburg – Basel – Wien 1988, 43.

giesprache entschieden, allerdings den Volkssprachen einen weiteren Raum eingeräumt (vgl. SC 36).[31] Dass daraus eine Dominanz der Volkssprachen wurde, ist eine Konsequenz aus dem grundlegenden Reformanliegen der *participatio actuosa*, wie an anderem Ort gezeigt werden konnte.[32]

Dass es allerdings im Blick auf eine Liturgiereform keine prinzipiellen formalen Tabus geben konnte, hatte freilich derselbe Johannes XXIII. gezeigt, als er am 13. November 1962 dem Konzil mitteilen ließ, dass ab dem 8. Dezember d. J. in die erste Heiligenliste des *Canon Romanus* nach der Nennung der Gottesmutter der heilige Josef einzufügen sei – zur Erinnerung an das Zweite Vatikanische Konzil und als dessen Frucht.[33] Es spricht alles dafür, dass der Papst hier zwar eine Anregung einiger Konzilsväter aufgriff,[34] aber in der Substanz doch eine sehr persönliche, auch von der privaten Frömmigkeit bestimmte Entscheidung zur Reform des Messbuches traf.[35] Indem der Papst hier souverän in

---

31 Vgl. *Monika Selle*, Latein und Volkssprache im Gottesdienst. Die Aussagen des Zweiten Vatikanischen Konzils über die Liturgiesprache. Diss., München 2001 (URL: edoc.ub.uni-muenchen.de/3758/1/Selle_Monika.pdf; download 14.02.2012).

32 Vgl. *Winfried Haunerland*, Lingua vernacula. Zur Sprache der Liturgie nach dem II. Vatikanum, in: LJ 42 (1992) 219–238.

33 Vgl. die entsprechende Mitteilung des Kardinalstaatssekretärs auf der 18. Generalkongregation des Zweiten Vatikanischen Konzils am 13.11.1962, in: Acta Synodalia Sacrosancti Concilii Oecumenici Vaticani II. Volumen I Pars II. Congregationes Generales X–XVIII, Typis Polyglottis Vaticanis 1970, 644 (im Folgenden Acta Synodalia abgekürzt); ebenso das Dekret der Ritenkongregation, in: AAS 54 (1962) 873, jetzt auch in: *Braga – Bugnini* 4298.

34 Mehrere Konzilsväter hatten schon in ihren vorbereitenden Voten einen entsprechenden Wunsch geäußert; vgl. Acta et Documenta Concilio Oecumenico Vaticano II apparando. Series I (Antepraeparatoria). Appendix Voluminis II. Analyticus conspectus consiliorum et votorum quae ab episcopis et praelatis data sunt. Pars II, Typis Polyglottis Vaticanis 1961, 275.

35 Gerhard Fittkau (1912–2004), seinerzeit Leiter der deutschsprachigen Abteilung des Pressebüros des Zweiten Vatikanischen Konzils, berichtete dem Verfasser, der Märtyrerbischof Petrus Cule (Bischof von Mostar) habe in der Gefangenschaft gelobt, sich für die Verehrung des hl. Josefs

den *Canon Romanus*, das Herzstück katholischer Liturgie und römischer Tradition, eingriff, machte er bewusst oder unbewusst deutlich, dass die Substanz katholischer Liturgie und des römischen Ritus' nicht in einzelnen Elementen liegt, die deshalb sakrosankt und unantastbar wären.

6. Weil das Zweite Vatikanische Konzil „das christliche Leben unter den Gläubigen mehr und mehr ... vertiefen" (SC 1) wollte und „[d]amit das christliche Volk in der heiligen Liturgie die Fülle der Gnaden mit größerer Sicherheit erlange", hat das Konzil „eine allgemeine Erneuerung der Liturgie" (SC 21) in die Wege geleitet.

Ohne Zweifel ist die Liturgiereform „die sichtbarste Frucht" des Zweiten Vatikanischen Konzils.[36] Schon im Vorfeld des Konzils hatte sich fast ein Viertel aller Wünsche der Bischöfe auf die Liturgie bezogen.[37] Die Liturgiekonstitution *Sacrosanctum Concilium* – beschlossen und feierlich verkündet am 4. Dezember 1963 – enthält Reformbestimmungen ganz unterschiedlichen Gewichtes. Trotz des Vorlaufs unter Beteiligung zahlreicher Bischöfe und Berater kann der Reformwille des Konzils nicht auf

---

einzusetzen, wenn er je wieder die Freiheit erlange. Sein Votum für die Einfügung des hl. Josefs in den *Canon Romanus* (vgl. seine Rede auf der 16. Generalkongregation am 10.11.1962 in: Acta Synodalia 478–481, hier 479f) sei in der Konzilsaula allerdings untergegangen bzw. sogar ausgeklatscht worden. Papst Johannes XXIII., der die Verhandlungen des Konzils am Monitor verfolgte, habe spontan das Anliegen aufgegriffen und entsprechend entschieden. Ein knapper (ebenfalls auf Fittkau zurückgehender) Hinweis auf diesen Vorgang auch bei *Bernhard Gertz*, Wasser aus dem Felsen. Zeugen einer prophetischen Kirche, München 1983, 235.

36 Vgl. dazu Schlussdokument der Außerordentlichen Bischofssynode 1985, II. B. b. 1, in: DEL 3, 5790: „Die liturgische Erneuerung ist die sichtbarste Frucht der ganzen Arbeit des Konzils."

37 Vgl. *Otto Hermann Pesch*, Das Zweite Vatikanische Konzil (1962–1965). Vorgeschichte – Verlauf – Ergebnisse – Nachgeschichte, Würzburg 1993, 116.

die Sammlung der Einzelwünsche reduziert werden. Denn dann widerspräche nicht nur die über den Wortlaut der Konstitution hinausgehende Öffnung der Liturgie für die Volkssprachen dem Konzilswillen, sondern auch die Reform des *Missale Romanum* selbst wäre noch einmal besonders begründungspflichtig.[38] Nur zweimal spricht die Liturgiekonstitution im Haupttext nämlich ausdrücklich von diesem Buch: Nach SC 58 soll ein neuer Konzelebrationstext in das *Missale Romanum* eingefügt werden, nach SC 66 eine eigene Messe „Bei der Spendung einer Taufe".

Relevant für das Missale ist aber natürlich das gesamte zweite Kapitel der Konstitution (SC 47–58), vor allem die Bestimmungen zur Überarbeitung des *Ordo Missae* (SC 50) und zur Einführung einer mehrjährigen neuen Leseordnung (SC 51). Vor allem jedoch musste es keinen separaten Reformauftrag für das gesamte Missale geben, weil SC 25 ganz allgemein klar dekretierte: „Die liturgischen Bücher sollen baldmöglichst revidiert werden". Im Rahmen der allgemeinen Erneuerung der Liturgie nach SC 21 war also zu erwarten, dass – wie nach dem Konzil von Trient[39] – in überschaubarer Zeit alle liturgischen Bücher in einer erneuerten, also reformierten Form vorliegen würden.

Freilich ist die Reform der Liturgie insgesamt und die des Missale kein Selbstzweck. Sie steht vielmehr im Dienst der Erneuerung des Glaubens und des Lebens der Kirche und ihrer Glieder. Insofern sind relativ klare Kriterien gegeben, an denen das Ergebnis der Liturgiereform und der liturgischen Erneuerung insge-

38 Immerhin ging man in den 1960er Jahren in Polen offensichtlich nicht davon aus, dass es ein erneuertes *Missale Romanum* geben werde. Vgl. *Andrzej Hoinkis*, Bilinguale Altarmessbücher. Ein Phänomen der nachvatikanischen Liturgiereform, in: Liturgiereform vor Ort. Zur Rezeption des Zweiten Vatikanischen Konzils in Bistum und Pfarrei, hg. v. *Jürgen Bärsch, Winfried Haunerland* (StPaLi 25), Regensburg 2010, 63–80, hier 74, auch Anm. 52.

39 Vgl. dazu *Winfried Haunerland*, Einheitlichkeit als Weg der Erneuerung. Das Konzil von Trient und die nachtridentinische Reform der Liturgie, in: Liturgiereformen. Historische Studien zu einem bleibenden Grundzug des christlichen Gottesdienstes (FS Angelus A. Häußling), hg. v. *Martin Klöckener, Benedikt Kranemann*, Teil I (LQF 88/I), Münster 2002, 436–465.

samt zu messen sind: Die Mitfeier der Liturgie soll fruchtbarer werden, und die Mitfeiernden sollen aus der Liturgie und aus den durch den Gottesdienst vermittelnden Gnaden leben können.

7. Das grundlegende Formalprinzip der vom Zweiten Vatikanischen Konzil angeordneten Liturgiereform ist die *actuosa participatio,* die tätige Teilnahme aller Gläubigen an der Liturgie.

Als das Konzil eine allgemeine Erneuerung der Liturgie in die Wege leitete, wollte es, dass alle Texte und Riten dabei so geordnet werden, „daß sie das Heilige, dem sie als Zeichen dienen, deutlicher zum Ausdruck bringen, und so, daß das christliche Volk sie möglichst leicht erfassen und in voller, tätiger und gemeinschaftlicher Teilnahme mitfeiern kann" (SC 21).[40] Jenseits aller Einzel-

40 Vgl. aus den kaum überschaubaren Beiträgen zu diesem Programmwort der liturgischen Erneuerung und der Liturgiekonstitution *Stephan Schmid-Keiser*, Aktive Teilnahme. Kriterium gottesdienstlichen Handelns und Feierns. Zu den Elementen eines Schlüsselbegriffes in Geschichte und Gegenwart des 20. Jahrhunderts. 2 Teile (EHS 23, 250), Bern – Frankfurt am Main – New York 1985; zur Sache auch *Franz Kohlschein*, Bewußte, tätige und fruchtbringende Teilnahme. Das Leitmotiv der Gottesdienstreform als bleibender Maßstab, in: Lebt unser Gottesdienst? Die bleibende Aufgabe der Liturgiereform (FS Bruno Kleinheyer), hg. v. *Theodor Maas-Ewerd*, Freiburg – Basel – Wien 1988, 38–62; *Bernd Jochen Hilberath*, „Participatio actuosa". Zum ekklesiologischen Kontext eines pastoralliturgischen Programms, in: Gottesdienst – Kirche – Gesellschaft. Interdisziplinäre und ökumenische Standortbestimmungen nach 25 Jahren Liturgiereform, hg. v. *Hansjakob Becker, Bernd Jochen Hilberath, Ulrich Willers* (PiLi 5), St. Ottilien 1991, 319–338; *Diana Güntner*, Das Prinzip der Participatio und die Strukturen der Lebenswelt. Eine soziologisch-theologische Studie, in: ALW 38/39 (1996/1997) 25–41; *Rudolf Pacik*, Aktive Teilnahme. Schlüsselbegriff der erneuerten Liturgie, in: Im Klangraum der Kirche. Aspekte – Positionen – Positionierungen in Kirchenmusik und Liturgie, hg. v. *Martin Hobi*, Zürich 2007, 27–52; *Martin Stuflesser*, Actuosa Participatio – zwischen hektischem Aktionismus und neuer Innerlichkeit. Überlegungen zur „tätigen Teilnahme" am Gottes-

fragen und aller detaillierten Anweisungen muss man diese tätige Teilnahme als das formale Grundanliegen der Liturgiereform bestimmen. Dabei ist die tätige Teilnahme für die Liturgiekonstitution keine pastorale Methode, die bei Nichterfolg wieder zur Disposition gestellt werden könnte. Vielmehr lehrt das Konzil ausdrücklich, dass das Wesen der Liturgie selbst die volle, bewusste und tätige Teilnahme an den liturgischen Feiern verlangt und dass das ganze Volk Gottes zu dieser Teilnahme „kraft der Taufe berechtigt und verpflichtet ist" (SC 14).

Es ist offensichtlich, dass das Konzil hier Entwicklungen und Erkenntnisse aufgreift, deren Spuren mindestens bis zum Motu Proprio *Tra le sollecitudini* Pius' X. zurückverfolgt werden können. Joseph Ratzinger hat anlässlich des 40. Jahrestages der Verabschiedung der Liturgiekonstitution in erhellender Weise daran erinnert, es sei ja nicht Aufgabe eines Konzils „vorher Unbekanntes hervorzubringen, sondern es hat aus den Strömungen einer Zeit das Gültige, wirklich aus dem Glauben der Kirche herausgewachsene herauszufiltern, auf diese Weise Gemeinsamkeit zu schaffen und die Richtung des weiteren Weges zu bestimmen"[41]. Ganz in diesem Sinn hat das Zweite Vatikanum also ein Grundanliegen der vergangenen Jahrzehnte anerkannt und der Kirche für ihre Zukunft gleichsam ins Stammbuch geschrieben.

Die hohe Wertschätzung der tätigen Teilnahme aller Getauften an der Liturgie bedeutet keinen absoluten Bruch mit früheren Jahrhunderten, sondern ist mit der von Papst Benedikt XVI. geforderten Hermeneutik der Reform[42] gut zu verstehen, bei der es um

---

dienst der Kirche als Recht und Pflicht der Getauften, in: LJ 59 (2009) 147–186; *Winfried Haunerland*, Participatio actuosa. Programmwort liturgischer Erneuerung, in: IKaZ 38 (2009) 585–595.

41 *Joseph Ratzinger*, 40 Jahre Konstitution über die heilige Liturgie. Rückblick und Vorblick, in: *ders.*, Theologie der Liturgie. Die sakramentale Begründung christlicher Existenz (Joseph Ratzinger. Gesammelte Schriften 11), Freiburg – Basel – Wien 2008, 695–711, hier 695 f.

42 Vgl. *Benedikt XVI.*, Ansprache an das Kardinalskollegium und die Mitglieder der Römischen Kurie beim Weihnachtsempfang am 22. Dezember 2005 (URL: http://www.vatican.va/holy_father/benedict_xvi/speeches/2005/december/documents/hf_ben_xvi_spe_20051222_roman-curia_ge.html; download 01.02.2012). Später findet sich auch der

Erneuerung und Innovation innerhalb einer grundlegenden Kontinuität geht: Dass Liturgie im Allgemeinen und Messfeier im Besonderen Gottesdienst der Kirche ist, gilt mehr oder weniger unangefochten seit Jahrhunderten. Ein erneuertes Kirchenverständnis hat allerdings Konsequenzen für die Bestimmung des kirchlichen Subjektes der Liturgie. Nicht nur der Klerus kann kirchlich handeln, sondern alle Getauften haben Teil am Auftrag der Kirche und sind insofern Träger des Gottesdienstes.[43] Deshalb ist es für die Liturgie wesentlich, dass auch alle Getauften Recht und Pflicht zur tätigen Teilnahme an der Liturgie haben. Daher ist das Formalprinzip der *actuosa participatio* Konsequenz aus einer erneuerten ekklesiologischen Perspektive.

Das ekklesiologisch konsequente formale Reformprinzip der *actuosa participatio* aller Getauften am Gottesdienst musste allerdings nicht nur bei der Reform der liturgischen Bücher beachtet werden. Vielmehr ergab sich daraus auch die pastoralliturgische Erwartung, dass der Gottesdienst von allen Getauften verständig und fruchtbar mitvollzogen werden können müsste. Für die Gestalt des real gefeierten Gottesdienstes musste dies zur Überforderung werden, wo eine Liturgiefähigkeit aller „Anwesenden" postuliert wurde und nicht die inneren und äußeren Bedingungen für eine bewusste und tätige Trägerschaft reflektiert wurden. Das Konzil – so wird man sagen können – hat stillschweigend ein Bild des kirchen- und glaubensbewussten Getauften vorausgesetzt, das vermutlich schon zu Konzilszeiten zu ideal gedacht war, in der Nachkonzilszeit aber gerade bei denen, die nur gelegentlich am Gottesdienst teilnehmen, nicht vorausgesetzt werden kann. Wo aber die Liturgie von den Verstehens- und Mitvollzugsmöglichkeiten der „Kasualienfrommen"[44] und „Gelegenheitsbesucher" des

---

Ausdruck „Hermeneutik der Kontinuität"; vgl. *Benedikt XVI.*, Nachsynodales Apostolisches Schreiben *Sacramentum Caritatis* vom 22. Februar 2007, Anm. 6 (VApS 177, 12). Doch könnte diese Formulierung in der Anm. bereits eine Verkürzung durch die Kurie sein.

43 Vgl. etwa *Johannes Paul II.*, Nachsynodales Apostolisches Schreiben *Christifideles laici* vom 30. Dezember 1988, Nr. 23 (VApS 87, 35).

44 Zu diesem Begriff vgl. Die unbekannte Mehrheit: Mit Taufe, Trauung und Bestattung durchs Leben? Eine empirische Untersuchung zur „Kasualienfrömmigkeit" von KatholikInnen – Bericht und interdisziplinäre

Gottesdienstes her gestaltet wird, muss sie notwendigerweise nivelliert werden.[45] Darüber hinaus ist zu bedenken, dass die zunehmende Wahrnehmung gottesdienstlichen Handelns als „kulturelle Verhaltensanomalie“[46] und der gesellschaftliche Plausibilitätsverlust liturgischer Akte auch innerkirchlich verunsichert. Dabei wächst die Sehnsucht nach Begründungen, die nicht nur innerkirchlich stimmig sind, sondern auch nach außen überzeugen. Der Sinn liturgischen Handelns kann allerdings nicht rein zwischenmenschlich aufgewiesen werden.

Damit die Sinnfülle der Liturgie der Kirche nicht gefährdet wird, darf deshalb nicht übersehen werden, dass nach der oben zitierten Aussage der Liturgiekonstitution alle Texte und Riten auch so geordnet werden sollten, „daß sie das Heilige, dem sie als Zeichen dienen, deutlicher zum Ausdruck bringen“ (SC 21). Es muss also bewusst bleiben, dass es um die Teilnahme an einem heiligen Geschehen geht. Für das Reformanliegen des Zweiten Vatikanischen Konzils ist deshalb neben dem formalen Reformprinzip ein theologisches oder inhaltliches Prinzip von gleicher Wichtigkeit.

8. Das theologische (inhaltliche) Prinzip der Liturgiereform ist das *mysterium paschale*, das in der Liturgie zu lebendigem Ausdruck gelangen und das ganze Leben der Christen prägen soll.

Bekanntlich war es bei den Vorbereitungen des Konzils nicht selbstverständlich, dass in der Liturgiekonstitution den Reformanweisungen ein einleitendes theologisches Kapitel vorangestellt wurde. Es ist vor allem dem französischen Weihbischof

---

Auswertung, hg. v. *Johannes Först, Joachim Kügler* (Werkstatt Theologie 6), Berlin 2006.

45 Vgl. als erste Problemanzeige *Winfried Haunerland*, Träger und Gäste. Zu unterschiedlichen Rollen von unterschiedlichen Mitfeiernden, in: Gottesdienst 34 (2000) 185–187.

46 Zu diesem Ausdruck vgl. *Gerhard Aeschbacher*, Gottesdienst – eine kulturelle Verhaltensanomalie?, in: JLH 29 (1985) 123–127.

Henri Jenny von Cambrai und dem französischen Konsultor Aimé-Georges Martimort zu verdanken, dass als Ausgangspunkt das Paschamysterium gewählt wurde.[47] Die grundlegenden Aussagen finden sich vor allem in SC 5 und 6, doch werden der Begriff und die Sache auch an anderen Stellen aufgenommen.

In der Liturgiekonstitution erscheint Paschamysterium als ein zutiefst heilsgeschichtlicher Begriff, mit dem das Christusereignis selbst vor allem in dem zentralen Erlösungsgeschehen von Leiden, Tod und Auferstehung zum Ausdruck gebracht wird.[48] Wenn Liturgie als Feier des Paschamysteriums bezeichnet wird, dann

---

47 Vgl. dazu *Maria Paiano*, „Sacrosanctum Concilium". Der schwierige Weg zur Liturgiekonstitution des II. Vaticanums, in: HlD 53 (1999) 82–94; 155–167, hier v. a. 86 (Anm. 11), 87 und 92.

48 Die Aussagen der Liturgiekonstitution können hier nicht im Einzelnen vorgestellt und ausgelegt werden. Dieser für die Theologie im Allgemeinen und für die Liturgietheologie im Besonderen wichtige Begriff ist in der theologischen Diskussion immer noch unterbestimmt und bedürfte dringend einer grundlegenden Bearbeitung. Vgl. dazu vorläufig etwa *Burkhard Neunheuser*, Mysterium Paschale. Das österliche Mysterium in der Konzilskonstitution „Über die heilige Liturgie", in: Österliches Heilsmysterium. Das Paschamysterium – Grundmotiv der Liturgie-Konstitution. Gesammelte Aufsätze, hg. v. *Theodor Bogler* (Liturgie und Mönchtum. Laacher Hefte 36), Maria Laach 1965, 12–33; *Irmgard Pahl*, Das Paschamysterium in seiner zentralen Bedeutung für die Gestalt christlicher Liturgie, in: LJ 46 (1996) 71–93; *Angelus A. Häußling*, „Pascha-Mysterium". Kritisches zu einem Beitrag in der dritten Auflage des Lexikon für Theologie und Kirche, in: ALW 41 (1999) 157–165; *Martin Stuflesser*, „Missing the Forest for the Trees"? – The Centrality of the Pascha Mystery, in: Yale Institute of Sacred Music, Colloquium: Music, Worhip, Arts 55 (Autumn 2008) 41–48; *Birgit Jeggle-Merz*, Das Pascha-Mysterium. „Kurzformel" der Selbstmitteilung Gottes in der Geschichte des Heils, in: IKaZ 39 (2010) 53–64; *Jürgen Bärsch*, Paschamysterium. Ein „Leitbegriff" für die Liturgietheologie des Westens aus östlichem Erbe (2010) (URL: http://www.gsco.info/pdf/baersch_paschamysterium.pdf; download 18.05.2011). – Vgl. zum Folgenden v. a. *Winfried Haunerland*, Mysterium paschale. Schlüsselbegriff liturgietheologischer Erneuerung, in: Liturgie als Mitte des christlichen Lebens, hg. v. *George Augustin, Kurt Kardinal Koch* (ThiD 7), Freiburg – Basel – Wien 2012, 189–209; *ders.*, Erneuerung aus dem Paschamysterium. Zur heilgeschichtlichen Leitidee der Liturgiekonstitution, in: IKaZ 41 (2012) 616–625.

wird die Liturgie insgesamt (und sicher nicht nur die Messfeier) als Vergegenwärtigung des Erlösungsgeschehens auf den Punkt gebracht. Gleichzeitig aber verweist der Begriff auch auf die christusförmige Existenz der Christen und greift damit weit über das Christusereignis in der Vergangenheit hinaus. Insofern auch die Kirche in ihrer ganzen Geschichte mit diesem Christusereignis verbunden bleibt, ist das Paschamysterium bleibend präsent.

Die erste Instruktion zur Ausführung der Liturgiekonstitution, in der die Aussagen des Konzils zum Paschamysterium sehr gut zusammengefasst werden, stellt heraus, das Ziel aller Bemühungen der Reform sei, „ut mysterium paschale vivendo exprimatur“[49]. Die deutsche Übersetzung gibt das wieder mit der Formulierung, „daß das Leben geprägt wird vom Pascha-Mysterium“[50]. Das ist sicher sachgerecht und trifft vermutlich den Sinn, den die Instruktion zuerst zum Ausdruck bringen will. Burkhard Neunheuser interpretiert allerdings den Satz so, dass es darum gehe, dass das Paschamysterium, „also der Inbegriff des Heilswerkes Gottes in und durch Christus, zentral zusammengefasst in Tod und Auferstehung Christi, jedoch begonnen schon in seiner Inkarnation, dereins zu vollenden in der glorreichen Parusie, [...] nun ‚lebendig zum Ausdruck kommen‘ [soll], ‚vivendo exprimatur‘“[51]. Mit dieser Interpretation wird klar herausgestellt, dass der Liturgiereform eine klare inhaltliche Perspektive vorgegeben ist.

Auch der liturgietheologische Ansatz beim Paschamysterium ist kein radikaler Bruch mit früheren theologischen Ansätzen, sondern kann sachgerecht mit einer Hermeneutik der Reform verstanden werden: Jede Theologie der Liturgie muss ansetzen beim Christusgeschehen. Während aber lange Zeit vor allem die Analogien zur Inkarnation herausgestellt wurden, war in der Theologie des 20. Jahrhunderts und hier vor allem in der Mysterientheologie Odo Casels im Rückgriff auf ältere Traditionen ein neues Bewusstsein für die zentrale Bedeutung des Paschamysteri-

---

49 Instruktion *Inter oecumenici* vom 26.09.1964, Nr. 6, in: EDIL 1, 204.

50 Instruktion *Inter oecumenici* vom 26.09.1964, Nr. 6, in: DEL 1, 204.

51 *Burkhard Neunheuser*, „Ut mysterium paschale vivendo exprimatur“, in: Traditio et progressio. Studi liturgici in onore del Adren Nocent. A cura die Giustino Farnedi, Roma 1988, 375–389, hier 387.

ums gewachsen. Dabei postuliert der Begriff Paschamysterium – was auch für einzelne Konzilsväter überraschend war – die soteriologische Bedeutung nicht nur des Kreuzestodes, sondern auch der Auferstehung Jesu. Weder Inkarnation noch Kreuzestod sind isolierte Heilsereignisse, sondern sie gehören zu dem einen Christusmysterium, von dem her die Liturgie, aber auch die Kirche und das Leben der Christen zu verstehen ist. Insofern bestätigt sich auch von der theologischen Leitidee her, dass die Erneuerung des Gottesdienstes auf eine umfassende Erneuerung der Kirche und des Glaubenslebens der Christen zielt.

9. Die Geschichte der amtlichen Reformen der liturgischen Bücher im Allgemeinen und des Messbuches im Besonderen ist nur eine Teilperspektive des Gottesdienstes in der Moderne. Zu dieser gehört wesentlich die Praxisgeschichte der Liturgie.

Die Erforschung der Geschichte des christlichen Gottesdienstes setzt schon aus wissenschaftsorganisatorischen Gründen in der Regel bei den präskriptiven Quellen an. Liturgische Ordnungen und Bücher, aber auch römische Instruktionen und lokale Synodalbestimmungen oder bischöfliche Anordnungen zeigen freilich nur das Idealbild einer Liturgie und lassen allenfalls *ex negativo* erkennen, mit welchen Normabweichungen zu rechnen ist. Diese Informationen reichen allerdings kaum, um auch nur in groben Zügen ein Bild des tatsächlichen gottesdienstlichen Lebens und damit Aussagen über den Stand der liturgischen Erneuerung zu gewinnen. Doch auch wenn eine verlässliche Praxisgeschichte des katholischen Gottesdienstes im 20. Jahrhundert nicht existiert (und vielleicht auch kaum geschrieben werden kann), muss diese Dimension im Blick bleiben, wenn über den Gottesdienst der Moderne seriös gesprochen werden soll. Nur zwei Aspekte können hier genannt werden – sie könnten und müssten unbedingt ergänzt werden.

Eine erste Beobachtung: Für die erste Jahrhunderthälfte liegen nicht durchgängig verlässliche Zahlen über die Beteiligung der Katholiken an der Sonntagsmesse vor. Beachtenswert aber ist: Ein kontinuierlicher Rückgang der Teilnahme an der Sonntagsmesse ist seit 1950 nachgewiesen. Orientiert man sich an der kirchlichen Statistik, nahmen 1950 an den sogenannten Zählsonntagen 50,6 % der Katholiken am Sonntagsgottesdienst teil, 1955 waren es 48,4 %, 1960 dann 46,3 %, 1965 noch 42,6 %.[52] Wer erwartet hätte, dass das Zweite Vatikanische Konzil und seine Reformen diesen Trend bremsen würde, wurde enttäuscht. 1970 zählte man 37,3 %, 1975 waren es 32,7 %,[53] 1980 noch 27,0 %, 1985 wurden 24,8 % gezählt,[54] 1990 betrug die Rate 21,9 % und 1995 noch 18,6 %.[55] Im Jahr 2000 verzeichnet die Statistik 16,5 %,[56] 2005 noch 14,3 %[57] und nach der letzten vorliegenden Statistik von 2011 nahmen 12,3 % der Katholiken am Sonntagsgottesdienst teil.[58] Allerdings – auch wenn das Zweite Vatikanische Konzil keinen positiv messbaren Einfluss auf die Gottesdienstteilnahme hatte, so kann auch das Gegenteil nicht behauptet werden. Sieht man die statistische Kurve an, gibt es keine signifikante Veränderung in den Jahren nach dem Konzil und seiner Liturgiereform: Der Trend, der bereits seit 1950 zu beobachten ist, geht ungebrochen weiter. Michael Ebertz hat eindrucksvoll gezeigt, dass sich die Bindung an den Gottesdienst, an das kirchliche Leben und an den christlichen Glauben insgesamt bei den getauften Katholiken wesentlich verändert hat, oder – etwas weniger zurückhaltend formuliert – kontinuierlich schwächer geworden ist.[59] Versammelte die Sonntagsmesse 1950 über

---

52 Vgl. *Michael N. Ebertz*, Erosion der Gnadenanstalt? Zum Wandel der Sozialgestalt von Kirche, Frankfurt am Main 1998, 75.

53 Vgl. *Ebertz*, Erosion der Gnadenanstalt?, 82.

54 Vgl. *Ebertz*, Erosion der Gnadenanstalt?, 91.

55 Vgl. *Ebertz*, Erosion der Gnadenanstalt?, 114.

56 Vgl. Bistum Essen, Kirchliche Statistik. Jahreserhebung 2001, hg. v. *Dezernat 8, Abteilung IV – Kirchliche Sozialforschung und Statistik – des Bischöflichen Generalvikariates Essen*, Essen 2002, 119.

57 Vgl. Bistum Essen, Kirchliche Statistik. Jahreserhebung 2006, hg. v. *Dezernat 3, Kirchengemeinden – Statistik – des Bischöflichen Generalvikariates Essen*, Essen 2007, 93.

58 Vgl. *Sekretariat der Deutschen Bischofskonferenz*, Katholische Kirche in Deutschland. Zahlen und Fakten 2011/2012 (Arbeitshilfen 257), Bonn 2012, 20.

59 Vgl. dazu insgesamt *Ebertz*, Erosion der Gnadenanstalt?

die Hälfte der katholischen Gemeinden, so sind dies am Ende des 20. Jahrhunderts nur noch ein Sechstel und in der Gegenwart weniger als ein Achtel der Gemeinde.

Ein zweiter Aspekt kann nur als Untersuchungsaufgabe benannt werden. Zu fragen wäre, welche Formen von Teilnahme es in den verschiedenen Phasen des 20. Jahrhunderts gegeben hat. Die im Kontext der Liturgischen Bewegung geförderten liturgieorientierten Formen der Teilnahme an der Messfeier haben – so wird man sagen müssen – immer nur begrenzte Kreise erreicht. Man wird nicht fehlgehen mit der Vermutung, dass außerhalb der liturgisch bewegten Kreise und Pfarreien viele anlässlich der Messfeier des Priesters ihre eigenen privaten Gebete verrichteten, mit denen auf unterschiedliche Weise ein spiritueller Anschluss an das Geschehen der Messfeier gelingen konnte. In geradezu irritierender Radikalität meinte Lambert Beauduin 1909 fordern zu müssen: „[...] man muß um jeden Preis die Christen dazu bringen, daß sie während der liturgischen Gottesdienste auf das Verrichten privater Gebete verzichten, die zwar in sich selber gut sind, aber offenbar hier nicht hingehören“[60].

In der Tat ist die Liturgie nicht der primäre Ort für die subjektive Frömmigkeit, sondern die Weise des gemeinschaftlichen Gebetes der Kirche. Insofern ist das Anliegen der Liturgischen Bewegung und des Zweiten Vatikanischen Konzils hoch anspruchsvoll, dass die Gläubigen selbst bewusste Träger des gottesdienstlichen Geschehens und damit auch der Gebete der Liturgie sind. Die Liturgiekonstitution hat im Blick auf die Messfeier als klare Sorge der Kirche herausgestellt, „daß die Christen diesem Geheimnis des Glaubens nicht wie Außenstehende oder stumme Zuschauer beiwohnen; sie sollen vielmehr durch die Riten und Gebete dieses Mysterium wohl verstehen lernen und so die heilige Handlung bewußt, fromm und tätig mitfeiern“ (SC 48). Insofern wäre zu fragen, ob jene, die an der Sonntagsmesse teilnehmen, diese tatsächlich in neuer Weise „bewußt, fromm und tätig mitfeiern“.

Zumindest in den alten christlichen Ländern Europas wird man mit Blick auf den oben genannten Rückgang der regelmäßi-

60 *Beauduin*, Das eigentliche Gebet der Kirche, 202.

gen Gottesdienstmitfeiernden und die zunehmende Entkirchlichung und Verdunstung des Glaubens nicht einfach behaupten können, dass diese Ziele durch die Liturgiereform erreicht wurden. Aber genauso gewagt wäre es zu sagen, dass der Verzicht auf das Konzil und seine Liturgiereform die enttäuschenden Entwicklungen verhindert hätte. Im Übrigen zeigt sich hier die Enge einer eurozentrischen Brille. Wie allein die unterschiedlichen Tendenzen beim Priester- und Ordensnachwuchs in den verschiedenen Ländern und Regionen der katholischen Kirche zeigen, ist von einer großen Ungleichzeitigkeit auszugehen.

10. „Es besteht […] eine sehr enge und organische Verbindung zwischen der Erneuerung der Liturgie und der Erneuerung des gesamten Lebens der Kirche." (Johannes Paul II.)

Wer über den Gottesdienst in der Moderne spricht, spricht über die Kirche in der Moderne. Das gilt vermutlich – *mutatis mutandis* – für alle Konfessionen, sicher aber für die katholische Kirche, die weiß, dass sie aus der Liturgie und aus der Eucharistie lebt.[61]

Romano Guardini meinte 1922 seine Vorträge zum Sinn der Kirche beginnen zu können mit dem Satz: „Ein religiöser Vorgang von unabsehbarer Tragweite hat eingesetzt: Die Kirche erwacht in den Seelen."[62] Ein neues Bewusstsein für Kirche öffnete sich offensichtlich auch in neuer Weise für den Gottesdienst der Kirche. Liturgische Erneuerung war nicht ein pädagogisch-moralisches Anliegen der Hierarchie, sondern entsprach einer geistig geistlichen Situation der Gläubigen.

Nun sind es nicht nur glaubensschwache Unheilspropheten, sondern gerade pastorale Realisten, die in unseren Breiten von

61 Vgl. dazu programmatisch *Johannes Paul II.*, Enzyklika *Ecclesia de Eucharistia* … über die Eucharistie in ihrer Beziehung zur Kirche vom 17. April 2003 (VApS 159), Bonn 2003.

62 *Romano Guardini*, Vom Sinn der Kirche. Fünf Vorträge, Mainz 1922, 1 (= ^{4}1955, 19).

einer Krise der Kirche, von der Auflösung der bisherigen Sozialgestalt der Volkskirche und von der Verdunstung des Glaubens sprechen. Die Krise der Liturgie, der Rückgang der Mitfeiernden und die Gefahr einer horizontalistischen Verflachung gottesdienstlicher Feiern können insofern nicht überraschen, sondern hängen mit den allgemeinen Beobachtungen eng zusammen.

Die Erneuerung der Liturgie, die das ganze 20. Jahrhundert durchzogen hat und auch im 21. Jahrhundert nicht von der Tagesordnung genommen werden darf, kann nicht als isoliertes Programm einer liturgischen Ästhetik entwickelt werden. So sehr die beständige Sorge um die Liturgie im Großen wie im Kleinen der Kirche aufgegeben bleibt, so wenig kann sie getrennt werden von dem großen Desiderat einer Erneuerung des Glaubens. Sie steht im Kontext von Evangelisierung und Neuevangelisierung. Sie ist aber auch nicht zu trennen von der beständigen Aufgabe der Erneuerung der Kirche in allen ihren Bereichen. Mehrfach hat Papst Johannes Paul II. daran erinnert. So schreibt er 1980 in seinem „Schreiben über das Geheimnis und die Verehrung der heiligen Eucharistie“ *Dominicae Cenae*:

„Es besteht nämlich eine sehr enge und organische Verbindung *zwischen der Erneuerung der Liturgie und der Erneuerung des gesamten Lebens der Kirche.* [...] Daher bildet die liturgische Erneuerung, die im Geist des II. Vatikanischen Konzils auf rechte Weise durchgeführt wird, in gewissem Sinn das Maß und die Bedingung für die Verwirklichung der Lehre dieses II. Vatikanischen Konzils“[63].

Der Zusammenhang von Liturgie und Kirche, von liturgischer und kirchlicher Erneuerung bestand schon vor dem Konzil und auch in früheren Jahrhunderten. Er gilt auch heute und morgen. Deshalb darf man sich nicht wundern, dass kirchliche Erneuerungsbewegungen jeder Art Konsequenzen für die Feier des Gottesdienstes haben. Entsprechend hat jede Reform des Gottes-

63 *Johannes Paul II.*, Schreiben *Dominicae Cenae* vom 24.2.1980, Nr. 13, in: EDIL/DEL 2, 3911–3953, hier 3950; vgl. die ersten beiden Sätze auch *Johannes Paul II.*, Apostolisches Schreiben *Vicesimus quintus annus* vom 4.12.1988, Nr. 4, in: EDIL/DEL 3, 6262–6285, hier 6266.

dienstes auch ekklesiologische Implikationen und Konsequenzen.[64] Dieser Zusammenhang ist bei jeder Analyse der Gegenwart zu beachten. Nur zum Schaden der Sache kann er bei Reformüberlegungen und der Entwicklung von Zukunftsstrategien ausgeblendet werden.

64 Hier liegen auch die tiefer liegenden Anfragen im Blick auf die Wiederzulassung der Liturgie in ihrer Gestalt von 1962 durch Papst Benedikt XVI. Vgl. dazu *Winfried Haunerland*, Ein Ritus in zwei Ausdrucksformen? Hintergründe und Perspektiven zur Liturgiefeier nach dem Motu proprio „Summorum Pontificum", in: LJ 58 (2008) 179–203; auch *Klemens Richter*, Zum Verhältnis von Kirchenbild und Liturgie. Die erneuerte Liturgie und der alte Ritus im Widerstreit, in: Objektive Feier und subjektiver Glaube? Beiträge zum Verhältnis von Liturgie und Spiritualität, hg. v. *Stefan Böntert* (StPaLi 32), Regensburg 2011, 147–169.

„Organische Liturgieentwicklung"?

Überlegungen zur sogenannten bonifatianisch-karolingischen Liturgiereform im Hinblick auf die heutige Diskussion um die römische Messe

Andreas Odenthal, Tübingen

1. Problemsituation und Fragestellung

„Der ‚Ritus', die im Glauben und Leben der Kirche gereifte Gestalt des Betens und Feierns, ist kondensierte Gestalt der lebendigen Überlieferung, in der ein Ritenraum das Ganze seines Glaubens und Betens ausdrückt und so zugleich die Gemeinschaft der Generationen erlebbar wird, die Gemeinschaft mit den Betern vor uns und nach uns. So ist der Ritus eine Vor-Gabe an die Kirche, lebendige Gestalt von Paradosis"[1].

Die Worte des derzeitigen Papstes beschreiben den Prozess der Symbolbildung: Menschliche Erfahrungen mit Gott schlagen sich in heiligen Texten wie der Bibel, in Glaubenssätzen, aber auch im Ritual nieder. Die Kirche ist somit im besten Sinn Hort der Tradition: Sie hält einen Schatz an Erfahrungen fest, in den sich spätere Generationen mit ihren eigenen Erfahrungen eingeben und von dem sie zehren können. In diesem Sinn sind Rituale eine Vor-Gabe, weil der Erfahrungsschatz der Kirche etliche Erfahrungen bietet, die für den christlichen Glauben normativ sind. Diese Erfahrungen sind ihrerseits eine Vor-Gabe der Gnade Gottes:[2] Jedes kultische Handeln des Menschen setzt ein Handeln

---

1 *Joseph Cardinal Ratzinger*, Die organische Entwicklung der Liturgie, in: FKTh 21 (2005) 36–39, hier 37.

2 Vgl. grundlegend *Ottmar Fuchs*, „Unbedingte" Vor-Gegebenheit des Rituals als pastorale Gabe und Aufgabe, in: ThQ 189 (2009) 106–129.

Gottes voraus.[3] Der Papst hat die Gestaltwerdung der Tradition in ihrer rituellen Gestalt nun in folgendem Diktum präzisiert: „In der Liturgiegeschichte gibt es Wachstum und Fortschritt, aber keinen Bruch."[4] Damit ist ein idealtypisches Bild gezeichnet, für das die Kontinuität der Tradition als Sicherung der Identität des Glaubens dient. Es ist dies das Bild organischer Liturgieentwicklung, das die Liturgiekonstitution in Artikel 23 festhält:

„Schließlich sollen keine Neuerungen eingeführt werden, es sei denn, ein wirklicher und sicher zu erhoffender Nutzen der Kirche verlange es. Dabei ist Sorge zu tragen, dass die neuen Formen aus den schon bestehenden gewissermaßen organisch herauswachsen."[5]

Josef Andreas Jungmann hat in seinem Kommentar diese Stelle so interpretiert: „Reform der Liturgie kann nicht Revolution sein. Sie muß den wirklichen Sinn und die Grundstruktur der überlieferten Riten zu erfassen suchen, und sie muß diese, in behutsamer Verwertung schon vorhandener Ansätze, in der Richtung auf die pastoralen Bedürfnisse eines lebendigen Gottesdienstes organisch weiterbilden."[6] Doch bedarf das Bild des Wachsens und Reifens der rituellen Erfahrung eines notwendigen Korrektivs. Denn auch die Erfahrungstradition der Kirche kann als solche angefochten sein. Dies hat der Theologe Joseph Ratzin-

---

3 So der Ansatz des Religionsphilosophen Richard Schaeffler. Vgl. dazu *Andreas Odenthal*, „Der Kultus als Weltauslegung". Elemente einer Theorie des Gottesdienstes im religionsphilosophischen Ansatz von Richard Schaeffler, in: ThPh 82 (2007) 351–367.

4 Brief des Heiligen Vaters Papst Benedikt XVI. anlässlich der Publikation des Apostolischen Schreibens Motu Proprio Summorum Pontificum über die römische Liturgie in ihrer Gestalt vor der 1970 durchgeführten Reform, in: Ein Ritus – zwei Formen. Die Richtlinie Papst Benedikts XVI. zur Liturgie, hg. v. *Albert Gerhards* (Theologie kontrovers), Freiburg – Basel – Wien 2008, 19–25, hier 23.

5 „... ex formis iam exstantibus organice quodammodo crescant". Der Kommentar bei *Reiner Kaczynski*, Sacrosanctum Concilium, in: Sacrosanctum Concilium, Inter mirifica, Lumen Gentium (Herders Theologischer Kommentar zum Zweiten Vatikanischen Konzil 2), Freiburg – Basel – Wien 2004, 1–227, hier 90, wiederholt lediglich die Formulierung.

6 *Josef Andreas Jungmann*, Konstitution über die heilige Liturgie. Einleitung und Kommentar, in: LThK.E 1 (1966) 9–109, hier 34.

ger an anderer Stelle festgehalten: „... nicht jede Tradition, die sich in der Kirche bildet, ist wirklich Vollzug und Gegenwärtighaltung des Christusgeheimnisses, sondern neben der legitimen gibt es auch eine entstellende Tradition."[7] Insofern bedarf es immer wieder neu einer Kriteriologie für die kirchliche Tradition, so auch für die Liturgie. Deshalb war die Frage der Konzilsväter die nach den die Liturgie bestimmenden Kriterien. In der Liturgiekonstitution *Sacrosanctum Concilium* wurden dementsprechend zwei Momente benannt: die *actuosa participatio* der Gläubigen (SC 14 u.ö.) sowie die „altehrwürdige Norm der Väter" (SC 50). Letztere wurde bereits von der Trienter Liturgiereform bemüht.[8] So vage dieses Kriterium auch bleiben mag, wahrscheinlich ist, dass man nicht das Mittelalter und seine gottesdienstlichen Formen als Normgröße der Reform bestimmen wollte. Genau dies aber scheint mir der strittige Punkt in den derzeitigen Diskussionen um die Liturgie und ihre Reform zu sein. Jüngst hat Hans Maier geurteilt: „Die Liturgiereform des 20.Jahrhunderts war die größte in der Geschichte der katholischen Kirche."[9] Damit ist das entscheidende Stichwort gefallen und der Fragepunkt der folgenden Überlegungen erreicht. Sie untersuchen nämlich die Rolle des Mittelalters und seine liturgischen Veränderungen durch die sogenannte bonifatianisch-karolingische Liturgiereform mit dem Ziel zu klären, ob damals nicht eine mindestens ebenso tief greifende Reform stattfand, wie man der im Gefolge des letzten Konzils unterstellt, und ob man für die damalige Reform das Bild organischer Liturgieentwicklung in Anwendung

---

7 *Joseph Ratzinger*, Dogmatische Konstitution über die göttliche Offenbarung. Einleitung und Kommentar, in: LThK.E 2 (1967) 498–583, hier 519–520.

8 „ad pristinam Missale ipsum sanctorum patrum normam ac ritum restituerunt". Vgl. *Martin Klöckener*, Die Bulle „Quo primum" Papst Pius' V. vom 14.Juli 1570 zur Promulgation des nachtridentinischen *Missale Romanum*. Liturgische Quellentexte lateinisch-deutsch 2, in: ALW 48 (2006) 41–51, hier 44–45 (Nr. 4.).

9 *Hans Maier*, Verlust des Sakralen? Liturgie und Kultur, in: StZ 230 (2012) 110–120, hier 110. Vgl. auch den Abdruck des Aufsatzes in diesem Band.

bringen kann.[10] Die Überlegungen vollziehen sich in folgenden Schritten. Nach einer Sichtung der „bonifatianisch-karolingischen Liturgiereform" (2. Abschnitt) werden einige Aspekte des *Ordo Missae* im Laufe seiner mittelalterlichen und nachmittelalterlichen Entwicklung untersucht (3. Abschnitt). Schließlich sollen die Ergebnisse zusammengefasst und auf die dargestellte Fragestellung bezogen werden (4. Abschnitt).

2. Aspekte der bonifatianisch-karolingischen Liturgiereform

Die Inkulturation des Christentums römischer Prägung in die Gebiete nördlich der Alpen seit der Spätantike führt zu einer Liturgiereform, die Arnold Angenendt als „bonifatianisch-karolingisch" apostrophiert hat.[11] Ohne die umwälzenden Reformprozesse unter den Karolingern beziehungsweise ihren Vorläufern gering zu achten,[12] setzen doch die das liturgische Leben der Kirche verändernden Prozesse bereits mit der Person des Bonifatius ein. Er wurde für Papst Gregor II. der geeignete Mann, eine Orientierung an der Liturgie Roms einzuleiten, also ein Anliegen

10 Die Überlegungen schließen damit an die Ausführungen von Arnold Angenendt an. Vgl. *Arnold Angenendt*, Liturgik und Historik. Gab es eine organische Liturgie-Entwicklung? (QD 189), Freiburg – Basel – Wien 2001.

11 Vgl. *Arnold Angenendt*, Bonifatius und das Sacramentum initiationis. Zugleich ein Beitrag zur Geschichte der Firmung, in: *ders.*, Liturgie im Mittelalter. Ausgewählte Aufsätze zum 70. Geburtstag, hg. v. *Thomas Flammer*, *Daniel Meyer* (Ästhetik – Theologie – Liturgik 35), Münster ²2005, 35–87, hier 53 u. ö. Vgl. auch *Arnold Angenendt*, Libelli bene correcti. Der „richtige Kult" als ein Motiv der karolingischen Reform, in: ebd. 227–243, hier 227–228; 235–243.

12 Ich folge hier also nicht Martin Morard, „Sacramentarium immixtum" et uniformisation romaine: De l'Hadrianum au Supplément d'Aniane, in: ALW 46 (2004) 1–30, sondern der Linie von Arnold Angenendt. Vgl. *Arnold Angenendt*, Keine Romanisierung der Liturgie unter Karl dem Großen? Einspruch gegen Martin Morards „Sacramentarium immixtum" et uniformisation romaine, in: ALW 51 (2009) 96–108.

Roms umzusetzen, das der Papst bereits in einem Brief an die Kirche von Bayern aus dem Jahre 716 in den Blick nahm (Text A):

> „Ihr sollt, indem ihr für die Orte der einzelnen Kirchen Sorge tragt, aufpassen, dass jeder Priester oder Minister im Hinblick auf die Kirche bewahren muss, sowohl wie die heilige Feier der Messe, die übrigen Offizien der Tages- oder Nachthoren als auch die Lesung des heiligen Alten und Neuen Testamentes (zu halten seien), und dass er sich bemühe, die ordnungsgemäßen Vorschriften gemäß der überlieferten Ordnung des alten römischen Stuhles zu beachten."[13]

Die Rolle des Bonifatius bezieht sich zunächst auf die Taufliturgie, bei der er eine erste Liturgiereform Roms zu übernehmen und durchzusetzen hatte, die die Taufformel ebenso betrifft wie den Spender der zweiten postbaptismalen Salbung.[14] Im Jahre 719 verpflichtete Papst Gregor II. Bonifatius auf die römische Taufformel und betraute den Priester Bonifatius mit der Heidenmission (Text B):

> „Was die Lehre vom Sakrament (der Taufe) anbetrifft, an die Du Dich zu halten bemüht sein sollst bei der Aufnahme derer, die unter Gottes Führung gläubig werden sollen, so wünschen wir, daß Du auf die Amtsvorschriften unseres heiligen apostolischen Stuhles, die Dir zu Deiner Unterrichtung bereits ausgehändigt worden sind, achtest."[15]

---

13 Capitulare a Gregorio papa II datum Martiniano episcopo, Georgio presbytero, etc. in Bavariam ablegatis, in: PL 89, Sp. 531–534, hier Sp. 532A. Lateinischer Text: Ut loco singularum ecclesiarum praevidentes, quomodo unusquisque sacerdos, seu minister, erga ecclesiam debeat conservare, vel qualiter sacra missarum solemnia, sive caetera diurnarum atque nocturnarum horarum officia, sive etiam lectionem sacrorum Novi atque Veteris Testamenti, ordinabilia praedicamenta studeat observare secundum traditum apostolicae sedis antiquitatis ordinem, disponetis. – Aufgrund der besseren Lesbarkeit werden die Quellen in Form eigens erstellter Übersetzungen im Fließtext zitiert.

14 Vgl. ausführlich *Angenendt*, Bonifatius, zum Terminus „bonifatianisch-karolingische Liturgiereform" 53 u. ö.

15 Brief Gregors II. vom 15.5.719, Brief 12, in: Bonifatii Epistulae, Willibaldi Vita Bonifatii quibus accedunt aliquot litterarum Monumenta

Damit wurde ein folgenschwerer Eingriff in die liturgische Tradition vorgenommen, denn fortan wurde nicht mehr die in der gelasianischen Sakramentarfamilie zu findende Taufformel benutzt, die die Fragen nach dem Glauben mit dem jeweiligen Untertauchen der Täuflinge verband,[16] sondern es wurde die heute gültige trinitarische Formel durchgesetzt. Ausweis dessen ist übrigens eine Stellungnahme des Papstes Zacharias vom 1. Juli 746 zu einer von Bonifatius ins Auge gefassten zweiten Taufe aufgrund falschen Lateins des Priesters in der nunmehr trinitarischen Taufformel (Text C):

> „Sie haben nämlich berichtet, es habe in dieser Provinz einen Priester gegeben, der des Lateinischen völlig unkundig war und wenn er taufte, in Unkenntnis des lateinischen Wortlauts die Sprache misshandelnd sprach: Ich taufe dich im Namen Vaterland und Tochter und des heiligen Geistes. Und deswegen erwog Deine verehrungswürdige Brüderlichkeit die Wiederholung der Taufe. Aber, heiligster Bruder, wenn der Taufende, ohne eine Irrlehre oder Ketzerei einzuschieben, sondern bloß wegen seiner Unkenntnis des römischen Ausdrucks die Sprache misshandelnd bei der Taufe, so wie wir gesagt haben, gesprochen hat, dann können wir Dir nicht zustimmen, daß deshalb die Taufe wiederholt werde. Denn, was Deiner heiligen Brüderlichkeit wohlbekannt ist, wer getauft worden ist von Ketzern auf den Namen des Vaters und des Sohnes und des heiligen

---

coaeva. Editionum quae paraverunt *M. Tangl, W. Levison* aliique textum denuo imprimendum curavit *Reinholdus Rau* (lat.-dt.) (AusgQ. MA 4b), Darmstadt 1968, 44–47. Lateinischer Text: Disciplinam denique sacramenti, quam ad initiandos Deo praevio credituros tenere studeas, ex formula officiorum sanctae nostrae apostolicae sedis instructionis tuae gratia praelibata volumus ut intendas.

16 Vgl. Liber Sacramentorum Romanae Aeclesiae Ordinis Anni Circulum (Cod. Vat. Reg. lat. 316/Paris Bibl. Nat. 7193, 41/56) (Sacr. Gelas.). In Verbindung mit *Leo Eizenhöfer OSB* und *Petrus Siffrin OSB* hg. v. *Leo Cunibert Mohlberg* (Rerum ecclesiasticarum documenta. Series maior: Fontes 4), Roma 1960. Die alte Taufliturgie, noch ohne indikative Formel, ebd. 74. – Vgl. auch die instruktive Studie von *Andreas Merkt*, Symbolum. Historische Bedeutung und patristische Deutung des Bekenntnisnamens, in: RQ 96 (2001) 1–36.

> Geistes, darf auf keinen Fall nochmals getauft, sondern allein durch Handauflegung gereinigt werden."[17]

Für das weitere Verständnis der damaligen Reformen ist die politische Dimension einer liturgischen Anbindung an Rom wesentlich. Eine entscheidende Wegmarke für die Verbindung staatlicher mit kirchlicher Autorität ist mit dem Kapitular des wohl 742 gehaltenen Concilium Germanicum erreicht, für das auch Bonifatius verantwortlich zeichnet und das auch liturgische Rechtsnormen dekretiert, so die jährliche Erneuerung des Chrisamöls oder die Visitationsreisen des Bischofs zum Zweck der Firmung (Text D):

> „Und wann immer gemäß des kanonischen Rechts der Bischof die Pfarrei visitiert, um die Menschen zu konfirmieren, sei der Priester immer bereit, den Bischof mit einer Sammlung und Hilfe des Volkes, das dort konfirmiert werden soll, zu empfangen. Und am Gründonnerstag erbitte er immer das neue Chrisamöl vom Bischof, dass er dem Bischof als Zeuge der Keuschheit, des Lebens und dessen Rechtgläubigkeit zur Seite stehe."[18]

---

17 Brief des Papstes Zacharias vom 1.7.746, Nr. 68, in: Bonifatii Epistulae, 210–213, hier 210. Lateinischer Text: Retulerunt quippe, quod fuerit in eadem provincia sacerdos, qui Latinam linguam penitus ignorabat et, dum baptizaret, nesciens Latini eloquii infringens linguam diceret: Baptizo te in nomine patria et filia et spiritus sancti. Ac per hoc tua reverenda fraternitas consideravit baptizare. Sed, sanctissime frater, si ille, qui baptizavit, non errorem introducens aut heresim, sed pro sola ignorantia Romae locutionis infringendo linguam, ut supra fati sumus, baptizans dixisset, non possumus consentire, ut denuo baptizentur; quia, quod tua bene compertum habet sancta fraternitas, quicumque baptizatus fuerit ab hereticis in nomine patris et filii et spiritus sancti, nullo modo rebaptizari debeatur, sed per sola manus impositione purgari debeatur. – Die neue Tauformel findet sich dann auch im Pontificale Romano-Germanicum: Vgl. *Cyrille Vogel – Reinhard Elze,* Le Pontifical Romano-Germanique du dixième siècle 1–3 (Studi e Testi 226, 227, 269), Città del Vaticano 1963–1972, hier 2, 106 (Nr. 375).

18 Concilium Germanicum c. 3 (MGH Concilia II 3^{19-23}). Lateinischer Text: Et quandocumque iure canonico episcopus circumeat parrochiam populos ad confirmandos, presbiter semper paratus sit ad suscipiendum episcopum cum collectione et adiutorio populi, qui ibi confirmari debet.

Bonifatius war eine Schlüsselfigur in den vielschichtigen Prozessen der Romanisierung der kirchlichen Strukturen samt ihrer Anbindung an staatliche Autorität. Doch spätestens mit dem Zusammentreffen Papst Stephans II. mit Pippin dem Jüngeren im Jahre 754 (Krönung in St.-Denis) nimmt Bischof Chrodegang von Metz die Rolle ein, die bislang Bonifatius zukam. An diese epochale Begegnung erinnert das „Capitulare de imaginibus" Karls des Großen (Text E), das die Einheit im Ritus aus der Einheit im Glauben ableitet:

> „Wenn auch viele von ihrer (der römischen) heiligen und verehrenswürdigen Gemeinschaft wichen: die Kirche unseres Reichs wich niemals, sondern – durch ihre apostolische Erziehung instand gesetzt und durch ihn beschenkt, von dem alle gute Gabe und alles vollkommen Gegebene kommt – sie erhielt immer verehrungswürdige Gnadengaben. Während sie mit ihr von den ersten Zeiten des Glaubens an in der Einheit der Religion stand und sich nur ein wenig von ihr in der Zelebration der Gottesdienste unterschied – was aber nicht gegen den Glauben ist –, ist sie ihr durch die Sorge und Mühe unseres Erzeugers verehrungswürdigen Gedächtnisses, den erlauchtesten und herausragendsten König Pippin wie durch die Ankunft des verehrungswürdigsten und heiligsten Bischofs der Stadt Rom Stephan in Gallien auch in der Ordnung des Psallierens verbunden, damit die Ordnung des Psallierens nicht verschieden sei (von denen), mit denen die Ordnung des Glaubens gleich sei, und die geeint waren in der heiligen Lesung des einen heiligen Gesetzes, sollten auch geeint (sein) in der ehrwürdigen Überlieferung eines Singens, und nicht sollte sich die unterschiedliche Feier der Offizien scheiden, die sie verbunden hatte in der frommen Hingabe eines Glaubens."[19]

Et in cena Domini semper novum crisma ab episcopo querat, ut episcopum testis adsistat castitatis et vitae et fidei et doctrine illius. Vgl. zum Konzil etwa *Jörg Jarnut*, Bonifatius und die fränkischen Reformkonzilien (743–748), in: ZSRG. K 96/66 (1979) 1–26. Zur Entwicklung von der Provinz- zur Reichssynode vgl. auch *Arnold Angenendt*, Karl der Grosse als „Rex et sacerdos", in: *Angenendt*, Liturgie, 311–332, hier etwa 319.

19 Caroli Magni Capitulare de imaginibus 1,6 (MGH Concilia II. Suppl. 21[18–29]). Lateinischer Text: A cuius sancta et veneranda communione

Es wird deutlich, in welchem Maße Liturgie und Politik im Sinn des karolingischen Reformprogramms Hand in Hand gehen. Angesichts einer liturgischen Eigenständigkeit des gallischen Ritenraumes ist bemerkenswert, wie sehr es bereits Pippin um die volle Angleichung der Liturgie an die Roms ging. Davon berichten zwei Quellen, deren erste dem Paulus Diaconus zugeschrieben wird (Text F):

> „Er schrieb vor, dass derselbe Klerus, umfassend mit göttlichem Gesetz und römischem Gesang vertraut gemacht, die Art und Ordnung der römischen Kirche bewahre, was bis zu dieser Zeit in der Kirche von Metz geringstens gemacht worden ist."[20]

Ferner rekurriert darauf ein Schreiben Karls des Großen über seinen Vater (Text G):

> „Unter diesen haben wir sogleich alle Bücher des alten und neuen (Testaments), die durch die Unerfahrenheit der Schreiber verderbt waren, korrigiert, wobei Gott uns in allem geholfen hat. Außerdem entzündet durch die Beispiele unseres Erzeugers Pippin verehrungswürdigen Angedenkens, der alle Kirchen Galliens durch sein Stu-

multis recedentibus nostrae tamen partis numquam recessit ecclesia, sed ea apostolica eruditione instruente et eo, *a quo est omne donum optimum et omne datum perfectum*, tribuente semper suscepit reverenda charismata. Quae dum a primis fidei temporibus cum ea perstaret in sacrę religionis unione et ab ea paulo distaret – quod tamen contra fidem non est – in officiorum celebratione, venerandę memoriae genitoris nostri inlustrissimi atque excellentissimi viri Pippini Regis cura et industria sive adventu in Gallias reverentissimi et sanctissimi viri Stephani Romanę urbis antestitis est ei etiam in psallendi ordine copulata, ut non esset dispar ordo psallendi, quibus erat conpar ordo credendi, et quae unitę erant unius sacrae legis sacra lectione, essent etiam unitę unius modulaminis veneranda traditione nec seiungeret officiorum varia celebratio, quas coniunxerat unicę fidei pia devotione.

20 Paulus Diaconus: Monumenta Germaniae historica. Scriptores 2, 268. Lateinischer Text: Ipsumque clerum abundanter lege divina Romanaque imbutum cantilena morem atque ordinem Romanae ecclesiae servare praecepit, quod usque ad id tempus in Metensi ecclesia factum minime fuit.

dium der römischen Tradition mit ihren Gesängen schmückte, möchten wir nichtsweniger sorgen, diese in erfinderischem Bedacht mit einer Reihe besonderer Lectiones zu versehen."[21]

Der an Rom angeglichene Gottesdienst ist vor dem Hintergrund einer Aufgabenteilung zwischen Kaiser und Papst zu verstehen, wie sie der Brief Karls des Großen an Papst Leo III. aus dem Jahre 796 beschreibt:

„Unsere Pflicht ist es, gemäß der göttlichen Hilfe die heilige Kirche Christi überall nach außen gegen den Einfall der Heiden und die Zerstörung durch die Ungläubigen zu schützen und nach innen durch die Erkenntnis des katholischen Glaubens zu festigen. Eure Aufgabe, heiligster Vater, besteht darin, zusammen mit Mose die Hände zu Gott zu erheben und somit unserem Kampf zu helfen, damit auf Eure Bitten hin das christliche Volk unter der Führung Gottes über die Feinde seines heiligen Namens überall den Sieg erringt und der Name unseres Herrn Jesu Christi im ganzen Erdkreis verherrlicht werde."[22]

Zugleich zeigt sich hier eine politische Dimension der Liturgie. Sie ist Verwirklichung der dem Papst zugeteilten Aufgabe, und des-

---

21 Karoli epistola generalis 786–800 (MGH Capitularia regum Francorum 1, 80[28–33]). Lateinischer Text: Inter quae iam pridem universos veteris ac novi instrumenti libros, librariorum imperita depravatos, Deo nos in omnibus adiuvante, examussim correximus. Accensi praeterea venerandae memoriae Pippini genitoris nostri exemplis, qui totas Galliarum ecclesias romanae traditionis suo studio cantibus decoravit, nos nihilominus solerti easdem curamus intuitu praecipuarum insignire serie lectionum. – Es folgen Angaben zur Erstellung des Homiliars des Paulus Diaconus.

22 Epistolae Karolini Aevi II, Monumenta Germaniae historica. Epistolae IV,II, 136–138, hier 137[31]–138[2]. Lateinischer Text: Nostrum est: secundum auxilium divinae pietatis sanctam undique Christi ecclesiam ab incursu paganorum et ab infidelium devastatione armis defendere foris, et intus catholicae fidei agnitione munire. Vestrum est, sanctissime pater: elevatis ad Deum cum Moyse manibus nostram adiuvare militiam, quatenus vobis intercedentibus Deo ductore et datore populus christianus super inimicos sui sancti nominis ubique semper habeat victorium, et nomen domini nostri Iesu Christi toto clarificetur in orbe.

halb ist ihre Authentizität (und das heißt: ihre Angleichung an römische Bräuche) ein so großes Anliegen. Welch großen Raum die Liturgie im Kontext der Kulturpolitik der Karolinger einnimmt, zeigt die *Admonitio generalis* Karls des Großen von 789 zur Genüge. Dort geht es vor allem um die Sicherung des Bildungsstandes und der Rechtgläubigkeit des niederen Klerus (Text H):

> „Dass die Bischöfe mit Bedacht die Presbyter in ihre Pfarreien entsenden, ihren Glauben, Taufe und Messfeiern, dass sie den rechten Glauben haben und die katholische Taufe beachten und die Bitten der Messe gut erfassen, auch dass sie die Psalmen würdig gemäß der Einteilung in Verse vollziehen und das Herrengebet verstehen und allen zum Verständnis predigen, dass ein jeder weiß, was er von Gott erbittet, auch dass das *Gloria Patri* mit aller Ehrfurcht bei allen gesungen werde, dass der Priester selbst mit allen heiligen Engeln und dem Volk Gottes in gemeinschaftlicher Stimme das *Sanctus, sanctus, sanctus* singe."[23]

Zum Zweck der liturgischen Bildung (etwa im Hinblick auf den Gesang des *Sanctus*) geht es nicht nur um eine Verbesserung des Schulsystems im Kontext der Kathedralen und Basilikaklöster, sondern auch um die Bereitstellung möglichst fehlerfreier liturgischer Bücher (Text I):

> „Dass es Schulen geben solle für Knaben, die schon lesen können. Mit Psalmen, Noten, Gesängen, Zeitrechnungen und Grammatik für jedes einzelne Kloster oder Bistum sowie die katholischen Bücher, und zwar gut verbessert, denn oft, während einige Gott gut zu bit-

23 „Admonitio generalis" Karls des Großen von 789, Monumenta Germaniae historica. Capitularia regum Francorum 1, 59[23–29] (Nr. 70). Lateinischer Text: Ut episcopi diligenter discutiant per suas parrochias presbyteros, eorum fidem, baptisma et missarum celebrationes, ut et fidem rectam teneant et baptisma catholicum observent et missarum preces bene intellegant, et ut psalmi digne secundum divisiones versuum modulentur et dominicam orationem ipsi intellegant et omnibus praedicent intellegendam, ut quisque sciat quid petat a Deo; et ut ‚Gloria Patri' cum omni honore apud omnes cantetur; et ipse sacerdos cum sanctis angelis et populo Dei communi voce ‚Sanctus, Sanctus, Sanctus' decantet.

ten wünschen, beten sie aufgrund der unverbesserten Bücher schlecht. Und lasset eure Knaben nicht im Lesen und Schreiben verderben, und wenn ein Evangelium, Psalterium oder Missale zu schreiben ist, mögen es Erwachsene mit allem Fleiß schreiben."[24]

Wenn in einer so bedeutenden Bibliothek wie der des Kölner Domstiftes kein einziger liturgischer Zeuge der Bräuche *vor* der bonifatianisch-karolingischen Liturgiereform mehr erhalten ist, mag sich das – neben möglichen Verlusten – aus der damaligen Kulturpolitik heraus erklären, denn Karl knüpfte an die durch Pippin gesetzten Akzente der Romanisierung an. Dabei ging es um eine flächendeckende Abschaffung alt-gallischer Liturgie zugunsten der Einheit der Bräuche mit der römischen Kirche, vor allem im Bezug auf den sogenannten Gregorianischen Choral (Text K):

„An den ganzen Klerus. Dass sie den römischen Gesang vollständig lernen mögen, dass das Offizium zur Nacht und am Tage ordnungsgemäß durchgeführt werde, wie es unser Erzeuger König Pippin seligen Angedenkens anordnete, dass es geschehe, als er das Gallikanische (Offizium) wegnahm aufgrund der Einmütigkeit mit dem Apostolischen Stuhl und der friedlichen Eintracht der heiligen Kirche Gottes."[25]

---

24 „Admonitio generalis" Karls des Großen von 789, Monumenta Germaniae historica. Capitularia regum Francorum 1, 60^{2-7} (Nr. 72). Lateinischer Text: Et ut scolae legentium puerorum fiant. Psalmos, notas, cantus, compotum, grammaticam per singula monasteria vel episcopia et libros catholicos bene emendate; quia saepe, dum bene aliqui Deum rogare cupiunt, sed per inemendatos libros male rogant. Et pueros vestros non sinite eos vel legendo vel scribendo corrumpere; et si opus est evangelium, psalterium et missale scribere, perfectae aetatis homines scribant cum omni diligentia. – Vgl. zur Sache auch *Angenendt*, Libelli bene correcti.

25 „Admonitio generalis" Karls des Großen von 789, Monumenta Germaniae historica. Capitularia regum Francorum 1, 61^{5-8} (Nr. 80). Lateinischer Text: Omni clero. Ut cantum Romanum pleniter discant, et ordinabiliter per nocturnale vel gradale officium peragatur, secundum quod beatae memoriae genitor noster Pippinus rex decertavit ut fieret, quando

Dass der liturgische Bildungsstandard des Niederklerus tatsächlich eingefordert und überprüft wurde, zeigt ein Libellus des frühen 9. Jahrhunderts, der eine „Examinatio presbyteri de missa et baptismate" enthält, also die Fähigkeit der Kleriker überprüft, Messe und Taufe sachgerecht feiern zu können.[26]

Auf die Rolle des Chrodegang von Metz wurde bereits hingewiesen, doch ist seine Verbindung mit einer für die Epoche der Romanisierung typischen Liturgieform hinzuweisen, nämlich der Stationsliturgie. Unter Stationsliturgie versteht man jenes Liturgiesystem, das verschiedene Orte, vor allem die Märtyrergräber, im Laufe eines Kirchenjahres in die feste Ordnung einer Kirchenfamilie einbezieht.[27] Gleichwohl dieses System seine Wurzeln in Jerusalem mittels der Einbeziehung der authentischen Stätten in die Liturgie hatte,[28] empfand das Mittelalter die in Rom vom Papst

---

Gallicanum tulit ob unanimitatem apostolicae sedis et sanctae Dei aecclesiae pacificam concordiam. – Dass man natürlich römische Bräuche wie Gesänge nicht unverändert übernahm, sondern allererst das schuf, was bis heute unter dem Namen „Gregorianischer Choral" firmiert, braucht hier nicht weiter ausgeführt zu werden: Auch der Choral entpuppt sich als ein „Schmelzprodukt" verschiedener Traditionen während der damaligen Reform. Vgl. dazu etwa unter vielen anderen *Eugène Cardine*, Der Gregorianische Choral im Überblick, in: Beiträge zur Gregorianik 4 (1987) 5–46.

26 Vgl. hierzu *Wolfgang Haubrichs*, Das althochdeutsch-lateinische Textensemble des Cod. Weiss. 91 (‚Weißenburger Katechismus') und das Bistum Worms im frühen 9. Jahrhundert, in: Volkssprachig-lateinische Mischtexte und Textensembles in der althochdeutschen, altsächischen und altenglischen Überlieferung. Mediävistisches Kolloquium des Zentrums für Mittelalterstudien der Otto-Friedrich-Universität Bamberg am 16. und 17. November 2001, hg. v. *Rolf Bergmann*, Heidelberg 2003, 131–171, eine Edition ebd. 153–154. Diesen Hinweis verdanke ich meinem Kollegen Steffen Patzold, Tübingen.

27 Vgl. dazu grundsätzlich *Angelus A. Häußling*, Mönchskonvent und Eucharistiefeier. Eine Studie über die Messe in der abendländischen Klosterliturgie des frühen Mittelalters und zur Geschichte der Meßhäufigkeit (LQF 58), Münster 1973, etwa 181–198; 202–207.

28 Vgl. *John F. Baldovin*, The Urban Character of Christian Worship. The Origins, Development, and Meaning of Stational Liturgy (OrChrA 228), Rome 1987.

gehaltene Stationsliturgie etwa an den Apostelgräbern als die typisch römische Liturgieform, und als solche wurde sie in den Bischofs- und Klosterstädten nördlich der Alpen zitiert. Es ist Theodor Klauser zu verdanken, eine Metzer Stationsliste als ein Autograph Chrodegangs wahrscheinlich gemacht zu haben.[29] Beachtlich ist, dass Chrodegang ein vorgefundenes Stationssystem weiter ausbaute, wie dies auch für andere Städte besonders für das 11. Jahrhundert nachweisbar ist.[30] Wie umfassend die kulturellen wie liturgischen Umwälzungsprozesse gewesen sind, macht folgender Sachverhalt deutlich. Die Rogationstage, die die mittelalterliche Liturgie prägten, verdanken ihre Entstehung gallisch-fränkischer Prägung.[31] Unter Leo III. (795–816) allerdings werden sie auch in Rom eingeführt (Text L):

> „Er selbst aber, der von Gott geschützte und erlauchte Pontifex hat festgesetzt, dass drei Tage vor der Himmelfahrt die Letaniae gefeiert werden, nämlich Montag, wobei der Pontifex mit allem Klerus und dem ganzen Volk, unter Hymnen und geistlichen Gesängen, von der Kirche der Mutter Gottes zur Krippe (= Maria maior) zur Kirche des Erlösers geht, die Constantiniana (= Lateran) genannt wird; am Dienstag ziehen sie, ausgehend von der Kirche der hl. Märtyrerin Sabina, zum hl. Apostel Paulus; am Mittwoch gehen sie los von der

---

29 Vgl. *Theodor Klauser*, Eine Stationsliste der Metzer Kirche aus dem 8. Jahrhundert, wahrscheinlich ein Werk Chrodegangs (1930), in: *ders.*, Gesammelte Arbeiten zur Liturgiegeschichte, Kirchengeschichte und Christlichen Archäologie, hg. v. *Ernst Dassmann* (JAC Ergänzungsband 3), Münster 1974, 22–45.

30 Vgl. für Köln *Andreas Odenthal*, Vom Stephanusfest zum Palmsonntag. Die theologische Bedeutung der Gereonskirche für die mittelalterliche Kölner Stationsliturgie, in: *Andreas Odenthal*, Liturgie vom Frühen Mittelalter zum Zeitalter der Konfessionalisierung. Studien zur Geschichte des Gottesdienstes (Spätmittelalter, Humanismus, Reformation 61), Tübingen 2011, 103–124, für Paderborn *Andreas Odenthal*, „... hoc sacrificium Deo acceptabile“. Der Gottesdienst des Bischofs Meinwerk von Paderborn (1009–1036) nach dem Zeugnis seiner Vita, in: ebd., 50–73, hier 68–72.

31 Vgl. dazu *Hansjörg Auf der Maur*, Feiern im Rhythmus der Zeit I. Herrenfeste in Woche un Jahr (GdK 5), Regensburg 1983, 121–122.

Kirche „Jerusalem" (= Santa Croce) zur Kirche des hl. Märtyrers Laurentius vor den Mauern."[32]

Das heißt aber, dass nicht nur römische Liturgie die karolingische Reform prägt, sondern auch umgekehrt: die im Frankenreich entstandenen „Produkte“ der Reform fanden zurück nach Rom und beeinflussten die dortige Liturgie. Theodor Klauser hat hierfür den Begriff der „Austauschbeziehungen“ geprägt.[33] In diesem Kontext bilden die Klöster mit ihren Scriptorien eine unverzichtbare Rolle als Umschlagplatz liturgischer Traditionen. Die Reichenau etwa erhält nicht nur liturgische Bücher von auswärts,[34] hier werden auch neue für wichtige Bischofsstädte erstellt.[35] Wichti-

32 Le Liber Pontificalis. Texte, Introduction et Commentaire par L'Abbé *L. Duchesne* 2, Paris 1955, 12^{8-12}. Lateinischer Text: Ipse vero a Deo protectus et praeclarus pontifex constituit ut ante tres dies Ascensionis dominicae letanias celebrarentur, scilicet feria secunda, egrediente pontifice cum omni clero et cuncto populo, cum hymnis et canticis spiritalibus, ab ecclesia beatae Dei genetricis ad Praesepem, pergant ad ecclesiam Salvatoris, quae appelatur Constantiniana; feria III exeuntes ab ecclesia beatae Savinae martyris, pergentes ad beatum Paulum apostolum; feria IIII exeuntes ab ecclesia Hierusalem pergentes ad ecclesiam beati Laurentii martyris foris muros.

33 Vgl. *Theodor Klauser,* Die liturgischen Austauschbeziehungen zwischen der römischen und der fränkisch-deutschen Kirche vom achten bis zum elften Jahrhundert (1933), in: *Klauser,* Arbeiten, 139–154. Ausführlicher *Cyrille Vogel,* Les èchanges liturgiques entre Rome et les pays francs jusqu'à l'époque de Charlemagne, in: Le chiese nei regni dell'Europa occidentale e I loro rapporti con Roma sino all'800. 7–13 aprile 1959 (Settimana di Studio del Centro Italiano di Studi sull'Alto Medioevo 7), Spoleto 1960, 1, 185–295.

34 So jedenfalls die Angaben in einer Chronik des 16. Jahrhunderts über das Abbatiat des Waldo (786–806): „Er bracht die bücher und besonder ainen antiphonar von der küngin, Pipini gemachel, im gegeben, her in der Ow“, so bei *Karl Brandi,* Die Chronik des Gallus Öhem (Quellen und Forschungen zur Geschichte der Abtei Reichenau 2), Heidelberg 1893, 41^{30-31}.

35 So die Angaben zum Abbatiat des Bern (1008–1048): „Item drü bücher haut er gemacht und gesandt Piligrinen, ertzbischof zů Köln, von der music oder kunst artlich und maisterlich zů singen“, in: *Brandi,* Chronik, 89^{13-14}.

ger ist noch, dass auch Rom unter den Adressaten der Reichenauer Liturgica zu finden ist,[36] vor allem, wenn der Papst anlässlich der Konsekration des Abtes von Reichenau zu Beginn des 13. Jahrhunderts als Gegenleistung neben zwei Schimmeln auch liturgische Handschriften erhält (Text M):

> „[...] in einem Messbuch des Lateranpalastes liest man, dass ein alemannisches Monasterium, das Reichenau genannt wird, mit allem zu ihm Gehörigen der Botmäßigkeit und dem Schutz des Apostolischen Stuhles unterstehe, und dass der Abt dieses Ortes vom römischen Pontifex konsekriert werde mit Dalmatik und Sandalen, aufgrund einer Eingabe des Herrschers Odo. Es bedarf im Sinn einer Zahlung für seine Konsekration eines Buches der Sakramentare, eines der Epistolare und eines der Evangelien, und zwei Schimmeln.“[37]

Der kursorische Überblick über die bonifatianisch-karolingische Liturgiereform, der durch viele weitere Quellenzeugnisse zu bele-

---

36 So wiederum im Abbatiat des Bern: „Der abt empfach die gnaud und segen der wichung von dem stůl zů Rom und so [er] dero nach zucht gen Rom, bring er mit im zů ainer gaub und erung ain sacramentm ain epistel und ewangelier bücher“, in: *Brandi*, Chronik, 83^{3-5}.

37 Le Liber Censuum de l'Église Romain, publié avec une préface et un commentaire par *M. Paul Fabre* (Bibliothèque des écoles françaises d'Athènes et de Rome. Registres VI.3), Paris 1902, 350^{2-4} (Nr. 24). Eine wörtliche Übersetzung ist aufgrund der wohl fehlerhaften grammatischen Konstruktion schwierig. Lateinischer Text: ... in missali Lateranensis palatii legitur monasterium de Alamannia quod Sindiezzesaugia dicitur cum omnibus sibi pertinentibus ditioni et tuitioni sedis apostolice subditum esse, et abbas illius loci consecratur a Romano pontifice cum dalmatica et sandaliis, interventu imperatoris Odonis. Debet pensionis nomine in sui (!) consecratione codicem Sacramentorum unum, Epistolarum unum, Evangeliorum unum, equos albos II. – Eine Notiz hierüber bzw. Paraphrase auch bei *Brandi*, Chronik, 112^{23-25}, dort dem Abbatiat des Hainrich (1206–1234), näherhin dem Jahre 1207 zugeordnet: „Zů ainem zaichen, das das Gotzhus und[er] gerichtzwang sant Petters sye, so sol der abt des münsters des ersten jars siner wyhung ain bůch der sacramenten, ain eppistler- und ain ewangelier-bücher, och zway wisse ross dem stůl zů Rom von dem gedauchten gotzhus zů zins und pension pflichtig, uns und unsern nachkomen bezalen“.

gen wäre, zeigt die Vielschichtigkeit der tief greifenden Veränderungen im liturgischen Leben des Mittelalters, zugleich auch, inwieweit die Entwicklung der Liturgiebücher in die kulturpolitischen Aspekte der damaligen Zeit hinein verwoben waren. Einem Aspekt aus der Fülle der in diesem Kontext zu behandelnden Themen soll nun näher nachgegangen werde, nämlich den textlichen, theologischen wie frömmigkeitsgeschichtlichen Veränderungen des *Ordo Missae*.

3. Der *Ordo Missae* als Beispiel der karolingischen Reformprozesse

3.1 Beobachtungen zu den Eröffnungsriten

Im Verlauf des Frühen Mittelalters haben sich die feststehenden Teile der Messe ausgebildet, wie sie etwa in der Gregorianischen Sakramentartradition überliefert sind.[38] Der erste Teil bis zum Beginn der Praefation lautet so (Text N):

> „WIE DIE RÖMISCHE MESSE GEFEIERT WIRD. Da gibt es zuerst den Introitus, wie er zu festgesetzten Zeiten, seien es Festtage oder Werktage, sein soll, dann das *Kyrie eleison*. Ebenso wird das *Gloria in excelsis* gesprochen, wenn der Bischof da ist, nur am Sonntag oder am Festtag; von Priestern wird es auf keinen Fall gesprochen, nur an Ostern. Wenn ein Litaneitag gehalten wird, wird weder das *Gloria in excelsis* noch das *Alleluia* gesungen. Danach wird die Oration gesprochen, darauf folgt die Apostellesung, ebenso das Graduale oder das *Alleluja*. Danach wird das Evangelium verlesen, dann folgen das

38 Vgl. zur Entwicklung der Sakramentartradition etwa *Cyrille Vogel*, Medieval Liturgy. An Introduction to the Sources. Revised and translated by *William G. Storey* and *Niels Krogh Rasmussen O.P.*, Washington D.C. 1986, 61–106; *Martin Klöckener*, Sakramentarstudien zwischen Fortschritt und Sackgasse. Entschlüsselung und Würdigung des zusammenfassenden Werkes von Antoine Chavasse über die Gelasiana des 8. Jahrhunderts, in: ALW 32 (1990) 207–230.

> Offertorium und das Darbringungsgebet über die Gabe. Wenn das beendet ist, spricht der Priester mit erhobener Stimme: *Per omnia saecula saeculorum."*[39]

Die Überschrift des Sakramentars gibt die entscheidende Autorität an, nämlich Papst Gregor den Großen: „A SANCTO GREGORIO PAPA ROMANO EDITUM".[40] Andreas Heinz hat die Spuren Gregors des Großen im „Gregorianischen Sakramentar" nachzuzeichnen versucht und kommt zu einem ernüchternden Ergebnis: Nur zehn Prozent des Textbestandes wurden von Gregor selbst redigiert.[41] Auch bezüglich des *Ordo Missae* ist die Ausbeute gering.[42] Gregor verteidigt zum einen die typisch römische Weise, das Kyrie zu singen. Worin seine Änderung hier genau bestanden hat, bleibt aber unklar. Auf der römischen Synode von 595 ordnet er zum andern an, die Gesänge zwischen Lesung und Evangelium sollen nicht mehr vom Diakon, sondern von einem niederen Kleriker übernommen werden. Schließlich, und dies ist wohl der deutlichste Eingriff in den *Ordo Missae*, verändert er den Platz des Vater Unser im Ablauf der Messe. Bislang wurde es nach der Brotbrechung, also zu Beginn des eucharistischen Mahles gebetet, nun

---

39 *Jean Deshusses* (Hg.), Le Sacramentaire Grégorien. Ses principales formes d'après les plus anciens manuscrits. Édition comparative 1–3. Fribourg ^{3}1992, ^{2}1988, ^{2}1992 (Spicilegium Friburgense 16, 24, 28), hier 1, 85–86 (Nr. 1^{1}–3^{1}). Lateinischer Text: QUALITER MISSA ROMANA CAELEBRATUR. *Hoc est inprimis introitum qualis fuerit statutis temporibus siue diebus festis seu cottidianis, deinde kyriae eleison. Item dicitur gloria in excelsis deo, si episcopus fuerit, tantummodo die dominico, siue diebus festis; a praesbyteris autem minime dicitur nisi solo in pascha. Quando uero laetania agitur neque gloria in excelsis deo neque alleluia canitur. Postmodum dicitur oratio, deinde sequitur apostolum. Item gradalem seu alleluia. Postmodum legitur euangelium, deinde offerturium et orationem super oblatam. <Qua completa dicit sacerdos excelsa uoce:>* Per omnia saecula saeculorum.

40 Ebd. 85.

41 Vgl. *Andreas Heinz*, Papst Gregor der Große und die römische Liturgie. Zum Gregorius-Gedenkjahr 1400 Jahre nach seinem Tod († 604), in: LJ 54 (2004) 69–84, hier 77.

42 Vgl. zum Folgenden *Heinz*, Papst Gregor, 71–76.

im Anschluß an den Canon.[43] Bei alledem spricht Heinz zu Recht von „geringfügigen Änderungen“[44]. Man kann also darüber streiten, ob man von einer Liturgiereform unter Gregor dem Großen sprechen kann, und in Konsequenz dieses Gedankens ebenfalls, ob es eine Messe Gregors des Großen gibt. Doch war es für die mittelalterliche Auffassung nicht entscheidend, ob die im Sakramentar aufgeführten Texte materialiter auf Papst Gregor zurückzuführen sind. Wichtig war, das liturgische Buch insgesamt als authentisch auszuweisen, und dazu diente die Autorität des großen Papstes.[45]

Nur knapp berichtet der Text über die Abfolge des ersten Teils der Messe: Introitus, Kyrie, unter bestimmten Bedingungen das Gloria, dann die abschließende Oration, nichts sonst. Das die liturgischen Texte begleitende rituelle Szenarium überliefert eine andere Quelle, der *Ordo Romanus Primus* (OR 1), ein zum Sakramentar komplementäres Buch. Der Ordo schildert die feierliche Messe des römischen Pontifex.[46] Im 7. Jahrhundert entstanden,

---

43 Die Stellung des Vater Unser ist übrigens wieder Thema der lutherischen Liturgiereform (nicht indes der des Zweiten Vatikanums) gewesen, etwa als Vater-Unser-Paraphrase vor den Herrenworten oder gar zum Abschluss des Predigtgottesdienstes. Vgl. dazu *Friedrich Lurz*, Die Feier des Abendmahls nach der Kurpfälzischen Kirchenordnung von 1563. Ein Beitrag zu einer ökumenischen Liturgiewissenschaft (PTHe 38), Stuttgart 1998, 312–314.

44 *Heinz*, Papst Gregor, 76.

45 Susan A. Keefe hat in Bezug auf die Taufliturgie gezeigt, dass es nicht um eine Eins-zu-Eins-Übertragung eines römischen Modell-Ritus gehen kann, sondern um eine freie Adaptation, die sich ihrerseits des Traditionsargumentes bedient: Man geht kreativ mit Väter–Texten um und adaptiert vor diesem Hintergrund die römische Liturgie. Vgl. *Susan A. Keefe*, Water and the Word. Baptism and the Education of the Clergy in the Carolingian Empire 1: A Study of Texts and Manuscripts (Publications in medieval Studies), Notre Dame 2002, 52–69.

46 Vgl. *Michel Andrieu*, Les Ordines Romani du haut moyen âge 1–5 (Spicilegium sacrum Lovaniense 11, 23, 24, 28, 29), Louvain 1961–1985 (z. T. Réimpression anastatique), hier 2, 65–108. Eine Fassung dieses *Ordo Romanus* primus findet sich etwa auch in Cod. 138 (9. Jahrhundert) der Kölner Dombibliothek.

verlässt eine Fassung dieses Ordo Rom zwischen 700 und 750.[47] Im Hinblick auf den feierlichen Einzug schildert der Ordo folgenden Verlauf: Der Papst verehrt die „Sancta", also die Eucharistie, zu Beginn der Einzugsprozession.[48] Gegen Ende der Einzugsprozession überliefert der Ordo nur ein kurzes Gebet des Papstes vor dem Altar, zu dem man ihm einen Betstuhl hinstellt (Text O):

> „[…] ponat oratorium ante altare; et accedens pontifex orat super ipsum usque ad repetitionem versus".[49]

Der Papst betet also still vor dem Altar, bis das *Gloria Patri* des Introitusgesangs beendet ist.[50] Dann folgen die Verehrung des Altares wie des Evangelienbuches und der Gesang des Kyrie. Ein ausgefaltetes Stufengebet, das später die sogenannte Tridentinische Messe prägt, findet sich noch nicht. Im stillen Gebet des Pontifex, das keineswegs normiert ist, lässt sich lediglich ein Anhaltspunkt ausmachen, der später einen Ansatz zur Entwicklung des Stufengebetes bot. Beachtlich ist nun, dass ein jüngerer Ordo, der OR 17 aus dem späten 8. Jahrhundert, das Gebet des Priesters beim Einzug bereits inhaltlich näher qualifiziert, und zwar als „für seine und des Volkes Sünden"[51]. Damit ist dem Hinweis von Josef Andreas Jungmann zuzustimmen, die Anfänge des Stufengebetes lägen in vorfränkischer Zeit. Es habe „in vorfränkischer Zeit zwar nicht ein bestimmtes Gebet, wohl aber, entsprechend den beiden

---

47 Vgl. *Vogel*, Medieval Liturgy, 159. Vgl. auch *Johannes Nebel*, Die Entwicklung des römischen Messritus im ersten Jahrtausend anhand der Ordines Romani. Eine synoptische Darstellung (Pontificium Athenaeum S. Anselmi de Urbe, Pontificium Institutum Liturgicum, Thesis ad Lauream n. 264), Romae 2000, 14.

48 Vgl. OR 1, 48 (*Andrieu*, Ordines Romani, 2, 82–83).

49 OR 1, 50 (*Andrieu*, Ordines Romani, 2, 83).

50 Dieses stille Gebet findet Erwähnung bei *Nebel*, Entwicklung, 96–97; 264–265. Zur „Sancta" vgl. ebd., 139–140.

51 OR 17, 25: „pro se vel pro peccata populi" (*Andrieu*, Ordines Romani, 3, 179). Zum OR 17 vgl. *Vogel*, Medieval Liturgy, 168–169. Ebd., 169 der Hinweis: „Its most interesting part is a description of the Mass (nos. 17–63) in its simplified and Gallicanized form". Vgl. auch *Nebel*, Entwicklung, 158.

Teilen des heutigen Stufengebetes, den in bestimmte Formen gefassten Gang zum Altar und dann das stumme Sichniederwerfen des Zelebranten vor dem Altare“[52] gegeben. Genau diese Stelle ist Anlass für eine weitere Ausgestaltung des Messverlaufs seit dem Frühen Mittelalter, die wohl über die zwei Vorstufen des Apologientyps und des fränkischen Typs zum sogenannten Rheinischen Meßordo führt.[53] Bereits der Apologientyp sieht nun ein festgeschriebenes Gebet für jene Stille vor, die die *Ordines Romani* noch zu Beginn der Messe vorsehen (Text P):

> „Diese Oration verfasste der selige Ambrosius und pflegte sie zu singen, bevor er die Messe feierte, um für sich Verzeihung der Sünden zu erbitten, indem er so sprach: Vor das Angesicht deiner göttlichen Majestät trete ich reumütig hin, der ich es wage, deinen heiligen Namen anzurufen. Erbarme dich, Herr, über mich sündigen Menschen. Verzeihe deinem unwürdigen Diener, durch dessen Hände diese Opfergabe dargebracht werden will. Bewahre den lasterhaften Fall der Sünder vor den übrigen der todbringenden Verbrechen. Und tritt nicht ins Gericht mit deinem Knecht, denn vor deinem Angesicht wird kein lebendiger Mensch gerechtfertigt, da ich nämlich durch Laster und Begierden des Fleisches beschwert bin. Gedenke, Herr, dass ich Fleisch bin. Vor deinem Angesicht sind auch die Himmel nicht rein, wie viel mehr bin ich irdischer und unreiner Mensch wie ein blutverschmierter Lappen. Ich bin unwürdig, Jesus

52 *Josef Andreas Jungmann*, Missarum Sollemnia. Eine genetische Erklärung der römischen Messe 2 Bde., Freiburg – Basel – Wien [5]1962, hier 1, 377.

53 Vgl. *Bonifaas Luykx*, Essai sur les sources de l'Ordo missae Prémontré, in: Analecta Praemonstratensia 22/23 (1946/1947) 35–90. *Ders*, De oorsprong van het gewone der Mis (De eredienst der kerk 3), Utrecht 1955. Dt.: Der Ursprung der gleichbleibenden Teile der Heiligen Messe, in: Priestertum und Mönchtum, hg. v. *Theodor Bogler* (Liturgie und Mönchtum 29), Maria Laach 1961, 72–119. Vgl. dazu ausführlich *Andreas Odenthal*, „Ante conspectum diuinae maiestatis tuae reus assisto." Liturgie- und frömmigkeitsgeschichtliche Untersuchungen zum „Rheinischen Messordo" und dessen Beziehungen zur Fuldaer Sakramentartradition, in: *Odenthal*, Liturgie, 16–49.

> Christus, dass ich lebe. Aber du, der du nicht den Tod des Sünders willst, gib mir Verzeihung, der ich im Fleisch geschaffen bin, dass wir durch die Mühen der Buße das ewige Leben in den Himmeln zu genießen verdienen. Durch dich Jesus Christus, der du mit dem Vater und dem Heiligen Geist lebst und herrschst in die Ewigkeiten der Ewigkeiten. Amen."[54]

Bemerkenswert ist nicht nur die angegebene Autorenschaft des Ambrosius, die dieser Oration ihre Legitimität gibt. Beachtlich sind ferner die theologischen Grundlinien: Jesus Christus wird unter der Leitlinie seiner *maiestas* angesprochen, was nicht zuletzt aufgrund der damaligen christologischen Streitigkeiten zu erklären ist, die dazu führten, die Gottheit Jesu Christi in besonderer Weise zu betonen.[55] Die Mittlerstellung Christi nimmt dann zunehmend der Priester ein, der als Opfernder zwischen Gott und die Kirche tritt.[56] Und dann geht es natürlich um das Motiv der Sündenfreiheit im Sinn einer kultischen Reinheit, um die die Ora-

---

54 *Deshusses*, Le Sacramentaire, 3, 262 (Nr. 4373$^{1-16}$). Lateinischer Text: *Hanc beatus ambrosius orationem composuit, et eam antequam missam celebraret ueniam pro se postulando pro peccatis cantare solebat hoc modo dicens.* Ante conspectum diuinae maiestatis tuae reus assisto, qui inuocare nomen sanctum tuum praesumo. Miserere mihi domine homini peccatori. Ignosce indigno sacerdoti, per cuius manus haec oblatio uidetur offerri. Parce peccatorum labe prae ceteris capitalium polluto. Et non intres in iudicium cum seruo tuo, quia non iustificabitur in conspectu tuo omnis homo uiuens, scilicet uitiis ac uoluptatibus carnis adgrauatus sum. Recordare domine quod caro sum. In tuo conspectu etiam caeli non sunt mundi, quanto magis ego homo terrenus et immundus sicut pannus menstruatae. Indignus sum iesu christe ut uiuam. Sed tu qui non uis mortem peccatoris, da mihi ueniam in carne constituto, ut per paenitentiae labores uita aeterna perfrui mereamur in caelis. Per te iesu christe qui cum patre et spiritu sancto uiuis et regnas in saecula saeculorum. Amen.

55 Vgl. dazu – in der Begrifflichkeit der älteren Forschung – *Josef Andreas Jungmann*, Die Abwehr des germanischen Arianismus und der Umbruch der religiösen Kultur im frühen Mittelalter, in: *ders*, Liturgisches Erbe und pastorale Gegenwart. Studien und Vorträge, Innsbruck – Wien – München 1960, 3–86.

56 Siehe auch weiter unten.

tion bittet – eines der wohl am stärksten die Liturgie prägenden Motive des Mittelalters.[57]

3.2 Beobachtungen zum *Canon Romanus*

Als ein zweites Beispiel für die Veränderungen, die dem *Ordo Missae* zuteil wurden, sei der ehrwürdige *Canon Romanus* selbst bemüht, respektive das ihn begleitende Zeremoniell. Hier geht es jetzt nicht um seine textlichen Veränderungen, von denen die Einfügung der Bitte für die Verstorbenen wohl eine der jüngsten darstellen dürfte.[58] Es geht um die rituelle Umgestaltung des Textes und eine damit verbundene neue frühmittelalterliche Hermeneutik, die Reinhard Meßner ausführlich beschrieben hat.[59] Die damit verbundene Problematik ist schlicht die, den Einsetzungsbericht gar nicht zwingend im Sinn des Ambrosius als konsekratorisch zu verstehen, sondern als eine Art Gründungsurkunde, die vor der Anamnese und der damals noch nicht gespaltenen Epiklese zitiert wird.[60] Erst das konsekratorische Verständnis

---

57 Vgl. *Arnold Angenendt*, Pollutio. Die „kultische Reinheit" in Religion und Liturgie, in: ALW 52 (2010) 52–93.

58 Vgl. zur Bedeutung der Liturgie im Kontext der Totenmemorie vgl. *Arnold Angenendt*, Pro vivis et defunctis. Geschichte und Wirkung einer Meßoration, in: *Angenendt*, Liturgie, 385–395, sowie die Studie von *Jürgen Bärsch*, Allerseelen. Studien zu Liturgie und Brauchtum eines Totengedenktages in der abendländischen Kirche (LQF 90), Münster 2004.

59 Vgl. dazu grundsätzlich *Reinhard Meßner*, Einige Probleme des Eucharistischen Hochgebetes, in: Bewahren und Erneuern. Studien zur Meßliturgie, hg. v. *Reinhard Meßner, Eduard Nagel, Rudolf Pacik* (IThS 42), Innsbruck – Wien 1995, 174–201. – Zur Diskussion vgl. auch *Martin Stuflesser*, Memoria Passionis. Das Verhältnis von lex orandi und lex credendi am Beispiel des Opferbegriffs in den Eucharistischen Hochgebeten nach dem II. Vatikanischen Konzil (MThA 51), Münster ^{2}2000, 257–276.

60 In diesem Gedankenduktus könnte man auf eine teilkirchliche Praxis mit den nur „ausnahmsweise wiedergegebenen Abendmahlsworten" rückschließen, wie dies Angenendt im Hinblick auf die altgallische Tradition tut. Vgl. *Arnold Angenendt*, Lobpreis der Alten Liturgie?, in: StZ 135/228 (2010) 651–662, hier 653. Die Studie von *Matthieu Smyth*, La liturgie oubliée. La prière eucharistique en Gaule antique et dans l'Occident

des Einsetzungsberichtes legt es nahe, das *Quam oblationem* des *Canon Romanus* als Gabenepiklese zu deuten.[61] Spricht man nämlich der Zitation des Einsetzungsberichtes konsekratorische Wirkung zu, ist es notwendig, eine eigene Gabenepiklese voranzustellen, damit aber zugleich von der Kommunionepiklese zu trennen. Ohne den Gedankengang im Einzelnen und in allen Facetten hier nachzuvollziehen, wird man der Wertung von Hans Bernhard Meyer über Ambrosius zustimmen können: „Die Worte Jesu im Einsetzungsbericht bezeugt er zum ersten Mal und auf lange Zeit als einziger im Westen als ‚Konsekrationsworte' [...] – allerdings nur im Zusammenhang mit der Klärung der Frage, wieso bei der Kommunion nicht gewöhnliches Brot, sondern der Leib des Herrn empfangen wird".[62] Folgt man aber der frühmittelalterlichen neuen Kanonhermeneutik, die sich in den von Ambrosius vorgezeichneten Bahnen bewegt, ändert sich nicht nur das Verständnis der Epiklese, die fortan gespalten ist: Die Herabrufung des Geistes auf die Gläubigen wird von der über die Gaben von Brot und Wein „abgespalten", damit kaum mehr erfahrbar, wie sehr die „Wandlung" von Brot und Wein mit der der Gläubigen in den Leib Christi, der die Kirche ist, theologisch zusammenhängt.[63] Zugleich ändert sich die Rolle des Priesters, der nun „in persona Christi" den Einsetzungsbericht zitiert, und zwar so, dass nicht mehr die Bitte um den Geist, sondern die als „Stellvertreter Christi" gesprochenen „sakralen" Worte des Abendmahlssaales konsekratorisch wirken. Die begleitenden Gesten, allen voran die sich im Mittelalter ausbildende Elevation, dienen dann der rituellen Festschreibung der nun gültigen

---

non romain (Patrimoines christianisme), Paris 2003, ist hier (401–426) – wenn ich recht sehe – keineswegs so eindeutig.

61 Vgl. zum ganzen auch *Achim Budde*, Die Darbringung im Gedankengang des Eucharistischen Hochgebetes. Eine entwicklungsgeschichtliche Skizze, in: Das Opfer. Biblischer Anspruch und liturgische Gestalt, hg. von *Albert Gerhards, Klemens Richter* (QD 186), Freiburg – Basel – Wien 2000, 185–202, hier 195–201.

62 *Hans Bernhard Meyer*, Eucharistie. Geschichte, Theologie, Pastoral. Mit einem Beitrag von *Irmgard Pahl* (GdK 4), Regensburg 1989, 114–115.

63 Vgl. *Meßner*, Probleme, 189.

Kanonhermeneutik.[64] Meßner weist in diesem Kontext nun auf die letzte Liturgiereform hin, die die neuen Eucharistiegebete dem damals als römisch eingestuften Schema Gabenepiklese – Einsetzungsbericht – Anamnese mit Darbringungsgebet – Kommunionepiklese anpasste. Man kann der letzten Liturgiereform eine gewisse Vorsicht unterstellen, hier nicht in die vormittelalterliche Epoche und ihr Canon-Verständnis zurückgekehrt zu sein, was man auch aufgrund des damaligen Forschungsstandes kaum vermochte. Vielmehr wurde sogar das Formular der *Traditio Apostolica* der mittelalterlich-neuen Hermeneutik des *Canon Romanus* angepasst, da man sie für typisch römisch hielt. „Der große Relativierer blieb aber der altehrwürdige römische Kanon, dessen Text sich der neuen Hermeneutik nicht fügte."[65]

Die Ausführungen Meßners seien nun mit Beobachtungen von Angelus A. Häußling sowie eigenen Funden in Bezug auf den bereits zur Sprache gebrachten Rheinischen Messordo und seine Ausgestaltung des Canon-Beginns verbunden. Häußling hat auf eine Textvariante des *Ordo Romanus* I aufmerksam gemacht, die den Beginn des Canon-Gebetes seitens des Papstes markiert.[66] Der *Ordo Romanus* I beschreibt, dass der Papst nach Ende des Dreimal-Heilig sich alleine zum Vortrag des Canon erhebt. Zwei prominente Textzeugen beschreiben dies schlicht so: „[...] surgit pontifex solus in canone." Das heißt, dass der Papst also alleine mit dem Zitieren des Canon beginnt. Zahlreiche jüngere Handschriften modifizieren nun diesen Text: „[...] surgit pontifex solus et intrat in canonem".[67] Es ist wörtlich zu verstehen: Der Papst

64 Zur Elevation vgl. *Thomas Witt*, Repraesentatio Sacrificii. Das eucharistische Opfer und seine Darstellung in den Gebeten und Riten des Missale Romanum 1970. Untersuchungen zur darstellenden Funktion der Liturgie (PaThSt 31), Paderborn 2002, 206–208. – Die den Einsetzungsbericht begleitenden Gesten wären noch einmal eingehend zu untersuchen, zumal etwa eine Kniebeuge des Priesters nicht in allen Liturgika des Mittelalters Erwähnung findet.

65 So *Meßner*, Probleme, 200.

66 Vgl. *Angelus A. Häußling*, Dokumente der Liturgiegeschichte – wie verstehen? Erwägungen über einen Satz des Ordo Romanus primus, in: ZKTh 107 (1985) 24–30.

67 OR I, 88, in: *Andrieu*, Ordines Romani, 2, 95.

„betritt" den Canon wie einen eigenen „allerheiligsten" Raum, den aufzusuchen nur er würdig ist. War ursprünglich lediglich der Beginn stellvertretenden Betens durch den Papst markiert, tritt nun eine weitere Bedeutungsebene hinzu, die für ein Verständnis des priesterlichen Dienstes prägend wird. Häußling resümiert: „Das neue Verständnis braucht den Text nicht zu ändern; es versteht ihn ja nur wörtlicher, ‚besser', weil die übertragene Bedeutung des ‚et intrat solus' auf die konkrete zurückführend. Es fragt nach dem konkreten Modell, an dem sich der aktuell erfahrene Gottesdienst normiert. Die Frage hakt bei der Rollenfunktion des Agierenden ein und findet die eigene Geschichte wieder im Bericht des Evangeliums vom ‚allein', abgehoben von den anderen, auf dem Berg betenden Jesus, in dessen Rolle der Vorsteher der Feier, hier der Papst also, nun eingetreten ist".[68] Das aber hat weit reichende Folgen für das Grundverständnis der Messe: „So betritt nun der zelebrierende Meßpriester allein den Raum des Kanons und lässt das Volk außerhalb".[69]

Es ist aufschlussreich, wie die weiteren mittelalterlichen Veränderungen des *Ordo Missae* auf dem Weg zum Rheinischen Messordo diese entscheidende Nahtstelle des Canon-Beginns weiter konturieren. Für diese Stelle vor dem Beginn des *Canon Romanus* und noch während des *Sanctus* findet sich im Sakramentar Codex 88 der Kölner Dombibliothek folgendes Gebet mit einer rubrikalen Anweisung (Text Q):

> „*Gebet, während der Englische Hymnus gesungen wird.*
> Gott, der du nicht den Tod, sondern die Buße der Sünder wünschst, mich elenden und zerbrechlichen Sünder mögest du nicht von deiner Güte verstoßen, und du mögest nicht auf meine Sünden und Frevel und meine unreinen und schändlichen Gedanken schauen, mit denen ich mich jammervoll von deinem Willen getrennt habe, sondern auf deine Barmherzigkeiten und den Glauben und die Hingabe derer, die durch mich Sünder deine Barmherzigkeit erbitten. Und weil du mich Unwürdigen als Mittler zwischen dich und deinem Volk haben wolltest, mache mich so, dass ich würdig deine Barmher-

68 *Häußling*, Dokumente, 27.
69 *Angenendt*, Lobpreis, 656.

zigkeit anrufen kann für mich und für ebendieses dein Volk, und verbinde unsere Stimmen mit den Stimmen deiner heiligen Engel, damit, so wie jene dich ohne Unterlass und ohne Erschöpfung in der ewigen Seligkeit loben, so auch wir auf ihre Fürbitte dich untadelig zu loben verdienen in dieser Fremde."[70]

Die Oration, die ein Incipit einer Oration aus dem *Sacramentarium Hadrianum* aufgreift,[71] hat eine große Verbreitung gefunden.[72] Die rubrikale Anweisung gibt den Zeitpunkt des Vollzuges an, nämlich während des *Sanctus*. Damit wird für den Priester sozusagen eine zweite Ebene des Betens eingeführt. Nicht mehr der Gesang des *Sanctus* verlangt seine ganze Aufmerksamkeit, denn dieser ist zur Sache allein der Schola geworden. Vielmehr gibt man dem Priester ein Gebet an die Hand, das Gedanken des *Sanctus* aufgreift, so etwa in der Erwähnung der Stimmen der Engel. Bezeichnend für das Verstehen dieser Oration ist die Stelle im Gottesdienstablauf: Sie wird nämlich an der Schwelle zum *Canon Romanus* gebetet, dessen Einsetzungsbericht als „oratio

---

70 Köln, Dombibliothek, Codex 88, fol. 13v–14r (*Andreas Odenthal*, Zwei Formulare des Apologientyps der Messe vor dem Jahre 1000. Zu Codex 88 und 137 der Kölner Dombibliothek, in: ALW 37 (1995) 25–44, hier 35 [Nr. 12]). Lateinischer Text: *Oratio quando hymnus canitur angelicus:* Deus, qui non mortem sed paenitentiam desideras peccatorum, me miserum fragilemque peccatorem a tua non repelles pietate, neque aspicias ad peccata et scelera mea et immundas turpesque cogitationes meas, quibus flebiliter a tua disiungor voluntate, sed ad misericordias tuas et ad fidem devotionemque eorum, qui per me peccatorem tuam expetunt misericordiam. Et quia me indignum medium inter te et populum tuum fieri voluisti, fac me talem, ut digne possim tuam misericordiam exorare pro me et pro eodem populo tuo, et adiunge voces nostras vocibus sanctorum Angelorum tuorum, ut, sicut illi te laudant incessanter et infatigabiliter in aeterna beatitudine, ita nos quoque eorum interventu te mereamur laudare inculpabiliter in hac peregritudine. Per.

71 Und zwar aus der „Oratio de mortalitate" im Sacramentarium Gregorianum Hadrianum 1007 (*Deshusses*, Le Sacramentaire, 1, 345).

72 Vgl. zu dieser Oration *Joanne M. Pierce*, Sacerdotal spirituality at mass: Text and study of the prayerbook of Sigebert of Minden (1022–1036). Phil.Diss. Notre Dame, Indiana 1988, 394–395.

periculosa" gilt.[73] Vor dem Canon als heiligstem Teil der Messe scheint es angebracht, dass der Priester sich noch einmal seiner Unwürdigkeit erinnere und Gott um sein Erbarmen anflehe – eine typisch frühmittelalterlich geprägte Einstellung.[74] Deshalb trägt die Oration deutlich Bußcharakter, ist eine Apologie.[75] Ebenso kennzeichnend ist die beschriebene Rolle des Priesters. Trotz aller Unwürdigkeit ist er der Mittler zwischen Gott und den Menschen („weil du mich Unwürdigen als Mittler zwischen dich und deinem Volk haben wolltest"), hat also eine Funktion inne, die die neutestamentliche Überlieferung eigentlich Christus selbst vorbehalten wollte (etwa 1 Tim 2,5; Hebr 8,6 und 9,15).[76] Sodann wird die Bitte um ein würdiges Anrufen des göttlichen Erbarmens verständlich vor dem Hintergrund der Bedeutung des recht vollzogenen Kultes („dass ich würdig dein Erbarmen anrufen kann für mich und dein Volk").[77] Nur der Priester ermöglicht, dass Gott auf die Menschen hört.[78] Schließlich steht er stellvertretend vor Gott, es geht um den „Glauben und die Hingabe derer, die durch mich Sünder deine Barmherzigkeit erflehen". Anscheinend hat der Priester Gebetsverpflichtungen übernommen, die eine wesentliche Motivation der zahlreichen Messliturgien des Frühmittelalters bilden.[79] Wie aber immer, die benannten Veränderungen sind Zeugen einer epo-

---

73 Vgl. *Raymund Kottje*, Oratio periculosa – Eine frühmittelalterliche Bezeichnung des Kanons?, in: ALW 10,1 (1967) 165–168. Kottje macht indes auf den irischen Ursprung dieser Wertung aufmerksam, die sich s. E. nicht als Beleg eines Wandels seit dem Mittelalter eigne.

74 Vgl. *Arnold Angenendt*, Missa specialis. Zugleich ein Beitrag zur Entstehung der Privatmessen, in: *Angenendt*, Liturgie, 111–190, hier etwa 147–153.

75 Vgl. hierzu etwa *Adrien Nocent*, Les Apologies dans la célébration eucharistique, in: Liturgie et rémission des péchés. Conférences Saint-Serge. XXe Semaine d'études liturgiques, Paris, 2–5 juillet 1973 (BEL. S 3), Roma 1975, 179–196.

76 Vgl. auch *Arnold Angenendt*, Geschichte der Religiosität im Mittelalter, Darmstadt 1997, 444–446.

77 Vgl. *Angenendt*, Libelli, 228.

78 Belege bei *Angenendt*, Libelli, 238; *Angenendt*, Geschichte, etwa 451–453.

79 Vgl. *Angenendt*, Missa specialis, 127–137.

chalen Umwälzung eucharistischer Liturgie im Hinblick auf ihren sakrifiziellen Charakter und die damit einhergehende Bedeutungsverschiebung priesterlichen Selbstverständnisses vom „presbyter" zum „sacerdos".[80] Die bereits erwähnten Austauschbeziehungen zwischen Rom und dem Frankenland machen verstehbar, warum jenes durch und durch mittelalterlich geprägte Grundverständnis, dann als typisch römische Messauffassung verstanden, auch noch das Paradigma für das Trienter Missale abgab.

4. Zusammenfassung und Ergebnisse

Der kursorische Überblick über die bonifatianisch-karolingische Liturgiereform und die Konkretionen in Bezug auf den *Ordo Missae* führen zu zwei Ergebnissen.

Erstens wurde deutlich, dass das Bild organischen Wachstums kaum geeignet ist, die epochalen Akzentsetzungen zu beschreiben, wie sie unter Bonifatius und den Karolingern getätigt wurden. Nicht nur im Hinblick auf die christliche Initiation lassen sich hier Veränderungen ausmachen, die nicht aus den autochthonen Liturgien Gallliens usw. herauswuchsen. Die auf diese Akzentsetzungen folgenden Prozesse indes zeigen deutlich eine Verschmelzung unterschiedlicher liturgischer Traditionen, die sich über einen sehr langen Zeitraum hinzog, um dann ihrerseits die römische Liturgie prägend zu verändern. Auf diese sich langsam vollziehenden Verschmelzungsprozesse allenfalls, nicht indes auf ihren auslösenden Umbruch, lässt sich das Bild organischen Wachsens anwenden. Überträgt man dieses Modell auf die Liturgiereform nach dem Zweiten Vatikanischen Konzil, müsste man doch eingestehen, nach dem Beginn der Reform sei die Zeit für organisches Wachsen bis jetzt zu knapp bemessen, um von orga-

80 Vgl. *Gregor Predel*, Vom Presbyter zum Sacerdos. Historische und theologische Aspekte der Entwicklung der Leitungsverantwortung und Sacerdotalisierung des Presbyterates im spätantiken Gallien (Dogma und Geschichte 4), Münster 2005.

nischem Wachsen zu reden – eine „Reform der Reform" käme dementsprechend zu früh.

Zweitens dürften die Ausführungen zur Genüge gezeigt haben, wie viel Vorsicht geboten ist, jene Liturgiereform im Gefolge des letzten Konzils als die größte in der Geschichte der Kirche zu apostrophieren. Die Umwälzungen seit dem Frühen Mittelalter betrafen neben dem Bereich des Liturgisch-Rituellen auch das Amts- und Eucharistieverständnis, die Buch- und Schriftkultur, den liturgischen Gesang wie die Alltagsreligiosität, und vor allem: die Reformen hatten eine politische Dimension, deren kulturelle Auswirkungen kaum zu unterschätzen sind.

So bleibt nun die Kriteriologie der Liturgiereform des Zweiten Vatikanischen Konzils weiter zu untersuchen, wenn damals neben der „norma patrum" (SC 59) die tätige Teilnahme aller Gläubigen (SC 11 u. ö.) und das organische Wachstum (SC 23) leitend waren. Zu prüfen wäre in diesem Kontext die Frage, wie sehr die letzte Liturgiereform bei allen Neuerungen doch dem mittelalterlichen Paradigma verhaftet blieb, etwa im eucharistischen Beten. Und neu diskutiert werden müsste die Frage nach möglichen Brüchen in der Liturgiegeschichte. In Diskussionen über das eingangs zitierte päpstliche Diktum wird sehr oft argumentiert, dass es durchaus in Teilen Brüche der Tradition geben könne, indes keinen grundsätzlichen Bruch. Dem ist zuzustimmen: Alle Brüche, auch die der bonifatianisch-karolingischen Reform, sind vor dem Hintergrund einer Tradierung des Pascha-Mysteriums zu lesen, die nur mittels einer je neuen Inkulturierung des Christentums und seiner Rituale zu bewerkstelligen ist. Eine Kontinuität der Feiertradition schließt indes Brüche in der Feiergestalt und, wie gezeigt werden konnte, auch in manchem theologischen Gehalt, nicht aus.

Anhang: Zeittafel der bonifatianisch-karolingischen Liturgiereform und ihren Folgen

687/701	In Rom wird der *Ordo Romanus* I (OR I) komponiert: *Incipit ordo ecclesiatici ministerii romanae ecclesiae vel qualiter missa caelebratur* (Text O).
716	Brief Papst Gregors II. (715–731) an die Kirche Bayerns, in dem die römische Liturgie als Norm dargestellt wird (Text A).
719	Bonifatius wird von Gregor II. mit der Heidenmission beauftragt und auf die römische Taufliturgie verpflichtet (15. Mai) (Text B und C).
722	Bonifatius wird in Rom zum Bischof geweiht (30. November), Ablegung des Oboedienz-Eides (sonst nur für die suburbikarischen Bischöfe).
732	Messedekrete Papst Gregors III. (731–741): Zusatzoffizien aufgrund der Reliquien (12. April)[81]
732	Verleihung des Palliums an Bonifatius
737/38	Bonifatius wird durch Gregor III. zu dessen Legaten in Germanien gemacht.
742/43	Das *Concilium Germanicum* findet an einem unbekannten Ort unter dem Schutz des Hausmeiers Karlmann (741–747) statt: Per Reichsgesetz wird liturgisches Recht dekretiert (Text D).

---

81 Vgl. dazu *Häußling*, Mönchskonvent, 280–297, der sie als Schlüsseltexte eines sich verändernden Liturgieverständnisses wertet, denn sie dokumentieren als Anlass zur Liturgie die Verehrung der Heiligen und ihrer Reliquien. Vgl. dazu auch *Hubert Mordek*, Rom, Byzanz und die Franken im 8. Jahrhundert. Zur Überlieferung und kirchenpolitischen Bedeutung der Synodus Romana Papst Gregors III. vom Jahre 732 (mit Edition), in: Person und Gemeinschaft im Mittelalter (FS. Karl Schmid), hg. v. *Gerd Althoff, Dieter Geuenich, Otto Gerhard Oexle, Joachim Wollasch*, Sigmaringen 1988, 123–156.

745	Es scheitert die von einer gesamtfränkischen Synode beschlossene Berufung des Bonifatius als Erzbischof von Köln.
vor 750	Der OR I dringt ins Frankenreich vor; Tod des Bonifatius
754	Zusammentreffen Papst Stephans II. mit Pippin dem Jüngeren, nachdem Chrodegang den Papst in Rom abgeholt hat (Krönung in Saint Denis). Chrodegang von Metz tritt die Nachfolge des Bonifatius als einziger Palliumsträger des Frankenreiches an (Text E).
nach 754	Die bereits im Frankenreich kursierenden Exemplare nach dem Sakramentartypus des Gelasianum und Gregorianum verschmelzen zum „Sakramentar Pippins“ (Gelasianum saec. VIII).
755	Synode zu Ver (bei Senlis) durch Chrodegang von Metz: Scheidung von Kanonikern und Mönchen
um 760	Pippin bittet Papst Paul um römische liturgische Bücher.
760	Studienreise des Chrodegang nach Rom, Kantor Symeon wird mit nach Rouen genommen, Mönche werden nach Rom geschickt, um dort den Choral zu lernen (Text F und G).
785 oder 786	Hadrian I. (772–795) übersendet ein „unvermischtes“ gregorianisches Sakramentar (für den päpstlichen Pontifikalgottesdienst) an Karl den Großen, dessen Lücken durch Benedikt von Aniane († 821) aufgefüllt werden mussten, da es sich um ein bereits veraltetes Buch handelte (Text N).
789	Die *Admonitio* Karls des Großen (Text H, I, K).
795–816	Leo III. führt die fränkischen Rogationstage (*letaniae minores*) in Rom ein (Text L)
800	Kaiserkrönung Karls des Großen durch Leo III. (795–816) zu Beginn der 3. Weihnachtsmesse in Alt-St. Peter (Stationsgottesdienst!).

816	Synode von Aachen unter Ludwig I. dem Frommen (814–840): *Institutio canonicorum* versus *Regula Benedicti.*
950–962	Das Pontificale Romano-Germanicum (PRG) wird im Mainzer St. Albans-Kloster gesammelt.
22.4.998	Papst Gregor V. erteilt der Abtei Reichenau weitgehende Privilegien, verlangt aber als Gegengabe zwei Schimmel sowie einen Epistelcodex, ein Evangelienbuch und ein Sakramentar (Text M).
um 1000	Als neuer Grundtyp der „römischen" Messe hat sich der sog. Rheinische Messordo ausgebildet (Text P und Q).
14.2.1014	Krönung Heinrichs II. durch Papst Benedikt VIII. Die Verwunderung des Kaisers über das fehlende Credo führt zu seiner Einführung in der Messe.

Eine Präzisierung von „The Organic Development of Liturgy"

Das grundlegende Prinzip zur Beurteilung der Reform

Alcuin Reid, Fréjus-Toulon *

Das Jahr 1969 war ein besonderes innerhalb der jüngeren Geschichte des Römischen Ritus. Am Gründonnerstag, dem dritten April, unterzeichnete Papst Paul VI. die Apostolische Konstitution *Missale Romanum*, mit der er den neuen *Ordo Missae* und die ihm beigefügte *Institutio Generalis Missalis Romani* promulgierte.[1] Ein Dekret der Kongregation für den Gottesdienst und die Sakramentenordnung, datiert auf den 6. April, ordnete an, dass diese Texte vom kommenden 30. November an, dem ersten Adventsonntag,[2] verwendet werden sollten. Damit verdeutlichte das Dekret, dass zum selben Datum das neue *Calendarium Romanum*, welches im Monat zuvor veröffentlicht worden war, in Kraft treten würde.[3] Da die Gesamtausgabe des *Missale Romanum* bis zum März 1970

* Deutsche, am englischen Wortlaut gehaltene Übersetzung von Annette Bauer, Andreas Fritzsch und Andrea Hauber.

1 Missale Romanum Ex Decreto Sacrosancti Œcumenici Concilii Vaticani II Instauratum Auctoritate Pauli PP. VI Promulgatum: Ordo Missae, Editio Typica, Typis Polyglottis Vaticanis, Vatican City 1969, 7–12 ff.

2 Vgl. ebd., 5.

3 Vgl. Das Dekret der Kongregation für den Gottesdienst und die Sakramentenordnung, datiert auf den 21. März 1969, in: Calendarium Romanum Ex Decreto Sacrosancti Œcumenici Concilii Vaticani II Instauratum Auctoritate Pauli PP. VI Promulgatum, Editio Typica, Typis Polyglottis Vaticanis, Vatican City 1969, 6. Die reale Einführung des neuen Kalenders variierte an einigen Orten, bedingt durch den Zeitaufwand, der durch die Produktion der Editionen der neuen liturgischen Bücher in den jeweiligen Landessprachen von Nöten war.

nicht publiziert werden konnte,[4] bildeten die zuvor benannten zwei Bände zusammen mit dem im Mai 1969 veröffentlichten *Ordo Lectionum Missae*[5] die notwendige Voraussetzung für den Auftakt von dem, was Papst Paul VI. in seiner Ansprache bei der Generalaudienz am 26. November „die liturgische Erneuerung des neuen Messritus“[6] nannte.

Der Fortschritt dieser gewissermaßen stückweise erfolgten, jedoch darum nicht weniger gut organisierten Reform, die unzweifelhaft den höchsten Status „päpstlicher Approbationen *in forma specifica*, das heißt, bis in die Details gehend“[7] genoss, wurde durch eine Publikation im September 1969 in Verruf gebracht; Erzbischof Annibale Bugnini CM, der Hauptorganisator der nachkonziliaren liturgischen Reform, bezeichnete diese Publikation später als „ein Pamphlet, das nicht nur durch Einseitigkeit, sondern auch durch theologische Ignoranz gekennzeichnet war“[8], und betrachtete sie als einen „Angriff auf die päpstliche Autorität“[9].

Das Pamphlet *Kurze kritische Untersuchung des neuen Ordo Missae*[10] war ein Text, der von einigen römischen Theologen vor-

4 „Vorgesehen war, mit dem *Ordo Missae*, der schon publiziert worden war, das vollständige *Missale* noch vor Advent 1969 zu veröffentlichen. Die Kontroversen, die diese Arbeit jedoch begleiteten und die nach und nach erscheinenden Arbeiten und Kritiken dazu verzögerten die letztgültige Version“; *Annibale Bugnini* CM, The Reform of the Liturgy: 1948–1975, Liturgical Press, Collegeville 1990, 393.

5 Missale Romanum Ex Decreto Sacrosancti Œcumenici Concilii Vaticani II Instauratum Auctoritate Pauli PP. VI Promulgatum: Ordo Lectionum Missae, Editio Typica, Typis Polyglottis Vaticanis, Vatican City 1969.

6 L’Osservatore Romano, Weekly Edition in English, 4. Dezember 1969: „la novità liturgica del novo rito della Messa.“

7 *Pierre-Marie Gy* OP, Cardinal Ratzinger’s *The Spirit of the Liturgy:* Is It Faithful to the Council or in Reaction to It, in: Antiphon, Bd. 11, Nr. 1 (2007) 92. Das bedeutet, dass die Einbeziehung eines jeden Elements der neuen Riten und jede Entscheidung bezüglich ihrer Zusammensetzung eine direkte Ausübung päpstlicher Autorität war.

8 *Bugnini*, The Reform of the Liturgy, 286 f.

9 Ebd., 287.

10 A Critical Study of the New Order of Mass, London (ohne Datum).

bereitet und Paul VI. durch mehrere hochrangige Prälaten zur Einsicht vorgelegt worden war. Es wurde verfrüht in der italienischen Presse am 14. September veröffentlicht und gelangte erst am 29. September mit einem Begleitbrief, der unter anderem von Alfredo Kardinal Ottaviani (1890–1979), dem obersten Präfekten der Kongregation für die Glaubenslehre, und dem hochgeachteten Latinisten Antonio Kardinal Bacci (1885–1971) unterzeichnet war, in die Hände Pauls VI.[11] In Anlehnung an das Schreiben, das gemeinhin als die „Ottaviani-Intervention" bekannt ist, trugen die Kardinäle dem Papst ihre Ansicht vor, dass „der *Novus Ordo* sowohl im Gesamten als auch in seinen Details eine eklatante Abkehr von der katholischen Theologie der Messe sei, wie sie durch die 22. Sitzung des Konzils von Trient formuliert worden war", und dass „die pastoralen Gründe, die zur Begründung eines solch schweren Bruchs mit der Tradition vorgebracht worden waren [...] uns nicht als ausreichend erscheinen."[12] Dies war sicherlich die prominenteste zeitgenössische Kritik an der Arbeit des *Consilium ad Exsequendam Constitutionem de Sacra Liturgia*, dessen Sekretär Bugnini war. Es gab jedoch noch andere.[13]

Es sollen hier weder die Zerwürfnisse der Kurie, die im Spätjahr 1969 durch die Ottaviani-Intervention verursacht worden waren,[14] im Detail berichtet noch der Text selbst ausgewertet werden. Die Vorkomnisse erlauben uns jedoch die Feststellung, dass es damals – wie auch heute – ernsthafte Anfragen im Hinblick auf die liturgischen Reformen, wie sie von Paul VI. in Folge des Zweiten Vatikanums promulgiert worden waren, gab, ganz besonders im Hinblick auf den *Ordo Missae* von 1969 und das anschließende *Missale Romanum* von 1970.

---

11 Vgl. The Ottaviani Intervention: Short Critical Study of the New Order of Mass, hg. v. *Anthony Cekada*, Rockford 1992, 3 f.

12 A Critical Study of the New Order of Mass, 3.

13 Bugnini macht besonders auf Louis Bouyers Kritik aufmerksam; veröffentlicht in: *Charles Underhill Quinn* (Übers.), The Decomposition of Catholicism, Chicago 1969; und *Hubert Jedin*, „Storia e crisi della Chiesa", in: L'Osservatore Romano (Italienische Edition), 15 January 1969; vgl. Bugnini, The Reform of the Liturgy, 283 f.

14 Vgl. The Ottaviani Intervention, 5–7.

Das Kernproblem brachte Joseph Kardinal Ratzinger (*1927) in seiner Ehrung des deutschen Liturgikers Klaus Gamber (1919–1987) auf den Punkt:

> „Was nach dem Konzil weithin geschehen ist, bedeutet etwas ganz anderes: An die Stelle der gewordenen Liturgie hat man die gemachte Liturgie gesetzt. Man ist aus dem lebendigen Prozess des Wachsens und Werdens heraus umgestiegen in das Machen. Man wollte nicht mehr das organische Werden und Reifen des durch die Jahrhunderte hin Lebendigen fortführen, sondern setzte an dessen Stelle – nach dem Muster technischer Produktion – das Machen, das platte Produkt des Augenblicks."[15]

Als Papst Benedikt XVI. brachte er dieselbe Sorge 2007 zum Ausdruck: „In der Liturgiegeschichte gibt es Wachstum und Fortschritt, aber keinen Bruch."[16]

Streitpunkt ist demnach, ob die liturgische Reform, die Paul VI. verkündete – im Ganzen oder in Teilen – in Kontinuität mit der liturgischen Tradition steht oder einen Bruch derselben darstellt. Ist sie eine organische Entwicklung traditioneller Überlieferungen oder ist sie eine Abkehr davon – eine radikale Neuerung in Diskontinuität? Eine ebenso wesentliche Frage ist, ob das Zweite Vatikanische Konzil die initiierte Liturgiereform als eine organische Weiterentwicklung der liturgischen Tradition oder als einen radikalen Bruch mit den überlieferten liturgischen Traditionen auffasste.

Geht man diesen Fragen nach, muss man sowohl die rituelle als auch die theologische Kontinuität der neuen Riten untersuchen. Zudem ist auch die Wirklichkeit der erfahrbaren oder sogar psychologischen Kontinuität oder des Bruches im liturgischen Leben der Kirche als relevant zu erachten. Man kann jedoch diese

---

15 Simandron. Der Wachklopfer. Gedenkschrift für Klaus Gamber (1919–1989), hg. v. *Wilhelm Nyssen*, Köln 1989, 14f.

16 Brief des Heiligen Vaters Papst Benedikt XVI. an die Bischöfe anlässlich der Publikation des Apostolischen Schreibens „motu proprio data" Summorum Pontificum über die Römische Liturgie in ihrer Gestalt vor der 1970 durchgeführten Reform, 7. Juli 2007.

Untersuchung nur durchführen, wenn die zugrunde liegenden Prinzipien klar definiert sind.

Die organische Entwicklung der Liturgie

Ich habe dargelegt, dass man durch das Studium der Geschichte der Liturgie zu der Feststung kommen kann, dass „das Prinzip oder Gesetz der organischen Entwicklung der objektiven liturgischen Tradition ... das *sine qua non* einer katholischen Liturgiereform"[17] ist. Dementsprechend umreiße ich dieses Prinzip wie folgt:

> „Eine organische Entwicklung ist im richtigen Verhältnis offen für Wachstum (bedingt durch pastorale Erfordernisse) und Kontinuität innerhalb der Tradition. Sie hört auf die *desiderata* der Wissenschaft und erwägt immer wieder aufs Neue den Wert von Bräuchen, die im Laufe der Zeit verloren gegangen sind, um, gestützt auf diese, und nur wenn es wirklich notwendig ist, die liturgische Tradition allmählich zu verbessern. Die kirchliche Autorität muss dieses Wachstum überwachen und bisweilen klug ermessen, was im Lichte der Bedürfnisse einer Zeit angebracht ist, immer darauf achtend, dass die liturgische Tradition niemals verarmt und dass das, was weitergegeben wird, wirklich jenes kostbare Erbe ist, welches wir von unseren Vorfahren empfangen haben – möglicherweise vorsichtig zurechtgestutzt und sorgfältig bereichert (jedoch nicht völlig umgebaut), entsprechend den Gegebenheiten, in denen sich die Kirche in jedem Zeitalter befindet –, um so die Kontinuität von Glaube und liturgischer Praxis zu gewährleisten."[18]

---

17 Originalzitat: „the principle, or law, of the organic development of objective liturgical Tradition, is ... the *sine qua non* of Catholic liturgical reform." *Alcuin Reid* OSB, The Organic Development of the Liturgy, 2. Auflage, San Francisco 2005, 310. [Anmerkung der Redaktion: Besonders einschlägige Zitate werden in den Fußnoten in der Originalsprache wiederholt.]

18 Originalzitat: „Organic development holds openness to growth (prompted by pastoral needs) and continuity with Tradition in due pro-

Wirklich organische liturgische Entwicklungen sorgen somit für eine wahrnehmbare, ja erfahrbare kultische und theologische Kontinuität mit der Tradition, während sie zugleich gegenüber angemessenen Entwicklungen offen sind. Verluste entstehen meist nur langsam und schrittweise. Solche Entwicklungen gehen, unabhängig davon, welche Autorität sie anordnet, weder mit einem dramatischen oder substanziellen kultischen oder theologischen Bruch mit der Vergangenheit noch mit der Erfahrung eines tiefgehenden Risses im liturgischen Leben und im Glaubensleben der Kirche der jeweiligen Zeit einher – samt der damit verbundenen psychologischen Verrenkung und sogar Entfremdung von der Kirche, die solch einen Riss riskiert. Wie der Katechismus der katholischen Kirche erklärt: „Selbst die höchste Autorität in der Kirche kann die Liturgie nicht nach Belieben ändern, sondern nur im Glaubensgehorsam und in Ehrfurcht vor dem Mysterium der Liturgie."[19]

Ich habe weiterhin dargelegt, dass dieses Prinzip, so wie ich es umrissen habe, grundlegend ist für die Anordnung einer liturgischen Reform durch *Sacrosanctum Concilium*, deren vorrangiges Ziel es war, jene *participatio actuosa* in der liturgischen Tradition

---

portion. It listens to scholarly *desiderata* and considers anew the value of practices lost in the passage of time, drawing upon them to improve liturgical Tradition gradually, only if and when this is truly necessary. Ecclesiastical authority supervises this growth, at times making prudential judgements about what is appropriate in the light of the needs of different ages, but always taking care that liturgical Tradition is never impoverished, and that what is handed on is truly that precious heritage received from our fathers, perhaps judiciously pruned and carefully augmented (but not wholly reconstructed), according to the circumstances of the Church in each age, ensuring continuity of belief and of practice." Ebd., 308.

19 KKK Nr. 1125. Das französische Original: „Même l'autorité suprême dans l'Église ne peut changer la liturgie à son gré, mais seulment dans l'obéissance de la foi et dans le respect religieux du mystère de la liturgie." Catéchisme de L'Église Catholique, Paris 1992, 247. Der endgültige lateinische Text lautet: „Ipsa auctoritas Ecclesiae suprema non potest liturgiam ad placitum commutare suum, sed solum modo in obedientia fidei et in religiosa mysterii liturgiae observantia." Catechismus Catholicæ Ecclesiæ, Libreria Editrice Vaticana, Vatikanstadt 1997, 310.

der Kirche zu verwirklichen, die so sehr von der liturgischen Bewegung des 20. Jahrhunderts ersehnt wurde. Die Konstitution über die heilige Liturgie beabsichtigte dies zu tun, indem sie stark auf eine großflächig angelegte liturgische Bildung auf allen Ebenen der Kirche insistierte (vgl. SC 14–20). Aufgrund der Annahme, dass diese Bemühungen um die liturgische Bildung in die Tat umgesetzt werden würden, erklärte das Konzil anschließend in Artikel 21: „Damit das christliche Volk in der heiligen Liturgie die Fülle der Gnaden mit größerer Sicherheit erlange, ist es der Wunsch der heiligen Mutter Kirche, eine allgemeine Erneuerung der Liturgie sorgfältig in die Wege zu leiten.“[20]

Das Grundprinzip dieser Reform wird in Artikel 23 hervorgehoben:

> „Damit die gesunde Überlieferung gewahrt bleibe und dennoch einem berechtigten Fortschritt die Tür aufgetan werde, sollen jeweils gründliche theologische, historische und pastorale Untersuchungen vorausgehen, wenn die einzelnen Teile der Liturgie revidiert werden. Darüber hinaus sind sowohl die allgemeinen Gestalt- und Sinngesetze der Liturgie zu beachten als auch die Erfahrungen, die aus der jüngsten Liturgiereform und den weithin schon gewährten Indulten gewonnen wurden. Schließlich sollen keine Neuerungen eingeführt werden, es sei denn, ein wirklicher und sicher zu erhoffender Nutzen der Kirche verlange es. Dabei ist Sorge zu tragen, daß die neuen Formen aus den schon bestehenden gewissermaßen organisch herauswachsen.“[21]

---

20 „Pia Mater Ecclesia, ut populus christianus in sacra Liturgia abundantiam gratiarum securius assequatur, ipsius Liturgiae generalem instaurationem sedulo curare cupit.“

21 „Ut sana traditio retineatur et tamen via legitimae progressioni aperiatur, de singulis Liturgiae partibus recognoscendis accurata investigatio theologica, historica, pastoralis semper praecedat. Insuper considerentur cum leges generales structurae et mentis Liturgiae, tum experientia ex recentiore instauratione liturgica et ex indultis passim concessis promanans. Innovationes, demum, ne fiant nisi vera et certa utilitas Ecclesiae id exigat, et adhibita cautela ut novae formae ex formis iam exstantibus organice quodammodo crescant.“

Auf der Grundlage der Redaktion, die dieser Artikel auf dem Konzil erfuhr, und auf der Grundlage gut informierter und sachkundiger zeitgenössischer Kommentatoren habe ich an anderer Stelle dargelegt, dass Artikel 23 von *Sacrosanctum Concilium* „ein sorgsam ausgewogener und nuancierter Text" ist, der „keinen Blankoscheck für eine radikale liturgische Reform" ausstellt. Vielmehr autorisiert er zu einer maßvollen und vorsichtigen liturgischen Reform, zu einer organischen Entwicklung der Liturgie in Harmonie mit der empfangenen Tradition.[22]

Meine These, dass das Prinzip der organischen Entwicklung aus der Liturgiegeschichte heraus abgeleitet werden kann, und dass das Konzil dieses Prinzip respektiert und es sich für eine liturgische Reform als Aufgabe zu eigen gemacht hat, wurde angefochten, besonders, seit es erneut zur Geltung gebracht wurde durch Papst Benedikt XVI. in seinem Begleitbrief zum Motu Proprio *Summorum Pontificum*. Die Kritiken veranschaulichen deutlich die Streitfragen in der Debatte um Bruch und Kontinuität, und eine Untersuchung dieser Kritiken wird uns gute Dienste darin leisten, im Vorfeld einer Begutachtung des *Missale Romanum* von 1970 das Prinzip der organischen Entwicklung der Liturgie zu präzisieren.

Liturgischer Darwinismus

Im Jahr 2007 äußerte sich Oswald McBride OSB, ein Mönch der Ampleforth Abbey in England und von Beruf Arzt, zur Verwendung des Wortes „organisch", indem er postulierte, dass dieses Konzept die Möglichkeit evolutionärer Interaktionen beinhaltet. „Folglich", so argumentiert McBride, der Arbeit des Evolutionsbiologen Stephan J. Gould (1941–2002) folgend, „könnten wir

---

22 Vgl. *Alcuin Reid*, Sacrosanctum Concilium and the Organic Development of the Liturgy, in: The Genius of the Roman Rite: Historical, Theological, and Pastoral Perspectives on Catholic Liturgy, hg. v. *Uwe Michael Lang*, Chicago 2010, 203.

anstelle eines einfachen Entwicklungsprozesses, in dem die Vielfalt mit der Zeit stetig zunimmt, [...] viel komplexere Muster episodischer Kreativität und wiederkehrenden Absterbens beobachten, bei denen nur wenige Baupläne erfolgreich genug sind, um zu überleben und als Vorlage für zukünftige Entwicklungen auf der jeweiligen evolutionären Stufe zu dienen. Die Bedeutung eines solchen Vorschlags für die ‚organische Entwicklung der Liturgie'", so schließt er, „sollte vergleichsweise klar sein."[23]

McBride erklärt weiter, dass der „Prozess der Dezimierung" oder des „Sterbens" nicht als eine „Blockierung der organischen Entwicklung betrachtet werden kann; vielmehr ist er fast schon ein notwendiger Bestandteil dieser", und „wenn wir wirklich akzeptieren sollten, dass liturgische Entwicklung in ihrer Natur ‚organisch' ist, dann müssen wir den Tod – in diesem Fall den Verlust bestimmter Elemente innerhalb der Liturgie, seien es Texte oder Riten – ebenso als einen normalen Bestandteil des organischen Prozesses akzeptieren."[24]

McBride führt an, dass sein Ausflug in die Biologie weder die Existenz dessen, was ich als „liturgischen Darwinismus" beschreiben würde, beweist, noch, dass seine Untersuchungen im Hinblick auf die Liturgie schlüssig sind. Er betrachtet seinen Essay als Erklärung einer „erweiterten Metapher"[25].

Obwohl es unbestreitbar ist, dass die heilige Liturgie, ähnlich einem biologischen Organismus, sowohl Wachstum als auch Verlust aufgrund von zeitlichen („umweltbedingten") oder pastoralen Faktoren erfahren hat, weitet McBride diese Metapher doch zu weit aus. Schließlich ist die Liturgie ein ekklesialer, kultischer und theologischer Organismus, kein biologischer. Die Liturgie ist etwas der Tradition der Kirche Gegebenes, die in ihren rituellen

23 *Oswald McBride* OSB, Modelling Liturgical Evolution: Identity, Interaction and Community, in: *The Downside Review*, Bd. 125, Nr. 441 (November 2007), 275. McBride sowie der weiter unten behandelte Peterburs antworten auf: *Alcuin Reid*, Looking Again at the Liturgical Reform: Some General and Monastic Considerations, in: *The Downside Review*, Bd. 124, Nr. 437 (Oktober 2006) 238–258.

24 Ebd., 276 f.

25 Ebd., 278.

Formen durch pastorale Anforderungen ihrer jeweiligen Zeit sicherlich „beeinflussbar“ und zweifelsohne zu theologischen und rituellen Bereicherungen (oder auch Verarmungen) fähig ist; als spezifische ekklesiale Realität ist sie aber ihrer Umwelt nicht *unterworfen*, auch nicht der „gegenwärtigen“ kirchlichen Umwelt. Denn die Liturgie kommt von Christus durch die Tradition der Kirche, sie ist Seine kultische Handlung in der Welt und durch die Kirche, und sie genießt eine Objektivität – eine Autorität gar – als ekklesialer Organismus göttlicher Stiftung, die bloße biologische Organismen nicht besitzen.

McBrides Artikel formuliert keine klare liturgietheologische Aussage (er beabsichtigt dies auch nicht). Dennoch scheint er die heilige Liturgie als einen Ort zu begreifen, an dem „jede Gemeinschaft […] ihren Glauben ausdrücken“ kann und er behauptet, dass es nötig sei, dass „jede Generation versucht, die Liturgie zu den Menschen ihrer Zeit ‚sprechen‘ zu lassen.“[26] Wenngleich es sich dabei um Wirklichkeiten handelt, deren die Liturgie gewahr sein muss, so bilden sie doch nicht die Bestimmung der heiligen Liturgie, welche vorrangig in der Fortdauer des Heilshandelns Christi besteht, wirksam durch den Kult der Kirche (vgl. *Sacrosanctum Concilium*, Art. 7). Obgleich die von Menschen entwickelten Riten, durch die dies geschieht, sicherlich nicht unwandelbar sind (vgl. *Sacrosanctum Concilium*, Art. 21), so genießen sie nichtsdestotrotz Sakralität – man könnte fast sagen durch Osmose –, was bedeutet, dass auch sie, einzeln oder als Ganzes, nicht einfach den empfundenen Bedürfnissen einer bestehenden Generation unterworfen sind.

Evangelisches Zeugnis (einschließlich der verschiedenen Formen religiösen Lebens und der Charismen), Apologetik, Katechese, Predigt und viele andere apostolische Tätigkeiten sind die Mittel, durch die die Kirche zu den Menschen eines jeden Zeitalters spricht und sie erreicht; diesen mag eine darwinsche Evolution ohne Schwierigkeiten zugestanden werden. Hingegen ist die heilige Liturgie die kultische Realisierung des Heilshandelns Christi. Auf sie hin muss alles apostolische Tun orientiert sein,

26 Ebd., 275 f.

gleichzeitig speist sie sich aus dieser Quelle (vgl. *Sacrosanctum Concilium*, Art. 10). Die Liturgie ist jedoch nicht vorrangig ein evangelisches, pastorales oder didaktisches Werkzeug. Die Liturgie ist kein Forum, auf dem Menschen ihre eigene Identität reflektieren, sondern sie *gibt* den Menschen Identität und (mit Ausnahme vielleicht der liturgischen Predigt) „lehrt" sie durch die rituelle Begegnung, durch die Erfahrung des lebendigen Christus. Dieser wirkt gerade in der Liturgie in und durch seine Kirche, und zwar nicht primär durch Konzepte, Gesten und Strategien, die dazu geschaffen sind, den heutigen Menschen anzusprechen.

Somit können wir McBride darin zustimmen, dass die Liturgiegeschichte sowohl schrittweises Wachstum wie auch Verlust in einzelnen liturgischen Riten und Texten aufweist, nicht jedoch darin, dass es vor dem späten 20. Jahrhundert ein radikales liturgisches Absterben oder einen Tod (das heißt einen Bruch) in der liturgischen Tradition der Kirche gegeben habe, sodass eine neue Entität den Platz der Bestehenden eingenommen habe. Während ein liturgischer Darwinismus, der auf einer subjektiven liturgischen Theologie basiert, eine Rechtfertigung zu bieten scheint für die liturgischen Bücher, die von Papst Paul VI. promulgiert wurden, haben weder die Geschichte der Liturgie noch die Tradition, ganz zu schweigen vom Zweiten Vatikanischen Konzil, jemals etwas Vergleichbares als gültiges Prinzip liturgischer Reform zugelassen.

Die Lehrentwicklung und die liturgische Reform

McBrides Mitbruder, Wulstan Peterburs OSB, fragt in einem 2008 erschienenen Artikel „Newman's *Essay on Development* as a Basis for Considering Liturgical Change":

> „Ob man auf der Basis von Newmans These sagen kann, dass, trotz der Vielfalt und Unterschiedlichkeit in der äußeren Erscheinung und Praxis, die Liturgie der katholischen Kirche nach dem Vaticanum II substantiell die gleiche ist wie in der vorkonziliaren Kirche; und im Besonderen, dass bestimmte liturgische Entwicklungen oder Prakti-

> ken, obwohl in ihrer Erscheinung recht verschieden von Vorhergehendem, trotzdem authentische Entwicklungen sind."[27]

Peterburs bemerkt richtig, dass die Lehrentwicklung für Newman ein Prozess ist, bei dem die Kirche „unter dem Einfluss des Heiligen Geistes" in der Lage ist, „das, was in Gottes Offenbarung in Christus implizit enthalten ist freizulegen."[28] Dies ist freilich essenziell für die rechtgläubige Lehrentwicklung. Aber es trifft nicht auf die Liturgie zu.

Abgesehen davon, dass nur schwerlich behauptet werden kann, dass die liturgischen Formen, die im 1., 4., 9., 16. oder gar im 17. Jahrhundert behutsam eingeführt oder verändert wurden, „in Gottes Offenbarung in Christus implizit enthalten" sind, ist die heilige Liturgie weder ein Ausdruck oder ein Produkt akademischer Lehre, noch kann sie dieser unterworfen sein. Sie ist vielmehr der lebendige *locus theologicus*, sie ist *theologia prima* – der Ort, an dem die in der Lehre ausgedrückten Wahrheiten in der Kirche aller Zeiten leben und atmen. Die heilige Liturgie ist eine Wirklichkeit, die der Formulierung der Lehre *vorangeht*. Die Texte und Riten, die an diesem privilegierten Ort Verwendung finden, verändern sich, gewiss, und entsprechend diverser Einflüsse entwickeln sie sich oder kommen mit der Zeit außer Gebrauch, doch zugleich wahren sie im Großen und Ganzen die Kontinuität. Die Kontinuität ihrer Entwicklung ist jedoch keine intellektuelle oder akademische, sondern sie muss vielmehr, entsprechend der Natur der Liturgie selbst, kultisch, greifbar, materiell und erfahrbar sein.

---

27 Originalzitat: „Whether it would be possible to say on the basis of Newman's theory that, despite a variety of differences in outward appearance and practice, the post-Vatican II liturgy of the Catholic Church is substantially the same as that of the pre-conciliar Church; and, in particular, that certain liturgical developments or practices, although quite different in appearance from what went before, are nevertheless authentic developments." *Wulstan Peterburs*, Newman's *Essay on Development* as a Basis for Considering Liturgical Change, in: The Downside Review, Bd. 126, Nr. 442 (Januar 2008) 22.

28 Ebd. 29.

Peterburs reduziert Newmans „sieben ‚Kriterien' um zu bestimmen, ob eine Veränderung in der Lehre eine wahrhaftige Entwicklung oder [...] eine Verfälschung" ist, auf zwei, indem er behauptet:

> „Newmans These ist im Grunde eine Theorie der ‚organischen Entwicklung', bei der das Spätere aus dem Früheren herauswächst und bei der die Identität der beiden durch eine Kontinuität ihres ‚lebendigen' Prinzips gewahrt wird, trotz Verschiedenheiten oder Konflikten oder gar der (scheinbarer) Revision von Lehrmeinungen."[29]

Dieses „lebendige Prinzip" dürfte demzufolge abstrakt sein. Unabhängig davon, ob dies tatsächlich Newmans Intention war, oder ob es theologisch zulässig ist, ist Peterburs Behauptung, dass dies „weitreichendere Veränderungen" in der Liturgie, wie er sie in meiner Formulierung des Prinzips der organischen Entwicklung findet,[30] erlauben würde, abermals problematisch. Wirklich organische Liturgieentwicklung bewahrt die kultische, nicht bloß die theoretische oder ‚prinzipielle' Kontinuität im liturgischen Leben der jeweiligen Generation.

Wir können Peterburs von Herzen zustimmen, dass „die Entwicklung der kirchlichen Lehre mit dem Wachstum von der Eichel bis zur Eiche verglichen werden kann, bei dem Letzteres im Aussehen von Ersterem völlig verschieden ist, und dennoch das eine im anderen bereits eingeschlossen ist."

Tatsächlich wurde diese Analogie von niemand geringerem als Josef Andreas Jungmann (1889–1975) auf die Liturgie angewendet,[31] und zwar zu Recht, denn sie veranschaulicht sehr gut, wie die allmähliche, wahrhaftig organische Entwicklung im Laufe der Zeit kontinuierlich (angemessenes Stutzen oder Verluste nicht

29 Originalzitat: „Newman's theory is basically a theory of ‚organic development,' the latter ‚growing' from the earlier, the identity between the two being maintained by a continuity in its ‚living' principle, despite a variety, even conflict or (apparent) reversal, of doctrines." Ebd., 32.

30 Ebd., 30.

31 Vgl. *Reid*, The Organic Develpoment of the Liturgy, 170.

ausgeschlossen) eine komplexere, weiter entwickelte Wirklichkeit hervorbringt. Sie zeigt zudem geschickt, dass es unmöglich ist, solch eine Wirklichkeit radikal zu reformieren und zugleich die Kontinuität der Entwicklung zu wahren: Die äußeren Formen sind eingebunden in ihr „lebendiges Prinzip".[32]

Eine Liturgiegeschichte des Bruches

Das Prinzip der organischen Liturgieentwicklung in der Geschichte wurde direkter von John F. Baldovin SJ, Professor für historische und liturgische Theologie am Boston College in den USA, kritisiert. Baldovin behauptet, dass „eine ernsthafte und radikale Reform der Liturgie in der Westkirche nicht in den 1960 und 1970er Jahren begann."[33] Er akzeptiert bereitwillig, dass „die Reform der Liturgie nach dem Vatikanum II tatsächlich eine radikale Reform"[34] war und argumentiert, ausgehend von der Arbeit der deutschen Liturgiewissenschaftler Martin Klöckener und Benedikt Kranemann zur Liturgiereform,[35] dass sie „zahlreiche Präzedenzfälle hatte in der Art und Weise, wie die Liturgie sich im

32 Peterburs Anwendung seiner Position auf die liturgische Reform ist oberflächlich und behandelt nicht die originäre Natur der Liturgie, und er schließt ziemlich unbekümmert: „I expect that ultimately it comes down to a matter of judgement as to which changes in liturgical practices should be regarded as true developments. For Newman, in the final analysis be the judgement of the whole Church, perhaps based on the deceptively simple principle as to whether they really work or not". Ebd., 34.

33 *John F. Baldovin* SJ, „Sacrosanctum Concilium and the Reform of the Liturgy: Forty-Five Years Later", in: Studia Liturgica, vol. 39 no. 2 (2009) 145.

34 Ebd., 151. Baldovin anerkennt die gleiche Wirklichkeit radikaler Veränderung in seinem Werk „Reforming the Liturgy: A Response to the Critics", Collegeville 2008, 132 u. 139.

35 Liturgiereformen. Historische Studien zu einem bleibenden Grundzug des christlichen Gottesdienstes, hg. v. *Martin Klöckener, Benedikt Kranemann* (LQF 88), Münster 2002.

Lauf der Jahrhunderte gewandelt hat."[36] Nach Baldovins Dafürhalten ist „die Ansicht, die *Summorum Pontificum* zugrundeliegt, namentlich, dass der Reform der Liturgie nach dem Vatikanum II die organische Kontinuität mit der Vergangenheit fehlte, historisch gesehen dürftig."[37]

Baldovin geht sogar so weit, dass er die „Beschäftigung mit der Liturgie um der Liturgie Willen" als eine „narzistische Obsession"[38] betrachtet, wenn nicht gar als Idolatrie. „Wenn jemand die Realität (oder die Bedeutung) der Diskontinuität der Tradition bestreitet", so argumentiert er, dann „wird man gelähmt, hypnotisiert vom Gehalt der Tradition selbst an irgendeinem Punkt ihrer Entwicklung."[39]

In seiner jüngsten Kritik unterscheidet Baldovin, dem französischen Phänomenologen Jean-Luc Marion (*1946) folgend, zwischen einer Betrachtung der Liturgie als Ikone und als „Idol". „Das Idol ist undurchsichtig", betont er, „es weist nicht über sich hinaus, sondern lähmt und absorbiert den Blick des Betrachters", während bei der Ikone – hier entlehnt er Marions Worte – „der Blick des Menschen sich verliert im unsichtbaren Blick, der ihn sichtbar betrachtet."[40] Wir haben keinen Grund, diese Unterscheidung anzufechten.

---

36 *Baldovin*, Sacrosanctum Concilium and the Reform of the Liturgy: Forty-Five Years Later, 151. Baldovin fährt fort: „and one that was badly needed."

37 Originalzitat: „the attitude which inspired Summorum pontificum, namely that the post-Vatican II reform of the liturgy lacked organic continuity with the past, is historically shallow." *John F. Baldovin* SJ, Reflections on Summorum Pontificum, in: Worship, Bd. 83, Nr. 2 (März 2009) 102.

38 Originalzitat: „attention to the liturgy for the liturgy's sake alone [...] narcissistic obsession"; Baldovin, Sacrosanctum Concilium and the Reform of the Liturgy: Forty-Five Years Later, 150.

39 *John F. Baldovin* SJ, Idols and Icons: Reflections on the Current State of Liturgical Reform, in: Worship, Bd. 84, Nr. 5 (September 2010) 390 f.

40 Originalzitate: „The idol is opaque, it does not lead beyond itself but rather transfixes and absorbs the gaze of the beholder" ... „the gaze of man is lost in the invisible gaze that visibly envisages him." Ebd., 389.

Jedoch versagt diese Unterscheidung, wenn man sie auf die Liturgiereform überträgt oder gar dadurch die Notwendigkeit von Kontinuität in der Entwicklung der liturgischen Formen in Frage stellt; es geht darum, den tiefen Respekt und die Verehrung, die den sinnlich erfahrbaren Mitteln dieser ikonenhaften Begegnung mit Christus in der heiligen Liturgie – kultisch und materiell – Jahrhunderte hindurch zugestanden wurde, sowohl innerhalb der heiligen Liturgie (vor allem im christlichen Osten) als auch außerhalb zu berücksichtigen. Die „Gegenstände" der Liturgie – Riten, Texte, Gesänge, Objekte, Gebäude, Personen etc. eingeschlossen – werden verehrt und sind verehrungswürdig aufgrund der sakralen Begegnung, an der sie beteiligt sind und durch die sie selbst zu Sakramentalien werden. Aus diesem Grunde kann man sie nicht einfach beiseiteschieben.

Hier nähert sich Baldovin einem liturgischen Ikonoklasmus, der *nur* den Früchten der liturgischen Begegnung Bedeutung beimisst und wenig oder keine den Mitteln, die eingesetzt werden, um diese Begegnung zu ermöglichen – er überlässt sie somit gänzlich dem subjektiven Erbarmen der Generationen. Obzwar die „liturgischen Gegenstände" unserer Begegnung mit Christus *dienen*, bedeutet das Beharren darauf, dass sie nur in einer organischen Kontinuität und ohne einen Bruch reformiert werden können, nicht, die Liturgie oder ihre verschiedenen materiellen Elemente und Dienste zu vergötzen; es bedeutet, zutiefst die wahre Natur der ikonenhaften Begegnung mit Christus zu respektieren, die in der heiligen Liturgie hier auf Erden stattfindet und die der Schöpfungsordnung entsprechend inkarnatorisch ist.

Um auf Baldovins historisches Argument zurück zu kommen: Festzustellen ist, dass die Beispiele, die er vorbringt und die auch Klöckener und Kranemann anführen, nicht die Existenz eines radikalen Bruches in der liturgischen Tradition und im Leben der Westkirche vor den Reformen, die Paul VI. durchführte, beweisen, sondern dass sie tatsächlich Anhaltspunkte liefern für die schrittweise organische Entwicklung der Liturgie durch die Kirche.

Es lohnt sich, an das Urteil zweier Liturgiewissenschaftler im Hinblick auf zwei Perioden der Liturgiegeschichte zu erinnern, welche zuweilen als Beispiele für einen Bruch angeführt werden. Das erste Beispiel ist die karolingische Reform des 8. und 9. Jahrhunderts. Der israelische Professor Yitzak Hen (*1963) zeigt in seinem 2001 erschienen Werk „The Royal Patronage of Liturgy in Frankish Gaul", dass bezüglich dieser Periode die wissenschaftliche „Illusion" herrscht, Pippin III. habe eine „offizielle Romanisierung der fränkischen Riten" verwirklicht.[41] Hen legt dar, dass entgegen der allgemeinen Auffassung unter Karl dem Großen „die traditionellen nichtrömischen Riten weder bewusst unterdrückt wurden noch verloren gingen, obwohl zweifelsfrei römische Bücher und liturgische Praktiken eingeführt wurden [...], sowohl freiwillig als durch die Legislative. Die Kontinuität in der liturgischen Feier ist offensichtlich, auch wenn es scheint, als wären neue Praktiken und Gebete eingeführt worden [...]". Es ist „höchst unwahrscheinlich", so versichert Hen, „dass der karolingische Hof eine liturgische Uniformität angestrebt hat."[42] Demnach ist „Vielfalt auf Basis einer zugrundeliegenden Einheit", so Hen, „eine korrektere Beschreibung der fränkischen Situation [...], ein beredtes Zeugnis für den Reichtum des religiösen Lebens und der Kultur dieser Epoche."[43]

Das zweite Beispiel betrifft die Verschmelzung der römischen mit den fränkischen Riten in den darauffolgenden Jahrhunderten. Dazu führt der französische Liturgiehistoriker des Mittelalters Cyrille Vogel (1919–1982) deutlich aus:

> „Der gesamte Prozess war ein Prozess der Osmose, Amalgamation und Hybridisierung; Liturgien wurden nie einfach ausgetauscht; sie beeinflussten und modifizierten einander, und sogar der dominante

---

41 *Yitzhak Hen*, The Royal Patronage of Liturgy in Frankish Gaul to the Death of Charles the Bald (877), Henry Bradshaw Society, London 2001, 64.

42 Originalzitate: „Roman books and liturgical practices were undoubtedly introduced ... both voluntarily and by legislation", contrary to received opinion „the traditional non-Roman rites were neither deliberately suppressed nor lost. Continuity in liturgical celebration is apparent, even when it seems that new practices and prayers were introduced ... It is „highly improbly, that liturgical uniformity was aimed at by the Carolingian court." Ebd., 94 f.

43 Ebd., 153.

> römische Ritus, der aus diesem Prozess entsprang, erfuhr Veränderungen und Verbesserungen."[44]

Professor Baldovin erfasst nicht, dass das Prinzip der organischen Entwicklung weder Veränderung in den liturgischen Formen noch das Aufkommen signifikanter Entwicklungen über Jahrhunderte hinweg leugnet – eine Eichel, ein Schössling und eine Eiche erscheinen tatsächlich sehr verschieden, wie auch die Liturgie des Westens, wie sie im 4., 10., 14. und 19. Jahrhundert gefeiert wurde. Vielmehr verteidigt das Prinzip der organischen Entwicklung die Existenz einer Kontinuität in der Geschichte der Liturgie, dem eine in einem beliebigen Moment aufgezwungene radikale, substanzielle rituelle und theologische Revolution ganz und gar fremd ist. Dies ist die spezifische Bedeutung des Wortes „organisch" hinsichtlich der Entwicklung der Liturgie.[45]

Daher müssen wir Baldovins stellenweise grob vereinfachende Schlussfolgerung zurückweisen, im Verlauf der Geschichte hätte sich „die Liturgie in einem Prozess der Reform"[46] befunden, weshalb auch die Reform in der Folge des Zweiten Vatikanischen Konzils „voll und ganz im Einklang mit der Tradition"[47] stünde. Dass Reformprozesse sowohl in der Vergangenheit als auch in der Zukunft stattfinden, ist für sich genommen eine unzureichende Begründung für die Einzelheiten irgendeiner Reform: Der kultische und theologische Inhalt und deren Kontinuität bei einer jeden Reform sind entscheidende Faktoren um zu einer Bewer-

---

44 Originalzitat: „The entire process was one of osmosis, amalgamation, and hybridisation; liturgies were never simply substituted for one another; they influenced and modified one another, and even the dominant Roman liturgy issued from the process changed and enhanced." *Cyrille Vogel, William Storey & Niels Ramussen* OP (durchges. u. übers.), Medieval Liturgy: An Introduction to the Sources, Washington 1986, 3.

45 Baldovin betrachtet „organisch" als ein „Codewort für unerheblich"; *Baldovin, Sacrosanctum Concilium* and the Reform of the Liturgy: Forty-Five Years Later, 147.

46 Ebd., 157.

47 Ebd.

tung zu gelangen. Man darf nicht den Prozess an sich vergötzen. Hierher gehören Fragen nach den Auswirkungen einer jeden Reform im Sinn quantitativer, empirischer und psychologischer Brüche in einem bestimmten Zeitraum.

Eine neue Synthese

Baldovins amerikanischer Kollege Nathan Mitchell von der Universität Notre Dame, argumentiert demgegenüber, ebenfalls auf *Summorum Pontificum* antwortend, dass „das klare und konsistente Muster" innerhalb der Liturgiegeschichte des Westens „darin besteht, *die ‚Reichtümer der Vergangenheit' zu erhalten, indem etwas Neues kreiert wird.*"[48] Er behauptet, „von *früheren* liturgischen Formen wurde üblicherweise erwartet, eine neue Synthese hervor zu bringen."[49]

Zu behaupten, dass es irgendeine „routinemäßige" Erwartung einer liturgischen Reform vor dem letzten Jahrzehnt des 20. Jahrhunderts gegeben hätte, entbehrt jeder historischen Grundlage. Dass in der Entwicklung der Liturgie zuweilen neuere liturgische Formen an die Stelle älterer getreten sind, ist klar. Ob das, was in der Geschichte der Liturgie geschah, tatsächlich die Herausarbeitung einer „neuen Synthese" war – als ob eine solche Synthese, einer Reihe theologischer Prinzipien folgend, ausgedacht wurde –, ist (vor den 1960er Jahren) ebenfalls fraglich.

Einen Präzedenzfall für seine Ansicht sieht Mitchell in der liturgischen Reform Pius' V. im 16. Jahrhundert. Er behauptet, die Bulle *Quo primum*, mittels der Pius V. das *Missale Romanum* von 1570 promulgierte, „zeigt, dass ein scheinbarer ‚Bruch' (also eine signifikante *Veränderung*) in der kultischen Praxis nicht die Konti-

48 *Nathan Mitchell*, Amen Corner: „Summorum Pontificum", in: Worship, Bd. 81, Nr. 6 (November 2007) 553.

49 Originalzitat: „earlier liturgical forms were routinely expected to yield to new syntheses." Ebd.

nuität beendet, sondern sie vielmehr ermöglicht."[50] Nach seiner Auffassung bestand „die Entscheidung des heiligen Pius V. [...] nicht darin, ein bereits existierendes Missale neu in Umlauf zu bringen, sondern *ein Neues zu kreieren*."[51] Mitchell unterstreicht die Ansicht einer positiven päpstlichen Autorität im Hinblick auf die westliche Liturgie damit, dass Pius V. „ein *neues* und *verbindliches* Missale Romanum"[52] veröffentlicht hat; allerdings beging er einen unverzeihlichen Fehler zu behaupten, dass der heilige Pius V. „frühere Versionen, egal wie verehrungswürdig oder alt sie auch sind"[53], ausgeschlossen habe.

Obwohl die zentralisierte päpstliche Autorität nach dem Konzil von Trient bei der Liturgiereform ein immer bedeutenderer Faktor wurde – und ein überaus neuartiger dazu –, hat Pius V. nicht „eine einzige, maßgebende, ausnahmslos ‚einheitliche' Liturgie für den gesamten lateinischen Westen"[54] promulgiert. Jeder, der die Geschichte der westlichen Liturgie nach dem Konzil von Trient kennt, weiß, dass viele Missalien ganz rechtmäßig bis lange nach 1570 überlebt haben, besonders in den Primatialsitzen, in Ordensgemeinschaften und in vielen Teilen Europas, insbesondere in Frankreich. Auch hat er nicht „eine ‚generelle Ersetzung' geschätzter lokaler Liturgien durch einen merkwürdigen ‚neuen' Ritus, der von Spezialisten ausgeheckt und von Personen mit ‚juristischer Kompetenz' promulgiert wurde"[55], angeordnet, wie es Mitchell andernorts behauptet. Das *Missale Romanum* von 1570 ist gewiss reformiert – sein Kalender und Teile des Propriums sind gestutzt und weiter entwickelt –, aber es verbleibt nichtsdesto-

---

50 Originalzitat: „shows that an apparent ‚rupture' (that is, a significant *change*) in ritual practice does not cancel continuity but, on the contrary, makes it possible." Ebd., 554 f. (Hervorhebungen: A. Reid).

51 Originalzitat: „St. Pius V's decision ... was not to redeploy an existing missal but to create a new one." Ebd.

52 Originalzitat: „a *new* and *mandatory Missale Romanum*". Ebd., 555.

53 Vgl. *Reid*, The Organic Development of the Liturgy, 41 f.

54 *Nathan* Mitchell, Amen Corner: ‚Rereading Reform', in: Worship, Bd. 71, Nr. 5 (September 1997) 465.

55 Originalzitat: „a ‚wholesale replacement' of cherished local liturgies by a strange ‚new' rite concocted by ‚specialists' and promulgated by persons with ‚juridical competence'". Ebd.

trotz in substanzieller, kultischer und theologischer Kontinuität in der empfangenen liturgischen Tradition: Ordinarium, Temporale, Lektionar, Kanon und das Proprium wurden nicht radikal umgestaltet, weder rituell noch theologisch. Zu behaupten, dass die liturgischen Reformen des Konzils von Trient „drastischer, neuartiger und unüblicher [waren] als jene, die auf das Zweite Vatikanum folgten"[56], ist rein revisionistische Geschichtsbetrachtung.

Eine rigide Altertümelei

Eine ähnlich erstaunliche Behauptung wurde von dem deutschen Kirchenhistoriker Arnold Angenendt (*1934) in Reaktion auf *Summorum Pontificum* vorgebracht; er konstatiert, „die Behauptung einer organischen Entwicklung [der Liturgie] ohne Umbrüche und Abbrüche ist historisch nicht zu halten."[57] Als „Abbrüche", die Anzeichen von Brüchen sind, nennt Angenendt den Empfang der heiligen Kommunion in den Mund, die Zelebration privater Messen und, vielleicht noch schwerwiegender, die theologische (und damit einhergehende kultische) Evolution dessen, was er als „die Eucharistie" bezeichnet, hin zu dem, was er „die Messe" nennt. Doch es ist auch das Auftauchen des Römischen Kanons, welcher, so seine Behauptung, „weder organisch gewachsen noch altehrwürdig"[58] ist und für ihn der Prototyp eines Bruches darstellt:

> „Im Vergleich mit der frühen Liturgietradition und speziell der gallikanischen wie auch teilweise der östlichen bewahrte die römische Liturgie beim Hochgebet eben nicht das Ursprünglich-Alte, sondern

56 Originalzitat: „more drastic, unprecedented and untraditional than those which followed Vatican II." Ebd.

57 *Arnold Angenendt*, Lobpreis der Alten Liturgie?, in: StZ 230 (2010) 651–662, hier 659. Vgl. auch die englische Version des Artikels: *Arnold Angenendt*, Questionable Praise of the ‚Old Liturgy', in: Worship, Bd. 85, Nr. 3 (Mai 2011) 207: „the claim of an organic development [of the liturgy] without major, and even harmful, changes is historically untenable."

58 Ebd., 651.

> öffnete sich zeittypischen Tendenzen. Somit ist es gerade das römische Hochgebet, das die alte Form aufgegeben und sich dadurch erheblich verändert hat, so daß es nicht Zeuge einer organischen Fortentwicklung ist, sondern einen Bruch aufweist."[59]

Wenn wir einmal von Angenendts fragwürdiger Annahme absehen, es habe jenes römische Hochgebet gegeben, das viele Gelehrte des 20. Jahrhunderts Hippolyt von Rom zuschrieben,[60] so ist doch das, was sich uns hier zeigt, in Wirklichkeit ein Zeugnis dafür, dass die Liturgie sich *tatsächlich* im Lauf der Zeit organisch entwickelt und dass solche Entwicklungen beachtlich sein können.

Angenendt gelingt es nicht zu zeigen, dass bei irgendeiner liturgischen Reform ein substantieller theologischer oder ritueller Bruch erfolgte. Sein Standpunkt ist tatsächlich mit Jungmanns These verwandt, wonach die angeblich reine und einfache Liturgie, die aus der patristischen Zeit hervorging, durch spätere Entwicklungen „korrumpiert" wurde (jene Entwicklungen, die daher von der Reform nach dem Zweiten Vatikanischen Konzil zu Recht verworfen wurden).[61]

Hierin zeigt er eine auffallende ideologisch-altertümliche Rigidität, die sich gegenüber Entwicklungen verschließt, die nicht theologisch oder rituell die Liturgie der frühen Kirche imitieren. Eine solche Altertümelei mag zwar scheinbar rechtfertigen, dass die Liturgie durch angeblich reine, frühere liturgischen Formen ersetzt wurde – wie es teilweise nach dem Konzil ge-

59 Ebd., 657.

60 Etwas, was keinesfalls sicher ist: Vgl. *Paul Bradshaw* et al., The Apostolic Tradition: A Commentary, Minneapolis 2002; *Paul Bradshaw*, The Search for the Origins of Christian Worship, London ²2002; *John F. Baldovin*, Hippolytus and the Apostolic Tradition: recent research and commentary, Theological Studies, Bd. 64 (September 2003) 520–542; *Verschiedene Autoren*, Revisiting the Past: Hippolytus and the Apostolic Tradition, St Vladimir's Theological Quarterly Bd. 48 (2004) 179–248; *Matthieu Smyth*, The Anaphora of the So-called ‚Apostolic Tradition' and the Roman Eucharistic Prayer, in: Issues in Eucharistic Praying in East and West: Essays in Liturgical and Theological Analysis, hg. v. *Maxwell E. Johnson*, Collegeville 2011, 71–98.

61 Vgl. *Reid*, The Organic Development of the Liturgy, 165 f.

schah. Jedoch zeigt sich darin mangelnder Respekt für die empfangene liturgische Tradition, die sich (organisch) unter dem Einfluss des Heiligen Geistes entwickelt hat – auch nach dem Ende des 4. Jahrhunderts.

Erwünschte Diskontinuität

In jüngerer Zeit wurde die Erwünschtheit ritueller Diskontinuität behauptet. Ausgehend von der irrigen Annahme, dass Angenendts oben behandelter Artikel „beweist, dass die Auffassung einer historischen Kontinuität der Liturgie, manchmal ‚organische Entwicklung' genannt, historisch falsch ist"[62], verwirft der deutsche Doktorand Simon Schrott die historische Linearität als hinreichendes Kriterium für Kontinuität. An ihre Stelle setzt er „Kontinuität als kohärente Identität" und behauptet, dies sei „ein kohärenter Raum, in dem etwas es selbst bleibt und seine Identität bewahrt."[63] „Somit", so argumentiert er, „sei Veränderung möglich ohne auf Kontinuität zu verzichten."[64]

Eine Rechtfertigung dafür sucht Schrott in *Sacrosanctum Concilium*, indem er behauptet, darin sei „Kontinuität das allgemeine Ziel, jedoch ist Diskontinuität manchmal nötig und unvermeidlich."[65] Schrott will „kohärente Identität" im grundlegenden Prinzip der Konstitution, der *participatio actuosa* (vgl. SC 14), finden sowie in der Theologie des Paschamysteriums (vgl. SC 5), indem er erklärt: „Es kann und darf keine *Kontinuität* geben, die der Theologie des Paschamysteriums im allgemeinen oder dem Prinzip der aktiven Teilnahme im besonderen widerspricht."[66]

62 Orginalzitat: „proves [the] understanding of historical continuity, sometimes called the ‚organic development' of liturgy, to be historically wrong". *Simon A Schrott*, „The Need for Discontinuity: Considerations on a Hermeneutic of Liturgical Reform according to *Sacrosanctum Concilium*", in: *Studia Liturgica*, vol. 41 no. 1 (2011) 57.

63 Ebd., 58.

64 Ebd.

65 Ebd., 62.

66 Ebd., 65 (Hervorhebung: A. Reid).

Darüberhinaus ist sein Verständnis von Kontinuität bei „kohärenter Identität" in einer liturgischen Reform nur möglich, „wenn sie zu den anthropologischen Bedingungen ihrer Teilnehmer passt."[67]

Bedauerlicherweise ist Schrotts Auslegung der Konstitution historisch gesehen schwierig, und es mangelt ihr an Kenntnissen primärer und zeitgenössischer Quellen. Es gelingt ihm nicht zu zeigen, dass dies die Absicht der Konzilsväter, der konziliaren liturgischen Kommission, der Konstitution selbst (es bedarf einer Einordnung der Teile, aus denen er schöpft) oder kundiger zeitgenössischer Kommentatoren war.

Es ist schwer, darin etwas anderes zu sehen als eine aposteriorische Lektüre von *Sacrosanctum Concilium* aus dem Bedürfnis heraus, eine Rechtfertigung etwaiger Diskontinuitäten zu finden, die es in der von Paul VI. promulgierten Liturgiereform gibt. Die buchstäblich fundamentale Bedeutung der *participatio actuosa* für die Konstitution und die Liturgische Bewegung im 20. Jahrhundert – welche das „Warum?" einer generellen liturgischen Reform liefert – ist wohl bekannt, und der Einfluss der Theologie des Paschamysteriums ist eindeutig. Dass jedoch das Zweite Vatikanische Konzil beabsichtigte, diese in einer „Identität" zu vereinigen, welche die liturgischen Riten von allem anderen säubern sollte, was ihm im Weg steht, in dem permanenten Versuch, mit den stets im Fluss befindlichen anthropologischen Bedingungen des gegenwärtigen Menschen übereinzustimmen, ist keineswegs bewiesen oder, so würde ich behaupten, überhaupt beweisbar.

Sacrosanctum Concilium hat gewiss eine Reform ins Auge gefasst, um die *participatio actuosa* zu fördern, jedoch in Kontinuität – und zwar in einer Kontinuität, von der man durchaus sagen kann, dass sie linear und organisch ist, wie es in Artikel 23 der Konstitution benannt ist, und wie ich es in meinem Artikel „*Sacrosanctum Concilium* and the Reform of the *Ordo Missae*" anhand der Quellen dargelegt habe.[68]

---

67 Ebd.

68 Vgl. *Alcuin Reid*, Sacrosanctum Concilium and the Reform of the Ordo Missæ, in: Antiphon, Bd. 10, Nr. 3 (2006) 277–295.

Eine „Hyper-Hermeneutik"

Der Italiener Massimo Faggioli, Absolvent der Schule von Bologna, ein Spezialist für den Katholizismus des 20. Jahrhunderts, bietet eine Art „Hyper-Hermeneutik" an, mit welcher die Liturgierefom nach dem Zweiten Vatikanischen Konzil betrachtet werden kann – jedoch sei fairerweise erwähnt, dass er von der „liturgischen Reform *des* Zweiten Vatikanums" spricht und er nicht wirklich zwischen dem unterscheidet, was das Konzil angeordnet hat, und dem, was später promulgiert wurde.[69] Diese „Hyper-Hermeneutik" basiert auf der Annahme einer übergreifenden Realität des „Vatikanum II", die ihn zu der Frage veranlasst: „Wie viel von Sacrosanctum Concilium steckt im Zweiten Vatikanum und wie viel vom Zweiten Vatikanum steckt in der ersten Konstitution Sacrosanctum Concilium?"[70]

„Selbstbesinnung, eucharistische Ekklesiologie und Annäherung" sind die Schlüsselkomponenten dieser Hermeneutik, die laut Faggioli „eine unzweideutige Beurteilung der Frage nach der Kontinuität oder Diskontinuität des Konzils und der Stellung liturgischer Reform liefert"[71]. „Jeder Versuch [seine liturgische Reform] zu untergraben, verrät eine eindeutig reduktionistische Sicht auf das Konzil und seine epochalen Veränderungen", behauptet er.[72]

Obwohl Faggioli das Konzept organischer Liturgieentwicklung nicht direkt anspricht, bringt ihn doch seine übergreifende Hermeneutik dazu, Historiker zu kritisieren, die „sich auf die ‚technischen Resultate' und direkten Auswirkungen der Litur-

---

69 *Massimo Faggioli*, Quaestio Disputanda: Sacrosanctum Concilium and the meaning of Vatican II, in: Theological Studies, Bd. 71 (2010) 452 (Hervorhebung: A. Reid).

70 Ebd., 439.

71 Originalzitat: „provide an unambiguous appraisal of the issue of Vatican II's continuity and discontinuity and the role of liturgical reform." Ebd.

72 Originalzitat: „Any attempt to undermine [its liturgical reform] reveals a clearly reductionist view of the council and its epoch-making changes." Ebd., 452.

giereform konzentrieren anstatt auf ihre tiefe Bedeutung für das Zweite Vatikanum und die Kirche“[73]. Er betrachtet das Interesse an solchen Fragen als das Vertreten eines „politisch-ästhetischen Standpunktes im Hinblick auf Liturgie“[74]. Somit besteht eine Tendenz, „die Verbindungen zwischen der Liturgiereform und dem Zweiten Vatikanum als einer verändernden Kraft zu übersehen“[75]. Mit anderen Worten: Im Lichte seiner Hyper-Hermeneutik beschäftigt sich Faggioli kaum mit den Details der Konstitution noch mit der darauf folgenden Liturgiereform.

Sein Werk ist noch nicht fertig gestellt,[76] aber bei dem bereits veröffentlichen Teil wird man den Eindruck nicht los, dass Faggioli das konziliare Geschehen (nicht „Ereignis“) und die Inhalte der Dokumente beschönigt, was sie sowohl in ihrem spezifischen Inhalt als auch ihrer Umsetzung (zum Guten wie zum Bösen) der wahren Bedeutung beraubt. Im Hinblick auf die liturgische Reform könnte man vorbringen, dass man die Absicht des Zweiten Vatikanischen Konzils aus seiner Konstitution *Sacrosanctum Concilium* ableiten kann, seiner Theologie, seinen Prinzipien und der Anwendung dieser Prinzipien, wie sie am 4. Dezember 1963 promulgiert wurden. Es sei erwähnt, dass Papst Paul VI. nicht bis zum Schluss des Konzils gewartet hat, um das Consilium einzuberufen und so die Konstitution umzusetzen, eben so wenig wartete dessen Exekutive mit dem Beginn ihrer Arbeit. Man könnte ebenso legitimerweise die Ergebnisse der anschließenden Reform untersuchen, und sie entsprechend den darin enthaltenen Prinzipien beurteilen. Dass die *participatio actuosa* durch breit angelegte liturgische Bildung und durch rituelle Reformen im Sinn einer organischen Entwicklung der Tradition gefördert werden sollte, ist ebenfalls klar. Zu behaupten, dass es eine Hyper-Hermeneutik gegeben habe, die den Vätern des Konzils nicht bekannt gewesen sei, und diese zur Grundlage der eigenen Bewer-

73 Ebd., 447.

74 Ebd.

75 Ebd.

76 Er erwähnt, dass sein Artikel einen Teil eines kommenden Werkes bildet: Reforming the Liturgy—Reforming the Church at Vatican II: The Deep Implications of Sacrosanctum Concilium, Collegeville 2013.

tung des Konzils und der darauffolgenden Reformen zu machen, scheint ein weiterer Versuch einer unkritischen ideologischen Rechtfertigung *aposteriori* zu sein.

Eine Präzisierung der Prinzipien der organischen Liturgieentwicklung

Im Lichte der geführten Debatten möchte ich die folgende Präzisierung des Prinzips der organischen Liturgieentwicklung anbieten, welches, daran halte ich fest, in der Geschichte der westlichen Liturgie zu finden ist.[77]

1. Eine angemessene oder wachsende Veränderung liturgischer Riten kann als organische Entwicklung betrachtet werden. Je nach den Erfordernissen entstehen neue Texte und Riten. Andere werden nicht mehr benutzt und schließlich gestrichen. Die Feier der Gläubigen und ihr Erleben der liturgischen Riten sind von Kontinuität geprägt. Sie wird weder traumatisiert noch ins Wanken gebracht, und der lebendige Organismus der heiligen Liturgie entwickelt sich und wächst. Er wird erneuert, in Kontinuität. Die Eiche wächst und bringt neue Zweige hervor. Manchmal wird sie gestutzt. Vielleicht erleidet sie im Lauf der Jahre Verluste durch Unfälle oder durch die Einflüsse ihres geistlichen Umfeldes, aber sie wächst dennoch weiter.

Für diesen Prozess gibt es unzählige Beispiele in der Geschichte der Liturgie – vom Auftauchen und Verschwinden von Texten für bestimmte liturgische Tage oder Feste (Kollekten, andere Gebete, Präfationen usw.) in frühen Sakramentaren bis hin zur Einfüh-

77 Zur Geschichte liturgischer Reformen vgl. *Reid*, The Organic Development of the Liturgy. Manche haben dieses Werk für seine knappe Behandlung der „Liturgische[n] Reform in der Geschichte" (Kapitel 1) kritisiert. Es sei angemerkt, dass bereits am Anfang des Buches klargestellt wird, dass nicht beabsichtigt wird, die Arbeit angesehener Liturgiehistoriker des 20. Jahrhunderts zu rekapitulieren (vgl. S. 19); tatsächlich sind es diese Historiker, die das Fundament bereitstellen für die These des Prinzips der organischen Liturgieentwicklung in der Geschichte vor dem 20. Jahrhundert.

rung oder gar Auferlegung bestimmter Praktiken. Meist waren dies keine reinen Neuerungen, sondern erfreuten sich bereits lokalen Gebrauchs, bevor sie weithin übernommen wurden, wie etwa die Rezitation des Vaterunsers, dessen gegenwärtige Position durch den heiligen Papst Gregor den Großen im 6. Jahrhundert festgelegt wurde, oder der Gesang des Agnus Dei, welcher am Ende des 7. Jahrhunderts von Papst Sergius I. für den römischen Ritus vorgeschrieben wurde.

2. Bedeutende, sich über Jahrzehnte oder gar Jahrhunderte vollziehende Veränderungen führen zu keinem Bruch im liturgischen Leben oder Feiern. Obwohl sich der Verlauf der liturgischen Entwicklung signifikant ändert, reisst die lebendige Tradition nicht ab, wie es bei einem plötzlichen radikalen Wechsel von einer Liturgie zur anderen der Fall wäre. Wenn diese Veränderungen im Laufe der Zeit erfolgen, zunächst lokal und fakultativ, und allmählich einen größeren und beständigen Raum innerhalb der Liturgie erlangen oder diesen bestimmt bekommen, kann solch eine liturgische Entwicklung gleichfalls als organisch bezeichnet werden. Um im Bild der Eiche zu bleiben, regen besondere Anforderungen und sich ändernde Umstände neues Wachstum an, und allmählich nimmt sie eine neue Form an. Nichtsdestotrotz bleibt es dieselbe Eiche.

Wir sahen dies beim allmählichen Wechsel der Liturgiesprache im Westen vom Griechischen zum Lateinischen, der gegen Ende des 4. Jahrhunderts vollzogen war sowie bei der Entstehung des Römischen Kanons zwischen dem 4. und 8. Jahrhundert; ebenso bei der im 8. Jahrhundert beginnenden karolingischen Reform, wie auch im darauf folgenden graduellen Verschmelzen fränkischer und römischer Riten, die im Mittelalter von den Bettelmönchen überallhin getragen wurden. Wir können dies sogar anhand des Respekts erkennen, den der Heilige Pius V. im 16. Jahrhundert bei der Promulgation des *Breviarium Romanum* und des *Missale Romanum* nach dem Konzil von Trient den ehrwürdigen lokalen Riten entgegenbrachte.

3. Substantielle rituelle Veränderungen, die nicht im Verhältnis zur existierenden liturgischen Tradition stehen und die schnell umgesetzt oder angeordnet werden, bewirken einen Bruch, denn sie verändern viele, wenn nicht die meisten Elemente des liturgi-

schen Lebens und der Feier der Gläubigen in kurzer Zeit radikal. Die Liturgie wird als Ganze *von* einer kultischen Entität hin *zu* einer anderen geändert. Eine Kontinuität der kultischen Formen ist nicht ohne weiteres wahrnehmbar, selbst dann nicht, wenn einige der Elemente der früheren Riten bewahrt wurden. Die Eiche wurde gefällt und entwurzelt und das, was an ihre Stelle gesetzt wurde, hat keine lebendige, organische Verbindung mit dem Vorhergehenden, egal wie viele seiner Glieder wiederverwendet werden, um das Gebäude, das es ersetzt, zu errichten.

Das herausragende Beispiel für solch einen liturgischen Bruch ist das *Breviarium* des Kardinals Quignonez im 16. Jahrhundert, das seinerzeit von der Autorität zurückgewiesen wurde. Ein anderes Beispiel sind die Pseudo-Reformen der Synode von Pistoia im 18. Jahrhundert, auch sie wurden von der Autorität verworfen. Man kann noch andere, der liturgischen Tradition und dem Empfinden widerstrebende Entwicklungen heranziehen, so etwa die Reform der Hymnen des Breviers durch Papst Urban VIII. im 17. Jahrhundert, Teile der Brevierreform des heiligen Pius X. und sogar Elemente der Reform der Karwoche durch Papst Pius XII. Jedoch fehlt sicherlich den ersteren Beispielen, womöglich auch den letzteren, die Unverhältnismäßigkeit, die nötig ist, um einen vollständigen Bruch zu verursachen.[78] Sie verdienen weitere Studien.

Fazit

Bei meinem Versuch, das grundlegende Prinzip organischer Entwicklung zu präzisieren, habe ich mich nicht mit den Details der nachkonziliaren Reform des Messbuches befasst. Sind die Prinzipien einmal geklärt, sollte eine Bewertung recht einfach vorgenommen werden können.

Es gibt ein gewisses kirchliches Eigeninteresse an dieser Debatte. Theologen, Liturgen und liturgische Institutionen, die sich

78 Dringend notwendig sind weitere Forschungen zu den liturgischen Reformen des hl. Pius X. und von Papst Pius XII.

weithin als „Besitzer“ wähnen und die „ihre Häuser auf einen Bruch aufgebaut haben“, haben offensichtlich kein Interesse am Verlust ihrer Position, ihrer Macht und ihres Einflusses. Die Rede von Papst Benedikt über die Notwendigkeit einer Reform in Kontinuität und darüber, dass eine Hermeneutik des Bruches nicht akzeptabel ist, einhergehend mit seiner dementsprechenden Amtsführung (etwa mit dem Motu Proprio *Summorum Pontificum*), signalisieren einen beruhigenden Wechsel des Klimas. Von manchen wird dies als Bedrohung dessen gesehen, was in der Liturgie des Römischen Ritus seit dem Zweiten Vatikanischen Konzil „erreicht“ wurde. Diejenigen von uns, die der liturgischen Reform kritisch gegenüber stehen und die bislang als völlig inakzeptable Extremisten oder Traditionalisten betrachtet wurden, erscheinen nun in den Fußnoten von Artikeln in etablierten liturgischen Zeitschriften. Dennoch werden wir selten gebührend gehört; geschweige denn, dass uns gestattet wird, selbst das Wort in ihnen zu ergreifen. Es gibt offenbar ein deutliches Bedürfnis, unsere Aussagen zu widerlegen.

Bei alledem möchte ich einen Appell an Sie richten. Lassen Sie uns als gute Historiker und gute Theologen auf das schauen, was das Konzil selbst tatsächlich gefordert hat. Wenn *Sacrosanctum Concilium* tatsächlich eine organische Entwicklung der Liturgie verlangte, und wenn dieses Konzept für die Konzilsväter wirklich Gehalt hatte und es tatsächlich aus der Liturgiegeschichte nachweisbar ist, dann lassen Sie uns fragen, ob das auch wirklich hinterher umgesetzt wurde. Und wenn die Antwort teilweise oder im Kern negativ ausfällt, dann lassen Sie uns erneut auf die Liturgiereform schauen, mit Wohlwollen füreinander, aber auch mit Strenge und – wenn es sein muss – mit Reue. Lassen Sie uns dann den Mut haben zu sehen, was notwendig getan werden muss.

Der *Ordo Missae* von 1965 und das *Missale Romanum* von 1962

Hans-Jürgen Feulner, Wien

Im Jahr 1971 wurde für England und Wales ein Indult zur Feier der „tridentinischen" Messe gewährt, auch als „Agatha-Christie-Indult" bekannt. Vorausgegangen war eine Petition zur Bewahrung der „klassischen" Form der römischen Messe, die vom damaligen Erzbischof von Westminster, John C. Kardinal Heenan, unterstützt wurde (daher auch „Heenan-Indult"). Diese Petition wurde von zahlreichen prominenten Katholiken wie Nichtkatholiken unterzeichnet, darunter die berühmte Krimiautorin Agatha Christie.[1] Durch das von Papst Paul VI. gewährte und von Annibale Bugnini am 5. November 1971 unterzeichnete Indult[2] waren die Bischöfe von England und Wales autorisiert, „bestimmten Gruppen von Gläubigen bei besonderen Anlässen die Erlaubnis zu gewähren, an einer Messe teilzunehmen, die gefeiert wird nach den Riten und Texten des vorigen Römischen Missale, das veröffentlicht worden ist durch das Dekret der Ritenkongregation (vom 27. Januar 1965), und mit den Änderungen, die von der zweiten Instruktion (vom 4. Mai 1967) angegeben worden sind."[3] Obwohl Kardinal Heenan den Papst in einer Audienz am 29. Oktober 1971

1 Vgl. *Helmut Hoping*, Mein Leib für euch gegeben. Geschichte und Theologie der Eucharistie, Freiburg – Basel – Wien 2011, 350.

2 Siehe den Brief der Gottesdienstkongregation vom 5. Nov. 1971 (Prot. N. 1897/71): http://www.lms.org.uk/resources/documents/heenan-indult (Abruf: 22.05.2012).

3 *Annibale Bugnini*, Die Liturgiereform 1948–1975. Zeugnis und Testament. Deutsche Ausgabe hg. von *Johannes Wagner* unter Mitarbeit von *François Raas*, Freiburg – Basel – Wien 1988, 321 (mit sehr aufschlussreichen Ausführungen). – Engl. Originaltext im Brief der Gottesdienstkongregation (siehe Anm. 2): „... it is permitted to the local Ordinaries of England and Wales to grant that certain groups of the faithful may on special occasions be allowed to participate in the Mass celebrated accor-

höchst wahrscheinlich um die Feier der Messe gemäß dem *Missale Romanum* von 1962 gebeten hatte, gestattete der damalige Sekretär der Gottesdienstkongregation die Messfeiern interessanterweise jedoch nach dem *Ordo Missae* von 1965 [!][4] mit den durch die Instruktion „Tres abhinc annos" vom 4. Mai 1967 eingeführten Änderungen.[5] Wie verhält es sich nun mit diesem relativ unbekannten *Ordo Missae* von 1965 und in welcher Beziehung steht er zum *Missale Romanum* von 1962?

1. Einleitende Vorbemerkungen

Schon lange vor dem Zweiten Vatikanischen Konzil gab es in den verschiedenen Sprachgebieten die Möglichkeit, liturgische Rituale oder Texte, wie zum Beispiel aus dem *Rituale Romanum*, in die Volkssprachen zu übersetzen oder als bilinguale *Collectio Rituum*[6] herauszugeben, und sie dann mit Genehmigung der damaligen Ritenkongregation in den jeweiligen liturgischen Feiern zu verwenden (bei Taufe, Trauung, Krankensalbung etc.).

---

ding to the Rites and texts of the former Roman Missal. The edition of the Missal to be used on these occasions should be that published again by the Decree of the Sacred Congregation of Rites (27 January 1965), and with the modifications indicated in the Instructio altera (4 May 1967) ..."

4 AAS 57 (1965) 408 f. – Siehe die ausführliche Diskussion unten.

5 AAS 59 (1967) 442–448; EDIL/DEL I, 808–837.

6 Beispielsweise für den deutschsprachigen Raum: Collectio Rituum ad instar Appendicis Ritualis Romani pro omnibus Germaniae dioecesibus, Regensburg 1950 [siehe EL 65 (1951) 116–119]. – Vgl. *Pierre- Marie Gerlier*, Die neuen doppelsprachigen Ritualien und ihre Auswirkung in der Seelsorge, in: Erneuerung der Liturgie aus dem Geist der Seelsorge unter dem Pontifikat Papst Pius XII. Akten des Ersten Internationalen Pastoralliturgischen Kongresses zu Assisi, hg. von *Johannes Wagner*, Trier 1957, 83–99; *Andreas Heinz*, Die Feier der Sakramente in der Sprache des Volkes. Zur Ritualreform vor dem Zweiten Vaticanum, in: TThZ 102 (1993) 258–270.

Die Liturgiekonstitution *Sacrosanctum Concilium* (SC)[7] des Zweiten Vatikanischen Konzils eröffnete nun aber auch breitere Möglichkeiten für die Verwendung der Volkssprache in der Eucharistiefeier.[8] Die Liturgiekonstitution verlangte allerdings an keiner Stelle ausdrücklich, einen vollständig *neuen* Messordo und damit ein neues Messbuch herauszugeben. Vielmehr sollten der *Ordo Missae* und auch der Kalender (des bisherigen *Missale Romanum 1962*) einer sogenannten *recognitio*[9] unterzogen werden. 1970 wurde schließlich nach mehreren vorbereitenden Reformschritten (Teilreformen) die erste Auflage des verbindlichen postkonzilia-

7 AAS 56 (1964) 97–134; EDIL/DEL I, 1–131. – Eine Übersicht über den Weg des Liturgieschemas von den ersten Entwürfen bis hin zur Konzilskonstitution findet sich in: Die Konstitution des Zweiten Vatikanischen Konzils über die heilige Liturgie. Lateinisch-deutscher Text von *Emil Joseph Lengeling* (LGD 5/6), Münster 1964, 37*–101*, hier 52*–66*; *Hermann Schmidt*, Die Konstitution über die heilige Liturgie. Text – Vorgeschichte – Kommentar, Freiburg/Br. 1965, 67–128; Konstitution über die heilige Liturgie. Einleitung und Kommentar von *Josef Andreas Jungmann*, in: LThK².E 1 (1966) 10–13; *Reiner Kaczynski*, Der Liturgiereform entgegen, in: Geschichte des Zweiten Vatikanischen Konzils (1959–1965), Bd. III, hg. von *Guiseppe Alberigo* (dt. Ausgabe hg. von *Klaus Wittstadt*), Mainz – Leuven 2002, 223–297, hier 223–258; *ders.*, Theologischer Kommentar zur Konstitution über die heilige Liturgie „Sacrosanctum Concilium", in: Herders Theologischer Kommentar zum Zweiten Vatikanischen Konzil, Bd. II, hg. von *Peter Hünermann*, *Bernd J. Hilberath*, Freiburg – Basel – Wien 2004, 2–227, hier 44–52; *Rudolf Pacik*, Einrichtung von Kirche und Altarraum in den Vor-Fassungen der Liturgiekonstitution, in: In mandatis meditari (FS Hans Paarhammer), hg. von *Stephan Haering* u. a. (Kanonistische Studien und Texte 58), Berlin 2012, 357–386, hier 357f mit Anm. 2.

8 Vgl. *Uwe M. Lang*, Die Stimme der betenden Kirche. Überlegungen zur Sprache der Liturgie (Neue Kriterien 14), Einsiedeln 2012, 198–230; *Winfried Haunerland*, Lingua vernacula. Zur Sprache der Liturgie nach dem II. Vatikanum, in: LJ 42 (1992) 219–238; *Monika Selle*, Latein und Volkssprache im Gottesdienst. Die Aussagen des Zweiten Vatikanischen Konzils über die Liturgiesprache (unveröffentl. Dissertation), München 2001; siehe auch *Reiner Kaczynski*, Zwanzig Jahre Liturgiereform. Rückschau und Ausblick, in: MThZ 36 (1985) 52–66, hier 56; *Bugnini*, Liturgiereform, 121–135.

9 Zum schwer greifbaren Begriff der *recognitio* siehe unten im Exkurs.

ren *Missale Romanum 1970* (nunmehr in dritter Auflage 2002) herausgegeben.[10]

In den vorangehenden Jahren 1964 bis 1969 geschah in der westlichen Liturgiegeschichte allerdings etwas sehr Auffallendes, das in den verschiedenen einschlägigen Publikationen der Liturgiewissenschaft nicht oder nur am Rande Erwähnung findet.[11] Innerhalb einer relativ kurzen Zeitspanne wurden nämlich zahlreiche zweisprachige Messbücher herausgegeben, die heute oft als „Interims-Missalien" bezeichnet werden und überwiegend auf dem *Ordo Missae* von 1965 aufbauen.[12] Die Bezeichnung „Inte-

---

10 Missale Romanum ex decreto Sacrosancti Oecumenici Concilii Vaticani II instauratum auctoritate Pauli PP. VI promulgatum (Editio typica), Città del Vaticano 1970; (Editio typica altera) 1975; Missale Romanum ex decreto Sacrosancti Oecumenici Concilii Vaticani II instauratum auctoritate Pauli PP. VI promulgatum – Ioannis Pauli PP. II cura recognitum (Editio typica tertia), Città del Vaticano 2002. – Vgl. auch *Winfried Haunerland*, Messbuchreformen im deutschen Sprachgebiet. Instanzen und Prozesse, in: Liturgiereform vor Ort. Zur Rezeption des Zweiten Vatikanischen Konzils in Bistum und Pfarrei, hg. von *Jürgen Bärsch, Winfried Haunerland* (StPaLi 25), Regensburg 2010, 15–42; *ders.*, Instanzen und Prozesse von Missalereformen. Liturgiegeschichtlicher Rückblick und systematischer Ausblick, in: Liturgie in kulturellen Kontexten. Messbuchreform als Thema der Liturgiewissenschaft, hg. von *Benedikt Kranemann, Helmut Jan Sobeczko* (Colloquia theologica 11), Opole 2010, 119–143.

11 Siehe beispielsweise im Standardwerk von *Hans Bernhard Meyer*, Eucharistie. Geschichte, Theologie, Pastoral (GdK 4), Regensburg 1989; anders dagegen *Hoping*, Mein Leib für euch gegeben, 330–333.

12 Roman Missal – Missale Romanum ex decreto Sacrosancti Concilii Tridentini restitutum summorum Pontificum cura recognitum cum versionibus anglica exaratis et a Coetu Episcoporum Civitatum Foederatarum Americae Septentrionalis rite approbatis actibus ab Apostolica Sede confirmatis, New York 1964 [dieses Missale basiert überwiegend noch auf dem Ordo Missae von 1962]; Missel Romain Latin–Français (3 Bde.), Paris u. a. 1964–1965; Missale Romanum et Anglicum (5 Bde.), Birmingham – Dublin 1965–1966; Lateinisch–deutsches Altarmessbuch. Ausgabe für den liturgischen Gebrauch im Auftrag der Fuldaer und der Schweizer Bischofskonferenz [...] (3 Bde.), Einsiedeln u. a. 1965; Messale Romano Latino-Italiano per le Domeniche e Feste, Torino – Roma/Milano/Città del Vaticano 1965; Messale Romano Latino-Italiano per i Giorni Feriali e

rims-Missale" ist, obwohl aus heutiger Sicht durchaus berechtigt, allerdings etwas unpräzise und kann auch irreführend sein. Denn tatsächlich wurden die meisten dieser bilingualen Messbücher zwar nur kurz und vorübergehend in der Liturgie verwendet, aber es ist nicht immer klar, ob sie wirklich nur als „vorläufige" oder sogar „dauerhafte" Missalien gedacht waren (und daher teilweise durchaus aufwändig gedruckt herausgegeben wurden, manche Ausgaben sogar mit Ledereinband und Goldschnitt).[13] Erstaunlich waren dabei besonders die Geschwindigkeit sowohl der römischen Entscheidungen als auch der Arbeit der verschiedenen Gruppen und Kommissionen sowie der Eifer und (finanzielle) Aufwand, mit denen diese zweisprachigen Liturgiebücher herausgegeben wurden. Mit gewisser Überraschung muss man jedoch feststellen, wie rasch diese bilingualen Messbücher schließlich in Vergessenheit geraten sind, auch innerhalb der Liturgiewissenschaft.[14]

---

le Feste, Torino – Roma/Milano/Città del Vaticano 1965; English-Latin Sacramentary for the United States of America [...], New York 1966; Supplément au Missel Romain Latin-Français, Montréal 1966; Missel Romain Latin–Français, Tournai 1966; Missal Romano Latino-Português para Domingos et Festas, Lisboa 1966; Ordo Missae Latine et Arabice, Jerusalem 1966; Misal Latino-Español, Barcelona 1967; Misal Latino-Castellano, Madrid 1967; Mszał rzymski łacińsko-polski, Paris 1968 u. a. – Die bilingualen Messbücher sind kurz vorgestellt in: Notitiae 1 (1965) 161, 163, 164, 165f, 281, 338; 2 (1966) 59, 133–135, 190f, 231, 267, 331f; 3 (1967) 71, 116; 4 (1968) 14, 281. – Das *Dominikaner-Missale* von 1965 (Missale iuxta ritum Ordinis Praedicatorum, Roma 1965) ist zwar ganz in Latein (ist also kein bilinguales Messbuch), hat aber bereits einige Vereinfachungen und Veränderungen der Rubriken gemäß *Inter Oecumenici* vorgenommen (auch die neue Kommunionspendeformel vom April 1964 u. a.).

13 Vgl. *Andrzej Hoinkis*, Bilinguale Altarmessbücher. Ein Phänomen der nachkonziliaren Liturgiereform, in: Liturgiereform vor Ort, 63–80, hier 63 mit Anm. 1.

14 Deshalb hat sich das bisherige *Institut für Liturgiewissenschaft* (jetzt: *Liturgiewissenschaft und Sakramententheologie* innerhalb der größeren Einheit „Institut für Historische Theologie") der Katholisch-Theologischen Fakultät an der Universität Wien seit etwa 2004 diesen relativ unbekannten Missalien in einem kleinen Forschungsprojekt zugewandt – zusammen auch mit der Fragestellung der jeweiligen Rezeption der Litur-

2. Das *Missale Romanum* von 1962

Mit dem vielbeachteten Motu Proprio *Summorum Pontificum* von Papst Benedikt XVI. aus dem Jahre 2007[15] ist auch das *Missale Romanum 1962*[16] als (wieder) legitimes Liturgiebuch der sogenannten *außerordentlichen Form* (*forma extraordinaria*) des Römischen Ritus in den Vordergrund des Interesses gerückt.[17] Das *Mis-*

---

giekonstitution *unmittelbar* nach dem II. Vatikanum anhand dieser Messbücher, d.h. ab September 1964. Aus diesem Forschungsprojekt sind bereits eine Dissertation zum Lateinisch-Polnischen Messbuch (1968) von Dr. *Andrzej Hoinkis* [Die Genese und die Entstehung des lateinisch-polnischen Altarmessbuches 1968 und des lateinisch-polnischen „Ordo Missae" 1970 (unveröffentl. Dissertation), Wien 2009] sowie eine Diplomarbeit zum Lateinisch-Deutschen Altarmessbuch (1965) von Mag. *Andreas P. Kaiser* [Das lateinisch-deutsche Altarmessbuch. Studien zur Entstehung und zum Aufbau (unveröffentl. Diplomarbeit), Wien 2005] hervorgegangen. Dr. *Andreas Bieringer* erstellte seine Doktorarbeit zu den US-amerikanischen Lateinisch-Englischen „Interims-Missalien" von 1964/66 und der unmittelbaren Rezeption der liturgischen Reformen in den USA [*Ders.*, „A Halfway House to Aggiornamento"? Die ersten muttersprachlichen Messbücher in den USA (1964–1966) (unveröffentl. Dissertation), Wien 2012]. Alle drei Studien sollen in der im Entstehen begriffenen neuen Reihe „Österreichische Studien zur Liturgiewissenschaft und Sakramententheologie" sukzessive publiziert werden (ab 2013).
Außerdem war das Wiener Institut im Zusammenhang mit diesem Forschungsprojekt bei der Organisation eines Internationalen Symposiums beteiligt, das vom 3.–4. Oktober 2011 in Phoenix/AZ stattfand, unter dem Titel *Council and Continuity: The Interim Missals and the Immediate Post-Conciliar Liturgical Reform*. Die Vorträge des Symposiums sollen 2013 wahrscheinlich bei Ignatius Press (San Francisco) veröffentlicht werden.

15 AAS 99 (2007) 777–781.

16 Missale Romanum ex decreto SS. Concilii Tridentini restitutum summorum Pontificum cura recognitum. Editio typica. Edizione anastatica e introduzione a cura di *Manlio Sodi – Alessandro Toniolo* (Monumenta Liturgica Piana 1), Città del Vaticano 2007.

17 Aus der Fülle der Literatur zu diesem Motu Proprio nur ein paar ausgewählte Beispiele: Ein Ritus – zwei Formen. Die Richtlinie Papst Benedikts XVI. zur Liturgie, hg. von *Albert Gerhards*, Freiburg – Basel – Wien 2008; *Norbert Lüdecke*, Kanonistische Anmerkungen zum Motu Proprio Summorum Pontificum, in: LJ 58 (2008) 3–34; *Winfried Haunerland*, Ein Ritus in zwei Ausdrucksformen? Hintergründe und Perspektiven zur

sale Romanum 1962 steht am Ende einer Kette von mehr oder weniger umfassenden Überarbeitungen des nachtridentinischen *Missale Romanum 1570*.[18]

Trotz aller entgegenstehenden römischen Bestimmungen kam nämlich die alte Gewohnheit, liturgische Bücher den jeweiligen Verhältnissen anzupassen, auch nach dem Erscheinen des *Missale Romanum 1570*[19] nicht sofort zum Erliegen.[20] Manche Drucker (vor allem in Venedig) brachten Ausgaben heraus, in denen für die Texte der biblischen Gesangsstücke die Vulgata anstelle der traditionellen altlateinischen Textform verwendet, die Leseordnung an manchen Stellen verändert und andere Korrekturen vorgenommen worden waren. Daher ließ Papst Clemens VIII. (1592–1605) durch eine Deputation im Jahre 1604 einerseits die ursprüngliche

---

Liturgiefeier nach dem Motu proprio „Summorum Pontificum", in: LJ 58 (2008) 179–203; *Michael Kunzler*, Die „Tridentinische" Messe. Aufbruch oder Rückschritt?, Paderborn ²2008; *Johannes Nebel*, Die „ordentliche" und „außerordentliche" Form des römischen Messritus, in: FKTh 25 (2009) 173–203; *Wolfgang F. Rothe*, Liturgische Versöhnung. Ein kirchenrechtlicher Kommentar zum Motu Proprio „Summorum Pontificum" für Studium und Praxis […], Augsburg 2009; *John F. Baldovin*, Reflections on Summorum Pontificum, in: Worship 83 (2009) 98–112; *Gero Weishaupt*, Päpstliche Weichenstellungen. Das Motu Proprio „Summorum Pontificum". Ein kirchenrechtlicher Kommentar und Erwägungen zu einer „Reform der Reform", Bonn 2010 etc.

18 Eine ausführliche und zuverlässige Erklärung des klassischen Ritus der römischen Messe bietet *Adrian Fortescue*, The Ceremonies of the Roman Rite Described (revidierte Edition besorgt von *John B. O'Connell* und *Alcuin Reid*), London – New York ¹⁵2009; eine kurze deutschsprachige Erklärung bietet *Michael Fiedrowicz*, Die überlieferte Messe. Geschichte, Gestalt und Theologie des klassischen römischen Ritus, Muhlheim/Mosel 2011, 75–124.

19 Siehe auch den Nachdruck: Missale Romanum: Editio Princeps (1570). Edizione anastatica, introduzione e appendice a cura di *Manlio Sodi*, *Achille M. Triacca* (Monumenta Liturgica Concilii Tridentini 2), Città del Vaticano 1998. – Zur Promulgationsbulle „Quo primum" vom 14. Juli 1570 siehe *Martin Klöckener*, Die Bulle „Quo primum" Papst Pius' V. vom 14. Juli 1570. Zur Promulgation des nachtridentinischen Missale Romanum. Liturgische Quellentexte lateinisch-deutsch, in: ALW 48 (2008) 41–51.

20 Vgl. *Meyer*, Eucharistie, 268.

Form des *Missale Romanum 1570* wiederherstellen, andererseits aber auch Verbesserungen und vor allem bei den Rubriken Erklärungen und Erweiterungen vornehmen.[21] Eine weitere Neuausgabe des *Missale Romanum* veranlasste Urban VIII. (1623–1644) im Jahre 1634: Verbesserung der sprachlichen Form der Rubriken, Änderung der Texte von Hymnen u. a.[22] Die nächste Ausgabe mit wirklich nennenswerten Änderungen ist dann erst unter Pius X. (1903–1914) erarbeitet worden und unter Benedikt XV. (1914–1920) mit Dekret der Ritenkongregation 1920 erschienen (Verbesserung der Rubriken, Reduktion der „Missae propriæ pro aliquibus locis", Aufnahme neuer Präfationen etc.).[23] Die vier Jahrzehnte von 1920 bis 1962 (1962 letzte *Editio typica* vor dem Zweiten Vatikanum) brachten schließlich die größten Änderungen am Römischen Messbuch seit 1570 mit sich:[24] Unter Pius XII. (1939–1958) wurde die Erneuerung der Osternachtsliturgie (1951)[25] und die der gesamten Karwoche (1955/56)[26] durchgeführt sowie die Rubriken vereinfacht (1955),[27] und unter Johannes XXIII. (1958–1963) erschien 1960 aufgrund des Motu Proprio *Rubricarum instructum* ein erneuerter *Codex Rubricarum* (der die Generalrubriken des *Missale Romanum 1570* sowie die „Additiones et Variationes" von

21 Ebd.

22 Ebd.; *Hoping*, Mein Leib für euch gegeben, 301.

23 Missale Romanum ex decreto Sacrosancti Concilii Tridentini [...], Città del Vaticano 1920. – Vgl. *Carlo Braga – Annibale Bugnini*, Documenta ad instaurationem liturgicam spectantia 1903–1963, Roma 2000, 1079; Die Neuerungen im Missale. Zusammengestellt und erläutert von *Franz Brehm*, Regensburg 1920; *Meyer*, Eucharistie, 268f; *Hoping*, Mein Leib für euch gegeben, 309f.

24 Vgl. *Meyer*, Eucharistie, 272. – EL 75 (1961) 401–447; *Emil Joseph Lengeling*, Die neue Ordnung der Eucharistiefeier. Allgemeine Einführung in das Römische Meßbuch [...] (LGD 17/18), Münster 1970, 17–20; *Pierre Jounel*, L'évolution du Missel Romain de Pie IX à Jean XXIII (1846–1962), in: Notitiae 14 (1978) 246–258, hier 252–258.

25 AAS 43 (1951) 128–137; AAS 44 (1952) 48–63; AAS 47 (1955) 48; *Braga – Bugnini*, Documenta, 2314–2356; 2363–2443, 2590.

26 AAS 47 (1955) 838–847; *Braga – Bugnini*, Documenta, 2661–2713, 2714–2932; *Bugnini*, Liturgiereform, 30. – Ordo Hebdomadae Sanctae instauratus. Editio typica, Città del Vaticano 1956.

27 AAS 47 (1955) 218–224; *Braga – Bugnini*, Documenta, 2593–2649.

Pius X. komplett ersetzte);[28] und als ein wichtiges, einschneidendes Moment wurde 1962 die Nennung des Hl. Josef im *Communicantes* des Messkanons eingefügt,[29] ein für damalige Verhältnisse doch sehr beachtenswerter Eingriff, wurde der *Canon Missae* im Wesentlichen doch Jahrhunderte lang nicht angetastet (von den Präfationen einmal abgesehen). Mit Dekret vom 23. Juni 1962 approbierte die Ritenkongregation schließlich das *Missale Romanum 1962*,[30] dem zunächst keine lange Lebenszeit beschert war.

3. *Sacrosanctum Concilium* und der *Ordo Missae*

In der am 4. Dezember 1963 approbierten und feierlich promulgierten Liturgiekonstitution *Sacrosanctum Concilium* setzten die Konzilsväter für die nachkonziliare Reform der Liturgie zumeist allgemeine, jedoch auch ganz konkrete Ziele oder Wünsche. Die Liturgie soll den „Glanz edler Einfachheit" zum Ausdruck bringen, „knapp, durchschaubar und frei von unnötigen Wiederholungen sein" (SC 34). Eine allgemeine Erneuerung der Liturgie sollte sorgfältig in die Wege geleitet werden, „damit das christliche Volk in der heiligen Liturgie die Fülle der Gnaden mit größerer Sicherheit erlange" (SC 21). Eine angestrebte Reform sah außerdem eine Vereinfachung der Riten, die Einführung der Muttersprache in den Feiern der Sakramente und eine Anpassung an die Bräuche und Überlieferungen verschiedener Nationen vor

28 AAS 52 (1960) 593–595, 596–685; *Braga – Bugnini*, Documenta, 3431–3577, 3709–3988, 3989–3997; *Franz Kruse*, Die Reform der Rubriken in Brevier und Messfeier, Köln 1960; *Wilhelm Lurz*, Einführung in die neuen Rubriken des Römischen Breviers und Missale, München 1960; vgl. *Predrag Bukovec*, Die Enzyklika „Rubricarum instructum" (1960) von Papst Johannes XXIII. [in Vorbereitung für den Druck]. – Der Zelebrant soll die von anderen vorgetragenen Lesungen nicht mehr still für sich lesen, sondern zuhören; das *Confiteor* vor der Kommunion fällt weg, ebenso der Segen und das Schlussevangelium, wenn auf die Messfeier ein anderer liturgischer Akt folgt etc.

29 AAS 54 (1962) 873; *Braga – Bugnini*, Documenta, 4298.

30 *Braga – Bugnini*, Documenta, 4268.

(SC 36, 38–39, 50 etc.). Auch die Rolle, die den „für bestimmte Gebiete zuständigen Bischofsvereinigungen“ (SC 22 §2) zufiel, innerhalb festgelegter Grenzen die Liturgie zu ordnen, brachte eine gewisse Aufwertung der Ortskirchen mit sich, was dann bereits für die späteren bilingualen Missalien von besonderer Bedeutung wurde.

In SC 25 wird vermerkt, dass die „liturgischen Bücher [...] baldigst *überprüft* [„recognoscantur“] werden“[31] sollen und nach SC 31 soll bei der „*Überprüfung* [„recognoscendis“] der liturgischen Bücher [...] darauf geachtet werden, daß die Rubriken auch den Anteil der Gläubigen vorsehen“[32], und in SC 50 steht, dass der „Meß-Ordo [...] *überprüft* [„recognoscatur“] werden“[33] soll. Dass also die nachfolgende Liturgiereform einige Veränderungen in den liturgischen Büchern mit sich bringen würde, geht aus diesen Beispielen zwar deutlich hervor, wie weit aber diese Änderungen gehen sollten oder intendiert waren, das wurde und wird noch heute sehr unterschiedlich und kontrovers diskutiert. Im knapp formulierten Artikel 25 der Liturgiekonstitution wurde also eine baldige *recognitio* der liturgischen Bücher angeordnet. Dazu sollten aus der ganzen Welt „Fachleute herangezogen und Bischöfe befragt werden“. Diese Formulierung ist jedoch sehr allgemein gehalten und ließ daher verschiedene Interpretationen zu.[34] Einige Interpreten behaupten, dass sich die Konzilsväter weder für eine völlige Freiheit in der Neugestaltung und Verwendung liturgischer Formulare noch für die unveränderte Weiternutzung der vorkonziliaren Liturgiebücher ausgesprochen hätten.[35] Andere sahen dagegen in der Formulierung einen Hinweis darauf, dass durchaus einige, auch weitgehende, Korrekturen oder Änderungen in den vorhandenen liturgischen Büchern vorzunehmen, jedoch keine kompletten Neuschöpfungen erlaubt seien.[36]

31 Eigene Hervorhebung und Korrektur.

32 Eigene Hervorhebung und Korrektur.

33 Eigene Hervorhebung und Korrektur.

34 Vgl. *Hoinkis*, Genese, 216.

35 *Kaczynski*, Theologischer Kommentar, 90.

36 *Georg May*, Die Liturgiereform des Zweiten Vatikanischen Konzils. Bemerkungen eines Kirchenrechtlers, in: Gottesdienst – Kirche – Gesellschaft. Interdisziplinäre und ökumenische Standortbestimmung nach

Das *Missale Romanum* wurde im Text der Liturgiekonstitution zweimal erwähnt:[37] (1) Die Konzilsväter hatten ausdrücklich gewünscht, dass „ein neuer Konzelebrationsritus geschaffen und in das Römische Pontifikale und Missale eingefügt werden“ soll (SC 58), was auch den *Ordo Missae* betraf. (2) Das Missale wurde noch einmal erwähnt im Zusammenhang mit der *recognitio* der Erwachsenentaufe, wo es heißt, dass „in das Römische Meßbuch [...] eine eigene Messe ‚Bei der Spendung einer Taufe‘ aufgenommen werden“ soll (SC 66), das heißt die Hinzufügung eines besonderen Messpropriums. Eine solche Hinzufügung ist in der Liturgiegeschichte allerdings nichts Besonderes, entstanden doch im Laufe der Zeit immer wieder neue Messformulare für Heilige oder für besondere Anliegen. Die Hinweise zur *recognitio* des Messbuches waren also sehr dürftig. Jedoch finden sich in der Liturgiekonstitution etliche Artikel, die sich entweder auf einen Teil des Messbuches (zum Beispiel den *Ordo Missae*) beziehen oder indirekt das Missale betreffen.[38]

In SC 50 wurde eine *recognitio* des *Ordo Missae* eingefordert, und zwar so dass „der eigentliche Sinn der einzelnen Teile und ihr wechselseitiger Zusammenhang deutlicher hervortreten und die fromme und tätige Teilnahme der Gläubigen erleichtert werde“. Josef Andreas Jungmann bezeichnete diese Reformbestimmung einmal „als die wichtigste der gesamten Konstitution“[39]. Das Ziel dieser Bestimmung wurde in diesem Art. 50 sogleich genannt, und zwar unter Berufung auf das bereits von Papst Pius V. für die

---

25 Jahren Liturgiereform, hg. von *Hansjakob Becker, Bernd Jochen Hilberath, Ulrich Willers* (PiLi 5), St. Ottilien 1991, 77–116, hier 87f.

37 Vgl. *Hoinkis*, Bilinguale Altarmessbücher, 64; siehe auch im Beitrag von *Winfried Haunerland* in diesem Band.

38 Vgl. *Hoinkis*, Genese, 217. – Im 5. Kapitel der Liturgiekonstitution (bes. SC 106–111) geht es um eine *Überprüfung* und gegebenenfalls eine Neuordnung des Liturgischen Jahres. Da bereits zu Beginn der 1960er Jahre eine Reform des liturgischen Kalenders durchgeführt wurde, konnte durchaus angenommen werden, dass es lediglich um eine Revision der allgemeinen Normen des Kalenders und eine Umbewertung des liturgischen Ranges einiger Feste gehen würde (vgl. *Hoinkis*, Bilinguale Altarmessbücher, 65).

39 *Jungmann*, Konstitution über die heilige Liturgie, 53.

nachtridentinische Liturgiereform in Anspruch genommene Ideal: „nach der altehrwürdigen Norm der Väter [ad pristinam sanctorum Patrum normam]". Dabei wird außerdem eingeschärft, dass die Substanz der Riten gewissenhaft gewahrt werden muss, also das „Wesentliche" der Eucharistiefeier soll unverändert bleiben, und „was im Laufe der Zeit verdoppelt oder weniger glücklich eingefügt wurde, soll wegfallen" und „was durch die Ungunst der Zeit verlorengegangen ist, soll [...] wiederhergestellt werden". Grundsätzlich und allgemein heißt es ja bereits in SC 23, dass „keine Neuerungen eingeführt werden" sollen, „es sei denn, ein wirklicher und sicher zu erhoffender Nutzen der Kirche verlange es. Dabei ist Sorge zu tragen, daß die neuen Formen aus den schon bestehenden gewissermaßen organisch herauswachsen."[40]

Aus den recht allgemein gehaltenen Formulierungen in SC 23 und 50 ließ sich nicht klar entnehmen, was genau unter der *recognitio* des *Ordo Missae* zu verstehen war. Einige Konzilsväter und spätere Kommentatoren dachten an jene Gestalt der Eucharistiefeier, die in den alten römischen Ordines und Sakramentaren festgelegt war (noch vor der Klerikalisierung der Liturgie im Hochmittelalter), und daher auch den *Canon Missae* nicht als unveränderlich ausnehmen wollten. Andere jedoch meinten, dass

---

40 Zum Begriff der „organischen" Liturgieentwicklung vgl. auch *Alcuin Reid*, The Organic Development of the Liturgy. The Principles of Liturgical Reform and Their Relation to the Twentieth Century Liturgical Movement Prior to the Second Vatican Council. Preface by *Joseph Cardinal Ratzinger*, San Francisco ^{2}2005 und sein Beitrag in diesem Band. – Das Prinzip der „organischen" Entwicklung in der Liturgie wurde bereits von *Anton Baumstark* (Vom geschichtlichen Werden der Liturgie [Ecclesia Orans 10], Freiburg 1923; Liturgie Comparée. Principes et méthodes pour l'étude historique des liturgies chrétiennes [Collection Irénikon], 3e éd. revue par *Bernard Botte*, Chevetogne 1954) beschrieben. Zur Person und Methode von *Anton Baumstark* siehe: *Hans-Jürgen Feulner*, Anton Baumstark (1872–1948), in: Gottesdienst als Feld theologischer Wissenschaft im 20. Jahrhundert. Deutschsprachige Liturgiewissenschaft in Einzelporträts Bd. II, hg. von *Benedikt Kranemann, Klaus Raschzok* (LQF 98), Münster 2011, 158–170; *Fritz S. West*, Anton Baumstark's Comparative Liturgy in Its Intellectual Context (unveröffentl. Dissertation), Notre Dame/IN 1988; *ders.*, The Comparative Liturgy of Anton Baumstark (Joint Liturgical Studies 31), Bramcote 1995.

der *Canon Missae* ein wesentlicher Bestandteil des *Ordo Missae* sei und daher unbedingt unverändert bleiben müsse.[41] Anscheinend wurde der Begriff „Substanz“ (*substantia*) in SC 50 nicht genau definiert und erklärt, so dass viele unterschiedliche, ja sogar sich widersprechende Interpretationen aufkommen mussten.[42]

Weitere relativ *konkrete* Bestimmungen für eine angestrebte Reform des *Ordo Missae* finden sich schließlich im zweiten Kapitel der Liturgiekonstitution:

– Der „Tisch des Gotteswortes“ soll reicher bereitet werden (SC 51; vgl. SC 35,1).
– Die Homilie als Auslegung eines heiligen Textes wird als Teil der Liturgie sehr empfohlen und darf nur aus schwerwiegenden Gründen ausfallen (SC 52).
– Nach Evangelium und Homilie soll das „Allgemeine Gebet“ wiedereingeführt werden (SC 55).
– Der Muttersprache darf ein gebührender Raum zuteil werden (besonders bei den Lesungen und beim Allgemeinen Gebet und anderen Akklamationen; SC 54 in Verbindung mit SC 36 § 2).

Gemäß SC 28 lässt sich noch ein weiteres Merkmal der *recognitio* der liturgischen Bücher anführen:[43] Einige Kommentatoren inter-

---

41 Vgl. *Jungmann*, Konstitution über die heilige Liturgie, 54; *Hoinkis*, Genese, 218.

42 Vgl. *Hoinkis*, Bilinguale Altarmessbücher 64–66; sehr pointiert bei *May*, Liturgiereform, 88. – In SC 38 wird außerdem verlangt, dass bei der *Überprüfung* der liturgischen Bücher die Riten so aufgebaut und die Rubriken so formuliert werden sollen, dass unter treulicher Wahrung der Einheit des römischen Ritus *im Wesentlichen* („substantialis unitas ritus romani“) Raum bleibt für berechtigte Vielfalt und Anpassungen („legitimae varietates et aptationes“) an die verschiedenen Gemeinschaften, Gegenden und Völker [vgl. auch *Burkhard Neunheuser*, Servata substantiali unitate ritus romani: SC 38, in: Ecclesia Orans 8 (1991) 77–95; *Kaczynski*, Theologischer Kommentar, 115, 204–209; *Hans-Jürgen Feulner*, Die Einheit der Liturgie in der Vielfalt der Riten und Formen. Zwei Entwicklungen aus der jüngsten Vergangenheit, in: Erinnerungen an die Zukunft. II. Vatikanisches Konzil, hg. v. *Jan-Heiner Tück*, Freiburg – Basel – Wien 2012, 154–177].

43 Vgl. *Winfried Haunerland*, Sensus ecclesialis und rollengerechte Liturgiefeier. Zur Geschichte und Bedeutung des Artikels 28 der Liturgie-

pretieren nämlich SC 28 in dem Sinn, dass das bisherige Plenarmissale von 1962 entsprechend der liturgischen Rollenverteilung in mehrere Bücher aufgeteilt werden sollte: zum Beispiel in ein Messbuch mit den Texten für den Priester, in ein Lektionar und Evangeliar mit den Lesungstexten, in das Graduale für die Gesänge der Kantoren etc.[44] Es könnte aber durchaus (wahrscheinlicher) auch dermaßen interpretiert werden, dass das Plenarmissale unverändert bleiben und nur die den „Rollen" entsprechenden Bücher *zusätzlich* herausgegeben werden sollten. Man darf also den unbestimmt gehaltenen Originalwortlaut hier nicht überstrapazieren.

Aus SC 50 und anderen Artikeln der Liturgiekonstitution in ihrer verabschiedeten Endfassung geht also zunächst nicht eindeutig hervor, dass der Messordo vollständig zu überarbeiten und zu verändern sei. Es entsteht also eher der Eindruck, dass der *Ordo Missae* überprüft und eventuell korrigiert und ergänzt werden sollte.[45] Zur Erleichterung der Diskussion des Liturgieschemas war auch für SC 50 (zuvor Artikel 37) eine *Declaratio* (Erläuterung)[46]

---

konstitution, in: Theologia et Ius Canonicum, hg. v. *Heinrich J.F. Reinhardt*, Essen 1995, 85–98; *Hoinkis*, Bilinguale Altarmessbücher, 65.

44 So *Kaczynski*, Theologischer Kommentar, 91.

45 Vgl. *Hoinkis*, Genese, 219; *ders.*, Bilinguale Altarmessbücher, 66. – So jedenfalls wurden die Aussagen der Liturgiekonstitution durch einen anonymen Autor zweier Dokumente vom 19. Dezember 1963 verstanden (*Hoinkis*, Genese, 219 mit Anm. 916 und 917).

46 Die *Declarationes*, welche die ersten drei Fassungen des Liturgieschemas enthalten (Schema I: *Pontificia Commissio de sacra Liturgia Praeparatoria Concilii Vaticani II*, Constitutio de sacra Liturgia fovenda atque instauranda. Schema transmissum Sodalibus Commissionis die 10 augusti 1961 [maschinenschriftl.], Vatikanstadt 1961, 104–106; Schema II: Constitutio de sacra Liturgia. Schema transmissum Sodalibus die 15 novembris 1961 [maschinenschriftl.], Vatikanstadt 1961, 31–33; Schema III: Constitutio de sacra Liturgia. Textus approbatus in Sessione plenaria diebus 11–13 ianuarii 1962 [maschinenschriftl.], Vatikanstadt 1962, 29–30; vgl. *Kaczynski*, Theologischer Kommentar, 123), wurden im Zuge der Redaktionsarbeit gestrichen und das Liturgieschema am 13. Juli 1962 ohne diese Erläuterungen zur Diskussion auf dem Konzil freigegeben und versandt; erst ein Jahr später stellte man auf Betreiben einiger Bischöfe das von der Vorbereitenden Liturgiekommission erstellte Schema samt Erläuterungen den Konzilsteilnehmern zur Verfügung (vgl. *Lengeling*, Konstitution des

vorgesehen worden, die – obwohl ohne rechtlich verbindlichen Charakter – aufgrund der vom Konzil eingereichten Vorschläge der Bischöfe, Römischen Kongregationen und Universitäten auch als Ergebnis der Kommissionsarbeit eine Reihe von (konkreten) Einzelheiten aufführte, bei denen eine Reform gewünscht wurde oder nach Ansicht der Kommission zu erwägen war.[47]

Exkurs: Der Begriff „recognitio"[48]

Der Begriff *recognitio* ist mehrdeutig und lässt daher verschiedene Interpretationen zu.[49] Die relative Häufigkeit in den konziliaren Dokumenten ist eine Besonderheit, da der Begriff zuvor selten in

---

Zweiten Vatikanischen Konzils, 110; *Kaczynski*, Theologischer Kommentar, 47). Ob aber alle Konzilsteilnehmer in der nur relativ kurzen Zeit bis zur Abstimmung wirklich genau wussten, was die teilweise knappen Aussagen der Vorlage genau bedeuteten und wofür bzw. mit welcher Tragweite sie letztlich votierten, muss dahin gestellt bleiben.

47 Vgl. den lateinischen Text bei *Maurizio Barba*, La Riforma Conciliare dell' „Ordo Missae" (BEL.S 120), Roma 2008, 34f, 81f und eine Zusammenfassung in deutscher Sprache in: *Lengeling*, Konstitution des Zweiten Vatikanischen Konzils, 115f: z. B. Verlegung des Wortgottesdienstes vom Altar zu den Sedilien oder zum Ambo; Verringerung der Kreuzzeichen, Altarküsse, Kniebeugen, Verneigungen etc.; Vereinfachung des Stufengebetes; Vortrag der Lesungen *versus populum*; lauter Vortrag des „Gabengebetes" (*secreta*); Vermehrung der Präfationen; lauter Vortrag der wichtigsten Teile des *Canon Missae*; Verringerung der Kreuzzeichen im Kanon und deren Tilgung bei der Schlussdoxologie; lauter Vortrag des „Libera"; Neuordnung des Brotbrechens und des Friedenskusses; Aufhebung des (praktischen) Verbots der Gläubigenkommunion in bestimmten Messformen; Kürzung der Spendeworte zur Kommunion; Wegfall des Schlussevangeliums; Vereinfachung des Pontifikalamtes; Wiedereinführung des Hochamtes mit der Assistenz nur des Diakons auch außerhalb der Karwoche u. a.

48 Für den folgenden Exkurs vgl. bes. *Hoinkis*, Genese, 220–231; *ders.*, Bilinguale Altarmessbücher, 65f. – Es wäre durchaus angemessen und notwendig, den schwierigen Begriff der *recognitio/Rekognostizierung* einer ausführlichen liturgie-rechtlichen Untersuchung zu unterziehen.

49 Das Wort *recognitio* kommt in der Liturgiekonstitution 23 Mal vor (36 Mal in der Fünften Instruktion zur ordnungsgemäßen Ausführung der Konstitution des Zweiten Vatikanischen Konzils über die heilige

der theologischen Fachsprache auftrat.[50] Es gibt nach wie vor erhebliche Schwierigkeiten, den Begriff *recognitio* adäquat und eindeutig zu übersetzen[51] (weshalb er in neuerer Zeit oft unübersetzt bleibt).

Wenn man die juridische Bedeutung des Begriffs ausklammert, wird deutlich, wie man *recognitio* eigentlich übersetzen sollte: *(Durch-, Nach-) Prüfung, (Durch-) Musterung, (prüfende) Durchsicht/Anerkennung*. In keinem Wörterbuch findet man jedoch die Übersetzungen: „Überarbeitung", „Revision", „Neuordnung" und Ähnliches (wie nicht ganz zutreffend selbst in den amtlichen Übersetzungen der Liturgiekonstitution zu lesen ist).[52]

Liturgie *Liturgiam Authenticam* [28. März 2001; AAS 93 (2001) 685–726; VApS 154] und 11 Mal in der Instruktion *Redemptionis Sacramentum* [25. März 2004; AAS 96 (2004) 549–601; VApS 164]; siehe *Hoinkis*, Genese, 220).

50 Auf den Titelseiten der vor dem Konzil benutzten Liturgiebücher stand dieser Begriff jedoch sehr oft und selbstverständlich. In diesem Kontext konnte *recognitio*, wie in SC 50 gebraucht, jedoch sehr irreführend sein. Die *recognitio* in den Titeln nachtridentinischer Messbücher verwies in Wirklichkeit auf nur relativ geringfügige Änderungen, die innerhalb von 400 Jahren am *Missale Romanum* vorgenommen wurden. Der Begriff im Kontext von SC 50 konnte also so verstanden werden, dass die Änderungen nach dem II. Vatikanum lediglich ähnlich geringe Ausmaße annehmen würden (vgl. *Hoinkis*, Genese, 220f).

51 In (kirchen-)lateinischen Wörterbüchern findet man folgende Übersetzungen: *(Nach-) Prüfung, (Durch-) Musterung, (prüfende) Besichtigung, Anerkennung* – Einsichtnahme, Beweisaufnahme [des Gerichts] (vgl. *Albert Sleumer*, Kirchenlateinisches Wörterbuch, Limburg 1926, 660; *Joseph Schmidt*, Kurzes Handwörterbuch des Kirchenlateins, Limburg [2]1940, 188; *Reinhold Klotz*, Handwörterbuch der lateinischen Sprache II, Graz [2]1963, 1074; *Hermann Menge*, Langenscheidts Großwörterbuch Lateinisch I, Berlin [33]1988, 641).

52 Im kanonischen Recht, besonders im CIC/1983, wird der Ausdruck „recognitio" vor allem in der Bedeutung von „(Über-) Prüfung" verwendet, und zwar durch kirchliche Autoritäten, manchmal auch im Sinn von „Anerkennung", ganz selten steht es tatsächlich im Sinne von „Überarbeitung" [vgl. dazu *Georg May*, Verschiedene Arten des Partikularrechtes, in: AfkKR 152 (1983) 31–45, hier 41–43; *Ulrich Rhode*, Die „recognitio" von Statuten, Dekreten und liturgischen Büchern, in: AfkKR 169 (2000) 433–468; *Hoinkis*, Genese, 228f].

Die (amtliche) deutsche Übersetzung der Liturgiekonstitution hat also bereits einen interpretierenden Charakter und suggeriert, dass in kurzer Zeit fast alle Sakramente und Sakramentalien eine „neue" Fassung bekommen, das heißt, dass fast alle liturgischen Bücher vollständig neu herausgegeben werden mussten.[53] Die näher an der Grundbedeutung liegende Übersetzung von *recognitio* mit „Überprüfung" schließt zwar nicht aus, dass im „überprüften" Dokument viele und grundlegende Änderungen oder Bearbeitungen notwendig seien, wird jedoch wohl nicht automatisch absolute Neuschöpfungen intendieren. „Überprüfung" (oder auch „prüfende Anerkennung") ist also im konziliaren und liturgischen Kontext die korrektere Übersetzung des Begriffs *recognitio* beziehungsweise „Rekognostizierung".[54] Die Übersetzung mit „Überarbeitung" oder „Revision" oder „Neuordnung" zeigt dagegen, wie die Mitglieder der Vorbereitenden Liturgiekommission und später des *Consilium* dieses Wort einseitig interpretierten, auch wenn die rechtlich unverbindlichen *Declarationes* zu einzelnen Artikeln der Liturgiekonstitution durchaus teilweise eine „Überarbeitung" beziehungsweise „Neuordnung" miteinschließen.[55]

---

53 Vgl. *Hoinkis*, Genese, 222–225. – Die polnischen Übersetzungen sind hierbei beispielsweise vorsichtiger und differenzierter.

54 Überprüfung eines Beschlusses oder beschlossenen Textes auf seine Recht- und Zweckmäßigkeit, i. d. R. durch eine höhere Instanz [vgl. *Elmar Güthoff*, Art. Recognitio, in: LThK³ 8 (1999) 917f]. Dagegen meint „Approbation" die Genehmigung von Satzungen, Gewohnheiten, liturgischen Büchern, Riten und Formeln [vgl. *Georg May*, Art. Approbation, in: LThK³ 1 (1993) 887f]. – Vgl. auch *Päpstlicher Rat für die Interpretation von Gesetzestexten*, Nota Esplicativa X: La natura giuridica e l'estensione della „recognitio" della Santa Sede, in: Communicationes 38 (2006) 10–17, hier 10f.

55 Ein Blick auf die *Schemata* der Liturgiekonstitution samt ihrer *Declarationes* (siehe auch Anm. 46) zeigt jedoch durchaus, dass es der Vorbereitenden Liturgiekommission (*Pontificia Commissio de sacra Liturgia Praeparatoria Concilii Vaticani II*) wohl teilweise zunächst wirklich um eine „Revision" oder „Überarbeitung" ging (siehe z. B. Nr. 16–18 des Schemas zu SC 23, 25 und 31: *Commissio de Sacra Liturgia*, De Sacra Liturgia, in: Acta et documenta Concilio Oecumenico Vaticano II apparando. Series II (Praeparatoria), vol. 3/2, Città del Vaticano 1959, 18, 21, 29f etc.). Im Artikel 17 des Schemas steht nämlich das Wort „revisendis",

4. Reformschritte nach der Promulgation von *Sacrosanctum Concilium*

Die Ausführung der Liturgiekonstitution wurde umgehend in Angriff genommen, denn bereits in der ersten Dezemberhälfte 1963 erbat Papst Paul VI. vom *Sekretariat der Konzilskommission für die Liturgie*, und getrennt davon von Kardinal Giacomo Lercaro (Erzbischof von Bologna), einen Plan bezüglich der Organisation des nachkonziliaren *Rates zur Ausführung der Liturgiekonstitution* (das sogenannte *Consilium ad exsequendam Constitutionem de Sacra Liturgia*)[56] vorzubereiten. Kardinal Lercaro beauftragte Pater Annibale Bugnini, einen solchen Plan auszuarbeiten. Die Errichtung des *Consilium* wurde am 25. Januar 1964 mit dem Motu Proprio *Sacram Liturgiam* bekanntgegeben,[57] obwohl das *Consilium* bereits zuvor seine Arbeit begonnen und am 15. Januar seine „konstituierende" erste Sitzung abgehalten hatte.[58]

---

das in der Endfassung dann durch „recognoscendis" (SC 31) ersetzt wurde. Daher wagte man in der amtlichen Übersetzung des Textes der Liturgiekonstitution im Rückblick auf die Schemata „recognitio" mit dem interpretierenden Begriff „revidieren" wiederzugeben (vgl. *Hoinkis*, Genese, 225f).

56 Vgl. auch *Jerzy Stefański*, Die Rolle des „Consiliums" in der nachkonziliaren Liturgiereform, in: Gottesdienst – Kirche – Gesellschaft, 29–46; *Piero Marini*, Le premesse della grande riforma liturgica (Ottobre–Dicembre 1963), in: Constituzione liturgica „Sacrosanctum Concilium" (BEL.S 38), Roma 1986, 69–101, hier 89–94; *ders.*, La nascita del „Consilium ad exsequendam Constitutionem de sacra Liturgia" in: EL 106 (1992) 285–318; *Kaczynski*, Der Liturgiereform entgegen, 280–289.

57 Siehe Anm. 59. – Das Motu Proprio enthält allerdings weder den Namen noch die Zuständigkeit der Kommission. Es begnügte sich zu erwähnen, dass eine besondere Kommission gebildet werde, um die Bestimmungen der Liturgiekonstitution in die Praxis umzusetzen [vgl. AAS 56 (1964) 140; EDIL/DEL I, 179]. Dem *Consilium* war auch die Vollmacht übertragen worden, die Beschlüsse der Bischofskonferenzen bzgl. der Muttersprache gutzuheißen (EDIL/DEL I, 194; siehe auch Anm. 62).

58 So behauptet zumindest *Annibale Bugnini* (Liturgiereform, 72f, 84; vgl. auch *Kaczynski*, Der Liturgiereform entgegen, 283). – Die erste Vollversammlung des *Consilium* fand dann am 11. März 1964 statt (vgl. *Bugnini*, Liturgiereform, 160–162). – Was die Messfeier anbelangt, wurden

Im Folgenden sind nun die wichtigsten Reformschritte bis April 1965 aufgelistet:

- 25. Januar 1964: *Motu Proprio „Sacram Liturgiam" – „Die Heilige Liturgie"*[59]
  In diesem Motu Proprio, das mit Datum vom 16. Februar 1964 in Kraft trat, wurden einige Vorschriften, die sich aus der Liturgiekonstitution ergeben, sofort als verbindlich eingeführt[60] und die Errichtung des *Consilium*, das dem Papst direkt unterstand, angekündigt.

- 21. April 1964: *Decretum typicum – Grundsätze für den Gebrauch der Muttersprache in der Liturgie*[61]
  Paul VI. billigte in einer Audienz für Kardinal Lercaro die vom *Consilium* bereits erarbeiteten Normen und die Bestätigungsvollmacht für den Gebrauch der Volkssprache in der Liturgie (gemäß SC 36), die dann in die Instruktion *Inter Oecumenici* eingingen. Bevor die Grundsätze in der ersten Instruktion kodifiziert wurden, dienten sie zur Abfassung eines „Decretum typicum" zur Bestätigung der Beschlüsse der Bischofs-

später folgende zwölf Arbeitsgruppen („Coetus") bedeutsam: Nr. 1: für die Revision des Universalkalenders der Kirche (vgl. SC 111); Nr. 10: für die Überprüfung des *Ordo Missae* (seit April 1964); Nr. 11: für die Schriftlesungen in der Messe (vgl. SC 51); Nr. 12: für die Hinzufügung des „Allgemeinen Gebets" (vgl. SC 50 und 53); Nr. 13: für Votivmessen; Nr. 14: für Messgesänge; Nr. 15: für die Generalstruktur der Messe; Nr. 16: für einen neuen Ritus der Konzelebration und Rubriken für die Kommunion unter beiden Gestalten (vgl. SC 55, 57, 58); Nr. 17, 18, 18bis und 19: besondere Feierlichkeiten im Liturgischen Jahr; Revision der einzelnen Commune-Formulare; Orationen und Präfationen; Rubriken des Breviers und Missale (vgl. *Bugnini*, Liturgiereform, 86f).

59 AAS 56 (1964) 139–144; EL 78 (1964) 222–225; EDIL/DEL I, 178–190.

60 An Sonn- und gebotenen Feiertagen muss in der Messfeier eine Homilie gemäß SC 52 gehalten werden (Nr. III).

61 Notitiae 1 (1965) 7–9 (vgl. *Bugnini*, Liturgiereform 123f). – Interessanterweise findet sich dieses Dokument weder bei EDIL I noch bei DEL I.

konferenzen, die um bestimmte Erlaubnisse zum Gebrauch der Volkssprache ansuchten.[62]

- 25. April 1964: *Formula pro S. Communione – Spendeworte zur Kommunion*[63]
  Die bisherige Formel wurde abgeschafft und durch die Worte „Corpus Christi" – „Amen" ersetzt (aus dem ambrosianischen Ritus). Das Dekret konnte zwar sofort angewandt, musste aber spätestens ab 17. Mai 1964 (Pfingsten) in die Praxis umgesetzt werden.

- 26. September 1964: *(Erste) Instruktion zur ordnungsgemäßen Durchführung der Liturgiekonstitution „Inter Oecumenici"*[64]
  In dieser Instruktion, die am 7. März 1965 (= 1. Fastensonntag) in Kraft trat, finden sich bereits einige Elemente der *Declara-*

---

62 Vgl. *Heinrich Rennings*, Die Instruktion vom 26. September 1964 zur Liturgiekonstitution (LGD 7), Münster 1965, 11f; *Bugnini*, Liturgiereform, 123f, 162–164; *Reiner Kaczynski*, Der Ordo Missae in den Teilkirchen des römischen Ritus, in: LJ 25 (1975) 99–136, hier 101. – Gemäß dem „Decretum typicum" war die Muttersprache grundsätzlich zulässig in Messfeiern mit Gemeinde für: Lesungen (Epistel und Evangelium), „Allgemeines Gebet", Ordinariumsgesänge (Kyrie, Gloria, Credo, Sanctus-Benedictus, Agnus Dei), Propriumsgesänge (Antiphonen zum Introitus, Offertorium und Kommunion mit dazugehörigen Psalmen), Akklamationen, Gruß- und Dialogformeln, Vaterunser mit Einleitung und Embolismus, Kommunionspendeformel, Tages-, Gaben- und Postcommunio-[Schluss-]Gebet sowie „[Segens-]Gebet über das Volk". Das *Consilium* übte also auf dem Gebiet der Muttersprache weitergehende Vollmachten aus (nämlich nach SC 54 in Verbindung mit SC 40 [tiefer greifende Anpassungen] für einige Amtsgebete des Vorstehers in der Eucharistie). Vom Präsidenten des *Consilium* wurde daher den französischen Bischöfen auf deren Antrag hin mit Datum vom 10. Juli und 8. Oktober 1964 die Genehmigung erteilt, in Messfeiern mit Gemeinde u. a. auch Tagesgebet, Postcommunio sowie (an Werktagen in der Fastenzeit) das „[Segens-]Gebet über das Volk" (oratio super populum) in der Muttersprache zu verrichten (*Rennings*, Instruktion zur Liturgiekonstitution, 11f; die entsprechenden Texte der Erlasse des franz. Episkopats vom 14. Okt. und vom 24. Nov. 1964 in deutscher Übersetzung bei ebd., 221, 225f).

63 AAS 56 (1964) 337f; EDIL/DEL I, 197.

64 AAS 56 (1964) 877–900; EL 78 (1964) 421–445; EDIL/DEL I, 199–297.

tiones zum Konzilstext und auch der von der „Arbeitsgruppe 10" („Coetus X: De Ordine Missae")[65] ausgearbeiteten Vorschläge aus dem Jahr 1964. Dieses Dokument verordnete Teilreformen, die sich rasch und teilweise ohne neue Liturgiebücher verwirklichen ließen (vgl. Nr. 3 und 4):[66]

- Das Prinzip der Alleinzuständigkeit des Zelebranten wird abgelöst durch den Grundsatz der sachgerechten Rollenverteilung. Was andere (Gemeinde, Sänger, Lektoren etc.) aufgrund ihres Dienstes sprechen oder singen, braucht der Zelebrant nicht seinerseits zu tun (Verbot der Duplizierung); er beteiligt sich, beziehungsweise hört zu (vgl. Nr. 32–33, 48, 50, 52).
- Die Muttersprache[67] kann verwendet werden für die Lesungen (Epistel und Evangelium), die Fürbitten („Allge-

65 Zur Arbeit des „Coetus X" siehe v. a. *Johannes Wagner*, Mein Weg zur Liturgiereform 1936–1986. Erinnerungen, Freiburg – Basel – Wien 1993, 82–105, hier bes. 82–90; *Bugnini*, Liturgiereform, 361–367; *Barba*, La Riforma Conciliare, 91–193, hier bes. 91–165. – Mitglieder seit 1964 waren: *Johannes Wagner* (Trier), *Anton Hänggi* (Fribourg), *Mario Righetti* (Genua), *Theodor Schnitzler* (Köln), *Pierre Jounel* (Paris), *Cipriano Vagaggini* (San Anselmo), *Adalbert Franquesa* (Montserrat), *Pierre-Marie Gy* (Paris) und *Josef Andreas Jungmann* (Innsbruck).

66 In Art. 4 begründet die Instruktion das etappenweise fortschreitende Vorgehen bei den liturgischen Reformen. Diese Methode der *Teil*reformen ist auf liturgischem Gebiet sicherlich nicht ganz unbekannt, so z. B. die Maßnahmen der 1950er Jahre: Osternacht- und Karwochenreform, Rubrikenvereinfachung etc. Der einleitende Satz von Art. 48 („Bis zur Reform des gesamten Meß-Ordo soll folgendes schon jetzt gelten ...") möchte das Missverständnis vermeiden, die Reformschritte seien bereits die endgültige Reform des Messordo (vgl. dazu *Rennings*, Instruktion zur Liturgiekonstitution, 21f, 23–26). Zur praktischen Verwirklichung der Liturgiereform im Sinne der *Teil*reformen siehe auch die folgenden Artikel der Instruktion: Nr. 3, 4, 5, 9, 15, 21, 43, 48, 56 und 78.

67 Die Instruktion spricht „von muttersprachlichen Übertragungen liturgischer Texte" („De popularibus textuum liturgicorum interpretationibus"). Der Ausdruck „interpretatio popularis" findet sich noch nicht in der Liturgiekonstitution, aber bereits im Motu Proprio *Sacram Liturgiam*, Nr. IX. Im Gegensatz zu „versio" (Übersetzung) ist der Begriff „interpretatio" (Übertragung) wohl weiter zu fassen und eröffnet eine größere

meines Gebet"), die Ordinariumsgesänge der Messe (Kyrie, Gloria, Credo, Sanctus–Benedictus, Agnus Dei, Introitus, Offertorium, Communio und Zwischengesänge), Gruß- und Dialogformeln (Dominus vobiscum – Et cum spiritu tuo), Akklamationen sowie Formeln (Ecce Agnus Dei; Domine, non sum dignus), das Vaterunser mit Einleitung und Embolismus sowie die Spendeformel bei der Kommunion (Nr. 57).

- „Doch müssen die in der Liturgie verwendeten Missalien außer der muttersprachlichen Übersetzung auch den lateinischen Text enthalten" (Nr. 57 Abs. 2).[68] Nr. 29 setzte fest, dass die muttersprachlichen Texte, die von den Bischofskonferenzen approbiert worden seien, an das *Consilium* zur Konfirmierung geleitet würden (vgl. auch Nr. 30). Die Liturgiebücher mit muttersprachlichen Texten sollen außerdem würdig ausgestattet sein (Nr. 40e).
- Im Sinne der Vereinfachung fallen der Handkuss und das Küssen von Gegenständen beim Darreichen beziehungsweise Entgegennehmen weg (Nr. 36).
- Außerdem entfallen Ps 42 (43) beim Stufengebet, die Kreuzzeichen bei der Schlussdoxologie des Messkanons sowie das Schlussevangelium und die sogenannten „Leoninischen Gebete"[69] (Nr. 48cfj).

Möglichkeit, auf die Eigentümlichkeiten der betreffenden Muttersprache einzugehen (vgl. *Rennings*, Instruktion zur Liturgiekonstitution, 85–88). – Siehe oben das „Decretum typicum" [vgl. Notitiae 1 (1965) 7–9].

68 EDIL/DEL I, 255: „... Missalia tamen, quae usui liturgico inserviunt, praeter interpretationem vernaculam, etiam textum latinum contineant oportet." – Vgl. auch eine ähnlich lautende Bestimmung für das Stundengebet (Nr. 89). – *Andrzej Hoinkis* meint, dass diese Bestimmung keine Aufforderung war, muttersprachliche Messbücher herauszugeben, sondern wohl eher bereits eine Reaktion auf das erste bilinguale Messbuch in den USA (Sept. 1964) gewesen sei (*ders.*, Bilinguale Altarmessbücher, 66f).

69 Zu den sogenannten „Leoninischen Gebeten" siehe *J. Pizzoni*, De precibus post missam imperatis, in: EL 69 (1955) 54–60.

- Das Gabengebet, die Schlussdoxologie und der Embolismus des Vaterunsers sollen laut (vernehmlich) gesprochen werden (Nr. 48efgh).
- Lesungen und Evangelium sollen zum Volk hin vorgetragen werden (Nr. 49).
- Als Ort für den Wortgottesdienst werden Priestersitz und Ambo betont (Nr. 49, 52, 92, 96).
- Die Homilie wird für alle Messfeiern mit Volk an Sonn- und Feiertagen vorgeschrieben, an anderen Tagen empfohlen (Nr. 53).
- Das „Allgemeine Gebet" soll vor dem Offertorium eingefügt werden, wobei es vom Zelebranten geleitet wird (Nr. 56).
- Der Altar *soll* die Zelebration zum Volk hin ermöglichen (Nr. 91) und es soll nur einige wenige vom Hauptraum getrennte Nebenaltäre geben (Nr. 93).

Die Instruktion *Inter Oecumenici* führte in den Jahren 1964 und 1965 zur Veröffentlichung verschiedener Dokumente und liturgischer Bücher, die die Durchführung dieser Bestimmungen enthielten.

– 16. Oktober 1964: *De unica interpretatione textuum liturgicorum – Einheitliche Fassung liturgischer Texte*[70]
Das *Consilium* wollte in Gebieten mit gleicher Volkssprache die Einheitlichkeit der liturgischen Texte gewahrt wissen; unterschiedliche Übersetzungen und Ausgaben in derselben Sprache sollen unbedingt vermieden werden.

– 14. Dezember 1964: *Kyriale Simplex. Editio typica (1965)*[71]
Dieses liturgische Buch mit Sammlung neuer Melodien des Mess-Ordinariums ging später in das neue Graduale beziehungsweise Messbuch ein.

---

70 Notitiae 1 (1965) 195f; EL 79 (1965) 421f; EDIL/DEL I, 298.

71 AAS 57 (1965) 407; EL 79 (1965) 117. – Kyriale Simplex, Città del Vaticano 1965.

– 14. Dezember 1964: *Cantus in Missali Romano – Gesänge im Römischen Messbuch*[72]
Veröffentlichung der im Römischen Messbuch fehlenden (Gregorianischen) Gesänge.

– 27. Januar 1965: *Ordo Missae – Messordnung*[73]
Die Instruktion *Inter Oecumenici* führte vor allem für die Feier der Eucharistie mehrere Veränderungen unterschiedlicher Bedeutung ein. Deshalb erschien es notwendig, dass sowohl der Messordo als auch andere Abschnitte im *Römischen Messbuch* von 1962 in eine neue, den Vorschriften der Instruktion entsprechende Fassung gebracht wurden. Am 15. Februar 1965 schickte die Ritenkongregation an die Herausgeber liturgischer Bücher ein Verzeichnis rubrizistischer Änderungen, die in das Messbuch eingearbeitet werden sollten.[74]

– 7. März 1965: *Ritus concelebrationis et Communionis sub utraque specie – Riten der Konzelebration und der Kommunion unter beiden Gestalten*[75]
Der erste Ritus, der bei der Reform etwas ganz Neues darstellte, war die Konzelebration und die Kommunion unter beiden Gestalten (trat am 15. April 1965, Gründonnerstag, in Kraft). Für die Kommunion war eine vierfache Art vorgese-

72 AAS 57 (1965) 408; EL 79 (1965) 120; EDIL/DEL I, 378. – Cantus, qui in Missali Romano desideratur, iuxta Instructionem ad exsecutionem Constitutionis de Sacra Liturgia recte ordinandam et iuxta ritum concelebrationis, Città del Vaticano 1965.

73 AAS 57 (1965) 408f; EL 79 (1965) 126f; EDIL/DEL I, 380. – Ordo Missae. Ritus servandus in celebratione Missae et De Defectibus in celebratione Missae occurrentibus. Editio typica, Città del Vaticano 1965. – Das Einführungsdekret hatte zwar keine Bestimmung für das Inkrafttreten des neuen Ordo Missae, aber man kann mit der dazugehörenden und vorbereitenden Instruktion *Inter Oecumenici* den 7. März 1965 annehmen.

74 Vgl. Notitiae 1 (1965) 215–219.

75 AAS 57 (1965) 410–412; EL 79 (1965) 182–184; EDIL/DEL I, 387–392. – Ritus servandus in concelebratione Missae et ritus Communionis sub utraque specie. Editio typica, Città del Vaticano 1965.

hen: direkt aus dem Kelch, durch Eintauchen, mit einem Röhrchen oder mit einem Löffelchen.

– 7. März 1965: *Variationes in Ordine Hebdomadæ sanctæ – Änderungen der Heiligen Woche*[76]

– 27. April 1965: *De præfatione in Missa – Indult Pauls VI. für die Verwendung der Muttersprache bei den Präfationen*[77]
In diesem Brief des Kardinalstaatssekretärs an den Vorsitzenden des *Consilium* wird mitgeteilt, dass der Papst den Vortrag der Präfation in der Eucharistiefeier in der Muttersprache erlaubt und die Entscheidung den einzelnen Bischofskonferenzen überlasse. Damit ist ein erster Schritt in Richtung der volkssprachigen Hochgebete getan.[78]

5. Der *Ordo Missae* von 1965[79]

Basierend auf den ersten nachkonziliaren Bestimmungen des Jahres 1964, besonders aufgrund der Forderung nach Einheitlichkeit der muttersprachlichen Übersetzungen, wurden auch verschie-

76 AAS 57 (1965) 412f; EL 80 (1966) 40. – Variationes in Ordinem Hebdomadæ sanctæ inducendæ, Città del Vaticano 1965.

77 Italienischer Originaltext in: EDIL/DEL I, 395; Notitiae 1 (1965) 149.

78 Mit der Zulassung der Muttersprache auch für den gesamten *Canon Missae* in der Zweiten Instruktion *Tres abhinc annos* „zur ordnungsgemäßen Durchführung der Konstitution über die heilige Liturgie“ vom 4. Mai 1967 waren schließlich alle Einschränkungen der Verwendung der Muttersprache in der Messfeier praktisch aufgehoben (Nr. 28a): AAS 59 (1967) 442–448; EDIL/DEL I, 808–837.

79 Ordo Missae. Ritus servandus in celebratione Missæ et De Defectibus in celebratione Missæ occurrentibus, Città del Vaticano 1965. – Vgl. Notitiae 1 (1965) 101f; *Franz Kruse*, Der neue Römische Ritus der Heiligen Messe sowie die Feier der Konzelebration und der Kommunion unter beiden Gestalten, Köln 1965; *Barba*, La Riforma Conciliare, 157–165, 872–924. – Die deutschen Bischöfe gaben im Januar 1965 Richtlinien für die erneuerte Messfeier heraus: Richtlinien und Ritus für die Feier der Heili-

dene bereits bestehende Messbuchübersetzungen zugelassen, um die offiziellen Übersetzungen in Ruhe vorbereiten zu können. In Deutschland waren es zum Beispiel die Volksmessbuchübersetzungen von Anselm Schott und Urban(us) Bomm. Allerdings waren die Bischofskonferenzen sehr bemüht, eigene zweisprachige Altarmessbücher herauszugeben. In den USA wurde bereits im September 1964 das erste Messbuch dieser Art herausgegeben: „Roman Missal – Missale Romanum".[80] Es erschien bei den beiden Verlagen *Benzinger Brothers* und *Catholic Book Publishing Co.* in New York.[81] Allerdings wurden entgegen den Bestimmungen in *Inter Oecumenici* (Nr. 57, Abs. 2) die englischen Übersetzungen ohne den dazugehörenden lateinischen Text abgedruckt.[82] Außerdem war auch der neue *Ritus Servandus* vom 27. Januar 1965 noch nicht berücksichtigt. Erst 1966 wurde in den USA ein den Vorschriften von *Inter Oecumenici* entsprechendes bilinguales Messbuch („Sacramentary") gedruckt, das heißt mit parallelen lateinischen und englischen Texten. Bis Ende 1965 gab es Ausgaben des lateinisch-französischen Altarmessbuches und des lateinisch-deutschen Altarmessbuches in jeweils drei Bänden, des lateinisch-englischen Missale für England und Wales in mehreren Bänden, ebenso zwei Bände des lateinisch-italienischen Altarmessbuches.[83]

---

gen Messe in Gemeinschaft (1965). Mit einer kommentierenden Übersicht v. *Heinrich Rennings* (LGD 9), Münster 1965.

80 Siehe Anm. 12. – Vgl. dazu *Bieringer*, „A Halfway House to Aggiornamento", *passim*.

81 Die beiden Editionen unterscheiden sich lediglich im Layout, die Texte sind identisch.

82 Nachdem die Herausgeber aber den Druckauftrag nachweislich schon vor der Veröffentlichung der Instruktion abgeliefert hatten, wurde die Verwendung dieses Messbuches gestattet, bis die Auflage erschöpft wäre, allerdings unter der Bedingung, ein Beiheft mit dem lateinischen Text beizufügen (so behauptet *Annibale Bugnini*). Solche Beihefte sind allerdings nicht nachweisbar (vgl. *Bugnini*, Liturgiereform, 124f; *Bieringer*, „A Halfway House to Aggiornamento", *passim*).

83 Diese Messbücher sind kurz vorgestellt in: Notitiae 1 (1965) 161, 163, 164, 165f, 281.

Ordo Missae 1962	Ordo Missae 1965[84]
Vorbereitungsgebete	Vorbereitungsgebete
[Vormesse/Katechumenenmesse]	
[Stufengebet]	
In nomine Patri	In nomine Patri
Introibo ad altare Dei	Introibo ad altare Dei
Iudica me (Ps 42 [43], 1–5)	—— *(entfällt!)*
Confiteor	Confiteor
Miseratur/Indulgentiam	Miseratur/Indulgentiam
Deus tu conversus	Deus tu conversus
Aufer a nobis/Oramus te, Domine	Aufer a nobis/Oramus te, Domine
[Inzens]	[Inzens]
[Gebetsgottesdienst]	
Introitus (Antiphon zum Einzug)	Introitus*
Kyrie	Kyrie*
Gloria	Gloria*
Collecta (Tagesgebet)	Collecta*
[Lehrgottesdienst/„Wortgottesdienst"]	
Epistola (Lectio)	Epistola*
Graduale	Graduale*
Tractus (in Vorfasten- u. Fastenzeit)	Tractus*
Alleluja	Alleluja*
Sequenz (an bestimmten Festtagen)	Sequenz*
Evangelium / (Homilie)	Evangelium* / Homilie*
Credo	Credo*
——	Oratio Communis (Allg. Fürbitten)*

84 Elemente mit einem Asteriskus * können in der Muttersprache gesungen oder rezitiert werden.

[Opfermesse]	
[Offertorium/Gabenbereitung]	
Offertorium-Antiphon	Offertorium-Antiphon*
Suscipe, sancte Pater (Darbringung des Brotes)	Suscipe, sancte Pater
Deus, qui humanae substantiae (Vermischung von Wasser mit Wein)	Deus, qui humanae substantiae
Offerimus tibi, Domine (Darbringung des Weines)	Offerimus tibi, Domine
In spiritu humilitatis (Selbstaufopferungsgebet)	In spiritu humilitatis
Veni, sanctificator (Segensgebet)	Veni, sanctificator
[Inzens]	[Inzens]
Lavabo (Ps 25 [26], 6–12) (Händewaschung)	Lavabo
Suscipe, sancta Trinitas (Aufopferungsgebet)	Suscipe, sancta Trinitas
Orate fratres (Gebetseinladung)	Orate fratres
Secreta (Gabengebet)	Oratio super oblata*
[Canon Missae]	
Dominus vobiscum (Eröffnungsdialog)	Dominus vobiscum
Praefatio	Praefatio(*)
Sanctus–Benedictus	Sanctus–Benedictus*
[…]	[…]
Per quem – Per ipsum. Amen (Doxologie)	Per quem – Per ipsum. Amen
[Opfermahl/Kommunionriten]	
Oremus: Praeceptis salutaribus moniti	Oremus: Praeceptis salutaribus moniti*
Paternoster [mit stillem Amen]	Paternoster [ohne Amen]*
Libera nos (Weiterführung des Vaterunser)	Libera nos*
Brotbrechung und Vermischung [mit Pax Domini]	Brotbrechung und Vermischung [mit Pax Domini*]

Agnus Dei	Agnus Dei*
Domine Iesu Christe, qui dixisti (Friedensgebet [mit Friedensgruß])	Domine Iesu Christe, qui dixisti
Vorbereitungsgebete	Vorbereitungsgebete
Ecce Agnus Dei	Ecce Agnus Dei*
Domine, non sum dignus (3 ×)	Domine, non sum dignus (3 ×)*
Kommunion	Kommunion („Der Leib Christi")*
Communio-Antiphon (Kommunionlied)	Communio-Antiphon*
Purifikation	Purifikation
Postcommunio (Schlussgebet)	Postcommunio*
[Entlassung]	
Ite missa est (Entlassungsruf)	Ite missa est*
Placeat tibi (Schlussbitte)	Placeat tibi
Benedicat vos (Segen)	Benedicat vos*
Schlussevangelium (Joh 1,1–14)	—— *(entfällt!)*
Rezess	Rezess
Gebete nach der Messfeier	Gebete nach der Messfeier(*)

Die Rubriken des *Ordo Missae* von 1965 sind sinnvoller gegliedert und von Nr. 1 bis Nr. 60 durchnummeriert. Ebenso ist der erneuerte *Ritus Servandus* mit durchgehenden Nummern 1–100 versehen. Handkuss und Kuss von Gegenständen, die dargereicht oder entgegengenommen werden, sind gestrichen.[85] Die Bezeichnungen „Epistelseite" und „Evangelienseite" sind weggefallen und durch „links" und „rechts" ersetzt (außer in Nr. 99b des *Ritus Servandus*). Der frühere Zusatz bei der Vorschrift über die Erhebung der Augen „zu Gott" („oculos ad Deum elevans") beziehungsweise „zum Himmel" („ad cœlum") ist entfallen. Der Ausdruck „sacerdos celebrans" ist durchgehend durch „celebrans" ersetzt. Die Kommunionspendung an die Gemeinde in der Beschreibung des Messritus erscheint nicht mehr als Ausnahme, sondern als Regelfall.

85 Vgl. *Inter Oecumenici*, Nr. 36d.

Die Eröffnung der Messe

Der Kelch darf vor Beginn der Messfeier auf die Kredenz oder auf den Altar gestellt (und vor der *Postcommunion* wieder zur Kredenz gebracht) werden.[86] Gegenüber dem *Missale Romanum 1962* wurde bereits den Vorschriften von *Inter Oecumenici* Rechnung getragen, insofern Ps 42 (43), 1–5 („Iudica me") mit Antiphon aus dem *Stufengebet* gestrichen wurde,[87] da er seinen ursprünglichen Sinn als Begleitgebet zum Einzug verloren hatte. Die Selbstbekreuzigung des Priesters beim *Adiutorium nostrum* („Unsere Hilfe ist im Namen des Herrn") vor dem *Confiteor* entfällt nun.[88]

Das *Confiteor* hat die Form wie im *Missale Romanum 1962* beibehalten: Abwechselnd sprechen Zelebrant und die Ministranten oder die Gemeinde („ministri vel circumstantes") das *Confiteor* mit den nachfolgenden Gebeten und Vergebungsbitten.[89] Eventuell folgt nun die Inzensation des Altares[90] und die des Vorstehers.[91] In allen mit dem Volk gefeierten Messen begibt sich der Zelebrant unmittelbar nach dem (ersten) Altarkuss (beziehungsweise nach der Inzensation des Altares) zu seinem Sitz (an dem er

86 Vgl. Ritus Servandus in Celebratione Missae (27. Januar 1965), Nr. 9 und Nr. 82.

87 *Inter Oecumenici*, Nr. 48c. – Die bisherige Ordnung in der Passionszeit und bei Totenmessen (vgl. Codex Rubricarum 1960, Nr. 425; Ritus Servandus 1962, Nr. III,12) wird nun grundsätzlich auf jede Messfeier ausgedehnt. Das Stufengebet unterbleibt ganz, wenn eine andere liturgische Handlung unmittelbar vorausgeht (Ordo Missae 1965, Nr. 5; Ritus Servandus 1965, Nr. 22), nicht nur z. B. am Aschermittwoch oder Bitttagen (vgl. Codex Rubricarum 1960, Nr. 424), sondern auch wenn eine Hore des Stundengebetes oder beim Requiem die Prozession zur Kirche vorausgeht.

88 Ordo Missae 1965, Nr. 2; Ritus Servandus 1965, Nr. 16; vgl. Ritus Servandus 1962, Nr. III,7.

89 Ordo Missae 1965, Nr. 2–3; Ritus Servandus 1965, Nr. 16 und 18.

90 Handelt es sich um einen freistehenden Altar – wie nach *Inter Oecumenici*, Nr. 91 vorgesehen – wird der Altar umschritten (vgl. Ritus Servandus 1965, Nr. 29). Es soll nur jener Altar inzensiert werden, an dem die Messe gefeiert wird (vgl. *Inter Oecumenici*, Nr. 36c).

91 Ordo Missae 1965, Nr. 6; Ritus Servandus 1965, Nr. 26–30.

zunächst stehen bleibt), außer wenn es die Anlage des Altarraumes günstiger erscheinen lässt, bis zum *Tagesgebet* einschließlich, am Altar zu bleiben.[92] Erst zur eigentlichen Eucharistiefeier kehrt er zum Altar zurück, soweit er nicht selber die Lesungen und das „Gebet der Gläubigen" vom Altar aus vortragen will.[93]

Die Antiphon zum Einzug (Introitus), Kyrie und Gloria

Die Selbstbekreuzigung des Zelebranten zu Beginn des *Introitus* entfällt.[94] Diese *Antiphon zum Einzug* sowie das *Kyrie* werden, falls von Gemeinde oder Schola gesungen oder rezitiert, vom Priester jedoch nicht privat gesprochen.[95] Der Zelebrant muss also das lateinische Ordinarium gegebenenfalls nicht mehr still für sich wiederholen und somit duplizieren.[96]

Auch für das nun folgende *Gloria* gilt, wie vor dem *Kyrie* in der Rubrik erwähnt, dass es vom Zelebranten nicht still gesprochen wird, wenn es von Schola oder Gemeinde gesungen oder gesprochen wird.[97] Von einem Gestus der Hände bei den ersten Worten

---

92 „... ad sedem accedit, nisi, iuxta cuisque ecclesiæ dispositionem, aptius videatur ut ad altare maneat usque ad orationem inclusive" (Ordo Missae 1965, Nr. 7; vgl. Ritus Servandus 1965, Nr. 23 und 25).

93 Ordo Missae 1965, Nr. 18; Ritus Servandus 1965, Nr. 51 und 52.

94 Vgl. Ritus Servandus 1962, Nr. IV,2.

95 „Antiphona ad introitum, si a schola vel a populo cantatur vel recitatur, a celebrante privatim non dicitur ..." (Ordo Missae 1965, Nr. 8); „Sequitur Kýrie, quod, si a populo vel a schola cantatur aut recitatur, celebrans privatim non dicit ..." (Ordo Missae 1965, Nr. 9). – Vgl. auch Ritus Servandus 1965, Nr. 23.

96 Der Wegfall der Verdoppelungen (Duplizierungen) für das Proprium der Messe ist eine Anwendung der Grundregelung aus *Inter Oecumenici*, Nr. 32. Die Abschaffung der Duplizierung ist nicht an eine bestimmte Sprache gebunden. Eine Verpflichtung zum privaten Sprechen durch den vorstehenden Priester bleibt jedoch in dem Falle, in dem die ausgeführten Gesänge bzw. Gebete nicht den im Römischen Messbuch angegebenen Texten entsprechen.

97 „Postea inchoat, si dicendum est, Glória in excélsis Deo, quod, si a populo vel a schola cantatur aut recitatur, privatim non dicit ..." (Ordo Missae 1965, Nr. 10; vgl. Ritus Servandus 1965, Nr. 24).

des *Gloria* ist nicht mehr die Rede, ebenso nicht von Verneigungen (außer beim Namen Jesu) und nicht vom Kreuzzeichen am Schluss.[98]

Das Tagesgebet

Das *Tagesgebet* (Collecta) beziehungsweise die Tagesgebete wird/werden mit einem lauten, zum Volk gewandten „Dominus vobiscum – Der Herr sei mit euch“ und der Antwort der Gemeinde „Et cum Spiritu tuo – Und mit deinem Geiste“ eingeleitet. Die/Das *Tagesgebet(e)* werden laut gesungen oder gesprochen gemäß den Rubriken. Die Gemeinde antwortet vernehmlich mit einem „Amen.“[99]

Der Wortgottesdienst

Es folgen die *Epistel*,[100] das *Graduale*, der *Tractus* oder *Alleluja-Vers* oder die *Sequenz* und das *Evangelium*. Der Priester kann gegebenenfalls alle Lesungen vom Altar aus vortragen, wenn kein Ambo vorhanden ist oder es sonst besser zu sein scheint, und zwar zum Volk gewandt.[101] In der feierlichen Messe und wenn die

98 Ritus Servandus 1962, Nr. IV,3.

99 Ritus Servandus 1965, Nr. 32.

100 In Messfeiern, die kein Hochamt (missa sollemnis) sind, können Lesungen und Epistel von einem geeigneten Lektor oder Ministranten („a lectore seu ministrante idoneo“) vorgetragen werden (Ritus Servandus 1965, Nr. 44; vgl. *Inter Oecumenici*, Nr. 50). – Durch die Gleichsetzung „a lectore seu ministrante idoneo“ wird klar, dass es nicht ein Lektor im Sinne der vier niederen Klerusweihen sein muss, sondern ein Laie sein kann. Der Lektor kann die Lesungstexte singen oder vorlesen. Der Zelebrant ist auch von der Pflicht der privaten Rezitation der Lesungstexte befreit (vgl. *Inter Oecumenici*, Nr. 33) und soll sitzend zuhören.

101 „Si tamen non habetur ambo, aut magis opportunum videtur, celebrans potest omnes lectiones etiam ex altari proferre versus ad populum“ (Ritus Servandus 1965, Nr. 47; vgl. auch Ordo Missae 1965, Nr. 14; Ritus Servandus 1965, Nr. 44). – Siehe *Inter Oecumenici*, Nr. 49 und 96. – Diakon,

einfache Messe mit Inzensation gehalten wird, segnet der Zelebrant vor dem Evangelium den Weihrauch sitzend, danach gegebenenfalls den Diakon stehend.[102] Die früher übliche Inzensation des Zelebranten nach der Verkündigung des Evangeliums entfällt, sofern Weihrauch verwendet wird.[103] Außer bei den Passionen entfallen alle innerhalb einer Epistel (zum Beispiel vom Palmsonntag) oder eines Evangeliums vorgesehenen Kniebeugen; das *Veni Sancte Spiritus* an Pfingsten wird jedoch auch weiterhin kniend gesungen.[104]

Nach dem Evangelium hält der Priester entweder an seinem Sitz, am Altar, am Ambo oder an den Chorschranken die *Homilie*.[105]

Auch in der Rubrik zum *Credo* ist untersagt, dieses zu duplizieren.[106] Es ist in den Rubriken nur für Weihnachten und Mariä Verkündigung bei den Worten „Et incarnatus est" die Kniebeugung vorgesehen,[107] ansonsten nur noch die Verneigung des Priesters, wie auch bei der Nennung des Namens Jesu, aber nicht mehr bei „simul adoratur"[108]. Das Kreuzzeichen zum Schluss des *Credo* ist nicht mehr vorgesehen.[109] Der Diakon trägt während des Glaubensbekenntnisses nicht mehr die Burse zum Altar.[110]

Nach dem Glaubensbekenntnis folgt das neu eingefügte *„Allgemeine Gebet"* oder *„Gebet der Gläubigen"*, das vom Priester (ent-

---

Subdiakon oder Lektor tragen die Lesungen am Ambo oder an den Chorschranken vor (Ordo Missae 1965, Nr. 13–14; Ritus Servandus 1965, Nr. 41–42, 44).

102 Ordo Missae 1965, Nr. 13; Ritus Servandus 1965, Nr. 42.

103 Ordo Missae 1965, Nr. 13–14; Ritus Servandus 1965, Nr. 43 und 48 (vgl. Ritus Servandus 1962, Nr. VI,5).

104 Ritus Servandus 1965, Nr. 49.

105 Ordo Missae 1965, Nr. 17; Ritus Servandus 1965, Nr. 50. – Vgl. SC 52; *Sacram Liturgiam*, Nr. III; *Inter Oecumenici*, Nr. 53.

106 „... si a populo vel a schola cantatur vel recitatur, privatim non dicit ..." (Ordo Missae 1965, Nr. 17). – Das „Apostolische Glaubensbekenntnis" ist in der Messfeier nicht gestattet bzw. müsste in einem solchen Fall der Priester das *Credo* tatsächlich privat rezitieren (vgl. Anm. 96).

107 Ritus Servandus 1965, Nr. 49.

108 Ritus Servandus 1965, Nr. 39.

109 Ritus Servandus 1962, Nr. VI,3.

110 Ritus Servandus 1962, Nr. VI,7.

weder vom Priestersitz, vom Altar, vom Ambo oder von den Chorschranken aus) eingeleitet und abgeschlossen oder selbst vorgetragen wird.[111]

Die Gabenbereitung (Offertorium)

Die *Antiphon zum Offertorium* wird ebenfalls nicht dupliziert.[112] Die folgenden Gebete, Riten und Gesten bleiben im Wesentlichen – das heißt mit nur kleineren Änderungen – unverändert.[113] Bei der eventuellen Inzensation der Gaben ist keine Verteilung der Worte auf die einzelnen Züge mehr vorgesehen.[114] Der Diakon inzensiert etwaige anwesende Kleriker nur einmal, nach beiden Seiten des Chores, mit dreifachem Duktus,[115] anschließend der Thurifer die Gemeinde.[116] Das gesamte *Orate Fratres* („Betet Brüder ...") wird vom Priester *versus populum* vernehmlich gesprochen („congrua voce") und auch das *Suscipiat* („Der Herr nehme an ...") kann von der Gemeinde („seu circumstantes") nun laut rezitiert werden.[117] Das abschließende „Amen" wird nicht mehr

111 Ordo Missae 1965, Nr. 18; Ritus Servandus 1965, Nr. 51. – Vgl. auch SC 53 und *Inter Oecumenici*, Nr. 56.

112 Ordo Missae 1965, Nr. 19.

113 Das Missale wird (links) neben den Zelebranten gestellt (bei Verwendung von Weihrauch erst nach dem Lavabo) und bleibt dort während der gesamten weiteren Messfeier (vgl. Ritus Servandus 1965, Nr. 53 und 60). Im levitierten Amt trägt der Subdiakon den Kelch mit Kelchvelum, Burse und Korporale zum Altar; dem Subdiakon selbst wird kein Velum mehr umgelegt (vgl. Ritus Servandus 1965, Nr. 59). In der „Missa cum diacono" trägt der Diakon den Kelch (vgl. Ritus Servandus 1965, Nr. 97). Beim Hochamt wird die Patene nun nicht mehr vom Subdiakon gehalten, sondern bleibt auf dem Altar (vgl. *Inter Oecumenici*, Nr. 48d).

114 Ritus Servandus 1965, Nr. 60; vgl. Ritus Servandus 1962, Nr. VII,10.

115 Ritus Servandus 1965, Nr. 60. – Vgl. *Inter Oecumenici*, Nr. 36b.

116 Bei der Verwendung von Weihrauch in Messfeiern ohne Leviten inzensiert ein Ministrant den Vorsteher, Klerus und die Gemeinde (vgl. Ritus Servandus 1965, Nr. 60).

117 Ordo Missae 1965, Nr. 29; Ritus Servandus 1965, Nr. 58.

erwähnt.[118] Mit lauter Stimme werden dann die *Gabengebete* – ohne dem „Oremus“ – gesungen oder gesprochen.[119]

Der Messkanon[120]

Zum *Sursum Corda* werden die Hände wie bisher ausgebreitet, leicht erhoben und zum *Gratias agamus* zusammengefügt; die Erhebung der Augen und die Verneigung zu *Domino Deo nostro* entfallen.[121] Nach dem Indult von Paul VI. vom 27. April 1965 können auch Bischofskonferenzen die Volkssprache für die Präfationen nach Genehmigung der Texte durch das „Consilium“ gestatten.[122] Der Priester singt oder spricht gemeinsam mit der Gemeinde das *Sanctus–Benedictus*. Die Bezeichnung mit dem Kreuzzeichen (auf der Brust) des Zelebranten beim *Benedictus* ist nun nicht mehr vorgesehen.[123]

Bei den Gesten zum Eucharistischen Hochgebet gibt es geringfügige Vereinfachungen, u. a. brauchen die Ministranten den Saum des Messgewandes nicht mehr anzuheben.[124] Bei der

118 Vgl. Ritus Servandus 1962, Nr. VII,7.

119 Ordo Missae 1965, Nr. 30 und Ritus Servandus 1965, Nr. 58 benutzen hier den Begriff „oratio super oblata“ („Gebet über die Opfergaben“) anstelle der missverständlichen Bezeichnung „[oratio] secreta“ („Stillgebet“). – Vgl. bereits auch *Decretum typicum*, Nr. 1h, und *Inter Oecumenici*, Nr. 50e.

120 Die Überschrift „Canon Missae“ steht im *Ordo Missae 1965* wie früher vor dem „Te igitur“, aber korrekter im *Ritus Servandus 1965* vor der Präfation („VIII. De Canon Missae a praefatione usque ad Consecrationem“).

121 Ordo Missae 1965, Nr. 31; Ritus Servandus 1965, Nr. 61; vgl. Ritus Servandus 1962, Nr. VII,8.

122 Siehe Anm. 77.

123 Vgl. Ritus Servandus 1962, Nr. VII,8. – Auch die Vorschrift über das Schellenzeichen ist aus dem neuen Ritus Servandus entfernt worden.

124 Vgl. Ritus Servandus 1962, Nr. VIII,6. – Bei den beiden „Memento“ faltet der Zelebrant nur die Hände (die früheren Rubriken über Erhebung der Hände, Senkung des Kopfes und Blick auf die Hostie sind weggefallen). Die Erhebung der Hände vor dem Zusammenfalten bei den Worten „fiat dilectissimi“ im Gebet „Quam oblationem“ ist ebenfalls gestrichen.

Schlussdoxologie, die mit lauter Stimme gesungen oder gesprochen wird, entfallen die bisherigen Kreuzzeichen, und die Gemeinde antwortet mit „Amen."[125] Erst danach macht der Priester eine Kniebeuge.[126]

Die Kommunionriten

Zum *Oremus* ist keine Verneigung mehr vorgesehen, wie auch der bisherige Blick auf die Hostie nicht mehr erwähnt wird.[127] Das *Vaterunser* kann die Gemeinde ganz mit dem Priester zusammen singen oder sprechen. Das „Amen" entfällt nun ausdrücklich („Non dicitur Amen").[128] Der Embolismus *Libera nos* („Erlöse uns ...") wird laut vom Priester gesprochen oder gesungen, wobei nun Kreuzzeichen mit der Patene und deren Kuss entfallen.[129] Wir haben auch eine Umstellung der priesterlichen Riten in den Rubriken: zuerst kommt das Abdecken des Kelches und die Kniebeuge, dann erst wird die Hostie auf die Patene gelegt.[130]

Nach dem *Pax Domini* („Der Friede des Herrn ...") und der Mischung folgt das *Agnus Dei*. Auch hier haben wir in den Rubriken ein Verbot der Duplizierung. Wohl kann aber der Priester das *Agnus Dei* mit lauter Stimme vorbeten, wenn es von Schola oder Gemeinde nicht gesungen wird, wobei er sich verneigt und dreimal an die Brust schlägt.[131] Ein Blick auf die konsekrierten Gaben

---

Die Kniebeuge vor der Erhebung des Kelches wird erst nach den Worten „... in mei memoriam facietis" gemacht und nicht während dieser Worte. – Vgl. Ritus Servandus 1965, Nr. 64 und 67.

125 Ordo Missae 1965, Nr. 45; Ritus Servandus 1965, Nr. 73. – Vgl. *Inter Oecumenici*, Nr. 48 f.

126 Ordo Missae 1965, Nr. 46; Ritus Servandus 1965, Nr. 75.

127 Vgl. Ritus Servandus 1962, Nr. X,1.

128 Ordo Missae 1965, Nr. 46; Ritus Servandus 1965, Nr. 75. – Vgl. *Inter Oecumenici*, Nr. 48g.

129 Ordo Missae 1965, Nr. 47; Ritus Servandus 1965, Nr. 76. – Vgl. Ritus Servandus 1962, Nr. X,2; *Inter Oecumenici*, Nr. 48h.

130 Ordo Missae 1965, Nr. 47; Ritus Servandus 1965, Nr. 76.

131 Ordo Missae 1965, Nr. 49; Ritus Servandus 1965, Nr. 76.

ist bei den Vorbereitungsgebeten des Zelebranten in den Rubriken nicht mehr erwähnt.[132]

Erstmals wird im *Ordo Missae* auch die Kommunion der Gläubigen ausführlich erwähnt, die durch das *Ecce Agnus Dei* („Seht, das Lamm Gottes …") eingeleitet wird.[133] Die Gläubigen sprechen dreimal das *Domine, non sum dignus* („Herr, ich bin nicht würdig …").[134] Der Priester geht zu den Kommunizierenden und zeigt („ostendit") die ein wenig über der Patene erhobene Hostie mit den geänderten Worten *Corpus Christi* („Der Leib Christi"). Die Antwort der Gläubigen ist: „Amen."[135] Das Kreuzzeichen mit der Hostie entfällt wohl, wenn die Hostie gezeigt wird, was sich daraus ergibt, dass die Kommunizierenden sie auch wirklich anschauen.

Die *Antiphon zur Kommunion* mit ihrem Psalm wird ebenfalls vom Priester nicht dupliziert.[136]

Nach der herkömmlichen Purifikation oder Ablution[137] folgt die *Postcommunio* (Zahl und Reihenfolge wie beim Tagesgebet).[138]

Die Entlassung

Der Priester (oder gegebenenfalls der Diakon) spricht das *Ite missa est* („Gehet hin in Frieden").[139] Zum Schluss spendet der Zelebrant den Segen *Benedicat vos omnipotens Deus* („Es segne euch der allmächtige Gott …"), wobei in den Rubriken die Vernei-

---

132 Ritus Servandus 1965, Nr. 77.

133 Zuvor macht der Zelebrant nur eine einzige Kniebeuge.

134 Das dreimalige *Domine, non sum dignus* der Gläubigen wird vom Zelebranten weder angestimmt noch mitgesprochen. Die Rubrik im früheren Ritus Servandus 1962, Nr. X,6 über den Beginn der Kommunionausteilung an einer bestimmten Seite des Kirchenraumes ist weggefallen.

135 Ordo Missae 1965, Nr. 53; Ritus Servandus 1965, Nr. 81. – Vgl. *Inter Oecumenici*, Nr. 48i; *Formula pro S. Communione* vom 25. April 1964 (s. oben Anm. 63).

136 Ordo Missae 1965, Nr. 54; Ritus Servandus 1965, Nr. 81.

137 Ordo Missae 1965, Nr. 55; Ritus Servandus 1965, Nr. 82.

138 Ordo Missae 1965, Nr. 56; Ritus Servandus 1965, Nr. 84.

139 Ordo Missae 1965, Nr. 56; Ritus Servandus 1965, Nr. 84.

gung und das Senken der Augen entfallen.[140] Das *Schlussevangelium* und die „Leoninischen Gebete" sind für alle Arten der Messfeiern abgeschafft.[141]

6. Zusammenfassende Bemerkungen

Die Feier der Eucharistie steht zweifellos im Zentrum der nachkonziliaren Liturgiereform, die nicht unumstritten geblieben ist. John F. Baldovin teilt die katholischen Gläubigen im Zusammenhang mit der Liturgiereform in vier Kategorien ein, darunter eine Gruppe, die mit dem Schlagwort „Reform der Reform" charakterisiert wird, weil sie unzufrieden sei mit der (pastoralen) Umsetzung der nachkonziliaren Liturgiereform in den Jahren 1964 bis 1974 und zu etwas zurückkehren wolle, das dem „Römischen Ritus von 1965" entspricht.[142] Klaus Gamber bezeichnete die Messordnung von 1965 einmal als „durchaus geglückt"[143] und er

140 Ordo Missae 1965, Nr. 58; Ritus Servandus 1965, Nr. 87. – Die an den Werktagen der Fastenzeit möglichen „orationes super populum" können auch in der Muttersprache vorgetragen werden (vgl. *Decretum typicum*, Nr. 1h).

141 Vgl. *Inter Oecumenici*, Nr. 48j. – Der Wegfall des Schlussevangeliums war bereits durch mehrere Maßnahmen bei den früheren Reformen vorbereitet worden (vgl. Codex Rubricarum 1960, Nr. 510). Die unter Pius IX. und besonders Leo XIII. eingeführten „Leoninischen Gebete" für bestimmte Arten von Messfeiern haben nie zum eigentlichen Messordo gehört.

142 *John F. Baldovin*, Idols and Icons. Überlegungen zum derzeitigen Stand der Liturgiereform, in: LJ 61 (2011) 154–170, hier 154 f. – Siehe dazu auch *Aidan Nichols*, Looking at Liturgy. A Critical View of Its Contemporary Form, San Francisco 1996; The Reform of the Reform? A Liturgical Debate: Reform or Return?, ed. by *Thomas Kocik*, San Francisco 2003; *Nicola Bux*, La Riforma di Benedetto XVI. La liturgia tra innovazione e tradizione, Casale Monferrato 2008; *Mauro Gagliardi*, Liturgia Fonte di Vita. Prospettive Teologiche, Verona 2009; *Claudio Crescimanno*, La Riforma della Riforma Liturgica: Ipotesi per un „nuovo" rito della messa sulle trace del pensiero di Joseph Ratzinger, Verona 2009.

143 *Klaus Gamber*, Fragen in die Zeit. Kirche und Liturgie nach dem Vatikanum II (Studia Patristica et Liturgica, Beiheft 24), Regensburg 1989, 70.

meinte, dass außer „einigen unwesentlichen Änderungen und Kürzungen" dabei „der alte Ritus [...] nicht angetastet"[144] wurde.

Der *Ordo Missae* von 1965 zeichnet sich dadurch aus, dass er – obwohl er im Wesentlichen „organisch" aus dem *Ordo Missae* von 1962 herausgewachsen ist – die Bestimmungen von *Inter Oecumenici* (aufgrund vor allem von SC 50, aber auch SC 23, 31, 34, 36, 52, 54, 55) umsetzt und den Gebrauch der Muttersprache für eine Vielzahl der für das Volk bestimmten liturgischen Texte und (Ordinariums-)Gesänge zulässt (*Introitus, Kyrie, Gloria, Credo, Allgemeines Gebet, Offertorium, Sanctus-Benedictus, Vaterunser, Agnus Dei, Communio* etc.), aber auch für einige priesterliche Amtsgebete (*Tages-, Gaben-* und *Schlussgebet*; mit Ausnahme des Eucharistischen Hochgebetes). Die Gläubigen haben nun mehr Möglichkeiten, sich im Sinn der *participatio actuosa* mit *laut* vorgetragenen Akklamationen, Gruß- und Dialogformeln etc. einzubringen (*Et cum spiritu tuo – Und mit deinem Geiste*; *Gloria tibi, Domine – Ehre sei Dir, o Herr*; *Suscipiat Dominis – Der Herr nehme an*; *Vaterunser* etc.). Außerdem gibt es in Übereinstimmung mit vielen Bestimmungen der Liturgiekonstitution eine Vielzahl von Vereinfachungen – besonders im Bereich der Rubriken (Reduzierung der zahlreichen Altarküsse und Kreuzzeichen; Verbot der Duplizierung von Ordinariumsgesängen etc.) – und einige Streichungen (Ps 42 [43] im Stufengebet, Schlussevangelium, Leoninische Gebete) sowie die neue Einfügung des „Allgemeinen Gebets" nach dem *Credo* und die Einführung einer neuer Kommunionspendeformel. Altar und Ambo werden zudem als hervorgehobene liturgische Orte betont und den Priestern wird es freigestellt, die Eucharistie *versus populum* zu zelebrieren, doch ist dies nicht vorgeschrieben.[145]

---

144 *Klaus Gamber*, Die Reform der römischen Liturgie. Vorgeschichte und Problematik, Regensburg 1979 ([2]1981), 30.

145 *Inter Oecumenici*, Nr. 91: „Praestat [= wörtl.: „es ist besser"] ut altare maius exstruatur a pariete seiunctum, ut facile circumiri et in eo celebratio versus populum peragi possit ..." – Vgl. auch *Uwe M. Lang*, Conversi ad Dominum. Zu Geschichte und Theologie der christlichen Gebetsrichtung (Neue Kriterien 5), Einsiedeln [4]2006, hier 20–22; jüngst kritisch dazu *Rudolf Pacik*, Einrichtung von Kirche und Altarraum, 357 f.

Mit dem Erscheinen des entsprechenden deutschen „Schott-Messbuches“ (1966) konnte der damalige Kardinalstaatssekretär, Kardinal Amleto Giovanni Cicognani († 1973), daher interessanterweise im als Geleitwort verstandenen Brief an den Erzabt von Beuron schreiben: „Eigenart und Kernpunkt dieser Neubearbeitung ist der *vollzogene* [!] Anschluss an die Liturgie-Konstitution des Konzils“ (28. Mai 1966).[146]

Selbst wenn im Jahre 1965 offensichtlich die Messbuchreform noch lange nicht beendet war (obwohl die Ritenkongregation sie als abgeschlossen betrachtete[147]), lohnt es sich durchaus, auch liturgiewissenschaftlich, einen Blick auf den *Ordo Missae* von 1965 und die vielen daraus resultierenden bilingualen Messbücher zu werfen.[148]

146 Eigene Hervorhebung. – Das Schreiben des Kardinalstaatssekretärs ist der Ausgabe des „Schott“ in Fotokopie vorangestellt. Darauf hatte bereits *Klaus Gamber* aufmerksam gemacht: *ders.*, Alter und neuer Meßritus. Der theologische Hintergrund der Liturgiereform (Studia Patristica et Liturgica, Beiheft 10), Regensburg 1983, 23 (vgl. auch *Hoping*, Mein Leib für euch gegeben, 331). *John F. Baldovin* bringt dieses Schreiben jedoch fälschlicherweise mit dem „Schott-Messbuch“ von 1969 in Verbindung (*ders.*, Reforming the Liturgy. A Response to the Critics, Collegeville 2008, 40).

147 Die Ritenkongregation gab eine negative Antwort auf die Frage, ob weitere Änderungen im *Ordo Missae* bzw. eine vollständige Revision des *Missale Romanum* vorgesehen seien (siehe Notitiae 2 [1966] 32, Nr. 97), was zeigt, dass es in der Frage der Liturgiereform an der römischen Kurie wohl erhebliche Meinungsverschiedenheiten gab.

148 Dr. *Andrzej Hoinkis* verdanke ich wertvolle Hinweise für die Anm. 12 und 83.

Messbuchreform nach dem Zweiten Vatikanischen Konzil

Beobachtungen zum Messbuch für die Bistümer des deutschen Sprachgebietes (1975)

Jürgen Bärsch, Eichstätt

Aus seinem Sommerurlaub 1975 am Attersee in Österreich schilderte der damalige Trierer Liturgiewissenschaftler Balthasar Fischer (1912–2001) das Erlebnis, wie bei der Sonntagsmesse der dortige Dorfpfarrer das eben eingetroffene neue deutsche Messbuch vorstellte. Er hob den roten Band hoch und zeigte ihn voller Freude seiner Gemeinde. Dabei sagte er, wie Fischer sich erinnerte: „Als Rom zum letzten Mal vor 400 Jahren ein neues Meßbuch herausgegeben habe, sei es direkt von den römischen Schreibtischen in die Kirchen gekommen, aber schlimm sei das eigentlich nicht gewesen, da ‚eh' keiner verstanden habe, was drinstand. Das sei diesmal anders. Zum ersten Mal komme nun in endgültiger Gestalt ein Meßbuch auf den Altar, dessen Gebete jeder verstehen könne, und dessen endgültige deutsche Gestalt erst abgeschlossen worden sei, nachdem die Bischöfe fünf Jahre lang viele Priester und Laien um ihre Meinung zur Übersetzung gefragt hätten."[1] Auch wenn man aus heutiger Sicht die Einschätzung des Pfarrers, es gäbe ein „endgültiges" (deutschsprachiges) Messbuch relativieren möchte, deutete er doch richtig an, dass hinter dem stolz präsentierten Buchband ein langer Prozess mit verschiedenen Stationen lag, an dem nicht allein die Bischöfe und einige Experten beteiligt waren, sondern auch die „Endverbraucher" mitwirken konnten und auch tatsächlich mitwirkten.

1 *Balthasar Fischer*, Vom Missale Pius' V. zum Missale Pauls VI., in: LJ 26 (1976) 2–18, hier 2.

Wenn man also nach der Messbuchreform nach dem Zweiten Vatikanum fragt, sind einerseits die äußeren Wege und Prozesse nachzuzeichnen, die zum Messbuch führten, andererseits wird man aber auch inhaltliche Entwicklungen, Positionierungen und Entscheidungen berücksichtigen müssen, die auf das Buch nachhaltig Einfluss nahmen. Verständlicherweise können beide Aspekte hier auch nicht annähernd dargestellt werden. Die folgenden Beobachtungen beschränken sich deshalb darauf, im ersten Teil kurz die wichtigsten Etappen vom Altarmessbuch 1965 bis zur definitiven Ausgabe des Messbuchs für die Bistümer des deutschen Sprachgebietes 1975 in Erinnerung zu rufen. Wesentliches hat dazu Winfried Haunerland erforscht und in zwei Publikationen veröffentlicht.[2] Der zweite Teil fragt nach der inhaltlichen Entwicklung von 1965 bis 1975. Dabei sollen an einigen wenigen Beispielen die für die Messfeier in jenen Jahren relevanten Liturgiebücher miteinander verglichen werden, um die faktisch vollzogenen Schritte aufzuzeigen und das „Endprodukt" verstehen zu lernen.

1. Vom Altarmessbuch 1965 zum deutschen Messbuch 1975

Die Liturgiekonstitution des Zweiten Vatikanischen Konzils sah hinsichtlich des liturgietheologisch begründeten Formalprinzips der *participatio actuosa* aller Gläubigen[3] eine umfassende Revi-

---

2 *Winfried Haunerland*, Messbuchreformen im deutschen Sprachgebiet, in: Liturgiereform vor Ort. Zur Rezeption des Zweiten Vatikanischen Konzils in Bistum und Pfarrei, hg. v. *Jürgen Bärsch, Winfried Haunerland* (StPaLi 25), Regensburg 2010, 15–42; *ders.*, Instanzen und Prozesse von Missalereformen. Liturgiegeschichtlicher Rückblick und systematischer Ausblick, in: Liturgie in kulturellen Kontexten. Messbuchreform als Thema der Liturgiewissenschaft, hg. v. *Benedikt Kranemann, Helmut Jan Sobeczko* (Colloquia Theologica 11), Opole 2010, 119–143.

3 Vgl. *Martin Stuflesser*, Actuosa Participatio – Zwischen hektischem Aktionismus und neuer Innerlichkeit. Überlegungen zur „tätigen Teil-

sion des Mess-Ordo vor.[4] Mit den Bestimmungen zur Homilie und zum Allgemeinen Gebet griff sie auch schon korrigierend in die Messordnung ein.[5] Zudem hatte sie bereits vorsichtig die Tür für den Gebrauch der Volkssprache in der Messe geöffnet.[6] Insofern war eine umfassende Reform des Missale unumgänglich, auch wenn die Konstitution selbst darüber faktisch kein Wort verlor.

---

nahme" am Gottesdienst der Kirche als Recht und Pflicht der Getauften, in: LJ 59 (2009) 147–186; *Winfried Haunerland*, Participatio actuosa. Programmwort liturgischer Erneuerung, in: IKaZ 38 (2009) 585–595.

4 Die Überarbeitung des Mess-Ordo sollte den Sinn der einzelnen Teile und ihren wechselseitigen Zusammenhang verdeutlichen, damit „die fromme und tätige Teilnahme der Gläubigen erleichtert werde." (II. Vatikanum, SC 50). – Vgl. dazu die klassischen Kommentare von *Joseph Andreas Jungmann*, Konstitution über die heilige Liturgie, in: LThK.E 1 (1966) 9–109, hier 53f.; *Emil Josef Lengeling*, Die Konstitution des Zweiten Vatikanischen Konzils über die Heilige Liturgie. Lateinisch-deutscher Text mit einem Kommentar (RLGD 5/6), Münster 1964 und *Reiner Kaczynski*, Sacrosanctum Concilium, in: Sacrosanctum Concilium, Inter mirifica, Lumen Gentium (Herders Theologischer Kommentar zum Zweiten Vatikanischen Konzil 2), Freiburg – Basel – Wien 2004, 1–227, hier 123–126.

5 Vgl. II. Vatikanum, SC 52 und 53. – Zur Sache vgl. *Andreas Heinz*, Art. Allgemeines Gebet, in: LThK[3] 1 (1993) 410f. (Lit.); *Jürgen Bärsch*, „... pars ipsius liturgiae". Die Predigt als integratives Element des katholischen Gottesdienstes, in: Kontrapunkte. Katholische und protestantische Predigtkultur, hg. v. *Erich Garhammer, Ursula Roth, Heinz-Günther Schöttler* (ÖSP 5), München 2006, 191–211.

6 Ausdrücklich ermöglicht die Konstitution den Gebrauch der Muttersprache für die Lesungen, das Allgemeine Gebet und die Teile der Messe, „die dem Volk zukommen", ohne aber weitere Elemente davon auszuschließen. Vgl. II. Vatikanum, SC 54. Vgl. *Jungmann*, Kommentar SC, 56f.; *Lengeling*, Kommentar SC, 116–119; *Kaczynski*, Kommentar SC, 131f. – Zur Sache vgl. *Winfried Haunerland*, Lingua vernacula. Zur Sprache der Liturgie nach dem II. Vatikanum, in: LJ 42 (1992) 219–238.

1.1 Das Altarmessbuch 1965

Eine solche Reform stand vor allem auch deshalb rasch an, weil es für die erlaubten volkssprachigen Teile bis dato lediglich die Übersetzungen der Volksmessbücher gab.[7] Sie waren zwar zum persönlichen Mitlesen bestimmt und dienten der simultanen „Übersetzung" in den verschiedenen Formen der Gemeinschaftsmesse,[8] konnten aber nicht hinreichen, wenn nun der deutsche Text selbst liturgischen Rang erhielt. Dazu bedufte es offizieller, amtlicher Bücher, deren Texte dem Anspruch der Liturgie genügen und für den hörbaren gottesdienstlichen Vollzug geeignet sein mussten. Auf der Grundlage des *Missale Romanum* in der *Editio typica* von 1962 und unter Einarbeitung der schon erfolgten Reformschritte[9] legten im Auftrag der Fuldaer und Schweizer Bischofskonferenz die Liturgischen Kommissionen in Deutschland und der Schweiz 1965 das dreibändige lateinisch-deutsche Altarmessbuch vor.[10]

---

7 Vgl. *Lucas Brinkhoff*, Art. Volksmissaal, in: Liturgisch Woordenboek 2 (1965–68) 2835–2839; *Angelus A. Häußling*, Das Missale deutsch. Materialien zur Rezeptionsgeschichte der lateinischen Messliturgie im deutschen Sprachgebiet bis zum Zweiten Vatikanischen Konzil. Teil 1: Bibliographie der Übersetzungen in Handschriften und Drucken (LQF 66), Münster 1984.

8 Vgl. *Philipp Harnoncourt*, Art. Gemeinschaftsmesse, in: LThK³ 4 (1995) 437 f.

9 Direkte Auswirkungen auf die Messliturgie hatten vor allem die erste Instruktion zur ordnungsgemäßen Ausführung der Liturgiekonstitution *Inter Oecumenici* (26. September 1964; vgl. EDIL/DEL 1, 199–297, v. a. 246–258); die neue Messordnung (27. Januar 1965; vgl. EDIL/DEL 1, 380) und die Änderungen der Heiligen Woche (7. März 1965; vgl. EDIL/DEL 1, 393). – Vgl. dazu die Dokumentation von *Annibale Bugnini*, Die Liturgiereform 1948–1975. Zeugnis und Testament, Freiburg – Basel – Wien 1988, 121–156.

10 Lateinisches-deutsches Altarmessbuch. I.–III. Ausgabe für den liturgischen Gebrauch im Auftrag der Fuldaer und Schweizer Bischofskonferenz besorgt von den Liturgischen Kommissionen Deutschlands und der Schweiz, Einsiedeln u. a. 1965. – In Österreich hatte man sich wohl entschlossen, die Klosterneuburger Meßtexte (Großformat) für den liturgischen Gebrauch zuzulassen. Vgl. *Haunerland*, Messbuchreformen, 17, Anm. 7.

Der erste Band enthielt die Messtexte vom 1. Advent bis zum Beginn der Heiligen Woche; der zweite Band umfasste die Heilige Woche und die Osterzeit bis einschließlich zur Pfingstoktav, der dritte Band bot die Formulare vom Dreifaltigkeitssonntag bis zum Ende des Kirchenjahres. Ein markanter Unterschied zum bisherigen *Missale Romanum* war dabei unübersehbar. Die Messformulare umfassten nämlich nun nicht mehr die Schriftlesungen. Zwar hatte man noch die Perikopenangabe von Epistel und Evangelium notiert, aber die Texte selbst waren nicht mehr in das Messbuch integriert. Im Hintergrund stand die in SC 28 geforderte klare liturgische Rollenverteilung.[11] Weil in der Regel nicht der Vorsteher die Schriftlesungen vorzutragen hat, sondern der Lektorendienst und der Diakon, bedurfte es eigener Rollenbücher. So hatte man schon 1964 auf der Textgrundlage der Volksmessbücher Lektionare erstellt, die in der Messfeier verwendet werden durften.[12]

Über die Lesungen hinaus war allerdings eine umfangreiche Übersetzungsarbeit zu leisten. Konnte man für den *Ordo Missae* auf die bereits 1929 erschienene Einheitsübersetzung des Kölner Pfarrers Josef Könn (1876–1960) zurückgreifen[13] und die Gesänge des Messpropriums sowie die Zwischengesänge „mit Zustimmung der Erzabtei Beuron dem gemeinsamen Meßantiphonar

---

11 Vgl. dazu *Winfried Haunerland*, Sensus ecclesialis und rollengerechte Liturgiefeier. Zur Geschichte und Bedeutung des Artikels 28 der Liturgiekonstitution, in: Theologia et Ius Canonicum (FS Heribert Heinemann), hg. v. *Heinrich J.F. Reinhardt*, Essen 1995, 85–98.

12 Vgl. Deutsches Lektionar für die Feier der heiligen Messe. In der Textgestalt der Schott-Messbücher. 1–2, Freiburg –Basel – Wien 1964; Deutsches Perikopenbuch für alle Tage des Jahres, hg. v. *Urbanus Bomm*, Einsiedeln 1964. – Vgl. Der Gottesdienst im deutschen Sprachgebiet. Liturgische Dokumente, Bücher und Behelfe. Unter Mitarbeit v. *J. Schermann* hg. und eingel. v. *Hans Bernhard Meyer* (StPaLi 5), Regensburg 1982, 274, Nr. II 149.

13 Vgl. *Angelus A. Häußling*, „Einheit in den deutschen liturgischen Texten". Josef Könn und die Übersetzung des Ordo Missae von 1929, in: ALW 22 (1980) 124–128; *Theodor Maas-Ewerd*, Zur Übersetzung des Ordo Missae von 1929. Die erfolgreiche Initiative des Kölner Pfarrers Dr. Josef Könn (1876–1960) unter Berücksichtigung späterer Versuche, in: FKTh 9 (1993) 97–116.

der deutschen Meßbücher von Schott und Bomm"[14] entnehmen, mussten die Übersetzungen der Orationen völlig neu erarbeitet werden. Diese Aufgabe leistete eine Arbeitsgruppe unter der Federführung des damals schon emeritierten Münchener Liturgiewissenschaftlers Joseph Pascher (1893–1979).[15] Nachdem auch der Vortrag der Präfationen in deutscher Sprache möglich war,[16] blieben allein die stillen Priestergebete und vor allem natürlich der *Canon Romanus* nur in lateinischer Fassung abgedruckt.

Dieser Punkt veränderte sich aber schon zwei Jahre später, als mit der Instruktion *Tres abhinc annos* (4. Mai 1967) der volkssprachige Vortrag des Kanons ermöglicht und für das deutsche Sprachgebiet unverzüglich umgesetzt wurde.[17] Diese sukzessive Ausweitung der Volkssprache, die letztlich das innerste Zentrum der Eucharistiefeier erreichte, lag keineswegs in einer Zurückdrängung oder gar Missachtung der lateinischen Liturgiesprache begründet. Vielmehr verlangte das Ziel der konziliaren liturgischen Erneuerung, den Gläubigen eine bewusste und tätige Teilnahme zu ermöglichen, eine Sprache, die allen ein unmittelbares Verstehen erlaubte. Diese Erkenntnis konnten die Konzilsväter in SC 36 kaum formulieren, sie setzte sich erst in der praktischen

14 Altarmessbuch I 1965, VIII.

15 Vgl. die Hinweise bei *Haunerland*, Messbuchreformen, 18 f. – Zur Person Paschers vgl. *Markus Roth*, Joseph Maria Pascher (1893–1979). Liturgiewissenschaftler in Zeiten des Umbruchs (MThS. H 39), St. Ottilien 2011.

16 Der zuerst ausgelieferte Band III konnte die deutschen Fassungen noch nicht enthalten, hier musste man sich mit einem Faszikel als Nachtrag (Imprimatur 25. Dezember 1965) behelfen. Die später erschienenen Bände I und II boten die „Praefationes in lingua Germanica" bereits eingebunden im Korpus der Präfationen. Vgl. dazu *Haunerland*, Messbuchreformen, 19, Anm. 23; zur Übersetzung der Präfationen vgl. ebd., 19, Anm. 22.

17 Die Approbation des deutschen Textes erfolgte am 4. Oktober 1967. Vgl. Ergänzungsfaszikel zum Altarmessbuch: Der Römische Mess-Kanon. Lateinisch-deutsch. Deutscher Text approbiert von den Bischofskonferenzen Deutschlands, Österreichs und der Schweiz und dem Bischof von Luxemburg. Ausgabe für den liturgischen Gebrauch, Einsiedeln u. a. o. J. [1967].

Erfahrung einer volkssprachigen Liturgie durch und wurde dann dynamisch in den Prozess der Messbuchreform integriert.[18]

Wie sehr mit dem faktischen Übergang von einer lateinischen zu einer volkssprachigen Liturgiepraxis ein Paradigmenwechsel vonstatten ging, zeigt auch die in diesen Jahren heftig geführte Diskussion um neue Texte für das Eucharistische Hochgebet.[19] Da nun in jeder Messfeier der Römische Kanon laut und in deutscher Sprache vorgetragen wurde, ließen sich die Schwächen dieses Gebets nicht mehr hinter der lateinischen Sprachgestalt und der Kanonstille verbergen. Zudem empfanden viele den in jeder Messe gleichbleibenden langen Gebetsmonolog als ermüdend und stießen sich am fremden Stil der römischen Gebetssprache. Deshalb benutzten auch im deutschen Sprachgebiet manche Priester die in Holland entstandenen Hochgebete,[20] die sich durch eine zeitgenössische Sprache auszeichneten und zudem eine Vielzahl von Texten boten.[21] In diesen Konflikten um den liturgischen Gehorsam und in der allgemein verlauteten Kritik an

18 Diese Eigendynamik des Formalprinzips der „tätigen Teilnahme" im Blick auf die Volkssprache hat *Haunerland*, Participatio actuosa, 589–591, herausgestellt.

19 Vgl. die Darstellung in den Etappen der liturgischen Entwicklung bei *Heinrich Rennings*, Zur Diskussion über neue Hochgebete. Aus der Arbeit der Studiengruppe im deutschen Sprachgebiet, in: LJ 23 (1973) 3–20, hier 3–6.

20 Vgl. *Herman A. J. Wegman*, Neue Eucharistiegebete in Holland, in: LJ 18 (1968) 44–60; *Angelus A. Häußling*, Noch einmal: Eucharistiegebete in Holland, in: LJ 20 (1970) 113–120; *Herman A. J. Wegman*, Erfahrungen mit neuen Hochgebeten in Holland, in: LJ 23 (1973) 21–29.

21 Besondere Bedeutung kam der von dem Essener Diözesanpriester Alfred Schilling veröffentlichten Ausgabe zu, die bereits 1971 die 11. Auflage erreichte: *Alfred Schilling*, Fürbitten und Kanongebete der holländischen Kirche. Materialien zur Diskussion um zeitgemäße liturgische Texte, Essen 1968. – So waren etwa in Holland allein 200 dokumentierte Hochgebetstexte im Gebrauch. Vgl. *Ben Janssens*, Das Zweite Vatikanische Konzil und ein „trotziger Katholizismus" in den Niederlanden: Das Bistum Roermond, in: Konzil und Bistum. Das II. Vatikanische Konzil und seine Wirkung im Bistum Aachen und bei seinen Nachbarn (FS Bischof Heinrich Mussinghoff), hg. v. *Karl Borsch, Johannes Bündgens*, Aachen 2010, 261–303, hier 272, Anm. 16.

einem zentralen Punkt des gottesdienstlichen Lebens nahm Rom selbst das Heft in die Hand. Es war bekanntlich Papst Paul VI. selbst, der entschied: „Man lasse das augenblickliche Hochgebet unverändert und suche nach zwei oder drei anderen, die man zu bestimmten Zeiten nehmen kann."[22] So konnte im Dezember 1968 ein weiteres Ergänzungsheft zum Altarmessbuch erscheinen, das die drei neuen Hochgebetstexte zusammen mit acht neuen Präfationen für die liturgische Praxis zur Verfügung stellte.[23] Die Diskussion um das Eucharistiegebet war damit freilich nicht beendet.[24] Tatsächlich sollten sich in den folgenden Jahren

---

22 So der Papst bei einer Audienz von Kardinal Lercaro, dem Vorsitzenden des Consiliums, am 20. Juni 1966. *Bugnini*, Liturgiereform, 481; vgl. dazu auch *Walter von Arx*, Der Anteil Papst Pauls VI. an der Liturgiereform des Zweiten Vatikanischen Konzils (Fuldaer Hochschulschriften 2), St. Ottilien 1987, 21 f. – Insgesamt zur Arbeit an den neuen Hochgebeten vgl. *Bugnini*, Liturgiereform, 479–519.

23 Die drei neuen Eucharistischen Hochgebete. Deutscher Text approbiert von den Bischofskonferenzen des deutschen Sprachgebietes. Ausgabe für den liturgischen Gebrauch, Einsiedeln u. a. 1968. – Wie sehr man auf Variationen beim Hochgebet drängte, zeigt die bemerkenswerte Erlaubnis des Bischofs von Essen, Dr. Franz Hengsbach (1910–1991), in seiner Diözese die nur als Studienübersetzung vorab veröffentlichen Hochgebete ab dem 15. August 1968 (Stichtag für die Verwendung der lateinischen Preces Eucharisticae) interimistisch in der Messe zu verwenden, um aus der praktischen Erprobung Verbesserungsvorschläge für die definitiven Texte zu gewinnen: „Ich verspreche mir daraus einen Vorteil für die endgültige Fassung dieser Texte, wenn Sie der Anregung des Liturgischen Instituts folgen und Ihre Verbesserungsvorschläge in der erbetenen vorgeschriebenen Form an Herrn Professor Joseph Pascher ... senden." Übersetzungsentwürfe der neuen Eucharistischen Hochgebete, in: Kirchliches Amtsblatt für das Bistum Essen 11 (1968) 115–119, Nr. 164. Vgl. dazu *Jürgen Bärsch*, Das Bistum Essen und das Zweite Vatikanische Konzil, in: Konzil und Bistum, 77–136, hier 125.

24 Das beweisen die weiterhin erschienenen privaten, wiederum vielfach aus dem niederländischen Sprachraum stammenden Publikationen: Vgl. Elf Eucharistiegebete (holländische Kanontexte), hg. v. *Alfred Schilling*, Essen 1972 [die übrigens im gleichen Format wie die „Studientexte" für das künftige Messbuch veröffentlicht wurden; vgl. unten Anm. 36]. Vgl. auch *John Barry Ryan*, Eucharistische Hochgebete für den heutigen Menschen, in: LJ 26 (1976) 116–137. – Zudem sah sich die Gottesdienst-

die für den Gebrauch in der Messliturgie des deutschen Sprachraumes zugelassenen Texte einschließlich einzelner Variationen auf inzwischen 13 Hochgebete erhöhen.[25]

1.2 Vom *Missale Romanum* 1970 zum deutschen Messbuch 1975

Bereits 1969 wurden in Rom für die Messliturgie zentrale Dokumente veröffentlicht. Neben der Grundordnung des Kirchenjahres[26] promulgierte Papst Paul VI. mit der Apostolischen Konstitution *Missale Romanum* (3. April 1969) das nach Vorschrift des Zweiten Vatikanischen Konzils erneuerte Römische Messbuch.[27] Zwar lag die *Editio typica* des Missales erst 1970 gedruckt vor,[28]

---

kongregation 1973 gezwungen, die Entscheidung, es bleibe vorläufig bei den vier Eucharistischen Hochgebeten, ausführlich zu begründen und den Gebrauch nicht approbierter Hochgebete erneut zu untersagen. Vgl. Rundschreiben *Eucharistiae participationem* (27. April 1973), in: EDIL/DEL 1, 3037–3055. Vgl. dazu *Reiner Kaczynski*, Ein mittlerer Weg. Das Rundschreiben der Gottesdienstkongregation über die Eucharistischen Hochgebete, in: Gd 7 (1973) 113–116; *Jakob Baumgartner*, Hochgebetsdebatte – Stillstand oder Fortschritt? Zum Rundschreiben „Eucharistiae participationem" der Gottesdienstkongregation vom 27. April 1973, in: HlD 27 (1973) 89–102.

25 Neben den vier Hochgebeten im Korpus des Messbuchs sind das Versöhnungshochgebet, die drei Hochgebete für Messen mit Kindern, das Hochgebet für Messen mit Gehörlosen und das Hochgebet für besondere Anliegen (mit insgesamt vier Variationen) zu nennen. Vgl. dazu die einschlägigen Beiträge in: Gratias agamus. Studien zum eucharistischen Hochgebet (FS Balthasar Fischer), hg. v. *Andreas Heinz, Heinrich Rennings*, Freiburg – Basel – Wien 1992.

26 Motu Proprio Papst Pauls VI. *Mysterii paschalis* (14. Februar 1969), in: EDIL/DEL 1, 1243–1248; *Calendarium Romanum*. Der Römische Kalender (21. März 1969), in: EDIL/DEL 1, 1268–1332.

27 Apostolische Konstitution *Missale Romanum* (3. April 1969), in: EDIL/DEL 1, 1362–1372. – Das Dokument wurde in Gd 3 (1969) 67–69 veröffentlicht; vgl. auch *Johannes Wagner*, Konturen des neuen Messbuches, in: ebd., 65–67.

28 Die Kongregation für den Gottesdienst veröffentlichte am 26. März 1970 die neue offizielle Ausgabe des Römischen Messbuchs: Missale

aber mit der *Institutio Generalis Missalis Romani*[29] und dem *Ordo lectionum Missae*[30] lagen die wesentlichen Teile vor, so dass zum 1. Adventssonntag 1969 in vielen Pfarreien des deutschen Sprachgebietes die neue Messordnung einschließlich der neuen Leseordnung, die allerdings sofort verpflichtend zu übernehmen war,[31] eingeführt werden konnte.[32]

Inzwischen hatte man für die von Rom geforderte übernationale Zusammenarbeit[33] bei der Erstellung der deutschsprachigen Liturgiebücher die Internationale Arbeitsgemeinschaft der Liturgiekommissionen des deutschen Sprachgebietes (IAG) gegründet.[34] Auf dieser institutionellen Basis nahm man auch die Arbeit am deutschen Messbuch in Angriff und berief eine Übersetzer-

---

Romanum ex decreto Sacrosancti Oecumenici Concilii Vaticani II instauratum auctoritate Pauli PP. VI promulgatum, Vatikanstadt 1970. – Vgl. EDIL/DEL 1, 2060; *Annibale Bugnini*, Das neue Missale Romanum, in: Gd 4 (1970) 81–85.

29 Ordo Missae. Messordnung, in: EDIL/DEL 1, 1373–1736.

30 Instruktion *De Ordine lectionum Missae* (25. Juli 1969), in: EDIL/DEL 1, 1913–1920.

31 Vgl. Beschlüsse der Vollversammlung der Deutschen Bischofskonferenz in Fulda vom 22. bis 25. September 1969 betreffend liturgische Fragen, in: Kirchliches Amtsblatt für das Bistum Essen 12 (1969) 156–158, Nr. 208, hier 156.

32 Vgl. *Johannes Wagner*, Termine für neues Messbuch und Ordo Missae, in: Gd 3 (1969) 115–117. Die Vacatio legis für den erneuerten *Ordo Missae* lief zum 1. Adventssonntag 1969 aus, auch wenn sein Gebrauch noch nicht vorgeschrieben wurde. – Mit den Mitgliedern der Deutschen Bischofskonferenz ging etwa auch der Essener Bischof davon aus, dass in den meisten Gemeinden die Messordnung zum 1. Advent eingeführt werde, wie aus seinem Hirtenbrief zum letzten Sonntag des Kirchenjahres 1969 hervorgeht. Vgl. *Bärsch*, Das Bistum Essen und das Konzil, 126 f.

33 Rom legte Wert darauf, dass es in den volkssprachigen Liturgiebüchern übernationale, einheitliche Übersetzungen gab. Vgl. Brief von Giacomo Kardinal Lercaro, Vorsitzender des „Consiliums“ *De unica interpretatione textuum liturgicorum* (16. Oktober 1964), in: EDIL/DEL 1, 298; Brief von Giacomo Kardinal Lercaro, Vorsitzender des „Consiliums“ *Epistula „Consilii“* (21. Juni 1967), in: EDIL/DEL 1, 974–982, hier 981.

34 Die erste Kontaktsitzung fand vom 27. bis 30. Januar 1969 in Zürich statt. Freilich hatte es bereits zuvor eine vertrauensvolle Zusammenarbeit gegeben, die aber einen eher informellen Charakter trug. Vgl. *Emile*

kommission, die der Grazer Kirchenhistoriker Karl Amon leitete.[35] Der anfängliche Plan, schon Ende 1971 das deutsche Messbuch vorlegen zu können, erwies sich freilich als zu ambitioniert, so dass man statt dessen 1971 mit der Herausgabe der „Ausgewählten Studientexte für das künftige Meßbuch“ begann, von denen bis 1973 acht Hefte vorlagen.[36]

Im zuerst erschienenen Faszikel „Die Osterfeier“ begründeten die Liturgischen Institute Salzburg, Trier und Zürich als Herausgeber den Sinn der Veröffentlichung. Da das Erscheinen des neuen deutschen Messbuches kurzfristig nicht zu realisieren sei, wolle man die Übergangssituation nutzen und bittet „um Stellungnahmen, Lob und Tadel, insbesondere aber um Verbesserungsvorschläge, damit das offizielle neue Meßbuch endlich in allem erprobte Texte bieten kann.“[37] Es sollten also die liturgischen Texte nicht approbiert und konfirmiert werden, „ehe sie die Kritik derer, welche die Texte im Gottesdienst vortragen, und derer, die sie verstehen und in ihrem Herzen mitvollziehen sollen, passiert haben.“[38] Rechtlich abgesichert war dieses Vorgehen

---

Seiler, Internationale liturgische Zusammenarbeit im deutschen Sprachgebiet, in: LJ 40 (1990) 192–210.

35 Zur Person vgl. *Franz Karl Praßl*, Karl Amon – 70 Jahre, in: Gd 28 (1994) 42.

36 Vgl. *Haunerland*, Messbuchreformen, 24 f. – Es handelt sich im Einzelnen um die Faszikel: Die Osterfeier (später als Heft 5 gezählt, Freiburg 1971); Die Osterzeit (Heft 1, Freiburg 1971); Die Sonntage im Jahreskreis (Heft 2, Freiburg 1971); Die Advents- und Weihnachtszeit (Heft 3, Freiburg 1971); Die Fastenzeit (Heft 4, Freiburg 1972); Die Messfeier für Verstorbene (Heft 6, Freiburg 1972); Das Gedächtnis der Heiligen (Heft 7, Freiburg 1972); Die Messfeier bei besonderen Anlässen (Heft 8, Freiburg 1973).

37 Vorwort, in: Die Osterfeier. Handreichungen für die liturgischen Feiern von Palmsonntag bis Ostermontag mit ausgewählten Studientexten für das künftige deutsche Meßbuch, hg. von den Liturgischen Instituten Salzburg – Trier – Zürich, Einsiedeln u. a. 1971, 5 f., hier 5.

38 Vorwort, in: Die Osterzeit. Ausgewählte Studientexte für das künftige deutsche Messbuch. Heft 1. Ostermontag bis Pfingsten, redigiert von einem Ausschuss der Liturgischen Kommissionen des deutschen Sprachgebietes, hg. v. den Liturgischen Instituten Salzburg – Trier – Zürich, Einsiedeln u. a. 1971, 5f, hier 5.

durch die Erlaubnis der Gottesdienstkongregation, „die liturgischen Texte einen angemessenen Zeitraum hindurch in einem dem Ermessen der liturgischen Kommissionen der verschiedenen Länder des deutschen Sprachgebietes entsprechenden Rahmen praktisch zu erproben."[39] Die Arbeit an der Übersetzung der Messtexte, vor allem der Orationen, erfolgte also nicht hinter verschlossenen Türen, sondern sollte sich in einem weitgehend transparenten Prozess entwickeln, der die Mitwirkung vieler Beteiligter, Priester wie Laien, vorsah.[40]

Ein solches Verfahren hatte es in der abendländischen Geschichte der liturgischen Bücher noch nicht gegeben. Das ist auch nicht verwunderlich, denn erst mit der Öffnung der Liturgie für die Volkssprachen war ein solcher Prozess überhaupt denkbar und auch in der Sache sinnvoll. Weil nun die liturgischen Texte ja nicht nur akustisch vernehmbar waren, sondern nach Maßgabe der *participatio actuosa* auch von allen Gläubigen unmittelbar verstehbar und innerlich mitvollziehbar sein sollten, stellten sich völlig neue Herausforderungen an die Qualität der übersetzten Gebete. Es lag deshalb nahe, den genannten Weg zu beschreiten, zumal die am 25. Januar 1969 veröffentlichte Instruktion zur Übertragung liturgischer Texte selbst auf den Gegenwartsbezug der Gebete hinwies: „Das Gebet der Kirche ist stets das Gebet von Menschen, die hier und jetzt beten. Darum genügt

---

39 So der Brief des Präfekten der Gottesdienstkongregation, Arturo Kardinal Tabera, vom 16. März 1971 an den Erzbischof von Salzburg. Hier zit. nach ebd., 5.

40 Ausdrücklich wünschten die Herausgeber eine Beteiligung unterschiedlicher Experten und Gruppen auf den verschiedenen Ebenen: „Mögen die Theologen nachprüfen, ob der theologische Inhalt im Ganzen wiedergegeben ist. Mögen die Männer und Frauen der gesprochenen und der geschriebenen deutschen Sprache uns sagen, ob man heute mit Anstand so zu Gott sprechen kann, wie es hier versucht wird. Mögen die Teilnehmer am Gottesdienst, Priester und Laien, ihr Urteil abgeben, ob die Texte sie ansprechen. Die liturgischen Räte und die Diözesanräte der Bistümer werden gebeten, in kleinen Fachausschüssen sich mit unseren Studientexten zu befassen. Alle sind eingeladen, uns ihre Stellungnahmen, zustimmende wie kritische, und ihre Verbesserungsvorschläge zuzuschicken." Ebd., 6.

häufig nicht die wörtliche Übersetzung von Texten, die in einer anderen Zeit und Kultur entstanden sind. Die Gemeinde soll den übersetzten Text zu ihrem eigenen lebendigen Gebet machen können, und jedes ihrer Glieder soll sich in ihm aussprechen können."[41] Darum verlangte das Dokument eine Anpassung der liturgischen Sprache „an die Gesamtheit der Gläubigen, welche die gleiche Sprache gebrauchen und sich regelmäßig zum Gottesdienst versammeln, eingeschlossen ‚die Kinder und die einfachen Leute'."[42]

Wenn also das Programm der „Studientexte", möglichst viele an der Erstellung des deutschen Messbuches zu beteiligen, durchaus in der Sache begründet war, wird man sicher nicht fehlgehen, dass ein solches Prozedere auch mit den zeit- und kirchengeschichtlichen Entwicklungen korrespondierte. Hier ist vor allem an die Ausweitung demokratischer Handlungsprinzipien auf alle gesellschaftlichen Bereiche der Bundesrepublik Deutschland zu erinnern. Sie wurde unter dem Stichwort „Demokratisierung" seit der Mitte der 1960er Jahre vorangetrieben und entfaltete eine politische Kultur des Dialogs, der Kritik und der Mitverantwortung,[43] auf deren Resonanzboden dann auch die innerkirchlichen nachkonziliaren Prozesse neue, bis dahin unbekannte Töne erzeugten.[44] Man denke etwa an den Ausbau der Räte in Bistümern und Pfarreien, an die eigene, weitwirkende Dynamik des Essener Katholikentages 1968 und an die Gemeinsame Synode der Bistümer in der Bundesrepublik Deutschland (1971–1975).[45] Auch

41 Instruktion *De interpretatione textuum liturgicorum* (25. Januar 1969) Nr. 20, in: EDIL/DEL 1, 1200–1242, hier 1219.

42 Ebd., Nr. 15, EDIL/DEL 1, 1214.

43 Vgl. *Axel Schildt – Detlef Siegfried*, Deutsche Kulturgeschichte. Die Bundesrepublik Deutschland von 1945 bis zur Gegenwart, München 2009, 204 f., 277–302.

44 Neben den Beiträgen in Konzil und Bistum vgl. exemplarisch für das Bistum Münster: *Wilhelm Damberg*, Moderne und Milieu. 1802–1998 (Geschichte des Bistums Münster 5), Münster 1998, 345–362.

45 Vgl. exemplarisch für das Bistum Essen: *Bärsch*, Das Bistum Essen und das Konzil, 98–102. – Zur Synode vgl. Gemeinsame Synode der Bistümer in der Bundesrepublik Deutschland. Offizielle Gesamtausgabe. 1–2, Freiburg – Basel – Wien 1976; *Manfred Plate*, Das deutsche Konzil. Die Würz-

das gottesdienstliche Leben blieb davon nicht unberührt, wie die erwähnte Verwendung nichtapprobierter Orationen und Hochgebete in der Liturgie gezeigt hat. Der Trierer Bischof Bernhard Stein (1904–1993), seinerzeit Vorsitzender der Liturgiekommission der Deutschen Bischofskonferenz, deutete diese Entwicklung wohl realistisch, wenn er darin überwiegend nicht bloße Neuerungssucht oder Geltungsbedürfnis der Priester erblickte: „Nicht wenige glauben“, so Bischof Stein in einem Referat 1971, „aus pastoraler Verantwortung so handeln zu müssen und leiden an der Konfliktsituation. Sie gewinnen den Eindruck, die Ausführung der Liturgiereform sei erheblich hinter den Erwartungen, die die Liturgiekonstitution des Konzils geweckt habe, zurückgeblieben.“[46] Das beschriebene Vorgehen bei der Arbeit am deutschen Messbuch stand also im Kontext einer größeren Entwicklung und nahm teil an den massiven Umwälzungen, wie Bischof Stein nüchtern bilanzierte: „Die theologischen und pastoralen Probleme, die gesellschaftlichen und kulturellen Wandlungen der letzten Jahre haben sich auf den Gottesdienst ausgewirkt.“[47]

Im Frühjahr 1974 erhielten die Bischöfe ein Manuskript des Messbuches, das auf der Basis der Erfahrungen mit den Studientexten und unter Berücksichtigung der diesbezüglichen Zuschriften erstellt worden war.[48] Nach Einarbeitung der Modi entstand

---

burger Synode. Bericht und Deutung, Freiburg – Basel – Wien 1975; *Alfons Fischer*, Pastoral in Deutschland nach 1945. Bd. 3. Kirche und Seelsorge in der Ära des Konzils und der Kulturrevolution, Würzburg 1990, 67–81.

46 Bischof Stein hielt dieses Referat auf der Kontaktsitzung der Liturgischen Kommissionen des deutschen Sprachgebietes, die im Beisein des Präfekten der römischen Gottesdienstkongregation, Arturo Kardinal Tabera, vom 29. November bis zum 2. Dezember 1971 in Salzburg stattfand. Der Vortrag ist auszugsweise dokumentiert: Acht Jahre Liturgiereform. Situationsbericht der Liturgischen Kommissionen des deutschen Sprachgebietes, in: Gd 6 (1972) 1–4, hier 3.

47 Ebd., 3.

48 Es gab allerdings auch ernstzunehmende Stimmen (wie etwa die des Sachausschusses „Liturgie“ im Diözesanrat des Bistums Trier), die vor einer übereilten Erstellung der Endfassung nachdrücklich warnten, weil sie fürchteten, eine nicht ausgereifte Lösung könne zu weiterem Gebrauch privater Textvorlagen führen. Vgl. *Johannes Wagner*, Antwort auf viele Zuschriften zu den Meßbuchstudientexten, in: Gd 7 (1973) 84 f.;

schließlich die Approbationsvorlage, die ebenfalls noch für Änderungswünsche offen war. Am 23. September 1974 versammelten sich die deutschsprachigen Bischöfe zu einer eigenen Sitzung in Salzburg, um das deutsche Messbuch zu approbierten. Am 10. Dezember 1974 konfirmierte dann die Gottesdienstkongregation das Messbuch für die Bistümer des deutschen Sprachgebietes. Es präsentiert sich seither in zwei Bänden, wobei der rote Teilband die Texte für die Sonn- und Festtage in deutscher und lateinischer Sprache sowie für die Heilige Woche und das Triduum (allein in deutscher Sprache) enthält; der blaue Teilband bietet nur auf Deutsch die Texte für alle Tage des Jahres mit Ausnahme der Karwoche sowie für die Heiligengedenktage, die Messen bei sakramentlichen Feiern, die Votivmessen und die Messen für Verstorbene. Hier finden sich auch die ohne eine lateinische Vorlage, aus dem deutschen Sprachempfinden geschaffenen Texte, die Tages-, Gaben- und Schlussgebete zur Auswahl.[49] Auf Grundlage dieses Teilbandes entwickelte man zudem eine grün gebundene Kleinausgabe, in denen das „Messbuch deutsch für alle Tage des Jahres" zur Verfügung steht.[50]

Wenn in den Folgejahren weitere Ergänzungen hinzukamen, man denke etwa an die Eigenfeiern der Diözesen und Orden, an die Faszikel mit weiteren Hochgebeten (Versöhnung, Messen mit Kin-

---

Den Terminplan ändern, in: ebd., 116 f.; Reaktion auf „Terminplan ändern", in: ebd., 122, 132; *Walter von Arx*, Nach fünf Jahren ist es Zeit, in: Gd 8 (1974) 130 f.

49 Die Feier der Heiligen Messe. Meßbuch. Für die Bistümer des deutschen Sprachgebietes. Authentische Ausgabe für den liturgischen Gebrauch. 1. Die Sonn- und Feiertage deutsch und lateinisch. Die Karwoche deutsch, Einsiedeln u. a. 1975; 2. Das Meßbuch deutsch für alle Tages des Jahres außer der Karwoche, Einsiedeln u. a. 1975, ²1988 [zit. wird nach der Kleinausgabe, siehe Anm. 50]. – Neben Ergänzungsfaszikeln erschien auch eine eigene Teilausgabe: Die Feier der Heiligen Messe. Meßbuch [...] Karwoche und Osteroktav. Ergänzt um die Feier der Taufe und der Firmung sowie um die Weihe der Öle, Solothurn u. a. 1996.

50 Die Feier der Heiligen Messe. Meßbuch. Für die Bistümer des deutschen Sprachgebietes. Authentische Ausgabe für den liturgischen Gebrauch. Kleinausgabe. Das Meßbuch deutsch für alle Tage des Jahres, Einsiedeln u. a. 1975, ²1988.

dern, Messen für besondere Anliegen) oder die Sammlung mit Marienmessen, zeigt sich, dass 1975 die Messbuchreform keineswegs abgeschlossen war. Im Jahre 1988 berief die IAG eine „Studienkommission für die Meßliturgie und das Meßbuch", die auf breiter Basis alle Aspekte wie die Struktur des *Ordo Missae*, das Kirchenjahr, die Musik, die Schriftlesungen und vor allem auch die Orationen einer kritischen Überprüfung unterziehen und Vorschläge für eine Neuausgabe des deutschen Messbuches machen sollte.[51] Wie bekannt, veränderten sich seit der zweiten Hälfte der 1990er Jahre die klimatischen Bedingungen für die Arbeit der Studienkommission, bis schließlich Rom durch die Instruktion *Liturgiam authenticam* vom 28. März 2001 eine völlig neue inhaltliche wie rechtliche Voraussetzung für die Erstellung volkssprachiger Liturgiebücher schuf.[52] Diese zu Recht „Paradigmenwechsel" genannte Neuausrichtung der Liturgiereform[53] muss aber für den uns hier interessierenden Zeitraum zwischen 1965 und 1975 ausgeklammert bleiben.

---

51 Vgl. die Dokumentation: Studien und Entwürfe zur Meßfeier. Texte der Studienkommission für die Meßliturgie und das Meßbuch der Internationalen Arbeitsgemeinschaft der Liturgischen Kommissionen im deutschen Sprachgebiet, hg. von *Eduard Nagel*, Freiburg – Basel – Wien 1995; *Haunerland*, Messbuchreformen, 29–35.

52 Vgl. Kongregation für den Gottesdienst und die Sakramentenordnung, Der Gebrauch der Volkssprache bei der Herausgabe der liturgischen Bücher der römischen Liturgie. *Liturgiam authenticam*. Fünfte Instruktion „zur ordnungsgemäßen Ausführung der Konstitution des Zweiten Vatikanischen Konzils über die heilige Liturgie" (zu Art. 36 der Konstitution). Lateinisch-deutsch. 28. März 2001 (VApS 154). – Vgl. dazu *Winfried Haunerland*, Authentische Liturgie. Der Gottesdienst der Kirche zwischen Universalität und Individualität, in: LJ 52 (2002) 135–157; *ders.*, Texttreu und verständlich. Die Leitlinien zur Revision des Messbuches, in: Gd 39 (2005) 153–156; *Joachim Kardinal Meisner*, Der Auftrag: Übersetzung und Revision, in: ebd., 89–92.

53 *Haunerland*, Messbuchreformen, 35–40, hier 35.

2. Liturgisch-theologische Beobachtungen an den Missale-Ausgaben von 1965 bis 1975

Bisher standen vornehmlich die Etappen der nachkonziliaren Messbuchreform im Mittelpunkt. Wie angedeutet, waren sie keineswegs allein von pragmatischen Schritten der Reform bestimmt, hier haben sich in verschiedener Hinsicht auch liturgietheologische Neuorientierungen und Einsichten niedergeschlagen, die aus der Liturgiekonstitution und den nachfolgenden Dokumenten herausgewachsen sind. Der zweite Teil widmet sich liturgisch-theologischen Aspekten, indem exemplarisch die Ordnung der Karfreitagsliturgie und einige ausgewählte Orationen im Licht des Altarmessbuchs 1965, des *Missale Romanum* 1970, der Studientexte 1971 bis 1973 und des deutschen Messbuchs 1975 betrachtet werden.

2.1 Die Feier der Karfreitagsliturgie in den Missale-Ausgaben von 1965 bis 1975

Zu einer umfassenden Neuordnung der Heiligen Woche war es bereits 1955 unter Papst Pius XII. (1939–1958) gekommen. Sie konnte schon viele liturgiehistorische und -theologische Erkenntnisse aufgreifen und strebte eine liturgiepastorale Erneuerung an.[54] Aber es konnte nicht beim Status quo bleiben, denn die Liturgiekonstitution wie andere konziliare Dokumente blieben nicht folgenlos für die Karwochen- und Osterliturgie. Erste Änderungen sah bereits das Dekret der Ritenkongregation vom 7. März

54 Vgl. das Generaldekret der Ritenkongregation und die Instruktion zur Durchführung der neuen Ordnung der Heiligen Woche, in: LJ 5 (1955) 247–260. Zur Sache vgl. *Ferdinando Antonelli*, Die Reform der Liturgie der Heiligen Woche, ihre Bedeutung und ihr pastoraler Charakter, in: ebd., 199–203; *Josef Andreas Jungmann*, Die Reform der Karwochen- und Osterliturgie in pastoraler Sicht, in: ebd., 204–213; Die Feier der Heiligen Woche. Ein Werkbuch, hg. v. Liturgischen Institut zu Trier durch *Johannes Wagner, Balthasar Fischer*, Trier 1956.

1965 vor.[55] Vor allem aber wirkte sich die Grundordnung des Kirchenjahres 1969 mit ihrer dezidiert liturgietheologischen Bestimmung des *Triduum paschale* nachhaltig auf die Liturgie der Heiligen Woche aus.[56] Dies zeigt sich auch an der Feier des Leidens und Sterbens Christi am Karfreitag.[57]

Feierstruktur

Bemerkenswert sind bereits die Unterschiede in der Struktur der Feier. Das Altarmessbuch 1965 gliedert die Karfreitagsliturgie („De sollemni actione liturgica postmeridiana in passione et morte Domini") in vier Teile: Lesungen, Feierliche Fürbitten, Feierliche Kreuzverehrung und Kommunion.[58] Die *Orationes sollemnes* bildeten darin einen eigenständigen Teil der Feier, was insofern verständlich war, da dieses alte Gebetselement (wenngleich in einer besonderen Form) in der römischen Liturgie allein am

---

55 Dekret *Variationes in Ordine Hebdomadae sanctae* (7. März 1965), in: EDIL/DEL 1, 393.

56 Entsprechend schrieben die Handreichungen 1969/70 die Reform des Ordo Hebdomadae Sanctae instauratus 1956 fort: Die Liturgie der Heiligen Woche. Entwurf. Studienausgabe, hg. v. den Liturgischen Instituten Salzburg – Trier – Zürich, Freiburg 1969 (Manuskriptdruck), 17–27, 57–61 (Karfreitag); Die Liturgie der Karwoche und Osternacht 1970, hg. v. den Liturgischen Instituten Salzburg – Trier – Zürich, Freiburg i. Br. 1970, 29–40 (Karfreitag). – Vgl. *Joseph Pascher*, Eine neue Ordnung der Karwoche, in: Gd 3 (1969) 27–29; *Heinrich Rennings*, Karwoche und Osternacht 1970. Probleme und Möglichkeiten im Übergangsjahr 1970, in: Gd 4 (1970) 25–27.

57 Zu Geschichte und Gestalt der Feier vgl. *Hansjörg Auf der Maur*, Feiern im Rhythmus der Zeit I. Herrenfeste in Woche und Jahr (GdK 5), Regensburg 1983, 107–113, 133–143; *Martin Klöckener*, Die „Feier vom Leiden und Sterben Jesu Christi" am Karfreitag. Gewordene Liturgie vor dem Anspruch der Gegenwart, in: LJ 41 (1991) 210–251.

58 Vgl. Altarmessbuch II 1965, 22–49: De prima parte actionis liturgicae seu de lectionibus (22), De secunda parte actionis liturgicae seu de orationibus sollemnibus, quae etiam oratio fidelium dicuntur (25), De tertia parte actionibus liturgicae seu de sollemnis s. crucis adoratione (44), De quarta parte actionis liturgicae seu de communione (46).

Karfreitag überlebt hatte.[59] Als eine Art exotisches Unikat stand es einzig dar und konnte darum kaum mehr als regulärer Abschluss des Wortgottesdienstes wahrgenommen werden. Mit der generellen Wiederherstellung des Allgemeinen Gebets in der römischen Messliturgie[60] nahm die *Oratio universalis* nicht nur ihren alten angestammten Platz ein, in ihr artikulierte sich nun wieder die Stimme der betenden Kirche auf Gottes Heilswort in den Lesungen.[61] Folgerichtig gliederten das *Missale Romanum* 1970, die Studientexte und das Messbuch 1975 die „Feier vom Leiden und Sterben Christi" in nur mehr drei Teile: die *Liturgia verbi* (Wortgottesdienst mit dem nun integrierten, im Deutschen weiterhin „Große Fürbitten" genannten Gebetselement), die *Adoratio sanctae Crucis* (Kreuzverehrung) und die *sacra Communio* (Kommunionfeier).[62] Hier hat also die Rückbesinnung auf die Relevanz der *Oratio universalis* zu einer klareren Struktur der Karfreitagsliturgie beigetragen.

---

59 Vgl. *Paul De Clerck*, La „prière universelle" dans les liturgies latines anciennes. Témoinages patristiques et textes liturgiques (LQF 62), Münster 1977, 125–144; *Martin Klöckener*, Die Auswirkungen des „Baumstarkschen Gesetzes" auf die Liturgiereform des II. Vaticanum, dargestellt anhand des Triduum Paschale, in: Ecclesia Lacensis. Beiträge aus Anlaß des Wiederbesiedelung der Abtei Maria Laach durch Benediktiner aus Beuron vor 100 Jahren am 25. November 1892 und der Gründung des Klosters durch Pfalzgraf Heinrich II. von Laach vor 900 Jahren 1093, hg. v. *Emmanuel von Severus*, Münster 1993, 371–402, hier 383 f.; *ders.*, Die „Orationes Sollemnes" am Mittwoch der Heiligen Woche (OR XXIV,1–4): eine Neuerung der Karolingerzeit, in: ALW 34 (1992) 84–101.

60 Vgl. II. Vaticanum, SC 53; dazu auch oben Anm. 5.

61 Vgl. *Josef Andreas Jungmann*, Missarum Sollemnia. Eine genetische Erklärung der römischen Messe. 1, Wien [5]1962, 430–438; *ders.*, Messe im Gottesvolk. Ein nachkonziliarer Durchblick durch Missarum Sollemnia, Freiburg – Basel – Wien 1970, 57–59.

62 Vgl. Missale Romanum 1970: Celebratio Passionis Domini, 250–265; Studientexte Osterfeier: Die Gedächtnisfeier des Herrenleidens, 39–52; Messbuch 1975: Die Feier vom Leiden und Sterben Christi, [40]-[61]. – Vgl. dazu auch *Helmut Büsse*, Die Gedächtnisfeier des Leidens Christi. Überlegungen zur gegenwärtigen Struktur der Karfreitagsliturgie, in: LJ 22 (1972) 27–41.

Einleitende Rubriken

Deutliche Unterschiede lassen sich auch hinsichtlich der einleitenden Rubriken erkennen. Beschränkt sich das Altarmessbuch auf die Angaben zur Tageszeit der Feier, zur Kommunion und zur Vorbereitung von Altären [!] und Paramenten,[63] beginnt das römische Missale 1970 mit dem sachlich bedeutenden Hinweis, dass die Kirche an diesem und dem folgenden Tag nach ältester Überlieferung keine Eucharistie feiert.[64] Diese Aussage will wohl nicht allein liturgiehistorischem Interesse dienen. Sie erklärt vielmehr die besondere Gestalt der folgenden Ordnung und bindet zugleich die beiden Tage Karfreitag und Karsamstag mit dem Ostersonntag und dessen Eucharistie in der Vigil zu einer Einheit zusammen.[65] Die Studientexte und das Messbuch 1975 folgen hier dem lateinischen Buch, allerdings geht in den Studientexten zusätzlich noch ein Passus voraus. Sie zitieren die Grundordnung des Kirchenjahres, in der die Feier des Pascha-Mysteriums an den Drei Österlichen Tagen als „Höhepunkt des ganzen Kirchenjahres" beschrieben wird.[66] Man kann vermuten, dass die Studientexte mit dieser Ergänzung einen katechetischen Zweck verfolgten und den Benutzern die liturgietheologische Bedeutung des Triduums und seiner Einheit nahe legen wollten. Wenn das Messbuch 1975 auf dieses Zitat verzichtet, dürfte dahinter wohl die größere Nähe zum lateinischen Buch gestanden haben.

Nur kurz erwähnt sei wenigstens der markante Unterschied in der liturgischen Farbe und der Art der Paramente. Hatte das Altarmessbuch noch vorgesehen, der Priester solle über Amikt, Albe und Zingulum eine schwarze Stola tragen, um dann zur Kommunion violette Messparamente anzulegen, sollten nach dem *Missale Romanum* 1970 und den deutschsprachigen Ausgaben nun von Anfang an rote Gewänder wie zur Messe angelegt werden. Mit der roten Farbe klingt das Motiv des Königtums Christi an, wie es die Johannespassion (vgl. Joh 18,33–37) verkündet, um darin den

---

63 Vgl. Altarmessbuch II 1965, 22.

64 „Hac et sequenti die, Ecclesia, ex antiquissima traditione, sacramenta penitus non celebrat." Missale Romanum 1970, 250, Nr. 1.

65 Vgl. Grundordnung des Kirchenjahres 19.

66 Grundordnung des Kirchenjahres 18.

Ostersieg im Leiden und Sterben zu deuten. Das Signal zeigt an, die Karfreitagsliturgie ist nicht als isoliertes Totengedächtnis zu verstehen, sie feiert das Ganze des österlichen Heilsgeschehens unter dem Aspekt des Leidens und Sterbens Jesu Christi.[67] Offenbar hat hier eine vertiefte Sicht des Pascha-Mysteriums auf die Feiergestalt eingewirkt.[68] Allerdings wird man fragen dürfen, ob durch diese Farbwahl nicht doch wieder die Einheit des Triduums „verunklart" wurde, und ob die Messgewandung einem liturgischen Vollzug entspricht, der ausdrücklich nicht Eucharistiefeier sein will.

Paschale Dimension der Karfreitagsliturgie

Auch in den Einzelelementen der Karfreitagsliturgie ist das Bemühen erkennbar, die umfassende paschale Dimension der Feier klarer zum Ausdruck zu bringen. So tritt alternativ zur einzigen Eröffnungsoration des Altarmessbuchs in den Büchern seit 1970 ein Gebet, das deutlicher das *Mysterium paschale* anspricht.[69] Ähnliches gilt für die Überarbeitung des Kommuniongebetes und des Segensgebetes über das Volk, in denen nun explizit Tod und Auferstehung des Herrn zur Sprache kommen. Unter dem Gesichtspunkt, das umfassende Verständnis von Ostern zu fördern, sind die nichtevangelischen Lesungen[70] und der Ruf vor der

---

67 Vgl. *Bruno Kleinheyer*, Die neue Osterfeier. Quadragese und Pentekoste nach den neuen liturgischen Büchern (Pastorale Handreichungen 1), Freiburg i. Br. 1971, 24 f.

68 Die umfassende paschale Dimension in der Sicht des christlichen Todes führte nach Maßgabe von SC 81 auch zu einer Überprüfung der Paramentenfarbe bei der Totenliturgie. Vgl. *Jürgen Bärsch*, Die nachkonziliare Begräbnisliturgie. Anmerkungen und Überlegungen zu Motiven ihrer Theologie und Feiergestalt, in: Christliche Begräbnisliturgie und säkulare Gesellschaft, hg. v. *Albert Gerhards, Benedikt Kranemann* (EThS 30), Leipzig ²2003, 62–99, hier 79–83.

69 Es handelt sich um die überarbeitete Oratio tertia der Gebete zum Abschluss der Karfreitagsliturgie: *Reminiscere miserationum tuarum Domine.* Vgl. Altarmessbuch II 1965, 49; Missale Romanum 1970, 250, Nr. 5; Studientexte Osterfeier, 39, Nr. 5; Messbuch 1975, [40], Nr. 5.

70 An die Stelle von Hos 6,1–6 trat mit Jes 52,13 – 53,12 das Vierte Gottesknechtslied. Ex 12,1–11 mit der wichtigen Deutung des Paschalammes wanderte in die Abendmahlsmesse am Gründonnerstag. Dafür wird nun

Passion[71] ausgetauscht worden, und bei den Begleitgesängen zur Kreuzverehrung traten die Improperien und Kreuzhymnen zurück zugunsten der erstgenannten Antiphon „Dein Kreuz, o Herr, verehren wir und deine heilige Auferstehung preisen wir: Denn siehe, durch das Holz des Kreuzes kam Freude in alle Welt."[72]

Neufassung der *Orationes Sollemnes*

Schon 1965 kam es zu massiveren Eingriffen im Bereich der *Orationes Sollemnes.*[73] Die geänderte Reihung der Anliegen wurde organischer gestaltet. Sie ging nun vom Zentrum, dem Gebet für die Kirche aus, bezog dann gewissermaßen in konzentrischen Kreisen fortführend deren Stände und die Einheit der Christen ein, umfasste weitere Glaubenssituationen (Juden, nicht an Christus Glaubende) und griff schließlich auf die Welt aus (Regierende, alle Notleidenden).[74] Es spricht für die sensible, differenzierende Wahrnehmung des römischen Missale, wenn es 1970 die zusätzliche Bitte „für alle, die nicht an Gott glauben" eingefügt hat, um der Erfahrung des praktischen Atheismus in seinen unterschiedlichen Ausprägungen realistisch Rechnung zu tragen und so an der Universalität und Zeitgenossenschaft des Gebetes festzuhalten.[75]

---

die Perikope Hebr 4,14–16; 5,7–9 gewählt, die den Heilstod Jesu im Bild des Hohenpriestertums Christi verkündet. – Zur kritischen Revision des heutigen Wortgottesdienstes vgl. *Klöckener*, Feier vom Leiden und Sterben, 238–240 sowie den Revisionsentwurf der Studienkommission (1994), in: Studien und Entwürfe, 227–242, hier 231–233.

71 An die Stelle von Ps 140 (139) trat nun Phil 2,7–8.

72 Der Gesang mit Ps 67 (66),2 begleitete einst die Übertragung des eucharistischen Brotes zum Altar. Vgl. Altarmessbuch II 1965, 46, Nr. 23; vgl. jetzt Missale Romanum 1970, 258, Nr. 20; Studientexte Osterfeier, 49, Nr. 18; Messbuch 1975, [55], Nr. 20.

73 Vgl. EDIL/DEL 1, 393.

74 Vgl. Missale Romanum 1970, 252–256; Studientexte Osterfeier, 41–46; Messbuch 1975, [43] – [53]. – Die frühere Ordnung nannte die Anliegen in der Reihe: für die Kirche, für den Papst, für alle Stände der Kirche, für die Regierenden, für die Katechumenen, für alle Anliegen der Gläubigen, für die Einheit der Christen, für die Juden, für die noch nicht an Christus Glaubenden. Vgl. Altarmessbuch II, 26–43.

75 *VIII. Pro iis qui in Deum non credunt*, in: Missale Romanum 1970, 255; *8. Für alle, die nicht an Gott glauben*, in: Studientexte Osterfeier, 45; Mess-

Noch bedeutsamer aber sind sicher die inhaltlichen Veränderungen. Sie stehen im Horizont des Zweiten Vatikanum und sind im Wesentlichen durch die ekklesiologischen Neuakzentuierungen und das gewandelte Verhältnis der Kirche zum Judentum, zur Ökumene und zur Welt bedingt.[76] So strich man etwa im Gebet für die Kirche die Bitte, dass Gott ihr die Mächte und Gewalten unterwerfe. Denn nach biblischem Verständnis werden die „principatus et potestates" nicht der Kirche, sondern Christus unterworfen (vgl. 1 Kor 15,26–28; Eph 1,22). Die Wendung war also zumindest unklar und konservierte ein Bild der Kirche, das nicht dem des Konzils entsprach.[77] Ganz neu gefasst wurden die Bitten um die Einheit der Christen, für die Juden[78] und für die noch nicht

buch 1975, [50]. Vgl. dazu *Albert Gerhards*, Die Großen Fürbitten am Karfreitag und die Interzessionen des Eucharistischen Hochgebets als Spiegel des Selbstverständnisses der Kirche, in: Universalität und Toleranz. Der Anspruch des christlichen Glaubens (FS Georg Langemeyer), hg. v. *Nikolaus Klimek*, Bochum 1989, 111–126, hier 118.

76 Ausdrücklich begründet das Dekret vom 7. März 1965 die Neufassungen: „Gelegentlich dieser kleineren Änderungen der Heiligen Woche erschien es angemessen, die eine oder andere Textstelle in den feierlichen Orationen des Karfreitags anzupassen, damit sie dem Geist und den Dekreten über die Ökumene des 2. Vatikanischen Konzils entsprechen." DEL 1, 393. – Zur Sache ausführlich *Ferdinand Kolbe*, Die Reform der Karfreitagsfürbitten, in: LJ 15 (1965) 217–228; *Gerhards*, Große Fürbitten, 111–120.

77 Vgl. *Kolbe*, Reform der Karfreitagsfürbitten, 218 f.

78 Schon Papst Johannes XXIII. bestimmte zwei Tage vor Karfreitag 1959 für die Stadt Rom und damit auch für den päpstlichen Gottesdienst, in der Gebetseinladung das anstößige „perfidi" zu streichen und in der Oration „Judaicam perfidiam" durch „Judaeos" zu ersetzen. Ab 1960 galt diese Regelung weltweit. Die Neufassung, die dann in das Altarmessbuch einging, verfügte Papst Paul VI. kurz vor dem Karfreitag des Jahres 1965. Eine neuerliche Revision war dann mit dem *Missale Romanum* 1970 verbunden. – Verständlicherweise hat diese Fürbitte im Laufe der Reform gerade im deutschen Sprachraum besondere Aufmerksamkeit erfahren. Vgl. *Kolbe*, Reform der Karfreitagsfürbitten, 222–224; *Wilm Sanders*, Die Karfreitagsfürbitte für die Juden vom Missale Pius V. zum Missale Pauls VI., in: LJ 24 (1974) 240–248; *Hans Hermann Henrix*, Kühne Liturgie. Zur neuen Karfreitagsfürbitte für die Juden, in: Gd 12 (1978) 37; *Gerhards*, Große Fürbitten, 116 f. Zur Geschichte dieser Fürbitte und den sich mit

an Christus Glaubenden. Nur ein Beispiel sei herausgegriffen: Der Titel der Bitte „Pro unitate ecclesiae“ wurde geändert in „Pro unitate Christianorum“, um dem Missverständnis zu begegnen, es ginge nur um die Einheit innerhalb der katholischen Kirche. Getilgt hat man die diffamierenden Begriffe „Häretiker und Schismatiker“ und Aussagen, die in ähnlich negativ klassifizierender Weise sprechen. Stand in der früheren Fassung allein die Rückkehr der durch teuflische List verführten Seelen in den Schoß der Kirche im Mittelpunkt, drücken nun Gebetseinladung und *Collecta* aus, dass alle Christen, einschließlich der Katholiken in der Wahrheit wandeln müssen, damit die Einheit wiedergewonnen werden kann, und Gott die Schafe seiner Herde in der Reinheit des Glaubens und im Band der Liebe verbindet.[79] Hier haben also die konziliaren Aussagen zur Kirche als Volk Gottes und zum Verhältnis der getrennten Brüder (und Schwestern) zur katholischen Kirche entscheidend die Feder geführt.[80]

Rituelle Durchsichtigkeit

Die Konzilsväter verlangten, dass bei der Erneuerung der Liturgie die tätige Teilnahme des ganzen Volkes „aufs stärkste zu beachten“ ist.[81] Schon mehrfach wurde deutlich, wie dieses Prinzip auf die Reform eingewirkt hat. Es leitete auch den Gedanken, die Riten sollten „den Glanz edler Einfachheit an sich tragen und knapp, durchschaubar und frei von unnötigen Wiederholungen

---

ihr verbindenden Antijudaismus vgl. *Andreas Heinz*, Antijudaismus in der römischen Liturgie?, in: Begegnung mit dem Judentum, hg. v. *Reinhold Bohlen* (Schriften des Emil-Frank-Instituts 9), Trier ²2007, 93–123, hier 101–112, 118–120. – Erneut wurde diese Fürbitte Gegenstand einer Debatte im Zuge der Wiederzulassung des *Missale Romanum* 1962 durch das Motu Proprio *Summorum Pontificum* Papst Benedikts XVI. vom 7. Juli 2007. Vgl. „... damit sie Jesus Christus erkennen.“ Die neue Karfreitagsfürbitte für die Juden, hg. v. *Erich Zenger, Walter Homolka*, Freiburg – Basel – Wien 2008.

79 Vgl. *Kolbe*, Reform der Karfreitagsfürbitten, 219–222; *Gerhards*, Große Fürbitten, 115 f.

80 Vgl. etwa II. Vatikanum, LG 15–16; UR 3.

81 II. Vatikanum, SC 14; vgl. auch SC 21.

sein."[82] Dies führte in allen Bereichen des Gottesdienstes zu rituellen Vereinfachungen, die nicht einer kulturellen Ignoranz geschuldet waren, sondern zur Klarheit und Durchsichtigkeit im Sinn des Mitvollzugs aller Gläubigen beitragen wollten. Klugerweise hat man sich verschiedentlich dazu entschlossen, überlieferte rituelle Formen weitgehend zu belassen und eine vereinfachte Form alternativ daneben zu stellen. Dieses Verfahren wurde bei der Kreuzverehrung, genauer bei der Erhebung des Kreuzes angewandt. Das Altarmessbuch 1965 kannte nur die im Mittelalter dramatisch gesteigerte Form der dreistufigen Enthüllung des zu verehrenden Kreuzes.[83] Das Missale 1970 und die deutschen Ausgaben bieten für die Kreuzverehrung zusätzlich eine „Forma altera" an, wobei ein enthülltes Kreuz in Prozession durch die Kirche zum Altarraum getragen wird; an drei Stationen (am Eingang, in der Mitte, vor dem Altarraum) hält man inne, singt den Ruf zur Kreuzerhebung und kniet zu einer kurzen Gebetsstille nieder.[84] Zweifellos wollte man mit dieser Wahlmöglichkeit zur Verdeutlichung des Geschehens beitragen und die tätige Teilnahme der Gläubigen erleichtern, aber auch die jeweiligen örtlichen Gegebenheiten berücksichtigen.[85] Zudem dürfte die Parallele zwischen der Prozession mit dem Kreuz am Karfreitag und der Prozession mit der Osterkerze in der Osternacht nicht unbeabsichtigt gewesen sein, um der genannten paschalen Dimension und der einheitlichen Sicht der Osterfeier noch besser zu entsprechen. Auf diese Weise vermochte die rituelle Alternative liturgiepastorale und liturgietheologische Motive zu ergänzen.

---

82 II. Vatikanum, SC 34.

83 Vgl. Altarmessbuch II, 44, Nr. 15–16. – Zur mittelalterlichen Entfaltung des Ritus vgl. *Jürgen Bärsch*, Die Feier des Osterfestkreises im Stift Essen nach dem Zeugnis des Liber Ordinarius (Zweite Hälfte 14. Jahrhundert). Ein Beitrag zur Liturgiegeschichte der deutschen Ortskirchen (Quellen und Studien 6), Münster 1997, 119–127.

84 Vgl. Missale Romanum 1970, 257, Nr. 17; Studientexte Osterfeier 48, Nr. 15; Messbuch 1975, [54] Nr. 17.

85 Vgl. *Kleinheyer*, Osterfeier, 22.

Admonitionen

Die wiedergewonnene Erkenntnis, dass die Liturgie gemeinschaftliche Feier der Kirche ist, an der alle Glieder des mystischen Leibes beteiligt sind,[86] hat ein Sprachelement im Gottesdienst wiederbelebt, das schon von den Vätern des Tridentinum gewünscht wurde,[87] aber nie wirklich die Praxis erreichte, nämlich die Admonitionen.[88] Das Missale 1970 greift diese Möglichkeit nicht nur im *Ordo Missae* auf,[89] gelegentlich bietet es Mustertexte für solche kurzen Hinweise und Einführungen in den Ordnungen für die Feiern im Kirchenjahr. Man denke an die Einführungen in die Osternacht und in deren Wortgottesdienst und Tauffeier[90] oder an die vergleichbaren Hinweise zur Palmsonntagsfeier[91] und zur Feier der Darstellung des Herrn am 2. Februar.[92] Es lag nahe, für Feiern, die nur einmal jährlich stattfinden oder komplexere Strukturen aufweisen, Admonitionen vorzusehen. Insofern hätte man erwarten können, das Missale hätte dies auch für die Karfreitagsliturgie getan. Es hat aber darauf verzichtet, im Gegensatz zu den Studientexten. Sie haben nicht nur in den Rubriken kurze

86 Vgl. II. Vatikanum, SC 26–27.

87 Im Messopferdekret (17. September 1562, Kap. 8) „gebietet das heilige Konzil den Hirten und allen, die für die Seelen Sorge tragen, während der Messfeier entweder selbst oder durch andere häufig etwas von dem, was in der Messe gelesen wird, zu erläutern und unter anderem ein Geheimnis dieses heiligen Opfers zu erklären, vor allem an Sonn- und Feiertagen." DH 1749.

88 Die Liturgiekonstitution bestimmt: „In den Riten sollen, wo es notwendig ist, kurze Hinweise vorgesehen werden; sie sollen vom Priester oder von dem, der für diesen Dienst zuständig ist, jedoch nur im geeigneten Augenblick, nach vorgeschriebenem Text oder in freier Anlehnung an ihn gesprochen werden." II. Vatikanum, SC 35,3. Vgl. dazu *Balthasar Fischer*, Formen der Verkündigung, in: *Rupert Berger u. a.*, Gestalt des Gottesdienstes. Sprachliche und nichtsprachliche Ausdrucksformen (GdK 3), Regensburg ²1990, 77–96, hier 93 f.

89 Vgl. etwa AEM Vorwort (13), 18, 29.

90 Vgl. Missale Romanum 1970, 267, Nr. 8; 276, Nr. 22; 281, Nr. 38.

91 Vgl. Missale Romanum 1970, 224f, Nr. 5; 229, 8.

92 Vgl. Missale Romanum 1970, 522, Nr. 4.

Einführungen zum Wortgottesdienst, zur Kreuzverehrung und zur Kommunionfeier empfohlen, sondern dafür zugleich Modelltexte bereit gestellt.[93] Dies geschah wohl, um theologisch und sprachlich angemessene Formulierungen für die Praxis zu bieten, aber vermutlich auch aus der nüchternen Einsicht, der Gefahr der Redseligkeit oder gar der Geschwätzigkeit zu wehren. Dennoch wollte man das Instrumentarium der Admonitionen nutzen, um die Gemeinde zu einem fruchtbaren Mitvollzug anzuleiten, wenn auch sicher nicht immer ganz ohne den für jene Zeit charakteristischen pädagogischen Impetus. Das deutsche Messbuch hat in seinem Karfreitagsordo im Anschluss an das lateinische Buch und den besonderen Charakter der Feier berücksichtigend schließlich weder auf solche Hinweise aufmerksam gemacht noch gar Mustertexte aufgenommen.[94]

Es ließen sich leicht weitere Beobachtungen anschließen. Ich erinnere lediglich an die Kommunionfeier, die zwischen 1965 und 1970/75 noch einmal deutlich rituelle Korrekturen erfuhr und die verstärkt seit der Mitte der 1980er Jahre aus verschiedenen Gründen immer wieder in Frage gestellt wurde.[95] Dennoch dürfte sichtbar geworden sein, wie die erneuerte Sicht des *Triduum paschale* als einheitliche Gedächtnisfeier des Pascha-Mysteriums und zentrale Anliegen der liturgischen Erneuerung auf Gehalt und Gestalt der Feier eingewirkt haben.

93 Vgl. Studientexte Osterfeier, 40, Nr. 6; 46, Nr. 12; 50, Nr. 20.

94 Es zeigt sich allerdings, dass in der Folgezeit auch seriöse pastoralliturgische Hilfen oft nicht auf knappe Erläuterungen vor Beginn der Feier oder auf überleitende Hinweise zu einzelnen Elementen verzichteten. Vgl. etwa *Bruno Kleinheyer*, Die Gemeinde nach innen führen. Modelltexte zur Eucharistie im Osterfestkreis, München 1987, 109 f.

95 Vgl. *Büsse*, Gedächtnisfeier, 38–41 und *Klöckener*, Feier vom Leiden und Sterben, 244–249. Der Revisionsentwurf der Arbeitsgruppe „Kirchenjahr und Kalenderfragen“ der Studienkommission hatte sich dafür ausgesprochen, die Kommunionfeier zu tilgen und eine Feierstruktur mit den Elementen Wortgottesdienst – Kreuzverehrung – Große Fürbitten vorgeschlagen. Vgl. Studien und Entwürfe, 227–242, hier 228 f.

2.2 Die Übertragung der Orationen in den Missale-Ausgaben von 1965 bis 1975

Bereits 1968 klagte der Schweizer Benediktiner P. Vinzenz Stebler OSB (1917–1997),[96] Mitglied der Übersetzergruppe um Joseph Pascher, im Blick auf die Übersetzung der Messbuchorationen: „Alle Finessen der lateinischen Diktion beibehalten und dennoch ein gangbares Deutsch herstellen heißt die Quadratur des Kreises anstreben", und er gab zu bedenken: „Sollte man sich aus „wissenschaftlichen" Gründen nicht zu größerer Freiheit im Sinn des pastoralen Anliegens entschließen können, so fürchte ich, daß wir unsere „Texttreue" bitter bezahlen müssen."[97] Tatsächlich stellte sich die Übersetzung der größtenteils aus spätantiker und frühmittelalterlicher Zeit stammenden Gebetstexte in eine gesprochene Volkssprache als eine immense Herausforderung dar. Denn bei den Orationen muss, wie Karl Amon bemerkte, in „ihrem Vorsprechen durch den Priester ihr Inhalt und zugleich die gewissermaßen formale Seite des Vorgangs den zuhörenden und innerlich mitvollziehenden Gläubigen bewußt"[98] werden. Um dieser Herausforderung gerecht zu werden, verwarf die römische Übersetzerinstruktion von 1969 das Ideal einer wortwörtlichen Übersetzung und öffnete den Raum für Anpassungen, Umformungen und Ergänzungen, freilich immer unter Wahrung der Aussage in den Vorlagen.[99] Wie haben die Bearbeiter diese Vorgaben aufgenommen und zu welchen Lösungen haben sie sich entschlossen? Aus dem Meer der Orationen können hier nur drei Beispiele herausgegriffen werden, die aber doch einen gewissen Einblick in die Arbeit der Übersetzer gewähren.

---

96 Zur Person vgl. Alberich Martin Altermatt, Ein Pionier des „Jugend- und Laienbreviers" in der Schweiz. P. Vinzenz Stebler OSB († 1997), Mariastein, in: Tagzeitenliturgie. Ökumenische Erfahrungen und Perspektiven, hg. v. *Martin Klöckener, Bruno Bürki*, Fribourg 2004, 169–180.

97 *Vinzens* [sic!] *Stebler*, Kritische Erwägungen eines Mitübersetzers, in: Gd 7 (1968) 113.

98 *Karl Amon*, Die Präsidialgebete im Hinblick auf das künftige deutsche Messbuch, in: LJ 23 (1973) 170–186, hier 173.

99 Vgl. oben Anm. 41.

Theologische Positionen: Tagesgebet von Fronleichnam

So lässt sich etwa an der Collecta der Messe am Fronleichnamsfest eine bemerkenswerte Entwicklung verfolgen. Die bekannte Oration *Deus, qui nobis*[100] übersetzt das Altarmessbuch 1965: „Herr Jesus Christus, in dem wunderbaren Sakramente hast du uns das Gedächtnis deines Leidens hinterlassen; wir bitten dich, gib uns die Gnade, das heilige Mahl deines Leibes und Blutes mit solcher Ehrfurcht zu feiern, dass wir die Frucht deines Erlösungswerkes allzeit an uns erfahren: Der du lebst und herrschest."[101] Neben der ausdrücklichen Christus-Anrede findet sich eine auffällige Veränderung in der Aussage. Denn das „sacra mysteria venerari" wird hier übersetzt mit „das heilige Mahl ... mit solcher Ehrfurcht zu feiern." Tatsächlich weist Joseph Pascher in seinem Orationenkommentar darauf hin, dass die Eucharistie wesentlich Gedächtnisfeier des Leidens Christi ist, weshalb sich im Mysterium der Leib und das Blut des Herrn als Mahl und Opfer gegenwärtig setzt. Diese Perspektive der Zeichenhaftigkeit sei aber gerade in der mittelalterlichen Sakramentsfrömmigkeit, die sich mit dem Fronleichnamsfest machtvoll durchsetzt, stark zurückgedrängt worden. Entsprechend gehe es in der Bitte der Oration gerade nicht um das Opfer noch um das Mahl.[102] Auf dem Hintergrund seiner Überlegungen darf man vermuten, dass die Übersetzung der Fronleichnamsoration auf Anregung Paschers bewusst neu gefasst wurde. Nun wird betont die Dimension der Mysterienfeier herausgestellt, wenngleich das Verb *veneror* mit dem Substantiv *Ehrfurcht* zumindest ein gewisses Äquivalent fand.

Die Studientexte gehen deutlich freier mit der Oration um. Sie formulieren: „Herr, unser Gott, in diesem wunderbaren Sakrament feiern wir das Leiden und die Auferstehung deines Sohnes. Laß uns seinen heiligen Leib und sein Blut so empfangen und ver-

100 Vgl. Missale Romanum 1970, 376. – Das Gebet ist in der ersten Druckausgabe des *Missale Romanum* 1474 bezeugt. Vgl. *Placide Bruylants*, Les Oraisons du Missel Romain. Texte et Histoire. II. Orationum textus et usus juxta fontes (Etudes liturgiques 1), Louvain 1952, Nr. 393.

101 Altarmessbuch III, 1965, 6.

102 Vgl. *Joseph Pascher*, Die Orationen des Missale Romanum Papst Pauls VI. Teil IV. Im Jahreskreis, hg. von *Walter Dürig*, St. Ottilien 1983, 125.

ehren, daß uns die Frucht der Erlösung zuteil wird."[103] Hier wird das Altarsakrament wesentlich als Tun der Betenden, als Feiergeschehen der Kirche begriffen, wogegen das Stiftungshandeln Jesu als Ermächtigung zum Herrengedächtnis nicht zum Ausdruck kommt. Gott wird gewissermaßen gesagt, was die Kirche tut. Darum wird die Bitte erweitert, die nicht nur die im Blick hat, die den Leib und das Blut Christi verehren, sondern zuerst jene, die die eucharistischen Gaben empfangen. Auf diese Weise versucht das Gebet, dem theologischen Vorrang der Feier der Eucharistie vor deren Verehrung Rechnung zu tragen. Hinzuweisen ist auch auf den Gebetsadressat, denn angeredet wird nicht der Sohn, sondern der Vater. Vermutlich war hier die Vorstellung leitend, das liturgische Gebet solle sich ausschließlich „per Christum ad Deum" wenden.[104]

Das deutsche Messbuch verlässt diese Linie und zeigt sich in größerer Nähe zum lateinischen Original. Es richtet die Oration wieder an den Sohn und hält in der relativischen Prädikation das Stiftungshandeln Jesu bei. Die *Deprecatio* ist als Hauptsatz formuliert und bittet um die rechte Weise der Verehrung, damit den Betenden die Frucht der Erlösung zuteil wird: „Herr Jesus Christus, im wunderbaren Sakrament des Altares hast du uns das Gedächtnis deines Leidens und deiner Auferstehung hinterlassen. Gib uns die Gnade, die heiligen Geheimnisse deines Leibes und Blutes so zu verehren, daß uns die Frucht der Erlösung zuteil wird."[105] Das genannte Beispiel zeigt, wie theologische und frömmigkeitspraktische Justierungen der Eucharistie und ihrer

---

103 Die Sonntage im Jahreskreis. Ausgewählte Studientexte für das künftige deutsche Messbuch. Heft 2. Die 34 Sonntage im Jahreskreis. Die Herrenfeste zwischen Pfingsten und Advent, hg. v. den Liturgischen Instituten, Salzburg – Trier – Zürich, Einsiedeln u. a. 1971, 48.

104 Vgl. *Balthasar Fischer*, Vom Beten zu Christus, in: *ders.*, Frömmigkeit der Kirche. Gesammelte Studien zur christlichen Spiritualität, hg. v. *Albert Gerhards, Andreas Heinz* (Hereditas 17), Bonn 2000, 85–90 [Erstveröff. 1980]; *Irmgard Pahl*, Die Stellung Christi in den Präsidialgebeten der Eucharistiefeier, in: Bewahren und Erneuern. Studien zur Meßliturgie (FS Hans Bernhard Meyer), hg. v. *Reinhard Meßner, Eduard Nagel, Rudolf Pacik* (Innsbrucker Theologische Studien 42), Innsbruck 1995, 92–113.

105 Messbuch 1975, 255.

Verehrung, die konkret im Kontext der Feierpraxis des Fronleichnamsfestes in den 1960 und 1970er Jahren im deutschen Sprachgebiet diskutiert wurden,[106] sich in der Übertragung der Oration spiegeln.

Freiere Übertragung – größere Wörtlichkeit: Tagesgebet vom 3. Sonntag im Jahreskreis

Auf dem langen Weg vom Altarmessbuch, dem freilich noch das Missale von 1962 zugrunde lag, bis zum deutschen Messbuch 1975 haben die Übersetzer offenbar unterschiedliche Maßstäbe für die Nähe zur lateinischen Vorlage angelegt. Das ist schon deshalb verständlich, weil für die Arbeit am Altarmessbuch keine verbindlichen Regeln bestanden, erst die Übersetzerinstruktion gab Leitlinien vor, die ihrerseits durchaus zu freieren Formulierungen ermutigten. Auch die Erwartungen an die Mitwirkenden wandelten sich im Laufe der Zeit. Wie Karl Amon, Leiter der Übersetzerkommission, berichtete, strebte man anfangs eine größere Freiheit gegenüber der lateinischen Vorlage an: „Man verlangte immer wieder das ‚Sich-frei-Schwimmen' von der Vorlage, und zwar keineswegs nur im radikal ‚progressistischen' Lager. Mit dem Fortgang der Arbeit insistierte die Kritik ... zunehmend auf strengere Wörtlichkeit."[107]

Die genannte Tendenz lässt sich häufiger beobachten. Auch hier nur ein Beispiel anhand der Collecta *Omnipotens sempiterne Deus dirige actus nostros*, die heute als Tagesgebet des 3. Sonntags im Jahreskreis dient.[108] Das Altarmessbuch übersetzt recht nahe

106 Zu den Auseinandersetzungen um die Feier des Fronleichnamsfestes in der Nachkonzilszeit vgl. exemplarisch *Jürgen Bärsch*, Liturgiereform im Bistum Essen. Gottesdienst und Brauchtum unter dem Einfluss kirchlicher und gesellschaftlicher Wandlungen im 20. Jahrhundert, in: Objektive Feier und subjektiver Glaube? Beiträge zum Verhältnis von Liturgie und Spiritualität, hg. v. *Stefan Böntert* (StPaLi 32), Regensburg 2011, 87–116, hier 94–105.

107 *Karl Amon*, Zur Sprache des neuen deutschen Meßbuches, in: LJ 25 (1975) 73–90, hier 76.

108 Vgl. Missale Romanum 1970, 342. – Die Oration stammt aus dem Gregorianum und fand im *Missale Romanum* 1570 ihren Platz am Sonntag in der Weihnachtsoktav. Vgl. *Bruylants* II, Nr. 761.

am lateinischen Text: „Allmächtiger, ewiger Gott, lenke nach deinem Wohlgefallen all unser Tun; so laß uns reich werden an Taten der Liebe, die wir vollbringen im Namen deines geliebten Sohnes."[109] Demgegenüber verändern die Studientexte bereits die Anrede und fügen, wohl weil sie eine *Praedicatio* vermissten, die Aussage „wir rufen zu dir" an. Massiv greifen sie aber auch in die Bitte ein: „Gib, daß wir in deinem Sohne bleiben, damit dein Wohlgefallen auf uns ruht und unser Leben fruchtbar wird an guten Werken." Möglicherweise erschien das bestimmende „dirige" in jenen Jahren nur schwer annehmbar, in denen alle Formen fremdbestimmten Lebens verpönt waren.[110] Gott soll die Betenden nicht nach seinem Wohlgefallen lenken, sondern ihr Handeln befestigen. Das deutsche Messbuch kehrt wieder zur Aussage der lateinischen Oration zurück: „Allmächtiger, ewiger Gott, lenke unser Tun nach deinem Willen und gib, daß wir im Namen deines geliebten Sohnes reich werden an guten Werken."[111] Freilich finden sich auch im Messbuch selbst durchaus freiere Übersetzungen. Man denke an Verdeutlichungen im prädikativen Teil, um den hörenden Mitvollzug der Gläubigen zu erleichtern, oder an die Umwandlung lateinischer Finalkonstruktionen, wenn zur Bitte im Hauptsatz eine zweite Bitte untergeordnet wird, die man vielfach koordinierend wiedergegeben oder final (konsekutiv) formuliert

---

109 Altarmessbuch I 1965, 31.

110 Vgl. *Axel Schildt – Detlef Siegfried*, Deutsche Kulturgeschichte, 254–257. – Karl Amon erläuterte die Überlegungen zur freieren Übersetzung: Die Übersetzerinstruktion „verlangt einerseits, daß bei der Übersetzung die wesentlichen Elemente zu wahren oder, wenn das nicht möglich ist, durch gleichwertige zu ersetzen sind, andererseits aber rechnet sie mit der Möglichkeit, daß ein Ausdruck den modernen Christen gerade in seinem Christsein abstößt, daß unverständliche Bilder umgeformt werden müssen und selbst damit, daß das Anliegen eines Textes den Menschen unserer Zeit nichts sagt." *Karl Amon*, Studientexte zum deutschen Meßbuch abgeschlossen, in: Gd 7 (1973) 84f., hier 85.

111 Messbuch 1975, 212. – Allerdings ist die Kritik berechtigt, dass „bonis operibus abundare" nicht auf die Betenden ziele, die reich werden an guten Werken, sondern dass die guten Werke „überfließen" auf andere. Vgl. Studien und Entwürfe, 66.

hat.[112] Oder man denke schließlich an das Bemühen, in den *Orationes super oblata* stärker das Motiv der Selbsthingabe der feiernden Gemeinde in den Gaben von Brot und Wein zu profilieren.[113] Dass solche freieren Übersetzungen durchaus einen geistlichen Gewinn haben können, soll das letzte Beispiel zeigen, das Tagesgebet vom Fest der hl. Laurentius.

Konkretisierungen:
Tagesgebet vom Fest des hl. Laurentius (10. August)

Im Messformular des Missale 1970 begegnet uns eine völlig neu bearbeitete Fassung aus der ersten gregorianischen Laurentiusmesse: *Deus cuius caritatis adore* – „Gott, von dessen Liebe entflammt, der heilige Laurentius als treuer Diener und als ruhmreicher Märtyrer glänzte, gib, dass wir lieben, was er geliebt hat und durch unser Tun verwirklichen, was er gelehrt hat."[114] Die bewusst offene Formulierung erlaubt es, darin auch das vorbildliche soziale Engagement des Heiligen anklingen zu hören. Das deutsche Messbuch nimmt diese Möglichkeit auf, wissend dass es damit auf größere Texttreue verzichtet: „Barmherziger Gott, die glühende Liebe zu dir hat dem heiligen Diakon Laurentius die Kraft gege-

---

112 Vgl. *Amon*, Sprache des neuen deutschen Messbuchs, 77 f., 82.

113 Wie Amon betont, bemühten sich die Studientexte durchgehend darum, die Gabengebete proleptisch auf das eucharistische Opfer bzw. das in ihm gegenwärtige Opfer Christi zu beziehen. Vgl. *Amon*, Präsidialgebete, 180 f. – Zur Diskussion um die Gabengebete vgl. auch die Einwände von *Josef Andreas Jungmann*, Gebete zur Gabenbereitung, in: LJ 23 (1973) 186–203.

114 Die Oration fußt auf dem Gregorianischen Sakramentar (vgl. *Jean Deshusses*, Le Sacramentaire Grégorien. Ses principales formes d´après les plus anciens manuscrits. Edition comparative [Spicilegium Friburgense 16], Fribourg ^{3}1992, Nr. 642; die entfaltete Gottesanrede wurde Nr. 648 entnommen). – Vgl. Missale Romanum 1970, 590; die Übersetzung stammt von *Andreas Heinz*, „Gott liebt einen fröhlichen Geber". Der Gedanke der „Diakonia" in der Messliturgie des Laurentiusfestes, in: *ders.*, Lebendiges Erbe. Beiträge zur abendländischen Liturgie- und Frömmigkeitsgeschichte (PiLi. S 21), Tübingen 2010, 358–368, hier 365 [Erstveröff. 2005].

ben, dir und den Armen treu zu dienen und furchtlos für dich zu sterben. Hilf uns, dich zu lieben, wie er dich geliebt hat, und den Armen zu dienen, wie er ihnen gedient hat."[115]

Sicher kann man diese Fassung eher als eine Paraphrase der lateinischen Oration bezeichnen, dennoch verfälscht das Gebet den Sinn des Originals nicht. Das Messbuch konkretisiert nämlich, wieso Laurentius als „treuer Diener" und als „ruhmreicher Märtyrer" vorgestellt wird und schlägt mit beiden Aspekten zugleich eine Brücke zur Bitte der Oration.[116] So zielt der treue Dienst an den Armen darauf, dass die Gläubigen dem Heiligen in der Nächstenliebe nachfolgen, eben „den Armen zu dienen, wie er ihnen gedient hat". Und der Ruhm des Märtyrers, der in seiner starken Gottesliebe begründet liegt, dass er für Gott sogar sein Leben hingab, wird zur Bitte der Betenden, Gott auch so lieben zu können, wie Laurentius ihn geliebt hat. Das Tagesgebet im deutschen Messbuch stellt damit, wie Andreas Heinz zu Recht herausgestellt hat, „eine wirkliche Bereicherung des Laurentiusfestes" dar.[117] Denn hier kommt klarer und einprägsamer als in der lateinischen *Collecta* zur Sprache, wieso der hl. Laurentius auch heute ein Vorbild für die Kirche ist, und was sie an seinem Fest von Gott erbitten soll. Insofern wäre es ein Verlust, wenn dieses von den deutschen Bischöfen approbierte und von der Gottesdienstkongregation seinerzeit konfirmierte Gebet nun nach Maßgabe von *Liturgiam authenticam* in strikter Wörtlichkeit übersetzt werden müsste. Denn die Gefahr besteht, dass eine kleinliche Auslegung des Prinzips der Texttreue den inneren Gehalt der Gebete nicht zum Leuchten bringt und der Gemeinde das Mitbeten erschwert.

115 Messbuch 1975, 743.

116 Zur Einheit von Praedicatio und Deprecatio vgl. *Amon*, Sprache des neuen deutschen Messbuchs, 81 f.

117 *Heinz*, Gedanke der „Diakonia", 367. – Die Überlegungen zum Tagesgebet des Laurentiusfestes verdanken sich den Hinweisen ebd., 366 f.

3. Schlussbemerkung

Der eingangs erwähnte Dorfpfarrer hatte seiner Gemeinde stolz ein Messbuch vorgestellt, das sich schon in seiner Entstehung von den Liturgiebüchern der Vergangenheit unterschied. Denn die gewandelten liturgietheologischen Voraussetzungen, wie sie in der Liturgiekonstitution formuliert und zum Gemeingut der Kirche geworden waren, konnten nicht ohne Konsequenzen bleiben für den Weg, auf der Grundlage des lateinischen Missales ein volkssprachliches Messbuch zu erstellen und zu gestalten. Eine solche Arbeit war bislang ohne Vorbild. Deshalb mussten sich die römischen Stellen wie die Bischöfe und Verantwortlichen im deutschen Sprachgebet auf einen Lernprozess einlassen. Dabei haben wachsende Einsichten in die Bedingungen einer volkssprachigen Liturgie, in die Interdependenz von Theologie, kirchlichem Leben und Gottesdienst, in die Gegebenheiten pastoraler Realität, aber auch in die Notwendigkeit transparenter Arbeitsprozesse wesentlich auf die Entstehung des deutschen Messbuches eingewirkt. Weil die Kirche nicht außerhalb von Zeit und Gesellschaft leben kann, bleibt es nicht aus, dass auch umfassendere soziale und kulturelle Entwicklungen sich niedergeschlagen haben im Messbuch, das heute auf den Altären unserer Kirchen liegt. Es ist noch eine offene Frage, wie dieses Liturgiebuch im Wandel von Kirche und Gesellschaft fortgeschrieben wird.

Papst Benedikt XVI. und die Reform der Liturgie*

Uwe Michael Lang, London

Theologie der Liturgie

Seit einigen Jahren arbeitet das *Institut Papst Benedikt XVI.* in Regensburg an der Veröffentlichung der Gesammelten Schriften Joseph Ratzingers. Auf ausdrücklichen Wunsch des Papstes ist der elfte Band der Serie, *Theologie der Liturgie*, 2008 als erster erschienen.[1] In seinem auf das Hochfest der Apostel Petrus und Paulus datierten Vorwort erläutert Benedikt XVI. die Gründe, die ihn zu dieser Wahl bewogen haben. Sie sei ihm offensichtlich gewesen, weil die Liturgie der Kirche für den Papst seit jeher „zentrale Wirklichkeit meines Lebens" war und später „Zentrum meines theologischen Mühens geworden" ist.[2]

Über dieses biografische Motiv hinaus nennt Benedikt XVI. einen theologischen Grund, der ihn zu dieser Entscheidung geführt hat: Für die Herausgabe der Gesammelten Schriften sollte „die Prioritätenordnung des Konzils gelten".[3] Der Papst weist darauf hin, dass als erstes Dokument des Zweiten Vatikanischen Konzils am 4. Dezember 1963 die Konstitution über die Heilige Liturgie *Sacrosanctum Concilium* verabschiedet wurde. Er sieht darin nicht nur eine pragmatische Entscheidung, die von den Umständen der ersten Konzilsperiode bestimmt wurde. Indem mit

* Der Abschluss des Manuskripts erfolgte vor der am 11. Februar 2013 angekündigten Abdankung Papst Benedikts XVI. Für die Bezüge auf sein Pontifikat wird in diesem Beitrag daher das Präsenz beibehalten.

1 *Joseph Ratzinger*, Theologie der Liturgie. Die sakramentale Begründung christlicher Existenz (Gesammelte Schriften 11), Freiburg – Basel – Wien 2008.

2 *Benedikt XVI.*, Zum Eröffnungsband meiner Schriften, in *Ratzinger*, Theologie der Liturgie, 6.

3 Ebd., 6.

der Liturgie begonnen wurde, zeigte sich vielmehr „die Rangordnung der Themen und Aufgaben der Kirche“, denn dadurch

> „wurde der Primat Gottes, die Erstrangigkeit des Themas Gott unmissverständlich ins Licht gesetzt. Gott zuerst, so sagt uns der Anfang mit der Liturgie. Wo der Blick auf Gott nicht bestimmend ist, verliert alles andere seine Richtung. Das Wort der Benediktregel „Dem Gottesdienst ist nichts vorzuziehen“ (43,3) gilt in spezifischer Weise für das Mönchtum, aber es hat als Ordnung der Prioritäten auch Geltung für das Leben der Kirche und jedes Einzelnen in seiner Weise.“[4]

Der Papst erläutert diesen Gedanken mit einer kurzen Betrachtung über die Bedeutungsfülle des Begriffs „Orthodoxie“, in dem

> „die Worthälfte ‚doxa‘ nicht ‚Meinung‘, sondern ‚Herrlichkeit‘ bedeutet: Es geht nicht um die richtige ‚Meinung‘ über Gott, sondern um die rechte Weise, ihn zu verherrlichen, auf ihn zu antworten. Denn das ist die Grundfrage des Menschen, der anfängt, sich selbst recht zu verstehen: Wie muss ich Gott begegnen?“[5]

Orthodoxie wird hier bestimmt als die rechte Weise der Anbetung, die der Glaube den Menschen lehrt und die so sein ganzes Leben zu formen beginnt. Auch in seinem Buch *Der Geist der Liturgie*, der einzigen Monographie, die er als Präfekt der Glaubenskongregation verfasste, schreibt Joseph Ratzinger eindrücklich von der Bedeutung der rechten Weise, Gott zu verehren. Es ging und geht ihm um eine Form des Kultes, die Gottes Wesen und Wirklichkeit gemäß ist und so das Leben der Gläubigen durchdringt. Auf diese Weise löst sich auch der scheinbare Gegensatz von „Orthodoxie“ und „Orthopraxie“ auf.[6] In der Liturgie

4 Ebd., 5–6. Vgl. *Benedikt XVI.*, Predigt in der Christmette am Hochfest der Geburt des Herrn (24. Dezember 2009). Die lehramtlichen Äußerungen des Papstes sind auf www.vatican.va sowohl in der Originalsprache als auch in deutscher Übersetzung leicht zugänglich.

5 *Benedikt XVI.*, Zum Eröffnungsband meiner Schriften, 6.

6 *Joseph Ratzinger*, Der Geist der Liturgie. Eine Einführung, Freiburg – Basel – Wien 2000; hier zitiert nach der unveränderten Wiedergabe in: Theologie der Liturgie, 138–139.

drückt sich das Gottes- und Weltverständnis des christlichen Glaubens aus, und sie ist Einübung darin, über alle menschliche Schwäche und Begrenztheit hinaus dem Herrn zu begegnen, der vor allem in der Feier des eucharistischen Opfers seine Gegenwart schenkt.

Die „Herrlichkeit“ Gottes, die zur Anbetung ruft, zeigt sich in der Schönheit der Liturgie sowie in der für sie geschaffenen und aus ihr hervorgegangenen sakralen Musik, Kunst und Architektur. Darin sieht der Papst nicht zuletzt einen lebendigen Beweis des Glaubens, der weit über die Kraft von Vernunftargumenten hinausgeht: den Ausdruck „einer weit gewordenen Ratio, in der Vernunft und Herz sich miteinander berühren“[7]. Der Papst ist in Lehrschreiben und Ansprachen zu verschiedenen Anlässen auf den ihm evidenten, aber auch theologisch begründeten Zusammenhang von Schönheit und Liturgie zurückgekommen, etwa in dem Nachsynodalen Apostolischen Schreiben *Sacramentum Caritatis* vom 22. Februar 2007:

> „In der Liturgie leuchtet das Pascha-Mysterium auf, durch das Christus selbst uns zu sich hinzieht und uns zur Gemeinschaft ruft. In Jesus betrachten wir – wie der hl. Bonaventura zu sagen pflegte – die Schönheit und den Glanz des Ursprungs. Dieses Merkmal, auf das wir uns berufen, ist nicht nur bloßer Ästhetizismus, sondern eine Art und Weise, wie die Wahrheit der Liebe Gottes in Christus uns erreicht, uns fasziniert, uns begeistert und so bewirkt, dass wir aus uns herausgehen und zu unserer wahren Berufung hingezogen werden: zur Liebe.“[8]

Bei der Feier der Vesper in der Kathedrale von Notre-Dame in Paris am 12. September 2008 hat Benedikt XVI. in seiner Ansprache dieses Meisterwerk der gotischen Architektur als „einen

---

7 *Benedikt XVI.*, Begegnung mit Priestern, Diakonen und Seminaristen aus Südtirol (6. August 2008).

8 *Benedikt XVI.*, Nachsynodales Apostolisches Schreiben Sacramentum Caritatis über die Eucharistie – Quelle und Höhepunkt von Leben und Sendung der Kirche (22. Februar 2007), Nr. 35; vgl. *Benedikt XVI.*, Ansprache beim Besuch der Abtei Heiligenkreuz (9. September 2007).

lebendigen Gesang aus Steinen und Licht zum Lob" der Menschwerdung Gottes in Jesus Christus gepriesen und daran erinnert, dass der Dichter Paul Claudel an diesem Ort während des Gesangs des *Magnificat* bei der Vesper am Weihnachtstag 1886 ein unmittelbares Erlebnis der Schönheit Gottes hatte, das einen entscheidenden Moment in seiner Bekehrung zum katholischen Glauben darstellte.[9]

Was hier von der Liturgie der Kirche als ganzer ausgesagt wird, gilt in besonderem Maße für die Eucharistie. In einem oft angeführten Passus aus *Sacrosanctum Concilium*, den auch Joseph Ratzinger in seinen Schriften zur Liturgie immer wieder aufnimmt, wird dies deutlich ausgedrückt:

> „In der Liturgie, besonders im heiligen Opfer der Eucharistie, vollzieht sich das Werk unserer Erlösung, und so trägt sie in höchstem Maße dazu bei, daß das Leben der Gläubigen Ausdruck und Offenbarung des Mysteriums Christi und des eigentlichen Wesens der wahren Kirche wird."[10]

Wie das Zitat aus einer der prägnanten Orationen des römischen Ritus hervorhebt, wird im eucharistischen Opfer nicht nur des Geheimnisses von Jesu Leiden, Tod und Auferstehung gedacht (gleichsam als Erinnerung an die grundlegenden Glaubenswahrheiten), sondern vielmehr wird dieses Geheimnis gegenwärtig zum Heil der Menschen.

Vor diesem Hintergrund kann auch das Wort des Theologen Joseph Ratzinger verstanden werden, dass sich „im Umgang mit der Liturgie [...] das Geschick von Glaube und Kirche"[11] entscheide. Dass dieses Wort in besonderer Weise für sein Pontifikat gilt, soll im Folgenden anhand ausgewählter Themen gezeigt werden.

---

9 *Benedikt XVI.*, Predigt in der Vesper in Notre-Dame, Paris (12. September 2008).

10 *Zweites Vatikanisches Konzil*, Konstitution über die heilige Liturgie Sacrosanctum Concilium (4. Dezember 1963), Art. 2.

11 *Joseph Ratzinger*, Ein neues Lied für den Herrn. Christusglaube und Liturgie in der Gegenwart, Freiburg – Basel – Wien 1995, 9.

Ritus und Reform

In seinen Schriften und Ansprachen gebraucht Benedikt XVI. nicht selten Metaphern, die der Musik entnommen sind. So nannte er in einer seiner ersten Predigten als Papst die Kirche eine „Symphonie von Zeugen" des auferstandenen Christus, der eine wohlbestimmte Struktur gegeben ist in den Bischöfen als Nachfolgern der Apostel, denen die Aufgabe anvertraut ist, dafür zu sorgen, dass das weitgespannte Netz dieser Zeugen die Zeit hindurch hält. Dass dem Nachfolger Petri dabei der Primat zukommt, ist in seinem epochalen Glaubensbekenntnis begründet: „Du bist Christus, der Sohn des lebendigen Gottes" (Mt 16,16). Die vorrangige Aufgabe des Petrusdienstes sieht Benedikt XVI. darin, die Kirche in diesem Bekenntnis zu leiten und dafür Sorge zu tragen, dass das Wort Gottes „in seiner Größe gegenwärtig bleibt und in seiner Reinheit erklingt". Allerdings ist der Papst keineswegs ein absoluter Monarch, dessen Denken und Wollen allein Gesetz wäre, sondern vielmehr als Garant der authentischen Überlieferung selbst im Glaubensgehorsam an Christus und sein Wort gebunden.

Die Ausführungen Benedikts XVI. lehnen sich – sicher nicht unbewußt – an John Henry Kardinal Newman (1801–1890) an, den der Papst am 19. September 2011 in Birmingham seliggesprochen hat.[12] Dieser bedeutende englische Theologe verteidigte in seinem *Brief an den Herzog von Norfolk* die Unfehlbarkeit verbindlicher päpstlicher Lehrentscheidungen, wie sie vom Ersten Vatikanischen Konzil definiert wurde (1869–1870). Dabei schränkt Newman jedoch ein, dass der Papst

> „durch die göttliche Offenbarung und durch die Wahrheiten, die jene Offenbarung enthält, gebunden und begrenzt [*sc.* ist]. Er ist gebunden und begrenzt durch die Glaubensbekenntnisse, die

---

12 Die Bedeutung dieser Seligsprechung zeigt sich schon darin, daß es die bis dahin einzige war, der Benedikt XVI. selbst vorstand, nachdem er zu Beginn seines Pontifikats die ältere Praxis wiedereingeführt hatte, dass der Nachfolger Petri selbst nur Heiligsprechungen vornimmt.

schon in Kraft sind, und durch die vorhergehenden Lehrentscheidungen der Kirche."[13]

Der Theologe Ratzinger hat sich mehrfach im Sinn Newmans geäußert, vor allem in dem Bereich der Liturgie. In seiner Besprechung des Buches über die organische Entwicklung der Liturgie von Alcuin Reid schreibt der jetzige Papst:

> „Der ‚Ritus', die im Glauben und Leben der Kirche gereifte Gestalt des Betens und Feierns, ist kondensierte Gestalt der lebendigen Überlieferung, in der ein Ritenraum das Ganze seines Glaubens und Betens ausdrückt und so zugleich die Gemeinschaft der Generationen erlebbar wird, die Gemeinschaft mit den Betern vor uns und nach uns. So ist der Ritus eine Vor-Gabe an die Kirche, lebendige Gestalt von Paradosis."[14]

Zum Ritus gehören wesentlich auch jene diachronen Elemente, die Ratzinger andernorts „das Beten mit den Vätern und den Aposteln" nennt.[15] Ein Beispiel für die konkrete Verbindung des Ritus mit seinem Ursprung ist die alte Oration für das Hochfest der Apostel Petrus und Paulus, deren Bitte lautet: „gib deiner Kirche, in allem der Weisung jener zu folgen, durch die sie den Anfang der Religion empfangen hat (*da ecclesiae tuae eorum in omnibus sequi praeceptum, per quos religionis sumpsit exordium*)"[16].

Die Bedeutung dieser Ausführungen liegt nicht zuletzt darin, dass sie in vollem Bewusstsein der Tatsache getroffen werden, dass gerade die Liturgie und ihre Reform nach dem Zweiten Vatikanum zu einem kontroversen Thema geworden ist. Inso-

13 *John Henry Kardinal Newman*, Ein Brief an seine Gnaden, den Herzog von Norfolk, anläßlich der jüngst erschienenen Beschwerdeschrift Mr. Gladstones, in: *ders.*, Polemische Schriften. Abhandlungen zu Fragen der Zeit und der Glaubenslehre, übersetzt von *Maria Erentrudis Kawa* und *Max Hofmann* (IV. Band der ausgewählten Werke), Mainz 1959, 224.

14 *Joseph Ratzinger*, Die organische Entwicklung der Liturgie, in: *ders.*, Theologie der Liturgie, 715 (Erstveröffentlichung 2005).

15 *Ratzinger*, Geist der Liturgie, 142.

16 Corpus orationum, Bd. II (Corpus Christianorum. Series Latina 160A), Turnhout 1993, Nr. 1678 und 1707.

fern trägt es bereits eine Problemanzeige in sich, wenn er vom Ritus als etwas Geschenktem spricht, das nicht im Besitz einer Generation und auch nicht beliebig veränderbar ist. Liturgie wird nicht „gemacht", auch nicht vom Papst, der nach Joseph Ratzinger „der Liturgie gegenüber die Funktion des Gärtners [hat], nicht des Technikers, der neue Maschinen baut und alte zum Gerümpel wirft".[17] Das sind starke Aussagen, vor allem wenn man danebenhält, dass er selbst einige Jahre zuvor in einer postumen Würdigung Klaus Gambers davon sprach, dass die Liturgiereform sich „in ihrer konkreten Ausführung" von ihrem Ursprung in der Liturgischen Bewegung entfernt habe und nach dem Konzil anstelle einer Wiederbelebung der Liturgie eine „Verwüstung" eingetreten sei. Anstelle einer Liturgie, die Frucht einer kontinuierlichen Entwicklung darstellte, sei eine „gemachte Liturgie" getreten.[18] Damit meint Joseph Ratzinger nicht nur den liturgischen Wildwuchs der unmittelbaren Nachkonzilszeit und die immer noch virulenten Missbräuche. Denn während er die liturgische Erneuerung durchaus positiv würdigt, und für ihn etwa das Missale Pauls VI. „in vielem eine wirkliche Verbesserung und Bereicherung brachte"[19], hat er auch konkrete Aspekte genannt, an denen die Diskontinuität der gegenwärtigen Praxis mit dem überlieferten Ritus besonders deutlich wird, vor allem „das Verschwinden der lateinischen Sprache und die Wendung der Altäre zum Volk hin"[20]. Wiederholt hat der Kardinal wissen lassen, er halte es für verfehlt zu meinen, daß „der vollständige, ununterbrochene laute Vortrag des Hochgebets die Bedingung für die Beteiligung aller an diesem zentralen Akt der Eucharistiefeier sei" und sich für die Kanonstille ausgesprochen.[21] An

17 *Ratzinger*, Die organische Entwicklung der Liturgie, 715.

18 *Joseph Ratzinger*, Klaus Gamber. L'intrépidité d'un vrai témoin, in: *Klaus Gamber*, La Réforme liturgique en question, Le Barroux 1992, 6 und 8.

19 *Joseph Ratzinger*, Aus meinem Leben. Erinnerungen, Stuttgart 1998, 173.

20 *Joseph Ratzinger*, Geleitwort zu: Uwe Michael Lang, Conversi ad Dominum. Zu Geschichte und Theologie der christlichen Gebetsrichtung, 2003, in: *ders.*, Theologie der Liturgie, 469.

21 *Ratzinger*, Geist der Liturgie, 181–182.

anderer Stelle fand er kritische Worte zur Kalenderreform, „wo man einfach vergessen hat, wie sehr die Durchprägung des Jahres mit den verschiedenen Festen das Verhältnis der Christen zur Zeit geformt hat"[22]. Weiterhin beanstandete er die zahlreichen Stellen im erneuerten Missale, die dem Priester erlauben, Texte *ad libitum* („mit diesen oder ähnlichen Worten") zu formulieren. Darin sieht er auch ein ekklesiologisches Problem, denn „mit dieser falschen Freiheit, die die Liturgie in eine Katechese für *diese* Gemeinde verändert, wird die liturgische Einheit und die Ekklesialität der Liturgie zerstört"[23]. Ebenso brachte er Mängel in der deutschen Übersetzung der nachkonziliaren liturgischen Bücher zur Sprache und nannte – mit Berufung auf Joseph Pascher und Walter Dürig – in erster Linie die Orationen des Messbuches.[24]

Hinter dieser Kritik im einzelnen steht die Grundüberzeugung, dass auch „die höchste kirchliche Autorität" bei einer Reform des Gottesdienstes an den „Gehorsam des Glaubens" gebunden sei und „in ehrfürchtigem Achthaben auf das Geheimnis der Liturgie" handeln müsse. Die rechte Reform, so Ratzinger in der schon genannten Besprechung von Reids Buch, „hält die Offenheit für Entwicklung und die Kontinuität mit der Tradition in geziemendem Ausgleich; sie weiß sich gebunden an eine

---

22 *Joseph Ratzinger*, Liturgie – wandelbar oder unwandelbar? Fragen an Joseph Ratzinger, in: *ders.*, Theologie der Liturgie, 615 (Erstveröffentlichung 1977). Dort führt er weiter aus: „Wenn man demgegenüber in einer übrigens keineswegs konsequent durchgeführten kleinlichen historischen Rechnerei die gewachsenen Feste quer durch das Jahr transportiert hat, so ist sicher ein grundlegendes Gesetz religiösen Lebens missachtet worden".

23 *Joseph Ratzinger*, Bilanz und Perspektiven, in: *ders.*, Theologie der Liturgie, 674 (Erstveröffentlichung 2001).

24 Dies geschah in *Joseph Ratzinger*, Um die Erneuerung der Liturgie. Antwort auf Reiner Kaczynski, in: *Stimmen der Zeit* 219 (2001) 837–843, hier 837. Es handelt sich dabei um die Erwiderung auf die scharfe Kritik von *Rainer Kaczynski*, Angriff auf die Liturgiekonstitution? Anmerkungen zu einer neuen Übersetzer-Instruktion, in: StZ 219 (2001) 651–668. Der Aufsatz des damaligen Kardinals wurde ausdrücklich nicht in den Band *Theologie der Liturgie* von 2008 aufgenommen.

objektive liturgische Tradition und achtet daher auf substantielle Kontinuität."[25]

Brisanz erhielten diese Zeilen, als ihr Autor weniger als ein Jahr nach ihrer Niederschrift zum Papst gewählt wurde, und es stellt sich die Frage, in welchem Maß diese Gedanken die Entscheidungen seines Pontifikats bestimmen.

Hermeneutik der Kontinuität

Der Theologe und Kardinal, der diese weitreichende, auch ins Grundsätzliche gehende Kritik an der nachkonziliaren Liturgiereform vorbrachte, befindet sich als Nachfolger Petri in der Lage, die von ihm wahrgenommenen Missstände korrigieren und dem liturgischen Leben der Kirche eine neue Richtung geben zu können. Jedoch stellt die Selbstbeschränkung, die Benedikt XVI. dem Petrusamt verordnet hat, ihn vor ein Dilemma. „Liturgie entsteht nicht durch Verordnungen" und kann nicht „vom Schreibtisch her" konstruiert werden.[26] Nun ist aber die von *Sacrosanctum Concilium* gewollte liturgische Erneuerung durch Verordnungen umgesetzt worden, und wie Enrico Mazza in einem Beitrag jüngst bemerkt hat, gab es auch keine andere Möglichkeit, denn dies war der Weg, der mit der tridentinischen Reform und der Gründung der Ritenkongregation durch Papst Sixtus V. im Jahr 1588 beschritten worden war. Jede wie auch immer geartete liturgische Erneuerung konnte von diesen Vorzeichen her nur eine von der zentralen Autorität verordnete sein. Eine „spontane Entwicklung" war angesichts dieser Vorgaben undenkbar. Freilich rufen Liturgiereformen per Dekret, so Mazza, stets Widerstand hervor, und dies war bei der letzten nicht anders.[27]

25 *Ratzinger*, Die organische Entwicklung der Liturgie, 714–715.

26 *Ratzinger*, Liturgie – wandelbar oder unwandelbar, 615.

27 *Enrico Mazza*, Riflessioni sulle riforme liturgiche nella Chiesa, in: *Nicola Bux, Enrico Mazza, Elio Garzillo*, Liturgia romana e arte sacra fra innovazione e tradizione: Il caso della Cattedrale di Reggio Emilia. Opinioni, Reggio Emilia 2011, 21–36, hier 31.

Als Papst ist Joseph Ratzinger ist offensichtlich entschieden, nicht den Weg der Verordnungen zu gehen, um „Mißverständnisse und Irrtümer bei der konkreten Verwirklichung der Reform“, die er in seiner Ansprache zum 50. Jahrestag der Gründung des Päpstlichen Liturgischen Instituts angesprochen hat,[28] zu korrigieren. Es ist bisher zu keiner neuen *Editio typica* eines liturgischen Buches in seinem Pontifikat gekommen, und die Veränderungen, die in dem verbesserten Nachdruck der dritten *Editio typica* des *Missale Romanum* von 2008 vorgenommen wurden, sind gering: Zu den auffälligsten gehören der Wegfall der Hochgebete für Messen mit Kindern und die von der Synode zur Eucharistie 2005 gewünschten alternativen Formeln für den Entlassungsruf *Ite, missa est.* Die von derselben Synode angestoßenen und in *Sacramentum Caritatis* aufgenommenen Überlegungen zu einer Neuordnung des Friedensgrußes in der Hl. Messe sind noch nicht zu einer bindenden Entscheidung gereift.

Unter Benedikt XVI. wird der Revisionsprozess der nachkonziliaren Übersetzungen von liturgischen Büchern in die Landessprache, der mit der Instruktion *Liturgiam authenticam* von 2001 angestoßen wurde, weitergeführt. Ein wichtiger Akzent ist mit der Anweisung des Papstes von 2006 gesetzt worden, dass die Formel *pro multis* in den Konsekrationsworten dort, wo sie bisher mit „für alle“ oder ähnlich wiedergegeben wurde, präziser übersetzt werden soll („für viele“ oder „für die Vielen“).[29] Jedoch fügt sich diese Entscheidung in das im vorherigen Pontifikat durch *Liturgiam authenticam* grundgelegte Paradigma ein. Man mag die gründlich revidierte Übersetzung des *Missale Romanum* in englischer Sprache zurecht als wichtigen Schritt einer „Reform der

28 *Benedikt XVI.*, Ansprache an die Mitglieder der Päpstlichen Liturgischen Instituts „Sant’Anselmo“ zum 50. Jahrestag seiner Gründung (6. Mai 2011).

29 Vgl. das Rundschreiben der Kongregation für den Gottesdienst und die Sakramentenordnung an die Vorsitzenden der Bischofskonferenzen der Welt (17.11.2006), in: Notitiae 43 (2006) 453–455 (in deutscher Sprache). Im englischen Sprachraum ist diese Änderung bereits umgesetzt („for many“), ebenso in den meisten Teilen der spanischsprachigen Welt („por muchos“) sowie in einer Reihe von weiteren Ländern.

Reform" bezeichnen,[30] aber die – je nach Standpunkt – Hoffnungen oder Befürchtungen, wie der neue Papst ein solches Projekt voranbringen würde, reichten zu Anfang des Pontifikats erheblich weiter.

Mir scheint, dass sich für die Zurückhaltung Benedikts XVI. auf diesem Feld zwei Hauptmotive ausmachen lassen: Das erste liegt in der festen Überzeugung des Papstes, dass bei einer Erneuerung der Liturgie scharfe Brüche nach Möglichkeit zu vermeiden sind. Die Instabilität, die durch die Reformen der Nachkonzilszeit hinterlassen wurde, kann aus seiner Sicht nicht durch ständig neue Umgestaltungen behoben werden. Um ein Beispiel zu nennen: Als Theologie und Kardinal hat sich Joseph Ratzinger immer wieder klar zur Frage der liturgischen Gebetsrichtung geäußert, dabei aber auch betont, dass er deshalb nicht für neuerliche Umbauten der vielen Kirchen sei, die für die Zelebration *versus populum* umgestaltet wurden.[31] Die vom Papst in seiner bedeutenden Weihnachtsansprache vor der Römischen Kurie vom 22. Dezember 2005 zum ersten Mal vorgelegte „Hermeneutik der Reform in Kontinuität",[32] die er für die Liturgie ausdrücklich als „Hermeneutik der Kontinuität" bezeichnet,[33] bedeutet auch, dass eine „Reform der Reform" nicht über den Weg abrupter Veränderungen erfolgen kann. Ein zweites Motiv kommt hier hinzu: Die nachkonziliare Liturgiereform konnte sich ganz auf die Gehorsamsstruktur des ultramontanen Katholizismus stützen und wäre ohne sie nicht durchzuführen gewesen angesichts des Unbehagens, das sich nicht zuletzt in der Bewegung für den Erhalt der alten Messe

30 Roman Missal. Renewed by Decree of the Most Holy Second Ecumenical Council of the Vatican, Promulgated by Authority of Pope Paul VI and Revised at the Direction of Pope John Paul II, 2011.

31 Siehe *Ratzinger*, Bilanz und Perspektiven, 676–677.

32 Siehe *Benedikt XVI.*, Ansprache an das Kardinalskollegium und die Mitglieder der römischen Kurie beim Weihnachtsempfang (22. Dezember 2005).

33 *Benedikt XVI.*, Sacramentum caritatis, Nr. 3, Fn. 6: „Ich verweise hier auf die Notwendigkeit einer Hermeneutik der Kontinuität auch in Bezug auf die rechte Deutung der liturgischen Entwicklung nach dem Zweiten Vatikanischen Konzil"; vgl. Nr. 43.

ausdrückte. Diese Struktur besteht nach den epochalen Ereignissen des Achsenjahres 1968 nicht mehr, und selbst das rechte Verständnis des kirchlichen Gehorsams ist auf allen Ebenen in eine tiefe Krise geraten, so dass eine „Reform durch Verordnungen", selbst wenn sie gewollt wäre, gar nicht mehr verwirklicht werden könnte.

Daher hat Joseph Ratzinger sich die Idee einer „neuen liturgischen Bewegung" zu eigen gemacht, durch die erst der Nährboden für eine organische Entwicklung der Liturgie bereitet wird. Im Folgenden soll kurz darauf eingegangen werden, was hiermit gemeint sein kann.

Eine neue liturgische Bewegung

Im Wesentlichen kann das Anliegen der Liturgischen Bewegung des 19. und 20. Jahrhunderts so beschrieben werden: Den Gläubigen sollte der einzigartige geistliche Schatz, der in der Liturgie der Kirche aufgehoben war, ihre Frömmigkeit aber nicht mehr wirklich durchdrang, wieder zu einer unmittelbar lebendigen Wirklichkeit werden. Einer der Pioniere der Liturgischen Bewegung, Abt Prosper Guéranger von Solesmes, stellte daher auch an den Anfang des ersten Band seines populären Werkes *L'Année liturgique* aus dem Jahr 1845 den Appell an seine Leser: „Öffnet eure Herzen, ihr Kinder der katholischen Kirche, kommt und betet das Gebet eurer Mutter."[34] Dass die Gläubigen sich mit der Liturgie das Gebet der Kirche zu eigen machen sollen, war auch eine wichtige Forderung des Motu Proprio *Tra le sollecitudini* von Papst Pius X. aus dem Jahr 1903. In diesem wichtigen Dokument zur

34 „Dilatez donc vos cœurs, enfants de l'Eglise catholique, et venez prier de la prière de votre Mère"; zitiert nach *Cuthbert Johnson*, Prosper Guéranger (1805–1875). A Liturgical Theologian, Rom 1984, 350. Vgl. zum Thema *Alcuin Reid*, The Organic Development of the Liturgy. The Principles of Liturgical Reform and Their Relation to the Twentieth-Century Liturgical Movement Prior to the Second Vatican Council, San Francisco ²2005.

Kirchenmusik wurde auch der Grundsatz der „aktiven Teilnahme“ der Gläubigen am Gottesdienst formuliert.[35]

Die Erneuerung der Liturgie in der zweiten Hälfte des 20. Jahrhunderts kann zum großen Teil als Frucht der Liturgischen Bewegung gelten und stand vor allem unter dem Zeichen der von Pius X. geforderten *participatio actuosa*. Ohne Zweifel ist die Liturgie seitdem transparenter geworden, so dass die Forderung eines Guéranger, das Gebet der Kirche solle auch zum persönlichen Gebet der Gläubigen werden, sich heute erheblich einfacher erfüllen lässt. An dieser Stelle ist daher die Frage nach den Gründen zu stellen, aus denen Joseph Ratzinger in seinen theologischen Schriften immer wieder auf die Notwendigkeit einer „neuen liturgischen Bewegung“ zu sprechen kommt. Eine erste Antwort findet sich in seinen Lebenserinnerungen, wo er die Krise der Kirche in der westlichen Kultur als Glaubenskrise beschreibt, die

> „weitgehend auf dem Zerfall der Liturgie beruht, die mitunter sogar so konzipiert wird, ‚etsi Deus non daretur‘: daß es in ihr gar nicht mehr darauf ankommt, ob es Gott gibt und ob er uns anredet und erhört.“[36]

Nach Joseph Ratzinger ist es demnach in der konkreten Umsetzung der wichtigen Impulse, die *Sacrosanctum Concilium* im Geiste der Liturgischen Bewegung der Kirche gegeben hat, zu einem Prozess gekommen, der als Autosäkularisation bezeichnet werden kann. Pointiert gesagt, wird der eigentliche Protagonist der Liturgie in den Hintergrund gedrängt, und an seine Stelle tritt die Gemeinde, die sich selbst feiert – was der damalige Kardinal mit den lapidaren Worten kommentierte: „aber das lohnt sich nicht“. Diese Analyse mag für manche, gerade wenn sie in ihrem Umfeld an einem reichen liturgischen Leben teilnehmen können, überspitzt klingen, sie wird aber meines Erachtens in der heutigen Praxis allzuoft bestätigt. Aus diesen Überlegungen heraus schloss der damalige Kardinal auf die Notwendigkeit einer neuen

---

35 *Pius XI.*, Motu Proprio Tra le sollecitudini (22. November 1903).

36 *Ratzinger*, Aus meinem Leben, 174.

liturgischen Bewegung, „die das eigentliche Erbe des Zweiten Vatikanischen Konzils zum Leben erweckt“[37].

Wie sollte eine solche „neue liturgische Bewegung“ beschaffen sein? Wenn sie eine echte Erneuerung bringen soll, so scheint die unabdingbare Voraussetzung dafür zu sein, dass die derzeitige Krise im liturgischen Leben der lateinischen Kirche als solche wahrgenommen und benannt wird. Joseph Ratzinger war einer der ersten, der dies von hoher kirchlicher Stelle aus getan hat. Zunächst erntete er heftige Kritik, als er seinen Befund in aller Deutlichkeit in dem Gespräch *Zur Lage des Glaubens* von 1985 vorbrachte. Mittlerweile trifft seine Analyse aber auf wesentlich breitere Zustimmung.

Weiterhin muss sich eine „neue liturgische Bewegung“ der Ambivalenzen der Liturgischen Bewegung bewusst sein, die zu der gegenwärtigen Lage beigetragen haben. Hier ist etwa eine einseitige Betonung der Mahlgestalt der Eucharistie auf Kosten ihres Opfercharakters zu nennen – eine Diskussion, zu der Joseph Ratzinger wesentlich beigetragen hat.[38] Darüber hinaus ist es zu einer oberflächlichen und verkürzten Lesart des Prinzips der „tätigen Teilnahme“ gekommen, die oft als „gleichmäßige Aktivität aller Anwesenden in der Liturgie“ verstanden wird. Die Folgen einer solchen Deutung, zum Beispiel für die Sakralmusik (die in Deutschland immer noch weniger als etwa in Italien zu spüren sind), kann man nur als fatal bezeichnen, denn es wird oft kein Raum mehr gelassen für eine Musik von höherem künstlerischen Anspruch, die von einem Chor oder einer Schola gesungen wird. In einer solchen Sichtweise ist nur noch der Gemeindegesang zulässig, „der [...] allein von seiner Funktionalität“ gemessen wird, „das heißt von seiner gemeinschaftsstiftenden und aktivierenden Funktion“[39]. In der Forderung, dass um der „aktiven Teil-

37 *Ratzinger*, Aus meinem Leben, 174; vgl. *ders.*, Geist der Liturgie, 31 und Zum Gedenken an Klaus Gamber, in: *ders.*, Theologie der Liturgie, 635 (Erstveröffentlichung 1989).

38 Siehe hierzu jetzt *Manfred Hauke*, Die „Grundgestalt“ der Eucharistiefeier nach Joseph Ratzinger, in: FKTh 28 (2012) 1–34.

39 *Joseph Ratzinger*, Die künstlerische Transposition des Glaubens, in: *ders.*, Theologie der Liturgie, 571 (Erstveröffentlichung 1978).

nahme" der Gläubigen willen nur noch „Gebrauchsmusik" im Gottesdienst zuzulassen sei[40] und die Pflege der traditionellen Kirchenmusik den Kathedralkirchen oder gar, als rein kulturelle Aufgabe, dem Konzertsaal zu überlassen sei, sieht Ratzinger ein typisches Beispiel für „den Unterschied zwischen dem Eigenen der Konzilstexte und der Art ihrer Aneignung"[41] in der Nachkonzilszeit.

Zu den Defiziten der Liturgischen Bewegung zählt Ratzinger auch einen gewissen Archäologismus, der sich in einer Geringachtung des Mittelalters und besonders der scholastischen Theologie niederschlug. In diesem Zusammenhang nennt er die Vernachlässigung der eucharistischen Anbetung und das Unverständnis gegenüber der Volksfrömmigkeit.[42]

Grundlegend für eine „neue liturgische Bewegung" ist für Joseph Ratzinger die Liturgiekonstitution des Zweiten Vatikanums, auf die er sich auch in seiner kritischen Reflexion auf die Liturgiereform stets bezieht. Wie er in seinem Vortrag zum vierzigjährigen Jubiläum von *Sacrosanctum Concilium* 2003 in Trier ausgeführt hat, sieht er zwei verschiedene Ebenen, die sich durch den Text der Konstitution hindurch ziehen. Erstens entwickelt die Konzilskonstitution „Prinzipien, die das Wesen der Liturgie und ihrer Feier ganz grundsätzlich und allgemein betreffen". Davon ausgehend gibt sie zweitens „normative Anweisungen für die praktische Erneuerung der römischen Liturgie". Diese Anweisungen sind für Ratzinger „mehr zeitgebunden als die grundsätzlichen Aussagen". Hinzu kommt in der konkreten Umsetzung der Liturgiereform eine dritte Ebene, „nämlich die vom ‚Rat für die Ausführung der Liturgiekonstitution' erarbeiteten Reformen". Ratzinger unterstreicht die Verbindlichkeit dieser „von der kirch-

---

40 Siehe z.B. *Karl Rahner – Herbert Vorgrimler*, Kleines Konzilskompendium, Freiburg – Basel – Wien ^{2}1967, 48.

41 *Joseph Ratzinger*, Zur theologischen Grundlegung der Kirchenmusik, in: *ders.*, Theologie der Liturgie, 503 (Erstveröffentlichung 1974).

42 Vgl. *Ratzinger*, Bilanz und Perspektiven, 662–663; vgl. 664, wo er diese Analyse beschließt: „Mir scheint, dass schon in den 1950er Jahren und vor allem nach dem Konzil die verborgenen und auch offensichtlichen Gefahren der Liturgischen Bewegung eine große Versuchung, eine große Gefahr für die Kirche geworden sind".

lichen Autorität gesetzten Formen liturgischer Erneuerung [...] für die Kirche von heute", fügt aber hinzu, dass sie „nicht einfach mit dem Konzil als solchem identisch" seien. Innerhalb des vom Konzil gesteckten Rahmens seien „unterschiedliche Realisierungen" zulässig, und wer „nicht alles an dieser Reform für geglückt und manches für reformierbar oder gar für überprüfungsbedürftig findet, ist deswegen noch kein Gegner des ‚Konzils'."[43]

An dieser Stelle ist das Motu Proprio *Summorum Pontificum* vom 7. Juli 2007 zu nennen, mit dem Benedikt XVI. die bisherigen Beschränkungen im Gebrauch der liturgischen Bücher, die bis zur nachkonziliaren Liturgiereform gültig waren, weitestgehend aufgehoben hat. Die Feier der Eucharistie nach dem *Missale Romanum* von 1962 bildet seitdem die „außerordentliche Form" des einen römischen Ritus, während die Feier nach dem erneuerten *Missale Romanum* als dessen „ordentliche Form" bestimmt wird.[44] Wer die Äußerungen Joseph Ratzingers zu diesem Thema über die Jahre hinweg verfolgt hatte, konnte allenfalls von der Großzügigkeit der Dispositionen von *Summorum Pontificum* überrascht sein, hatte sich doch der Kardinal immer wieder für Möglichkeit der Zelebration nach dem alten Missale eingesetzt. Sein Beitrag „Bilan et Perspectives" zum Abschluss der liturgischen Tagung im Benediktinerkloster Fontgombault im Juli 2001 liest sich im Rückblick wie eine Blaupause des späteren Motu Proprio.[45]

Im diesem Rahmen können die gewichtigen Konsequenzen von *Summorum Pontificum* auf theoretischer und praktischer Ebene nicht ausgelotet werden. Ein Aspekt scheint mir jedoch wesentlich für das mir gestellte Thema: die Einführung von zwei „Formen" oder *„usus"* innerhalb des *einen* römischen Ritus. Die offensichtlichen Divergenzen der liturgischen Feier nach dem alten und nach dem erneuerten Messbuch (nicht nur nach den

43 *Joseph Ratzinger*, 40 Jahre Konstitution über die heilige Liturgie. Rückblick und Vorblick, in: *ders.*, Theologie der Liturgie, 697 (Erstveröffentlichung 2003).

44 *Benedikt XVI.*, Apostolisches Schreiben Motu Proprio Summorum Pontificum über die römische Liturgie in ihrer Gestalt vor der 1970 durchgeführten Reform (7. Juli 2007).

45 Siehe vor allem *Ratzinger,* Bilanz und Perspektiven, 667–672.

landessprachlichen Ausgaben, sondern auch nach der lateinischen *Editio typica*) sind von vielen Beobachtern aus unterschiedlichen Blickwinkeln hervorgehoben werden. Nicht selten wird in den beiden Formen der Ausdruck grundverschiedener und im Letzten unvereinbarer theologischer Positionen, vor allem in der Ekklesiologie, gesehen. Eine solche Lesart wird jedoch im ersten Artikel von *Summorum Pontificum* explizit zurückgewiesen, wo die beiden Messbücher als Ausdrucksformen derselben *lex orandi* und damit auch derselben *lex credendi* gesehen werden.[46]

Es bleiben aber die phänomenologischen Kontraste in der liturgischen Feier nach der ordentlichen und der außerordentlichen Form, die ich hier nicht im Einzelnen anzuführen brauche. Diese Kontraste lassen es als Herausforderung erscheinen, von zwei Formen eines einzigen Ritus zu sprechen. Wie ist diese Bestimmung des höchsten liturgischen Gesetzgebers also zu deuten? Meines Erachtens als Zielvorgabe, wie der Papst in seinem Begleitbrief an die Bischöfe schreibt:

> „In der Feier der Messe nach dem Missale Pauls VI. kann stärker, als bisher weithin der Fall ist, jene Sakralität erscheinen, die viele Menschen zum alten Usus hinzieht. Die sicherste Gewähr dafür, dass das Missale Pauls VI. die Gemeinden eint und von ihnen geliebt wird, besteht im ehrfürchtigen Vollzug seiner Vorgaben, der seinen spirituellen Reichtum und seine theologische Tiefe sichtbar werden lässt."[47]

Hier scheint mir ein wichtiger Hinweis darauf gegeben, wie der Papst eine mögliche „Reform der Reform" verstanden haben will. Es geht zunächst nicht um neuerliche Umarbeitungen der liturgischen Bücher, sondern um die Feiergestalt des Gottesdienstes, die man unter der Kategorie *ars celebrandi* zusammenfassen könnte. Die Liturgie nach der ordentlichen Form soll im Sinn der Herme-

---

46 *Benedikt XVI.*, Summorum Pontificum, Art. 1.

47 *Benedikt XVI.*, Brief an die Bischöfe anläßlich der Publikation des Apostolischen Schreibens Motu proprio data *Summorum Pontificum* über die römische Liturgie in ihrer Gestalt vor der 1970 durchgeführten Reform (7. Juli 2007).

neutik der Kontinuität gefeiert werden, wobei die außerordentliche Form hierfür einen „Referenzpunkt, ein Kriterium“ bietet, wie Joseph Ratzinger vor zehn Jahren in Fontgombault sagte.[48] Dabei soll es freilich auch zu einer Bereicherung des *Missale Romanum* von 1962 kommen, wobei der Papst konkret die Aufnahme neuer Heiliger und einiger neuer Präfationen nennt.[49]

Die liturgischen Feiern des Papstes

Im Rahmen des mir gestellten Themas will ich noch zu sprechen kommen auf die liturgischen Feiern des Papstes, in denen er durch sein persönliches Beispiel wichtige Akzente zur Erneuerung der Liturgie setzt. Damit folgt er der Tradition, die weit bis in das erste Jahrtausend reicht, wonach die stadtrömische Praxis in der Liturgie, aber auch in der Sakralmusik als Vorbild für die Ortskirchen galt. Die liturgischen Feiern Benedikts XVI., die heute über die Massenmedien in der ganzen Welt wahrgenommen werden, sollen ein Beispiel geben für die Hermeneutik der Kontinuität. Vor allem seit der Ernennung von Guido Marini als päpstlicher Zeremonienmeister im September 2007 sind einige Elemente eingeführt worden, die diese Hermeneutik sichtbar werden lassen. Um nur einige Beispiele zu nennen: Bei Eucharistiefeiern in der Sixtinischen Kapelle und in der Paulinischen Kapelle des Apostolischen Palastes (deren umfassende Wiederherstellung im Herbst 2009 abgeschlossen wurde) zelebriert Benedikt XVI. regelmäßig in gemeinsamer Gebetsrichtung mit dem Volk. Bei feierlichen Papstmessen trägt er die Pontifikaldalmatik unter der Kasel als Symbol für die Fülle des Weihesakraments, die dem Bischof gegeben ist (wie es das *Caeremoniale Episcoporum* auch heute vorsieht). Zu bestimmten Anlässen trägt er

48 *Ratzinger*, Bilanz und Perspektiven, 669.

49 Mit dieser Aufgabe ist eine gemischte Kommission der Kongregation für den Gottesdienst und die Sakramentenordnung und der Päpstlichen Kommission *Ecclesia Dei*, befaßt; siehe L'attività della Santa Sede 2010, Vatikanstadt 2011, 940.

auch Messgewänder und Mitren in der Gestalt und Ornamentik, die sich im römischen Barock entwickelt haben. Diese und andere Formen, welche die Papstliturgien der letzten Jahre auszeichnen, sind keineswegs nur als Äußerlichkeiten von geringem Belang zu sehen. Zu Beginn dieses Beitrags wurde auf die Äußerungen des Papstes zur Schönheit der irdischen Liturgie hingewiesen, die in Gemeinschaft mit der himmlischen Liturgie das göttliche Mysterium gegenwärtig werden lässt. Diese Schönheit zeigt sich auch in der Feiergestalt des Gottesdienstes, die nicht zuletzt von visuellen Elementen bestimmt wird.

Zu den auffälligsten Aspekten, die den exemplarischen Charakter der päpstlichen Liturgie herausstellen, gehört das deutlich sichtbare Kruzifix, das mit sieben Leuchtern von ähnlicher Größe auf den Altar gestellt wird. Diese Anordnung entspricht nicht nur der traditionellen Papstmesse in der Petersbasilika, sondern greift auch den Vorschlag Joseph Ratzingers auf, dort, wo die gemeinsame Orientierung des Gebets nicht möglich ist, ein Kreuz als gemeinsamen Blickpunkt für Priester und Gläubige zur „innere[n] Ostung des Glaubens“[50] in die Mitte des Altars zu stellen. Man mag diesen Schritt als zaghaft einschätzen, wie das auch immer wieder getan wird, die Kritik an dieser Geste offenbart jedoch, dass diese durchaus einen neuralgischen Punkt trifft. Denn das Kreuz auf dem Altar korrigiert die verfehlte Betonung der Sichtbarkeit kultischer Handlungen als Grundbedingung für eine wirkliche Teilnahme der Gläubigen an der Eucharistiefeier. Zudem drängt sich die Frage auf, ob die zum Teil erstaunlich heftige Polemik gegen diese Anordnung nicht ein defizitäres Verständnis der Messe als Vergegenwärtigung des Kreuzesopfers Christi bloßlegt.

Bemerkenswert ist auch, dass seit Fronleichnam 2008 die Gläubigen, die beim Papst selbst kommunizieren, gehalten sind, die Hostie kniend und in den Mund zu empfangen. Hierin drückt sich ein Zeichen der Anbetung an, die wesentlich zur Eucharistiefeier und besonders zum Kommunionempfang gehört. In diesem Sinn zitiert Benedikt XVI. in *Sacramentum Caritatis* das

50 *Ratzinger*, Geist der Liturgie, 84.

bekannte Wort von Augustinus: „Niemand ißt dieses Fleisch, ohne es vorher anzubeten; wir würden sündigen, wenn wir es nicht anbeten."[51]

Diese beiden Beispiele illustrieren den Willen des Papstes, nicht über Vorschriften, sondern über Empfehlungen für eine Erneuerung der Liturgie zu sorgen. Allerdings kann es gerade hier zu Spannungen mit der derzeitigen liturgischen Gesetzgebung kommen, wenn einerseits durch das sichtbare Zeichen das Knien bei der Kommunion empfohlen wird, andererseits zur gleichen Zeit Anpassungen der *Institutio Generalis Missalis Romani* für Bischofskonferenzen rekognosziert werden, wonach als Norm die stehende Kommunion der Gläubigen festgeschrieben wird.[52]

Der letzte Aspekt, den ich hier kurz behandeln will, ist der Gebrauch der lateinischen Sprache in der Liturgie. In Kontinuität mit *Sacrosanctum Concilium* hat Benedikt XVI. in *Sacramentum Caritatis* daran erinnert, dass zu der Ausbildung von Priesteramtskandidaten auch die Vertrautheit mit der lateinischen Messe und die Übung im gregorianischen Choral gehören soll. Die Gläubigen sollen ihrerseits dahin geführt werden, die ihnen zukommenden Teile der Liturgie auch gregorianisch singen zu können.[53] In den päpstlichen Zelebrationen ist der Gebrauch der alten Sakralsprache des römischen Ritus mittlerweile ausgeweitet worden: Nicht nur in St. Peter und den anderen päpstlichen Basiliken, sondern auch in römischen Pfarreien und auf Reisen sowohl innerhalb als auch außerhalb Italiens wird gewöhnlich das Ordinarium auf Latein gesungen und das eucharistische Hochgebet auf Latein gebetet.

51 *Augustinus von Hippo*, Enarrationes in Psalmos, 98.9, zitiert in *Benedikt XVI.*, Sacramentum Caritatis, Nr. 66.

52 So etwa Nr. 160 der General Instruction of the Roman Missal für die Diözesen von England und Wales sowie der Vereinigten Staaten von Amerika.

53 *Benedikt XVI.*, Sacramentum Caritatis, Nr. 62. Zum gregorianischen Choral siehe auch Nachsynodales Apostolisches Schreiben Verbum Domini über das Wort Gottes im Leben und in der Sendung der Kirche (30. September 2010), Nr. 70.

In einer weltweiten medialen Öffentlichkeit werden die liturgischen Feiern des Papstes von mehr Menschen denn je zuvor verfolgt, woraus Benedikt XVI. die Folgerung zieht: „Von diesem Ort aus lernen sie – oder lernen sie auch nicht –, was Liturgie ist, wie Liturgie gefeiert werden muß". Aus diesem Grund müsse die „Liturgie des Papstes, die Liturgie in St. Peter, [...] eine vorbildliche Liturgie für die ganze Welt sein."[54] Vor dem Hintergrund dieser programmatischen Aussage aus dem Jahr 2005 gewinnen die Akzente, die der Papst in diesem Bereich gesetzt hat, an besonderer Bedeutung.

54 *Benedikt XVI.*, Ansprache an den Chor der päpstlichen „Cappella Sistina" (20. Dezember 2005).

II. Liturgische Ästhetik und theologische Bedeutung des Gottesdienstes

Zeit der Experimente

Verlust des Sakralen? Liturgie und Kultur*

Hans Maier, München

I. Die Reform

Die Liturgiereform des 20. Jahrhunderts war die größte in der Geschichte der katholischen Kirche. An Umfang und Wirkung übertraf sie noch die Tridentinische Reform im 16. Jahrhundert. Nicht nur die Form der Messe wurde neu gestaltet, auch die Grundordnungen des Kirchenjahrs und des Kalenders wurden verändert, ebenso das Stundengebet, die Sakramente, die Segnungen und Pontifikalriten. Der Kirchenmusik wurde eine eigene Instruktion gewidmet. Liturgien für besondere Anlässe und im größeren Rahmen (Eucharistische Kongresse, Heiliges Jahr) wurden entworfen – ihre Anstöße wirkten bis in die Gottesdienste bei den Papstreisen und den Weltjugendtagen des 21. Jahrhunderts hinein.

Die Liturgiereform vollzog sich nicht auf einem Schlag. Die neuen Formen wurden stufenweise eingeführt. Drei (ineinandergreifende) Phasen lassen sich unterscheiden: Zuerst schuf das Zweite Vatikanische Konzil mit seiner Liturgiekonstitution *Sacrosanctum Concilium* (SC) das unentbehrliche Fundament für die Reform. Es war das erste Dokument überhaupt, das die Versammlung am 4. Dezember 1963 verabschiedete, mit großer Mehrheit und mit nur wenigen Gegenstimmen. Es folgte die Zeit der Umsetzungen der Liturgiereform auf der Ebene der Diözesen und der nationalen Bischofskonferenzen – aber auch in vielen Initiativen von einzelnen, Gruppen und Gemeinden – in den 1960er Jahren. Dabei zeichneten sich in den einzelnen Ländern divergierende Entwicklungen ab. Es war eine Zeit der Experimente; Neues wurde erprobt und Altes verworfen. Die meisten unwiderrufli-

---

* Der Beitrag ist in Auszügen bereits erschienen in: StZ 230 (2012) 110–120. Die Redeform des Vortrags wurde weitestgehend beibehalten.

chen Änderungen der liturgischen Praxis vollzogen sich in dieser Zeit. Endlich entwickelte sich – parallel dazu – die systematische, zentralisierte Weiterführung der Liturgiereform durch den Papst und durch päpstliche Instanzen: konkret durch Papst Paul VI. und das von ihm im Januar 1964 berufene „Consilium ad exsequendam Constitutionem de sacra Liturgia", das 1969 in der Gottesdienst-Kongregation aufging. Insgesamt konzentrierte sich die Reformzeit auf die 1960 und 1970er Jahre – mit einer langen Vorgeschichte, die mit der liturgischen Bewegung des 19. und 20. Jahrhunderts und den Reformen der drei Pius-Päpste begann und einer bald ebenso langen Zeit der Nachwirkungen, Weiterführungen, Umgestaltungen.

Im Unterschied zur Tridentinischen Reform, die ältere Liturgien einzelner Diözesen und Orden weiter gelten ließ, soweit sie mehr als 200 Jahre alt waren, nahm das neue Römische Messbuch von Anfang an universelle und ausschließliche Geltung für sich in Anspruch. Papst Paul VI. setzte mit seiner Apostolischen Konstitution *Missale Romanum* (1969) das alte Römische Messbuch Pius V. von 1570 außer Kraft; an seine Stelle trat das neue, von ihm persönlich mitgestaltete *Missale Romanum*, das am 26. März 1970 veröffentlicht wurde und fortan das verbindliche Messbuch der Kirche des Römischen Ritus bilden sollte. Die ausschließliche Geltung der neuen Messordnung wurde zwar in der Folgezeit immer wieder durch einzelne Indulte durchbrochen – angefangen vom spektakulären Indult für England und Wales vom 5. November 1971, dem sogenannten „Agatha-Christie-Indult", das auf eine Petition britischer Musiker, Schriftsteller und Künstler an den Heiligen Stuhl zurückging, bis hin zu der Grundsatzentscheidung Papst Johannes Pauls II. im Jahr 1984, die mit Rücksicht auf die „heimkehrwilligen" Lefebvre-Anhänger, die späteren Petrusbrüder, die Verwendung des alten Messformulars unter bestimmten Bedingungen wieder zuließ. Doch führten solche Rücksichtnahmen nie zu einer Gleichstellung der alten mit der neuen Form; auch in der bis heute am weitesten gehenden Annäherung der päpstlichen Leitung an die frühere Gestalt des Römischen Ritus, dem Motu Proprio *Summorum Pontificum* Papst Benedikts XVI. vom 7. Juli 2007, wird an dem Unterschied von „ordentlicher" und „außerordentlicher" Form ausdrücklich festgehalten.

II. Positives und Negatives

Fand schon die Liturgiekonstitution eine überwältigende Mehrheit bei den Konzilsvätern, so wurden die liturgischen Reformen auch beim gläubigen Volk ganz überwiegend freundlich, an vielen Orten sogar begeistert aufgenommen. Das galt vor allem für die Ursprungsländer der liturgischen Bewegung: Frankreich, England, Irland, Deutschland, Österreich, Belgien, Holland und Luxemburg. In diesen Ländern war nicht nur der alte Choral wiederentdeckt worden (Solesmes), hier hatte auch die liturgische Bewegung begonnen (Beauduin in Mecheln), hier hatte man angefangen, die Liturgiebücher der Kirche als Sprachkunstwerke wiederzuentdecken (Edmund Bishop und John Hennig in England und Irland) und sie den Gläubigen in die Hand zu geben (Anselm Schott in Beuron), hier war ein „Volksliturgisches Apostolat" entstanden (Klosterneuburg), hier kam die „Gemeinschaftsmesse" in Übung, an der alle „tätig teilnahmen" (Rothenfels) – da und dort schon gefeiert an einem freistehenden Altar mit der Hinwendung des Priesters zum Volk (die „Krypta-Messe" in Maria Laach). Vor allem war in diesen Ländern ein Gefühl dafür gewachsen, dass Liturgie ein Dienst war, der alle einbezog, das ganze Volk, nicht nur die Kleriker am Altar, ein Gefühl auch dafür, dass die verschiedenen Teile der Messe eine Einheit bildeten – und dass es, richtig verstanden, darauf ankam, nicht *in der Messe zu beten*, sondern *die Messe zu beten* – ein bekanntes, Papst Pius X. zugeschriebenes, von Romano Guardini vielfältig gebrauchtes und popularisiertes Wort.

In dieser Sicht erschienen die Liturgiereformen des Zweiten Vatikanums in vielen europäischen Ländern nicht als ein gänzlich neuer Anfang, sondern als Weiterführung und Vollendung einer längst in Gang befindlichen Bewegung. Mit zahlreichen neuen Formen war man seit langer Zeit bekannt und vertraut. Das erklärt den Erfolg, den die Neuerungen an vielen Orten – vor allem auch in Deutschland – erzielten. In kurzer Zeit erreichte die Entfaltung des Neuen einen Punkt, von dem es keine Rückkehr gab.

Vieles entwickelte sich in jenen Jahren, was noch in meiner Jugend undenkbar oder allenfalls in Ausnahmefällen gestattet war: Gottesdienste in der Volkssprache; die Konzelebration mehrerer Priester; freistehende Altäre in größerer Nähe zum Volk;

eine veränderte Stellung des Priesters am Altar, der nun sein Gesicht zur Gemeinde hinkehrte; Kommunionempfang unter beiderlei Gestalten, die Handkommunion und vieles anderes mehr. Eine der wichtigsten Änderungen brauchte längere Zeit, wurde aber dann allgemein als Bereicherung empfunden: die neue dreijährige Leseordnung, die die „Schätze der Bibel" vermehrt zugänglich machte, wie es das Konzil gewünscht hatte (SC 51): 14 % der alttestamentlichen und 71 % der neutestamentlichen Texte gelangten im neuen Missale zum Vortrag (gegenüber weit geringeren Anteilen des NT und vor allem des AT in der früheren Messe!). Dass diese Texte jetzt meist von Laien gelesen wurden, dass Laiendienste überall den priesterlichen Dienst ergänzten, rundet das Bild. Wenig später bestimmten neben Ministranten auch Ministrantinnen in vielen Kirchen die Erscheinung des katholischen Gottesdienstes nach dem Konzil.

Älteren Betrachtern, die noch die vorkonziliare Zeit erlebt haben, zeigte die erneuerte Liturgie ein anderes Gesicht: volksnäher, verständlicher, lebendiger, mit Christus nicht in der Ferne, sondern in der Mitte der Gemeinde, mit einem Gott, der in den heiligen Schriften zu seinem Volk sprach, das ihm wiederum mit dem Confiteor, dem Glaubensbekenntnis, den Fürbitten, dem Vaterunser antwortete. Die erneuerte Liturgie festigte sich in 40 Jahren, sie gewann Stabilität und Dignität. Sie wurde für viele, ja für die meisten, etwas ganz Selbstverständliches. Manches kann man sich heute bei der Feier der Eucharistie gar nicht mehr anders vorstellen. Offenbar hatte die erneuerte Liturgie mit dem Zentralbegriff der „tätigen Teilnahme" einen Nerv getroffen. Sie brachte das Gottesvolk aus Priestern und Laien, Männern und Frauen, Alten und Jungen, Lektoren, Kantoren, Organisten, Sängern, Ministranten, Kommunionhelfern in einer gemeinsamen Bewegung zusammen, so dass alle spürten: Was hier gefeiert wurde, der Gottesdienst, die Eucharistie, ging sie an, war „ihre eigene Sache".

Doch von Anfang an gab es auch Gegenstimmen. Viele empfanden die neu gestaltete Liturgie nicht als einen Gewinn, sondern als einen Verlust. In der Tat war in den bewegten, von Experimentierlust und oft von Exzentrik bestimmten Sechzigerjahren bei der Aneignung des Konzils auch manches verlorengegangen, was lange Zeit als wichtiges, ja unentbehrliches Element der

Eucharistiefeier betrachtet worden war. Man begann abzuwägen: Tätige Teilnahme aller, ja – aber musste deshalb das einleitende Staffelgebet, das Krongut der Ministranten fallen? Dialog zwischen Altarraum und Kirchenschiff, ja – aber musste deshalb die Kanzel in der Mitte der Kirche zu einem Museumsstück werden? Allgemeinverständliche Volkssprache, ja – aber musste man das Latein, entgegen der ausdrücklichen Empfehlung des Konzils, gänzlich aus dem Kirchenraum verbannen, musste man „einen König, der abdanken musste, gleich des Landes […] verweisen" (Adalbert Seipolt)? Altäre in der Nähe des Volkes, ja – aber mussten, wie in manchen Kirchen geschehen, die alten Hochaltäre abgerissen werden? (In neuen Kirchen wurden keine neuen mehr gebaut!) Und musste man die Kommunionbänke beseitigen, nur weil die meisten Gottesdienstbesucher nun im Stehen die Handkommunion empfingen?

Ich sehe hier ab von dem grundsätzlichen Widerspruch, der sich in der Bewegung von Erzbischof Lefebvre, in der Piusbruderschaft manifestierte: hier war die Ablehnung der erneuerten Liturgie nur der äußere Reflex eines tieferen, grundsätzlichen Nein zu den Beschlüssen des Konzils, zur Religionsfreiheit, zur Verantwortung der Laien, zum Aggiornamento der Kirche in der heutigen Welt. Subtiler war die Kritik derjenigen, die im Messbuch Pauls VI. eine einschneidende Änderung „von oben" und einen Bruch mit ehrwürdigen kirchlichen Traditionen sahen; die der Reform vorwarfen, sie habe alte Ideale der Frömmigkeit verraten; die in der religiösen Praxis der letzten Jahrzehnte Gestalt und Qualität vermissten und den sie begleitenden Kunstübungen Dürftigkeit und Banalität vorwarfen (die Klampfe des Kaplans an Stelle der Orgel, Pop und Rock an Stelle von Choral, Motette, Kirchenlied).

Regelmäßig verdichtete sich die Kritik in dem Vorwurf, die Liturgiereform habe zu einer „Entsakralisierung" des Gottesdienstes geführt. Alles Geheimnisvolle und Mystische sei verschwunden. Vor lauter Bewegung gebe es keine Ruhe, vor lauter Reden keine Stille mehr. Die umgangssprachliche Direktheit, der Verlust des Lateinischen habe den meditativen Abstand zu den liturgischen Texten zerstört, habe das Charisma der Liturgie alltäglich gemacht und banalisiert – so lautete ein oft formulierter Vorwurf. Vielfach verband sich mit der religiösen auch eine ästhetische

Kritik – so wollte schon der Psychoanalytiker Alfred Lorenzer in seinem Buch „Das Konzil der Buchhalter“ (1981) in der „neuen Messe“ nur noch das dürre Klappern geistlicher Exerzierübungen hören. Vollends trieb Martin Mosebach in seiner Streitschrift „Die Häresie der Formlosigkeit“ (2002) die religiös-ästhetische Kritik auf die Spitze: Er sah im neuen Messbuch einen „Angriff auf die Göttliche Liturgie“, in seiner Einführung durch Paul VI. einen „Gewaltakt“, im Papst einen „Tyrannen“; sein Herz schlug für die alte „in höchstem Maß gebändigte, durchformte, unpersönliche und unsubjektive Liturgie“, ihre Formtraditionen, ihre „Kunst“. Mosebach ist ein gläubiger Katholik. Doch es gab auch ungläubige Kritiker, die angesichts der Liturgiereform zu ähnlichen Ergebnissen kamen. Hieß es bei Mosebach: „Nur wer auf Knien glaubt, kann glauben“, so bekannte Martin Walser unumwunden: „Ich glaube nichts, aber ich knie“.[1]

Es ist nicht zu leugnen, dass es bei der kirchlichen Aneignung des Konzils in den 1960er und 1970er Jahren Fehlentwicklungen gab. Die erneuerte Liturgie etablierte sich oft unter Unsicherheiten und Turbulenzen. Aber muss man jene Phase des Suchens und Probierens und der oft unkontrollierten Experimente nachträglich verabsolutieren, muss man unterstellen, sie bestimme noch heute das Bild der Kirche? Längst hantiert keine Diözese in der Welt mehr mit Dutzenden, ja Hunderten von Kanontexten, wie man es holländischen Diözesen in den 1960er Jahren nachsagte. Die damaligen Bilderstürme sind definitiv vorbei. Kein Priester färbt mehr seine Kasel blutig, um im Gottesdienst auf sich aufmerksam zu machen. An die Stelle willkürlicher Riten, Kleidungsstücke, Messtexte sind längst wieder geordnete Formen getreten. Im Allgemeinen wird die erneuerte Eucharistie in den heutigen katholischen Kirchen maßvoll und würdig gefeiert, und wenn der Priester am Altar dem Volk zugewandt betet und singt, dann steht er nicht „hinter einer Theke“, wie Martin Mosebach missgünstig bemerkt, wenigstens empfindet es kaum jemand so – und auch dort, wo die Kirche alle Gläubigen einzubeziehen versucht, wird sie damit nicht einfach zu einem beliebigen Versammlungsraum,

1 Zit. in: Christ in der Gegenwart 41 (2010) 461.

in dem, wie ein Kritiker höhnt, im Zweifel auch eine Aktionärsversammlung tagen könnte.

Ebenso einseitig ist es, die alten Formen nostalgisch zu verklären. Gab es in der vorkonziliaren Zeit neben echter Frömmigkeit nicht auch Beliebigkeit, Routine, Gleichgültigkeit? In der Freiburger Kirche, in der ich in meiner Jugend ministrierte, zelebrierten frühmorgens mehrere Geistliche, meist Universitätsprofessoren – oft mit einer atemberaubenden Schnelligkeit, die den Ministranten kaum Zeit für ihre Antworten ließ. Der „Rekord", in der eine solche „Messe" „gefeiert", besser heruntergeleiert wurde, lag bei zwanzig Minuten. War das ein erhebendes, andachtweckendes Schauspiel? Es war eher das Gegenteil. Ich empfinde ein Unbehagen, wenn heute bei der außerordentlichen Form der Messfeier die stille Einzelmesse ohne Volk wieder zugelassen ist.

III. Entsakralisierung?

Aber nun die zentrale Frage: Verlust des Sakralen – ist dieser Vorwurf berechtigt? Um einer Antwort näherzukommen, will ich zunächst zwei Vorfragen stellen. Die erste, grundsätzliche: Was hat das Konzil mit seiner Liturgiereform gewollt? Trafen die zahlreichen Umsetzungen und Konkretisierungen den Willen der Versammlung – oder verfehlten, ja verfälschten sie ihn? Waren Papst Paul VI. und sein Consilium getreue Ausführende der in der Liturgiekonstitution umrissenen Reform, oder verfolgten sie willkürlich eigene, darüber hinausgehende Ziele? Und die zweite Frage: Welche Wirkungen hat die Reform bei den Künsten ausgelöst, die nach alter Tradition die Liturgie umgeben und oft eine Symbiose mit ihr bilden? Gerade die Künste – Architektur, bildende Kunst, Poesie, Musik, Theater – verleihen ja dem liturgischen Geschehen etwas Besonderes – jenen Hauch von Feierlichkeit und Sakralität, den viele Kritiker heute an der neu gestalteten Messe vermissen.

1. Die „Konstitution über die heilige Liturgie" ist „ein Gesetz auf Dauer, nicht ein bloßes Dekret zur Entscheidung augenblicklicher Fragen" (Josef Andreas Jungmann). Sie zielt auf eine „Erneuerung

und Pflege" der Liturgie (SC 1). Erneuerung: das heißt, dass auch grundlegend Neues ins Auge gefasst wird – nicht nur die Fortschreibung des Alten. Schon mit der Vervielfachung der alt- und neutestamentlichen Lesungen (SC 51), mit der vorsichtigen, aber doch dezidierten Öffnung zur Muttersprache (SC 36, 54) und mit der ebenso kühnen wie folgenreichen Zulassung von völkereigenen Initiationselementen in den Missionsländern (SC 65) hat das Konzil neue, bis dahin nicht begangene Wege beschritten.

Sucht man nach den leitenden Tendenzen der Reform, so stößt man auf das nicht weniger als dreizehnmal erwähnte Programmwort der *participatio actuosa*, der tätigen Teilnahme aller an der Liturgie. Sie ist das Formalprinzip der liturgischen Erneuerung, das durch die ganze Konstitution hindurchgeht und das auch anderen liturgischen Reformimpulsen „eine eigene Dynamik" verleiht (Winfried Haunerland). Nicht minder wichtig ist, was im zweiten Kapitel der Konstitution über die richtige Haltung der Gläubigen zur Eucharistie steht. Sie sollen „diesem Geheimnis des Glaubens nicht wie Außenstehende und stumme Zuschauer (*extranei vel muti spectatores*) beiwohnen; sie sollen vielmehr durch die Riten und Gebete dieses Mysterium wohl verstehen lernen (*id bene intelligentes*) und so die heilige Handlung bewußt, fromm und tätig mitfeiern (*conscie, pie et actuose participent*), sich durch das Wort Gottes formen lassen, am Tisch des Herrenleibes Stärkung finden. Sie sollen Gott danksagen und die unbefleckte Opfergabe darbringen nicht nur durch die Hände des Priesters, sondern auch gemeinsam mit ihm, und dadurch sich selber darbringen lernen. So sollen sie durch Christus, den Mittler, von Tag zu Tag zu immer vollerer Einheit mit Gott und untereinander gelangen, damit schließlich Gott alles in allem sei." (SC 48)

Mit diesen Worten ist nicht nur der Buchstabe, sondern auch der Geist der Liturgiereform (ja des gesamten Konzils) getroffen. Es geht bei der Feier der Eucharistie um ein heiliges Geheimnis – jedoch um ein Geheimnis, das nicht stumm bewundert, sondern *verstanden* werden will. Die Eucharistie des römischen Kultes vollzieht sich nicht im Geheimen, in einem esoterischen Bezirk, sie ist nicht nur wenigen „Wissenden" und „Eingeweihten" zugänglich und vorbehalten. Sie ist ein „heilig-öffentlich Geheimnis" (Goethe). *Christentum ist keine Mysterienreligion.* Vielmehr gelangt man tiefer in die göttlichen Geheimnisse hinein, indem man sie *verstehen lernt.* Und dieses Bemühen ist kein isoliert-persönliches Suchen und Erkunden, es vollzieht sich in der Gemeinschaft mit anderen, und es erreicht seinen Höhepunkt in der Feier der Eucharistie in der Gemeinde.

Ich meine nicht, dass sich Papst Paul VI. bei der Festlegung des neuen Messformulars von diesen Grundsätzen entfernt hat. Die Liturgiekonstitution enthält ein ganzes Reformprogramm. Für die Überarbeitung der Messtexte, der Sakramente, des Stundengebets und des liturgischen Jahres werden zahlreiche detaillierte Weisungen gegeben – für willkürliche Auslassungen und subjektive Änderungen war hier kein Raum. Man muss auch würdigen, dass der Papst, als er das neue Missale schuf, unter sachlichem und zeitlichem Druck stand: nach Jahren der Unsicherheit und des Schwankens mussten klare Verhältnisse geschaffen werden. Von tyrannischer Willkür kann keine Rede sein; der Papst vollzog mit dem neuen Messbuch wissentlich und willentlich den Auftrag der Konzilsväter.

Dass er einig ging mit den Intentionen der Reform, dass er sie sich persönlich zu eigen machte, erkennt man am deutlichsten an der Neufassung der Karfreitagsbitten. Hier ist bis in Einzelformulierungen hinein seine persönliche Handschrift sichtbar. Man findet in diesen Sätzen „das Konzil in der Nussschale". Wenn ich jüngere Menschen in das Neue einführen will, was das Konzil gebracht hat, beginne ich stets mit den Karfreitagsbitten.

So fiel aus der Fürbitte für die Kirche der Wunsch heraus, dass Gott der Kirche die „Mächte und Gewalten unterwerfe" – nach *Lumen gentium* passte das *subjicere principatus et potestates* nicht mehr ins Bild. Aus dem Gebet *pro haereticis et schismaticis* wurde ein Gebet „für die Einheit der Christen". Aus der alten Fürbitte für die Heiden (*pagani*) wurden zwei Fürbitten: für die, die nicht an Christus glauben, und für die, die nicht an Gott glauben. Für die ersten wurde darum gebetet, „dass der heilige Geist sie erleuchte und sie auf den Weg des Heiles führe". (Die frühere Fassung hieß noch: „Unser Gott und Herr möge sie allen Irrtümern entreißen und sie zur heiligen Mutter, der katholischen und apostolischen Kirche, zurückführen"; in der Oration war von den Seelen die Rede, „die durch teuflischen Trug – *diabolica fraus* – verführt sind".) Die neue Fürbitte für die nicht an Gott Glaubenden ist auf einen ähnlichen Ton gestimmt; für sie wird darum gebetet, dass sie mit Hilfe Gottes „ihrem Gewissen folgen und so zum Gott und Vater aller Menschen gelangen" (früher hieß es noch: das „Sündenelend" (*iniquitas*) solle von ihren Herzen genommen werden, und sie sollten vom „Götzendienst" (*idolorum cultura*) befreit werden).

In diesen Kontext fügt sich auch die Veränderung der Fürbitte für die Juden ein. Nachdem die Konzilsväter in „Nostra aetate" eine neue positive Sicht auf die nichtchristlichen Religionen entwickelt hatten, waren die alten Sprechweisen bezüglich der Juden, Nichtkatholiken, Nichtchristen – in denen es um Befreiung von „Verblendung", von „Götzendienst", „Irrtum" und „Bosheit" ging – nicht mehr brauchbar. Neue Sprechweisen mussten gefunden werden. Ich finde, dass Paul VI. dieses Problem souverän gelöst hat. Früher hieß es im Gebet für die „ungläubigen Juden" (*pro perfidis Judaeis*): „Gott, unser Herr, möge den Schleier von ihren Herzen wegnehmen, auf dass auch sie unsern Herrn Jesus Christus erkennen." Jetzt heißt es: „Lasst uns auch beten für die Juden, zu denen Gott, unser Herr, zuerst gesprochen hat: Er bewahre sie in der Treue zu seinem Bund und in der Liebe zu seinem Namen, damit sie das Ziel erreichen, zu dem sein Ratschluss sie führen will." Zwischen diesen beiden Gebeten liegen Welten: im Wort „Schleier" wirkt das Bild der blinden, der verblendeten Synagoge nach, die Vorstellung, dass Juden nur als Getaufte zur Fülle des Heils gelangen könnten. Die neugefundene Formulierung dagegen erinnert an die vom Konzil erneuerte, von den Päpsten nach dem Konzil wiederholt betonte Fortgeltung des Ersten Bundes.

2. Und nun die zweite Frage: Welche Wirkungen haben diese Neujustierungen, diese Veränderungen der Liturgie wie auch des kirchlichen Welt- und Selbstverständnisses bei den Künsten ausgelöst? Das Bild ist nicht einheitlich. Die Lage ist bei den einzelnen Künsten sehr verschieden. Bis heute befinden sich die Dinge in einem lebhaften Fluss.[2]

2 Einige Hinweise in meinem Buch: Die Kirchen und die Künste, Regensburg 2008.

Auf Veränderungen im Kirchenbau habe ich schon hingewiesen. Vielfach verloren die Kirchen die dominierende Linearität, die Gespanntheit nach vorn; sie wurden zentraler, mittelpunktbestimmter, quadratischer, runder. Viele versuchten die Gemeinde nachzubilden, die sich um den Altar versammelte – manchmal in einer unmittelbaren Rundum-Anordnung der Kirchenbänke. Im Inneren wurden Hierarchien abgebaut, Bischofsthrone wurden abgesenkt, steile Erhöhungen der Chöre vermieden, eine vergleichbare Augenhöhe mit dem Zelebranten gesucht. Hochaltäre und Kommunionbänke verschwanden vielfach – oder wurden bei neuen Kirchen gar nicht erst gebaut. Einzig im Dialog zwischen Priestern und Lektoren im Chor und der Gemeinde im Kirchenraum blieb die alte Linearität bestehen, verstärkte sich sogar bisweilen zum frontalen Gegenüber. Der Ambo trat an die Stelle der Kanzel. Zum bleibenden architektonischen Symbol der Liturgiereform wurde der freistehende Altar – nunmehr meist auch der einzige in der Kirche; denn die Pluralität der Altäre gehörte jetzt, mitsamt den alten Einzel- und „Winkel"messen, der Vergangenheit an.

Schwieriger zu greifen und zu beschreiben ist die Veränderung der Bilderwelt. Es fehlen detaillierte Untersuchungen über die nachkonziliaren Entwicklungen in den einzelnen Ländern. In den deutschsprachigen Ländern ist das Spektrum breit; es reicht von der Ablehnung unkonventioneller Bilder durch die jetzt selbständiger, „demokratischer" entscheidenden Gemeinden – vieldiskutiertes Beispiel: das auf dem Kopf stehende Abendmahl von Georg Baselitz – bis zu gelungenen Kooperationen mit zeitgenössischen Malern, Bildhauern, Glaskünstlern, von Georg Meistermann und Herbert Falken bis zu Gerhard Richter und Neo Rauch. Das Andachtsbild alter Art tat sich seit längerem schwer in modernen Kirchen. Oft zogen sich Bilder im Zeitalter des Informel auf die reine Form als Chiffre der Transzendenz zurück. Aber es gibt auch Gegenbeispiele, so die von Emil Wachter mit großen Bildprogrammen durchzogenen Kirchen in Ettlingen oder an der Autobahn bei Baden-Baden oder die erstaunlich erfolgreichen großformatigen Bilder von Sieger Köder. Freilich drohen am Rand der von Joseph Beuys ausgegebenen – im Prinzip konzilsnahen! – Devise „Alle können Kunst machen" auch Abstürze in Banalitäten, etwa wenn ganze Kirchenwände Kindern und Hobby-Malern zum Probieren überlassen werden oder wenn Fastentücher Halbfertiges oder willentlich Primitives präsentieren.

Am heftigsten war der Zusammenstoß bei der Musik.[3] Er kam umso überraschender, als die Musik der Liturgie traditionell am nächsten stand (deshalb ist ihr ja auch in der Liturgiekonstitution ein eigenes Kapitel gewidmet!). Just in der Liturgie hatte sich ja aus der gehobenen Sprechweise und der Kantillation der Choral und später aus dem gemeinsamen Singen in Klöstern die Mehrstimmigkeit entwickelte. Über Jahrhunderte war die Feier der Eucharistie von Musik begleitet, ja förmlich in Musik getaucht worden. Nun aber fühlten sich die Musiker plötzlich enterbt und bloßgestellt, da ihnen das Konzil ihr Fundament – die lateinische Messe – entzogen zu haben schien. Das Ergebnis waren Proteste, Verwahrungen, stummer Widerstand und verlegene Reaktionen der kirchlichen Autoritäten auf der anderen Seite.

Hatte das Konzil zuviel gewollt? Hatte es Forderungen erhoben, die nicht miteinander vereinbar waren, die sich gegenseitig relativierten, ja aufhoben? In der Tat ist das Musikkapitel der Liturgiekonstitution in sich nicht konsistent – man hat das Gefühl, dass man allzu viele Wünsche befriedigen, es allzu vielen, ja allen recht machen wollte. Diejenigen, die dieses Kapitel redigierten, hatten offensichtlich kein Gefühl dafür, dass zwei ihrer wichtigsten Forderungen in einem fundamentalen Gegensatz zueinander standen: die Forderung nämlich, die überlieferte Kirchenmusik, den *Thesaurus Musicae*, nach besten Kräften zu bewahren und zu pflegen, und die andere Forderung nach der *participatio actuosa*, der umfassenden Beteiligung aller Gläubigen am liturgischen Geschehen. Um die erste Forderung zu erfüllen, brauchte es geschulte Sänger, Chöre, Kantoren und Organisten. Palestrina, Bach und Bruckner lassen sich nicht mit einem Laienchor – und schon gar nicht mit der singenden Gesamtgemeinde – bewältigen. Will man aber „alle“ am liturgischen Geschehen beteiligen, hat dieses Gebot unbedingten Vorrang vor allen anderen, so muss man folgerichtig die spezi-

3 Ein souveräner Überblick bei *Ulrich Konrad*, Kirchenmusik und geistliche Musik als Idee und Wirklichkeit, in: Musica Sacra 130 (2010), 369–371; 131 (2011), 11f und 87–91.

alisierten Chöre und die zur Virtuosität ausgebildeten Organisten zum Schweigen bringen – zum mindesten während der Messe. Denn ihnen kann man ja offenbar nur gebannt und staunend zuhören. „Aktive Beteiligung" ist das natürlich nicht.

Am deutlichsten wurde der Gegensatz zwischen der (neu gestalteten) Liturgie und der (alten) Musik bei der Totenmesse. Die Liturgiereform drängte den Gerichtsgedanken zurück, beseitigte das *Dies irae*. Der Gedanke des Gerichts schien in die umarmende, versöhnende Tendenz des Zweiten Vatikanums nicht zu passen. Aber gerade der Gerichtsgedanke war es, der durch Jahrhunderte immer wieder Musiker inspiriert hatte. Der Posaune des Jüngsten Gerichts haben erst Mozart und Verdi ihre unvergleichliche Hörbarkeit verliehen. Dass jetzt das *Dies irae* – und damit ein bedeutendes Stück des *Thesaurus Musicae* – ins Leere fiel, seine liturgische Bedeutung verlor und plötzlich nur noch in den Konzertsaal passte, war gewiss die herbste Enttäuschung, welche die Liturgiereform bei nicht wenigen Musikern, darunter so bedeutenden wie Olivier Messiaen, Flor Peters, Hermann Schröder, hinterlassen hat.

Ein solcher Zusammenstoß zwischen neuen liturgischen Orientierungen und musikalischen Traditionen ist in der Geschichte der Kirche freilich nicht neu. Er zeigt nur, dass die Liturgie und die Künste zwar über Jahrhunderte hin in einem förderlichen Verhältnis wechselseitiger Inspiration und Befruchtung standen, dass sie aber in der Geschichte – und gar nicht selten – auch oft in heftiger Konfrontation miteinander lebten. Wir lassen an dieser Stelle die Liturgiereform des 20. Jahrhunderts einen Augenblick beiseite, um grundsätzlich nach dem Verhältnis von Liturgie und Kunst zu fragen.

IV. Liturgie und Künste

Als Ordnung des öffentlichen und gemeinschaftlichen Gottesdienstes der Kirche hat Liturgie verschiedene Aufgaben. Die älteste, ursprünglichste ist die Sorge um die würdige Feier der Eucharistie. Daher enthält die Liturgie nicht nur Texte, sondern auch Handlungsanweisungen. Die liturgischen Bücher verkörpern eine der längsten, bis heute in Übung befindlichen schriftlichen Traditionen der Menschheit. Missale und Stundengebet fügen eine Reihe kanonischer Texte und heiliger Handlungen zusammen, ordnen sie ein in einen zeitlichen Ablauf.[4]

Zwischen der sich ausbildenden Ordnung des Gottesdienstes (Liturgik) und den in ihr teils schon enthaltenen, teils neu einströmenden Künsten (Sprache, Gesang, Architektur, Malerei, Skulptur) entwickelte sich eine Wechselwirkung. Liturgische Bücher – so muss man sich das Verhältnis vorstellen – verhalten sich zu kirchlichen Ausdrucksformen wie die Regeln der Ästhetik zu den Künsten. Die Regeln geben eine Ordnung vor, sie leiten die Phantasie an, sie reizen zum Ausloten von Spielräumen – sie begrenzen aber auch eine allzu weit gehende und ungezügelte Expansion. Die Künste ihrerseits finden Halt und Orientierung an diesem Regelwerk, sie übernehmen seine Einteilungen und Gliederungen und nützen die angesammelten Topoi, Figuren, Muster als *Apparatus* – zu deutsch als „Vorrat" – für neue Erfindungen und Gestalten. Zugleich aber drängen sie nach einiger Zeit fast regelmäßig über die gegebenen Ordnungen hinaus und entwickeln eine Tendenz, selbständige Kunstgebilde eigenen Rechts zu werden – soweit nicht die vom Regelwerk ausgehende „klassische Dämpfung" das verhindert oder zumindest erschwert.

In den Kirchen des Ostens ist diese Dialektik begrenzt: Dort nimmt die Kunst sich selbst zurück, sie verzichtet weitgehend auf Entwicklung, Expansion, Verselbständigung. Östliche Kirchen sind kleiner als westliche Kathedralen. Die Bildkunst sucht nicht so sehr das Neue als vielmehr das Immer-Gleiche – so in der Ikonenmalerei. Auch die Musik verzichtet im Osten nach altchristlicher Art auf Instrumente und stellt sich ganz in den Dienst des Wortes. In östlichen Liturgien dominiert die Einstimmigkeit; die spät aus Italien übernommene Mehrstimmigkeit bleibt formelhaft. Dafür hat die Orthodoxie jedoch bis heute keine Schwierigkeiten mit der *participatio actuosa*, der tätigen Teilnahme aller

---

4 *John Hennig*, Zur literaturwissenschaftlichen Betrachtung der Liturgie, in: *ders.*, Literatur und Existenz. Ausgewählte Aufsätze, Heidelberg 1980, 81–95.

Gläubigen – sie ist in den östlichen Liturgien das Selbstverständlichste von der Welt. Man muss als „Westler", um das zu spüren und nachzuempfinden, nur einmal an einer Beerdigung des östlichen Ritus teilgenommen haben, bei der von Anfang bis zum Ende, von der Aussegnung bis zum Grab, wechselweise Responsorien zwischen Volk und Priester hin- und hergehen.

Im lateinischen Westen dagegen ist sowohl die Liturgik strenger und fordernder – wie auch die Kunst eigenwilliger und expansiver. Verglichen mit dem Osten ist die abendländische Kirchen- und Klosterbaukunst, sind Bildhauerei und Glasmalerei, Altarbilder und Gefäße, Teppiche, Paramente und kirchliche Kleinkunst, kurz die gesamte „liturgische Kunst" gekennzeichnet durch stürmische Innovationen. Vor allem die Musik erlebt in der Mehrstimmigkeit einen Quantensprung – autonome Kunstgebilde entwickeln sich, die eigenen inneren Gesetzen folgen und sich, schon auf Grund wachsender Länge und Komplexität, vom liturgischen Geschehen immer mehr ablösen. Das ruft die Liturgiker auf den Plan, die Einfachheit und Textverständlichkeit fordern und gegen den „abusus in sacrificio Missae" zu Felde ziehen. Beim Trienter Konzil verlangen nicht wenige Väter ein Verbot der Polyphonie in Gottesdiensten. Die Liturgiker beharren gegenüber den Musikern auf ihrer Kompetenz, ihrem Recht, Vorgaben zu setzen und Grenzen zu ziehen – aber auch die Künstler wehren sich mit immer größeren, immer autonomeren Werken.

Werke wie Bachs „h-Moll-Messe", Beethovens „Missa solemnis", die geistlichen Werke von Berlioz, Liszt, Bruckner, Messiaen – oder im Bildlichen Michelangelos Malerei in der Sixtinischen Kapelle – scheinen oft die Gefüge von Liturgie und Kirchenraum zu sprengen. Sie ordnen sich ins Gewohnte, Überlieferte schwer ein. Aber man muss sich einen Augenblick vorstellen, wir wären *ohne* solche Werke – dann fehlte uns nicht nur die Einsicht in das, „was der Mensch vermag" (Goethe), wir wüssten auch nicht, mit welch ungeheurem, nie endgültig zu bestimmendem Inhalt sich die Liturgie als Gotteslob zu füllen vermag. Beides ist nicht ohne weiteres ineinander auflösbar: die Existenz zeitüberdauernder Formen und der unkalkulierbare Einbruch des Geistes, die kirchenamtliche Struktur und das dem eigenen Gesetz gehorchende Genie. Harmlos und unriskant ist dieser Kampf nicht; Karl Lehmann hat ihn in einer theologischen Betrachtung zur modernen Kunst, vorgetragen in Berlin 1995, zu Recht mit dem Kampf Jakobs mit dem Engel verglichen: „Der Mensch darf als Subjekt und in seiner relativen Autonomie mit Gott ringen. Er segnet ihn dennoch und schont ihn. Dies ist die Geburt wahrer Autonomie aus radikalem Glauben."[5]

Ein Blick auf die Reformation mag in diesem Zusammenhang lehrreich sein. Auch diese Bewegung der Kirchenreform änderte die liturgischen Grundlagen, schaffte den gregorianischen Choral ab, setzte den Gemeindegesang an seine Stelle. Sie geriet damit in ähnliche Probleme, wie wir sie heute in der katholischen Kirche nach dem Konzil beobachten können. Paul Hindemith hat sich 1950 in seiner Rede beim Bachfest in Hamburg skeptisch über die protestantische Liturgik geäußert; er meinte, wenn man die singende Gemeinde zum Grundpfeiler der Kirchenmusik mache, müsse das zu einem „Abtöten musikalischer Formen" führen, „denn" – ich zitiere ihn – „es ist ja unmöglich, mit einer zwar gutwilligen, aber ungeübten und nur gelegentlich zusammentretenden Sängergruppe dieselben musikalischen Ergebnisse zu erzielen wie mit täglich an sehr komplizierten einstimmigen Linien ihre Kräfte messenden Choristen" (er meint den gregorianischen Choral).[6]

Die katholische Welt macht heute ähnliche Erfahrungen mit der volkssprachigen Differenzierung der Liturgie nach dem Zweiten Vatikanum. In beiden Fällen zeigt sich, dass die Lockerung (oder Änderung) liturgischer Vorgaben zunächst zu Spannungsverlusten, zu einem Absinken der musikalischen Qualitäten führen kann. Zwischen der Reformation und der auf Umwegen neu erreichten Gipfelhöhe geistlicher Musik bei Bach und Händel liegen immerhin fast zwei Jahrhunderte. Es ist zu hoffen, dass die liturgische Globalisierung im katholischen Bereich (und ihre sehr vorläufige populärmusikalische Ausfüllung in vielen Ländern)

---

5 *Karl Lehmann*, Autonomie und Glaube, in: Autonomie und Verantwortung. Religion und Künste am Ende des 20. Jahrhunderts, hg. von *dems.* und *Hans Maier*, Regensburg 1995, 11–22, hier 22.

6 *Paul Hindemith*, Johann Sebastian Bach. Ein verpflichtendes Erbe, Frankfurt 1950, 27.

nicht ähnliche Höhenverluste zur Folge hat, und dass die Gläubigen nicht allzu lange auf kühne, artistische Überschreitungen des liturgischen Regelwerks warten müssen.

V. Schlussfolgerungen

Was sind die Folgerungen aus unserer – zugegebenermaßen überblickshaften und keineswegs erschöpfenden – Bestandsaufnahme? Welche Wege in die Zukunft gibt es? Mehrere Alternativen zeichnen sich ab, mehrere Fragen stellen sich.

Soll die katholische Kirche künftig die Künstler ermahnen, sich einfach zurückzunehmen, sich demütig, wie in den östlichen Kirchen, in den Dienst der Liturgie zu stellen und unauffällige Gebrauchskunst zu liefern – Bilder, die es immer schon gab, Musik in den Spuren der Tradition?

Oder soll sie – zurückschreckend vor der eigenen Kühnheit – die im Zweiten Vatikanum betretenen Wege verlassen und wieder an vergangene Formen anknüpfen, nicht mehr an die neue, sondern an die alte Form der Liturgie?

Und soll sie dabei – was ihr heute von manchen angeraten wird – Gebrauch machen von der allenthalben zu spürenden Sehnsucht nach Mystik, Esoterik, Geheimnis? Soll sie die Kirchenfernen, wenn sie denn schon bereit sind, niederzuknien, überhaupt noch fragen, *warum* sie knien? Soll sie nicht das „heilig öffentlich Geheimnis" wieder zurücknehmen in eine esoterische, nur wenigen zugängliche Sphäre des Mysteriums?

Nun, ich meine nicht, dass diese Wege gangbar sind. Was die Hoffnung auf eine „Bekehrung" der Künstler angeht, so bin ich sicher: Die Künstler, zumindest die bedeutenden, werden nicht „demütig" werden, sie werden nicht auf die von ihnen erreichte Handhabung des künstlerischen Materials verzichten. Sie werden sich nicht liturgisch funktionalisieren lassen. Im Übrigen hat ihnen Papst Johannes Paul II. in seiner Rede im Herkulessaal in München 1980 ihren Anspruch auf ihren eigenen Weg – ihre „Autonomie" – ausdrücklich zuerkannt. Ein Gerhard Richter wird eben ein Kölner Domfenster nicht in der herkömmlichen Weise herstellen, sondern die Farben und Formen mit dem Computer berechnen; er wird Zeitgenossenschaft bekunden, ohne dass dadurch die Andacht und Sakralität geschmälert wird. Ähnlich hat Olivier Messiaen die Liturgie bereichert, indem er die Musik, auch die profane, vergeistigt hat, so dass das Religiöse alle seine Kompositionen durchdringt – und dies, obwohl er nicht eine einzige Messe geschrieben hat (übrigens hat ihn auch kein Bischof je dazu aufgefordert!)

Eines freilich wird die Kirche den Künstlern sagen dürfen: Die durch die Liturgiereform gegebenen neuen Anstöße und Aufgaben sind von den Künsten noch lange nicht erkannt und aufgegriffen, geschweige denn genutzt und fruchtbar gemacht worden. Hier liegen gewichtige Herausforderungen für die Zukunft vor. Warum muss man immer auf das starren, was weggefallen ist, warum kann man nicht das sehen und ergreifen, was neu hinzugekommen ist – die Erweiterung der biblischen Grundlagen der Liturgie, die neue Verklammerung des Neuen Testaments mit dem Alten, neue Formen des Gemeindegesangs, die stärkere Betonung der Responsorien, der Gestik, des heiligen Spiels (dazu rechne ich auch den Friedensgruß)? Der Kirche verbundene Musiker wie mein verstorbener Freund Bertold Hummel haben immer wieder betont, dass die Beschränkung auf das Nur-Brauchbare in der Kunst auch die Liturgie ärmer macht. Das Zusammenspiel von Kunst und Kirche kann sich nur entwickeln, wenn die Kirche dem Überschwang, den Grenzüberschreitungen der Kunst freien Raum oder doch wenigstens Platz lässt. „[...] Kirchenmusik als Teil der ‚großen Realität der Musik dieser Welt' – in dieser Formel lässt sich der Anspruch zusammenfassen, dem Musik ‚im Raum der Kirche' sich zu stellen hat."[7]

Vor dem zweiten Weg, dem Rückweg zur „alten Messe", kann ich nur warnen. Gehalt und Ertrag der liturgischen Bewegung würden damit verleugnet, ja rückgängig gemacht. Die Folgen für Kirchenbau und Kirchengestaltung wären unabsehbar. Schon jetzt, bei der Zulassung der „außerordentlichen Form", tauchen Fragen auf: Soll die „neue Messe" am freistehenden Altar gefeiert werden und die „alte" am Hochaltar? Aber es sollte doch nur

---

7 *Konrad*, Kirchenmusik (2011) 90.

einen Altar geben – nicht mehr die „vielen Messen“, sondern das „eine Opfer“ (Karl Rahner). Und wie steht es mit dem kirchlichen Kalender? Mit den Karfreitagsbitten? (Mehrfach habe ich in den letzten Jahren erlebt, dass man in einzelnen Gemeinden die Judenbitte einfach wegließ, aus Sorge, das „falsche Formular“ zu gebrauchen!) Kurzum, Verwirrung würde überall einreißen. Denn wie immer man die Liturgiereform im Einzelnen einschätzt: Sie hat sich in den letzten fünfzig Jahren durchgesetzt, sie ist anerkannt, sie bildet ein Fundament, das zu erschüttern töricht wäre. Konstante, universal gültige liturgische Formen sind nötig – auch für die Künste, die sich ohne einen Hauch von „Regeln“ nicht entfalten können.

Endlich sind Kirche und Geistlichkeit zu warnen vor einem Sich-Tragen- oder gar Treibenlassen von einer modischen Esoterik – vor einer Religiosität, die im rein Erlebnis- und Gefühlshaften bleibt und vor den Zwängen der Alltagswelt in eine emotionale Geborgenheit flüchtet, die sie am besten in geistlichen Räumen zu finden hofft. Dem „glimmenden Docht“ des christlichen Glaubens hilft das Wehen dieser neuen „Religiosität“ kaum auf – vor allem dann nicht, wenn in ihr der Glaube zu einem undurchdringlichen Mysterium verdunkelt wird. Christentum bedeutet nicht Auslöschung oder Schwächung der Vernunft. Der Glaube verlangt nach Einsicht, Intellektualität (*fides quaerens intellectum*) – wie könnten sonst die göttlichen Geheimnisse zum Menschen kommen? Wäre das höchste Ziel ein blinder Glaube, bräuchte es keine Theologie, kein Credo, keinen Katechismus neben der Bibel, keine religiöse Unterweisung neben dem Gottesdienst. Wieder denke ich an frühere Zeiten zurück. Als ich 1942 in der Kooperatur am Münsterplatz in Freiburg Kommunionunterricht erhielt, da ließ der Kooperator Joseph Hemlein – ein Geistlicher, der damals als „fortschrittlich“ galt – uns zur Vorbereitung auf die Erstkommunion die Kanongebete der Heiligen Messe auswendig lernen. Wir sollten als junge Menschen, fast noch als Kinder, die eucharistischen Geheimnisse vor Augen haben, den biblischen Bericht darüber im Kopf und im Herzen. Seit dieser Zeit weiß ich: Gläubigkeit entsteht nicht durch Verdunkelung der Vernunft. Der Glaube profitiert nicht von absichtlich herbeigeführten Lichttrübungen. Als ich das *id intelligentes* in der Liturgiekonstitution des Zweiten Vatikanums las, fühlte ich mich genau an jenen Kommunionunterricht in der Münsterkooperatur erinnert.

Gut möglich, dass wir bei der Feier des Gottesdienstes noch einige Zeit ohne intensives Leuchten des künstlerischen Umfelds leben müssen – mit jenen Verlusten im Sakralen, die (auch) aus der mangelnden Präsenz der Künste resultieren. Die Hoffnung, dass dieses Umfeld noch einmal aufflammt wie zu Zeiten von Michelangelo und Rubens, oder im Barockzeitalter, oder, bescheidener, in Nazarenerzeiten, mag utopisch sein. Ganz aufgeben aber sollte man diese Hoffnung nicht. In der neuen Liturgie steckt genug herausfordernde Widerständigkeit, an der sich Künstler abarbeiten können – im Zweifel ein ganzes Leben lang. Noch einmal zitiere ich Bertold Hummel: „Die Kirche muss anspruchsvoll bleiben, sie muss den Streit um die ‚Vergeistigung' führen, ohne den sie zu einem ‚Ersten Kreis der Hölle' wird."[8]

Die Kirche muss einen langen Atem haben – im Gegensatz zur schöpferischen Ungeduld des Künstlers. Und beides gleichermaßen braucht es für die Zukunft: Ungeduld und Beharrlichkeit.

---

8 *Bertold Hummel*, Zur Situation der Musik in der Kirche heute, in: Kirche, Wirklichkeit und Kunst, hg. v. *Hans Maier*, Mainz 1980, 43–49, hier 49.

Liturgischer Raum und Gebetsrichtung

Albert Gerhards, Bonn

1. Problemstellung

Im Zusammenhang mit der Wiederzulassung der älteren Form der römischen Liturgie im Jahr 2007 wurden als die augenfälligsten Unterscheidungsmerkmale beider Formen immer wieder die Liturgiesprache und die Zelebrations- oder Gebetsrichtung genannt.[1] Bekanntlich hat die Liturgiereform des Zweiten Vatikanums weder das Latein abschaffen noch die Zelebration „versus populum" vorschreiben wollen. Im Gegenteil: Zumindest die Konzilstexte gehen noch vom Latein als der genuinen Liturgiesprache der römischen Kirche aus, und die nachvatikanischen Dokumente fordern zwar den freistehenden Altar, setzen zunächst aber noch die gewohnte Gebetsorientierung voraus. De facto führte der Verlauf der Reform aber in den meisten Sprachgebieten zu einem fast vollständigen Wechsel in die Landessprachen und zur nahezu flächendeckenden Einführung der sogenannten Volksaltäre, an denen der Priester dem Volk zugewandt steht. Im Folgenden geht es um die Auswirkungen der Messreform auf den Kirchenraum unter besonderer Berücksichtigung der Gebetsrichtung.

Um das Thema historisch richtig einordnen zu können, ist eine Vorbemerkung notwendig. Der Kunsthistoriker Johann Michael Fritz prägte das Wort von der „bewahrenden Kraft des Luthertums". Wenn man vorreformatorische Kirchenausstattungen kennenlernen will, findet man sie bezeichnenderweise nicht in katholischen, sondern in lutherischen Kirchen, da man vor allem in Mittel- und Ostdeutschland die vorhandenen Ausstattun-

1 Vgl. Ein Ritus – zwei Formen. Die Richtlinie Papst Benedikt XVI. zur Liturgie, hg. v. *Albert Gerhards* (Theologie kontrovers), Freiburg – Basel – Wien 2008.

gen weitgehend unangetastet ließ. Ganz anders im katholischen Gottesdienstraum der Gegenreform. In einem bis dahin wohl beispiellosen Rigorismus wurden die mittelalterlichen Einbauten wie Sängerkanzeln, Ambonen und Lettner beseitigt, um einen ganz auf den Hochaltar konzentrierten Einheitsraum zu schaffen. Alles war auf die Konsekration der eucharistischen Gestalten bei der Wandlung konzentriert und enggeführt. Die mittelalterliche Polyzentrik, die unterschiedliche Weisen der Wahrnehmung und Nutzung des Raumes ermöglichte, war seit der Gegenreformation aufgehoben zugunsten der Idee des auf den Hochaltar zentrierten Einheitsraums.[2]

Demnach ist die wiederholt aufgestellte Behauptung, das Zweite Vatikanische Konzil habe erstmals in der Geschichte der Kirche gleichsam Vandalismus von innen her betrieben, historisch nicht haltbar. Vielmehr gilt: Katholische Liturgie ist schon immer recht frei mit den Räumen umgegangen. Man veränderte sie je nach den Erfordernissen der Zeit.

2. Der „tridentinische" Kirchenraum

Die Disposition der Reformen im Anschluss an das Trienter Konzil war eindeutig: Klare Ausrichtung auf den Hochaltar mit dem Tabernakel und dem Expositorium für das Allerheiligste, im nördlichen Europa unterstützt durch die Anordnung der Kirchenbänke (vgl. Abb. 1). Damit wurde (in gegenreformatorischer Stoßrichtung) wahrnehmbar: Die Versammlung legitimiert sich nicht aus sich selbst heraus, sondern ergibt sich aus den Gottesbeziehungen der einzelnen, die sich auf die konsekrierte Hostie in der Monstranz ausrichten und erst beim sakramentalen Segen zu einem Wir zusammenfinden: „Tantum ergo sacramentum *veneremur* cernui ..." Die Präsenz Christi als Konstitutivum der Heiligen Ver-

2 Vgl. die Skizze zur Geschichte und Sinngestalt des Kirchenbaus in: *Albert Gerhards*, Wo Gott und Welt sich begegnen. Kirchenräume verstehen, Kevelaer 2011, 17–82.

Abb. 1: Rom, Il Gesù (1568–1584), Innenraum

sammlung ist nicht mehr an die menschlichen Individuen gebunden (vgl. Mt 18,20), sondern hat sich objektiviert und monopolisiert in den durch den Priester gewandelten eucharistischen Gestalten, insbesondere in der Schaugestalt des Brotes. Daher ist die Anwesenheit von Gläubigen bei der Feier der heiligen Messe ekklesiologisch nicht mehr notwendig: diese nehmen zu ihrem eigenen Seelenheil teil. Ihr Mitopfern lässt sich durch die Bezahlung eines Stipendiums oder einer Messstiftung delegieren. Der ekklesiale Leib Christi hat keine Schaugestalt mehr. Dementsprechend kann die Raumordnung des Trienter Konzils auf Ambo und Priestersitz gleichermaßen verzichten: Wortverkündigung innerhalb der Messe wird zu einem rein kultischen Akt. Lediglich der Wechsel der Altarseite – den damaligen Messdienern durch das Herumtragen des Missale vertraut – erinnert an die alte römische Raumordnung mit den zwei Ambonen.

Der exklusive Ort des Priesters ist der Altar zur Darbringung des Opfers und zur Konsekration der eucharistischen Spezies. Beim Hochamt dienen die Sedilien dem Priester und den Leviten nur als „Parkposition“ während der noch bis 1903 als aliturgisch geltenden Chorgesänge. Ein Sitz der Leitung, von dem aus liturgische Funktionen wahrgenommen werden können, ist nicht mehr vorgesehen. Das Expositorium über dem Tabernakel ist Thron des in der sichtbaren Brotgestalt gegenwärtigen Christus, der als Haupt seinen Gläubigen gegenübersteht und von ihnen angebetet wird. Andererseits ist die Hostie als „Verhüllung" der geglaubten Wirklichkeit ein Zeichen der noch ausstehenden Vollendung in der unverhüllten Anschauung Gottes: *signum prognosticum.*

In ihrer Zeit war die tridentinische Raumdisposition ein gültiger Ausdruck der gegenreformatorischen Theologie. Ihre Auswirkung auf den Kirchenbau kam schon zur Sprache. Es wurden ja nicht nur neue Kirchen gebaut, sondern die bestehenden wurden nicht selten auf brachiale Weise den neuen Verhältnissen angepasst. Lettner, Ambonen, Levitenbänke verschwanden, da nicht mehr zeitgemäß. Dafür wurden Gestühl und Kommunionbänke für die Gläubigen eingeführt und die Kanzel als Kommunikationsort für die (außerliturgische) Verkündigung aufgewertet.

Die Bilanz der Trienter Reform in Bezug auf die Raumordnung ist also durchaus zwiespältig. Der Zugewinn – Konzentration der Frömmigkeit durch Ausrichtung auf den Hochaltar – ist unzweifelhaft, geht aber auf Kosten gefeierter Liturgie. Die Entfernung des Priesters am fernen Hochaltar von der Gemeinde sowie deren Verharren in Passivität wurde seit der Aufklärung bis ins 19. Jahrhundert hinein immer wieder beklagt (zum Beispiel von dem seligen Antonio Rosmini). Die Liturgische Bewegung des 19. Jahrhunderts versuchte, durch Bildung hier Abhilfe zu schaffen, die des 20. Jahrhunderts griff erstmals seit der Trienter Reform in die Raumgestalt ein: das Hineinziehen des Altarraums in den Kirchenraum, die Minimierung der Kommunionbänke, die Realisierung des *circumstantes*, die Ermöglichung der Zelebration *versus populum*, die Aufstellung von liturgisch verwendbaren Ambonen und Priestersitzen, Schaffung von Aufbewahrungsorten des Allerheiligsten getrennt vom Altar auch in Pfarrkirchen (zum Beispiel in St. Alban, Köln, Abb. 2). Die Realisierungen der Zwischen- und Nachkriegszeit beruhen oft auf intensivem Austausch zwischen Architekten und Künstlern einerseits und Pfarrern und Liturgieexperten andererseits und sind bis heute nicht selten von beispielhafter Bedeutung. Leider wurden diese Raumensembles in

Abb. 2: St. Alban, Köln (Hans Schilling, 1958/59)

der Zeit nach dem Konzil oft nicht mehr richtig verstanden und daher oft zerstört. Dies gilt insbesondere für den Taufort. Zahlreiche Baptisterien der Nachkriegskirchen bleiben seit Jahrzehnten ungenutzt, statt in eine „bewegte" Taufliturgie einbezogen zu werden.

3. Der „vatikanische" Kirchenraum

Damit ist der Blick auf die Situation nach dem Zweiten Vatikanischen Konzil gelenkt.[3] Zweifellos war die in der Liturgischen Bewegung vorbereitete und durch die Beschlüsse sanktionierte Wiederentdeckung der Kirche als Versammlung der Gläubigen die große Errungenschaft jener Zeit. Dies führte bekanntlich zu einer explosionsartigen Verbreitung von „Volksaltären" sowie zur Aufstellung von Ambonen und Priestersitzen. Wo der bestehende Altar weiterhin als Zelebrationsaltar genutzt werden konnte, wanderte der Tabernakel in aller Regel an die Seite auf eine Stele oder in eine Seitenkapelle. Eine Zeit lang schien der in kurzer Zeit erreichte Standard unwidersprochen. Gelegentlich geäußerte Kritik wurde ignoriert. Erst in jüngerer Zeit artikulierte sich von unterschiedlicher Seite ein Unbehagen gegenüber der standardisierten Anordnung der liturgischen Versammlung und ihrer Orte, wobei auch zunehmend die Gegensätze in der grundsätzlichen Auffassung zutage traten. Insbesondere der durch bloße Ummöblierung des liturgischen Raums erzeugte Bühnencharakter und die Inszenierung eines ständigen Gegenübers von Priester und Gemeinde erweist sich als ein Problem, das durch die „Wiederentdeckung" der Orientierung beim Gebet noch verschärft wird.[4] Es ist evident, dass viele konkrete Raumordnungen ein problematisches Verhalten der Akteure, besonders der priesterlichen Leiter der liturgischen Versammlungen, auf ungute Weise unterstützen. Die eigentliche, höchst anspruchsvolle Gestaltungaufgabe besteht

---

3 Vgl. *Albert Gerhards*, „... zu immer vollerer Einheit mit Gott und untereinander gelangen" (SC 48). Die Neuordnung der Kirchenräume durch die Liturgiereform, in: Liturgiereform. Eine bleibende Aufgabe, hg. v. *Klemens Richter, Thomas Sternberg*, Münster 2004, 126–143.

4 Vgl. *Joseph Ratzinger*, Der Geist der Liturgie. Eine Einführung, Freiburg – Basel – Wien 2000, wiederabgedruckt in: *ders.*, Theologie der Liturgie. Die sakramentale Begründung christlicher Existenz (Joseph Ratzinger Gesammelte Schriften 11), Freiburg – Basel – Wien 2008, 29–194; dazu: *Albert Gerhards*, Vom jüdischen zum christlichen Gotteshaus? Gestaltwerdung des christlichen Liturgie-Raumes, in: Der Logosgemäße Gottesdienst. Theologie der Liturgie bei Joseph Ratzinger, hg. v. *Rudolf Voderholzer* (Ratzinger-Studien 1), Regensburg 2009, 111–138.

darin, die der christlichen Liturgie innewohnende Gegensätzlichkeit von Nähe und Distanz, Verhüllen und Enthüllen, Kult und Kommunikation so zu inszenieren, dass die Akteure in einem angemessenen Rollenverhalten unterstützt werden. Dies gilt insbesondere für das rechte Verständnis des Priesters in seinem Handeln *in persona Christi*. Die fortwährende Frontalsituation an der Sedilie, am Ambo und am Altar im Gegenüber zur Gemeinde suggeriert ein Rollenverhältnis, als sei der Priester ständiger Repräsentant Christi in allen Vollzügen. Dabei steht er wie die restliche Gemeinde als Sünder vor Gott, ruft den Kyrios Christus an, richtet das Gebet durch Christus an Gott, den Vater, ist Hörer des Wortes bei den Lesungen und – wenn ein Diakon mitfeiert – selbst beim Evangelium und bei der Homilie. Er ist Leiter, aber auch Mitbeter bei der *Oratio Fidelium*, spricht das Hochgebet im Namen der Kirche. Auch die *Verba Testamenti* sind keine isolierten Konsekrationsworte, sondern eingebunden in die *narratio* (Einsetzungsbericht), welche wiederum Teil des großen Dankgebetes durch Christus an den Vater ist. Deren theologischen Nukleus bildet die Bitte über die Gaben und die Kommunikanten, damit letztere hineingenommen werden in die große Bewegung durch Christus im Heiligen Geist zu Gott, dem Vater, wie dies die Schlussdoxologie in Wort und Geste zum Ausdruck bringt. Dass der Priester bei der Kommunion Empfangender ist wie alle anderen auch, kommt heute leider nicht mehr zum Ausdruck wie noch im ersten Jahrtausend, als auch der Priester sich die Kommunion nicht selber nahm, sondern sie aus der Hand eines anderen (des Diakons) empfing.[5]

---

5 Vgl. dazu *Albert Gerhards*, In persona Christi – in nomine Ecclesiae. Zum Rollenbild des priesterlichen Dienstes nach dem Zeugnis orientalischer Anaphoren, in: Priester sein in Christus, hg. v. *George Augustin*, Paderborn 2010, 113–128 [bereits erschienen in: Priester und Liturgie (FS Manfred Probst), hg. v. *George Augustin u. a.*, Paderborn 2005, 59–73]; *ders.*, Liturgiewissenschaft und Liturgiereform. Ergebnisse und Anfragen in Bezug auf die Wort- und Raumgestalt der Eucharistie, in: Liturgie verstehen. Ansatz, Ziele und Aufgaben der Liturgiewissenschaft, hg. v. *Martin Klöckener, Benedikt Kranemann, Angelus A. Häußling* (ALW 50), Fribourg 2008, 251–267; wiederabgedruckt in: *Albert Gerhards*, Erneuerung

Im Folgenden ist zu fragen, welche Impulse von der Liturgiekonstitution ausgingen und wie sie sich in der Praxis ausgewirkt haben.

4. Die Aussagen der Liturgiekonstitution zum Kirchenraum und ihre Umsetzung

Vor allem der folgende Paragraph aus der Liturgiekonstitution *Sacrosanctum Concilium* verdient in diesem Zusammenhang Beachtung, da er das Wesen der Liturgie in Bezug auf die Gläubigen beschreibt:

> „So richtet die Kirche ihre ganze Sorge darauf, dass die Christen diesem Geheimnis des Glaubens nicht wie Außenstehende und stumme Zuschauer beiwohnen; sie sollen vielmehr durch die Riten und Gebete dieses Mysterium wohl verstehen lernen und so die heilige Handlung bewusst, fromm und tätig mitfeiern, sich durch das Wort Gottes formen lassen, am Tisch des Herrenleibes Stärkung finden. Sie sollen Gott danksagen und die unbefleckte Opfergabe darbringen nicht nur durch die Hände des Priesters, sondern auch gemeinsam mit ihm und dadurch sich selber darbringen lernen. So sollen sie durch Christus, den Mittler, von Tag zu Tag zu immer vollerer Einheit mit Gott und untereinander gelangen, damit schließlich Gott alles in allem sei." (SC 48)

Die Liturgiekonstitution behandelt das Thema Kirchenraum explizit im 7. Kapitel: Die sakrale Kunst, liturgisches Gerät und Gewand.[6] Artikel 128 regelt die Reform der Gesetzgebung. De facto handelt es sich dabei wohl um den wichtigsten Paragraphen

---

kirchlichen Lebens aus dem Gottesdienst. Beiträge zur Reform der Liturgie (PTHe 120), Stuttgart 2011.

6 Vgl. *Albert Gerhards*, Liturgie und Kunst – Zwischenbilanz einer schwierigen Beziehung, in: Christentum – Kirche – Kunst. Beiträge zur Reflexion und zum Dialog, hg. v. *Michael Durst, Hans J. Münk* (Theologische Berichte 27), Freiburg – Basel – Wien 2004, 103–136.

der Liturgiekonstitution in Bezug auf die Kunst und die Gestaltung des Kirchenraums:

> „Die Canones und kirchlichen Statuten, die sich auf die Gestaltung der äußeren zur Liturgie gehörigen Dinge beziehen, sind zugleich mit den liturgischen Büchern im Sinn von Art. 25 unverzüglich zu revidieren. Das gilt besonders von den Bestimmungen über würdigen und zweckentsprechenden Bau der Gotteshäuser, Gestalt und Errichtung der Altäre, edle Form des eucharistischen Tabernakels, seinen Ort und seine Sicherheit, richtige und würdige Anlage des Baptisteriums, schließlich von den Bestimmungen über die rechte Art der heiligen Bilder, des Schmuckes und der Ausstattung der Kultgebäude. Bestimmungen, die der erneuerten Liturgie weniger zu entsprechen scheinen, mögen abgeändert oder abgeschafft werden; solche aber, die sie fördern, sollen beibehalten oder neu eingeführt werden. In diesem Zusammenhang wird den Bischofsversammlungen der einzelnen Gebiete, besonders hinsichtlich von Material und Form der heiligen Geräte und Gewänder, die Vollmacht erteilt, Anpassungen an die örtlichen Erfordernisse und Sitten vorzunehmen, nach Maßgabe von Art. 22 dieser Konstitution." (SC 128)

Bei der Verabschiedung der Liturgiekonstitution war kaum vorauszusehen gewesen, welches Ausmaß die Auswirkung der Liturgiereform auf die Gestaltung der Kirchenräume haben würde. Ein Grund dafür mag gewesen sein, dass der Gestaltwandel der liturgischen Feiern erst im Fortgang der Reformen klarer hervortrat. Einige Grundlinien waren aber bereits durch die Liturgiekonstitution vorgegeben, so die Ermöglichung der tätigen Teilnahme,[7] die größere Transparenz, der „Glanz edler Einfachheit", die Echtheit usw.

Die wichtigste Implikation einer auf Dialog und Einsichtigkeit hin angelegten Liturgie war wohl die Wiedergewinnung des Altars als erlebbare Mitte der Gemeindeversammlung. Davon ist in SC 128 aber noch nicht die Rede. Doch deutet der Hinweis, dass ein geeigneter Ort für den Tabernakel zu finden sei, darauf

7 Vgl. *Albert Gerhards*, Liturgie und Partizipation, in: KuKi 74 (2012) 42–46.

hin, dass eine Trennung von Zelebrationsaltar und Ort der Aufbewahrung der Eucharistie zumindest denkbar erschien (wie sie für Bischofskirchen bereits durch das *Caeremoniale Episcoporum* von 1600 vorgeschrieben war). Von einem Ort der Wortverkündigung ist hier noch nicht die Rede. Doch lässt sich ein solcher aus dem Wort vom „Tisch des Gotteswortes" (SC 51) herleiten. Die Bestimmungen des Artikels sind insgesamt sehr allgemein gehalten. Allerdings lagen den Bischöfen zum Entwurf der Vorbereitenden Kommission Declarationes vor, die bereits die Grundlinien für die Neuordnung des Kirchenraumes enthielten, „wie sie sich in der Liturgischen Bewegung mehr und mehr als Ideal abgezeichnet hatten"[8].

Der zweite Absatz bezieht sich auf die vom Konzil grundsätzlich bejahte Vielfalt aufgrund der Unterschiedlichkeit der Kulturen. Die Dezentralisierung des Rechts ist in Art. 22 geregelt.

Den ersten entscheidenden Schritt zur Umsetzung der Liturgiereform in ein Raumkonzept stellte die erste Instruktion *Inter Oecumenici* vom 26.9.1964 dar, in der die Declarationes in etwas abgewandelter Form verbindlich wurden.[9] Bedeutend ist hier die Weisung, den Altar von der Wand abzurücken, wobei damit die Zelebration *versus populum* nicht vorgeschrieben, aber doch ermöglicht werden sollte. Dies erfordert neue Überlegungen für den Ort der Aufbewahrung der Eucharistie. Erstmals wird der Ambo (einer oder mehrere) erwähnt. Weitere Bestimmungen betreffen die Reduzierung der Zahl der Nebenaltäre, den Ort der

---

8 *Josef Andreas Jungmann*, Kommentar zur Konstitution über die heilige Liturgie, in: LThK.E 1 (1966), 105; vgl. den Text der Grundsätze bei *Emil Joseph Lengeling*, Die Konstitution des Zweiten Vatikanischen Konzils über die heilige Liturgie. Lateinisch-deutscher Text mit einem Kommentar (RLGD 5/6), Münster 1964, 243–246. Vgl. dazu insgesamt *Albert Gerhards*, Räume für eine tätige Teilnahme. Katholischer Kirchenbau aus theologisch-liturgischer Sicht – Spaces for Active Participation. Theological and Liturgical Perspectives on Catholic Church Architecture, in: Europäischer Kirchenbau 1950–2000 – European Church Architecture, hg. v. *Wolfgang Jean Stock*, München u. a. 2002, 16–51.

9 Vgl. EDIL/DEL 288–297.

Kirchenmusik und das Baptisterium.[10] Die Frage der Zelebrationsrichtung *versus populum* war nie unumstritten und steht in jüngerer Zeit wieder stärker zur Diskussion. Tatsächlich zeigt sich in vielen Räumen, dass die ursprüngliche Intention der Reform durch die faktische Raumdisposition nicht getroffen ist.[11]

Die entscheidende Umsetzung der Bestimmungen von SC 128 geschah in den erweiterten *Praenotanda* der verschiedenen liturgischen Bücher, besonders in der *Institutio Generalis* des Missale von 1970 (*Editio tertia* 2002; deutsch: Allgemeine Einführung in das Messbuch = AEM), sowie in der Pastoralen Einführung in das Messlektionar und den Faszikeln des Rituale beziehungsweise Pontificale.

Die AEM widmet ein ganzes Kapitel (Kap. V, 253–280) der Gestaltung und Ausstattung des Kirchenraums für die Messfeier. Ein weiteres Kapitel (Kap. VI, 281–312) befasst sich mit den weite-

10 Vgl. *Herbert Muck*, Die Gestaltung des Kirchenraumes nach der Liturgiereform (Lebendiger Gottesdienst 12), Münster 1966. Das Schreiben des „Consilium" von 1965 präzisiert einige der Bestimmungen (EDIL/DEL 414–416).

11 Vgl. *Uwe Michael Lang*, Conversi ad Dominum. Zu Gebetsostung, Stellung des Liturgen am Altar und Kirchenbau, in: FKTh 16 (2000) 81–123; *ders.*, Conversi ad Dominum. Zu Geschichte und Theologie der christlichen Gebetsrichtung. Mit einem Vorwort von Joseph Cardinal Ratzinger (Neue Kriterien 5), Einsiedeln Freiburg 2003; *Joseph Ratzinger*, Der Geist der Liturgie, 65–73; *Albert Gerhards*, „Blickt nach Osten!" Die Ausrichtung von Priester und Gemeinde bei der Eucharistie – eine kritische Reflexion nachkonziliarer Liturgiereform vor dem Hintergrund der Geschichte des Kirchenbaus, in: Liturgia et Unitas (FS Bruno Bürki), hg. v. *Martin Klöckener, Arnaud Join-Lambert*, Fribourg 2001, 197–217; *ders.*, Versus orientem – versus populum. Zum gegenwärtigen Diskussionsstand einer alten Streitfrage, in: ThRv 98 (2002) 15–22. Die Zweite Instruktion zur Durchführung der Liturgiekonstitution „Tres ab hinc annos" vom 4.5.1967 befasst sich insbesondere mit den Paramenten. Die Instruktion „Eucharisticum Mysterium" vom 25.5.1976 spricht in Nr. 24 von der Bedeutung des Kirchenraumes für die sinnvolle Gestaltung der Messfeier (EDIL/DEL 922) sowie ausführlich über Verehrung und Aufbewahrung der Eucharistie (EDIL/DEL 949.950–955); ferner *Gerhards*, Vom jüdischen zum christlichen Gotteshaus?

ren Ausstattungsgegenständen für die Messfeier, insbesondere mit der Materie der eucharistischen Gestalten, den Geräten und Textilien.[12]

Die Dritte Instruktion *Liturgicae instaurationes* vom 5.9.1970, die in gewisser Weise einen Schlussstrich unter die Reform zieht, äußert sich zu liturgischen Gefäßen, Geräten und Gewändern[13] und zum liturgischen Raum, wobei hier auf „endgültige Lösungen" gedrängt wird.[14]

Die wichtigsten Neuerungen sollen stichwortartig genannt werden:

- Konzentration auf einen einzigen, freistehenden Altar unter Verzicht auf Seiten- oder Nebenaltäre (möglich geworden durch die Einführung der Konzelebration).
- Trennung von Altar und Aufbewahrungsort der Eucharistie (Tabernakel), der nun in einer eigenen Kapelle aufgestellt werden kann.
- Einführung eines festen Ortes der Wortverkündigung (Ambo) im Altarbereich, wodurch die Kanzel im Kirchenschiff funktionslos wird.

---

12 Die in SC 128 erteilte Vollmacht an die Bischofskonferenzen wird in Bezug auf das Material der Altarmensa (AEM 263), der Kelche (AEM 290) sowie der liturgischen Gewänder (AEM 305) konkretisiert.

13 Vgl. EDIL/DEL 2181.

14 Vgl. EDIL/DEL 2183. Die Folge der Dokumente zeigt in einzelnen Fällen eine Präzisierung oder Korrektur. Die Feier der Kirch- und Altarweihe regelt u. a. die Beschaffenheit des Altars und des Reliquiengrabes (EDIL/DEL 3577–3582). Sah die Erste Instruktion noch u. U. mehrere Ambonen vor, spricht die PEMl (Nr. 32–34) nur von einem einzigen Ort der Verkündigung. Was den Taufort anbetrifft, sprechen die älteren Dokumente wie SC 128 noch vom Baptisterium, während in der Feier der Kindertaufe (entsprechend auch der CIC 1983) vom Taufbrunnen die Rede ist, der nicht in einem eigenen Baptisterium stehen muss. Die Bestimmungen bzgl. des Ortes des Bußsakraments im Ordo paenitentiae wurden durch den CIC 1983 revidiert (Variationes, EDIL S 3184). Einige Veränderungen ergeben sich auch aus der Editio tertia des Missale, so die Präferenz für den Tabernakel im Altarraum statt in einer separaten Kapelle (Nr. 315) oder das Verbot bestimmter Varianten der priesterlichen Paramente (Nr. 335ff).

Abb. 3a: St. Laurentius, München (Emil Stefann, 1955); ursprünglicher Zustand

Abb. 3b: St. Laurentius, München (Emil Stefann, 1955); heutiger Zustand

- Einführung eines festen Priestersitzes für die Gottesdienstleitung.
- Änderung des Kommunionritus (Kommunionprozession), wodurch die Kommunionbänke überflüssig werden, deren ursprüngliche Funktion als Abschrankung des Chorbereichs ebenfalls nicht mehr notwendig erscheint.
- Funktionsänderung des Taufsteins aufgrund der Bestimmung, das Wasser außerhalb der Osterzeit in jeder Feier zu weihen; Verlagerung des Taufortes vom Eingangsbereich ins Angesicht der Gemeinde.
- Änderung der Bußpraxis, Einführung von Beichtzimmern und Reduzierung der Beichtstühle.

5. Vorkonziliare Kritiker der nachkonziliaren Kirchenräume: Guardini und Schwarz

Im Jahr 1925 veröffentlichte Romano Guardini in der Rothenfelser Zeitschrift „Die Schildgenossen" den Aufsatz „Vom liturgischen Mysterium". Darin heißt es:

> „Die Bereiche des Liturgisch-Mysterienhaften und des Historisch-Realistisch-Empirischen sind durch die Ausdrucksform absolut klar geschieden. … Der volle Wesensgehalt des Abendmahlsvorganges wird unter der Weisung: ‚Tut dies zu meinem Gedächtnis' erfaßt, in das Zentrum der kult-schaffenden Haltung hineingenommen und von ihr her, gemäß dem Wesen liturgischer Gestaltung, herausgestellt. Dabei fällt das fort, was zur nur historisch-realistischen Erscheinungsform des Ereignisses als solcher gehört. Der Wesenskern schafft sich das Äquivalent dieser Erscheinungsform in der liturgisch-kultischen Sphäre. Sodaß, noch einmal gesagt, keine „Nachbildung" vorliegt, die immer fragwürdig bliebe, sondern eine Transposition des Wesenskernes aus der historischen in die liturgische Form. Der Altar bildet nicht den Abendmahlstisch nach, sondern ist dessen sakrales Äquivalent; ebenso die Kirche das des Abendmahlssaales. Das Brot und der Becher des Passahmahles werden nicht durch das liturgische Brot und den liturgischen Kelch nachgebildet, sondern

deren ganze Gestalt zeigen unmißverständlich, daß es sich um die Transposition in das liturgische Äquivalent handelt."[15]

Diese Überlegungen spiegeln sich im Rittersaal von Burg Rothenfels und dem Umgang damit in den 1920er und 1930er Jahren wider.

Rudolf Schwarz reflektierte dies in seinem 1960 erschienenen Buch „Kirchenbau". Darin äußerte er Skepsis hinsichtlich der Übertragbarkeit jener Erfahrungen:

> „Der Ring der Gemeinde gerät nur, wo Menschen sich ganz ins Gemeinsame aufgeben können, und der Altar wird nur Mitte, wo die Gemeinde die Kraft zu solcher Innerlichung hat. Wo aber ein durchschnittliches Volk die große Kraft der Raumschaffung und der Innerlichung nicht hat, – und das scheint mir die durchschnittliche Lage der Pfarrgemeinden zu sein –, da missrät diese Bauform sehr leicht, sie nimmt die Art des Veranstalteten an, ja sie kann zum Ärgernis werden, etwa indem sich die Mitte vom Altar zum Liturgen verlegt. In Rothenfels war die Seele des einzelnen ins Gemeinsame verborgen, und solche Verbergung braucht sie. Die Gemeinde in Rothenfels vollbrachte das im offenen, ersichtlichen Raum. In der Regel aber wird eine Bauform zu finden sein, die solche Verborgenheit sichert, auch wenn sich die einzelnen nicht ins Gemeinsame zu bergen gelernt haben."[16]

Was hier als die Verbergung der Seele des Einzelnen ins Gemeinsame beschrieben wird, ist bei Guardini das Liturgisch-Mysterienhafte im Gegensatz zum Historisch Realistisch-Empirischen. Geradezu prophetisch erscheint die Aussage über die Versuchung, die Mitte vom Altar zum Liturgen zu verlegen. Guardini hatte dies 35 Jahre zuvor in dem zitierten Aufsatz mit dem Gegensatzpaar

15 *Romano Guardini*, Vom liturgischen Mysterium, in: Die Schildgenossen 5 (1924/25) 385–414. Wieder abgedruckt in: *ders.*, Liturgie und liturgische Bildung, Mainz – Paderborn 1992, 151 f.

16 *Rudolf Schwarz*, Kirchenbau. Welt vor der Schwelle, Nachdruck der 1. Auflage von 1960, hg. v. *Maria Schwarz, Albert Gerhards, Josef Rüenauver*, Regensburg 2007, 37–40.

Nachahmung (beziehungsweise Nachbildung) und Transposition so beschrieben:

> „Noch weniger liegt irgendwelche Nachahmung oder Nachbildung der Person Christi beim Liturgen vor. Gestalt, Kleidung und Haltung des Priesters haben etwas streng Stilisiertes. Sie werden leicht als fern, fremd empfunden, aus der unmittelbar geschichtlichen Umgebung herausgerückt. Allein diese Gefahr ist eher hinzunehmen als jene der Nachahmung. Wäre doch damit leicht das Unerträgliche verbunden, daß dieser Mensch ein besonderes, persönliches Identifikationsverhältnis zu Christus beanspruchte. … Gerade aus Wahrhaftigkeit und aus Scheu vor jeder Vermengung würde dann leicht der Kern des Mysteriums, die Identität des gegenwärtigen und geschichtlichen Vorganges abgeschwächt oder zu einer bloß historischen oder psychologischen Erbauungsfeier umgeformt werden. … Träger der heiligen Handlung ist der Liturge nicht als diese Persönlichkeit, nicht aus Kraft irgendwelcher besonderer Befähigung des Nacherlebens und der Darstellung, sondern ausschließlich kraft seines Amtes, als Organ der Kirche. Sehen wir näher zu, so zielen die ganze Haltung, die Kleidung, die Form des liturgischen Aktes darauf hin, alles Persönliche auszuschalten und den Liturgen lediglich als Träger von Amt und Gewalt erkennen zu lassen. Alles, was aus persönlicher Ergriffenheit und Kraft der Vergegenwärtigung kommt, ist, unter diesem Gesichtspunkt, ein Zweites."[17]

Das, was Guardini hier „Transposition" nennt, wird er später als „liturgischen Akt" bezeichnen. Die Theologie hat im Lauf des 20. Jahrhunderts, nicht zuletzt im Anschluss an den Maria Laacher Benediktiner Odo Casel, dann aber vor allem im Kontext des Judentums, den Begriff Anamnese als das spezifisch Liturgische präzisiert. Entscheidend für die hier zu behandelnde Thematik ist die Erkenntnis, dass das Rollenverständnis des Priesters als des Hauptliturgen und die Disposition des Raums auf engste miteinander verknüpft sind.

17 *Guardini*, Mysterium, 152.

6. Zur Auseinandersetzung um die Gebetsrichtung[18]

Ein gravierendes Problem der Umsetzung der Liturgiereform des Zweiten Vatikanums liegt in der allzu optimistischen Einschätzung der Rollenkompetenzen von Priester und Gemeinde, was oft zu der von Guardini wie von Schwarz vorhergesehenen Hypertrophierung der Priesterrolle geführt hat. Diese ist in jüngerer Zeit im Zuge der Auseinandersetzung um die Gebetsrichtung auf breiter Ebene diskutiert worden.[19]

Theologisch war das Problem schon in den 1920er Jahren in der Diskussion, als im Zuge der Einführung des Christkönigsfestes (1925) der christologische Gedanke omnipräsent war:

> „Es gab damals das Wort von dem christozentrischen Kirchenbau, welches meinte, der Altar sei der Ort Christi, und die Gemeinde solle sich um ihn versammeln, das Abendmahl zu feiern. Das Wort war gefährlich, weil es nur die halbe Wahrheit enthielt, und hat viel Unheil gestiftet, bis heute. Guardini hat darauf hingewiesen, daß das Gebet der Kirche nicht christozentrisch ist, denn alle Gebete gehen ‚durch Christus' zum Vater. Mitte schon, aber offene Mitte. Der Kirchenbau ist nicht christozentrisch, sondern trinitarisch, hier der Wohnort des Geistes, der alles belebt und die Welt zu ihrer Schönheit erblühen läßt, dahinter die Schwelle, der Ort des Herrn, der bei den Seinen ist und doch fortging zum Vater, und dahinter die Räume der Ewigkeit."[20]

In einem frühen Aufsatz äußert sich Schwarz darüber, was er unter „Baukunst" versteht:

> „Sie ereignet sich dort, wo das Heilige sich räumlich erfüllt, wo der mystische Christus, wenn's verstattet ist, so zu sprechen – einen ‚Raumleib' annimmt. Da umhüllen ihn die Wände, der Jungfrau gleich, als sie empfangen hatte. Den Künstlern entsteht ein neuer Dienst, er wird dem Priester ähnlich. Der Leib Christi ist gleichsam

---

18 Vgl. *Gerhards*, Vom jüdischen zum christlichen Gotteshaus?

19 Vgl. ebd.

20 *Schwarz*, Kirchenbau, 28 f.

in seine Hände gegeben und er soll ihn offenbaren in sichtbarer Gestalt."[21]

Wichtig an dieser Aussage ist, dass die Gemeinde als Ganze den „mystischen Leib" bildet, ein Beziehungsgeflecht, in das alle als tätig Teilnehmende einbezogen sind. Die Eigenart solcher Räume besteht darin, dass ihre Mitte exzentrisch ist, eben „offene Mitte". Demgegenüber wurden im Zuge der Neuordnung der Kirchenräume Raumsituationen einer „geschlossenen Mitte" geschaffen, die den Priester zum Gegenüber der Gemeinde macht und ihn von ihr trennt. Er führt sie nun nicht mehr als Vorbeter an, sondern steht ihr ständig gegenüber *in persona Christi capitis.*[22] Dies fördert geradezu ein problematisches Rollenverhalten, das seinen Verweischarakter verloren hat und stattdessen selbstbezüglich geworden ist: entweder objektivistisch auf das priesterliche Amt als solches oder subjektivistisch auf die Person des Priesters. Anstatt einen gott-menschlichen Dialog zu unterstützen, reduziert sich die Priesterrolle auf einen Monolog.

Das ist letztlich die konsequente Fortführung eines einseitig verstandenen „christozentrischen Kirchenbaus". Dieser hat eine für alle Baupläne von Rudolf Schwarz wesentliche Dimension eingebüßt: den Verweischarakter. Diese Dimension wurde auch bei einigen der Kirchenraumumgestaltungen vernachlässigt, insbesondere in St. Fronleichnam, Aachen. Schwarz beschrieb die Raumsituation: „Hier ist nichts als stille Gegenwart der Gemeinde und Christi, das Ziel ist erreicht, und aller Weg ist in reines Dasein gestillt in einem gemeinsamen, hellen, hohen und ganz einfachen Raum, das Volk und der Herr sind beisammen, ein Leib geworden in einer festlichen Bauform, dem höheren Leib ihres heiligen Daseins."[23]

---

21 *Rudolf Schwarz*, Über Baukunst, in: Die Schildgenossen 5 (1923/24) 279.

22 Vgl. *Albert Gerhards*, Liturgiewissenschaft und Liturgiereform.

23 *Schwarz*, Kirchenbau, 20; vgl. dazu *Walter Zahner*, Rudolf Schwarz – Baumeister der Neuen Gemeinde. Ein Beitrag zum Gespräch zwischen Liturgietheologie und Architektur in der Liturgischen Bewegung (MThA 15), Altenberge 1992, 198–220; *Wolfgang Pehnt*, „Baukunst aus der

Durch die Vorlagerung eines festen „Volksaltars“ und eines Lesepultes, die ein ständiges Gegenüber schaffen, wurde die ursprüngliche Logik des Raums zerstört. Dieser lebt aus der von Schwarz beschriebenen „stillen Gegenwart“, wobei der jetzt nicht mehr genutzte Verkündigungsort am rechten Wandpfeiler in der Mitte des Kirchenschiffs eine zentrierende Gegenbewegung erzeugt. Hier treten freilich unterschiedliche Konzeptionen von Liturgie zutage, die nicht einfach miteinander zu vereinbaren sind. Die vorgelagerte Altarinsel mit Zelebrationsaltar und Ambo verringert zwar den Abstand von Priester und Gemeinde, ist aber nicht in der Lage, die gewünschte Mitte tatsächlich darzustellen. Die Aufgabe ist nicht überzeugend gelöst. Vielleicht müsste man mit diesem Raum noch einmal von vorn anfangen.

7. Die *ars celebrandi* als Anforderung an Feiernde und Raum

Die *ars celebrandi* besteht wesentlich in der personalen Präsenz bei gleichzeitiger Rücknahme der Individualität im Dienst an einem anderen, eine Platzhalterfunktion, deren primäre Aufgabe darin besteht, dem anderen Raum zu geben.[24] Der liturgische Raum muss daher so beschaffen sein, dass er offen ist für die Begegnung mit dem anderen, mit Christus, und durch ihn mit Gott. Das ist der Sinn der Orientierung des Raums, der so zur Schwelle wird über die Grenze des Erfahrbaren hinaus. Selbst die christlichen Zentralbauten sind orientiert. Wo es sich nicht um Baptisterien oder Memorialbauten handelt, ist die Mitte frei (byzantinische Kreuzkuppelkirchen, barocke Zentralbauten), wird die vertikale Öffnung des Raums zum Symbol der Öffnung der betenden Gemeinde gegenüber dem Geist Gottes, zum epikletischen Gestus.

Armut“. St. Fronleichnam, in: *ders., Hilde Strohl*, Rudolf Schwarz. Architekt einer anderen Moderne, Ostfildern-Ruit 1997, 70–77.

24 Vgl. *Albert Gerhards*, Ars celebrandi. Die Bedeutung der Künste für die Liturgie, in: Irritierende Schönheit. Die Kirche und die Künste (HerKorr Spezial), Freiburg – Basel – Wien 2012, 11–16.

Abb. 4: Communio-Raum, St. Christopherus, Westerland/Sylt (Dieter Georg Baumewerd, 1997/99)

Wie Reinhard Meßner 2002 auf einer Münsteraner Tagung zur Raumgestalt der Messliturgie dargelegt hat, ist von einer dreifachen Grundgestalt auszugehen: der der Verkündigung, der des Gebetes und der des Mahles. Die Verkündigung erfordert das Gegenüber der bezeugenden Person, das Gebet hingegen die Ausrichtung, da der Adressat nicht durch eine menschliche Person dargestellt werden kann, das Mahl schließlich das erfahrbare Miteinander.[25]

Damit stellt sich für die Disposition des Kirchenraums die Aufgabe, Ausrichtung und Zentrierung, Longitudinalität und Zentralität, in eine spannungsvolle Beziehung zu setzen. Diesen gegensätzlichen Anforderungen an den Raum stärker zu entsprechen,

25 Vgl. *Reinhard Meßner*, Gebetsrichtung, Altar und die exzentrische Mitte der Gemeinde, in: Communio-Räume. Auf der Suche nach der angemessenen Raumgestalt katholischer Liturgie, hg. v. *Albert Gerhards, Thomas Sternberg, Walter Zahner* (Bild – Raum – Feier. Studien zu Kirche und Kunst 2), Regensburg 2003, 27–36.

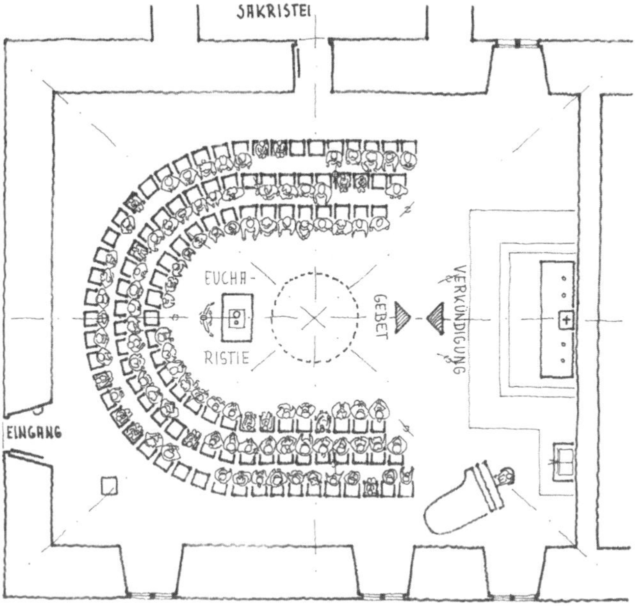

Abb. 5: Burkard Cramer, Der offene Ring. Erfahrungen bei einer Eucharistiefeier auf Burg Rothenfels

dienten zahlreiche Überlegungen der vergangenen Zeit hinsichtlich des „Communio-Raums“ (Abb. 4) und nicht wenige Realisierungen dieses Raummodells vor allem in Frankreich und Italien.

Dass es kein Raumkonzept gibt, das allen kommunikativen Erfordernissen der verschiedenen Teile der Messe und der anderen Gottesdienstformen gleichermaßen entspricht, war von vornherein klar. Erfahrungen mit solchen Räumen und ihre Reflexion führten jedoch schon zu Modifikationen des bipolaren Grundkonzepts, die den verschiedenen Anforderungen stärker entsprechen, so die U-förmige Anordnung der Versammlung mit dem Altar im Brennpunkt und dem Ambo an der offenen Seite.

Die Diskussion verschiedener Lösungswege und Erfahrungen zeigt, dass der „andere Blick“ hilfreich ist für die Entkrampfung verhärteter Positionen und einen Beitrag leisten kann für die Erneuerung der Kirche aus dem Geist der Liturgie.

8. Perspektiven

1. Das Zweite Vatikanische Konzil hat wichtige Inspirationen für die Sinn- und Feiergestalt des Kirchenraumes gegeben.
2. Diese wurden in der Zeit der Liturgiereform nicht immer adäquat umgesetzt. Dies wird vielen Gemeinden zunehmend bewusst.
3. Die jahrzehntelangen Erfahrungen mit der erneuerten Liturgie und eine gewachsene Sensibilität für Räume können zu neuen, liturgiegerechten und raumverträglichen Lösungen führen.
4. Schon der Blick auf die historische Vielfalt liturgischer Räume verbietet eine Uniformität. Doch ist eine Orientierung am Anspruch der Liturgie konstitutiv.
5. Die Gleichzeitigkeit der beiden Usus der römischen Liturgie kann inspirierend dazu wirken, das Verhalten entsprechend den Grundvollzügen des Gottesdienstes zu differenzieren und so dem Geist der Liturgie angemessenen Ausdruck zu verleihen.

Bildnachweis:
Abb. 1: Rom. Meisterwerke der Baukunst von der Antike bis Heute. Festgabe für Elisabeth Kieven, hg. v. *Christina Strunk* (Studien zur internationalen Architektur- und Kunstgeschichte 43), Fulda 2007.
Abb. 2: Archiv des Autors
Abb. 3a: DAM Jahrbuch. Architektur in Deutschland. Thematischer Schwerpunkt: Sakrale Orte, hg. v. *Ingeborg Flagge – Annina Götz*, München 2003, S. 178 oben.
Abb. 3b: Wikipedia – gemeinfrei
Abb. 4: Wikipedia – gemeinfrei
Abb. 5: In: Konturen. Rothenfelser Rundbrief 1/2006, 13–14.

„Was kein Auge geschaut und kein Ohr gehört hat“ (1 Kor 2,9)

Materialität und Sakramentalität gottesdienstlichen Handelns

Maria Weiland, Augsburg

1. Liturgie – sakramentale Begründung christlicher Existenz

„Was kein Auge gesehen und kein Ohr gehört hat, was keinem Menschen in den Sinn gekommen ist, das Große, das Gott denen bereitet hat, die ihn lieben“ (1 Kor 2,9), das bezeugt und verkündet die Kirche in der sinnlich-sinnenhaft verfassten Feiergestalt der Liturgie: das „Geheimnis der verborgenen Weisheit Gottes“ (1 Kor 2,7) in Jesus Christus. Im gottesdienstlichen Handeln der Liturgie ereignet sich in verdichteter Weise, was christliche Existenz begründet und trägt. Gott teilt sich mit, um den Menschen Anteil zu geben an seinem Leben in göttlicher Gemeinschaft. Die Mensch gewordene Liebe Gottes, die alle Sinne der Menschen sprengt und alles menschliche Denken und Handeln übersteigt, begibt sich hinein in Welt und Geschichte und lasst sich ein auf das Risiko eines wechselseitigen Hingabegeschehens zwischen Gott und Mensch. Identität und Relevanz allen christlichen Seins und Handelns entspringen und bestimmen sich aus Jesus Christus und in der Orientierung auf sein Leben, Sterben und Auferstehen hin.[1] Im Paschamysterium Jesu Christi findet das liturgische Handeln der Kirche ihre Sinnmitte.

---

1 Vgl. SC 10: Die Liturgie ist „der Gipfelpunkt, zu dem das Tun der Kirche strebt, und zugleich die Quelle, aus der all ihre Kraft strömt“ (hier wie im Folgenden zitiert nach: Die Dokumente des Zweiten Vatikanischen Konzils. Konstitutionen, Dekrete, Erklärungen. Lateinisch-deut-

Die sehr grundsätzliche Besinnung des Zweiten Vatikanischen Konzils auf das Wesen der Liturgie und ihre Bedeutung für das Leben der Kirche hat dies deutlich profiliert ins Bewusstsein gehoben: Christliche Existenz und kirchliches Leben sind sakramental begründet und verfasst.[2] Die daraus entspringende Eigenart der Kirche und ihres liturgischen Handelns ist es, „menschlich und göttlich zugleich, sichtbar mit Unsichtbarem ausgestattet"[3] zu sein. Die Kunst, aber auch die Krux allen liturgischen Handelns besteht letztlich in nichts Anderem als – das Göttliche im Menschlichen, das unbedingt Unsichtbare im bedingt Sichtbaren so zum Ausdruck kommen zu lassen, dass das Heil Gottes das Leben der Menschen in der Welt betreffen und verwandeln kann.

So grundlegend für das sakramentale Begegnungsgeschehen zwischen Gott und Mensch die Orientierung des Sichtbaren auf das Unsichtbare, des Menschlichen auf das Göttliche ist,[4] so wesentlich wohnt der sichtbaren, irdischen Liturgie doch die ambivalente Tendenz inne, dass die Menschen nur bei sich verbleiben und nichts als das Ihre feiern, statt zu einem lebendigen Ausdruck einer von Gottes schöpferischen Gnade erfüllten Wirklichkeit zu werden. Verfestigt sich diese, wenn auch nicht vermeidbare, da wesentliche Ambivalenz, gehen wir der Möglichkeit eines sakramentalen Geschehens, in dem göttliches und menschliches Handeln ineinander wirken, verlustig. Mit Blick auf die Realität in unseren Gemeinden beginnt der Verlust des Sakralen und Sakramentalen dabei meist mit der allerbesten Absicht. Nämlich in einer relativ häufig zu beobachtenden, dabei leider meist

---

sche Studienausgabe [HThK 1], hg. v. *Peter Hünermann*, Freiburg – Basel – Wien 2004).

2 Vgl. SC 2: „Die Liturgie, durch die sich, besonders im göttlichen Opfer der Eucharistie, ‚das Werk unserer Erlösung vollzieht', trägt nämlich im höchsten Maße dazu bei, dass die Gläubigen durch ihr Leben das Geheimnis Christi und die eigentliche Natur der wahren Kirche zum Ausdruck bringen und anderen offenbar machen, deren Eigentümlichkeit es ist, zugleich menschlich und göttlich zu sein, sichtbar mit Unsichtbarem ausgestattet, im Handeln glühend und für die Beschauung frei, in der Welt gegenwärtig und doch unterwegs; […]".

3 Ebd.

4 Vgl. ebd.

nur je einseitigen Intention, entweder die gottgestiftete Objektivität und Einheitlichkeit liturgischen Handelns rein erhalten oder die Bedeutsamkeit und Lebensnähe des liturgischen Geschehens in überbordend kreativer Ausgestaltung förmlich herbeizwingen zu wollen. Rigoristischer Ritualismus oder Formalismus zum einen und Banalisierung in Folge einer Ritus vergessenen Beliebigkeit zum anderen sind dabei nur zwei Seiten einer Medaille, nämlich des Missverständnisses einer menschlichen Verfügbarkeit oder Machbarkeit in Bezug auf die gottgegebene Wirkmächtigkeit liturgischen Handelns. Beides droht nur allzu schnell in magisches Denken abzudriften. Ob sich unsere gefeierte Liturgie als aufwendige, aber nichtssagende Gestaltung oder aber als authentische Gestalt des Nichtaussagbaren erweist, entscheidet sich daran, inwiefern es uns gelingt, das *Bewusstsein einer sakramentalen Wirklichkeit* im Diskurs heutiger Selbstverständigung und im bewusstseinsgeschichtlichen Horizont einer entfalteten Moderne je neu zu wecken und lebendig zu erhalten.

Vor diesem Hintergrund fragen die folgenden Ausführungen nach dem Verhältnis von Materialität und Sakramentalität im gottesdienstlichen Handeln. Welche Bedeutung kommt dem Sicht- und Hörbaren, der Materie und dem Materiellen innerhalb eines Begegnungsgeschehens zwischen Gott und Mensch zu, das sich den Sinnen der Menschen entzieht und dennoch in der gläubigen Annahme und im Glaubenssinn der Menschen den Anspruch wie Zuspruch enthält, eine neue Heilswirklichkeit innerhalb von Welt und Geschichte zu schaffen? Da für die Erörterung dieser Fragestellung im Folgenden die Liturgie als ästhetische Feiergestalt der Glaubensgeheimnisse vorausgesetzt ist, wird zunächst der Ansatz einer liturgischen Ästhetik in seinen Grundzügen vorgestellt.[5]

5 Eigene Überlegungen dazu gehen aus vom Ansatz einer liturgischen Ästhetik, wie er von Josef Wohlmuth grundgelegt und von Thomas Freyer aufgegriffen wurde. Vgl. *Josef Wohlmuth*, Überlegungen zu einer liturgischen Ästhetik der Sakramente, in: Weisheit Gottes – Weisheit der Welt (FS Joseph Kardinal Ratzinger), hg. v. *Walter Baier* u. a., Band II, St. Ottilien 1987, 1109–1128; *ders.*, Jesu Weg – unser Weg. Kleine christologische Mystagogie, Würzburg 1992; *ders.*, Christologie im Kontext liturgischer Ästhetik, in: Relativierung der Wahrheit? Kontextuelle Christologie auf dem Prüfstand, hg. v. *Raymund Schwager* (QD 170), Frei-

2. Liturgie – ästhetische Vollzugs- und Vermittlungsgestalt des Glaubens

Grundlegend bleibt für das Verständnis einer Liturgischen Ästhetik, was bereits zu Beginn des 20. Jahrhunderts als Dialog zwischen Theologie und Ästhetik angeregt und innerhalb der vertieften Besinnung auf das Wesen der Liturgie im Zuge der Liturgischen Bewegung hervorgehoben wurde.[6] Die Liturgie wird in ihrer Gesamtheit einer ästhetischen Feiergestalt als sinnvoller Vollzug und als sinnenhafte Vermittlung der heilvollen Begegnung zwischen Gott und Mensch anerkannt. An ihr haben alle Einzelelemente in je gestufter Weise Anteil und in ihr sind alle Mitfeiernden in Ausdifferenzierung ihrer Dienste und Rollen in den grundlegenden Gottes-Dienst der Teilhabe am Heilswillen Gottes gerufen. Das bedeutet, dass nicht nur einzelne kosmische, plastische, akustische oder gestische Elemente innerhalb der Liturgie ästhetisch oder kunstvoll gestaltet sind. Liturgie ist nicht eine mehr oder weniger zufällige Ansammlung einzelner sinnlich-sinnenhaft gestalteter Ausdrucksformen und kunstvoller Gestaltungen. Nicht die bloße Anhäufung ästhetischer Aspekte, die als solche Machwerk der Menschen sind, erlaubt die Rede von einem

---

burg – Basel – Wien 1998, 186–214; *ders.*, Vorüberlegungen zu einer theologischen Ästhetik der Sakramente, in: Liturgische Theologie. Aufgaben einer systematischen Liturgiewissenschaft, hg. v. *Helmut Hoping, Birgit Jeggle-Merz*, Paderborn – München – Wien – Zürich 2004, 85–106; *Thomas Freyer*, Sakrament – Transitus – Zeit – Transzendenz. Überlegungen im Vorfeld einer liturgisch-ästhetischen Erschließung der Sakramente (Bonner dogmatische Studien 20), Würzburg 1995. – Zur Darlegung und Diskussion dieses Ansatzes vgl. *Maria Weiland*, Ästhetik gebrochener Gegenwart. Zur Bedeutung der repräsentativen Dimension sakramental-liturgischen Handelns (ratio fidei 44), Regensburg 2011, 23–92.

6 Exemplarisch sei hier nur verwiesen auf: *Romano Guardini*, Vom Geist der Liturgie (1917), Mainz – Paderborn [20]1997; *Franz Rosenzweig*, Der Stern der Erlösung (1921). Mit einer Einführung von Reinhold Mayer und einer Gedenkrede von Gershom Scholem, Frankfurt a. M. [5]1996; *Hans Urs von Balthasar*, Herrlichkeit. Eine theologische Ästhetik. 3 Bde., Einsiedeln 1961–69; *Franz Schupp*, Glaube – Kultur – Symbol. Versuch einer kritischen Theorie sakramentaler Praxis, Düsseldorf 1974.

ästhetischen Gesamtgebilde der Liturgie. Erst in der vollen Feiergestalt, das heißt durch die Wirklichkeit der sich pneumatologisch vergegenwärtigenden Sinnmitte des Paschamysteriums Jesu Christi, beginnen die verschiedenen ästhetisch qualifizierten Elemente und Aspekte der Liturgie zusammenzuwirken. Der Ansatz einer liturgischen Ästhetik betrachtet das gesamte liturgische Geschehen als komplexes Gefüge sinnenhaft verdichteter Sprach- und Zeichenhandlungen, das mit Josef Wohlmuth als ein *ästhetisches Gebilde sui generis* bezeichnet werden kann.[7] Die sakramentale Feier der Liturgie ist die „Ästhetik des christlichen Glaubens“[8].

2.1 Liturgische Ästhetik – von Gott um der Menschen willen begründet

Die Liturgie, insbesondere der Sakramente, ist ihrer Form und ihrer Vollzugsweise nach nicht nur fakultativ mehr oder weniger, sondern grundlegend und notwendig, weil die Not der Menschen wendend, als ästhetisches Gebilde qualifiziert – aufgrund ihrer offenbarungstheologischen und soteriologischen Begründung in Gott.[9] Gott, der sich seinem Volk schon von jeher in Schöpfung

---

7 Das Verhältnis von Liturgie und Ästhetik ist nach Wohlmuth nur in einer *Liturgischen Ästhetik* adäquat zu bearbeiten. Während eine ästhetische Liturgie auf die Vorgabe formaler und inhaltlicher Kriterien einer außerliturgischen Ästhetik angewiesen wäre, die überhaupt erst bestimmt, inwiefern der Liturgie ästhetische Qualität zugeschrieben werden kann, ist es die liturgische Ästhetik, die Liturgie als ein von anderen ästhetischen Phänomenen unterscheidbares Gebilde eigener Art und Gesetzlichkeit anerkennt und reflektiert. Vgl. *Wohlmuth*, Jesu Weg – unser Weg, 15–42, bes. 15–17; *ders.*, Christologie im Kontext liturgischer Ästhetik, 186–214. – Wohlmuth folgt darin dem Anliegen und Verständnis einer *theologischen* Ästhetik, wie Hans Urs von Balthasar sie entworfen hat. Balthasar versteht *theologische Ästhetik* als den „Versuch, Ästhetik auf der Sachebene und mit den Methoden der Theologie zu treiben“, während *ästhetische Theologie* bedeutete: „den theologischen Gehalt an die üblichen Anschauungen innerweltlicher Schönheitslehre verraten und verkaufen“ (*Balthasar*, Herrlichkeit I, 35).

8 *Wohlmuth*, Jesu Weg – unser Weg, 31.

9 Vgl. SC 5.

und Geschichte, in Zeichen und Wundern, durch Propheten und Bundeszeichen als wirkmächtig erwiesen hat, lässt sich auf die Menschen ein. Er sucht uns auf in unserer Welt und unserer Zeit. Er sagt sich uns zu mit seiner Nähe in den Gebrechen und der Gebrochenheit unseres Lebens, das wir nur als leibhaftig, personal-mitmenschlich und geschichtlich bestimmte und darin begrenzte Wesen vollziehen. Die grenzenlose Liebe des Unendlichen und Allmächtigen begrenzt und bestimmt sich selbst in Person und Wirken, im Paschamysterium Jesu Christi, sie wird ganz konkret, bekommt Hand und Fuß zu einer bestimmten Zeit an einem bestimmten Ort. Jesu Dasein für die Menschen *verweist* nicht nur auf das Heil und Leben in Gott; er wirkt und *ist* es selbst. In der Beziehung zu ihm und im fortdauernden Wirken seines Geistes kommen die Menschen in Berührung und Beziehung zum Vater. Die Sakramente, in deren liturgischer Feier das realisierende Gedenken des Paschamysteriums im Geist Gottes ermöglicht und durch die Gemeinschaft der in seinem Geist versammelten Kirche symbolisch nach- und mitvollzogen wird, halten dieses Heilsangebot Gottes durch die Geschichte hin offen. Die Liturgie ist zwar nicht exklusive, aber in ihrer Konkretheit und Verdichtung ausgezeichnete Aktualisierung der ein für allemal ergangenen göttlichen Offenbarung und Selbstmitteilung, wie sie in Glaube, Gebet und Verkündigung der Kirche angenommen und weitergegeben wird.[10]

2.2 Liturgie als Vollzugsgestalt – Realpräsenz Gottes in sinnenfälligen Zeichen

Liturgische Ästhetik erschöpft sich nicht in einer katechetischen Funktion als pädagogisches Mittel oder schmückendes Beiwerk, um einen abstrakten Inhalt möglichst eingängig zu vermitteln

10 Vgl. DV 8. Vgl. auch *Joseph Ratzinger*, Theologie der Liturgie, in: *ders.*, Theologie der Liturgie. Die sakramentale Begründung christlicher Existenz (Joseph Ratzinger Gesammelte Schriften 11), Freiburg – Basel – Wien 2008, 639–656, hier 656.

oder feierlich auszugestalten. Die Rede von der Ästhetik sakramentaler Liturgie bedeutet nicht, dass sie gleichsam begehbare Installation oder Illustration eines erinnernden Erzählwerkes wäre, das zwar je neu interpretierend erschlossen werden kann, ihrer Handlung nach aber bereits abgeschlossen ist. Liturgie ist vielmehr als ästhetische eine performative Vollzugsgestalt, in der und durch die das Heil Gottes im Paschamysterium Christi und in der Kraft seines Geistes sich selbst in sinnenfälligen Zeichen als Für- und Mitsein mit den Menschen gegenwärtig setzt.

2.3 Liturgie als Vermittlungsgestalt – Wahrnehmung der Heilswirklichkeit Gottes

Unter Anerkennung einer je größeren Unähnlichkeit teilt die Liturgie mit ästhetischen Objekten auch die grundsätzliche Phänomenalität ihrer sinnlich-materiellen Gestaltung und Gestaltwerdung sowie die Frage nach der Wahrheit dessen, was beziehungsweise wen sie auf diese Weise zur Erscheinung kommen lässt. Jede liturgische Feier gibt grundsätzlich ‚etwas' zu sehen, zu hören, zu riechen, zu schmecken oder zu ertasten, das in seiner Materialität und körperlichen Gegebenheit in Raum und Zeit die sinnliche Wahrnehmung wie die Imaginationskraft des Menschen affiziert. Allein aus dem Sicht- und Hörbaren ist aber nicht entscheidbar, ob hier tatsächlich das eschatologisch gültige Pascha-Mysterium Jesu Christi in seiner zeitenwendenden Heilsbedeutung in die Lebenswirklichkeit der Menschen eintritt, oder ob nicht doch nur Prolongationen und Projektionen menschlicher Bedürfnisstrukturen ihren magisch-kultischen Ausdruck finden. Dennoch geschieht es über die sinnliche Elementarität und Prägnanz der liturgischen Zeichen- und Sprachhandlungen und deren Deutung im Glauben, dass dem Menschen in einer Umkehr seiner Intentionalität die Sinne für das Ereignis einer Begegnung mit der Wahrheit und dem Sinngrund seines Lebens erschlossen werden.

3. Die Bedeutung der Materialität liturgischen Handelns

Um auf die eingangs gestellte Frage nach der Sakramentalität liturgischen Handelns zurückzukommen, bleibt nun zu fragen: Wie kann im von Menschen gestalteten Sichtbaren die alle Sinne des Menschen sprengende Wirklichkeit Gottes zur wirksamen Gegenwart kommen? Welche Bedeutung haben die sichtbar-materielle Dimension und die sinnlich wahrnehmbare Phänomenalität innerhalb des liturgischen Handelns? Unter der Phänomenalität der Liturgie wäre neben den kosmischen Dimensionen von Raum und Zeit und der spezifischen Zeitlichkeit der Liturgie vor allem auch das vielfältige und umfangreiche Sprachgeschehen innerhalb der Liturgie zu beachten.[11] Die folgenden Ausführungen werden sich jedoch darauf beschränken, grundsätzliche Aspekte zur Materialität liturgischen Handelns zu beleuchten.

3.1 Materie der Welt

Weil Gott sich in seiner Selbstmitteilung und Offenbarung auf die Bedingtheit der Menschen einlässt, ist auch die Liturgie in die Welt eingelassen und trägt kosmisch-materielle Züge. Das Materielle, die je schon geformte Materie, ist für den Menschen ein Inbegriff des ihm Vorgegebenen, dessen, was er in seinem In-der-Welt-sein immer schon vorfindet und worauf er im Erkunden und Gebrauchen des ihn Umgebenden stößt. Darin bleibt das Materielle als das Gegenständliche auch das Widerständige, das nicht Einholbare und Dunkle, das sich der menschlichen Rationalität im Letzten entzieht. Die Materie der Welt ist dem leiblich verfassten Menschen Ermöglichung und Bedrohung seiner Existenz zugleich.

Schöpfungstheologisch gedeutet ist die Welt aber nicht sich selbst, dem Zufall oder irgendwelchen Chaosmächten überlassen, sondern von Gott geschaffen und geordnet und den Menschen zur Gestaltung und Bewahrung, zum Nutzen und zur Freude überantwortet (Gen 1,28f; 2,15). In Christus hat sich Gott in diese Welt und in die Geschichte der Menschen inkarniert und sich ihr bis

11 Vgl. *Weiland*, Ästhetik gebrochener Gegenwart, 341–386.

hinein in den Tod ausgeliefert. Mit Christus, dem Erstgeborenen der ganzen Schöpfung (Kol 1,15), der als der Erste der Entschlafenen auferweckt wurde (1 Kor 15,20), ist das Dunkel der Welt und ihrer Materie zwar nicht verschwunden, aber von der Verheißung auf die Auferstehung des Fleisches in Christus unterfangen und auf Hoffnung hin geöffnet (Röm 8,19–22).

Die Undurchdringlichkeit und Ambivalenz der Materie, die die freie und personale Existenz des Menschen ermöglicht und bedroht zugleich, bleibt bis zu seiner noch ausstehenden Hineinnahme in die Vollendung der Geschichte in Gottes Reich bestehen und ist so auch der Materie der Liturgie eingeprägt. Sinnvoll-sinnenhaft wird dies etwa in der elementaren Kraft des Wassers in der Taufe deutlich, das auf das Sterben und Absteigen des alten Menschen in das Grab des Todes *und* auf das Aufsteigen und Eintauchen in das neue Leben in Christus hin gedeutet wird.[12] Das Feuer, neben dem Wasser ein weiteres ursprüngliches und naturales Element in der Liturgie, wird vor allem in der österlichen Lichtsymbolik – wie auch das Wasser – soteriologisch auf Christus und sein Heilswerk bezogen, der die Todesnacht und das Dunkel der Unterwelt durchschritten und neues Leben ermöglicht hat.[13] Erde und Luft als die verbleibenden der vier Grundelemente deuten innerhalb der sakramentalen Liturgie in besonderer Weise auf die anthropologisch-pneumatologische Ebene des Beziehungsgeschehens zwischen Gott und Mensch. Der Mensch (*adam*) ist als Mann und Frau von Gott aus der Erde (*adama*) geschaffen und durch seinen göttlichen Geist und Lebenshauch beseelt. Die alttestamentliche Bedeutung von *nefesch*, der Bezeichnung für das von Gott beatmete und belebte Geschöpf des Erdlings, erschließt sich über die ‚Verortung' von *nefesch* in der Kehle

12 Am deutlichsten ist dies in Anlehnung an Röm 6,3–11 im ersten Formular des Lobpreises und der Anrufung über dem Wasser artikuliert (Die Feier der Eingliederung Erwachsener in die Kirche [215]; Die Feier der Kindertaufe [23]).

13 Das Feuer ist schon in den alttestamentlichen Theophanie-Erzählungen Zeichen für die rettende und befreiende Nähe Gottes bei seinem Volk (Ex 3,2–6; Ex 13,2), aber auch in der Neubelebung und Begeisterung der aus allen Völkern zusammengerufenen Gemeinschaft derer, die in der Nachfolge Jesu das Reich Gottes mit erbauen (Apg 2,3).

des Menschen. Sie ist der Sitz des Atems und der Stimme des Menschen.[14] Sie verweist auf die Angewiesenheit des Menschen auf einen Austausch mit der Welt (Atem) und auf die personale Beziehung (Sprache). Von daher lassen sich das gesprochene Wort und vor allem auch der gemeinsame Gesang in der Liturgie als menschliche Antwort im Atem und Geist Gottes verstehen, in der sich der Mensch in seinem innersten Sein innerhalb einer Gemeinschaft auf Gott hin vollzieht.[15]

3.2 Die Leiblichkeit des Menschen

Die leibhaftige Verfasstheit des Menschen ist die einzig mögliche Weise des je individuellen Selbstvollzuges in der Welt. Sie ist aber auch Ausdruck einer grundlegenden Passivität des Menschseins. Jeder Mensch ist sich schon gegeben und in eine konkrete Weltsituation gestellt, bevor er ein Verhältnis zu seinem Dasein entwickelt, um das eigene Leben ‚in die Hand zu nehmen'. Wir Menschen können nicht ‚aus unserer Haut', wir können auf keine andere Weise wir selbst sein und werden, als unser personal und responsorisch angelegtes Dasein leibhaftig, im gesprochenen Wort und im Schweigen, in Haltung, Geste und Gebärde, in Ruhe und Bewegung, zu vollziehen. Sinnlichkeit und Leibhaftigkeit sind das Medium und die Vollzugsweise, in der wir in der Welt von anderem und anderen angesprochen werden und uns selbst in die Welt hinein anderem und anderen gegenüber aussprechen, ohne doch ganz von der Welt zu sein. In dem Spannungsverhältnis von Selben und Anderem, Einem und Vielen, Nähe und Distanz zeichnet sich menschliches Dasein durch eine repräsentative Dimension seiner Existenz aus: Der Mensch findet sich auf das

14 Vgl. *Knut Wenzel*, Sakramentales Selbst. Der Mensch als Zeichen des Heils, Freiburg – Basel – Wien 2003, 104–116.

15 Es ist bezeichnend, dass der Begriff der *actuosa participatio*, der zu einem Identifikationsterminus für das Anliegen der Liturgiereform des II. Vatikanums und ihrem Verständnis der Liturgie als Quelle und Ausdruck des Glaubens werden sollte, zuerst in einem Motu Proprio über die Kirchenmusik gefallen ist (vgl. *Papst Pius X.*, Motu Proprio *Tra le sollecitudini* vom 22. November 1903, in: AAS 36 [1903] 330).

Wesentlichste seines Lebens verwiesen, ohne es jedoch in die Präsenz seines Bewusstseins einholen zu können; zugleich kann er auf die reale, wenn auch seiner Verfügbarkeit entzogene Gegenwart dieser Wirklichkeit und Wahrheit im eigenen Leben und durch dieses Leben verweisen.[16] In der leibhaftigen Begegnung zwischen zwei Menschen kann sich ein sie beide übersteigendes Unmittelbares vermitteln. Menschliche Existenz vollzieht sich im, beziehungsweise *als* Spannungsverhältnis zwischen den beiden Polen von Identität und Alterität, von Selbsttranszendierung auf ein Anderes zu und Selbstverständigung vom Anderen einer Transzendenz her – einer Transzendenz, die sich im Konkreten zum Ausdruck bringt, ohne sich in einzelnen Konkretionen zu erschöpfen. Nach christlichem Offenbarungsverständnis ist Christus das „Ebenbild des unsichtbaren Gottes" (Kol 1,15; 2 Kor 4,4) unter den Menschen, das jedem Christen in der Taufe eingebildet wurde. Sein Lebensbeispiel, in dem sich die göttliche Zuwendung zu den Menschen heilvoll realisierte, soll jedem Getauften so sehr in ‚Fleisch und Blut' übergehen, dass im je eigenen Leben seine geistgewirkte Gegenwart Gestalt annimmt.

3.3 Die sakramentalen Elemente (Die „klassische" Materie der Sakramente)

Grundsätzlich ist in allem Geschöpflichen die Möglichkeit einer Gottesbegegnung gegeben. Dennoch kommt den sakramentalen Elementen im engeren Sinn, insbesondere Brot und Wein der Eucharistie, sowie dem Wasser der Taufe und den Ölen in Taufe,

16 Zum Verständnis einer repräsentativen Grunddimension des Menschseins, die über ein platonisierendes Urbild-Abbild-Denken hinaus im kritisch-konstruktiven Austausch zwischen der Existenzphilosophie von Emmanuel Levinas und dem subjektphilosophischen Ansatz von Dieter Henrich entwickelt wird, vgl. *Weiland*, Ästhetik gebrochener Gegenwart, 88–92.262–326. In der Darlegung einer repräsentativen Grundddimension des Menschseins liegt im Sinn einer anthropologischen Grundlegung die Chance, das theologische Anliegen einer sakramentalen Wirklichkeit für heutige Formen der Selbstverständigung offen und anschlussfähig zu erhalten.

Firmung, Weihe und Krankensalbung, eine besondere Bedeutung im geschöpflich-geschichtlich vermittelten Offenbarungsgeschehen zu. Sie sind gleichsam die dinghaft-realisierende Konzentration und Verdichtung des zentralen symbolischen Begegnungs- und Wandlungsgeschehens zwischen Gott und Mensch in den jeweiligen Sakramenten. Im Gebet über Brot und Wein zur Gabenbereitung wird die Verschränkung von kosmischer, kultureller und theologisch-soteriologischer Dimension in den sakramentalen Elementen deutlich: Im Brot wird das von der Natur unverfügbar Gegebene (*Frucht der Erde*) vom Menschen zu seinem Nutzen und Genuss kultiviert und kulturell gestaltet (*... und der menschlichen Arbeit*)[17] und in Freude und Dankbarkeit, aber auch in Sorge und Bitte vor Gott gebracht, dass er sie segne und verwandle (zum *Brot des Lebens*).[18] In ihnen bringt der Mensch sich selbst und seine Situation in der Welt vor Gott und in ihnen als von Gott verwandelten Gaben empfängt er im Glauben die Teilhabe an einem neuen Leben. Die sakramentalen Elemente sind jedoch keine Fetische, denen an sich außergewöhnliche Kraft zugesprochen werden könnte.[19] Ebenso sind die sakramentalen Handlungen keine Magie,

---

17 Das Begleitgebet über Brot und Wein zur Gabenbereitung innerhalb der Eucharistiefeier spricht die kosmische, kulturelle und – mit impliziten Verweis auf Joh 6,32–35 – transzendente Dimension der sakramentalen Elemente explizit an, in denen Welt, Mensch und Gott in einen neuen Lebensbezug zueinander gesetzt werden: „Gepriesen bist du, Herr, unser Gott, Schöpfer der Welt. Du schenkst uns das Brot, die *Frucht der Erde* und *der menschlichen Arbeit*. Wir bringen dieses Brot vor dein Angesicht, damit es uns das *Brot des Lebens* werde".

18 SC 61 beschreibt als Wirkung der Sakramente und Sakramentalien neben der Heiligung des Lebens der Menschen in ihren unterschiedlichen Ereignissen und Situationen auch eine Wirkung im Umgang mit den materiellen Dingen, die – ein gewisses Mindestmaß ihrer Eignung und den rechten Gebrauch vorausgesetzt – auf die Heiligung der Menschen und das Lob Gottes orientiert werden können. Parallel zum Einbezug der Materie in den die ganze Welt betreffenden Heilsplan Gottes und den sich daraus ableitenden Heiligungsdienst der Kirche ist die Tagzeitenliturgie auf eine Heiligung der Zeit ausgerichtet (SC 83; 84; 88; 94).

19 Sie gehen auch über die Funktion der Gaben in archaischen Kulten, die zur Besänftigung der Götter oder zur Erhaltung bzw. Neuschaffung günstiger Lebensbedingungen dargebracht wurden, hinaus.

mittels derer sich der Mensch (über-) weltliche Mächte und Gewalten gefügig machen würde. Sie sind die durch die Menschen im Heiligen Geist dargebrachten und durch das Wirken Gottes in Christi Person und Heilstat verwandelten Ausdrucks- und Vollzugsgestalten des wechselseitigen und personal-freiheitlichen Hingabe- und Beziehungsgeschehens zwischen Gott und den Menschen. Die sakramentalen Elemente und die Zeichenhandlungen mit ihnen (Brechen des Brotes, Salben mit Öl) zeigen das Heil nicht nur an, sondern enthalten und vermitteln es, weil sich Christus selbst in der Kraft seines Geistes in ihnen gibt, der durch seine Lebenshingabe, durch seinen Tod aus Liebe und in seiner Auferweckung durch Gott die menschliche Existenz und die Geschichte schon antizipatorisch zur Vollendung gebracht hat.[20]

Die unmittelbare Anwendung der sakramentalen Elemente am Menschen (im Übergießen mit beziehungsweise Eintauchen in Wasser, in der Salbung mit Öl und in der besonderen und ausgezeichneten Weise der Verinnerlichung durch Verkosten von Brot und Wein)[21] ist Ausdruck der Ganzheitlichkeit des Heils, das Gott darin verleiht. Sie ist sinnenhafte Vermittlung der Zuwendung, in der sich Gott selbst als abwesend Anwesender schenkt.

Der Glaube an die personale Selbstgegenwart Jesu Christi in der liturgischen Feier seines Paschamysteriums, in herausragender Weise in der Verkündigung seines Wortes und in der Darreichung seines Leibes und Blutes in den Zeichen von Brot und

---

20 Die vom Geist gewirkte Gegenwart Christi und seines Paschamysteriums bildet die Mitte allen sakramentalliturgischen Handelns. Die Aktualpräsenz des auferweckten und erhöhten Gekreuzigten zeitigt sich in der Liturgie der Kirche auf verschiedene Weise: Gegenwärtig ist Christus in der versammelten Gemeinde, in Gebet und Gesang der Kirche, im Wort der Verkündigung, in der Person des Priesters, der der Eucharistiefeier vorsteht, und in den eucharistischen Gestalten (vgl. SC 7).

21 Die Wandlung von Brot und Wein ist kein in sich stehender Selbstzweck, sondern zielt auf die Verwandlung der Menschen durch Teilgabe an dem in ihnen Repräsentierten und seinem Geschick: „Brot und Wein sind derart wahrhaft Träger der verheißenen Selbstgabe, dass das konkret-leibhaftige Essen und Trinken Weg der Teilnahme an ihr ist" (*Eva-Maria Faber*, Einführung in die katholische Sakramentenlehre, Darmstadt 2002, 101f).

Wein, erfordert dabei eine Haltung der Aufmerksamkeit und der vollen personalen Präsenz auf Seiten der Gläubigen, die über den Umgang mit bloßen, zuhandenen Dingen hinausgeht, wie sie in der unmittelbaren Begegnung mit Personen als einem Geschehen zwischen zwei Freiheiten wirksam ist. Die Haltung der Gastfreundschaft gegenüber dem unverfügbaren Fremden, die George Steiner in der Interpretation und Rezeption von Kunstwerken einfordert,[22] ist demnach auch für die Gläubigen der liturgischen Feier angebracht, wobei hier in einer Verschränkung von Hingabe und Aufnahme der Gastgeber der Eucharistie selbst in den Menschen Wohnung nehmen will und die freundschaftliche Aufnahme seiner selbst im Gastgeschenk seiner Freundschaft bewirkt.[23] Die zwischenmenschliche Zuwendung und das konkrete Füreinander- und Miteinander-Handeln in der Liturgie wie im alltäglichen Leben stehen deshalb unter dem Anspruch, auf die göttliche Lebensteilgabe transparent zu werden und im eigenen Tun das Tun Jesu wirksam werden zu lassen.

In den sakramentalen Gestalten vor allem von Brot und Wein verdichtet sich jedoch nicht nur die Realpräsenz Jesu Christi, sondern auch die Dialektik zwischen dem materiell-sinnlich Wahrnehmbaren und ihrer sinnhaft-personalen Wahrheit. Gerade die Gegenständlichkeit des ästhetischen Phänomens und seine damit zusammenhängende Eigenart, offen zu legen, dass seine konkrete und darin in sich begrenzte Gestalt (-ung) auf fingierenden Akten beruht, kann je neu ins Bewusstsein rufen, dass das darin Bedeutete etwas Ungegenständliches jenseits menschlich begrenzter Darstellungskraft ist. Die objektive Existenz des sinnlichen Gegenstandes, an der sich das subjektive Bewusstsein stößt, stellt einen stillen Widerstand gegen eine Vereinnahmung und Einordnung in

22 Vgl. *George Steiner*, Von realer Gegenwart. Hat unser Sprechen Inhalt? Mit einem Nachwort von Botho Strauß. Aus dem Englischen von *Jörg Trobitius*, München – Wien 1990, 202–207.

23 Nach Joh 15,15 („Ich nenne euch nicht mehr Knechte; denn der Knecht weiß nicht, was sein Herr tut. Vielmehr habe ich euch Freunde genannt; denn ich habe euch alles mitgeteilt, was ich von meinem Vater gehört habe") geschieht die Offenbarung und Selbsthingabe Gottes als Beziehung (Vater-Sohn), die eine darüber hinausreichende Beziehung freiheitlicher Teilhabe stiftet (Freundschaft in der Nachfolge Jesu).

allzu Bekanntes seitens der Menschen dar. Die Gegenständlichkeit der sakramentalen Elemente und Gaben kann so zu einem Ort der heilsamen Irritation werden,[24] die daran erinnert, dass das Wesentliche des sakramentalen Geschehens zwar im Handeln der Menschen handfeste und konkrete Wirkungen in der Welt zeitigen soll, dass es dabei aber nichts ist, das der Verfügbarkeit oder Verstehbarkeit der Menschen einfach zuhanden wäre und der eigenen Intentionalität angeeignet werden könnte. Vielmehr werden die Gläubigen der Heilswirklichkeit Gottes übereignet.[25] Der eschatologische Verweischarakter der Sakramente kommt dann zum Ausdruck, wenn ihre rituell ästhetische Feiergestalt sich nicht im ästhetisierenden Heilsidealismus ergeht, sondern etwas von ihrem fingierenden, fragmentarischen und vorläufigen Charakter offenlegt, Entwurf des schon wirklichen, in seiner Vollendung aber noch ausstehenden Reiches Gottes zu sein. Als beispielhafte Realisierungen dieses eschatologisch orientierten, aber noch welthaft verhafteten transitorischen Charakters gottesdienstlichen Handelns seien nur die in den Fürbitten ins Gebet gehobene und die in der Kollekte konkret werdenden Solidarität mit den Leiden und Leidenden der Welt, aber auch eine angemessene Integration zeitgenössischer Kunstformen, die Ausrichtung auf das diakonische

---

24 Dazu, dass die äußerlich-sinnenhafte Gestalt der eucharistischen Gaben nicht an sich idolatrisch verkürzende Wirkung haben muss, sondern gegenüber einem rein bewusstseinsimmanenten Vergegenwärtigungsprozess die nicht einholbare Distanz und irreduzible Exteriorität der Gegenwart Christi gegenüber dem subjektiven Bewusstsein anmahnen kann, vgl. *Jean-Luc Marion*, God without being. Hors-Texte. Translated by *Thomas A. Carlson*, with a Foreword by David Tracy, Chicago – London 1991, 161–182, bes. 167–169. Vgl. auch *Jan-Heiner Tück*, Gabe der Gegenwart. Theologie und Poetik der Eucharistie bei Thomas von Aquin, Freiburg – Basel – Wien 2009, 329 f. 347.

25 Vgl. *Augustinus*, Confessiones VII, 10: „*Non tu memutabis in te, sicut cibum carnis tuae, sed tu mutaberis in me*“ (zitiert nach Confessiones – Bekenntnisse. Lateinisch und deutsch. Eingeleitet, übersetzt und erläutert von *Joseph Bernhart*, München ²1960), der darin die Worte Christi vor dem Hintergrund der johanneischen Brotrede weiterführt (Joh 6,55–57) und dabei den Subjektwechsel im Verkosten der eucharistischen Speise im Unterschied zur Einverleibung und Assimilation durch die rein körperliche Nahrungsaufnahme zur Geltung bringt.

Handeln der zum Gebet versammelten Gemeinde und die spirituelle Haltung der Demut der einzelnen Mitfeiernden genannt. Hinsichtlich des fragmentarischen Charakters bleibt auch anzuerkennen, dass innerhalb *einer* konkreten Feierversammlung, *eines* bestimmten Kirchenraums, *einer* einzelnen Gestaltung nicht alle Aspekte, die das gesamte Wesen der Liturgie konstituieren, gleichermaßen zum Ausdruck gebracht werden können. Dennoch muss jede Gemeinde sich darum bemühen, den gesamten Sinngehalt liturgischen Handelns zumindest über den Verlauf des liturgischen Jahres hin aufscheinen zu lassen.

3.4 Gegenständlichkeit im liturgischen Raum

Neben den sakramentalen Elementen im engeren Sinn ist das darstellende Handeln der Liturgie in den kosmischen Dimensionen von Raum und Zeit vom Gebrauch und Umgang mit vielen weiteren Gegenständen und Realien geprägt. Angefangen beim architektonischen Rahmen und seiner Orientierung, der Inventarisierung und Ausgestaltung des Kirchenraums über die liturgischen Geräte und Gewänder und die weiteren Paramente bis hin zu Fragen des angemessenen Blumenschmucks erfüllt alles Dinglich-Weltliche innerhalb des liturgischen Zeichengeschehens nicht nur eine formale Funktion. Sie sollen über das jetzt Sichtbare hinaus verweisen als „Zeichen und Symbol überirdischer Wirklichkeiten“[26].

So sind etwa, um dies nur kurz und exemplarisch auszuweisen, die liturgischen Geräte, darunter insbesondere Kelch und Patene, die zur Aufnahme der eucharistischen Gaben vorgesehen sind, in der Kostbarkeit und Kunstfertigkeit ihrer Gestaltung auf die überfließende Gnade und Schönheit Gottes[27] ausgerichtet, auf

---

26 SC 122.

27 Die Schönheit Gottes, die *veritas splendor*, ist die dynamisch-relationale Eigenschaft des sich offenbarenden Gottes als die „Art und Weise, wie die Wahrheit der Liebe Gottes in Christus uns erreicht [...]. Die wahre Schönheit ist die Liebe Gottes, die sich uns endgültig im Pascha-Mysterium offenbart hat“ (*Benedikt XVI.*, Nachsynodales Apostolisches

dessen Verehrung sie den Sinn der Menschen richten sollen.[28] Zwar teilt der Reichtum, den die Kirche in den Schätzen der sakralen Kunst über die Zeit hin ansammelte und der häufig zum Anlass für Kritik wurde und wird, die Ambivalenz alles Menschlich-Weltlichen und steht deswegen in der Gefahr, als idolatrisch verblendender Glanz die Sinne der Menschen an das Sichtbare zu fesseln. Das Staunen über die sichtbare Schönheit der liturgischen Geräte und Gefäße, die dem alltäglichen und profanen Gebrauch und Nutzdenken entzogen sind, kann und soll jedoch auch durch den angemessenen Umgang mit ihnen darauf verweisen, dass das in ihnen Enthaltene alle weltliche Schönheit übersteigt und alles menschliche Vorstellungs- und Fassungsvermögen sprengt. Als solche teilen sie die Dialektik allen liturgischen Geschehens zwischen der Menschwerdung Jesu Christi und seiner Wiederkehr in Herrlichkeit, die Dialektik von Gedenken und Erwarten, von Sichtbarmachen und Zeigen einerseits und Verbergen und bergend Umhüllen andererseits. Denn bis zum vollen Schauen Gottes in seinem Reich tragen wir den Schatz des Evangeliums und des Glaubens in „zerbrechlichen Gefäßen" (2 Kor 4,7), um daran erinnert zu werden, dass die Kraft des Glaubenszeugnisses und des Durchblicks vom Sichtbaren auf das Unsichtbare, die Kraft der

---

Schreiben *Sacramentum Caritatis* [VApS 177], Bonn 2007, [35]). Fern von jedem falsch verstandenen Ästhetizismus partizipiert die Liturgie an der Schönheit Gottes als Liebe, wenn die versammelte Gemeinde das Geheimnis seiner unbedingten und bedingungslosen Proexistenz und Lebenshingabe wahrhaftig und glaubwürdig erinnert und im Leben der Gläubigen verlebendigt. Zum paradoxalen, dem weltlichen Begriff widerstreitendem Verständnis der Schönheit nicht nur der Liturgie, sondern auch der christlichen Kunst vgl. *Hans Maier*, Der Gekreuzigte als Paradox theologischer Ästhetik, in: IKaZ 37 (2008) 372–378, hier 376: „‚Nur wer für die Juden schreie, dürfe auch Choral singen' meinte Dietrich Bonhoeffer im Dritten Reich; er hatte recht. Ein welt- und tatabgewandter Liturgismus wäre nur eine Karikatur des ewigen Festes, das die Liturgie im Irdischen gleichnishaft abbilden soll."

28 Vgl. SC 122. Die Frage nach einer angemessenen sinnlichen Wahrnehmbarkeit der sakramentalen Heilszuwendung ist somit keine Frage der Äußerlichkeit, sondern betrifft auch den Kern des soterischen *und* latreutischen Geschehens der Liturgie.

„Erkenntnis des göttlichen Glanzes auf dem Antlitz Christi" (2 Kor 4,6), von Gott kommen.

Jedes einzelne Element wie auch die Elemente im Formverlauf des wechselseitigen, horizontal wie vertikal ausgerichteten Verweiszusammenhangs sakramental-liturgischen Handelns sind Teil und haben Anteil am Offenbarungs- und Verkündigungscharakter der Liturgie. Auch die Elemente und Realien sind in je unterschiedlicher und gestufter Weise in den Dienst genommen, das theologische Kerngeschehen darzustellen, das Lob Gottes zu mehren, die Aufmerksamkeit der Gläubigen zu lenken und ihre Andacht zu befördern beziehungsweise sie zumindest nicht davon abzulenken, um sie für den heilenden Zuspruch und Anspruch Gottes im Sakrament zu öffnen. In diesem Sinn gibt es „[i]m Bereich der Zeichen und Symbole [...] keine ‚Nebensachen', da jedes falsch gesetzte Zeichen zum beherrschenden Störfaktor werden kann"[29].

Aus den Überlegungen zur Bedeutung der Materie und des Materiellen innerhalb des sakramentalen Geschehens ergibt sich die Frage nach dem angemessenen Handeln innerhalb der Materie und mit den Realia des liturgischen Symbolzusammenhangs. In einem kurzen Ausblick auf die Bedeutung der Ritualität und Authentizität liturgischen Handelns wird im Folgenden der Übergang und Zusammenhang zwischen liturgischer Ästhetik und liturgischer Pragmatik zumindest angedeutet.

4. Die Bedeutung der Ritualität liturgischen Handelns

Die Liturgie ist zwar sowohl ästhetisch als auch kunstvoll durchwirkt, aber kein Kunstwerk im herkömmlichen Sinn. Die Kriterien und das Formprinzip der wesentlich ästhetischen Gestalt der Liturgie gehen nicht aus der rein menschlichen Vorstellungs- und Urteilskraft hervor, sondern liegen im schöpferischen Geistwirken und Offenbarungswillen Gottes begründet. Liegt das Formprinzip des Kunstwerks in der Urteilskraft des Künstlers, der die

29 *Albert Gerhards – Benedikt Kranemann*, Einführung in die Liturgiewissenschaft, Darmstadt [2]2006, 212.

Vielfalt und den Kontrast der Einzelmomente zu dem spezifischen Spannungsverlauf der jeweiligen Aussagegestalt anordnet, so sind alle liturgischen Elemente wie auch der Formverlauf der sakramentalen Feier von der Dramatik des Lebens und Sterbens nicht irgendeines Menschen, sondern von der Proexistenz Jesu Christi durchdrungen. Sie erhalten ihre Bedeutung, insofern sie sich der Sinngestalt des Paschamysteriums Christi einfügen. Liturgie ist nicht primär ein *Kunst*werk, das aus der Selbstverständigungsbewegung des Subjekts hervor- und in sie eingeht, sondern „Werk Christi, des Priesters, und seines Leibes, der die Kirche ist"[30]. Die von Menschen gefeierte Liturgie steht im Dienst des Offenbarungshandelns Gottes und wird im Auftrag als Aktualisierung des Heilswerkes Jesu Christi gefeiert.

Äußerer Ausdruck der von Gott gewährten Objektivität und Verlässlichkeit des sakramentalen Wirkungsgeschehens ist der Ritus, die konkrete, innerhalb einer Glaubensgemeinschaft tradierte und geschichtlich gewachsene rituelle Gestaltung liturgischen Symbolhandelns.[31] Das Ritual teilt mit der ästhetischen Situation eine besondere Expressivität des in weiten Teilen nonverbalen Ausdrucks, durch den eine Erfahrung vermittelt wird, die auf andere Weise nicht adäquat artikuliert werden kann, und der durch einen Überschuss seiner Zeichenhaftigkeit und Verweiskraft in besonderer Weise für emotionale und intuitive Konnotationen offen ist. Als formalisiertes und stilisiertes Handlungsgeschehen, dessen Inhalt und Form durch die Tradition einer Gemeinschaft geregelt sind, ist das Ritual jedoch wiederholbar.

30 SC 7. Die wechselseitige Durchdringung von göttlichem und menschlichem Handeln, von objektivem und subjektivem Aspekt in der Liturgie hob schon Papst Pius XII. in seiner Enzyklika *Mediator Dei* (1947) hervor (DH 3845).

31 Die Ritualität liturgischen Handelns fand über die Ritual Studies und deren Auseinandersetzung mit dem Phänomen eines verstärkten Interesses und Bedürfnisses nach Ritualen in weitgehend säkularisierten Gesellschaften und ihrer Reflexion in Sozial- und Gesellschaftswissenschaften auch innerhalb der Theologie einen neu bereiteten Resonanzboden; vgl. *Nathan Mitchell*, Liturgy and the social sciences, Collegeville 1999; *Paul Post*, Ritual Studies. Einführung und Ortsbestimmung im Hinblick auf die Liturgiewissenschaft, in: ALW 45 (2003) 21–45.

Die Wiederholbarkeit ist für die Vergewisserung des Menschen in seiner Glaubensbeziehung zu Gott und innerhalb der Gemeinschaft der Glaubenden von Bedeutung, weil das Ein-für-allemal der Selbstoffenbarung Gottes in Jesus Christus sich den Menschen immer wieder, aber in je neuen Lebenssituationen auf je andere Weise als nahe erweist und weil die unbedingte Entschiedenheit der Zuwendung Gottes für die Menschen nur gebrochen in den Bedingungen ihrer endlichen Freiheit (er-) lebbar wird.

Das rituell und äußerlich Vollzogene ist dabei nicht nur *Aus*druck eines innerlichen Gebetsgeschehens. Es schafft zudem, quasi in umgekehrter Reihenfolge, *Ein*druck, indem es Aufmerksamkeit lenkt, der Sammlung und Konzentration dient und so die nötige innere Haltung einer *participatio actuosa* evoziert. So sollen die Gläubigen ganz, mit Leib und Seele, mit Herz und Stimme, in das darzustellende und dargestellte Geschehen eintreten können, um das objektiv Vorgegebene des göttlich initiierten Heilsdramas in der Partitur der Kirche auch existentiell nachzuvollziehen und mit Leben zu erfüllen.[32]

Die rituelle Dimension der Liturgie kann jedoch nicht instrumentell-magisch, sondern nur korrelativ verstanden werden. Auch im zwischenmenschlichen Bereich bedarf jede Beziehung zu ihrer Vertiefung einer gewissen Regelmäßigkeit. Wird das Ritual nicht nur rein formell abgespult, sondern durch den individuellen Mitvollzug mit Leben erfüllt, kann es durch das Auswendiglernen und die stetige Wiederholung symbolisch-expressiver Handlungsabläufe (‚bis sie einem in Fleisch und Blut übergehen') zu einem vertieften Verstehen des ästhetisch und rituell nachvollzogenen Sinnzusammenhanges und zu einem verinnerlichenden Einüben in die darin zum Ausdruck kommende Beziehung zu Gott innerhalb der Gemeinschaft aller Gläubigen kommen.[33]

---

32 Vgl. SC 11, worin in Bezug auf ein Wort der benediktinischen Ordensregel und auf 2 Kor 6,1 auf die rechte Disposition und Aufmerksamkeit der Gläubigen verwiesen wird, „dass ihr Herz mit der Stimme zusammenklinge und dass sie mit der himmlischen Gnade zusammenwirken, um sie nicht vergeblich zu empfangen" (ebd.).

33 Zur Bedeutung des Auswendiglernens als einem personalen Akt der Interpretation, die in einer Dynamik wachsenden Vertrautwerdens in wechselseitiger Bedeutungserweiterung zwischen Kunst und Leben zu

Nicht zuletzt hat die Ritualität der Liturgie als normative Kraft die Wirkung einer Glaubensschule. Wenn in der Distanz, die das stilisierende Ritual zum aktualen Vollzug des Lebensalltags herstellt, innegehalten wird, um das Leben in Bitte und Dank, in Klage und Lobpreis vor Gott zu bringen, schult dies auch die Aufmerksamkeit für die Alltagserfahrungen und verändert die Wahrnehmungsperspektive, um den eigenen Blick zu weiten und sich und die Welt gleichsam mit den Augen Gottes und in seinem Licht zu sehen.[34]

5. Liturgie – Göttliche Offenbarung in der Hermeneutik des Glaubens

Die Liturgie ist als ästhetische Vollzugs- und Vermittlungsgestalt des Glaubens sowohl *Ereignis geschenkten Glaubens* als auch *Hermeneutik gelebten Glaubens*. Das liturgische Handeln der Kirche ist ein konkret geschichtliches Phänomen, in dem sich die Heilszusage Gottes an die Menschen in deren leibhaftiger Situation eines bestimmten Hier und Jetzt einer sich versammelnden Gemeinde vollzieht. Zugleich erhebt das liturgische Geschehen

---

einer liebenden Erkenntnis werden kann, vgl. *Steiner*, Von realer Gegenwart, 21 ff.

34 Wenn dem symbolischen Handeln in Ritualen eine die Sinne öffnende und schulende Wirkung möglich ist, erfordert dies ein hohes Maß an Verantwortung im Umgang mit ihnen. Es bedarf der grundsätzlichen Aufmerksamkeit und Offenheit der Kirche angesichts der vielfältig motivierten Nachfrage nach neuen, kreativen und individualisierten Formen von Ritualen. Wenn die Liturgie der Kirche *als* Ritual auch eine Glaubensschule sein soll, – welche Art und Vielfalt der Gottesdienstformen kann die Kirche den Gläubigen, aber auch den Kirchen- und Glaubensfernen im Erstkontakt anbieten? Zudem soll kirchliches Handeln aber auch seiner Normativität und irritierenden Kraft und Aufgabe in der Welt bewusst bleiben. Der Anspruch des Reiches Gottes, der sich in den liturgischen Vollzügen und Texturen verdichtet, muss für heutige Lebenserfahrungen anschlussfähig bleiben, ohne sich in die Trivialität des nur noch und allzu Menschlichen zu verlieren.

den Anspruch unbedingter Bedeutung, objektiver Gültigkeit und universaler Geltung. Denn das Ein-für-alle-Mal des Ursprungs der Liturgie im Paschamysterium Christi hat sich als Verheißung eines Je-neu ihres Ereignens gegeben, um die Zeiten übergreifende Botschaft der unbedingten Liebe Gottes zu den Menschen in den Bedingungen unseres Menschseins wahrnehmbar bleiben zu lassen.

Die gewachsene Gestalt des liturgischen Gebetsgeschehens schöpft aus dem überlieferten Glaubensschatz von Erfahrungen, die Menschen in der Begegnung mit Gott machten. Die Liturgie der Kirche bietet darin einen institutionalisierten Ereignis- und Deutungsraum an, der jedoch von der lebendigen und je neu und anders gelebten Beziehung zwischen dem Widerfahrnis Gottes und der Annahme des je einzelnen Menschen erfüllt werden muss. Die Liturgie ist die „in Glaube und Gebet aufgenommene Offenbarung“[35], in der die Kirche „alles, was sie selber ist, alles, was sie selber glaubt“[36] weitergibt.

Ob die sinnlich-sinnenhaft gestaltete und rituell geformte Liturgie auch in Zukunft als „lebendige Gestalt der Paradosis“[37] wahrgenommen und anerkannt werden kann, findet seinen Maßstab daran, ob die Richtigkeit liturgischen Handelns auf die Authentizität ihres Handelns gegenüber des in ihr primär Handelnden orientiert bleibt. So wie in der sakramental verfassten Liturgie das Sichtbare auf das Unsichtbare ausgerichtet sein soll, und so wie die latreutisch-anabatische Dimension der Liturgie aus ihrer soteriologisch-katabatischen Dimension erwächst, so soll die Richtigkeit des allgemeinen Ritus darauf ausgerichtet sein, einen je authentischen Mitvollzug des Paschamysteriums Christi durch die Gläubigen zu ermöglichen. Nicht aus der Warte der außenstehenden Beobachterin oder des stummen Zuschauers, sondern erst in der nachvollziehenden Aufmerksamkeit und im persönlichen Einlassen einer bewussten, frommen und tätigen

35 *Ratzinger*, Theologie der Liturgie, 656.

36 DV 8.

37 *Joseph Ratzinger*, Die organische Entwicklung der Liturgie, in: *ders.*, Theologie der Liturgie, 713–718, hier 715.

Mitfeier lässt sich das unsichtbar Dargebotene der Liturgie, die Selbstmitteilung Gottes, in der sichtbaren Darbietung der Menschen erschließen.[38] Die *actuosa participatio* aller Gläubigen in der Liturgie, die in gegenseitiger Zuordnung zum Zeugnis und der Diakonie in der Welt realisierender Ausdruck der ihnen in der Taufe verliehenen Teilhabe am Priester-, König- und Prophetsein Christi ist, bleibt deswegen das tragende Motiv, das alle kritische Reflexion und Bemühung um eine angemessene liturgische Feiergestalt und liturgische Bildung leiten soll. Um die sakramentale Wirklichkeit innerhalb der Ästhetik der Liturgie wahrhaftig versinnbildlichen zu können, bedarf es nicht nur, aber in besonderer Weise auf Seiten des Vorstehers einer *ars celebrandi*, die unterschiedliche sachlich-fachliche Kompetenzen mit pastoraler Sensibilität verbindet, theologisch reflektiert und durch den Vollzug des Gefeierten im eigenen Leben spirituell durchdringt.[39]

6. Von der liturgischen Ästhetik zur liturgischen Pragmatik

Hinsichtlich der Notwendigkeit liturgischer Bildung aller Gläubigen allgemein, insbesondere aber der Ausbildung zukünftiger Liturgen stellt sich die Frage, inwieweit eine *ars celebrandi* lehrbar und erlernbar sein kann. Drei Aspekte scheinen mir dazu bedeutsam zu sein:

1) Wie jede Kunst (-fertigkeit) setzt auch die Kunst liturgischen Feierns voraus, dass vor allem diejenigen, die in der Rolle des Vorsteherdienstes verantwortlich handeln, das dazu nötige *Handwerkszeug* theoretisch durchdrungen haben und praktisch meisterlich beherrschen. Das ‚Handwerk' liturgischen Feierns setzt

38 Vgl. SC 48, ebenso SC 14–20; 30.

39 Vgl. *Werner Hahne*, Ars celebrandi – Die Kunst des Feierns, in: HlD 44 (1990) 3–20; *Michael Kunzler*, Liturge sein. Entwurf einer Ars celebrandi, Paderborn 2007. Zur wechselseitigen Zuordnung von *ars celebrandi* und *actuosa participatio* vgl. *Benedikt XVI.*, Sacramentum Caritatis, [40].

neben der Vertrautheit mit den sprachlichen wie gestischen Texturen der liturgischen Abläufe auch das Wissen um die dogmatischen wie liturgiehistorischen Hintergründe ihrer geschichtlich gewachsenen Partitur und die Reflexion der (liturgie-) theologischen Bedeutung einzelner Ausdrucksgestalten wie auch des gesamten Kontextes von Sinngestalt und Sinngehalt der liturgischen Feiereinheit voraus.

2) Analog zu anderen darstellenden Künsten ist auch die Feier der Liturgie eine *Form der Interpretation und Rezeption.* Der Darsteller eines klassischen Bühnenwerkes etwa muss nicht nur den wiederzugebenden Text und seine Bedeutung kennen. Er muss sich darüber hinaus seiner selbst als Person und der Lebenswelten seiner Gegenwart, in die hinein der Text erklingen und in denen er von seinen Zeitgenossen wahrgenommen werden soll, sehr wohl bewusst sein. Erst vor dem Hintergrund eines kritischen Bewusstseins von der Fremdheit und Distanz zwischen dem ursprünglichen Werk und seiner je konkreten Umsetzung innerhalb eines je anders bestimmten Verstehenshorizontes kann es zu einer interessanten und relevanten Vermittlung des Werkes und seines Aussagegehaltes kommen. Auch die Kunst liturgischen Feierns verlangt nach einer theologischen Hermeneutik, die das darzustellende Geschehen mit der Lebenswelt der jeweiligen Menschen in Kontakt zu bringen weiß. Für die Ausbildung von Liturgen bedeutet dies, dass neben grundlegenden Kenntnissen im Bereich der Bewusstseinsgeschichte und Philosophie, der Psychologie und Sozialwissenschaften auch das bleibende pastorale Interesse an der konkreten Lebenswirklichkeit der Menschen und der wache Austausch mit den unterschiedlichen Lebensformen und Ausdrucksgestalten ihres Lebensgefühles nötig und theologisch zu reflektieren sind.

3) Ein Drittes, was gelingende Kunst voraussetzt und auszeichnet, kann unter dem Begriff der *Inspiration* der Kunstschaffenden gefasst werden. Erst in und durch die Person der Interpretin oder des schaffenden Künstlers wird ein Kunstwerk konkret in die Welt gesetzt und zu Gehör oder Gesicht gebracht. Dieser schöpferische Vorgang fordert eine häufig sogar tiefgreifende, existentielle Auseinandersetzung des Künstlers mit dem Darzubietenden. Die Darstellenden empfinden sich häufig selbst, noch

bevor sie zu Aussprechenden und Ausgestaltenden werden, als Angesprochene.[40] Analog dazu gründet die *ars celebrandi* aller in der Liturgie Handelnden in einer lebendigen Beziehung zu dem, dessen schöpferisches Heilswerk in dieser Welt und durch ihre Geschichte hindurch alle Menschen aller Zeiten und Orte erreichen und verwandeln möchte. Gottes Werk *ist* Beziehung und hat in Jesus Christus Beziehung zu den Menschen aufgenommen, die im Wirken des Heiligen Geistes je neu gegenwärtig und verlebendigt wird. Liturgisches Handeln beginnt deswegen im Hören auf Gottes Mensch gewordenes Wort an die Menschen und ist schon Antwort auf diesen Anspruch, die durch das Wirken des Geistes ermöglicht wie im freien personalen Vollzug der Menschen realisiert wird. Eine authentische Wiedergabe dessen und eine existentielle Hingabe in das Heilsgeschehen hinein, das Gott den Menschen im Paschamysterium Christi gegeben hat und auch weiterhin im liturgischen Handeln der Kirche gibt, wird sich im Spannungsfeld zwischen kritischer Rezeptivität und verantworteter Kreativität, zwischen Gehorsam und Innovation bewegen müssen.

In der Feier der Liturgie geht es nicht so sehr um eine punktuell bestimmbare und rechtmäßige *Gültigkeit* des menschlich-liturgischen Handelns als vielmehr um die Echtheit und Authentizität des personalen Begegnungsgeschehens zwischen Gott und Mensch, das als von Gott geschenkte Wirklichkeit verbürgt ist und seine verwandelnde Wirkung in Welt und Geschichte zeitigt, insofern es durch das Leben und Handeln der Menschen getragen ist.[41] In der Liturgie vollzieht sich in erster Linie das „Werk unse-

40 George Steiner spricht von einer unabdingbaren Unmittelbarkeit des Werkerlebens, die Interpreten wie Betrachtende zu ‚Amateuren', zu Liebhabern des Dargestellten wandelt (vgl. *Steiner*, Von realer Gegenwart, 23).

41 Mit Papst Benedikt XVI. kann die Liturgie als Lehrmeisterin der Orthodoxie bezeichnet werden. Im Blick auf die ursprüngliche Wortbedeutung führt dieser nämlich aus: „Es geht nicht um die richtige ‚Meinung' über Gott, sondern um die rechte Weise ihn zu verherrlichen, auf ihn zu antworten. Denn das ist die Grundfrage des Menschen, der anfängt, sich selbst recht zu verstehen: Wie muss ich Gott begegnen? So ist das Lernen der rechten Weise der Anbetung – der Orthodoxie – das,

rer Erlösung“[42]. Entscheidend für den *Mit*vollzug dieses Glaubensgeheimnisses ist deswegen nicht so sehr, dass wir formalistisch *recte* handelnd Recht haben und Recht bekommen, sondern dass wir der Heiligkeit und Gerechtigkeit Gottes *vere*, wahrhaft und wahrhaftig zu entsprechen suchen und uns als von Gott Gerechtfertigte bewähren.

---

was uns vom Glauben vor allem geschenkt wird“ (*Benedikt XVI.*, Zum Eröffnungsband meiner Schriften, in: *ders.*, Theologie der Liturgie, 5–8, hier 6).

42 SC 2.

Lex orandi – lex credendi

Prinzipientheologische Modelle zur systematisch-theologischen Relevanz des Gottesdienstes

Julia Knop, Wuppertal

Eucharistietheologie ist ein Thema, das Dogmatik und Liturgiewissenschaft gleichermaßen angeht. Sie behandeln es in der Regel und zu Recht unter je eigenen Hinsichten und Kriterien, mit Hilfe des entwickelten und bewährten fachspezifischen Instrumentariums. Allzu oft geschah der jeweilige Zugriff in der Vergangenheit allerdings auch in bewusster Absetzung von den Methoden, Zugängen oder Ergebnissen der je anderen theologischen Disziplin. Der theologische Brückenschlag blieb und bleibt eine Herausforderung.[1] Sie ist auf eine gute interdisziplinäre Kooperation angewiesen. Die Zeichen für eine solche Kooperation stehen derzeit gut; die Zeiten der Abgrenzung scheinen zum Glück überwunden. Eine sachgerechte interdisziplinäre Verständigung muss aber natürlich auch in der systematischen Grundlegung beider Fachdisziplinen verankert werden. Die folgenden Ausführungen wollen von dogmatischer Seite einen Beitrag zu dieser Grundlegung leisten. Sie sind dem Haupt-Gegenstand dieses Sammelbandes, der Entwicklung und Interpretation der römischen Messe in Geschichte und Gegenwart, insofern vorgeordnet, als sie nicht von dem genuin dogmatischen Zugriff zum Thema Eucharistie, der Sakramententheologie, her argumentieren, sondern basaler in den Bereich der dogmatischen Prinzipienlehre einzuordnen sind. Dabei werden jedoch genau die Modelle zur Sprache kommen, die in der dogmatisch-liturgiewissenschaftlichen Diskussion um die Bedeutung und Feiergestalt der römischen Messe samt ihrer

1 Vgl. *Helmut Hoping*, Mein Leib für euch gegeben. Geschichte und Theologie der Eucharistie, Freiburg – Basel – Wien 2011.

Genese vorausgesetzt und beansprucht werden[2] – lediglich genannt seien an dieser Stelle das Prosper von Aquitanien zugeschriebene Axiom, das diesem Beitrag seinen Titel gab, sowie die loci-theologici-Systematik Melchior Canos.

Drei Jahrzehnte, bevor das Zweite Vatikanische Konzil die Liturgiewissenschaft zu einem der theologischen Hauptfächer erhob (SC 16; OT 16), beschäftigte sich der Dogmatiker Johannes Brinktrine mit der systematischen Bedeutung der Liturgie. Er tat dies noch in einer typisch neuscholastisch-dogmatischen Argumentation. Sein Erkenntnisinteresse richtete sich auf die Identifikation kirchlicher Lehre aus der Liturgie und auf die Beschreibung der Bedingungen, unter denen sich „aus einem liturgischen Text, Symbol oder Gesetz"[3] ein sicherer dogmatischer ‚Beweis' führen lasse. Er argumentierte von der Irrtumslosigkeit der Kirche in Fragen des Glaubens und der Sitten her und erklärte den ‚Beweis aus der Liturgie' für möglich und nützlich, sofern ein liturgischer Text, ein Symbol oder eine Rubrik in innerer Beziehung zum Glauben stehe, kraft kirchlicher Autorität approbiert sei und „eindeutig eine bestimmte Wahrheit"[4] ausspreche. Die Feier der Liturgie (nicht nur ihre Ordnung) verstand er als Vollzug des kirchlichen Lehramtes, weshalb ihr zu „entnehmen [sei], was heute vom magisterium ordinarium der Kirche zu glauben vorgestellt wird"[5]. Dogmatisch relevant sei der Gottesdienst der Kirche sowohl als Organ des ordentlichen Lehramts als auch zur Vorbereitung eines Dogmas, etwa der *immaculata conceptio* Mariens.

---

2 Vgl. z.B. die Studie von *Martin Stuflesser*, Memoria passionis. Das Verhältnis von lex orandi und lex credendi am Beispiel des Opferbegriffs in den Eucharistischen Hochgebeten nach dem II. Vatikanischen Konzil (MThA 51), Altenberge ²2000.

3 Vgl. *Johannes Brinktrine*, Der dogmatische Beweis aus der Liturgie, in: Scientia Sacra, hg. v. *Carl Feckes*, Köln/Düsseldorf 1935, 231–251, hier 243. Zur liturgietheologischen Einordnung Brinktrines vgl. die Arbeit von *Martin Rieger*, Liturgie und objektive Theologie. Johannes Brinktrine – ein Liturgiewissenschaftler? (PaThSt 39), Paderborn 2002.
Vgl. aus jüngerer Zeit die verwandte Argumentation von *Joseph Schumacher*, Die Liturgie als „locus theologicus", in: FKTh 18 (2002) 161–185.

4 *Brinktrine*, Der dogmatische Beweis aus der Liturgie, 246.

5 Ebd., 240.

Für einen ‚Liturgiebeweis' gelte es jeweils, den „notwendigen inneren Konnex mit dem Dogma"[6], die gesamtkirchliche beziehungsweise römische Verbreitung des betreffenden liturgischen Textes oder Symbols sowie seine Eindeutigkeit betreffs der ausgedrückten Glaubenswahrheit nachzuweisen.

Brinktrine entwickelte also die systematische Bedeutung der Liturgie in strikter Abhängigkeit von der kirchlichen Lehre. Auffällig dabei ist, dass er sie vom Glauben der Kirche unterschied – ihr in dem Maß dogmatische Relevanz zusprach, in dem sie diesen Glauben abbildet. „Wo gar keine innere Beziehung zum Glauben vorliegt, kann der betreffende Text als Beweisquelle nicht in Frage kommen"[7]. Es fällt nicht schwer, im Hintergrund seiner Ausführungen eine Interpretation von Offenbarung und Glaube zu erkennen, die – mit Max Seckler ausgedrückt, der die heutige Verständigung über den Offenbarungsbegriff maßgeblich geprägt hat[8] – dem ‚instruktionstheoretischen' Modell zuzuordnen ist, wie es beispielsweise in der dogmatischen Konstitution *Dei Filius* des Ersten Vatikanums identifiziert wird.[9] Dieses Modell erschließt die Offenbarung respektive die göttlichen „revelata" (DH 3011) im Kontext der geistesgeschichtlichen und kirchenpolitischen Situation des 19. Jahrhunderts auf einer abstrakten Ebene als „divinum depositum" (DH 3020) von Lehren und Sätzen, welche den Gläubigen (der *ecclesia audiens*) durch Instanzen des kirchlichen Lehramts (der *ecclesia docens*) als Gegenstände des Glaubens im Sinn kognitiver Zustimmung vorgelegt werden. Eben diese Vorlage kann nach Brinktrine auch die Liturgie leisten

6 Ebd., 244.

7 Ebd., 244.

8 Vgl. dazu *Max Seckler*, Theologie als Glaubenswissenschaft, in: Handbuch der Fundamentaltheologie, Bd. 4: Traktat Theologische Erkenntnislehre, hg. von *Walter Kern, Hermann Joseph Pottmeyer, Max Seckler*, Tübingen – Basel ²2000, 132–184; *Hermann Josef Pottmeyer*, Normen, Kriterien und Strukturen der Überlieferung, in: Handbuch der Fundamentaltheologie, Bd. 4, 85–108; außerdem: *Peter Hünermann*, Tradition – Einspruch und Neugewinn. Versuch eines Problemaufrisses, in: Wie geschieht Tradition? Überlieferung im Lebensprozess der Kirche, hg. v. *Dietrich Wiederkehr* (QD 133), Freiburg – Basel – Wien 1991, 45–68.

9 Vgl. *Rieger*, Liturgie, 257–287.

und genau darum hatte er ihr dogmatische Relevanz zumessen können.

Das Modell ‚Kommunikation', das die Offenbarungskonstitution des Zweiten Vatikanums kennzeichnet, erschließt Offenbarung heilsgeschichtlich-personal. Gott offenbart nicht etwas, nicht Lehren oder Wahrheiten (im Plural), sondern sich selbst. Er ist „nicht nur der freie Initiator und Träger dieses Geschehens, sondern auch deren Inhalt und Ziel"[10]. In Jesus Christus, dem Mittler und der Fülle der Offenbarung (DV 2), gewährt er Anteil an seiner Herrlichkeit (DV 2; 4; 6). Offenbarung als Selbstkundgabe Gottes ist hier ein korrelativer Begriff, zu dem konstitutiv das menschliche Gegenüber gehört, das sich in ein Begegnungsgeschehen hineingibt (DV 2–8). Leben und Geschichte der Gläubigen, ihr Hören und Antworten auf Gottes Wort und Handeln, ihr Erinnern, Danken und Bitten werden so als Orte, Zeichen und Medien der Gottesoffenbarung, ihrer Interpretation und Überlieferung verständlich. „Und so setzt die Kirche in ihrer Lehre, ihrem Leben und in ihrem Kult fort und gibt allen Geschlechtern alles weiter, was sie selber ist, alles was sie glaubt" (DV 8). Auch in diesem Modell ist es nicht ausgeschlossen, das von Gott Erfahrene, Geglaubte und Überlieferte in Lehrsätze zu überführen. Im Zentrum steht jedoch das, was diesem – nun als Konzeptualisierung erkannten – Vorgang voraus liegt: die heilvolle Begegnung von Gott und Mensch in Christus Jesus und seiner pneumatischen Gegenwart.

Dieser hier nur angedeutete Paradigmenwechsel ist für heutige Dogmenhermeneutik, für die Theologie der Offenbarung und ihrer Überlieferung sowie für die Glaubensanalyse unverzichtbar.[11] Er eröffnete auch ein neues systematisches Interesse an der

---

10 *Joseph Schmitz*, Das Christentum als Offenbarungsreligion im kirchlichen Bekenntnis, in: Handbuch der Fundamentaltheologie, Bd. 2: Offenbarung, hg. v. *Walter Kern, Hermann Josef Pottmeyer, Max Seckler*, Tübingen – Basel ²2000, 8.

11 Vgl. *Schmitz*, Das Christentum als Offenbarungsreligion im kirchlichen Bekenntnis, 1–12; *Joseph Ratzinger*, Kommentar zur Dogmatischen Konstitution Dei Verbum über die göttliche Offenbarung, in: LThK.E (1967) 498–528.571–581, hier 506–523; *Helmut Hoping*, Theologischer Kommentar zur Dogmatischen Konstitution über die göttliche Offenbarung Dei Verbum, in: Herders Theologischer Kommentar zum Zweiten

Liturgie der Kirche, die nicht als Trägermedium von Glaubenssätzen, sondern als Vollzugsgestalt des Glaubens und seiner Überlieferung ansichtig wird. Darauf lassen zumindest die seither häufigen Appelle zugunsten einer intensiveren Verständigung zwischen Liturgiewissenschaft und Dogmatik schließen.[12] Diese Mahnungen wurden von systematischer Seite allerdings erst ansatzweise eingelöst und für die prinzipientheologische Modellbildung fruchtbar gemacht.[13]

Die folgenden Überlegungen stellen sich in drei Schritten dieser Aufgabe. Zunächst wird es darum gehen, im Rahmen einer Analyse des Glaubensbegriffs, also aus genuin systematischem Impetus, die Eigenart des liturgischen Glaubensvollzugs zu umschreiben. In einem zweiten Schritt kommt mit der *loci-theologici*-Lehre Melchior Canos ein prinzipientheologisches Modell aus dem 16. Jahrhundert zur Sprache, das in der gegenwärtigen Diskussion eine wichtige Rolle spielt. Cano selbst hatte die Liturgie zwar nicht als eigenständigen theologischen ‚Ort' benannt. Es gibt aber in sei-

---

Vatikanischen Konzil, Bd. 3, hg. v. *Peter Hünermann, Bernd Jochen Hilberath*, Freiburg – Basel – Wien 2005, 695–831, hier 739–759.

12 Vgl. *Edward Schillebeeckx*, Die Liturgie als theologischer Fundort, in: *ders.*, Gesammelte Schriften I: Offenbarung und Theologie, Mainz 1965, 175–177; *Karl Lehmann*, Gottesdienst als Ausdruck des Glaubens. Plädoyer für ein neues Gespräch zwischen Liturgiewissenschaft und dogmatischer Theologie, in: LJ 30 (1980) 197–214; *Geoffrey Wainwright*, Der Gottesdienst als ‚Locus theologicus' – oder: Der Gottesdienst als Quelle und Thema der Theologie, in: Kerygma und Dogma 28 (1982) 248–258; den von *Klemens Richter* herausgegebenen Sammelband Liturgie – ein vergessenes Thema der Theologie? (FS Emil Lengeling) (QD 107) Freiburg – Basel – Wien 1986, 128–152, darin besonders die Beiträge von *Herbert Vorgrimler* und *Miguel M. Garijo-Guembe*; *Gerhard Ludwig Müller*, Die Liturgie als Quelle des Glaubens [1988], in: *ders.*, Mit der Kirche denken. Bausteine und Skizzen zu einer Ekklesiologie der Gegenwart, Würzburg 2001, 55–62; *Peter Hünermann*, Dogmatische Prinzipienlehre. Glaube – Überlieferung – Theologie als Sprach- und Wahrheitsgeschehen, Münster 2003, bes. 209–223.

13 Diesem Anliegen widmet sich meine Habilitationsschrift, auf die zur Vertiefung der folgenden Ausführungen grundsätzlich verwiesen sei: *Julia Knop*, Ecclesia orans. Liturgie als Herausforderung für die Dogmatik, Freiburg – Basel – Wien 2012.

nem System Ansatzpunkte für eine entsprechende Integration des Gottesdienstes. Der letzte Abschnitt interpretiert auf dieser Basis das altkirchliche Axiom *lex orandi – lex credendi*, das in der Debatte um die systematische Relevanz der Liturgie vielfach beansprucht wird, dabei durchaus unterschiedlich ausgelegt wird.

1. Glaube im Vollzug: Liturgie als Thema der Dogmatik

Für die dogmatische Theologie ist es bis heute nicht selbstverständlich, den Gottesdienst der Kirche in die eigene Reflexion einzubeziehen. Zwar ist, wie Alois Stenzel bereits 1965 notierte, der Ruf des Zweiten Vatikanum (SC 16) nach einer substantiellen Vertiefung und Verankerung der (systematisch-) theologischen Reflexion durch die Liturgie in aller Munde. Doch *wie* dies geschehen solle, ist weithin unklar.

> „Eine größere materiale Berücksichtigung ist kein Problem. Nur eben: eine zusätzliche Häufung von Belegen aus der Liturgie für zu beweisende Thesen macht solche Theologie um keinen Deut ‚liturgischer'. […] Eine befriedigende theologische Antwort kann doch wohl nur gegeben werden, wenn genauer bestimmt wird, *wie* denn die Liturgie ihren Beitrag für eine heilsgeschichtliche Dogmatik leisten kann und soll."[14]

Bisher kommt die Liturgie dogmatisch im Wesentlichen im Traktat Ekklesiologie vor, wo sie als einer der drei Grundvollzüge der Kirche (*martyria – liturgia – diakonia*) benannt wird. Die theologische Auseinandersetzung mit diesen Vollzügen wird sodann an die Nachbardisziplinen Liturgiewissenschaft und Sozialethik beziehungsweise Caritaswissenschaft delegiert. Ob der Gottesdienst[15] auch Gegenstand einer dogmatischen Reflexion im stren-

14 *Alois Stenzel*, Vollzugsweisen der Vermittlung, in: MySal 1 (1965) 606–624, hier 608; Hervorhebung: J.K.

15 Die Frage stellt sich ebenso mit Blick auf die Diakonie der Kirche; das wäre jedoch Thema einer eigenständigen Auseinandersetzung.

gen Sinn sein kann, ohne darüber seine Eigenart, Feier (nicht Reflexion) des Glaubens zu sein, zu verlieren, ist jedoch strittig. Dass diese Sorge, die vor allem von liturgiewissenschaftlicher Seite vorgetragen wird, nicht unberechtigt ist, wenigstens lange Zeit nicht unberechtigt war, zeigen die eingangs zitierten Passagen von Brinktrine, in denen Liturgie letztlich als Inszenierung kirchlicher Doktrin wahrgenommen wurde. Liturgie – einzelne Texte, Zeichen und Rubriken – wurde erst auf dem Weg eines Formatwechsels in einen für die Dogmatik seiner Zeit typischen Argumentationsgang einbezogen.

Doch warum sollte der Gottesdienst überhaupt ein Thema der Dogmatik sein, die sich doch in erster Linie der Erschließung des Glaubens, seiner Gehalte, Bedeutung und inneren Systematik widmet? Aus dogmatischer Perspektive stellt sich diese Frage vor einer interdisziplinären Diskussion zunächst im Zuge einer Vergewisserung des eigenen Fachs, seines Formal- und Materialobjekts. Es ist zu zeigen, dass und warum Dogmatik um einer sachgerechten Bestimmung ihres eigenen Untersuchungsgegenstands und Anforderungsprofils willen das liturgische Tun der Kirche einbeziehen kann und sollte und welche die genuin dogmatische Herangehensweise wäre. Andernfalls ist der Verdacht kaum von der Hand zu weisen, dass sie, wenn sie sich mit der Liturgie der Kirche beschäftigt, ihr eigenes Metier verlässt und sich zum Schuster fachfremder Leisten erhebt.

Christoph Böttigheimer hat Dogmatik jüngst so beschrieben:

> „Dogmatik will die in den Offenbarungsquellen bezeugte Selbsterschließung Gottes in Jesus Christus in ihrer Gesamtheit erforschen und den Glaubensinhalt systematisch so darstellen, dass er für das konkrete Leben der Kirche sinnerhellend fruchtbar wird. Dabei werden die formalen Dogmen der Kirche, in denen einzelne zentrale Glaubenswahrheiten verbindlichen Ausdruck gefunden haben, auf heilsgeschichtliche Weise entfaltet und systematisch interpretiert und begründet. Zudem wird der Reichtum der gesamten christlichen Tradition (Kirchenväter, Lehre, Leben, Liturgie etc.) gesichtet, zusammengefasst und so systematisiert, dass der Glaubensgehalt in den zeitbedingten Aussagen der Tradition erkennbar und ver-

ständlich vermittelt […], d. h. den Kriterien menschlicher Vernunft gerecht wird."[16]

Wesentlich für diese Definition ist die Bestimmung der Selbstoffenbarung Gottes in Jesus Christus als inhaltliches Zentrum dogmatischer Reflexion sowie die heilsgeschichtliche Perspektive auf sie. Dadurch werden Offenbarung und ihre Rezeption, also das gläubige Hören, Deuten und Verkünden des menschgewordenen Wortes Gottes, als geschichtliche und personale, dabei aufeinander verwiesene Größen kenntlich. Offenbarung wird so in ihrem menschlichen Pendant zugänglich, sie erschließt sich im Bekenntnis, in ihrer Verkündigung und Überlieferung durch die Gläubigen. Eine solche Zuordnung von Offenbarung und Glaube ist keine hypertrophe Überschätzung menschlichen Tuns, sondern Konsequenz des oben angedeuteten dynamisch-personalen Offenbarungsverständnisses unserer Tage.[17] Deshalb konnte Wolfgang Beinert 20 Jahre zuvor knapp und treffend formulieren:

„Dogmatik ist die theologische Wissenschaft von der *in der Gesamtverkündigung der Kirche sich aussprechenden Selbsterschließung Gottes* durch Jesus Christus im Heiligen Geist, *wie sie im christlichen Glauben angenommen und für das christliche Leben verbindlich wird.*"[18]

---

16 *Christoph Böttigheimer*, Dogmatik, in: Neues Lexikon der katholischen Dogmatik, hg. v. *Wolfgang Beinert, Bertram Stubenrauch*, Freiburg i. Br. 2012, 133.

17 „Das Wort [Gottes] bleibt das Erste, die Antwort das Zweite – die Reihenfolge ist nicht umkehrbar. Aber beides […] lässt doch auch keine Trennung zu. Nur weil das Wort Ant-wort gefunden hat, ist es überhaupt als Wort stehengeblieben und wirksam geworden. Wort ist vom Wesen her eine Beziehungswirklichkeit – es setzt den Sprechenden ebenso wie den hörend-Empfangenden voraus; es erlischt nicht nur, wenn niemand spricht, sondern auch, wenn niemand hört. […] So gibt es das Wort immer nur mit der Antwort, durch sie hindurch, und das gilt auch vom Wort Gottes, von der Schrift." *Joseph Ratzinger*, Theologische Prinzipienlehre. Bausteine zur Fundamentaltheologie, München 1982, 153.

18 *Wolfgang Beinert*, Dogmatik, in: Lexikon der katholischen Dogmatik, hg. v. *Wolfgang Beinert*, Freiburg – Basel – Wien 1991, 91; Hervorhebung: J. K.

Christliche Theologie im Allgemeinen, Dogmatik im Besonderen, ist demnach als Glaubenswissenschaft Lehre über beziehungsweise Rede von Gott. Das unterscheidet sie von den Religionswissenschaften, der Religionsphilosophie und Religionsgeschichte.[19] Sie bearbeitet ihr Thema – Gott[20] beziehungsweise die Wirklichkeit *sub ratione Dei seipsum revelantis*[21] –, indem sie Glaubenszeugnisse, Glaubensgestalten und Glaubensbekenntnisse ihrer Bekenntnisgemeinschaft reflektiert, in denen Gottes Wort, Jesus Christus selbst, offenkundig und pneumatisch gegenwärtig wird.[22] Für die dogmatische Theologie, die das Offenbarungszeugnis systematisch darstellen und im jeweiligen geschichtlichen Verständigungskontext vermitteln will, ist deshalb eine Analyse des Glaubensbegriffs unverzichtbar. Sie geschieht in der dogmatischen Erkenntnis- und Prinzipienlehre, welche den thematisch orientierten Einzeltraktaten üblicherweise als systematische Grundlagenreflexion vorangestellt wird.

Hier hat sich die Unterscheidung zweier Ebenen etabliert, mit denen die Eigenart des Glaubens, die sich vor allem sprachpragmatisch zeigt, deutlich gemacht wird. Er hat zunächst eine inhaltliche Dimension. Er ist *logos*-Glaube, der sich in Sprache ausdrückt und der vernünftigen (logosgemäßen) Reflexion, dem *intellectus*

---

19 Vgl. *Ingolf U. Dalferth*, Religiöse Rede von Gott (Beiträge zur Evangelischen Theologie 87), München 1981, 369–372; *Erhard Kunz*, Glaubwürdigkeitserkenntnis und Glaube (analysis fidei), in: Handbuch der Fundamentaltheologie, Bd. 4, 301–330.

20 In der Sprache des Aquinaten (S.th. I 1,7c) ausgedrückt: insofern das subiectum, das Formalprinzip, aller Theologie Gott selbst ist: „Omnia autem pertractantur in sacra doctrina sub ratione Dei vel quia sunt ipse Deus; vel quia habent ordinem ad Deum, ut ad principium et finem."

21 „Indem [...] der Glaube die Bedeutung der Geschichte Jesu darin erkennt, das endgültig offenbarende Geschehen der Liebe Gottes und somit Gottes Selbstoffenbarung zu sein, findet er seine Wahrheit – er findet sie in der Wahrnehmung dieser Geschichte als Gottes Selbstoffenbarung. Kurz: Dasselbe geschichtliche Ereignis, in dem der Glaube als seinem Ursprung und Fundament gründet, ist auch der erste Gegenstand und der ursprüngliche Inhalt des Glaubens." *Thomas Pröpper*, Theologische Anthropologie, Bd. 1, Freiburg – Basel – Wien 2011, 74; vgl. ebd., 68–79.

22 Vgl. dazu *Seckler*, Theologie als Glaubenswissenschaft, 131–184; *Hünermann*, Dogmatische Prinzipienlehre, 1–32.

fidei, zugänglich ist. Darauf bezieht sich der Terminus *fides quae creditur*. Diese inhaltliche Seite der *fides* lässt sich jedoch nicht ohne Substanzverlust von der Gestalt lösen, in der sie zur Sprache kommt. In aller Regel stehen Glaubensaussagen, also etwa Gebete und Bekenntnisse, in der 1. Person Singular oder Plural beziehungsweise sind, wie in der Verkündigung, eingebunden in ein bestimmtes Kommunikationsformat. Es handelt sich durchweg um beteiligte, identifikatorische, performative Gott-Rede (*theologia prima*). Auf diese Ebene, die Beschreibung des Glaubens als Vollzug (*actus credendi*), verweist der Terminus *fides qua creditur*. Daran anschließend kann – über die gewohnte Verständigung hinaus – eine dritte Dimension benannt werden. Der Glaube ist im christlichen Kontext durchweg eine *communiale* Größe: *fides ecclesiae*, an der die Taufe Anteil gibt.[23] Wer das Credo bekennt, bekundet, dass er sich in das Gottesverständnis und vor allem in das Gottesverhältnis dieser konkreten Gemeinschaft einschreiben, dass er ihr Gedächtnis seines heilschaffenden Handelns, ihr Beten und Bitten teilen, in ihren Dank und Lobpreis einstimmen möchte.[24] Individuelle und gemeinsame Glaubensgeschichte sind synchron und diachron ineinander verschränkt. Das zeigt anschaulich die Pragmatik des Credo[25], des inhaltlichen Zentrums des Tauf-

---

23 Das verdeutlichen in besonderer Weise die Vollzüge der traditio und redditio symboli im Taufkatechumenat, die in der heutigen Form auf die sprechenden altkirchlichen Riten zurückgreifen. Zur Praxis in der Alten Kirche vgl. *Michael Max*, Die Weitergabe des Glaubens in der Liturgie. Eine historisch-theologische Untersuchung zu den Übergaberiten des Katechumenats (StPLi 20) Regensburg 2008; für den Verantwortungsbereich Augustins vgl. *Knop*, Ecclesia orans, 94–110; außerdem die liturgietheologische Erschließung des Getauftseins über eine Analyse der Manuskriptausgabe zur Feier der Eingliederung Erwachsener in die Kirche von 2001: ebd., 332–351.

24 Vgl. *Richard Schaeffler*, Kleine Sprachlehre des Gebets, Einsiedeln, Trier 1988; zur Memoria Dei: *Stephan Wahle*, Gottes-Gedenken. Untersuchungen zum anamnetischen Gehalt christlicher und jüdischer Liturgie (IThS 73), Innsbruck 2006, bes. 410–429.

25 Aus der Vielfalt der altkirchlichen Symbola, der überlieferten Glaubensbekenntnisse, wurden (in der Westkirche) v.a. das Apostolikum und (in Ost und West) das Nicaeno-Konstantinopolitanum dominant. Vgl. die Sammlung: Bibliothek der Symbole und Glaubensregeln der Alten Kirche

glaubens, von dem aus sich entfaltet und auf das sich bezieht, was unter den reichlich abstrakten Begriff „Glaube der Kirche" fällt, dem sich die Dogmatik systematisch verschrieben hat. Das zeigt ebenso die Geschichte der eucharistischen Liturgien. Eucharistie und Bekenntnis begegnen nicht als Texte, sondern als Sprach- und Symbolhandlungen (*theologia prima*). Sie sind in bestimmten geistesgeschichtlichen Konstellationen gewachsen und werden in ebenso konkreten kulturellen Kontexten persönlich angeeignet, verstanden, gemeinschaftlich begangen, beglaubigt und weitergetragen. Die Überlieferung „wird bewahrt, indem sie gegenwärtig und auf Zukunft hin angeeignet wird"[26].

Die Liturgie der Kirche kann nun in ausgezeichneter (wenngleich nicht exklusiver[27]) Weise als Gestalt des Glaubens und seiner Überlieferung beschrieben werden, in der diese drei Dimensionen des Glaubens – Inhaltlichkeit, Pragmatik beziehungsweise Symbolik und Communialität – ineinander greifen. Wort Gottes und Antwort der Gläubigen, Verkündigung und Bekenntnis, Anrede und glaubende Zustimmung, Zuspruch und Dank sind hier in einem einzigen Wort-, Symbol- und Handlungszusammenhang miteinander verbunden. Der Gottesdienst zeigt als Sprach-, Symbol- und Handlungsgeschehen an, was den Glauben in seiner primären Gestalt kennzeichnet. Damit ist die Einbindung liturgischer Vollzüge in den Gegenstandsbereich und das Anforderungsprofil dogmatischer Reflexion erreicht, ohne sie, wie Arno Schilson befürchtet hatte, in das Format einer Lehre, „Verlautbarung oder sinnenfällige[n] Darstellung von etwas [zu pressen], das zuvor bereits in reflexer Deutlichkeit satzhaft oder worthaft als Wahrheit

---

[1877], hg. v. *August Hahn*, 3., vielfach veränderte und vermehrte Auflage von G. Ludwig Hahn, mit einem Anhang von Adolf Harnack, Hildesheim 1962; *John Norman Davidson Kelly*, Altchristliche Glaubensbekenntnisse. Geschichte und Theologie, dt.: Göttingen 1972, 9–102; *Julia Knop*, Breviarium fidei. Das Apostolische Glaubensbekenntnis, in: IKaZ 40 (2011) 210–220.

26 *Walter Kasper*, Tradition als Erkenntnisprinzip. Systematische Überlegungen zur theologischen Relevanz der Geschichte, in: ThQ 155 (1975) 198–215, hier 201; vgl. ebd., 209–212.

27 Hier wäre einmal mehr auf das diakonische Handeln der Kirche, ebenfalls einer ihrer Wesensvollzüge, zu verweisen.

des Glaubens formuliert worden ist“[28]. Dogmatik bleibt vielmehr um der sachgerechten Erfassung ihres Gegenstands, also aus einem genuin dogmatischen Interesse, auf den inneren Zusammenhang von Glaubensaussage, Glaubensvollzug und Glaubenssubjekt verwiesen. Sie sollte deshalb – im Jargon der dogmatischen Prinzipienlehre gesagt – die *analysis fidei (ecclesiae) qua creditur* als formale Perspektive durchgehend, nicht nur im Rahmen der *praeambula*, im Blick behalten und in ihrer Bedeutung für den Status und die Bedeutung religiöser Aussagen bedenken. Dazu ist eine Glaubenshermeneutik zu entwickeln, die das Zusammenspiel von Semantik, Symbolik und Pragmatik sowie die Kirche als Subjekt des Glaubens und seiner Überlieferung miteinander zu verbinden und gegenseitig zu erschließen erlaubt.[29]

Bezogen auf das, was geschieht, wird Liturgie als *Glaube in actu* verständlich. Bezogen auf ihren Träger erscheint sie als *Kirche in actu*: Liturgie ist *ecclesia orans* (Josef A. Jungmann). Nicht nur der Gottesdienst der Gegenwart, der sich traditionshermeneutisch in den *actus tradendi* einschreiben lässt, sondern auch die liturgischen Traditionen (als *traditum*) der Kirche(n) können dabei als Artikulationen der *fides ecclesiae* verstanden werden. *Inhaltlich* ist dies der Fall, insofern die Liturgie in der *traditio ecclesiae* und ihrem Auftrag, die Heilige Schrift (*traditio constitutiva*) zu verkündigen und auszulegen (*traditio interpretativa*), steht; personal, insofern sie communialer Vollzug von Kirche ist; modal, insofern die liturgische Feier der Gemeinde Raum und

---

28 *Arno Schilson*, „Gedachte Liturgie“ als Mystagogie. Überlegungen zum Verhältnis von Dogmatik und Liturgie, in: Dogma und Glaube. Bausteine für eine theologische Erkenntnislehre (FS Walter Kasper), hg. v. *Eberhard Schockenhoff, Peter Walter*, Mainz 1993, 213–234, hier 216.

29 Die Binnendifferenzierung der Theologie geschieht daher sinnvollerweise nicht durch Aufspaltung und Verteilung dieser Dimensionen der fides an die Einzeldisziplinen – in dem Sinn, dass sich z. B. die Dogmatik ausschließlich auf die fides quae creditur, die Religionspädagogik auf die fides qua creditur und das Kirchenrecht auf die Träger-Ebene des Glaubens konzentrieren sollte. Die theologischen Fächer unterscheiden sich den obigen Ausführungen zu Folge weniger in ihrem Materialobjekt, der fides in der Vielfalt ihrer Ausdrucksformen, als vielmehr in ihrer Perspektive auf diesen gemeinsamen Gegenstand.

Möglichkeit eröffnet, als Beteiligte in das responsorisch-doxologische Geschehen des Glaubens, der dankenden Vergegenwärtigung von Gottes Wort, einzutreten.

2. Offenbarung und Überlieferung: *De locis theologicis*

Ein wichtiger Strang der prinzipientheologischen Reflexion liturgischer Vollzüge greift die Systematik Melchior Canos auf. Er hat im 16. Jahrhundert mit seiner einschlägigen Arbeit den Begriff *locus theologicus* geprägt,[30] der in der katholischen[31] Theologie als Terminus technicus für eine normative und regelgerechte Erhebung theologischer Quellen und für die Beurteilung theologischer Erkenntnis aus diesen Quellen rezipiert wurde. Canos Anliegen war es, eine theologiespezifische *ars disserendi* vorzulegen: eine Grundlegung der Frage nach der Beson-

30 Sein einschlägiges Werk *De locis theologicis* – 1563 posthum erschienen; heute zugänglich als erster Band der Reihe Theologiae. Cursus completus 59–745 (1839) – entstand im Kontext der Salmantizenser Thomas-Rezeption an der Schwelle von Spätmittelalter und Neuzeit. Prägend war zudem die geistesgeschichtliche Herausforderung der katholischen Kirche durch Reformation und Tridentinum, die zu einer Selbstvergewisserung und Neubestimmung als Konfessionskirche nötigte. Die dringend nötige kritische Edition und Übersetzung dieses Werkes ist derzeit in Würzburg unter Leitung von *Elmar Klinger* in Arbeit.
Zur Systematik Canos vgl. die einschlägige Monographie von *Bernhard Körner*, Melchior Cano, De locis theologicis. Ein Beitrag zur theologischen Erkenntnislehre, Graz 1994; zur Bedeutung der Liturgie in Canos System vgl. ausführlich *Knop*, Ecclesia orans, 181–212.

31 Im protestantischen Kontext beschreibt der Terminus ‚locus theologicus' keine Formalprinzipien, sondern Leitthemen, Hauptstücke des Glaubens (z. B. Gott, Schöpfung, Mensch, Sünde, Gnade, Gesetz, Sakramente), die mit Hilfe des Formalprinzips der Heiligen Schrift bestimmt werden und als „Raster der theologischen Stofferfassung bzw. als Organisationsschema der Stoffbehandlung" (*Max Seckler*, Loci theologici, in: LThK[3] 6 [1997] 1014–1016, hier 1015) dienen. Vgl. dazu *Siegfried Wiedenhofer*, Formalstrukturen humanistischer und reformatorischer Theologie bei Philipp Melanchthon, Frankfurt am Main 1976.

derheit, dem Ursprung, der Hierarchie und vor allem dem Geltungsgrund von Argumenten, die in der Theologie verwendet werden.

Systembildendes Prinzip ist für Cano die *argumentatio ex auctoritate*.[32] Sie sei, so formuliert er unter Rückgriff auf Thomas von Aquin (S.th. I 1,8), die der Theologie gemäße Methode, da diese ihre Prinzipien nicht spekulativ entwickle, sondern der Offenbarung Gottes entnehme, dem höchste und letzte Autorität zukommt. Die *loci theologici* geben Cano zu Folge nun die „quasi argumentorum *sedes*" an. Sie umschreiben „domicilia", das heißt Orte – gemeint sind Bereiche, Ebenen –, in denen theologische Argumente „wohnen", in denen sie daher gesucht und auch gefunden werden können. Über diese inventarische Bedeutung der theologischen Fundorte hinaus verhilft das System der *loci* zu einem begründeten Urteil (*iudicium*) über den Rang und die Geltung eines theologischen Arguments. Canos Interesse richtete sich dabei weniger auf die Konstruktion einer „Methodologie für die Theologie [... als vielmehr auf] eine Kriteriologie für die kirchliche Glaubenslehre"[33] – ihm ging es um die Identifikation und Abgrenzung der *fides catholica.* Maßgeblich dafür ist eine Reflexion auf die Geltung, die einem Argument zugemessen werden kann. Sie wird durch die jeweilige Instanz, die dem theologischen *locus* zugrunde liegt, bestimmt. Diese Instanz wiederum steht in einem differenzierten Gefüge verschiedener glaubensbezeugender Größen, die je auf ihre Weise die Autorität Gottes vermitteln beziehungsweise zur Geltung bringen. Canos Argumentation *ex auctoritate* ist dabei letztlich eine Argumentation *ex fide.* Ausgangspunkt, Ur-Topos und systemkonstituierendes Prinzip seiner loci-Lehre ist das „credo [...] ecclesiam" des Glaubensbekenntnisses: die im Glauben verwurzelte und für ihn im Rahmen seiner loci-Lehre nicht eigens legitimationsbe-

32 Zum mittelalterlichen Verständnis des auctoritas-Begriffs, das klar in Canos Konzeption hineinreicht, vgl. die bereits älteren Ausführungen von *Yves Congar*, Die Tradition und die Traditionen. Bd. 1, Mainz 1965, 119–133.

33 *Körner*, Melchior Cano, 307.

dürftige Überzeugung, dass Glaube und Überlieferung nur denkbar sind

> „im Rahmen einer Glaubensvermittlung, Glaubensverbürgung und Glaubenserkenntnis, die sich innerhalb einer ganz bestimmten Konstellation von kirchlichen und anderen gnoseologischen Instanzen abspielt. [...] Er geht vom Glauben an die Kirche und ihre Autorität aus und strukturiert den Zusammenhang zwischen göttlicher Autorität und kirchlicher Autorität unter Einbeziehung der inhaltlichen Ebene auf eine bestimmte Weise, die deutlich macht, inwieweit der menschlichen Autorität der Kirche göttliche Qualität zukommt, nämlich insofern in der theologischen Erkenntnis der Kirche die veritas prima zur Sprache kommt."[34]

Cano benennt mit seinen *loci* also nicht einfach Bereiche, aus denen heraus im Sinn eines simplen Schrift- oder Traditionsbeweises positivistisch argumentiert werden könnte. Er vermittelt vielmehr die Geltung eines Arguments mit der theologischen Qualität einer ganzen Reihe von verschiedenen Instanzen des Glaubens beziehungsweise der Kirche, die strukturell miteinander verbunden sind, weshalb Max Seckler treffend, sperrig von „einer strukturellen Kirchlichkeit theologischer Erkenntnis"[35] spricht.

Im Einzelnen unterscheidet Cano 10 *loci*, die in zwei beziehungsweise drei Gruppen gegliedert werden können. An erster Stelle steht (1) die Autorität der Heiligen Schrift, die, göttlich inspiriert, als einziger ‚Wohnsitz' theologischer Prinzipien *argumenta firma* erschließe. Hier und in (2) der Autorität der (mündlich) überlieferten Traditionen Christi und der Apostel sind die eigentlichen und rechtmäßigen Prinzipien der theologischen Argumentation grundgelegt. Die *loci* 3–7 sind *loci*, aus denen glaubensspezifische Argumente (*argumenta propria*) erhoben werden können, weil die ihnen zugeordneten Instanzen den Glauben der Kirche bezeugen. Sie sind als interpretative Instanzen den *loci theologici* primi zu- und nachgeordnet. Cano nennt die Auto-

34 *Körner*, Melchior Cano, 336 f.

35 *Körner*, Melchior Cano, 181.

rität der *Ecclesia Catholica* (3), der Konzilien (4), der römischen Kirche (5), der Väter (6) und der Theologen (7). Jede dieser Instanzen repräsentiere auf ihre Weise, das heißt in ihrer Perspektive, Reichweite und Kompetenz, das Ganze der Kirche und die *auctoritas* der unfehlbaren Gesamtkirche. Diese erschließt Cano in Gestalt des *locus* 3 eigens als Ort des Glaubens, seiner Überlieferung und Gewissheit. Zusammen bilden diese *loci* einen ekklesialen Verbürgungszusammenhang.[36] Sie sind bei Cano im Unterschied zu seiner (vor allem neuzeitlichen) Rezeption[37] weder auf einen Träger reduziert noch untereinander hierarchisiert. So unterschiedlich die Instanzen der *loci* 3–7 in ihrer jurisdiktionellen Kompetenz sind – hinsichtlich ihrer Zeugnis- und Wahrheitsfähigkeit und ihrer Wächterfunktion befinden sie sich auf gleicher Ebene. Während die *argumenta aliena* der *loci* 8–10 (die Autorität der natürlichen Vernunft, der Philosophen und der Geschichte) grundsätzlich nur *argumenta probabilia* enthalten können, sind die *argumenta* der genuin theologischen *loci* 1–7 prinzipiell fähig, *argumenta certa* zu liefern – eben kraft der Anteilhabe ihrer Instanzen an der Autorität der göttlichen Offenbarung.[38] Zusammen bilden die 10 *loci* ein strukturiertes Ganzes, bei dem keine Instanz von den anderen separiert werden kann.

Melchior Canos Prinzipienlehre zeichnet sich durch eine grundlegende Gegenüberstellung der Offenbarung Gottes auf der einen Seite und der kirchlich verfassten Gemeinschaft der Gläubigen auf der anderen Seite aus. Alle von ihm benannten *loci* sind, unbeschadet ihrer Binnengliederung,[39] Bezeugungs- und Inter-

36 Vgl. *Max Seckler*, Die ekklesiologische Bedeutung des Systems der ‚loci theologici'. Erkenntnistheoretische Katholizität und strukturale Weisheit, in: Weisheit Gottes – Weisheit der Welt, Bd. 1 (FS Joseph Ratzinger), hg. v. *Walter Baier* u. a., St. Ottilien 1987, 513–528.

37 Vgl. die von *Körner* (Melchior Cano, 201–203) genannten Beispiele.

38 Damit ist natürlich noch kein Präjudiz über die Überzeugungskraft und Geltung jedes ihrer Argumente gefällt – diese sind einander keineswegs pauschal gleichgeordnet.

39 Formal könnte diese Binnengliederung so ausgedrückt werden: 1–2 > 3 {4–7 [+ 8–10]}, d. h.: loci 1–2 im Licht der Überlieferung und Interpretation durch locus 3, innerhalb dessen mit den loci 4–7 synchron

pretationsinstanzen der göttlichen Offenbarung. Integrierende Größe ist synchron und diachron die ganze Kirche als Glaubenssubjekt, die in verschiedenen Trägern auf das Offenbarungsgeschehen antwortet, indem sie es gläubig annimmt, erkennt, bekennt, interpretiert und verkündet. Zu Recht betont daher Seckler, dass Canos loci theologici „nicht nur *Erkenntnisfelder*, [...] sondern lebendige und aktive *Erkenntnisträgerschaften* [sind], *in* denen sich Erkenntnis ereignet oder ereignet hat"[40]. Canos prinzipientheologische Grundoption ist damit die Option für ein in der Autorität Gottes verankertes und ekklesiologisch zu entfaltendes Traditionsprinzip. „Die revolutionäre [...] Antwort des Melchior Cano lautet: Die geschichtlichen Quellen des Glaubens sind die Prinzipien der Theologie."[41]

Auffällig ist nun, dass weder Melchior Cano noch die Mit- und Vordenker der theologischen Topik den Gottesdienst der Kirche als eigenen theologischen Ort aufgreifen.[42] Während bestimmte Instanzen allgemeinen Konsens finden (Schrift und apostolische Überlieferung), gelten andere als mögliche und wenigstens diskutable Kandidaten zur Erhebung der *fides Catholica* (Väter und Gelehrte, Konzils- und Papstdekrete, die natürliche Vernunft).[43] Die Liturgie wird demgegenüber als *locus theologicus* weder gesetzt noch diskutiert. Zwar bleibt sie der Sache nach nicht

---

und diachron 4 Deutungsinstanzen explizit herausgehoben werden, die ergänzt werden um die externen loci alieni 8–10.

40 *Seckler*, Die ekklesiologische Bedeutung des Systems der ‚loci theologici', 57.

41 *Karl Lehmann*, Dogmengeschichte als Topologie des Glaubens. Programmskizze für einen Neuansatz, in: Dogmengeschichte und katholische Theologie, hg. v. *Werner Löser, Karl Lehmann, Matthias Lutz-Bachmann*, Würzburg 1985, 513–528, hier 522.

42 Die verschiedenen Systeme wurden durchweg vor dem Hintergrund aktueller Auseinandersetzungen entwickelt. Dem Verständnis ihrer Autoren nach handelt es sich nicht um lose Aufzählungen möglicher theologischer topoi, sondern um vollständige Listen, auch wenn nicht alle ihrer Elemente auf die Zustimmung der zeitgenössischen Diskursteilnehmer treffen. Vgl. für Melchior Cano: De locis theologicis I.III.

43 Vgl. dazu *Charles H. Lohr*, Modelle für die Überlieferung theologischer Doktrin. Von Thomas von Aquin bis Melchior Cano, in: Dogmengeschichte und katholische Theologie, 148–167.

außen vor: Liturgische *consuetudines* ecclesiae tauchen wie in parallelen altkirchlichen Erwägungen[44] als Beispiele für die kirchlich-apostolische Tradition auf. Genannt werden zum Beispiel die Praxis der Kindertaufe, das kirchliche Verständnis und die Sprachgestalt des eucharistischen Hochgebets, die Märtyrer- und Bilderverehrung, die Unwiederholbarkeit von Taufe, Firmung und Priesterweihe; das Fasten, die niederen Weihen, das apostolische Glaubensbekenntnis. Doch man verstand sie im Vergleich zu den sonst angeführten Medien und Instanzen (*loci*) der Überlieferung offenbar nicht als etwas substantiell Anderes, das einen eigenständigen *locus* ausmachte. Sie werden einem theologischen Ort, nämlich der apostolischen Überlieferung (*locus* 2), *ein*geordnet, also vor allem traditionshermeneutisch wahrgenommen. Denn die *loci*-Systematik dient zunächst dazu, die *veritas fidei* ihrem Inhalt nach zu bestimmen: sie zu identifizieren, zu verteidigen und gegenüber anderen Lehren abzugrenzen. Die Liturgie ist im Blick, insofern sie in das auf Inhalte und Lehren bezogene Verständnis von Glaubensgut beziehungsweise Offenbarungsmedium integriert werden kann. Die jeweils aufgelisteten theologischen Orte definieren auf dieser Basis Bereiche und Instanzen, in und aus denen auf je unterschiedlich begründete und legitimierte Weise die Glaubenslehre in Gestalt von Sachverhalten und Urteilen zu erheben ist.

Die theologische Entwicklung des Offenbarungsverständnisses, wie sie etwa in der dogmatischen Konstitution *Dei Verbum* deutlich wird, erlaubt es heute, den Glauben formal und inhaltlich nicht in erster Linie als „doktrinale Repräsentanz des Systems der Offenbarung [...], sondern [als] eine sprachlich formulierte Auslegung des Offenbarungsgeschehens“[45] zu verstehen. Gläubige Annahme und Deutung der Offenbarung werden nun nicht (mehr) im Paradigma des Gehorsams von Willen und Verstand, sondern

---

44 In der Alten Kirche ist die Liturgie ebenfalls der traditio subsummiert, wenngleich dort ihr Gewicht höher gewertet und hinsichtlich ihrer ekklesiologischen Dimension sowie ihrer Bedeutung für den Glaubensakt explizit begründet wurde. Vgl. exemplarisch für die Theologie und den Verantwortungsbereich Augustins: *Knop*, Ecclesia orans, 33–137.

45 *Körner*, Melchior Cano, 405 f.

als personale Antwort, als Freiheitsgeschehen, ausgedrückt. Damit ist die Möglichkeit eröffnet, nicht nur

> „Instanzen, die Glaubens*aussagen* vorgeben, als Bezeugungsinstanzen des Glaubens zu verstehen, sondern auch Instanzen, die durch komplexere kirchliche *Lebensvorgänge*, also ‚in Lehre, Leben und Kult' [DV 8] den Glauben bezeugen"[46].

Heutige Fortschreibungen der Loci-Systematik integrieren den Gottesdienst der Kirche deshalb unter veränderter Rücksicht.[47] Peter Hünermann stellt zu Recht heraus, dass das Spezifikum der Liturgie im Verhältnis zu anderen theologischen *loci* ihr pragmatischer Charakter ist: „Liturgie ist theologischer Topos nicht exklusiv durch die Worttradition, sondern durch den Vollzug, das Beten, Singen, Loben, Preisen, Feiern."[48] Liturgie ist Sprache – verständlich, insofern sie (zum Beispiel in Verkündigung und Doxologie) im entsprechenden Kommunikationsformat gesprochen wird. Sie ist Handlung – verständlich, insofern sie (zum Beispiel im Bekenntnisakt, in der Kommunion) vollzogen wird – nicht sekundäre Ausführung einer eigentlich handlungsunabhängig bestehenden und verständlichen Überzeugung. Und sie ist Symbolgeschehen – verständlich, insofern sie Dimensionen des

46 *Körner*, Melchior Cano, 406; Hervorhebung: J. K.
Auch Sprache, Handlungen und Symbole der Liturgie bekunden geglaubte Sachverhalte. Jedoch geschieht dies nicht im Modus des Lehrens, Argumentierens oder Behauptens, sondern im Modus des gemeinschaftlichen Bekennens, des Bezeugens und der Feier. Dies ist wiederum nicht auf die Text- und Informationsebene einzugrenzen bzw. schlägt sich erst in einem zweiten, vom Vollzug abstrahierenden kognitiven Schritt in dieser nieder. Wenn Sachverhalte oder Lehren aus dem gottesdienstlichen Geschehen extrahiert werden oder der Gottesdienst selbst als Konvolut solcher Lehren begriffen wird, so ist dies bereits Resultat einer Transformation des Bekennens bzw. des Rituals in eine für den Diskurs taugliche, präzise fassbare Sprach- oder Textgestalt.

47 Vgl. *Wainwright*, Der Gottesdienst als ‚Locus theologicus'; *Schillebeeckx*, Die Liturgie als theologischer Fundort, 175–177; *Müller*, Die Liturgie als Quelle des Glaubens [1988], 209–223.

48 *Hünermann*, Dogmatische Prinzipienlehre, 213.

Glaubens in Zeichen, Gestalten und Haltungen zum Ausdruck bringt beziehungsweise realisiert[49] – nicht bloß Veranschaulichung, Katechese eines kognitiven (Lehr-) Gehalts.[50]

Cano benennt mit den *loci theologici primi* (Heilige Schrift und Tradition) Bezeugungsgrößen der Offenbarung, die sich im Modus ihrer Überlieferung unterscheiden (*traditio constitutiva* und *traditio interpretativa*, schriftliche und mündliche Überlieferung). Demgegenüber liegt die Differenz der *loci theologici* 3–7 in ihrer Trägerinstanz und deren Kompetenz. Es handelt sich durchweg um Personen(-gruppen). Umfassend benennt der *locus* 3 die Gemeinschaft der Gläubigen, die als Kirche auf die Offenbarung Gottes antwortet. Hier steht im Mittelpunkt, was alle Gläubigen, seien sie Amtsträger oder Laien, Wissenschaftler oder fachtheologische Laien, Gläubige der Vergangenheit oder Gegenwart, als Getaufte verbindet. Die Instanzen der *loci* 4–7 kommen demgegenüber hinsichtlich einer bestimmten Eigenschaft in den Blick, die sie von den anderen unterscheidet.[51] Sie ergänzen *locus* 3, die Gesamtkirche, also nicht um zusätzliche Personengruppen, sondern differenzieren nach Kompetenzen (Fähigkeiten oder Vollmachten), die nicht alle Glieder der Kirche qua Taufe gleichermaßen haben.

---

49 Vgl. *Andrea Grillo*, Einführung in die liturgische Theologie. Zur Theorie des Gottesdienstes und der christlichen Sakramente, eingeleitet und übersetzt von *Michael Meyer-Blanck*, Göttingen 2006, 73–76; *Albert Gerhards – Benedikt Kranemann*, Einführung in die Liturgiewissenschaft, Darmstadt ^{2}2006, 156–213.

50 Auf ein solches Verständnis reduziert *Schumacher* (Die Liturgie als „locus theologicus") die theologische Dignität der Liturgie, wenn er sie im Gefüge der Cano'schen loci als Artikulation und Organ des ordentlichen Lehramtes, also des 5. locus theologicus, beschreibt.

51 Die Konzilien, also die Gemeinschaft einer Teilgruppe der Gläubigen – der Bischöfe und anderer Konzilsteilnehmer –, insofern sie in einer bestimmten Form – eben dem Konzil – in einen Konsultations- und Entscheidungsprozess eintreten; der Bischof von Rom, der eine besondere jurisdiktionelle Kompetenz in den theologischen Ort Konzil und in die Gesamtkirche einbringt; die Väter als konstitutive Repräsentanten der kirchlichen Vergangenheit; die Gelehrten, die sich ausdrücklich um eine fachlich kompetente und methodisch reflektierte Darstellung und Interpretation des Glaubens verdient machen.

Die Feier des Gottesdienstes aber ist „Sendung des ganzen Gottesvolks“[52]: „Vollzug des priesterlichen Amtes Jesu Christi [...] vom mystischen Leib Jesu Christi, das heißt dem Haupt und den Gliedern“ (SC 7). Dass die gottesdienstliche Versammlung, dass die Kirche im Ganzen eine gegliederte Versammlung (*communio hierarchica*) ist, tut dieser grundsätzlichen Überlegung keinen Abbruch. Die Liturgie wird kraft der *auctoritas ecclesiae catholicae* gefeiert und entsprechend der Binnengliederung der Kirche vollzogen, reflektiert und normiert. Die Spezifik der Liturgie als Glaubenszeugnis liegt darum nicht (wie bei Canos *loci* 4–7) in einer besonderen (jurisdiktionellen oder theologischen) Kompetenz ihres Trägers (der ganzen Kirche). Sie liegt vielmehr in der Gestalt des liturgischen Glaubenszeugnisses, in der Art und Weise, auf die Offenbarung Gottes zu antworten, sie zu feiern, zu bekennen und zu verkünden. Deshalb wird meines Erachtens mit dem Gottesdienst der Kirche weniger ein neuer Ort beschrieben, der die Reihe der loci 4–7 strukturanalog ergänzen könnte, sondern eine konkrete Gestalt des 3. theologischen Ortes, der (Gesamt-) Kirche. Sie wird als Gebetsgemeinschaft verständlich: als *ecclesia orans.* Darüber hinaus zeigt sich in der Feier des Gottesdienstes eine strukturelle Nähe zu den konstitutiven loci – Schrift und Tradition –, deren Besonderheit ebenfalls im Modus der Überlieferung liegt, so dass sie (mit Cano) auch als Modus des 2. *locus theologicus* verstanden werden kann.[53]

Diese Überlegungen zur systematischen „Lokalisierung“ des Gottesdienstes unterstreichen zweierlei. Glaubenshermeneutisch sollte – über Canos inventarisches und geltungstheoretisches Interesse hinaus – die liturgische Gestalt der *fides* (*Glaube in actu*) in die dogmatische Reflexion und zuvor in die Beschreibung ihres Gegenstandes integriert werden. Glaube, Kirche und Liturgie erschließen einander wechselseitig und nehmen (idealiter) einen

52 *Kurt Koch*, Die Gemeinde und ihre gottesdienstliche Feier. Ekklesiologische Anmerkungen zum Subjekt der Liturgie, in: StZ 214 (1996) 75–89, hier 78. Vgl. auch die Ausführungen des Konzils zur Teilhabe aller Getauften am dreifachen Amt Christi, besonders zum sacerdotium commune: LG 10; 31; 34 und entsprechende Kommentarliteratur.

53 Vgl. auch *Wainwright*, Der Gottesdienst als ‚Locus theologicus‘, 248.

parallelen Entwicklungsgang. Ekklesiologisch und traditionshermeneutisch ist der Gottesdienst als Kirche *in actu* zudem in das Gefüge der verschiedenen Bezeugungs- und Überlieferungsformen des Glaubens eingebunden. Diese sind in ihrer Zeugnis- und Deutungskompetenz je eigenständig, aber aufeinander verwiesen. Sie werden als gewachsene, geschichtlich sich entwickelnde Größen eines kirchlichen Gefüges verständlich. Die geschichtliche Gestalt der *fides*, als welche die Liturgie beschrieben werden kann, lebt aus der Überlieferung, ist selbst Überlieferung und eröffnet Überlieferung. Sie verdankt sich der Verkündigung, der Reflexion und der bisweilen auch kontroversen Konturierung. Gerade weil sie nicht ohne ihren Träger, die Kirche, verstanden werden kann, der ihre Gestalt in Geschichte und Gegenwart prägt, ist sie im Gefüge der verschiedenen Zeugnisgestalten und Trägerschaften der *fides ecclesiae* zu bedenken.

3. Feier und Bekenntnis: „… ut legem credendi lex statuat supplicandi"

Tiro Prosper von Aquitanien, literarisch ein Schüler Augustins, prägte im 5. Jahrhundert die Formel „… ut legem credendi lex statuat supplicandi" (DH 246), die im Laufe ihrer Rezeptionsgeschichte einmal zu einem theologischen Axiom avancieren sollte. Im Rahmen der (semi-) pelagianischen Kontroverse um die Bedeutung der zuvorkommenden Gnade argumentieren Prosper und Augustinus mit Verweis auf die kirchliche Fürbitte um den Glauben für die eigene theologische Position. Dieser zunächst formale Bezug auf die theologische Aussagekraft der Liturgie wird in der Folgezeit (missverständlich) als ‚Liturgiebeweis' tituliert und zur Erklärung der systematischen Relevanz des Gottesdienstes in Anspruch genommen. Augustinus darf dabei als der „véritable inventeur de l'argument liturgique"[54] gelten. Er hat das Thema

54 *Paul De Clerck*, „Lex orandi, lex credendi." Sens originel et avatars historiques d'un adage equivoque, in: QuLi 59 (1978) 193–212, hier 205. Sein Urteil, Augustinus vertrete das Argument aus der Liturgie im Ver-

breit entfaltet und christologisch, ekklesiologisch, gnaden- und gebetstheologisch grundgelegt.[55] Prosper legt den Fokus im Wesentlichen auf die traditionshermeneutische Seite des Problems. Ihm kommt das Verdienst zu, das Argument aus der Liturgie in eine griffige Formel gegossen und so seine kirchliche Rezeption wesentlich befördert zu haben. Diese setzt bereits im sogenannten *Indiculus Coelestini* (DH 238–269) ein, einem Verzeichnis antipelagianischer Kapitel, die als Anhang eines Briefes von Papst Coelestin an die Bischöfe Galliens vom Mai 431 (DH 237) überliefert wurden.[56] Entfaltet ist die Thematik zudem in der anonym erschienenen Kontroversschrift *De vocatione omnium gentium* (um 450), die aufgrund inhaltlicher und sprachlicher Entsprechungen ebenfalls Prosper zugeschrieben wird.[57]

Anliegen der Capitula des *Indiculus* ist es, in den zeitgenössischen gnadentheologischen Disputationen Klarheit über den katholischen Glauben und Argumentationshilfen gegenüber den

---

gleich zu Prosper isoliert (ebd., 206), während letzterer es durch Rekurs auf Bibel und kirchliches Lehramt theologisch einbinde, ist nicht überzeugend. Vielmehr scheint es einer selektiven Wahrnehmung nur derjenigen Schriften Augustins zu entspringen, in denen er formal wie Prosper argumentiert – das geschieht v.a. in: Epistula 217; De peccatorum meritis; De dono perseverantiae 23, 63–65.

55 Vgl. ausführlich *Knop*, Ecclesia orans, 65–73.128–132.

56 Wahrscheinlich wurden sie jedoch erst zwischen 435 und 442 unter Leo I. von Prosper selbst verfasst, der als Kompilator in der päpstlichen Kanzlei arbeitete. Um 500 wurden sie durch Aufnahme in die Dekretalicnsammlung des Dionysius Exiguus kirchlich rezipiert, die später als Collectio Dionysiana bezeichnet wurde. Diese führt den Codex canonum (eine griechische und lateinische Kanones-Sammlung von den Apostolischen Konstitutionen bis zum Chalcedonense) sowie die Collectio decretorum pontificum romanorum von Siricius († 399) bis Anastasius II. († 498) zusammen; vgl. *Friedrich Wilhelm Bautz*, Dionysius Exiguus, in: BBKL 1 (1990) 1322–1323.

57 Vgl. *Maieul Cappuyns*, L' Auteur du „De vocatione omnium gentium", in: Revue bénédictine 39 (1927) 198–226; *ders.*, L'origine des capitula pseudo-célestiniens contra les Sémipélagianisme, in: Revue bénédictine 41 (1929) 156–170.

Positionen der *haeretici* (DH 249) zu geben – gemeint sind vor allem die Anhänger von Pelagius und Caelestius.[58]

Die Kapitel 1–7 entfalten zunächst gut augustinisch die kirchliche Lehre, dass Gottes Gnade unabdingbare Voraussetzung guter Werke sei. Sie befähige zum Widerstand gegen das Böse, eröffne die Möglichkeit, im Guten zu beharren (cap. 2–5, DH 240–243) und befreie die menschliche Freiheit nicht nur noetisch oder exemplarisch, sondern effektiv zu ihrer vollen Größe (cap. 9, DH 248): zur Möglichkeit des Guten (cap. 6f, DH 244f). Sowohl das *initium* als auch die *perseverantia fidei* verdankten sich der zuvorkommenden Gnade. Kapitel 8 und 9 argumentieren nach einem Rekurs auf Bestimmungen des apostolischen Stuhls mit der apostolischen Tradition, die im liturgischen Handeln der *Catholica* universal einmütig geübt werde. Das fürbittende Gebet um Glauben sowie um Austreibung des Bösen im Exorzismus und in der Exsufflatio der präbaptismalen Riten belegen, so Prosper alias Coelestin, „dass wir Gott als Urheber aller guten Neigungen und Werke, aller Bemühungen und aller Tugenden bekennen, mit denen man von Anfang an zu Gott strebt, und nicht zweifeln, dass seine Gnade allen Verdiensten des Menschen zuvorkommt" (cap. 9, DH 248).

Die genannten Vollzüge zeigten die Überzeugung der Kirche, dass vom Beginn des Glaubens, vom Anfang des guten Willens an bis hin zur Beharrlichkeit im Guten die zuvorkommende Gnade Christi wirksam und nötig sei. Sie würden verrichtet, „damit die Regel des Betens die Regel des Glaubens bestimme – ut legem credendi lex statuat supplicandi" (cap. 8, DH 246). Die Tatsache, dass diese Fürbitte gehalten werde, zeige umgekehrt das kirchliche Bekenntnis zur zuvorkommenden Gnade Gottes (cap. 9, DH 248). Fürbittpraxis und Glaube spiegeln also einander und

58 Dies geschieht durch eine thematische Zusammenstellung gnadentheologischer Grundoptionen der Catholica sowie durch Autoritätsargumente: unter Rekurs auf Lehrentscheidungen der Lokalsynode von Mileve (416), des 7. Konzils bzw. der Synode von Karthago (418), an der Augustinus selbst teilgenommen hatte, sowie der Päpste Innozenz (401–417) und Zosimus (417–418). Dabei fließen Zitate aus Augustins Schriften ein, der in Coelestins Brief ausdrücklich als theologische Autorität gewürdigt wird (DH 237).

machen eine gnadentheologische Überzeugung der Kirche transparent. In parallelen Ausführungen dient 1 Tim 2,1–4 als biblischer Hintergrund – die Passage, in der der Autor des Briefes zu Dank und (Für-) Bitte für alle Menschen auffordert und diese Bitte in den Kontext des universalen Heilswillens Gottes stellt.[59] Die *ecclesia universalis* folge in ihrem Fürbittgebet dieser Weisung, für alle zu beten[60] und dabei „alle Stationen des Christwerdens, alle Möglichkeiten des Verhaltens und Fehlverhaltens vor Gott“[61] einzubeziehen. Worauf sonst aber mögen diese Gebete um Gnade gerichtet sein, wenn nicht auf Umkehr, Glauben und die Abkehr von Irrtum und Sünde, fragt Prosper lakonisch. Was sonst als der Glaube an die Unabdingbarkeit der Gnade für das Glauben-Können sollte hierin Ausdruck finden? Der gerechte und barmherzige Gott wolle, dass für alle gebetet werde, damit niemand angesichts erfolgter Bekehrungen daran zweifle, dass Gott tatsächlich das erfüllt, um dessen Erfüllung zu bitten er Weisung gegeben habe. Denn – das ist gewiss – er will, dass alle gerettet werden.[62]

Die Diskussion um die theologische Relevanz kirchlicher Gebetsvollzüge hat Prospers Formulierung „ut legem credendi lex

---

59 Vgl. *Prosper von Aquitanien*, De vocatione gentium I 12. Der Indiculus zitiert die Verse aus dem Timotheus-Brief nicht. Sie sind aber insofern eine Schlüsselstelle der Kontroverse, als sie von den Semi-Pelagianern gegen Augustinus in Anschlag gebracht werden, um den universalen Heilswillen Gottes gegenüber dessen Heilspartikularismus zu belegen.

60 Die katholische Praxis des Gebetes liefert also eine verbindliche Auslegung von 1 Tim 2,1–4. Vgl. *Martin Stuflesser*, „So soll euer Gottesdienst sein – vernünftig, weil er Gottes Willen entspricht“. Der Gottesdienst der Kirche als Ansatzpunkt theologischer Reflexion, in: „Das sei euer vernünftiger Gottesdienst“ (Röm 12,1). Liturgiewissenschaft und Philosophie im Dialog, hg. v. *Stephan Winter*, Regensburg 2006, 21–67, bes. 26–31. Dass Prosper keinen Beweis aus der Liturgie oder der kirchlichen Tradition, sondern eigentlich einen Schriftbeweis habe führen wollen (so *Jochen Arnold*, Theologie des Gottesdienstes. Eine Verhältnisbestimmung von Liturgie und Dogmatik, Göttingen 2004, 44), baut m. E. eine künstliche Alternative auf, die sich Prosper selbst nicht gestellt hätte.

61 *Hermann J. Vogt*, Lex orandi – lex credendi, in: *Veritati et caritati. W służbie teologii i pojednania* (FS Alfons Nossol), hg. v. *P. Jaskóły*, Opole 1992, 180–193, hier 184.

62 Vgl. *Prosper von Aquitanien*, De vocatione gentium, I 12.

statuat supplicandi“ häufig aufgegriffen. Dabei werden Kerngehalt, Kontext und Reichweite dieser Formel, ihre Elemente und deren Zuordnung verschieden bestimmt. Für Prospers eigenes Verständnis ist terminologisch festzuhalten: Die *lex supplicandi* ist die Weisung des Herrn (respektive des Apostels), für alle zu beten.[63] Ihr entspricht das praktizierte kirchliche Gebet für alle: um den Glauben der Ungläubigen, die Bekehrung der Irrgläubigen und die Rückkehr der abgefallenen Christen, Schismatiker und Häretiker zur *Catholica.* Die *lex credendi* ist die Weisung des Herrn, entsprechend 1 Tim 2,4 zu glauben, dass Gott das Heil aller will, weshalb für alle zu hoffen ist.[64] Das praktizierte Gebet und das Bekenntnis der Kirche sind Befolgung der Weisungen (*leges*) Christi, nicht diese selbst.[65]

Bestimmende Größen des prosperschen ‚Liturgiebeweises‘ sind Traditionsargumente. Der Indiculus (cap. 8, DH 246) berücksichtigt das fürbittende Gebet zunächst gemäß den Kriterien der Apostolizität und der Katholizität; Prospers Referenzschrift entfaltet diese universal einmütige Übung der Schriftauslegung als Akt der *traditio.* Die Formel bezieht sich zunächst auf die kirchliche (Für-) Bitte. Sowohl der *Indiculus* als auch Prospers Referenzschrift thematisieren jedoch in unmittelbarem Zusammenhang

63 Vgl. *Stuflesser*, „So soll euer Gottesdienst sein – vernünftig, weil er Gottes Willen entspricht“, 29; außerdem *DeClerck*, „Lex orandi, lex credendi“, 199–201, der Parallelstellen des Ambrosiaster anführt.

64 Vgl. auch *Bernard Capelle*, Autorité de la liturgie chez les Pères, in: Recherches de théologie ancienne et médiévale 21 (1954) 5–22, hier 7.

65 Das Gegenüber von lex orandi und lex credendi bezeichnet also ursprünglich nicht das Gegenüber von Erfahrung/Gebet/Liturgie und Begriff/Lehre/Theologie, das seit der Auseinandersetzung um George Tyrrell in die Rezeptionsgeschichte des Axioms eingegangen ist. Diese Ineinssetzung unterschiedlicher Ebenen hat das Gespräch zwischen Liturgiewissenschaft und Dogmatik bisweilen stark beeinträchtigt. Prosper reklamiert eindeutig ein Entsprechungsverhältnis von Gebet und Glaube. Kirchliche Lehre und theologische Reflexion sind gegenüber diesen primären Vollzugsformen des Glaubens (orare/supplicare, credere) auf einer Metaebene angesiedelt. Sinnvoll als jeweilige Entsprechung gegenüberzustellen sind Elemente derselben Ebene: Vollzüge (beten ≈ glauben) oder aber Regeln (lex orandi ≈ lex credendi) bzw. Reflexion (Reflexion des Betens ≈ Reflexion des Glaubens).

auch den liturgischen Dank und das Lob Gottes für die Erfüllung der Bitte um Bekehrung und Glauben.[66] Der *Indiculus* greift zusätzlich die liturgische Praxis des präbaptismalen Exorzismus und der Exsufflation auf. Bitte, Lob, Dank und ritueller Vollzug sind also wenigstens hinsichtlich des Verhältnisses von Gnade und Glaube, konkret: hinsichtlich des *initium fidei*, dem Thema der Ausführungen, gleichermaßen aussagekräftig, um den Glauben der Kirche zu identifizeren. Sie drücken im Modus des liturgischen Vollzugs (*theologia prima*) aus, was die Kirche glaubt und was sie in der Kontroverse mit den (Semi-) Pelagianern auf einer Meta-Ebene – im Modus der Reflexion (*theologia secunda*) – als theologisches Argument vertritt. Gebet und Glaube stehen demnach in einem Verhältnis gegenseitiger Erschließung: *Der Gottesdienst ist ein ekklesial eingebundenes qualifiziertes Zeugnis des christlichen Glaubens.* Das Gebet um Glauben entspricht dem Bekenntnis zur Gnade Gottes und macht es wahrnehmbar (*sentitur*, cap. 8, DH 246). Es wird um dieser Entsprechung willen so vollzogen. Die Liturgie ist für Prosper und Augustinus vor allem identifikatorisch relevant. Deshalb wird es von ihnen als Argument in den theologischen Diskurs eingebracht. Sie ordnen nicht pauschal das liturgische Tun dem Bekenntnis, das Gebet dem Glauben vor.[67] Vielmehr stellen sie Liturgie und Glaube als einan-

66 Das fürbittende Gebet um Glauben (supplicare, postulare, precari: cap. 8, DH 246), der liturgische Dank (gratiarum actio: cap. 8, DH 246), das Lob Gottes (laudis confessio: cap. 8, DH 246) für die Erfüllung dieser Bitte sowie schließlich einige (präbaptismale) Riten der Kirche (quod circa baptizandos ... Ecclesia ... agit: cap. 9, DH 247) sind dem Indiculus zu Folge gleichermaßen aussagekräftig. Sie ermöglichen es, das Bekenntnis der Kirche zur Frage nach der Bedeutung der Gnade in den verschiedenen Stadien des Christseins zu identifizieren. Lob und Dank der Kirche stehen dafür ein, dass die vorangegangene Bitte aufrichtig (non perfunctorie: cap. 8, DH 246) vorgetragen wurde: in der Überzeugung, dass sie weder als menschliche Bitte unnütz (inaniter: cap. 8, DH 246) noch dass das Tun Gottes ineffektiv ist. Theologischer Kontext ist bei Prosper respektive im Indiculus durchweg die Gnadentheologie, genauer: die semipelagianische Kontroverse.

67 Im Indiculus werden dem liturgischen Zeugnis des Glaubens zudem weitere Zeugnisse – Schriftzeugnisse und Synodenbeschlüsse – voran- und an die Seite gestellt.

der spiegelnde Größen der theologischen Reflexion normativ gegenüber, die auf das vielgestaltige Zeugnis des Glaubens angewiesen bleibt.

Die Prospersche Formel wird im 1. Jahrtausend thematisch im ursprünglichen Kontext der Gnadentheologie rezipiert und in der Regel ausdrücklich an Prosper beziehungsweise Coelestin rückgebunden.[68] Mit Hinkmar von Reims († 882) kommt es zu einer ersten Transformation: Er greift Prospers Regel in ihrer formalen Aussagekraft auf und verwendet sie zwar im Kontext einer gnadentheologischen Frage, jedoch mit anderer Intention: nicht, um eine augustinisch geprägte Gnadenlehre durch Rekurs auf das Gebet zu stützen, sondern um eine einseitig augustinistische Prädestinationstheologie durch Gottschalk von Sachsen abzuwehren. Nach Hinkmar tritt das Axiom zunächst in den Hintergrund, um dann – seit gut 150 Jahren – lehramtlich aufgegriffen und theologisch weiterbestimmt zu werden. Prominent geschieht dies im Umfeld der Marien-Dogmen von 1854 und 1950 sowie während der antimodernistischen Krise in der Auseinandersetzung um George Tyrrell; danach im Zuge einer verstärkten Wahrnehmung der Liturgie in der ersten Hälfte des 20. Jahrhunderts. Die Piuspäpste des 19. und 20. Jahrhunderts beziehen sich ausdrücklich auf die Formel des Indiculus, für deren Elemente sie Reziprozität beanspruchen. Je nach Kontext wird ein Spiegelverhältnis von Gebet und Glaube konstatiert oder als Ziel formuliert, mit dem konkrete Handlungsimpulse verbunden werden. Gemeinsam ist allen päpstlichen Rezeptionen die Aufforderung, die Liturgie nicht als autonome Größe, sondern als Bezeugungsinstanz des Glaubens der Kirche wahrzunehmen, die keinesfalls gegen die authentische Glaubensüberlieferung in Anschlag gebracht werden könne. Die Päpste betonen ihre Verantwortung für die Gestaltung des Verhältnisses von Liturgie und Glaube und

---

68 So etwa bei Gennadius von Massilia († 505), Isidor von Sevilla († 636), Servatus Lupus († nach 861), Remigius von Lyon († 875), in den pseudoisidorianischen Dekretalien (Mitte 9. Jh.), vgl. dazu *Manuel Pinto*, O Valor teológico da Liturgia. Ensaio de um tratado (Colecção Critério 27), Braga 1952, 111–113.

weisen ein wie immer geartetes Konkurrenzverhältnis von Liturgie und Lehramt ab.[69]

Pius IX. verwendet in der Enzyklika *Ineffabilis Deus* (8.12.1854), in der er die *immaculata conceptio* Mariens zum Dogma erhebt, Prospers Formel aus katechetischen Motiven als Soll-Bestimmung: *lex credendi ipsa supplicandi lege statueretur.* Das Bekenntnis der Gläubigen zur immakulaten Empfängnis Mariens möge durch die Liturgie gefördert und gegebenenfalls korrigiert werden.

Pius X. hatte im Motu Proprio *Inter pastoralis officii* (22.11.1903) seine Regularien für die Kirchenmusik mit der Verantwortung für die Liturgie begründet, damit der christliche Geist in den Gläubigen (wieder) erblühe und bewahrt werde. Die Liturgie, an der die Gläubigen aktiv teilnehmen mögen – hier fällt erstmals lehramtlich die berühmte Formulierung der *partecipazione attiva* –, sei erste und unverzichtbare Quelle des christlichen Geistes.

Pius XI. greift in der Apostolischen Konstitution *Divini cultus sanctitatem* (20.12.1928) zur Ordnung der Kirchenmusik explizit auf den *Indiculus* zurück und zitiert die einschlägige Formel. Er konstatiert einen notwendigen „Zusammenhang zwischen Dogma und heiliger Liturgie und ebenso zwischen dem christlichen Gottesdienst und der Heiligung des Volkes (Nr. 1)". In der Enzyklika *Quas primas* (11.12.1925) hatte er sich bereits auf das Axiom bezogen, es dort aber angesichts einer liturgischen Neuerung, der Einführung des Christkönigsfestes, indikativisch formuliert: „Legem credendi lex *statuit* supplicandi" (Nr. 10). Denn Gottesdienst und Festkalender katechisierten stärker als lehramtliche Dokumente, die nur wenige Gelehrte und auch bei ihnen nur die kognitive Ebene erreichten (Nr. 26).

Pius XII. greift das Axiom in der Enzyklika *Divino afflante Spiritu* 1943 über die Heilige Schrift auf. Er formuliert indikativisch und gegenüber Prospers *supplicare* erweitert: „lex precandi lex credendi *est*" (Nr. 23). In der Enzyklika *Mediator Dei* (20.11.1947) präzisiert er das Verhältnis von Glaube und Liturgie unter explizitem Rückgriff auf Prospers Axiom, dessen Elemente auch umgekehrt werden könnten: „*lex credendi* legem statuat supplicandi"

69 Vgl. ausführlich: *Knop*, Ecclesia orans, 153–176.

(AAS 39, 541). Diese Umkehrung, die Pius XII. eindeutig, dabei transparent, favorisiert, ist scharf kritisiert worden: Es handle sich um eine regressive magisterielle Einhegung der Liturgie durch das Lehramt. Der Kontext zeigt allerdings die Stoßrichtung der Umkehrung: Pius XII. grenzt sich von einer Interpretation ab, nach der eine Glaubenslehre nur dann zu akzeptieren, andernfalls aber fallen zu lassen sei, wenn sie in Gottesdienst oder Frömmigkeit Früchte gezeitigt hat. Demnach käme dem Lehramt eine strikt re-agierende, ratifizierende Position gegenüber einer faktischen Entwicklung zu. Dieser Auffassung widerspricht Pius XII. und betont, dass die kirchliche Liturgie *als Ganze* den katholischen Glauben bezeuge: „Liturgia igitur omnis catholicam fidem continet, quatenus ecclesiae fidem publice testatur“ (AAS 39, 540). Als Imperativ könne sie gegenüber dem einzelnen, nicht aber gegenüber der ganzen Kirche beansprucht werden. Denn die Autorität der Liturgie sei eben keine andere als die Autorität des Glaubens der Kirche (diachron wie synchron), den im Grenzfall zu benennen und im Konfliktfall zu ordnen er für das kirchliche Lehramt in Anspruch nimmt.

Ohne Prospers Axiom zu nennen, entfaltet *Sacrosanctum Concilium* (4.12.1963) die gegenseitige Erschließungskraft von Glaube und Gebet für die Erneuerung der Liturgie. Hier geht es weniger darum, die Liturgie identifikatorisch, also im Dienst eines Traditionsargumentes, aufzugreifen. Im Zentrum steht nun ihre Bedeutung für den Glauben von heute und morgen. Die Liturgiekonstitution entfaltet den Gottesdienst als Vollzug des Heilswerkes Jesu Christi (SC 2), als Gestalt des Glaubens, Quelle, Höhepunkt (SC 10) und Darstellung der Kirche (SC 2.26.41), die den Glauben stärke, ausdrücke und verständlich mache. Erneuerung der Liturgie und Vertiefung des Glaubens gehen daher Hand in Hand. Wichtig ist die christologische und ekklesiologische Fundierung des Themas sowie die theologische (nicht bloß didaktisch-katechetische) Verankerung der *participatio actuosa* der Gläubigen als wesentlicher Dimension der Liturgie.[70] „Liturgie ist nicht (mehr) der nach dog-

70 Vgl. *Winfried Haunerland*, Participatio actuosa, in: IkaZ 38 (2009) 585–595.

matischen und kirchenrechtlichen (rubrizistischen) Kriterien geordnete Kult, sondern ein Teil des Glaubens selbst."[71]

4. Ein Axiom im Dienst liturgischer Erneuerung

Sowohl in den päpstlichen Äußerungen als auch in der neueren theologischen Diskussion zeigt sich eine Verschiebung der Fragestellung: War Prospers Argument in seinem ursprünglichen Kontext und in frühen Zitationen thematisch auf Fragen der Gnadentheologie, vor allem das *initium fidei* und den universalen Heilswillen Gottes (1 Tim 2,1–4), konzentriert, findet nun eine Ausweitung auf neue Fragestellungen statt. Die Formel wird zu einem prinzipientheologischen Modell: Sie wird ausdrücklich reflektiert, zum *Axiom* erhoben, thematisch auf neue Kontexte appliziert und in den Dienst liturgischer Erneuerung gestellt. Was beim Traditionsargument theologische Basis ist – dass im liturgischen Handeln der Glaube der Kirche ansichtig wird und die Liturgie folglich aussagekräftig dafür ist, was Kirche glaubt –, soll nun auch mit Blick auf die lebendige Überlieferung des Glaubens fruchtbar gemacht werden.

Das ist im Rahmen eines dynamischen und geschichtlichen Verständnisses von Offenbarung und Glaube, Kirche und Überlieferung nur konsequent. Denn Tradition ist nichts Abgeschlossenes, sondern lebendiger Prozess. Sie geschicht im jeweiligen Heute und auf das jeweilige Morgen hin. In einer guten Balance von Zeitbedürfnis und Überlieferung muss gewährleistet sein, dass die beanspruchte Passung von Inhalt und Feier des Glaubens in seiner konkreten geschichtlichen Gestalt jeweils besteht und dass tatsächlich der gemeinsame apostolische Glaube gefeiert wird. Der kirchliche Bezug des Glaubens, der in der Liturgie als Wesensvollzug der Kirche besonders deutlich zum Ausdruck

71 *Michael B. Merz*, Liturgie und Mystagogie. Eine vergessene Form der Spiritualität?, in: Gottes Weisheit im Mysterium. Vergessene Wege christlicher Spiritualität, hg. v. *Arno Schilson*, Mainz 1989, 298–314, hier 305.

kommt, ordnet den Glauben des einzelnen in den der kirchlichen *Communio* ein. Er bewahrt zugleich vor einer ungeschichtlichen sakralisierenden Fixierung von Rubriken, Riten und Texten, die das Verständnis von Offenbarung und Überlieferung auf ein bestimmtes Stadium einengen würde, und verweist auf den dynamischen und personalen Charakter der Überlieferung.

Ob und inwieweit die Liturgie normativ gegenüber Glaube, Doktrin und Theologie eingebracht werden kann, wäre auf der skizzierten Linie des prosperschen Axioms so zu beantworten: Normierend kann sie gegenüber dem Glauben des einzelnen sowie gegenüber der theologischen Reflexion (*theologia secunda*) in Anschlag gebracht werden. Dem Glauben der Kirche steht die Liturgie deshalb nicht als Autorität gegenüber, weil sie als sein Spiegel beziehungsweise Resonanzraum kenntlich wird: also gerade nicht als etwas anderes gegenüber dem Glauben, sondern als dessen vornehmster Vollzug. Die Stärke des Axioms liegt darin, auf die gegenseitige Erschließungskraft von Inhalt und Gestalt, Aussage und Vollzug des Glaubens aufmerksam zu machen. Feier und Bekenntnis bilden eine Einheit, so sehr, dass keines ohne das andere vollständig oder verständlich wäre. Diese Reziprozität von Gottesdienst und Glaube wurde in der jüngeren Zeit zunehmend erkannt und konstruktiv eingebracht, wenn etwa liturgische Reformen zu Trägern der kirchlichen Erneuerung und der katechetischen Vertiefung des Glaubens wurden. „Nicht umsonst hatte die konziliare Erneuerung der Kirche in der liturgischen Erneuerung ihren Ursprung und ihr Fundament“[72] – erinnert sei beispielsweise an die Bedeutung der nachkonziliaren liturgischen Reformen für das Bewusstsein, dass alle Getauften Kirche sind, dass Kirche in und aus Teilkirchen besteht, dass Glaube und Überlieferung dynamische und communiale Vollzüge sind und vieles mehr.

Die liturgische Bezugsgröße des Glaubens ist dabei umfassend zu verstehen. Nicht separierte Texte, sondern das komplexe Gefüge gottesdienstlicher Vollzüge; nicht rubrizistisch absolvierte

72 *Walter Kasper*, Ein Leib und ein Geist werden in Christus [1979], in: *ders.*, Die Liturgie der Kirche (Gesammelte Schriften 10), Freiburg – Basel – Wien 2010, 187–205, hier 193.

Riten, sondern die erfahrbare und verständige Hinwendung der ganzen feiernden Gemeinde zum Vater Jesu Christi; nicht der zu einem bestimmten Zeitpunkt seiner Geschichte eingefrorene Ritus, sondern die Feier der Liturgie in der Geschichte ihrer kirchlichen Überlieferung; nicht liturgische Uniformität, sondern universale Gebetsgemeinschaft; nicht nur das Fürbittgebet, sondern das ganze Ausdrucksspektrum gottesdienstlichen Handelns (Bitte, Lob, Dank, Ritus, Haltung) war bereits im *Indiculus* und mehr noch bei Augustinus im Blick. Das stellt den herkömmlichen ‚Traditionsbeweis' (besser: das ‚Traditionszeugnis'), worin der ‚Liturgiebeweis' gemeinhin eingeordnet wird, in ein anderes Licht. Nicht (individuelle) unspezifische religiöse Erfahrung[73] oder separierte liturgische Texte, Textbausteine oder Ritus-Elemente, gar ungeschichtlich konserviert, bilden eine eigenständige theologische Autorität, die der lebendigen Dynamik des Glaubens in der Communio der Kirche vorgeordnet wäre. Ebenso wenig aber kann dieser Glaube der Kirche unabhängig von seiner liturgischen Vollzugsform und unabhängig von der ganzen kirchlichen *Communio* als Trägerin des Glaubens und der Liturgie erhoben und reflektiert werden.[74]

---

73 In diesem Kontext stand die Auseinandersetzung um George Tyrrell, der Prospers Formel insofern verschob, als er nicht Gebet und Glaube, sondern religiöse Erfahrung und Doktrin/Reflexion einander gegenüberstellte. Vgl. ausführlich dazu *Knop*, Ecclesia orans, 160–164; zum Begriff der religiösen Erfahrung vgl. *Remi Brague*, Was heißt christliche Erfahrung? In: IKaZ 5 (1976) 481–496.

74 Das wäre entsprechend der obigen Überlegungen zum Verständnis von Offenbarung, Glaube und Überlieferung samt der vorgeschlagenen dreidimensionalen Beschreibung des Glaubens (Gehalt – Gestalt – Trägerin) als Argument in die Kontroverse um die ordentliche und außerordentliche Form der römischen Messe und um die Frage, ob die kirchliche Erneuerung, das ‚Aggiornamento' des Konzils eher als Diskontinuität (Bruch) oder als Kontinuität zu beschreiben ist, einzubringen. Die Entwicklungen im kirchlichen Selbstverständnis und in der liturgischen Gestalt des Glaubens wurden durch das Konzil gesamtkirchlich inauguriert und werden von der überwältigenden Mehrheit der Gläubigen getragen. Nicht kirchliche, liturgische Entwicklung als solche führt zum Bruch, sondern die Aufkündigung der Einheit dieses communial durch

Vielmehr nimmt im Gottesdienst der Kirche der Glaube der Kirche in seiner Komplexität und Authentizität geschichtliche Gestalt an. Hier zeigt sich, was es bedeutet, zur *ecclesia* berufen zu sein, aus dem Anruf des Auferstandenen heraus zu leben. Es handelt sich um eine Existenz, die sich in den Dienst der Verherrlichung Gottes stellt und zu ihr befreit, die sich dem Zuspruch Gottes verdankt weiß und sich synchron und diachron in einer kirchlichen Überlieferungslinie verortet. Die Feier der Liturgie zu reflektieren und in sie einzuführen ist darum glaubenshermeneutisch und katechetisch unverzichtbar, weil hier Bekenntnis, Verkündigung und *intellectus fidei*, Wort und Antwort, Anrede und glaubende Zustimmung *in actu* zusammengebunden sind. In der Feier des Glaubens wird christliche Identität als responsorische, doxologische und communiale Existenz sichtbar, als befreites Dasein, das sich aus dem Anruf Jesu Christi erneuert, befreit und gesandt weiß.

---

die Epochen und Kulturen getragenen und verkündigten, gelebten und gedeuteten Glaubens.

III. Rituelle Performance der Messfeier

Einige Defizite in der Performance der Eucharistie

Reinhard Meßner, Innsbruck

Die folgenden Überlegungen zur römisch-katholischen Eucharistiefeier, wie sie nach dem Zweiten Vatikanischen Konzil erneuert worden ist, gehen nicht von einer theologischen Beschreibung der Eucharistie, sondern von der an sich banalen Voraussetzung aus, dass Liturgie nur in ihrer je aktuellen Performance existiert, also wenn sie zu einer bestimmten Zeit an einem bestimmten Ort von bestimmten Personen in einer bestimmten Weise menschlichen Handelns ausgeführt wird. Der im Titel verwendete Begriff der Performance steht nicht für eine besondere Theorie performativen Handelns, sondern einfach für die äußere und konkrete Realisierungsweise der Eucharistie. Meinen Überlegungen liegt die (meines Erachtens angesichts des Phänomens auch an sich banale) Überzeugung zugrunde, dass die Eucharistie, wie die christliche Liturgie überhaupt, eine *rituelle* Performance, die Ausführung eines Rituals ist, dass genau darin ihre Besonderheit gegenüber anderen Weisen religiösen, hier: christlichen Handelns besteht und dass in der faktischen Vernachlässigung dieser ihr eigenen Handlungsgestalt, damit also in der Entritualisierung gottesdienstlichen Handelns derzeit (jedenfalls in westlichen Gesellschaften) ein erhebliches Defizit in der liturgischen Praxis insgesamt und besonders auch der eucharistischen Feierpraxis zu konstatieren ist.

Aus dem Gesagten geht hervor, dass meine Ausführungen weitestgehend nicht theologisch sind, sondern, wenn man es so nennen will, kulturanthropologisch. Ausgehend von einigen allgemeinen ritualtheoretischen Bemerkungen soll das angedeutete Defizit in der Performance der Eucharistie an drei Beispielen verdeutlicht werden: der eucharistischen Kommunion, dem Umgang mit dem rituellen Wort in der Eucharistie und der Sequenz der Eröffnungsriten.

Romano Guardini hat in seinem berühmten Brief, den er 1964 an den Liturgischen Kongress in Mainz gerichtet hat,[1] davon gesprochen, dass die wichtigste Aufgabe der vom Konzil angeordneten liturgischen Reform nicht die Neuordnung der gottesdienstlichen Strukturen und Texte, auch nicht die Belehrung über die Liturgie und ihre theologische Eigenart, sondern die Einübung, ja vielfach erst die Wiedergewinnung dessen sein muss, was er den „liturgischen Akt“ (oder an einer Stelle auch den „Kult-Akt“) genannt hat, also einer bestimmten Weise menschlichen Verhaltens, das der Liturgie von der Sache her zugrunde liegt. Wenn dieser Akt nicht gelingt, sei alle äußere Reform und Erneuerung zum Scheitern verurteilt. An der Fähigkeit oder Unfähigkeit zu diesem Akt hänge Wohl und Wehe der Liturgiereform.

Knapp 50 Jahre danach und auf der Basis der seither vor allem in der Anthropologie und Religionswissenschaft reich entwickelten Forschungsplattform der „Ritual Studies“[2] kann man das, was Guardini den „liturgischen Akt“ genannt hat, als rituelles Verhalten bezeichnen und in der Einübung beziehungsweise Wiedergewinnung dieser besonderen Weise menschlichen Handelns den Kern einer fruchtbaren liturgischen Erneuerung sehen. Anders gesagt: Die immer wieder auf der Basis des genannten Guardini-Briefes verhandelte Frage nach der „Liturgiefähigkeit“ des heuti-

---

1 *Romano Guardini*, Der Kultakt und die gegenwärtige Aufgabe der Liturgischen Bildung, in: *ders.*, Liturgie und liturgische Bildung (Romano Guardini Werke. Sachbereich Liturgische Bildung), Mainz – Paderborn 1992, 9–17.

2 Von einer „Forschungsplattform“, von der die Liturgiewissenschaft in mancherlei Hinsicht zu lernen hat und an der sie sich vor allem auch selbst aktiv beteiligen könnte und sollte, spricht Paul Post in seinem knappen Überblick über wichtige Strömungen der Ritual Studies: *Paul Post*, Ritual Studies. Einführung und Ortsbestimmung im Hinblick auf die Liturgiewissenschaft, in: ALW 45 (2003) 21–45. Posts eigene, in einer unglaublichen Fülle einschlägiger Publikationen dokumentierte Interessen gehen vor allem auf früher als „pia exercitia“ bzw. „Volksreligiosität“ gegenüber der „Liturgie“ eher abwertend eingeschätzte christliche und religiöse Rituale, weniger auf religiöse Hochrituale wie die Eucharistie.

gen Christen entscheidet sich an seiner Fähigkeit zu rituellem Verhalten.[3] Der noch vom Zweiten Vatikanischen Konzil (und im geltenden Kirchenrecht) juridisch definierte (das heißt von sogenannten, nicht als „Liturgie" qualifizierten „pia exercitia" abgegrenzte) Begriff der (christlichen) Liturgie könnte heute im Licht der Ritual Studies bestimmt werden als diejenigen religiösen Handlungen von Christen, die – in unterschiedlichem Ausmaß und in unterschiedlichem Grad – rituelle Qualitäten[4] aufweisen und sich genau dadurch – nicht durch ihren Inhalt, nicht durch ihre Funktion – von anderen christlichen Handlungsweisen unterscheiden.

---

3 Diese Ansicht dürfte, jedenfalls im deutschen Sprachraum, in Liturgiewissenschaft und Liturgiepastoral derzeit nicht mehrheitsfähig sein. Eine aus mancherlei, z. T. durchaus verständlichen Gründen in römisch-katholischer wie auch evangelischer Theologie und Kirche über weite Strecken des 20. Jahrhunderts weit verbreitete Kultfeindlichkeit bzw. eine weitgehende Verständnislosigkeit gegenüber kultischen und damit auch rituellen Phänomenen, die in eigenartiger Spannung zu den gleichzeitigen liturgischen Aufbrüchen (auch hier in der römisch-katholischen wie in den evangelischen Kirchen) steht, könnte nicht zuletzt von der Begegnung mit den Ritual Studies her überwunden werden. – Wer, wie der Autor des vorliegenden Beitrags, keinerlei einschlägige Ausbildung im Gebiet der Ritual Studies erfahren hat, weiß freilich auch um dessen erschreckende Komplexität und um die Gefahr, sich hoffnungslos in diesem Labyrinth zu verirren oder sich einfach in ein paar schnell angelesenen Lieblingsideen zu verlieren. Die Ausbildung der Liturgiewissenschaftler müsste sich dieser Herausforderung in Zukunft bewusst stellen.

4 Von „ritual qualities", welche ganz verschiedene Handlungen aus ganz verschiedenen Lebensbereichen in unterschiedlichen Graden und unterschiedlicher Dichte haben können, spricht *Ronald L. Grimes*, Ritual Criticism. Case Studies in Its Practice, Essays in Its Theory (Studies in Comparative Religion), Columbia 1990, 13–15. Vgl. auch den für eine Neudefinition christlicher Liturgie sehr beachtlichen, vom Direktorium über die Volksfrömmigkeit von 2002 ausgehenden Beitrag von *Paul Post*, Qualities of Ritual. Three Critical Reflections on the Directory on Popular Piety and the Liturgy, in: QL 88 (2007) 24–51.

1. Mut zur Ritualisierung

a) Worin besteht rituelles Handeln?

„Ritual“ ist, wie auch „Liturgie“, ein analytischer Reflexionsbegriff, dessen Funktion einfach darin besteht, das methodisch geordnete, also wissenschaftliche Nachdenken über bestimmte Weisen menschlichen Handelns und Verhaltens zu erleichtern. Was ein Ritual beziehungsweise was rituelles Handeln[5] im Unterschied zu nicht-rituellem Handeln ist, ergibt sich nicht aus dem Inhalt dieser Handlungen, der denkbar unterschiedlich sein kann (vom Alltagsritual über politisches Ritual bis zum religiösen Hochritual), ergibt sich auch nicht aus ihren Funktionen, die eher Implikate der besonderen Handlungsgestalt sind, sondern zunächst einzig aus ihrer Form. Wenn man diesen analytischen Begriff beschreiben, gar definieren will, geht man deshalb am besten von einer rein formalen Beschreibung beziehungsweise Definition aus. Ich lege hier die formale Ritualdefinition von Roy Rappaport zugrunde, die meines Erachtens für die Liturgiewissenschaft und ihren Diskurs über gottesdienstliche Rituale eine Fülle von Anschlussmöglichkeiten bietet. Demnach ist ein Ritual die Performance formalisierter (verbaler und nonverbaler), relativ invarianter Handlungen, die nicht von den Ausführenden kodiert sind.[6] Die einzelnen Elemente dieser Ritualdefinition bedürfen eines knappen Kommentars.

---

5 Catherine Bell spricht von „ritual-like activities“ oder „ritualization“, weniger von Ritualen als festgefügten Handlungssequenzen. Die von ihr genannten Charakteristika ritualartiger Handlungen entsprechen den zumeist, etwa auch von Rappaport oder Grimes aufgezählten „ritual qualities“: formalism, traditionalism, invariance, rule-governance, sacral symbolism, performance. Vgl. *Catherine Bell*, Ritual. Perspectives and Dimensions, Oxford 2009, bes. Kap. 5.

6 *Roy A. Rappaport*, Ritual and Religion in the Making of Humanity (Cambridge Studies in Social and Cultural Anthropology 110), Cambridge 1999, 24: „I take the term ‚ritual‘ to denote *the performance of more or less invariant sequences of formal acts and utterances not entirely encoded by the performers*“ (Hervorhebung im Original). Die wesentlichen Einsichten seines postum veröffentlichten *opus magnum* finden sich schon in

b) Formalisierung

Formalisierung, ein Merkmal, das wohl in allen Listen ritueller Qualitäten sehr weit oben steht, bedeutet einen gewissen Primat der Gestalt vor dem Inhalt. Rituelles Verhalten als formalisiertes Handeln impliziert einen Weg von außen nach innen, vom körperlichen Tun zum geistigen Gehalt, nicht umgekehrt. Formalisierung stellt die expressive Dimension ritualisierten Verhaltens heraus. Fasst man Rituale unter die Kategorie der Kommunikation und Kommunikation als Mitteilung, dann geschieht Mitteilung im Ritual vorwiegend[7] nicht als Vermittlung diskursiver, mit dem Intellekt erkennbarer Botschaften, sondern als deren Darstellung mit den Mitteln der Kunst. Formalisierte, also gestaltbetonte Handlungen wirken in erster Linie über die sinnliche Wahrnehmung auf den Affekt des Menschen.[8] Dies gilt nicht nur für nonverbale Handlungen, sondern gerade auch für Sprachhandlungen, worauf noch zurückzukommen sein wird.

Eine in Ritualen häufige Art der Formalisierung ist die Stilisierung alltäglicher Handlungsweisen. Stilisierung bedeutet das Herausstellen des Wesentlichen einer Handlung abgesehen von den Zufälligkeiten und vielfachen Variationen alltäglichen Verhaltens. Stilisierten rituellen Handlungen liegen alltägliche Verhaltensweisen zugrunde (ein stilisiertes Mahl stellt sozusagen das Wesen des Mahls schlechthin dar); damit erhält das Ritual seinen Bezug zur alltäglichen Lebenswelt.[9] Durch Stilisierung werden diese Verhaltensweisen aber vom alltäglichen Handeln abgeho-

ders., The Obvious Aspects of Ritual, in: *ders.*, Ecology, Meaning and Religion, Richmond 1979, 173–222.

7 Natürlich werden auch in ritueller Kommunikation diskursive Botschaften vermittelt, doch dies ist nicht das Besondere dieser Art menschlichen Handelns. Ansonsten wäre es wesentlich effektiver, das Ritual durch diskursives Reden über diese Botschaften zu ersetzen.

8 Das ist auch der Grund, warum ein Ritual – jedenfalls ein religiöses Hochritual – ohne Musik, die (in aller Regel) keinerlei diskursiven Inhalt hat und in ganz besonderer Weise auf den Affekt wirkt, wohl undenkbar ist (außer in gewissen christlichen Liturgien).

9 D. h. auch: In der stilisierten Handlung muss die zugrunde liegende Alltagshandlung noch erkennbar sein.

ben, wird eine bewusste Differenz zwischen der Alltagswelt und der im Ritual dargestellten Welt geschaffen. In der formalisierten und stilisierten rituellen Handlung wird der Mensch, wird die Gesellschaft, wird die Welt insgesamt nicht einfach in ihrem faktisch vorfindlichen Zustand dargestellt, sondern so, wie sie sein sollen, wie sie „im Anfang“ gewesen sind oder wie sie „am Ende“ sein werden, also in ihrem proto- beziehungsweise eschatologischen Modus.[10] In den formalisierten Handlungen des Rituals wird durch die expressiven Mittel der Sprache und des nonverbalen körperlichen Handelns eine die Gesellschaft fundierende Situation hergestellt. Ganz knapp gesagt, ist für die Eucharistie diese fundierende, rituell dar- beziehungsweise hergestellte Situation die himmlische Polis als der Vollendungszustand der menschlichen Gesellschaft, vermittelt durch das letzte Mahl Jesu als die Antizipation des Übergangs in diesen Zustand durch den Kreuzestod hindurch, also eine zeitlich sehr komplexe Situation. Das Ritual ist für diese Situation konstitutiv, ist nicht bloß die Illustration eines inneren, rational verständlichen Gehalts, den man auch anders, nämlich durch bloßes Sagen, also in diskursiver Rede mitteilen könnte. Die fundierende Situation existiert für die Ritualteilnehmer nur in der Performance des Rituals, aber durch die (körperliche) Performance werden sie selbst zu Teilnehmern an der dargestellten fundierenden Situation. Dafür ist rituelles Handeln wohl durch nichts anderes ersetzbar.

Diese Situation, in die das Ritual hineinführt, ist seit Arnold van Genneps berühmter Studie über *rites de passages*[11] oft als liminale Situation bezeichnet und beschrieben worden: Formalisiertes

10 Das hat Romano Guardini als den „objektiven“ Ausdruck in der Liturgie beschrieben. Vgl. *Romano Guardini*, Liturgische Bildung. Versuche, in: *ders.*, Liturgie und liturgische Bildung, 19–110, hier 91f: „Nicht irgendetwas soll ausgedrückt werden, sondern das Richtige: das wahre Wesen des Menschen. Die richtigen Gesinnungen; nicht, wie sie beliebig erwachen, sondern wie sie sein sollen. Die rechten Gefühle; nicht alle, die auftauchen, sondern solche, die würdig sind, vor Gott ausgesprochen zu werden.“ Es ist klar, dass diese Eigenart des rituellen Ausdruckshandelns mit dessen relativer Invarianz zusammenhängt.

11 *Arnold van Gennep*, Übergangsriten (Les rites de passages), Frankfurt/M. 1986. Die französische Originalausgabe erschien 1909.

rituelles Handeln führt über eine Schwelle hinüber in einen Zustand zwischen den sozialen Status alltäglicher Existenz.[12] Die Differenz zwischen alltäglichem Handeln und dessen formalisierter beziehungsweise stilisierter (ritualisierter) Ausdrucksform eröffnet für die Ausführenden des Rituals diesen liminalen Bereich, diesen Zwischenraum. Jedes Ritual schafft einen solchen Übergang von der kontingenten, wandelbaren Welt des Alltags in den im Ritual expressiv konstituierten und damit als Handlungsraum präsenten proto- beziehungsweise eschatologischen Zustand der Gesellschaft und der Welt, wie sie eigentlich sein soll. Diese liminale Daseinsweise zwischen den Zeiten des Alltags hat nicht bloß transitorische, sondern transformatorische Bedeutung.[13] Die Ritualteilnehmer werden in dasjenige transformiert, was sie in ihren formalisierten Handlungen darstellen. Sie treten aus der Alltagszeit und ihren Rhythmen heraus und in eine andere, nur im Ritual und seiner Performance erfahrbare Zeitqualität ein.[14] Gerade für diese Erfahrung sind in erster Linie nicht

12 Einen sehr interessanten Versuch einer theologischen Rezeption, nämlich von der Kategorie der Liminalität (vor allem in Anschluss an Victor Turner) her die paulinische Theologie und Anthropologie neu zu durchdenken, hat Christian Strecker unternommen: *Christian Strecker*, Die liminale Theologie des Paulus. Zugänge zur paulinischen Theologie aus kulturanthropologischer Perspektive (FRLANT 185), Göttingen 1999, wo der Autor überzeugend den liminalen Status christlicher Existenz insgesamt herausarbeitet. Die eigentliche „agrégation" (wie van Gennep die dritte, die Eingliederungsphase von Übergangsritualen nannte) geschieht erst im Eschaton, bei der Parusie Christi. Bis dahin lebt der Christ im Zwischenzustand zwischen dieser und der kommenden Welt. Liminale Rituale entsprechen damit genau der Eigenart christlicher Existenz überhaupt.

13 Eine theologische Reflexion der Liturgie bzw. der Eucharistie müsste hier vom Paschamysterium sprechen, vor allem vom Pascha im Sinn des Transitus und von dessen transformatorischem Potential.

14 Vgl. dazu die auch für eine theologische Betrachtung höchst anregenden Überlegungen von *Rappaport*, Ritual, 169–235 (und schon die Vorstudie zu diesen beiden Kapiteln: *ders.*, Ritual, Time, and Eternity, in: Zygon 27 [1992] 5–30), wonach Rituale jeweils in einem Intervall zwischen Phasen der „mundane time" angesiedelt sind, diese gliedern und durch die

der Intellekt und das rationale Verständnis der rituellen Handlungen und ihrer Inhalte entscheidend, sondern affektive, zweifellos auch psycho-physisch beschreibbare Zustände,[15] die sich von den psychischen und neurophysiologischen Zuständen außerhalb des rituellen Handlungskomplexes unterscheiden. Rappaport hat – für die kritische Bewertung christlicher Rituale sehr zu beachten – in diesem Zusammenhang auf die Bedeutung von Rhythmus[16] und Tempo[17] ritueller Handlungen hingewiesen. Rhythmus und Tempo ritueller Handlungen nähern sich nicht selten organischen Rhythmen und Tempi (Herzschlag, Atem) an, sind damit gegenüber Alltagshandlungen oft beschleunigt; vermutlich haben aber auch deutliche Verlangsamungen von Handlungen einen analogen Effekt.

Victor Turner hat die Beobachtungen van Genneps zur liminalen Phase von Übergangsriten entscheidend vertieft durch die Beschreibung liminaler Zustände als das Erreichen eines Status von „communitas", wo durch die zwischenzeitliche Aufhebung aller Statusunterschiede („Anti-Struktur" gegenüber der alltäglichen gesellschaftlichen „Struktur") die völlige Gleichheit der Ritualteilnehmer erreicht wird.[18] Im liminalen Bereich, in den das Ritual hineinführt, wird damit eine egalitäre Gesellschaft verwirklicht. Für ein Mahlritual wie die Eucharistie bedeutet das: Alle ausnahmslos haben den gleichen Rang am Tisch.

---

regelmäßige Wiederkehr des Invarianten eine Erfahrung von „time out of time", ja von „eternity" ermöglichen. Hier könnte theologisch eine Reflexion auf Liturgie und Zeit(erfahrung) gut anschließen.

15 Vgl. die knappen Angaben und die Literatur bei *Rappaport*, Ritual, 226–230.

16 Für die Verbesserung gottesdienstlicher Performance zu beachten ist die lapidare Bemerkung von *Rappaport*, Ritual, 483: „It is hardly necessary to point out that many or even most Western religious rituals are deficient in rhythmicity."

17 Ebd. 222–225.

18 Vgl. vor allem *Victor Witter Turner*, Das Ritual. Struktur und Anti-Struktur (Theorie und Gesellschaft 10), Frankfurt am Main 1989.

c) Relative Invarianz und Kodierung durch andere als die Ausführenden

Dass relativ invariante Handlungssequenzen wiederholt werden, gehört zu den wesentlichen Qualitäten rituellen Verhaltens.[19] Die Invarianz von Ritualen ist in doppelter Hinsicht relativ. Einerseits ist jede Performance auch ein und desselben Rituals einmalig und damit auch durch eine gewisse Varianz der Handlungen von Durchführung zu Durchführung geprägt, andererseits und vor allem sind Rituale im Lauf einer längeren Geschichte zum Teil sehr starken Veränderungen unterworfen, wie ein noch so oberflächlicher Blick etwa auf die christliche oder jüdische Liturgiegeschichte zeigt.[20] Invariant sind Rituale in erster Linie in synchroner Hinsicht aus der Perspektive der Teilnehmer an den mehr oder minder regelmäßigen Performances von Ritualen, für die das Ritual eben durch diese Qualität der (relativen) Invarianz Stabilität und Ordnung im ungeregelten Fluss der Dinge und der Geschichte vermittelt, ganz unabhängig davon, wie anders – viel-

19 Es gibt gewiss auch Handlungen mit rituellen Qualitäten, die auf eine einzelne Situation zugeschnitten sind und gar nicht wiederholt werden. Es ist eine Frage der Terminologie, ob man in diesen Fällen sinnvollerweise von Ritualen spricht. Für religiöse Hochrituale, wie sie hier am Beispiel der christlichen Eucharistie im Blick sind, ist Invarianz jedenfalls ein wesentliches Kennzeichen.

20 Zum Phänomen des „ritual change" vgl. die mit vielen Beispielen, auch aus der christlichen Liturgie, versehenen Ausführungen von *Bell*, Ritual, Kap. 7, auch zur „Erfindung" von Ritualen (ritual invention [223–242]). Bell weist auf einen relativ neuen Typ von Ritualisierung hin, der vor allem der Identitätsfindung durch Selbstexpression dient und bei dem der messbare Effekt im Sinn kognitiver Neuorientierung und psychischen Wohlbefindens eine zentrale Rolle spielt, während sozial gebundene, tradierte kanonische Botschaften in den Hintergrund treten. Vgl. ebd. 241: „In the ritual paradigm now becoming dominant in America and Europe, however, one expects the rite to work by affecting people's cognitive orientation and emotional sense of well-being." Es ist klar, dass in westlichen Gesellschaften auch christliche Rituale wie die Eucharistie in den Sog dieses rituellen Konzepts geraten sind, es ist aber ebenso klar, dass hier eine *metabasis eis allo genos* droht.

leicht ganz anders – dasselbe Ritual von anderen Teilnehmern vor Jahrzehnten oder Jahrhunderten vollzogen wurde.

Die Invarianz von Ritualen schafft Sicherheit und Klarheit durch die ständige Durchbrechung der unsicheren und ungeordneten Existenz durch die Unveränderlichkeit der eine Gesellschaft fundierenden Situation. Die für Rituale charakteristischen Botschaften sind, in der Terminologie von Rappaport, kanonisch;[21] rituelles Handeln, das durch relative Invarianz ausgezeichnet ist, ist daher für die Teilnehmer (und für die Gesellschaft insgesamt) maßstäblich in Hinsicht auf ihr Dasein in der Alltagswelt. Teilnahme am Ritual ist Teilnahme am Dauernden, Beständigen, Sinn und Sicherheit Stiftenden.

Die von Rappaport sogenannten „kanonischen Botschaften" von Ritualen, die sich in deren relativen Invarianz manifestieren und, wie schon gesagt, nicht in erster Linie auf der Ebene der diskursiven Vernunft, sondern mit dem Affekt rezipiert werden, lassen sich leicht mit dem in der Liturgischen Bewegung häufig als Besonderheit der Liturgie angeführten „Objektiven" in Verbindung bringen.[22] Die kanonischen Botschaften der Rituale sind der Subjektivität der jeweils das Ritual Ausführenden vorgegeben, sind sie ja nicht von ihnen selbst, sondern von anderen im Lauf der Geschichte kodiert worden; die für eine Gesellschaft grundlegenden Rituale werden deshalb in aller Regel durch die Geschichte hindurch in ständiger, aber langsamer, dem einzelnen Ritualteilnehmer nicht oder kaum zu Bewusstsein kommender Veränderung tradiert. Dass aus welchen Gründen auch immer unternommene, zuweilen gewiss notwendige punktuelle größere Veränderungen von Ritualen (also Liturgiereformen) regelmäßig zu Krisen führen, ist daher kaum überraschend, prinzipiell wenig beunruhigend und bei fast allen derartigen Reformen feststellbar.[23] Derlei Situationen sind aber aufs Ganze gesehen doch wohl

21 Vgl. *Rappaport*, Ritual, 52–54.

22 Vgl. die klassischen Ausführungen von *Guardini*, Liturgische Bildung, 78–100.

23 Vgl. nur – neben den bis heute andauernden und wohl kaum, gerade auch nicht durch den Versuch des Entgegenkommens von einer Seite, in absehbarer Zeit einer befriedigenden Lösung zuzuführenden Auseinan-

außerordentlich und nicht der normale Lauf der geschichtlichen Tradierung von Ritualen, insofern diese kanonische Botschaften, damit das Dauernde, die Geschichte einer Gesellschaft und die einzelnen Biographien ihrer Mitglieder Übergreifende und Umgreifende vermitteln sollen.

Rituale sind, wie schon gesagt, expressive Handlungen, doch wäre es ein gravierendes, in der derzeitigen Lage des Umgangs mit und der Inszenierung christlicher Rituale hoch aktuelles Missverständnis, Rituale – und damit auch die christliche Liturgie – als „Ausdruck des Glaubens" in dem Sinn anzusehen, als drückten die einzelnen Teilnehmer einfach sich selbst, ihre (Glaubens-)Überzeugungen und (Glaubens-)Haltungen aus. Insofern ist übrigens auch der vor allem im Gefolge Karl Rahners beliebte Begriff des „Selbstvollzugs der Kirche" im genannten Sinn missverständlich, ebenfalls Schleiermachers Konzeption des Gottesdienstes als „Darstellung des stärker erregten religiösen Bewusstseins". Was mit expressiven Mitteln des darstellenden Handelns zum Ausdruck gebracht wird, sind die Grundlagen einer Kultur beziehungsweise einer Gesellschaft, ihre jedem einzelnen Ritualteilnehmer vorgegebene und überlieferte Sicht von Welt und Mensch, eben – wie in anderem Zusammenhang schon gesagt – nicht die faktisch vorfindliche Gesellschaft und Welt, sondern deren Vollendungszustand (ob dieser nun protologisch im Sinn einer ἀρχή oder eschatologisch gefasst wird). Die im rituellen Handeln mittels Formalisierung und Stilisierung alltäglichen Verhaltens hergestellte Differenz zwischen Alltagszustand und Vollendungszustand des Dargestellten ist für das rechte Verständnis und vor allem das rechte Erleben rituellen Handelns fundamental.

Wenn im Ritual das für eine Gesellschaft Kanonische dargestellt und kommuniziert wird, ist das Ritual eo ipso eine öffentliche Handlung: Die Gesellschaft stellt sich im Ritual in dem dar, was sie begründet und zusammenhält und woran der einzelne

---

dersetzungen um die letzte Liturgiereform in der römisch-katholischen Kirche – die russische Liturgiereform des Patriarchen Nikon im 17. Jahrhundert, die eine ebenfalls bis heute andauernde Spaltung hervorgerufen hat (vgl. *Paul Meyendorff*, Russia, Ritual and Reform. The liturgical reforms of Nikon in the 17th century, Crestwood 1991).

Teilnehmer des Rituals in seinem gesellschaftlichen Status gebunden ist, und zwar auf Grund der im Akt der Teilnahme (Partizipation) ausgedrückten Akzeptanz der kanonischen Ordnung.

d) Partizipation

Zur Partizipation am Ritual ist dreierlei kurz anzumerken. Erstens: Wenn das Ritual durch formalisierte Handlungen die Welt beziehungsweise die Gesellschaft in ihrem Sollzustand in bewusster Differenz zu ihrer faktischen Vorfindlichkeit konstituiert, dann bedeutet die Partizipation am Ritual für jeden einzelnen Teilnehmer die Partizipation an der dargestellten Ordnung: die Teilnehmer werden selbst Teil der im Ritual inszenierten Wirklichkeit. Anders – in der Terminologie von Rappaport[24] – gesagt: Durch die Teilnahme am Ritual geben die Teilnehmer die selbstreferentielle Botschaft, die rituell kommunizierten kanonischen Botschaften zu akzeptieren, zwar nicht notwendigerweise innerlich im Sinn eines persönlichen Festhaltens an diesen Botschaften („belief“)[25], aber öffentlich angesichts der Gesellschaft, die im Ritual ihre fundierende Situation darstellt. Aus dieser öffentlichen Akzeptanz der rituell dargestellten Ordnung folgt die Verpflichtung, sich an sie zu halten.

Zweitens: Im Ritual gibt es – vielleicht abgesehen von bewussten Beobachtern (etwa im Zug der Feldforschung) – nur Teilnehmer. Auch wenn manche Ritualsequenzen von Spezialisten ausgeführt und von den restlichen Teilnehmern (schauend, hörend usw.) beobachtet werden, sind im Gesamtgefüge der rituellen Handlung ausnahmslos alle Teilnehmer, zugleich Sender und Empfänger der kommunizierten Botschaften.

---

24 Vgl. *Rappaport*, Ritual, Kap. 3.

25 Ebd. 119–124. Hier wäre theologisch natürlich die Frage des Glaubens bzw. des glaubenden Vollzugs der Liturgie zu reflektieren. Traditionell gesagt, und in prinzipieller Übereinstimmung mit Rappaports Unterscheidung zwischen „acceptance“ und „belief“: Der Glaube konstituiert nicht die Wirklichkeit (*res*) der Liturgie, wohl aber ihre Fruchtbarkeit (*virtus*).

Drittens und für eine gegenwärtige Besinnung auf christliches Ritual wohl am wichtigsten: Die Teilnahme geschieht primär durch körperliches, also äußerliches Verhalten, nicht – jedenfalls nicht unmittelbar und zuerst – durch innerliche Akte.[26] Auch wenn wohl in den allermeisten Ritualen Sprache verwendet wird, diese im christlichen Ritual als einer λογικὴ λατρεία von ganz zentraler Bedeutung ist, geht es auch dabei nicht – jedenfalls nicht zuerst – um diskursive Botschaften, die sprachlich zu vermitteln und durch den Intellekt aufzunehmen sind, sondern um Sprachhandlungen, in die der Leib in gegenüber alltäglichen Sprachhandlungen gesteigerter Intensität eingebunden ist. In rituellen Sprachhandlungen spielt deshalb der Gesang, durch den dem Wort der besondere, den Affekt berührende Ton gegeben wird,[27] spielen die suprasegmentalen Elemente der Sprache wie

26 Dies ist für den sachgemäßen Vollzug auch der christlichen Liturgie von fundamentaler Bedeutung. Die Unfähigkeit zum liturgischen (also rituellen) Akt, die Romano Guardini dem Menschen des 19. Jahrhunderts bescheinigt hat (dies gilt zweifellos vielfach auch für das beginnende 21. Jahrhundert), hat ihren tiefsten Grund wohl in der Überbewertung der „religiösen Innerlichkeit" und der damit einhergehenden Abwertung jeglichen äußeren religiösen Vollzugs als letztlich bedeutungslose „Äußerlichkeit". Vgl. *Guardini*, Kultakt, 9f: „Wenn ich recht sehe, war der typische Mensch des neunzehnten Jahrhunderts zu diesem Akt nicht mehr fähig, ja er hat von ihm nichts mehr gewußt. Für ihn war religiöses Verhalten einfachhin das individuell-innerliche – was dann als ‚Liturgie' noch den Charakter offiziell-öffentlicher Feierlichkeit annahm. Damit aber war der Sinn der liturgischen Handlung verloren, denn was der Gläubige vollzog, war gar kein eigentlich liturgischer, sondern ein von Zeremoniell umgebener privat-innerlicher Akt – nicht selten noch von dem Gefühl begleitet, er werde durch jenes Zeremoniell gestört." Diese Beschreibung scheint mir auch noch (oder wieder) für die Gegenwart höchst aktuell.

27 Vgl. dazu ausführlicher *Christa Reich*, Evangelium: klingendes Wort. Zur theologischen Bedeutung des Singens, hg. v. *Christian Möller u. a.*, Stuttgart 1997, vor allem 28–50 („Das Eine Lebendige Wort. Die Bedeutung der deutschen Gregorianik für die wissenschaftliche Theologie"), die eindrucksvoll und hier am Beispiel gelungener deutscher Gregorianik (Münsterschwarzach, Godehard Joppich) darauf hinweist, dass Evangelium als Wortgeschehen („viva vox", was ja – entgegen einem offenbar verbreiteten Klischee – nicht zuerst die Predigt im Unterschied zum

Intonation, Sprechtempo, Sprechrhythmus usw., spielt die rhetorische Gestaltung der Sprache[28] eine kaum zu überschätzende Rolle. Auch in den rituellen, damit formalisierten Sprachhandlungen gibt es einen gewissen Primat der Form vor dem Inhalt.[29] Die Verständlichkeit eines Rituals (damit auch der Liturgie) bemisst sich daher nicht zuerst an der möglichst leichten intellektuellen Zugänglichkeit der (diskursiven) Botschaften für die einzelnen Ritualteilnehmer.

Im Ritual sind kanonische und selbstreferentielle Botschaften, sind, wenn man es so nennen will, die Objektivität der fundierenden Situation und die Subjektivität der Teilnehmer, die eben durch den Akt der Teilnahme selbst Bestandteil der rituell konstituierten fundierenden Situation werden, verschränkt. Partizipation (*participatio actuosa, pia, conscia*) war bekanntlich das zentrale Anliegen der letzten Liturgiereform in der römisch-katholischen Kirche, sozusagen ihr Formalprinzip.[30] Auch unter dem Blickwinkel

---

Schrifttext, sondern das Erklingen des Schrifttextes und dann auch der Predigt im Unterschied zu einem nur schriftlich fixierten Text meint) aus sachimmanenten Gründen ein Klanggeschehen ist, dass es auf die sinnliche Wahrnehmung des immer neu zu findenden Tons der frohen Botschaft ebenso ankommt wie auf die Kenntnisnahme ihrer Inhalte.

28 Vgl. zu Luthers Bibelübersetzung, die ja für die öffentliche Verkündigung im Gottesdienst geschaffen worden ist, und auch zu ihrer klanglichen Realisierung durch Kantillation (in der Deutschen Messe): *Birgit Stolt*, Martin Luthers Rhetorik des Herzens (Uni-TB 2141), Tübingen 2000, 84–146. Dieses Lutherbuch einer Germanistin ist gerade durch die Erschließung der rhetorischen Gestaltung und der Klanggestalt des Evangeliums durch Luther auch theologisch von höchster Relevanz.

29 Vgl. dazu den wichtigen Beitrag von *Christine Mohrmann*, Sakralsprache und Umgangssprache, in: ALW 10/2 (1968) 344–354, ebenfalls ein Beispiel dafür, dass wir Theologen von Sprachwissenschaftlern einiges zu lernen hätten.

30 Programmatisch SC 21: „Qua quidem instauratione, textus et ritus ita ordinari oportet, ut sancta, quae significant, clarius exprimant, eaque populus christianus, in quantum fieri potest, facile percipere atque plena, actuosa et communitatis propria celebratione participare possit." Die Liturgie ist demnach ein expressives Handlungsgeschehen („exprimant"), in dem die Mitfeiernden Teilnehmer an der rituell dargestellten Ordnung (den „sancta") werden. Die Partizipation richtet sich auf die „sancta". In

einer ritualtheoretischen, nicht theologischen Betrachtung der Liturgie war das zweifellos ein fundamental richtiger Schritt, um die von Guardini angemahnte wichtigste Maßnahme einer echten Liturgieerneuerung in Gang zu setzen: die Einübung des liturgischen Aktes, also des rituellen, formalisierten Handelns.

e) Faktische Deritualisierung der Liturgie

Jedenfalls im deutschen Sprachraum, wohl in den westlichen Gesellschaften insgesamt wurde freilich dieser Weg der Einübung beziehungsweise Wiedergewinnung des rituellen (oder mit Guardini: des liturgischen) Aktes nicht begangen. Vielmehr ist hier die durchschnittliche Performance der Eucharistie ganz deutlich von einer Tendenz der Deritualisierung der gottesdienstlichen Handlung geprägt[31], ist das rituelle Handeln, in dem kanonische, nicht von den Ausführenden kodierte Botschaften mit den expressiven Mitteln der Sprache und des nonverbalen körperlichen Verhaltens kommuniziert werden, überlagert, wenn nicht gar ersetzt worden durch einen anderen Akt, durch eine andere Weise menschlicher Kommunikation: durch die Vermittlung diskursiver Botschaften, die sehr wohl von den Ausführenden kodiert werden.[32] Die Sprache des Gottesdienstes ist für die

der offiziellen deutschen Fassung ist der Absatz falsch übersetzt: „Bei dieser Erneuerung sollen Texte und Riten so geordnet werden, daß sie das Heilige, dem sie als Zeichen dienen, deutlicher zum Ausdruck bringen, und so, daß das christliche Volk sie (!) möglichst leicht erfassen und in voller, tätiger und gemeinschaftlicher Teilnahme mitfeiern kann." Im lateinischen Text ist das Objekt von „participare" die „sancta", an denen es vermittels der Sprach- und sonstigen Handlungen teilzunehmen gilt, in der deutschen Übersetzung ist die Teilnahme auf die „Texte und Riten" bezogen. Das ist jedenfalls zu kurz gegriffen.

31 Vgl. dazu die äußerst wichtigen Überlegungen von *Aidan Kavanagh*, Textuality and Deritualization: The Case of Western Liturgical Usage, in: StLi 23 (1993) 70–77.

32 Der Übergang von der rituellen Kommunikation „präsentativer Symbolik" (ein Begriff von Susanne K. Langer) zu diskursivem Handeln ist auch der Kern der Kritik Alfred Lorenzers an der Liturgiereform

Vermittlung dieser Botschaften in Dienst genommen worden, viele Eucharistiefeiern sind durch einen Wortschwall (Verbalismus[33]) bestimmt, durch den – gewiss zumeist in bester Absicht – die Gläubigen belehrt werden sollen. In der aktuellen Performance der Eucharistie kann man nicht selten den Eindruck gewinnen, dass abwechselnd Personen einem Publikum gegenübertreten, um ihm Texte vorzulesen beziehungsweise vorzutragen – dies ist so etwas wie die gegenwärtige Gestalt einer *missa lecta*, also eine (den Gläubigen) „vorgelesene Messe", ist die gegenwärtige Gestalt eines verbreiteten liturgischen Klerikalismus, wobei es keinerlei Rolle spielt, ob die Texte verlesenden Personen Kleriker sind oder nicht. Eine wohl allzu unbedacht und damit undifferenziert vorgenommene Wendung des Liturgen um 180 Grad[34] – ganz unabhängig von den einzelnen, ja ganz unter-

(*Alfred Lorenzer*, Das Konzil der Buchhalter. Die Zerstörung der Sinnlichkeit. Eine Religionskritik. Frankfurt am Main 1981; knapper auch *ders.*, „Sacrosanctum Concilium": Der Anfang der „Buchhalterei". Betrachtungen aus psychoanalytisch-kulturkritischer Perspektive, in: Gottesdienst – Kirche – Gesellschaft. Interdisziplinäre und ökumenische Standortbestimmungen nach 25 Jahren Liturgiereform, hg. v. *Hansjakob Becker – Bernd J. Hilberath – Ulrich Willers* [PiLi 5], St. Ottilien 1991, 153–161). Lorenzers Kritik ist von der Liturgiewissenschaft m. E. mit dem (vielleicht nicht ganz zutreffenden) Hinweis, der Autor verstehe letztlich von der Sache nicht genug, allzu rasch abgetan worden. Ich fürchte, dass die faktische Performance vieler Gottesdienste Lorenzers Kritik vielfach recht gibt.

33 Vgl. *Lorenzer*, „Sacrosanctum Concilium", 160: „Der Verbalismus tritt da in seiner nackt-banausischen Kulturlosigkeit ganz offen zutage: in der Entwertung der sinnlichen Kultursymbole, die zu belanglosen Phänomenen der Gefühlsexpression herabgesetzt werden." Das Phänomen des Verbalismus ist gewiss auch von der Liturgiewissenschaft oft beklagt worden; nach über vierzig Jahren kann man freilich verantwortlicherweise nicht mehr von eine „Kinderkrankheit" sprechen, wie man bis heute mancherorts vernehmen kann.

34 Diese offiziell nirgends angeordnete, nur auf Grund der Weisung, dass der Altar freistehend sein muss, ermöglichte erhebliche Änderung in der Performance der Eucharistie ist bekanntlich zu einem der heftigsten Streitpunkte zwischen Befürwortern und Gegnern der Liturgiereform geworden und dabei leider – von beiden Seiten – ideologisiert worden. Mit theologischen Kategorien wie Opfer- oder Mahlcharakter der Eucharistie, die jeweils als Argument gegen bzw. für die „celebratio versus

schiedlich ausgerichteten (nicht zufällig ein räumlicher Begriff) gottesdienstlichen Vollzügen – hat dem Vorschub geleistet, indem durch das ständige Gegenüber der einen besonderen liturgischen Dienst verrichtenden Personen zum Rest der Gläubigen eine Art Publikumssituation inszeniert wird, vor allem und hier unpassender Weise beim liturgischen Gebet, das nicht selten – noch durch weitere Details der Performance wie Blickkontakt zur Gemeinde und ähnliches unterstützt – so inszeniert wird, als ob es an die Gemeinde gerichtet wäre. Dass dies in der Regel gar nicht beabsichtigt ist, spielt für die Erfahrung des Gottesdienstes keine Rolle.

Die Gründe für diese Situation, wo die für die Liturgie charakteristische und sie auszeichnende Weise des rituellen Handelns weitgehend oder gar gänzlich verloren zu gehen droht, sind zweifellos vielfältig und reichen weit in die Geschichte des Gottesdienstes zumindest der westlichen Kirchen[35] zurück. Ich muss mich hier auf ganz knappe, stichwortartige Andeutungen beschränken. Zunächst ist auf die Frequenz des eucharistischen Rituals zu verweisen. Für ein religiöses Hochritual, in dem eine Gesellschaft sich regelmäßig ihrer fundierenden Situation vergewissert, ist schon die für den christlichen wie jüdischen Gottesdienst charakteristische wöchentliche Abhaltung auffallend häufig. In der lateinischen Kirche des Westens hat sich jedoch, beginnend in der Spätantike, eine noch bedeutend größere Eucharistiehäufigkeit herausgebildet und im Zusammenhang damit ein reduziertes Ritual, die *missa lecta* („stille Messe"), die dann auch

populum" angeführt wurden und werden, hat das m. E. in der Sache gar nichts zu tun. Es sind wohl rituelle Marker für – je nach Standpunkt – eine Erneuerung des Gottesdienstes bzw. den angeblichen Verlust der liturgiegeschichtlichen Kontinuität. In den letzten Jahren ist zumindest die literarische Diskussion um die Gebetsostung zum Vorteil der Sache merklich entideologisiert worden.

35 Die Situation ist wohl in den evangelischen Kirchen ganz ähnlich wie in der römisch-katholischen Kirche. Eine Geschichte der Deritualisierung des westlichen Gottesdienstes wäre ein interessantes Forschungsprojekt. Ich vermute, dass sie auf breiterer Basis im reformierten Gottesdienst – nicht im lutherischen – schon im 16. Jahrhundert begonnen hat.

in der neuzeitlichen römisch-katholischen Kirche zumindest de facto in vielfacher Weise[36] zur Norm der Feiergestalt in einer der hohen Frequenz (tägliche Messe für den Priester) entsprechenden rituellen Reduktion geworden ist. Wohl ebenfalls im Zusammenhang damit steht der Verlust der Selbstverständlichkeit der gesungenen Liturgie.[37] Gesang gilt bis heute nicht als sachnotwendiger Bestandteil des liturgischen Aktes, nämlich die einzig sachgemäße Weise seiner Ausführung,[38] sondern als eher äußerliche Steigerung der Feierlichkeit, auf die man vermeintlich ohne Schaden für die Sache – den „Gehalt" der Liturgie, ihre sakramentale Wirkung oder wie immer man das bezeichnen mag – eigentlich

36 Dies gilt bekanntlich auch – aus liturgierechtlichen Gründen durchaus verständlicherweise – für die meisten Formen der Gemeinschaftsmesse zur Zeit der Liturgischen Bewegung. Nicht ganz verständlich ist, dass diese Linie nach der Liturgiereform fast bruchlos weitergeführt worden ist. Wohl die Mehrzahl der heutigen pfarrlichen Eucharistiefeiern sind, genau genommen, *missae lectae* mit Gesangseinlagen („Betsingmessen"). Vgl. dazu knapp, aber in Beschreibung und Diagnose treffend, *Christian Renken*, *Richtig Messe feiern.* Ein Leitfaden für die Eucharistiefeier am Sonntag, Regensburg 2009, 92–94 („Betsingmessen-Mentalität").

37 Die Instruktion Musicam sacram von 1967 hat prinzipiell die Unterscheidung zwischen *missa sollemnis*, *missa cantata* und *missa lecta* gewahrt (nr. 28). Die *missa cantata* soll die Grundform für die pfarrliche Sonntagseucharistie sein; sie kann in gestufter Feierlichkeit gehalten werden (nr. 29–31). Die elementarste Form jeder *missa cantata* ist dabei der Gesang der Dialogstücke zwischen dem Priester und der Gemeinde, der (meisten) Präsidialgebete, der Akklamationen, des Vater unser und des Schlusssegens (sachlich fragwürdigerweise nicht des Allgemeinen Gebets und des Hochgebets nach dem Sanctus). Eine „gesungene Messe" in diesem Sinn ist heute wohl im deutschen Sprachraum eine Seltenheit. Nicht ganz im Sinn des Wortlauts von Musicam Sacram, aber die Realität durchaus treffend, spricht *Hans Bernhard Meyer*, Eucharistie. Geschichte, Theologie, Pastoral. Mit einem Beitrag von *Irmgard Pahl* (GdK 4), Regensburg 1989, 384, von einer „faktischen Aufhebung der Unterscheidung von ‚missa in cantu' und ‚missa lecta'".

38 SC 112 nennt den liturgischen Gesang („cantus sacer qui verbis inhaeret") einen „notwendigen und integrierenden Bestandteil" leider nur der „feierlichen Liturgie" („liturgiae sollemnis"). Das könnte in dem Sinn missverstanden werden, als trage der Gesang nur zur Steigerung der (äußerlichen) Feierlichkeit bei.

getrost verzichten kann. In der gesprochenen Liturgie hat man meines Erachtens eine der erheblichsten Ursachen für die entritualisierenden Tendenzen westlicher Liturgiegeschichte zu sehen. Höchst problematisch für den rechten Vollzug eines Rituals wirkte sich sodann die schon angesprochene, vor allem seit dem 19. Jahrhundert ebenfalls die gesamte westliche Liturgiegeschichte bestimmende Neigung aus, im religiösen Akt einen von Natur aus innerlichen Akt zu sehen, in der Liturgie demgemäß nur ein äußerliches Zeremoniell, in dem die innerlichen religiösen Akte der einzelnen Gläubigen mehr oder minder gemeinschaftlich vollzogen werden. Schließlich entspricht eine entritualisierte Liturgie genau dem Zeitgeist der Periode, in dem die reformierte Liturgie entstanden ist, also der zweiten Hälfte der Sechzigerjahre, einer Zeit, in der kaum Verständnis für rituelles, als (übrigens ja nicht ganz ohne Grund) im schlechten Sinn veräußerlicht geltendes Handeln im Vergleich mit den Perioden zuvor und danach herrschte, und man aus heutiger Sicht wohl viel zu einseitig auf die Möglichkeiten der diskursiven Vernunft für die Bildung der Humanität setzte. Dazu kommt schließlich wohl auch (was freilich noch genauer zu untersuchen wäre), dass man bei der konkreten Durchführung der vom Zweiten Vatikanischen Konzil angeordneten Liturgiereform allzu sehr auf die – natürlich wichtige und notwendige – Erneuerung der liturgischen Ordnungen, Texte und Bücher konzentriert war und die Detailfragen der Performance demgegenüber weitgehend vernachlässigte. Dies wurde noch verschärft durch den schnellen Übergang von der lateinischen zur volkssprachigen Liturgie, der für deren Durchführung eine Fülle neuer Probleme stellte, vor allem auf dem Gebiet der liturgischen Musik – das heißt zunächst einfach der gesanglichen Performance der volkssprachigen Liturgie –, aber auch der Sprache (Übersetzung beziehungsweise Neuschaffung volkssprachiger liturgischer Texte), denen man vielfach bis heute noch kaum ansatzweise in angemessener Weise begegnet ist (etwa im Fall des *Proprium missae*, wo man wohl vor der Liturgiereform zum Teil schon weiter war als heute[39]). Die refor-

39 Propriumsgesänge der Messe (Introitus- und Communioantiphonen) als (Vor-)Lesetexte – z. T. noch dazu in der Fassung der Einheits-

mierten liturgischen Bücher – die lateinischen wie die volkssprachigen – waren und sind[40] viel zu sehr als (Vor-)Lesebücher konzipiert.[41]

An drei Ritualsequenzen der erneuerten Eucharistiefeier soll das genannte Defizit etwas näher verdeutlicht werden. Es handelt sich jeweils nicht oder nur zum geringen Teil um Fragen der rituellen Ordnungen beziehungsweise Strukturen (konkret: des *Ordo Missae*), sondern um Fragen der Performance der in den erneuerten Büchern auf der strukturellen und textlichen Ebene ja vielfach überzeugend reformierten Messe.

2. Eucharistie als stilisiertes gemeinsames Mahl: die Kommunion

Rituelle Handlungen sind, wie gesagt, Formalisierungen, häufig Stilisierungen von Alltagshandlungen. Der Grundvorgang der Eucharistie, wodurch sich dieses christliche Zentralritual von allen anderen Gottesdiensten markant unterscheidet, ist gemeinsames Essen und Trinken, das in Vorausschau auf die Mahlgemeinschaft in der himmlischen Polis und in Bezug auf das letzte

---

übersetzung! – in das Messbuch aufzunehmen, zeugt von einem weitgehenden Unverständnis gegenüber ihrer Funktion. Vgl. zu den Fragen um das Messproprium die in mancherlei (nicht jeder) Hinsicht sehr bedenkenswerten Überlegungen und praktischen Vorschläge von *Laszo Dobszay*, The Chants of the Proprium Missae versus „Alius Cantus Aptus", in: *ders.*, The Bugnini-Liturgy and the Reform of the Reform (Musicae sacrae Meletemata 5), Front Royal 2003, 85–120.

40 Erfreulicherweise ist bei den deutschsprachigen liturgischen Büchern – etwa bei den Bänden des Rituale – in den letzten Jahren eine Verbesserung festzustellen. Dies ist auch für die kommende Neubearbeitung des deutschsprachigen Messbuchs gegenüber der Erstauflage sehr zu wünschen – man denke daran, wie viel man blättern muss, wenn man die für den Gesang eingerichteten Teile des Hochgebets kantilliert (ganz abgesehen davon, dass natürlich das gesamte Hochgebet dafür einzurichten ist).

41 Das gilt am meisten für die Liturgia Horarum (ebenso für das deutschsprachige „Stundenbuch") als reines Lesebrevier.

Mahl Jesu mit seiner symbolischen Antizipation des Kreuzestodes besondere kanonische Botschaften vermittelt. Der Grundvorgang des gemeinsamen Essens und Trinkens muss bei aller Stilisierung erkennbar sein, damit der Bezug zur alltäglichen Lebenswelt nicht verlorengeht.[42] Zur formalisierten und stilisierten Handlungsgestalt gehört überdies der bleibende Verweis auf die kulturelle Ursprungssituation der Eucharistie im Judentum um die Zeitenwende: in der Besonderheit der Speise (Weizenbrot) und des Getränks (Traubenwein)[43] sowie in der rituellen Handlung des Brotbrechens, durch die sich jüdische und dann eben auch christliche Mähler bei aller sonstigen Ähnlichkeit von anderen Mählern der antiken Mittelmeerwelt markant unterscheiden. Darin manifestiert sich eine für viele Rituale – auch auf der Sprachebene – charakteristische archaische Qualität, die bleibende Präsenz der ἀρχή, also des Ursprungs.

Es gehört zu den rätselhaftesten Entwicklungen in der Geschichte der Eucharistie, dass diese Grundstruktur durch den sukzessiven Verlust der Gläubigenkommunion als integrierender Bestandteil der Eucharistiefeier massiv gestört worden, wenn nicht verloren gegangen ist. Seit der Spätantike gehört, im Osten früher als im Westen, die Kommunion – also der tragende rituelle Grundvorgang – für die meisten Gläubigen (ausgenommen die Kleriker) zunehmend nicht mehr zur normalen Art und Weise der Teilnahme an der Eucharistie. Diese Entwicklung hängt entscheidend mit dem neuen Verhältnis zwischen Kirche und Gesellschaft

42 Dies gilt auch für das Brot, das bei der Eucharistie Verwendung findet. Dass es nicht (mehr) das im Alltag gegessene, gar von den Teilnehmern selbst gebackene und mitgebrachte Brot ist, gehört zur Differenz zwischen der Alltagswelt und der rituell konstituierten Welt. Wenn es für den normalen Menschen gar nicht mehr als Brot erkennbar ist, wie es bei den verwendeten Hostien allzu häufig der Fall ist, droht durch Überformalisierung der Bezug zur Alltagswelt verloren zu gehen.

43 Wie dies in der seit langem geführten Diskussion um die mögliche Verwendung anderer Speisen und Getränke in anderen kulturellen Kontexten, wo Weizenbrot und / oder Traubenwein unbekannt sind, gegenüber anderen Argumenten auch immer zu gewichten ist, jedenfalls muss nach meiner Überzeugung der Gesichtspunkt der kulturellen Ursprungssituation dabei eine bedeutende Rolle spielen.

seit der zweiten Hälfte des 4. Jahrhunderts zusammen.[44] Konstituierte sich die Kirche bis dahin als Sondergesellschaft – sozusagen als die Diaspora der himmlischen Polis in dieser Welt – gerade in ihren gemeinsamen eucharistischen Mahlzeiten, werden in der Zeit der Reichskirche und dann in den westlichen Kirchen bis ins 19. und 20. Jahrhundert Kirche und Gesellschaft immer mehr koextensiv. Die Kirche wird eine bedeutende, zunehmend die bedeutendste gesellschaftliche Kraft auch im Sinn einer gesellschaftlichen Institution; die vordem scharfe Grenze zwischen Kirche und Welt wird sozusagen in die Kirche selbst hinein verlegt. Die eucharistische Kommunion verliert mehr und mehr den Charakter des grundlegenden sozialen, durch gemeinsames Essen und Trinken Gesellschaft bildenden und eine ganz besondere Gesellschaft darstellenden Aktes und wird mehr und mehr zu einem individuellen religiösen Akt der einzelnen Kirchenmitglieder,[45] auf den sich der einzelne Gläubige entsprechend vorbereiten muss, da er dafür nicht von vornherein (auf Grund der Taufe) würdig sein mag. In der lateinischen Kirche des Mittelalters kommt dazu noch ein gegenüber allen anderen Kirchen einmaliger und die eucharistische Erfahrung in der römisch-katholischen Kirche bis heute zutiefst prägender Vorgang: Die nur mehr selten (in der Regel einmal jährlich) empfangene Kommunion wird den Laien ab dem Hochmittelalter nur mehr in der Gestalt des Brotes gereicht,[46] das gemeinsame Trinken geht vollständig verloren. Der Versuch vor allem der lutherischen Kirchen, die gemeinsame Kommunion inklusive der allgemeinen Kelchkommunion als Zen-

---

44 Natürlich werden auch andere Gesichtspunkte eine Rolle gespielt haben, so z. B. die häufig in diesem Zusammenhang genannte Auffassung der Eucharistie als *mysterium tremendum*. Die Sache würde eine neue, gründliche Untersuchung verdienen. Mir scheint jedenfalls der im Text genannte Aspekt von übergreifender Bedeutung zu sein.

45 Vgl. dazu aus orthodoxer Sicht *Alexander Schmemann*, Eucharistie. Sakrament des Gottesreiches, Einsiedeln 2005, 297–300, der hier treffend von einer „ekklesiologischen Krise“ spricht (298) und „Sakralisierung“ und „Klerikalisierung“ als Gründe nennt. In den meisten östlichen Kirchen besteht trotz auch hier vorhandener und wirksamer Gegenbewegungen das Problem der seltenen Gläubigenkommunion bis heute.

46 Vgl. die knappen Hinweise bei *Meyer*, Eucharistie, 498 f.

tralakt des Sonntagsgottesdienstes wiedereinzuführen, ist letztlich gescheitert, sicherlich vor allem auf Grund der über Jahrhunderte hin herausgebildeten Mentalität einer Teilnahme an der Messe, ohne zu kommunizieren.

Im 20. Jahrhundert gab es in vielen – westlichen wie östlichen – Kirchen Gegenbewegungen. In der römisch-katholischen Kirche wurde die häufigere, schließlich sonntägliche Kommunion seit dem Anfang des 20. Jahrhunderts erfolgreich wieder eingeführt,[47] allerdings auf der problematischen Basis eines Verständnisses der Kommunion als eines individuellen Aktes, der eine entsprechende individuelle Vorbereitung (vor allem die Beichte) erfordert und der zudem in der Neuzeit bis weit in das 20. Jahrhundert hinein in höchst lockerer Verbindung mit der Messe stand, meist außerhalb ihrer vollzogen wurde.[48] Die Integration der Gläubigenkommunion in die Eucharistie, damit die Wiederherstellung der rituellen Grundgestalt der Eucharistie, ist zwar vielfach angestrebt worden, aber nicht wirklich gelungen. Dies gilt, jedenfalls auf der Ebene der Performance, auch für die Messreform nach dem Zweiten Vatikanischen Konzil[49] und somit für die gegenwärtige Situation. In der zweiten Hälfte der Sechzigerjahre stand zwar ein bestimmter Punkt in der Performance der Kommunion zur Debatte und führte zu heftigen, bis heute in gewissen

---

47 Vgl. *Peter J.A. Nissen*, Mobilizing the Catholic Masses through the Eucharist: The Practice of Communion from the Mid-19th Century to the Second Vatican Council, in: Bread of Heaven. Customs and Practices Surrounding Holy Communion. Essays in the History of Liturgy and Culture, ed. by *Charles Caspers – Gerard Lukken – Gerard Rouwhorst* (Liturgia Condenda 3), Kampen 1995, 145–164, zu den Schwierigkeiten der Integration der Gläubigenkommunion in die Messe bes. 153–156.

48 Vgl. *Andreas Heinz*, Liturgical Rules and Popular Religious Customs Surrounding Holy Communion between the Council of Trent and the Catholic Restoration in the 19th Century, in: Bread of Heaven, 119–143.

49 Vgl. dazu *Herbert Bohl*, Kommunionempfang der Gläubigen. Probleme seiner Integration in die Eucharistiefeier. Eine liturgiewissenschaftliche Untersuchung (Disputationes Theologicae 9), Frankfurt am Main 1980, 4–106, der allerdings auf Fragen der Performance der Kommunion nicht eingeht, dafür eingehend die einschlägigen Dokumente (vor allem SC und die Allgemeine Einführung in das Messbuch) analysiert.

Kreisen nicht abgeklungenen Polemiken. Es ging dabei aber nicht um den zentralen Punkt der Wiederherstellung des Grundvorgangs, sondern um die eher periphere Frage des Kommunionempfangs in den Mund – wie lange Zeit üblich, aber keineswegs traditionsbestimmend[50] – oder in die Hand. Die weitaus wichtigeren Fragen der expressiven Gestaltung einer gemeinsamen Mahlsituation (mit Essen und Trinken) traten und treten demgegenüber in den Hintergrund. Die Beschreibung der konkreten Art und Weise der Gläubigenkommunion in den liturgischen Büchern und anderen einschlägigen Dokumenten ist auffallend knapp und unbestimmt.[51] Das müsste an sich kein Problem darstellen, wenn die Performance klar und sachgerecht wäre; angesichts der Last der Geschichte wäre eine deutlichere Hilfestellung durch Rubriken und Beschreibungen freilich wünschenswert gewesen. Auch an dieser Stelle zeigt sich ein gewisses Defizit in der Durchführung der Liturgiereform auf der Ebene der Performance.

Im Wesentlichen sind es vier sachlich eng miteinander verbundene Defizite, die bei der Durchführung der eucharistischen Kommunion zumindest sehr häufig festzustellen sind.

Erstens ist der Akt des Brotbrechens verkümmert, der nicht nur ein archaischer Gestus im Sinn des Verweises auf den kulturellen Ursprung ist, sondern auch zwei grundlegend wichtige kanonische Botschaften vermittelt: Einerseits verweist das gebrochene Brot auf den Kreuzesleib Christi. Diese Sinndimension des Brotbrechens wird durch den die Handlung begleitenden Gesang des *Agnus Dei* verstärkt; die simultane Multimedialität dieser Botschaft ist durch die Reform des *Ordo Missae*[52] wieder hergestellt

---

50 Vgl. *Meyer*, Eucharistie, 500 f.

51 Dies gilt vor allem für die Gläubigenkommunion, von der es (abgesehen von detaillierteren Bestimmungen über die Art und Weise des Empfangs der Kelchkommunion) in der AEM (nr. 117) nur heißt: „Wenn die Kommunion nur unter einer Gestalt ausgeteilt wird, nimmt er [sc. der Priester] die Patene oder Hostienschale, geht zu den Kommunizierenden, zeigt jedem einzelnen die Hostie …". Wesentlich ausführlicher ist die Beschreibung der verschiedenen Varianten der Kommunion der Konzelebranten (nr. 197–206).

52 Das *Agnus Dei* wird jetzt wieder als Begleitgesang zur Brechung gesungen, während im *Ordo Missae* des nachtridentinischen *Missale*

worden. Andererseits und noch grundlegender – und in diesem Punkt ist ein erhebliches Defizit festzustellen – wird die im eucharistischen Essen und Trinken sich manifestierende Gesellschaft durch die Teilhabe an dem *einen* Brot und damit an dem dahingegebenen Leib des *Einen* konstituiert. Dies ist – jenseits eines gedanklichen oder theologischen Konstrukts – sinnlich nur erfahrbar, wenn tatsächlich die Kommunikanten nicht je eigene Brote (Einzelhostien[53]), sondern einen gebrochenen Teil *eines*[54] Brotes erhalten. Die nach wie vor fast überall verwendeten Einzelhostien sind ein (gewiss schon jahrhundertealtes, aber in der Sache doch reichlich problematisches) Relikt aus den langen Zeiten der Trennung von Eucharistie und Gläubigenkommunion (theologisch auch von Messopfer und Sakrament der Eucharistie) und Teil einer rituellen Handlungsgestalt des Kommunionempfangs als eines religiösen Aktes der einzelnen Gläubigen, nicht des gemeinsamen Kommunizierens beziehungsweise Partizipierens an der einen die Einheit der Vielen stiftenden Person Christi.

Romanum zwischen Brechung und *Agnus Dei* der Friedenswunsch und der Mischungsritus (samt Begleitformel) standen.

53 Leider geht die AEM bzw. die GORM weiter vom Normalfall der Einzelhostien für größere Gemeinden (also für die pfarrliche Eucharistie) aus. GORM 321: „Die kleinen Hostien werden jedoch keineswegs ausgeschlossen, wenn die Zahl der Kommunizierenden oder andere [welche?] seelsorgliche Gründe sie erforderlich machen." Hier wird, wie so oft in römisch-katholischer gottesdienstlicher Praxis, der Pragmatik eines möglichst bequem zu vollziehenden Vorgangs gegenüber der rituellen Expressivität der Vorrang eingeräumt. Dahinter steht ein fragwürdiges Verständnis ritueller Zeichenhandlungen im Sinn einer Verdeutlichung oder Bewusstmachung eigentlich innerer Vorgänge, wie die Fortsetzung des zitierten Satzes zeigt: „Die Gebärde des Brotbrechens [...] wird die Kraft und Bedeutung (vis et momentum) des Zeichens der Einheit aller in dem einen Brot klarer zum Ausdruck bringen." Das leibliche Handeln, durch das im Ritual Wirklichkeit konstituiert wird, ist damit gegenüber seiner inneren Bedeutung, die anscheinend als das eigentlich Wichtige gilt, abgewertet.

54 Natürlich ist es unmöglich, bei großen Kommunikantenzahlen ein einziges Brot zu verwenden; entscheidend ist aber, dass jeder Kommunikant ein gebrochenes, damit ein mit anderen geteiltes Stück eines Brotes empfängt.

Zweitens: Der Mangel an Integration der jahrhundertelang selbstständigen Gläubigenkommunion in die Eucharistie zeigt sich am deutlichsten in der anscheinend vielfach kaum oder gar nicht als Problem empfundenen Praxis, dass zumindest einem guten Teil der Gläubigen in einer anderen Messfeier konsekrierte Hostien aus dem Tabernakel gereicht werden. Auch dahinter steht eine theologische Mentalität, in der Eucharistie und Kommunion als zwei getrennte Akte angesehen werden. In der tatsächlichen Performance gibt es nach wie vor nicht die eine Kommunion aller Teilnehmer im Sinn der für die liminale Situation des Mahlrituals charakteristischen egalitären *communitas*, sondern eine Art Verschränkung von Priesterkommunion (eventuell einschließlich der Kommunion von Kommunion- und Altarhelfern), die integrierend zur Gesamtgestalt der Eucharistie gehört, und Gläubigenkommunion, die zwar nicht mehr, wie noch vor einigen Jahrzehnten weitgehend normal, außerhalb der Messe ausgeteilt wird, aber als gegenüber der Priesterkommunion relativ eigenständiger Akt[55] erscheint, der zeitlich, aber nicht im Sinn einer die sinnliche Erfahrung von Einheit ermöglichenden, deshalb einheitlichen rituellen Performance in die Messe verlegt worden ist. Damit verliert die Eucharistie als Gesellschaft stiftendes Ritual in der gottesdienstlichen Erfahrung viel von ihrem integrativen Potential.

Die Desintegration des Kommunionvollzugs kommt nach wie vor, jedenfalls im deutschen Sprachraum, in ganz besonders gravierender Weise auch im Fehlen der allgemeinen Kelchkommunion zur Geltung. Das Zweite Vatikanische Konzil hat diese zwar vorsichtig – wohl allzu zurückhaltend[56] – nach etlichen Jahrhunderten, in denen die Kommunion *sub una specie* Konfessionsmerkmal der römisch-katholischen Kirche und entsprechend emotional belegt war, wieder ermöglicht; liturgierechtlich ist die

55 Die mancherorts praktizierte Verlegung der Kommunion des Priesters nach die Gläubigenkommunion würde hier m. E. keine Verbesserung bringen, sondern den Akt verbürgerlichen.

56 SC 55: „concedi potest" – als handelte es sich um eine mehr oder weniger großzügig zu gewährende Konzession, nicht um die selbstverständliche Grundgestalt der Eucharistie.

Möglichkeit zur Kelchkommunion aller Gläubigen heute wohl in jeder Messfeier gegeben.[57] Wahrgenommen wird diese Möglichkeit im Durchschnitt kirchlicher Wirklichkeit aber nur in seltenen Ausnahmefällen.[58] Dadurch wird die Abstufung zwischen notwendig zur Messe gehörender Klerikerkommunion und nur wünschenswerter Gläubigenkommunion ganz besonders augenfällig. Die römisch-katholische Kirche hat noch einen weiten Weg zurückzulegen, um hier den ökumenisch in Ost und West selbstverständlichen Standard zu erreichen.

Im Zusammenhang mit den vorliegenden Überlegungen zur Performance der Eucharistie ist wenigstens am Rande auch auf ein dringliches Problem hinzuweisen. Die mangelnde Integration der Gläubigenkommunion in die Eucharistie durch allzu gedankenlose Kommunionausteilung aus dem Tabernakel und die fehlende Selbstverständlichkeit der Kelchkommunion aller Teilnehmer ermöglicht die seit einigen Jahren rasant anwachsenden selbstständigen beziehungsweise meist mit einem Wortgottesdienst verbundenen Kommunionfeiern,[59] die vielfach – gewiss aus gewichtigen Gründen – zum Normalfall eines Sonntagsgot-

57 *Meyer*, Eucharistie, 499 Anm. 22: „Aber auch im deutschen Sprachgebiet ist im Rahmen der bischöflichen Weisungen die Kelchkommunion grundsätzlich bei allen Meßfeiern möglich." Hier auch die Angaben zu den einschlägigen Dokumenten.

58 Die häufig, fast reflexartig von Verantwortlichen angeführten, angeblich praktischen Gründe gegen die allgemeine Kelchkommunion lohnen keine Diskussion. In den Gemeinden, wo man sich zur sonntäglichen Kelchkommunion für alle entschlossen hat, haben sich alle vorgeschobenen Schwierigkeiten in kürzester Zeit erledigt.

59 Kommunion außerhalb der Messe hat es in unterschiedlichen Formen fast in der ganzen Geschichte des Christentums gegeben, in früheren Zeiten vor allem als Hauskommunion, die man von der Sonntagseucharistie mitgenommen hat, dann auch durch verschiedene Formen einer Kommunionfeier, etwa im monastischen Bereich oder einer Präsanktifikatenliturgie (Kommunionempfang in Anschluss an einen Vespergottesdienst). Kommunionfeiern ganzer Gemeinden an eucharistischen Tagen, also vor allem am Sonntag, sind wohl eine Neuerung der zweiten Hälfte des 20. Jahrhunderts. Eine umfassende Untersuchung der verschiedenen Formen der Kommunion außerhalb der Eucharistie in Ost und West wäre ein äußerst lohnendes Forschungsprojekt.

tesdienstes geworden sind. Damit wird aber ein Surrogat der Eucharistie geschaffen; die bequemerweise aus dem Tabernakel gespendete Brotkommunion ist von der Eucharistie – dem eucharistischen Hochgebet, dem Brotbrechen, dem Trinken – dekontextualisiert. Es ist meines Erachtens ernsthaft zu befürchten, dass mit einer weiteren Normalisierung dieser Praxis die römisch-katholische Kirche aus anderen Gründen, aber in vergleichbarer Weise die eucharistische Erfahrung verliert, wie es den evangelischen Kirchen im 16. Jahrhundert geschehen ist.

Drittens wird die Erfahrung gemeinsamen Essens und Trinkens durch die weitgehend üblich gewordene Art der Kommunionausteilung erschwert, wenn nicht unmöglich gemacht. Nach dem Übergang von der Mund- zur Handkommunion und damit auch vom knienden zum stehenden Kommunionempfang hat es sich – aus welchen Gründen eigentlich? – eingebürgert, dass die Kommunikanten prozessionsweise einzeln zum Kommunionspender herantreten und damit ganz offenkundig als Einzelne die Kommunion empfangen. Gemeinsames Essen und Trinken wird allenfalls ansatzweise bei der Kommunion von Konzelebranten, eventuell einer kleinen Kommuniongruppe mit Priester(n), Diakon, Kommunionhelfern und anderen Altardienern erfahren. Diese Weise des Kommunionempfangs („Wandelkommunion"), die in der „Grundordnung des römischen Messbuchs"[60] – anders als in der „Allgemeinen Einführung in das römische Messbuch" (nr. 117) – als die übliche beschrieben, allerdings nicht vorgeschrieben oder auch nur empfohlen wird, stört den rituellen Grundvollzug empfindlich; dieser sollte ja in einem formalisierten beziehungsweise stilisierten *gemeinsamen* Essen und Trinken bestehen. Andere, gemeinschaftsförderliche Formen des Kommunionempfangs, die in evangelischen Kirchen die Regel sind, wie die Bildung von Kommuniongruppen (im Halbkreis) um den Altar, die mit gemeinsamem Spendewort (selbstverständlich unter beiden Gestalten) kommunizieren und mit einem gemeinsamen Votum entlassen werden, haben sich in römisch-katholi-

60 GORM 160: „Die Kommunikanten treten in der Regel (de more) in Form einer Prozession heran."

schen Eucharistiefeiern anscheinend noch kaum etabliert. Zeitgründe für eine möglichst wenig aufwändige Kommunionspendung ins Feld zu führen, ist ganz und gar unangebracht, handelt es sich doch um den schlechthin zentralen Handlungsvollzug der Eucharistie.

Schließlich ist – viertens – die egalitäre *communitas* gestört, wenn es – und hier auch durch offizielle Bestimmungen gestützt – unterschiedliche Weisen des Kommunizierens für Priester beziehungsweise Kleriker einerseits und Laien andererseits gibt. Es ist ein langes Herkommen, aber der Sache höchst abträglich, dass der Priester die Kommunion nicht empfängt, sondern sich selbst nimmt[61] (was für die Laien, sachentsprechend, verboten ist;[62] dasselbe müsste freilich ausnahmslos für alle Teilnehmer an der Eucharistie gelten). Die Kommunion ist eine Gabe, die nur gespendet und empfangen werden, die sich niemand selbst nehmen kann;[63] ein für alle Teilnehmer geltendes Empfangen der Kommunion ist der rituelle Ausdruck dessen, dass hier alle in gleicher Weise von einem einzigen Gastgeber (Christus) die Speise und das Getränk gereicht bekommen. Die nach wie vor übliche Praxis ist ein die *communitas* verletzender Klerikalismus, ein gravierendes, wenn auch anscheinend selten bewusst als solches wahrgenommenes Relikt einer Klerikerliturgie. Dasselbe gilt natürlich auch für den so häufigen Fall, dass nicht alle, sondern nur der Priester beziehungsweise die Kleriker die Kelchkommunion empfangen; auch dies widerspricht der fundamentalen Tatsache, dass hier alle ausnahmslos den gleichen Status als Gäste haben und gerade so die eschatologische Gesellschaft im Reich Gottes expressiv dargestellt wird.

---

61 Vgl. die Angaben zur Kommunion der Konzelebranten in GORM 244–249.

62 GORM 160: „Es ist den Gläubigen nicht erlaubt, das konsekrierte Brot, auch nicht den heiligen Kelch, selbst zu nehmen."

63 Vgl. dazu, mit reichen historischen Materialien (etwa auch aus dem *Ordo Romanus* I, dem gemäß dem Papst bekanntlich die Kommunion gereicht wird), *Robert Taft*, Receiving Communion – A Forgotten Symbol?, in: *ders.*, Beyond East and West. Problems in Liturgical Understanding. 2nd rev. and enlarged ed., Rom 1997, 133–142.

3. Rituelles Wort

Rituelle, also formalisierte Sprachhandlungen sind nicht einfach diskursive Mitteilungen,[64] die sich an den Intellekt der Teilnehmer richten, sondern durch sie – im christlichen Ritual gerade auch durch das verlautete Schriftwort – wird ein Sinnraum hergestellt, in dem sich die Teilnehmer bewegen und durch den sie sich prägen lassen. In der formalisierten Sprache des Rituals tritt die mitteilende Funktion der Sprache gegenüber ihrer expressiven Dimension einschließlich ihrer sinnlich wahrnehmbaren Klanggestalt zurück;[65] das rituelle Wort richtet sich daher in ganz anderer Weise[66] als die Alltagssprache an die affektiven Potenzen des Menschen. Was Martin Luther – bemerkenswerterweise in einer akademischen Vorlesung – sozusagen als Gebrauchsanweisung für die Meditation des Psalters angemahnt hat, nämlich „dass wir unsere Affekte an den Affekten der Psalmen ausrichten und an sie anpassen sollen"[67] (und nicht umgekehrt!), gilt für rituelle Sprach-

---

64 Sie sind das natürlich – in unterschiedlichem Grad – auch (am meisten die Predigt, wo die Regeln ritueller Kommunikation nur in relativ geringem Maß gelten); hier wird bewusst der Akzent auf die allzu häufig vernachlässigte nicht-diskursive Dimension gelegt. Es liegt mir fern, einen ganz irrationalistischen Ritualismus jenseits jeder intellektuellen Verständlichkeit zu propagieren.

65 Vgl. dazu noch einmal: *Mohrmann*, Sakralsprache.

66 Auch hier gilt natürlich kein einfaches Entweder – Oder. Jedes Sprechen hat kognitive und affektive Dimensionen. Charakteristisch für rituelle Sprache ist ein gewisser Primat des Affektiven.

67 In der zweiten Psalmenvorlesung am Ende der Auslegung von Ps 1 (AWA 2, 62–64 Hammer – Biersack): „Am Ende ist das anzumahnen, was die hochberühmten Väter – vor allem Athanasius und Augustinus [gemeint ist eine Auslegung des Basileios] – überliefert haben, nämlich dass wir unsere Affekte an den Affekten der Psalmen ausrichten und an sie anpassen sollen." Das erfordert, wie rituelles Handeln, ständige Übung: „Meine nicht, dass du (damit) zum Unmöglichen gezwungen wirst; probiere es, und ich weiß, dass du dich freuen und dankbar sein wirst. Zuerst übe mit einem einzigen Psalm, ja mit einem einzigen Psalmvers. Du hast genügend Fortschritte gemacht, wenn du gelernt hast, einen einzigen Vers pro Tag oder auch pro Woche mit den Affekten lebendig und beseelt zu machen. Wenn das für den Anfang vollbracht ist,

handlungen generell. In der formalisierten Sprache des Rituals ist sozusagen eine Affektwelt enthalten, die durch die Verlautung[68] freigesetzt wird, sodass die Teilnehmer an der Sprachhandlung durch die im Wort enthaltenen Affekte geprägt werden. Nach der berühmten Maxime der Benediktregel gilt es, die *mens* (die eigene Subjektivität) an die *vox* anzugleichen;[69] erst dann kann die *vox* auch Ausdruck der im Ritual, genauer: in der durch das Ritual eröffneten liminalen Situation gewandelten *mens* sein.[70] Eine dem Ritual angemessene Sprache muss durch ihre Gestalt und durch die Art und Weise ihrer Verlautung ihre in durchschnittlichen

wird alles Übrige folgen, und dir wird ein großer aufgehäufter Schatz von Verständnis und von Affekten zukommen." Der Intellekt („Verständnis") wird natürlich nicht sistiert, aber die dem rituellen (und dem meditativen) Wort eigentümliche Wirkung ist die affektive.

68 Der geschriebene Text enthält in den Buchreligionen natürlich kanonische Botschaften, seine Lektüre kann aber niemals die rituelle Verlautung ersetzen.

69 19,7: „Sic stemus ad psallendum, ut mens nostra concordet voci nostrae." D. h.: Die „vox", also konkret das Psalmenwort, ist gegenüber der „mens" führend; es geht nicht um eine einfache Übereinstimmung von Innerem und Äußerem, sondern um die Prägung der „mens" durch die „vox". Bemerkenswert ist auch, dass das Mittel zur Angleichung der „mens" an die „vox" körperliches Verhalten ist („sic stemus"). Der geistliche Weg geht also nicht von innen nach außen, sondern von außen nach innen. In dem kleinen Satz liegt so etwas wie eine Theorie rituellen Handelns *in nuce* vor.

70 Vgl. dazu die dichten Ausführungen bei *Cassian*, conl. 10,11 (CSEL 13/2, 303–306), z. B.: „Wenn er [sc. der Meditierende], durch deren [sc. der Propheten] ständige Weide genährt, auch alle Affekte der Psalmen in sich aufnimmt, wird er (die Psalmen) so zu singen beginnen, dass er sie nicht nur als vom Propheten gedichtet, sondern wie aus sich selbst hervorgebracht gleichsam als eigenes Gebet in tiefer Herzenszerknirschung (compunctione) äußert […] Indem wir nämlich denselben Affekt des Herzens aufnehmen, in dem ein jeder Psalm gesungen oder geschrieben worden ist, werden wir – gleichsam seine Autoren geworden – seinem Verständnis eher vorauseilen als ihm nachfolgen." Aus eben dieser monastischen Tradition heraus hat auch Luther (der sich dieser Tradition, wie der Verweis auf Athanasius und Augustinus zeigt, sehr bewusst war) sein Monitum zum Psalmengebrauch verfasst.

Performances christlicher Gottesdienste oft unterschätzte oder gar unbeachtete emotive Kraft[71] entfalten.

Aus dem knapp Angedeuteten ergeben sich zunächst Konsequenzen für die Gestalt ritueller Sprache und, damit eng zusammenhängend, für ihre Verständlichkeit. Rituelle Sprache ist – natürlich in den verschiedenen Genera in unterschiedlichem Grad – bewusst rhetorisch gestaltet und hebt sich dadurch von der Alltagssprache, besonders der Sprache des täglichen Umgangs ab. Durch die Mittel der Rhetorik werden die affektiven Gehalte des Wortes freigelegt.[72] Eine gehobene Umgangssprache als Norm der Übersetzung der Heiligen Schrift oder der Texte der lateinischen Liturgie, wie sie als Prinzip der Einheitsübersetzung beziehungsweise der Übersetzerinstruktion *Comme le prévoit* von 1969 (nr. 15) zugrunde liegt, ist daher reichlich fragwürdig. Es wird derzeit, meist kritisch gegen die letzte Übersetzerinstruktion *Liturgiam authenticam* (2001), viel über die notwendige „Verständlichkeit" der liturgischen Sprache diskutiert, leider in aller Regel verengt auf das intellektuelle Verständnis des Inhalts der Texte, kaum unter gebührender Berücksichtigung des emotiven Verständnisses, also der durch die Sprache transportierten Affekte (und zwar, in Anlehnung an das angeführte Lutherzitat, nicht zuerst der Affekte der Sprecher, sondern der Affekte der Textwelt, an die sich die Sprecher und Hörer angleichen sollen). In rhetorisch stilisierten Texten gilt das Prinzip jeder formalisierten Äuße-

71 Dazu reiches Material bei *Stolt*, Luthers Rhetorik. Jegliche Sprachäußerung hat auch eine emotive Seite und ist nur im Zusammenklang von Intellekt und Affekt zu verstehen; ebd. 102: „Für das richtige Verständnis eines Textes ist die korrekte Erfassung sowohl des gedanklichen (intellektuellen, kognitiven) als auch des emotionalen Inhalts vonnöten. Dabei ist die emotionale Komponente oft ausschlaggebend: sie betrifft nicht, was gesagt wird, sondern wie es gemeint ist und verstanden werden will, mit anderen Worten: um welchen Sprechakt es sich handelt." Letzteres gilt umso stärker für das rituelle Wort.

72 Viele Beispiele anhand von Luthers Bibelübersetzung finden sich bei *Stolt*, Luthers Rhetorik, 100–112. Vgl. ihre knappe Bemerkung zur gescheiterten Revision des Neuen Testaments von 1975 (ebd. 123): „Daß Textverständnis nicht nur über den Intellekt vor sich geht, war offenbar nicht bekannt."

rung: die Form hat einen gewissen Primat vor dem Inhalt, kann jedenfalls nicht als rein äußerliches und für das Verständnis unbedeutendes Transportmittel vom eigentlich allein wichtigen Inhalt getrennt werden. Eine Übersetzungspraxis, die in einem ersten Schritt eine Trennung von Form und Inhalt durchführt, dann den Inhalt übersetzt und den übersetzten Inhalt schließlich in eine völlig neue Form bringt, ist für rituelle Sprache unzureichend. Die herzustellende Übersetzungsäquivalenz darf nicht nur eine solche des Inhalts, sondern muss von vornherein und zugleich auch eine solche der Form sein[73] – selbstverständlich unter Beachtung der unterschiedlichen Ausdrucksmöglichkeiten von Ausgangs- und Zielsprache.[74] Die sprachlich-ästhetischen Probleme einer volkssprachigen Liturgie, die zugleich zum großen Teil Übersetzungsliturgie ist,[75] sind bislang wohl sträflich unterschätzt worden. Die Entwicklung einer der Sache, also dem rituellen Vollzug angemessenen, emotiv kraftvollen gottesdienstlichen Übersetzungssprache, die sich in ihrer Qualität auch nur einigermaßen mit der Sprache der Lutherbibel oder des *Book of Common Prayer* messen lassen kann, stellt langfristig vielleicht die wichtigste Herausforderung für die Liturgie der Zukunft dar. Plakative Lösungsansätze, sei es die Forderung strikter „Wörtlichkeit der Übersetzung"

---

73 Dieses Ziel wird von vornherein verfehlt, wenn man rhetorisch hochstilisierte Texte wie die römischen Orationen, deren Sprachgestalt weit entfernt von jemals im täglichen Umgang gesprochenem Latein ist, in „gehobene Umgangssprache" übersetzt. Damit ist das Genus des Textes in der Übersetzung nicht getroffen.

74 Vgl. *Liturgiam authenticam* Nr. 58, wo dieses Prinzip zureichend beschrieben ist, auch mit entsprechender Berücksichtigung der Zielsprachen.

75 Das muss natürlich nicht in alle Zukunft so bleiben. M. E. sollten die aus dem Lateinischen übersetzten Texte tatsächlich so genau wie möglich übersetzt werden (in Inhalt und Form), daneben aber und davon relativ unabhängig – in einem zweifellos langsamen und stetigen Prozess – Originaltexte in den einzelnen Liturgiesprachen des römischen Ritus gesammelt (nicht auf Befehl von Kommissionen erstellt) werden. Auf die Dauer wird sich im Wesentlichen Qualität durchsetzen (wie es ja schon seit Jahrhunderten beim Kirchenlied der Fall ist).

(was immer das heißen mag[76]), sei es die Forderung möglichst großer Freiheit gegenüber Inhalt und Form der zu übersetzenden Texte und einer möglichst leicht verdaulichen Umgangssprache, wie es im deutschen Sprachraum derzeit anscheinend einer Mehrheitsmeinung entspricht, tragen zur Meisterung dieser Herausforderung zweifellos nicht bei. Befriedigende Lösungen werden wohl auch kaum von Expertenkommissionen erarbeitet werden.

Für die emotive Wirkung des rituellen Wortes ist neben der Sprachgestalt die Art und Weise der Verlautung von ganz zentraler Bedeutung. Probleme in diesem Bereich beginnen mit den vielfach vernachlässigten akustischen Verhältnissen im Kirchenraum. Viel zu häufig verlässt man sich, auch wenn es ganz und gar nicht notwendig ist,[77] auf Verstärkeranlagen, die teilweise auch noch schlecht eingestellt sind. Die daraus resultierende Verzerrung der natürlichen Stimme ist ein leicht wahrzunehmendes, äußerst gravierendes Defizit in der rituellen Performance.[78]

Wie für die Wortgestalt spielt auch in diesem Bereich die Rhetorik, nun als Vortragskunst, eine erhebliche Rolle. Dies erfordert einerseits für die Vortragenden eine entsprechende stimmliche

---

76 Dass es zu starre „Wörtlichkeit" verlange, ist ein beliebter Vorwurf an *Liturgiam authenticam*. Der Vorwurf ist, wenn man den gesamten übersetzungstheoretischen Teil des Dokuments genau betrachtet, wohl nicht berechtigt. Gefordert ist – was für jede Übersetzung billigerweise vorauszusetzen ist –, dass die syntaktischen Strukturen des zu übersetzenden Textes genau beachtet werden. Bei manchen Übersetzungen im deutschen Messbuch von 1975 kann man sich des Eindrucks nicht erwehren, dass auf das Verständnis des lateinischen Textes zu wenig Sorgfalt verwendet worden ist. Man kann zweifellos mit Recht eine Reihe von einzelnen Punkten in *Liturgiam authenticam* kritisieren (am meisten betrifft das m. E. die ganz unzutreffende Aussage, dass die Nova Vulgata die traditionelle Exegese transportiere – fast das Gegenteil ist der Fall). Insgesamt scheint mir der übersetzungstheoretische Teil des Dokuments durchaus beachtenswert (dies gilt nicht für die disziplinären Teile).

77 Dies dürfte, entsprechende Ausbildung der Sprecher vorausgesetzt, für die meisten Kirchenräume gelten.

78 Vgl. die deutlichen, treffenden Bemerkungen von *Willibald Bezler*, „Semper reformanda" – Mühsal oder Segen? Beobachtungen aus dem gemeindlichen Alltag, in: Liturgie und Musik, hg. v. *Stefan Klöckner – Iris Maria Blecker – Hans-Gerd Wirtz*, Trier 2005, 52–62, hier 56, 1. Absatz.

Ausbildung (oder natürliche Begabung, die aber auch weiterer Bildung bedarf). Andererseits ist das wichtigste Mittel der rhetorischen Gliederung eines öffentlich vorgetragenen Textes die Kantillation, die nicht einer Verfeierlichung zu besonderen Anlässen, sondern dem sachgemäßen Vollzug[79] des Vortrags dient, indem der Text durch die Kadenzen in das Verständnis fördernde Abschnitte gegliedert wird.[80] Das entsprechende Handwerkszeug zu beherrschen, müsste selbstverständliche Voraussetzung für die Übernahme eines einschlägigen liturgischen Dienstes (Priester, Diakon, Lektor bzw. Lektorin) sein.

4. Schwellenriten: die Eröffnungssequenz der Messe

Die Überschreitung der Schwelle in den rituell konstituierten liminalen Bereich ist eine besonders bedeutsame Handlung, in der zugleich die Ablösung (in der Terminologie van Genneps: *séparation*) von der Alltagswelt und -zeit und der Eintritt in ein die zeitliche Qualität der alltäglichen Existenz unterbrechendes Intervall erfolgt. Die Handlungssequenz, durch die in der Eucharistie dieser Eintritt erfolgt, sind die Eröffnungsriten. Sie dienen der Konstituierung der Versammlung,[81] müssen aber im Sinn der durch Formalisierung hergestellten grundlegenden Differenz zwischen Alltagswelt und rituell inszenierter Gegenwelt, zwischen der „Struktur" der Alltagsgesellschaft und der von egalitä

79 Dazu gehört auch die Unterscheidung vom alltäglichen, auf möglichst eindeutige Vermittlung kognitiver Botschaften konzentrierten Sprechen.
80 Zur rhetorischen Funktion der Kantillation in Luthers Deutscher Messe vgl. *Stolt*, Luthers Rhetorik, 127–146 („Rhetorik und Musik in Luthers Deutscher Messe 1526"), wo auch auf den Zusammenhang zwischen den Kadenzen, durch die der kantillierte Text gegliedert wird (Periodus, Colon, Comma), und der Interpunktion schriftlicher Texte hingewiesen wird.
81 Vgl. GORM 46: „Ihr Ziel ist es, dass die zusammenkommenden Gläubigen eine Gemeinschaft bilden." Nach dem erneuerten *Ordo Missae* ist der erste Akt der Messe: „Die Gemeinde versammelt sich."

rer *communitas* geprägten „Antistruktur" (Victor Turner) diese Versammlung in ihrer Besonderheit gegenüber einem Zusammenkommen von Menschen zu irgendwelchen alltäglichen Zwecken markieren.[82] Wie schon angedeutet, ist der liminale Ort der eucharistischen Versammlung die himmlische Polis; die Schwelle, die in der Eröffnungssequenz zu überschreiten ist, ist also die Schwelle zwischen „dieser Welt", von der sich die Ritualteilnehmer temporär trennen, und der himmlischen Welt, dem eschatologischen Ort der Versammlung der Menschheit im Angesicht und unter der Herrschaft Gottes, wo alle Menschen die gleichen Rechte haben.

Der Grundvorgang der Eröffnungsriten ist das körperliche Überschreiten[83] der Schwelle durch alle Teilnehmer an den Ort, wo das Ritual stattfindet (in aller Regel in einem Kirchenraum, dessen Portal zwei Welten – die Alltagswelt und die rituell konstituierte Welt – trennt). In der römischen Tradition ist nur der Einzug der Personen, die einen besonderen Dienst im Ritual vollziehen, formalisiert; die Art und Weise der Formalisierung durch eine Prozession mit vorangetragenen Leuchtern und Weihrauch, die von Gesang begleitet wird, stammt in der Form, wie sie zum ersten Mal im Frühmittelalter (*Ordo Romanus* I) quellenmäßig fassbar ist, aus dem byzantinischen Hofzeremoniell. In der spätantiken byzantinischen Liturgie ist nicht nur der Einzug des Zelebranten mit seiner Assistenz, sondern der Einzug aller Teilnehmer

82 Vgl. dazu aus theologischer Sicht *Schmemann*, Eucharistie, 29–48 („Das Sakrament der Versammlung") und 49–76 („Das Sakrament des Reiches Gottes"). Die hier gegebene Deutung der byzantinischen Liturgie gilt in allem (natürlich abgesehen von den Details der konkreten rituellen Ausgestaltung) auch für die Eucharistie im römischen Ritus. Schmemanns höchst fruchtbare theologische Grundidee ist der Einzug der Kirche in das Reich Gottes: „Wenn die Versammlung als Kirche [...] der *Beginn* der eucharistischen Feier ist und ihre erste und grundlegende Voraussetzung, dann ist ihr *Ziel* und ihre Erfüllung der Einzug der Kirche in den Himmel, ihre Vollendung am Tisch Christi in seinem Reich" (49).

83 Schmemann spricht (ebd. 81) von der „Eucharistie als Bewegung" (sc. in das Reich Gottes), was sich im Einzug, also in körperlicher Bewegung manifestiert. Anders kann der Bewegungscharakter der Eucharistie sinnlich nicht wahrgenommen werden.

formalisiert[84] und wird durch das Gebet zum Einzug, das ursprünglich vor dem zentralen Eingangstor in die Kirche verrichtet wurde, als Einzug in das himmlische Heiligtum gedeutet[85]. Wie immer die rituellen Details in den verschiedenen Traditionen ausgestaltet sind, der fundamentale Vorgang ist die nonverbale körperliche Handlung des Tretens über die Schwelle des Kirchenraums und die vorsichtige Annäherung an den heiligen Ort; in der römischen Tradition[86] wird der formalisierte Einzug der Dienstträger deshalb unterbrochen durch das auf die Annäherung an das Heilige zurüstende Gebet des Zelebranten (später gemeinsam mit der Assistenz, woraus sich das Stufengebet entwickelt hat), bevor der Altar, der durch das (in der spätantiken und frühmittelalterlichen römischen Tradition) schon vor dem Einzug auf ihm

84 Vgl. die knappe, aber eindrucksvolle Schilderung von *Robert F. Taft*, The Byzantine Rite. A Short History (American Essays in Liturgy Series), Collegeville 1992, 33–38. Örtlicher Angelpunkt des Einzugs sind die vielen Portale der Hagia Sophia. In der weiteren Entwicklung des byzantinischen Ritus wurde der Einzug in den Kirchenraum verlegt („Kleiner Einzug"); die Prozession findet nun schon nach Liturgiebeginn und damit vor der versammelten Gemeinde statt, ihr Ausgangspunkt ist derselbe wie der Zielpunkt, der örtliche Angelpunkt, wo das Gebet zum Einzug verrichtet wird, ist die mittlere Tür der Ikonostase. Die Ritualsequenz ist damit in ihrer Bedeutungsfülle vom Eingang der Gesamtgemeinde in das durch den ganzen Kirchenraum repräsentierte himmlische Heiligtum zum Eingang der Kleriker und der Assistenz in das Presbyterium erheblich reduziert.

85 „Gebieter, Herr, unser Gott, der du in den Himmeln Ordnungen und Heere von Engeln und Erzengeln aufgestellt hast zum Dienst (εἰς λειτουργίαν) deiner Herrlichkeit, gib, dass bei unserem Einzug der Einzug heiliger Engel geschehe."

86 Vgl. die gute Analyse der Einzugsriten (und auch die sehr beachtenswerten praktischen Gestaltungsvorschläge) durch *August Jilek*, Die Eröffnung der Meßfeier. Liturgie-theologische Überlegungen – Praktische Vorschläge für eine sinngerechte und differenzierende Gestaltung, in: LJ 39 (1989) 127–154. Eine sehr differenzierte Analyse mit semiotischen Methoden gibt auch *Karl-Heinrich Bieritz*, Zeichen der Eröffnung, in: *ders.*, Zeichen setzen. Beiträge zu Gottesdienst und Predigt (PTHe 22), Stuttgart 1995, 42–60, wo sehr genau die einzelnen „Codes" (hodologisch, musikalisch, verbal usw.) unterschieden werden, Liturgie damit methodisch als komplexe rituelle Handlungssequenz ernst genommen wird.

deponierte Evangelienbuch als Thron Christi markiert worden ist, begrüßt wird, alle Teilnehmer an der Prozession ihre Plätze (der Bischof die Kathedra) einnehmen, und sich der Leiter und alle übrigen Teilnehmer der Versammlung die Gegenwart Christi im Heiligen Geist zusprechen („Dominus vobiscum – Et cum spiritu tuo“). Dieser nonverbale Vorgang wird begleitet und gedeutet durch Gesang, in der römischen Tradition einen Psalm mit Antiphon (*antiphona ad introitum*). Der rituelle Grundakt besteht also aus körperlicher Bewegung und Gesang. Im römischen Ritus kulminiert die Eröffnungssequenz schließlich – abgesehen von den weiteren Gesängen des *Kyrie eleison*, wohl des Überrestes einer Stationsprozession,[87] und des *Gloria in excelsis*, das über die Weihnachtsliturgie in einem jahrhundertelangen Prozess auch in die sonntägliche Presbyterliturgie gekommen ist – in einem ersten gemeinsamen Gebetsakt der nun konstituierten Versammlung („Tagesgebet“).

In der durchschnittlichen Performance der pfarrlichen Eucharistie ist der Grundvorgang körperlicher Bewegung, begleitet und gedeutet durch Gesang, meist stark verkümmert. Es hat sich – im Gefolge der alten *missa lecta* – ein kleiner Einzug von der Sakristei auf kürzestem Weg zur Sessio als Normalform herausgebildet; für diese kurze Einzugsprozession ist ein Begleitgesang gar nicht notwendig beziehungsweise würde länger dauern als sie, deshalb ist der Gesang zum Einzug (*antiphona ad introitum*) in der Regel durch einen gemeinsamen Eröffnungsgesang, meist in Form eines Strophenlieds, nach dem Einzug ersetzt.[88] Im Vordergrund der Wahrnehmung steht nicht der Grundvorgang eines Gehens über die Schwelle des Kirchenraums hin zu Altar und Sessio, steht nicht ein diese nonverbale Handlung begleitender Gesang – begleitet wird der Einzug meist durch Orgelspiel –, stehen vielmehr gar nicht zur Grundgestalt gehörende, bei der Reform des

87 Vgl. dazu knapp (mit Verweis auf die wichtigste Literatur) *Meyer*, Eucharistie, 175.

88 In der GORM (nr. 47) ist dagegen sachgerecht ein Begleitgesang zum Einzug vorausgesetzt: „Ist das Volk versammelt, beginnt der Gesang zum Einzug, während der Priester mit dem Diakon und den liturgischen Diensten einzieht.“

Ordo Missae erst nachträglich eingefügte[89] gesprochene verbale Vollzüge: die sogenannte „Einführung in die Feier" und der „Bußakt" (*actus poenitentialis*) der gesamten Gemeinde.

Die „Einführung in die Feier", die nach AEM (nr. 29) beziehungsweise GORM (nr. 50) „mit ganz kurzen Worten (brevissimis verbis)" erfolgen „kann" (keinesfalls muss), ist sehr häufig zu einer Begrüßung, nun in bürgerlicher Form, des Publikums geworden („ich begrüße Sie ..." oder gar „Guten Morgen!" oder ähnliches), woran sich eine mehr oder minder ausführliche, mehr oder minder gehaltvolle Belehrung der wieder als Publikum fungierenden Gemeinde anschließt. Damit wird der rituelle Vorgang durch eine andere, nicht-rituelle Art und Weise des Sprachhandelns überlagert. Die Eucharistie beginnt in Formen ritueller Kommunikation, aus denen man durch die bürgerliche Begrüßung und die „Einführung" sofort herausgerissen wird. Man kann sich kaum des Eindrucks erwehren, dass das Ritual pflichtgemäß persolviert wird und die diskursive Redeweise der „Einführung", die das erste Einfallstor des Verbalismus in die Eucharistie[90] darstellt, jedenfalls die Wahrnehmung dominiert. Aus der Bewegung über die Schwelle hin zum heiligen Ort ist eine Anrede der Gemeinde geworden.

Der Bußakt ersetzt einerseits das frühere Rüstgebet („Stufengebet") des Liturgen und der Assistenz vor dem ersten Zutritt zum Altar und dem Gang an die Plätze, ist aber andererseits Nachfahre

89 Vgl. dazu den ausgezeichneten Beitrag von *Mark Searle*, Semper reformanda: The Opening and Closing Rites of the Mass, in: Shaping English Liturgy. (FS D. Hurley), ed. by *Peter C. Finn – James M. Schellman*, Washington D. C. 1990, 53–92, zur Genese der Eröffnungsriten im *Missale Romanum* 1970 und auch zur in vielfacher Hinsicht problematischen Praxis in den USA (die Defizite sind dieselben wie in Mitteleuropa). Die – durch die später von außen monierte Einführung des Bußaktes und der „Einführung in die Feier" durchkreuzte – ursprüngliche Reformabsicht der Arbeitsgruppe des Consilium war demnach die Herausstellung der Grundstruktur und ein in aller Regel (jedenfalls in der *missa publica*) vollständig gesungener Vollzug.

90 So auch das Urteil von *Searle*, ebd.

der „Offenen Schuld" nach der Predigt.[91] Problematisch ist seine Stellung nach der Konstituierung der Versammlung, aus dem Rüstakt unterwegs ist ein gemeinsames Schuldbekenntnis samt Absolution der ganzen Gemeinde von notwendig geringem existentiellem Gewicht geworden. In der Performance (die hier durch den *Ordo Missae* unglücklich geregelt ist) fällt auf, dass – in der Form A mit Confiteor und Generalabsolution – die Schuld zwar vor den „Brüdern und Schwestern" bekannt wird und diese auch um ihr Gebet „bei Gott, unserem Herrn" gebeten werden, das menschliche Gegenüber aber verlorengegangen ist. Es handelt sich nicht mehr um ein gegenseitiges Bekenntnis von Liturg und Gemeinde im Angesicht Gottes, dem dann jeweils die in konkretem Gegenüber zugesprochene Absolution entspricht, sondern um ein gemeinsames Bekenntnis aller, in dem aber dennoch in der 2. Person Personen angesprochen werden („und euch, Brüder und Schwestern"); es handelt sich um eine Absolution nicht in Form des Zuspruchs, was die 2. Person erfordern würde („der allmächtige Gott erbarme sich deiner/euer"), sondern in der 1. Person Plural, der Form eines frommen Wunsches.

Fazit: Insgesamt dominieren in der durchschnittlichen Performance der Eröffnungsriten zwei sekundäre, jeweils sachlich durchaus fragwürdige Elemente. Es dominiert eine Fülle von gesprochenen Worten über die Grundvollzüge von körperlicher Bewegung (über die Schwelle treten) und Gesang. Das eigentliche Defizit – das hier auch eines des reformierten *Ordo Missae* ist – besteht nicht oder jedenfalls weniger in der häufig beschworenen Tatsache, dass die Ritensequenz „überladen" ist, sondern darin, dass fast durchwegs falsche Akzente gesetzt werden. Dies gilt auch für den Gesang. Nach *Musicam sacram* (nr. 29) werden in der elementarsten Form der *missa cantata* der Gruß des Priesters (darin ist das ursprünglich nicht vorgesehene trinitarische Votum zum Kreuzzeichen wohl einzuschließen) und die Kollekte gesungen, aus sachimmanenten Gründen auch das (nach nr. 30 leider erst für die „zweite Form" – die die erste immer einschließen muss – genannte) *Kyrie eleison* und das *Gloria*. Die Kantillation

91 Vgl. *Andreas Heinz*, Ein anderer Ort für den Bußritus. Überlegungen zum Eröffnungsteil des Ordo Missae, in: LJ 40 (1990) 109–119.

der erstgenannten Stücke ist im durchschnittlichen Sonntagsgottesdienst kaum jemals zu erleben, die Akklamation *Kyrie eleison*, zu der notwendig das Moment der Intensität der Äußerung gehört, ist vielfach zu einem sinnentleert gesprochen, wenn nicht gemurmelt persolvierten Pflichtstück geworden, das *Gloria in excelsis* ist im deutschen Sprachraum weitgehend aus der gottesdienstlichen Wirklichkeit verschwunden. Körperliche Bewegung ist auf das notwendige Minimum herabgesetzt. Was bleibt, sind viele Wörter.

Von der Vormesse zur Liturgie des Wortes

Stephan Wahle, Freiburg i. Br.

„Auf dass den Gläubigen der Tisch des Gotteswortes
reicher bereitet werde,
soll die Schatzkammer der Bibel weiter aufgetan werden,
so dass innerhalb einer
bestimmten Anzahl von Jahren die wichtigsten Teile der Heiligen Schrift
dem Volk vorgetragen werden." (SC 51)

Seitdem das Zweite Vatikanische Konzil sich in seiner Liturgiekonstitution *Sacrosanctum Concilium* mit diesen Worten so klar und eindeutig zur hohen Bedeutung der Schriftverkündigung im Gottesdienst bekannt hat, kann die jahrhundertelange plakative, aber doch zutreffende Unterscheidung von der evangelischen Kirche als Kirche des Wortes und der katholischen Kirche als Kirche des Sakraments nicht mehr aufrecht erhalten werden. Aufbauend auf den Erfahrungen und Forderungen der liturgischen und biblischen Bewegung des frühen 20. Jahrhunderts gehört die Wiederentdeckung des biblischen Fundaments liturgischen Feierns zu den „allgemeinen Regeln" der Erneuerung jeglicher Form von Liturgie.[1] Denn es ist die Heilige Schrift, aus der nicht nur „Lesungen vorgetragen und in der Homilie ausgedeutet" und deren Psalmen gesungen werden. Aus der Heiligen Schrift speisen sich vielmehr auch „Gebete, Orationen und Gesänge", aus der Heiligen Schrift empfangen schließlich alle liturgischen „Handlungen und

1 Vgl. aus der Fülle an Literatur: *Jürgen Bärsch*, „Von größtem Gewinn für die Liturgiefeier ist die Heilige Schrift" (SC 24). Zur Bedeutung der Bibel im Kontext des Gottesdienstes, in: LJ 53 (2003) 222–241; *Benedikt Kranemann*, Bibel und Liturgie in Wechselbeziehung. Eine Perspektivensuche vor historischem Hintergrund, in: BiLi 80 (2007) 205–217; *Winfried Haunerland*, „Lebendig ist das Wort Gottes" (Hebr 4,12). Die Liturgie als *Sitz im Leben* der Schrift, in: ThPQ 149 (2001) 114–124.

Zeichen ihren Sinn". Wenn in diesem biblischen Geist die Liturgie erneuert werden sollte, dann – so der erklärte Wille der Konzilsväter – zur Förderung „jenes innige[n] und lebendige[n] Ergriffensein[s] von der Heiligen Schrift [...], von dem die ehrwürdige Überlieferung östlicher und westlicher Riten zeugt"[2].

In den folgenden Überlegungen sollen nicht zum wiederholten Male Chancen und Probleme der alten und erneuerten Perikopenordnung in der Messfeier diskutiert werden.[3] Bei der Erneuerung der Wortliturgie in der Messfeier geht es nicht bloß um ein oder zwei mehr Lesungen oder um eine bessere Kenntnis oder Information über die Heilige Schrift. Es geht um die deutliche Herausstellung der einen Messfeier, bestehend aus zwei Teilen: der Liturgie des Wortes (*liturgia verbi*) und der eucharistischen Liturgie (*liturgia eucharistica*). Offen bleibt aber das Verhältnis beider Teile zueinander. Die Liturgiekonstitution des Zweiten Vatikanischen Konzils blieb seinerzeit etwas zurückhaltend und wollte keine völlige Polarität in der Messfeier ausmachen, sprach von „gewissermaßen" zwei Teilen.[4] Auch Josef Andreas Jungmann wollte an seinem Begriff „Vormesse" als Ausdruck für die *liturgia verbi* fest-

---

2 Alle vorangegangenen Zitate aus SC 24.

3 Vgl. aus der Fülle an Literatur: *Elmar Nübold*, Entstehung und Bewertung der neuen Perikopenordnung des Römischen Ritus für die Meßfeier an Sonn- und Festtagen, Paderborn 1986; Leseordnung. Altes und Neues Testament in der Liturgie, hg. v. *Georg Steins* (Gottes Volk S/97), Stuttgart 1997; Streit am Tisch des Wortes? Zur Deutung und Bedeutung des Alten Testaments und seiner Verwendung in der Liturgie, hg. v. *Ansgar Franz* (PiLi 8), St. Ottilien 1997; Wie das Wort Gottes feiern? Der Wortgottesdienst als theologische Herausforderung, hg. v. *Benedikt Kranemann, Thomas Sternberg* (QD 194), Freiburg – Basel – Wien 2002; *Ansgar Franz*, Wortgottesdienst der Messe und Altes Testament. Katholische und ökumenische Lektionarreform nach dem II. Vatikanum im Spiegel von Ordo Lectionum Missae, Revised Common Lectionary und Four Year Lectionary. Positionen, Probleme, Perspektiven (PiLi.S 14), Tübingen 2002.

4 Vgl. SC 56: „Die beiden Teile, aus denen die Messe *gewissermaßen* besteht, nämlich Wortgottesdienst und Eucharistiefeier, sind so eng miteinander verbunden, dass sie einen einzigen Kultakt ausmachen. [...]" (Hervorhebung S. W.)

halten, um an dem vorbereitenden Charakter des Wortes gegenüber dem Sakrament, sprich der Wortliturgie gegenüber der Eucharistiefeier, festzuhalten.[5] Doch wird man damit der Funktion und der Bedeutung der Wortliturgie gerecht?

Um diese Frage zu diskutieren, werden zunächst einige grundsätzliche Überlegungen und Beobachtungen zur *liturgia verbi* zusammengestellt. Daran schließen sich liturgietheologische Überlegungen zum Sinngehalt der Schriftverkündigung an, um schließlich auf einige Problemstellungen in der heutigen Feiergestalt eingehen zu können.

1. Grundsätzliche Überlegungen zur Erneuerung der *liturgia verbi* nach dem Zweiten Vatikanischen Konzil

Bald 50 Jahre nach der Verabschiedung der Liturgiekonstitution des Zweiten Vatikanischen Konzils befürchtet kein ernst zu nehmender Theologe eine Protestantisierung der Liturgie, wenn er auf die konstitutive und existentielle Bedeutung des biblischen Gehalts liturgischer Riten insgesamt und der Schriftverkündigung im Besonderen insistiert. Es besteht nahezu einhelliger Konsens, dass Wort und Sakrament in der Liturgie „auf engste miteinander verbunden sind" (SC 35). Auch wenn die Metaphorik und ihre Zuordnung stets umstritten geblieben sind, so gibt es hinter dem berühmten Wort vom Tisch des Wortes und des Brotes, an dem

---

5 Vgl. *Josef Andreas Jungmann*, Messe im Gottesvolk. Ein nachkonziliarer Durchblick durch Missarum Sollemnia, Freiburg i. Br. 1970, 31: „Eröffnung und Wortgottesdienst zusammen bilden [...] die Vormesse, ein Name, der heute bei vielen liturgischen Schriftstellern verpönnt ist, weil man darin ein (sic!) Minderbewertung des wiederentdeckten Wortes befürchtet. Doch ist damit ist keine Minderbewertung ausgesprochen, sondern nur der vorbereitende Charakter auch des Wortes gegenüber dem Sakrament angedeutet. Denn schließlich gehört das Wort auch zum Vollzug der Eucharistie; und auch hier ist es dann nur eine Komponente des Größeren, eben des Sakraments."

der Gläubige durch Gott genährt wird, grundsätzlich kein Zurück.[6] So heißt es in der Offenbarungskonstitution *Dei Verbum*:

> „Die Kirche hat die Heiligen Schriften immer verehrt wie den Herrenleib selbst, weil sie, vor allem in der heiligen Liturgie, vom Tisch des Wortes Gottes wie des Leibes Christi ohne Unterlaß das Brot des Lebens nimmt und den Gläubigen reicht. In ihnen zusammen mit der Heiligen Überlieferung sah sie immer und sieht sie die höchste Richtschnur ihres Glaubens […]."[7]

Allerdings bleibt zu bezweifeln, ob jenes „innige und lebendige Ergriffensein von der Heiligen Schrift"[8], von dem die Liturgiekonstitution spricht, katholischen Christen in gleicher Weise zu eigen ist wie evangelischen Christen. Erst kürzlich beklagte Papst Benedikt XVI. in seinem nachsynodalen Schreiben über das Wort Gottes im Leben und in der Sendung der Kirche *Verbum Domini* ein immer noch mangelndes Wissen über die Heilige Schrift unter Katholiken und mahnt eine Intensivierung des christlichen Lebens mit der Heiligen Schrift an.[9] Und doch dürfte im Großen und Ganzen den Gläubigen heute die Einheit der Messfeier bewusst sein.

Insofern kann es nicht verwundern, dass im Zentrum der Diskussionen um die alte und erneuerte Messe, um ordentliche und außerordentliche Ausdrucksform, nicht die Schriftverkündigung

---

6 Zur Metapher vom „Tisch des Wortes" aus historischer Perspektive vgl. *Hanns Peter Neuheuser*, Das Bild vom Tisch des Wortes und des Brotes. Kernaussagen der Liturgiekonstitution zum Verhältnis von Wortliturgie und Eucharistiefeier, in: Wort und Buch in der Liturgie. Interdisziplinäre Beiträge zur Wirkmächtigkeit des Wortes und Zeichenhaftigkeit des Buches, hg. v. *dems.*, St. Ottilien 1995, 133–169; aus systematischer Perspektive vgl. *Josef Wohlmuth*, Tisch des Wortes – Tisch des Brotes, in: *ders.*, An der Schwelle zum Heiligtum. Christliche Theologie im Gespräch mit jüdischem Denken (Studien zu Judentum und Christentum), Paderborn 2007, 263–279.

7 DV 21.

8 SC 24.

9 Vgl. *Benedikt XVI.*, Nachsynodales Apostolisches Schreiben *Verbum Domini* über das Wort Gottes im Leben und in der Sendung der Kirche. 30. September 2010 (VApS 187), Bonn 2010.

steht. Die Hauptstreitigkeiten liegen im eucharistischen Teil.[10] So betont auch das Apostolische Schreiben des Papstes, das Motu Proprio *Summorum Ponitificum*, die dem lateinischen Ritus eigene Sprache, wohingegen es dann aber in Art. 6 heißt: „In Messen, die nach dem Messbuch des seligen Johannes XXIII. zusammen mit dem Volk gefeiert werden, können die Lesungen auch in der Volkssprache verkündet werden, unter Gebrauch der vom Apostolischen Stuhl rekognoszierten Ausgaben."[11]

Wenn der Papst in seinem Begleitbrief dann von einer gegenseitigen Befruchtung beider Formen des einen römischen Messritus spricht, dann erwähnt er zwar explizit nur die Aufnahme neuer Heiliger und einiger neuer Präfationen aus dem erneuerten in das alte Messbuch,[12] doch Art. 6 des Motu Proprio legt den Gebrauch der volkssprachigen Lektionare für die außerordentliche Form der Messfeier nahe. An anderer Stelle erwähnte der Papst, damals noch in seiner Eigenschaft als Kardinal, explizit „eine erweiterte Leseordnung – mehr Auswahl als früher, aber nicht zu viel"[13]. Und kein geringerer als der prominente Befürworter der Alten Messe, der Philosoph Robert Spaemann, entdeckt im *Novus Ordo Missae* „wirklich positive Errungenschaften [...], die diejenigen entbehren müssen, die die alte Liturgie feiern." Neben den Festpräfationen und der Kommunion unter beiderlei

---

10 Vgl. Tridentinische Messe: ein Streitfall. Reaktionen auf das Motu proprio „Summorum Pontificum" Benedikts XVI., hg. v. *Eckhard Nordhofen*, Kevelaer ^{2}2009; Ein Ritus – zwei Formen. Die Richtlinie Benedikts XVI. zur Liturgie, hg. v. *Albert Gerhards* (Theologie kontrovers), Freiburg – Basel – Wien 2008; *Winfried Haunerland*, Ein Ritus in zwei Ausdrucksformen? Hintergründe und Perspektiven zur Liturgiefeier nach dem Motuproprio „Summorum Pontificum", in: LJ 58 (2008) 179–203.

11 *Benedikt XVI.*, Apostolisches Schreiben *Summorum Pontificum*. Brief des Heiligen Vaters anlässlich der Publikation. 7. Juli 2007 (VApS 178), Bonn 2007, 15.

12 Ebd., 24.

13 Zitiert nach *Heinz-Lothar Barth*, Ist die traditionelle lateinische Messe antisemitisch? Antwort auf ein Papier des *Zentralkomitees der deutschen Katholiken* (Brennpunkt Theologie 7), Altötting ^{2}2007, 18. So fordert das eingangs erwähnte Konzilszitat aus SC 51 eindeutig eine Erweiterung des bisherigen einjährigen Lesezyklus' und erkennt hier ein Defizit in der überkommenen Tradition.

Gestalt erwähnt er ausdrücklich „die drei sonntäglichen Lesungen, die das Alte Testament stärker präsent machen"[14]. Im Motu Proprio *Summorum Pontificum* ist davon allerdings keine Rede.

Andererseits regt sich auf Seiten der Befürworter der erneuerten Messe schon lange Kritik an der reformierten Gestalt der *liturgia verbi*, konkret an der Leseordnung, so dass das geflügelte Wort von der „Reform der Reform" augenfällig oft in Bezug auf die Perikopenordnung fällt.[15]

Wenn man die Wortliturgie in der alten und erneuerten Form der Messfeier rein oberflächlich vergleicht, zeigt sich die Tendenz, die Eröffnungsriten knapper und transparenter zu halten, Wiederholungen zu vermeiden, die Reihenfolge organischer zu gestalten, die Gemeinde in die Feier einzufügen, während auf der anderen Seite die Wortverkündigung ungleich reicher gestaltet wird, sowohl auf rein textlicher Ebene durch mehr Lesungen, durch Predigt und allgemeines Gebet, aber auch auf ritueller Ebene etwa durch die Evangeliarprozession. Durch die Straffung der Eröffnungsriten und die Profilierung der Wortverkündigung erhalten die einzelnen Abschnitte auch andere Bezeichnungen, bis dann im *Novus Ordo Missae* mit „ritus initialis" (Eröffnung)[16] und „liturgia verbi" (Wortgottesdienst)[17] deutlicher voneinander getrennt werden – mit dem Ziel, den ersten Höhepunkt der Messfeier zu stärken und die liturgiehistorisch gesehen später hinzugekommenen Eröffnungsgebete demgegenüber zurückzunehmen.

---

14 *Robert Spaemann*, Die Präsenz des klassischen römischen Ritus in der Katholischen Kirche. Ihre Bedeutung und ihre Zukunft, in: Der Widerstand gegen die Alte Messe, hg. v. *Georg Muschalek* (Bild und Gleichnis 10), Denkendorf 2007, 13–48, hier 15.

15 Vgl. Kap. 3.1.

16 Missale Romanum. Ex decreto Sacrosancti Oecumenici Concilii Vaticani II instauratum auctoritate Pauli PP. VI promulgatum Ioannis Pauli PP. II cura recognitum. Editio typica tertia, Città del Vaticano 2002, 503 (abgekürzt: Missale Romanum 2002); Meßbuch. Für die Bistümer des deutschen Sprachgebietes. Authentische Ausgabe für den liturgischen Gebrauch. Kleinausgabe. Das Meßbuch deutsch für alle Tage des Jahres (Die Feier der heiligen Messe), Einsiedeln u. a. [2]1988, 323 (abgekürzt: Messbuch 1988).

17 Missale Romanum 2002, 510; Messbuch 1988, 334.

2. Beobachtungen zur *liturgia verbi* in der alten und erneuerten Form der Messfeier

Die Kontinuität aller Ausdrucksformen der römischen Messe in Bezug auf die Wortliturgie dürfte offensichtlich sein. Nur wie sind die Veränderungen zu bewerten? Drei signifikante Beobachtungen sind zu nennen.

2.1 Vom Stufengebet zur knappen Einführung in die Messfeier

Die erste Beobachtung ist eine sprachlich-ästhetische. Durch den Wegfall des Stufengebets beziehungsweise die Neugestaltung des Bußakts und durch die mögliche Hinzunahme einer „knappen Einführung in die Feier" wird die Messfeier unter ein anderes Vorzeichen gesetzt: Während in den alten Messformen nur gesungen und gebetet wurde, kommt in der erneuerten Messe eine ganz neue Sprachform hinzu: die kurze Ansprache an die Gemeinde, ein frei formuliertes, persönliches, nicht kirchlich verobjektiviertes beziehungsweise verallgemeinerndes Element. Auf diese Weise wird die Messfeier als Versammlung des Volkes Gottes, als kirchliche Gemeinschaftsfeier, in ihrer konkreten örtlichen Gestalt profiliert – so wie die Eingangsrubrik bekanntlich die „Versammlung der Gemeinde" als allerersten Akt des Gottesdienstes ausdrücklich benennt.[18] Ziel und primäres Element der Eröffnungsriten ist das Tagesgebet, mit dem die versammelte Gemeinde in Lobpreis, Danksagung und Bitte vor Gott tritt.

Eigentlich nur als „Kann-Bestimmung" eingeführt, sind die „ganz kurzen Worte" in den erneuerten Eröffnungsriten nicht mehr wegzudenken. Dass in der Praxis die Einführung in die Messfeier oft in einer ersten Predigt oder in einer ellenlangen Vorstellung der Konzelebranten ausartet und so die Eröffnung übergebührlich wieder hervorhebt und den performativen Ritus von Introitus – Eröffnungsgesang – Liturgischen Gruß dramaturgisch abbrechen lässt, findet keinen Anhaltspunkt im erneuerten

18 Vgl. Missale Romanum 2002, 503: „Populo congregato, sacerdos cum ministris ad altare accedit, dum cantus ad introitum peragitus."

Ordo Missae.[19] Diese Einführung enthält noch mehr Gewicht, wenn – wie zum Regelfall geworden – zuvor der Introitus ausfällt und nachfolgend der Bußakt in der Praxis mit den Kyrie-Rufen verknüpft wird und somit als Schuldbekenntnis mehr oder weniger ausfällt.[20]

2.2 Die Neuordnung der Perikopenauswahl

Die zweite Beobachtung ist eine inhaltliche und richtet sich auf den „Kernritus" der *liturgia verbi:* die Schriftverkündigung als solche, die mit dem reformierten *Ordo Lectionum Missae* (OLM) im Lesejahr B am 1. Adventssonntag 1969 (30. November) in Kraft getreten ist.[21] Schon das Zitat von Robert Spaemann hat gezeigt,

---

19 Dagegen heißt es im Missale Romanum 2002, 504: „Sacerdos, vel diaconus vel alius minister, potest brevissimis verbis introducere fideles in Missam diei." Das deutschsprachige Messbuch enthält die zusätzliche Rubrik: „Wenn ausnahmsweise aus besonderem Anlaß ein persönliches Grußwort oder die Einführung länger sein müssen, möge man die Gemeinde auffordern, sich zu setzen." (Messbuch 1988, 325.) Vgl. auch die Überlegungen von Reinhard Meßner in diesem Band.

20 Das Stufengebet in den alten Messformen war immer nur eine Angelegenheit des Priesters mit seiner Assistenz. In der erneuerten Messfeier wird es in Form des Bußakts aber auf die Gemeinde bezogen und somit vom Ansatz her sogar ausgeweitet, wenn auch eine textliche Reduzierung sowie die Bereitstellung von zwei Ersatzformen erfolgt; vgl. *Jungmann*, Messe im Gottesvolk, 34–40. Der nie als Teil der Messe und nur an Sonntagen in Pfarrkirchen vorgesehene Asperges-Ritus ist dem Anhang des Messbuchs beigegeben. Dass er an die Stelle des Allgemeinen Schuldbekenntnisses treten kann, macht das *Missale Romanum* von 2002 durch einen Hinweis im *Ordo Missae* deutlich, während das deutsche Messbuch seit 1975 eine entsprechende Eigenrubrik kennt; vgl. Missale Romanum 2002, 505; Messbuch 1988, 325. Eine häufigere Praxis des Asperges-Ritus würde den Eröffnungsriten mehr zeichenhafte Gestalt geben.

21 Die Erneuerung der Wortliturgie hat als Desiderat eine lange Vorgeschichte, die nicht erst mit der biblischen und liturgischen Bewegung anhebt, wohl aber einen ungemeinen Aufschwung erfahren hat; vgl. *Neuheuser*, Das Bild vom Tisch des Wortes und des Brotes, 137–139.

worin der große Gewinn der neuen Ordnung besteht. Während es in der alten Messe – bis auf Vigilmessen – nur eine Lesung vor dem Evangelium, an Sonn- und Festtagen fast ausnahmslos aus dem Neuen Testament,[22] in der Woche alttestamentliche Lesungen nur „in ganz zufälliger Auswahl"[23] gab, die Evangelienlesungen sich auf die Tathandlungen Jesu beschränkten und die Perikopenauswahl jedes Jahr wiederholte, so zeichnet sich die erneuerte Leseordnung an Sonn- und Festtagen durch drei Lesejahre und zwei nicht-evangelische Lesungen plus Antwortpsalm aus, wobei die erste Lesung meist – außer in der Osterzeit – aus dem Alten Testament stammt. In der Liturgiegeschichtsforschung ist bis heute unsicher, ob die römische Liturgie jemals überhaupt zwei Lesungen vor dem Evangelium kannte.[24] Insofern bildet die regelmäßige alttestamentliche Lesung (neben dem Antwortpsalm) eine mitunter überfällige Entwicklung, die besonders die Einheit der Heiligen Schrift zum Ausdruck bringt. Nicht nur die deutlich vermehrte Anzahl an Texten, sondern vor allem die Verkündigung in der Volkssprache am (wieder) eingeführten Ambo in Richtung der Gemeinde ermöglichen den leichteren und verständlicheren

22 Im *Missale Romanum* von 1962 sind nach der Reduzierung der 12 auf 4 atl. Lesungen in der Ostervigil (1951), der Reform der Texte zur Palmweihe (1955) und dem Wegfall der Pfingstvigil (1955) nur noch an folgenden großen Festtagen atl. Texte vorgesehen: Epiphanie (Jes 60,1–6), Karfreitag (Hos 6,1–6; Ex 12,1–11) und Osternacht (Gen 1,1–2,2; Ex 14,24–15,1; Jes 4,2–6; Dtn 31,22–30). Es darf aber nicht übersehen werden, dass die Messgesänge hauptsächlich aus dem Psalter entstammen, dass die (Hoch-) Gebete einen biblischen Gehalt aufweisen, einzelne Heiligenfeste (Maria, Josef, Johannes) atl. Lesungen enthalten, die Ferialtage der Quadragesima und die Quatembertage ein breites atl. Leserepertoire bereithalten und sich vor allem das Stundengebet, speziell die Nocturnen, aus atl. Texten zusammensetzt.

23 *Rupert Berger*, Die Feier der Heiligen Messe, Freiburg – Basel – Wien 2009, 164.

24 Vgl. *Heinzgerd Brakmann*, Der christlichen Bibel erster Teil in den gottesdienstlichen Traditionen des Ostens und des Westens. Liturgiehistorische Anmerkungen zum sog. Stellenwert des Alten/Ersten Testaments im Christentum, in: Streit am Tisch des Wortes, 565–599, bes. 591–599.

Zugang zur Heiligen Schrift. Die mittelalterliche Entscheidung der römischen Liturgie zum Vortrag der Schrifttexte in der Sprache der liturgischen Bücher, also gegen die Umgangssprache des Volkes, hat damit ein Ende gefunden.[25]

2.3 Grobstruktur von Eröffnungsriten und Liturgie des Wortes

Die dritte Beobachtung ist schließlich eine formale. Die Zwischenüberschriften zeigen die Tendenz einer Trennung von Eröffnungsriten und der *liturgia verbi* sowie eine noch stärkere Angleichung zur *liturgia eucharistica* an.[26] In der dritten Auflage der *Institutio Generalis Missalis Romani*, der „Grundordnung des römischen Messbuchs", heißt es im Bezug auf SC 56, dass die heilige Messe „gewissermaßen aus zwei Teilen [besteht], der Liturgie des Wortes und der Eucharistischen Liturgie, die jedoch so eng miteinander verbunden sind, dass sie eine gottesdienstliche Einheit

25 Im Gegensatz zur römischen und ostsyrischen Liturgie haben die meisten orientalischen Riten die Volkssprache entweder für die ganze Liturgie oder zumindest für die Lesungen im Laufe des Mittelalters eingeführt. Nur die als aliturgisch angesehene Predigt mit der Wiederholung des Evangeliums werden in der römischen Liturgie in der Volkssprache vorgetragen. Allerdings gab es immer wieder Tendenzen oder Bewegungen zu einer volkssprachigen Liturgie auch im römischen Ritus, wie es im Spätmittelalter unter anderen die ersten volkssprachigen Kirchenlieder und Übersetzungen der wichtigsten Grundtexte und -gebete sowie des gesamten Messbuchs ins Deutsche zeigen; vgl. dazu jetzt *Matthias Henkel*, Deutsche Messbuchübersetzungen des Spätmittelalters. Untersuchungen auf der Grundlage ausgewählter Handschriften und vorreformatorischer Drucke (Imagines MediiAevi. Interdisziplinäre Beiträge zur Mittelalterforschung 27), Wiesbaden 2011.

26 Die in der Allgemeinen Einführung wie im deutschen Messbuch vorgenommene Übersetzung von „liturgia verbi" durch „Wortgottesdienst" bringt seinen Feiercharakter nicht deutlich genug zum Ausdruck. „Liturgie des Wortes" – oder auch „Feier des Wortes Gottes" – zeigt an, dass es sich beim ersten Teil der Messfeier genauso um ein zeichenhaftes Geschehen handeln, in dem das Wort zum Ereignis wird; vgl. *Eduard Nagel*, Gottes Wort feiern. Der Wortgottesdienst der Messfeier (Sinn & Gestalt), Trier ³2007, bes. 7–9.

bilden."[27] „Belehrung und Nahrung" – so heißt es weiter – empfangen die Gläubigen sowohl von dem einen Tisch des Gotteswortes wie des Herrenleibes. Auch das Wort ist also eine Speise für das geistliche Leben, auch im gesprochenen Wort ist Christus real gegenwärtig. Die Neuregelung des Verhältnisses von Wortliturgie und eucharistischer Liturgie „als zwei selbstständige[] und konstitutive[] Elemente der Messe" kann als eine der „wirklich grundsätzlichen Neuerungen"[28] des Konzils zur Messliturgie bewertet werden. Damit wird formal die immer gleich bleibende Grobstruktur der Messe gesetzt, die sowohl bei einem festlichen Pontifikalamt wie bei einer Gruppenmesse im kleinen Kreis erkennbar werden soll.

Andreas Heinz greift in seinem Kommentar zur neuen Grundordnung auf den lutherischen Pfarrer J.K. Wilhelm Löhe († 1872) zurück, der sich seinerzeit um die Wiedergewinnung des Gottesdienstes mit Abendmahl verdient gemacht hat. Löhe prägte das eindrucksvolle Bild „von der Messe als einem Berg mit zwei Gipfeln"[29]. Dieses Bild aufgreifend darf die Frage erlaubt sein, ob auch der eine „Kultakt" Messe mehr einer Gebirgslandschaft mit zwei Gipfeln, in der man voranschreitet, oder eher einer Him-

27 Missale Romanum. Editio typica tertia 2002. Grundordnung des römischen Messbuchs. Vorabpublikation zum Deutschen Messbuch (3. Auflage). 12. Juni 2007 (Arbeitshilfen 215), Bonn 2007, Nr. 28 (abgekürzt: GORM). Eröffnungs- und Schlussriten bilden nur einen Rahmen und sind keine eigenständigen Teile der Messfeier. Sie sind daher bewusst kurz gehalten und sollten in der Praxis ein nicht zu starkes Gewicht erhalten.

28 *Neuheuser*, Das Bild vom Tisch des Wortes und des Brotes, 133. Neuheuser bewertet die alte Messe als eine „additive Anreihung von Schritten, nicht so sehr von Teilen konstitutiven Charakters" (ebd., 134); vgl. *Otto Nußbaum*, Die Messe als Einheit von Wortgottesdienst und Eucharistiefeier, in: *ders.*, Geschichte und Reform des Gottesdienstes. Liturgiewissenschaftliche Untersuchungen, hg. v. *Albert Gerhards, Heinzgerd Brakmann*, Paderborn u. a. 1996, 19–49.

29 Zitiert nach *Andreas Heinz*, Ein Berg mit zwei Gipfeln. Die Struktur der Messe (GORM 27–28), in: Die Grundordnung des Römischen Messbuchs. Ein Kommentar, hg. v. *Deutschen Liturgischen Institut* (Pastoralliturgische Hilfen 20), Trier 2011, 17–21, hier 18.

melsleiter gleicht, auf der der Gläubige stufenweise – quasi vom Stufengebet an über die vorbereitenden Riten des Gebets- und Lesegottesdienstes – bis zum Höhepunkt, der Darbringung des Messopfers, aufsteigt.

3. Die Liturgie des Wortes als wirkmächtiges Gottes-Gedenken

Um auf diese angedeuteten Anfragen einzugehen, gilt es den Sinngehalt der *liturgia verbi* zu bestimmen. Dazu soll an einem Beispiel aus der Feiergestalt der Messfeier angesetzt werden: der Leseordnung der Osternacht.

3.1 Ein Beispiel: Die Lesungen der Osternacht

Die Feier der Osternacht kann als Kristallisationspunkt des ganzen liturgischen Jahres gelten. In der Idealgestalt umfasst sie in seiner ordentlichen Ausdrucksform neun Lesungen, sieben aus dem Alten Testament und zwei aus dem Neuen Testament.[30] Im Missale von 1962 sind es – seit der Reform der Osternacht unter Pius XII. 1951 – nur sechs Lesungen: vier aus dem Alten Testament und zwei aus dem Neuen Testament.[31] Gemeinsam sind nur die beiden „prominenten" Lesungen von der Erschaffung der Welt (Gen 1/2) und der Rettung am Schilfmeer (Ex 14/15), während beispielsweise die alte Osterlesung vom Opfer Abrahams (Gen 22) in der Reform der 1950er Jahre ausfiel, in der Reform der späten 1960er Jahre aber dann wieder aufgenommen wurde – im Gegensatz etwa zur Lesung von der Sintflut, die seit altgelasianischer

30 Gen 1,1–2,2 (Kurzfassung: 1,26–31a); Gen 22,1–8 (Kurzfassung: 22,1–2.9a.10–13.15–18); Ex 14,15–15,1; Jes 54,5–14; Jes 55,1–11; Bar 3,9–15.32–4,4; Ez 36,16–17a.18–28; Röm 6,3–11; Mt 28,1–10 (Lesejahr A); Mk 16,1–7 (Lesejahr B); Lk 24,1–12 (Lesejahr C).

31 Gen 1,1–2,2; Ex 14,24–15,1; Jes 4,2–6; Dtn 31,22–30; Kol 3,1–4; Mt 28,1–7.

Tradition zur römischen Osterliturgie gehörte und sowohl im Missale von 1962 wie in den erneuerten Lektionaren ausfällt.[32]

Wer nach den Ursachen für die Aufnahme von Lesungen einerseits und ihrem Wegfall andererseits fragt, der begibt sich in die recht unerforschten Mysterien der Liturgiegeschichtsforschung. Für die Reform der Osternacht in den 1950er Jahren ist zumindest festzuhalten, dass ein Argument zur Reduzierung der vormals seit der Spätantike in der gelasianischen Tradition belegten 12 Lesungen ein pastorales war: Da man die Osternachtsliturgie wieder als zentralen Gemeindegottesdienst profilieren wollte, schien die Kürzung eine pastorale Notwendigkeit zu sein.[33]

Josef Andreas Jungmann begrüßte seinerzeit die zugleich erfolgte Rückkehr zur Ordnung Gregors des Großen in einem 1952 erschienen Kommentar zur erneuerten Osternacht. Er sah darin eine sinnvolle Rücksichtnahme auf die Einstellung der Gläubigen seiner (und sicherlich auch unserer) Zeit. Zu einem zweistündigen Lesegottesdienst habe „unsere Zeit nicht mehr die Geduld und die Ruhe“[34]. Außerdem betrachtete er die Lesungen der Vigil vor allem in ihrer katechetischen, informativen Bedeutung und verwies auf die bessere Lektüre langer Lesungen aus gedruckten Büchern als in mehrstündigen Gottesdiensten.

---

32 Vgl. zur Entwicklung der Leseordnung in der Osternacht *Stephan Wahle*, *Paradigma* oder *Figura* des Paschamysteriums Jesu Christi? Das Opfer Abrahams in der römischen Liturgie, in: Die Bindung Isaaks. Stimme, Schrift, Bild, hg. v. *Helmut Hoping, Julia Knop, Thomas Böhm* (Studien zu Judentum und Christentum), Paderborn 2009, 161–181, bes. 163–168.

33 Vgl. *Bruno Kleinheyer*, Schriftlesungen in Karwoche und Ostertriduum, in: LJ 40 (1990) 3–25; *Anibale Bugnini*, Decretum de sollemni vigilia paschali instauranda (cum commentario), in: EL 65 (1951) 1*-48*, hier 31*. Allerdings wurden die Lesungen Ex 14; Jes 4 und Dtn 31 aus formalen Gründen nur deshalb ausgesucht, weil sie in der alten Liturgie einen Antwortgesang (Tractus) hatten, so dass sie dem wieder erkannten Grundschema von Lesung – Gesang – Gebet entsprechen konnten; vgl. *Nübold*, Entstehung und Bewertung der neuen Perikopenordnung, 45 f.

34 *Josef Andreas Jungmann*, Erneuerte Osternacht. Das Fest der Erlösung in der Frühkirche und heute, in: *Karl Becker*, Wahrhaft selige Nacht. Eine Theologie der Osternacht, Freiburg i. Br. 1952, 1–22, hier 17.

Als hermeneutische Leitlinie zur Auswahl der biblischen Lesungen in der Osternacht vermerkt das erneuerte Messbuch heute, dass „im Wortgottesdienst eine Besinnung über die Großtaten [erfolgen soll], die Gott an seinem Volk in alter Zeit getan hat"[35]. Dagegen spricht allerdings die Möglichkeit, „aus pastoralen Gründen"[36] eine Verminderung auf wenigstens drei Lesungen, darunter auf jeden Fall Ex 14, vornehmen zu können.[37] Wenn der Eindruck nicht ganz täuscht, wird von dieser Möglichkeit in den allermeisten Gemeinden Gebrauch gemacht. Gleiches gilt auch für die Reduzierung der beiden Lesungen vor dem Evangelium in der Sonntagsmesse auf eine[38] – ein deutsches Sonderrecht, das es künftig wohl nicht mehr geben soll.

Wie kommt es zu dieser gängigen Praxis der Reduzierung von Lesungen, sei es am Sonntag oder in der Osternacht, obwohl doch der Tisch des Wortes reicher gedeckt werden sollte? Ist der moderne Mensch des langen Hörens, Betrachtens und Besinnens wirklich nicht mehr fähig? Kann man mit Romano Guardini hier wieder einmal die Frage nach der „Liturgiefähigkeit des modernen Menschen" stellen?[39] Sind die Erzählungen von der Sintflut

---

35 Messbuch 1988, [63].

36 Messbuch 1988, [86].

37 Die *Editio typica tertia* des *Missale Romanum* von 2002 hat die Bestimmung der Gottesdienstkongregation von 1988 aufgenommen, wonach die in der *Editio typica* von 1970 noch vermerkte weitergehende Kürzung auf zwei Lesungen „in dringenden Fällen" („casus urgentiores") nicht mehr möglich ist. Mindestens drei Lesungen aus Gesetz und Propheten sind verpflichtend; vgl. Missale Romanum 2002, 356 Nr. 21; vgl. *Congregatio pro Cultu Divino*, Litterae circulares de festis paschalibus praeparandis et celebrandis, in: Notitiae 24 (1988) 81–107, hier 101 (Nr. 85); dt.: *Kongregation für den Gottesdienst*, Rundschreiben „Über die Feier von Ostern und ihre Vorbereitung" (VApS 81), Bonn 1988, Nr. 85.

38 Vgl. Messbuch 1988, 334.

39 Vgl. *Romano Guardini*, Der Kultakt und die gegenwärtige Aufgabe der liturgischen Bildung, in: *ders.*, Liturgie und liturgische Bildung, Würzburg 1966, 9–17; dazu *Albert Gerhards*, Romano Guardini als Prophet des Liturgischen. Die Frage nach der Liturgiefähigkeit des heutigen Menschen neu gestellt, in: *ders.*, Erneuerung kirchlichen Lebens aus dem Gottesdienst. Beiträge zur Reform der Liturgie (PTHe 120), Stuttgart 2012, 41–48.

oder von der Bindung Isaaks dem modernen Menschen nicht mehr zumutbar? Sind sie nicht mehr Gottes Wort, das an jene „Großtaten [erinnert], die Gott der Herr an seinem Volk in alter Zeit getan hat“[40]?

3.2 Vom Gottes-Gedenken im Modus des Erzählens

Es ist hier nicht der Ort, exegetisch oder fundamentaltheologisch über die Bedeutung der Heiligen Schrift als Gottes Wort im Menschenwort, über Inspiration oder Kanonisierung, über die Einheit der Heiligen Schrift und ihrer Inszenierung in der Liturgie nachzudenken.[41] Vielmehr soll der Schwerpunkt auf die These gelegt werden, dass die Wortliturgie zu allererst ein *Gedächtnisvollzug im Modus des Erzählens* ist – so wie die eucharistische Liturgie als ein *Gedächtnisvollzug im Modus der danksagenden Darbringung* gelten kann.[42] Was ist gemeint?

Von Hans Bernhard Meyer und Lothar Lies stammt der Begriff von der „eulogischen Gedächtnisfeier des Paschamysteriums Jesu Christi“[43] – ein Theologumenon, in dem beide die umfassende Sinnmitte liturgischen Feierns entdecken. Das bedeutet: In der Form des Gedenkens der Heilstaten Gottes feiert die Kirche in der Liturgie – und speziell in der Eucharistie – das Paschamysterium

---

40 Messbuch 1988, [63].

41 Vgl. aus der Fülle an Literatur: *Michael Figura*, Zur Sakramentalität des Wortes Gottes, in: IKaZ 30 (2001) 27–43; *Thomas Pröpper*, Zur vielfältigen Rede von der Gegenwart Gottes und Jesu Christi. Versuch einer systematischen Erschließung, in: Wie das Wort Gottes feiern?, 100–122; *Dorothea Sattler*, Gegenwart Gottes im Wort. Systematisch-theologische Aspekte, in: Wie das Wort Gottes feiern?, 123–143.

42 Gleichwohl auch dem Sakrament und der eucharistischen Darbringung im Speziellen ein narrativer Gehalt innewohnt, vgl. *Johann Baptist Metz*, Kleine Apologie des Erzählens, in: Conc(D) 9 (1973) 334–341, hier 336.

43 *Hans Bernhard Meyer*, Eucharistie. Geschichte, Theologie, Pastoral. Mit einem Beitrag von Irmgard Pahl (GdK 4), Regensburg 1989, 454; vgl. *Lothar Lies*, Eulogia – Überlegungen zur formalen Sinngestalt der Eucharistie, in: ZKTh 100 (1978) 69–97.

Jesu Christi. So wie die Anamnese, das existenzielle Eingedenksein in die Geschichte Gottes mit seinem Volk, als zentrale Kategorie der gesamten Heiligen Schrift gelten kann, so kann auch die jüdische und christliche Liturgie unter der Folie des „Gottes-Gedenkens“ verstanden werden.[44] „Gedenken“ meint dabei immer mehr als ein bloßes Sich-Erinnern oder Daran-Denken. Das Adjektivattribut „eulogisch“ verweist darauf, dass es niemals nur einen einseitigen, rein mentalen Bewusstseinsvorgang bezeichnet, sondern das Subjekt des Gedenkens sowohl auf Seiten der Menschen wie auf Seiten Gottes angesiedelt ist. Im Gedenken des Volkes Israel an Gottes Heilstaten richtet sich die Bitte an Gott um sein erneutes Handeln zum Heil des Volkes, um sein „Gedenken“ als heilvolle, gnadenvolle Zuwendung. Und auch Jesus greift an prominentester Stelle im Abendmahlssaal auf diese Kategorie mit den Worten zurück: „Tut dies zu meinem Gedächtnis!“ (Lk 22,19) Gedenken hat somit grundsätzlich einen performativen Charakter.

Bibel und Patristik kommen darin überein, im Gottes-Gedenken einen wirklichkeitsgefüllten und wirklichkeitsverändernden, gott-menschlichen Vollzug zu erkennen, wobei es die Wirkkraft des Heiligen Geistes ist, der die im Gedächtnisakt vollzogene Begegnung von Gott und Mensch konstituiert: sei es im Medium der Sprache, wenn aus den Schriften im Gottesdienst gelesen und durch den Glaubenden Christus selbst zur Gemeinde spricht; sei es im Medium des Sakraments, wenn unter den Zeichen von Brot und Wein Christi Leib und Blut Christi gegenwärtig sind. Georg Steins ändert aus diesem Grund den Anamnesebefehl Jesu in Bezug auf die Verkündigung des Wortes Gottes ab, wenn er aufruft: „Hört dies zu meinem Gedächtnis!“[45]

44 Vgl. ausführlicher meine Studie: Gottes-Gedenken. Untersuchungen zum anamnetischen Gehalt christlicher und jüdischer Liturgie (IThS 73), Innsbruck 2006.

45 *Georg Steins*, „Hört dies zu meinem Gedächtnis!“ Anamnese als Bibel und Liturgie verbindende Leitkategorie, in: BiLi 80 (2007) 236–243. Seine zentrale These lautet: *„Die Bibel bezeugt nicht nur eine Geschichte der Gottesbegegnung Israels und der entstehenden Kirche als vergangenes Geschehen, sondern setzt sie gegenwärtig, eröffnet diese Geschichte als Raum der Gottesbegegnung der Späteren.“* (Ebd., 237, Hervorhebung G. S.)

Dass Gedächtnis in Form der Verkündigung oder der sakramentalen Darbringung ein pneumatisches, performatives Geschehen ist,[46] ist im Laufe der Zeit in Vergessenheit geraten und führte unter anderem zu den Kontroversen in der Reformationszeit, so dass sich Trient genötigt sah zu bestimmen: „Wer sagt, das Meßopfer sei lediglich ein Lob- und Dankopfer oder ein bloßes Gedächtnis [nuda commemoratio] des am Kreuze vollzogenen Opfers, nicht aber ein Sühnopfer; [...] der sei mit dem Anathema belegt."[47]

Wer genau hinschaut, der erkennt, dass Trient den Gedächtnischarakter der Messe nur in bestimmten, subjektiv-psychologischen Vorstellungsweisen zurückweist, grundsätzlich teilt es die Auffassung vom Memoriencharakter der Messe. Die Liturgiekonstitution des Zweiten Vatikanischen Konzils hat in dieser Tradition den exklusiven Begriff „memoriale" als Terminus technicus für die Eucharistiefeier geprägt.[48]

Auch der Liturgie des Wortes liegt ein eulogisch-gedenkender und somit auch performativer Charakter inne, weil es „in der Heilsgeschichte keine Trennung [gibt] zwischen dem, was Gott *sagt*, und dem, was er *wirkt*"[49]. Die Nähe des Wortes zum Sakrament als *sacramentum audibile* verweist auf die aktualisierende, rituell-inszenierende Dimension des Heilsgeschehens im Bund Gottes mit den Menschen und zentral im Paschamysterium Jesu Christi, aus der eine verwandelnde Kraft in der wortmächtigen Begegnung des Menschen mit Gott durch Jesus Christus im Heiligen Geist spricht. Es ist die wirkmächtige Dimension des Schöpferwortes JHWHs, das in Jesus Fleisch geworden ist und in seinem Wort dort gegenwärtig wird, wo es verkündigt wird. Gemeinsames Lesen, Erzählen und Hören auf Gottes Wort sind daher immer mehr als Information oder Katechese über längst vergangene Geschichten, sondern Verkündigung, Proklamation

---

46 Vgl. dazu besonders *Egbert Ballhorn*, Die Bibel – das performative Buch. Das fruchtbare Spannungsfeld von Bibel und Liturgie, in: BiLi 80 (2007) 243–250.

47 DH 1753.

48 Vgl. SC 47.

49 *Benedikt XVI.*, Nachsynodales Apostolisches Schreiben *Verbum Domini*, Nr. 53 (S. 90).

des Heilswillens Gottes, Eintritt in die Zeit und Raum übergreifende Traditions- und Erzählgemeinschaft zum tieferen Verstehen der Großtaten Gottes in Form Geist gewirkter Erinnerung.[50] Mit anderen Worten: Wortliturgie ist primär Anamnese des Heilswerks Gottes, Vergegenwärtigung und Vollzug von Heilsvergangenheit und eschatologischer Heilszukunft inmitten der im Geist Gottes versammelten und hörenden Gemeinde.

3.3 Wortverkündigung in modernen Zeiten des „Wortdurchfalls"

Doch die bange Frage darf erlaubt sein: Geht in unserer schnelllebigen und wortreichen Zeit vom einzelnen Schriftwort noch die hier behauptete Kraft der Verwandlung aus? Ist der noch geringere Zuspruch zum evangelischen, wortbezogenen Gottesdienst im Vergleich zur katholischen, symbolgeladenen Liturgie nicht gar ein Symptom für unsere Zeit, in der durchaus eine diffuse, unbestimmte Sehnsucht nach dem Wahren, Schönen und Heiligen gesucht wird – in sinnlich-symbolisch reichen Feiern, aber nicht in wortzentrierten Gottesdiensten? Hat also die alte Form der Messe mit ihrer gewissen Zurückhaltung im Bereich der Schriftverkündigung daher nicht sogar einen Vorteil? Überfordert die reichere Schriftverkündigung der erneuerten Messfeier nicht die Gläubigen, so dass sie nicht zur Vertiefung, sondern zum „Überdruss" von der Heiligen Schrift führt?[51]

Im Kern liegen die Probleme des „Wortdurchfalls"[52] unserer Zeit nicht in der mangelnden Fähigkeit des Menschen, nicht mehr hinhören zu können, sondern in der Art und Weise, wie das Wort Gottes verkündet wird, das heißt aus den Heiligen Schriften erzählt wird. Wenn Johann Baptist Metz das Christentum als „Erinne-

50 Vgl. Joh 14,26. Zu den verschiedenen Funktionen und Dimensionen des Wortgottesdienstes vgl. *Reinhard Meßner*, Einführung in die Liturgiewissenschaft, Paderborn ²2009, 181–192.

51 Vgl. *Berger*, Messe, 164.

52 *Michael Zulehner*, Wie Musik zur Trauer ist eine Rede zur falschen Zeit (Sir 22,6). Wider den kirchlichen Wort-Durchfall, Ostfildern ²1998.

rungs- und Erzählgemeinschaft" – und nicht als „Argumentations- und Interpretationsgemeinschaft"[53] – auffasst, dann wird klar: Gottes schöpferisches Handeln, seine Offenbarung an Israel, sein Erlösungswirken an Jesus Christus, sein eschatologisches Vollenden findet in der Sprachform der Erzählung, nicht im „argumentative[n] Raisonnement" eine angemessene Gestalt. Insofern ist die herausragende Stellung des Evangeliums in der Messfeier begründet, in der Christus selbst in Erzählsprache spricht, in dem die Geschichte Gottes (*history*) zur Story wird – im Gegensatz etwa zu der reflektierenden Briefliteratur des Neuen Testaments.[54]

Die Sprachform der Erzählung zeigt an, dass alles Reden von Gott auf dem Austausch von Erfahrungen beruht, die im Modus des Erzählens als Glaubenserfahrungen gedeutet werden. Bei den neutestamentlichen Schriften ist es das apostolische Zeugnis, das als gedeutete Gotteserfahrungen in den Evangelien Schrifttext geworden ist. Kirche entsteht dort, wo das Evangelium Jesu Christi erzählt wird, wo das apostolische Zeugnis, die Erfahrungen der Auferstehungszeugen (Apostel), wach gehalten werden, aber nicht in abstrakter, distanzierter Form, sondern in einem Erzählen, das jeden Einzelnen in die Geschichte Gottes hineinnimmt und Gegenwart werden lässt.

Insofern kann man auch die Vorbehalte gegenüber Erzählungen wie die von der Sintflut oder der Bindung Isaaks in der Feier der Osternacht durchaus verstehen, weil sie in der gottesdienstlichen Inszenierung die Distanz des toten Buchstaben auflöst und den Gläubigen an die Seite Noahs oder Abrahams stellt. Das Heute und das Damals, das Ursprungsereignis und die Gegenwart, fallen in der *liturgia verbi* zusammen. Das entscheidende Merkmal der Verkündigung des Evangeliums liegt somit in seiner repräsentierenden Funktion, das heißt: Der Inhalt der Erzählung bleibt durch das Erzählen nicht etwas Vergangenes, sondern wird gegenwärtig.

---

53 *Metz*, Kleine Apologie des Erzählens, 336.

54 Vgl. *Reinhard Meßner*, Die Kirche an der Wende zum neuen Äon. Vorüberlegungen zu einer Theologie der eucharistischen Anamnese, in: Die Glaubwürdigkeit christlicher Kirchen. Auf dem Weg ins 3. Jahrtausend (FS Lothar Lies), hg. v. *Silvia Hell*, Innsbruck 2000, 209–238, hier 232; *ders.*, Einführung in die Liturgiewissenschaft, 188 f.

Die biblischen Erzählungen in ritueller Inszenierung nehmen also die subjektive Ergriffenheit der Hörenden als Medium des Anrufes Gottes ernst. Die Heiligung des Menschen durch Gott setzt auch eine Form subjektiver Ergriffenheit und frei vollzogenem, von Umkehr bestimmtem Glauben als Folge eines bewussten Gedenkens, bewusster Erinnerung und Erwartung voraus. Dass die Vielfalt an menschlichen Lebenswirklichkeiten mitunter mit denjenigen nicht kompatibel ist, die in den biblischen Erzählungen als geronnene Gottes-Erfahrungen erscheinen, muss nicht die Schlussfolgerung nach sich ziehen, dass die alten Texte die Menschen der Gegenwart nicht mehr erreichen könnten. Vielmehr erweist sich die hier feststellbare Differenz als unmittelbare Notwendigkeit, die eigene Lebenswirklichkeit durch das als fremd und scheinbar wirklichkeitsfern geprägte Gedächtnis der glaubenden und erzählenden Kirche anfragen oder ein Stückweit wiedererkennen zu lassen.

Johann Baptist Metz beklagte bereits vor 40 Jahren eine Krise der Pastoral, in der wir „kaum mehr richtig, mit praktisch-kritischem Effekt, mit gefährlich-befreiender Intention erzählen können“[55]. Erzählen soll nicht Vernunft und Argumentation überflüssig machen. Alles hat seinen Ort und seine Zeit. Doch jeder Theologe geht wohl fehl in der Annahme, von Gott dürfe man in der Moderne nur noch mit „einer rein argumentativen Elitesprache der Aufklärer und derer, die sich selbst dazu privilegiert haben“[56], sprechen.

4. Problemstellungen in der Feiergestalt der Liturgie des Wortes

Seit Josef Andreas Jungmann versucht hat, die Struktur des Wortgottesdienstes mit dem universalen Schema Lesung – Gesang (Meditation) – Gebet begrifflich zu fassen, bleibt die Dreierstruktur trotz der gegen ihn erhobenen geschichtlichen Bedenken eine

55 *Metz*, Kleine Apologie des Erzählens, 337.
56 *Metz*, Kleine Apologie des Erzählens, 337.

theologisch sinnvolle und die Dramaturgie des Wortgottesdienstes wiedergebende Einteilung, die bis heute in verschiedenen Varianten in der Liturgiewissenschaft diskutiert wird.[57] Ausgehend von diesem Dreischritt sollen einzelne Problemstellungen in der konkreten Feiergestalt der erneuerten *liturgia verbi* aufgezeigt und weitergeführt werden.

4.1 Verkündigen des Wortes Gottes – die Erzählungen der zwei-einen Bibel

Die Liturgiekonstitution verlangte eine Reform der vormals recht schmalen Auswahl an Lesungen in der Messfeier, damit zumindest die „wichtigsten Teile der Heiligen Schrift" (SC 51) vor allem in der sonntäglichen Messfeier verkündigt werden. Doch was sind die „wichtigsten Texte" der Heiligen Schrift, vor allem in dem im Vergleich zum Neuen Testament viel umfangreicheren Alten Testament?[58] Wann ist eine Begrenzung einer Schriftstelle sinnvoll? Welche Erzählungen spiegeln Glaubenserfahrungen wider, die fortwährend auch für unsere Beziehung zu Gott, zum Mitmenschen, zu uns selbst und zur ganzen Schöpfung von Bedeutung sind? Kommen etwa auch die biblischen Frauentraditionen angemessen zu Geltung?[59] Wie stellt man aber Lesungen aus dem Alten und Neuen Testament angemessen und sachgerecht zusammen? (Ausgewählte) Bahnlesungen oder thematische Zuordnun-

---

57 Vgl. *Josef Andreas Jungmann*, Die liturgische Feier. Grundsätzliches und Geschichtliches über Formgesetze der Liturgie, Regensburg 1939, 54–112; *ders.*, Wortgottesdienst im Lichte von Theologie und Geschichte, Regensburg 1965.

58 Vgl. *Franz-Josef Ortkemper*, In der Leseordnung vernachlässigte Texte aus dem Alten Testament, in: Leseordnung, 165–172; vgl. auch *Georg Gafus*, Das Alte Testament in der Perikopenordnung. Bibeltheologische Perspektiven zur Auswahl der Lesungen an den Sonn- und Feiertagen (EHS.T 687), Frankfurt am Main 2000; *Franz*, Wortgottesdienst der Messe und Altes Testament.

59 Vgl. *Andrea Tafferner*, Die Leseordnung aus der Perspektive der Frauen, in: Leseordnung, 47–55.

gen? Und wenn thematische Abstimmung, dann wie: in bewusster Spannung, in typologischer oder paradigmatischer Zuordnung? Sollte es nicht auch Bahnlesungen für das Alte Testament geben, statt die Auswahl – wie in der heutigen Perikopenordnung vorgesehen – allein thematisch vom Evangelium her zu begründen? Denn auch die umgekehrte Vorgehensweise ist denkbar, wenn das Neue Testament als Relecture des Alten Testaments verstanden wird und eine heilsgeschichtlich orientierte Leseordnung ausgehend vom Alten Testament konzipiert wird. Könnte diese Vorgehensweise nicht zumindest für die „grünen Sonntage" nach Pfingsten realisiert werden, wie es Hansjakob Becker vorgeschlagen hat?[60] Auch eine doppelte Bahnlesung von Tora und Evangelium mit kommentierender zweiter Lesung liegt seit Jahren als Modell von Georg Braulik vor.[61] Wie ist dabei aber die erwähnte dramaturgische Vorrangstellung des Evangeliums als Jesu direktes Wort zu bewahren?[62] Sollten sich zudem nicht alle vier Evangelien gleichermaßen in eigenen Lesezyklen abwechseln?[63] Alle Fragen können als liturgiewissenschaftliche Stimmen zur eingangs erwähnten „Reform der Reform" bewertet werden.

Ein Aspekt soll hier besonders herausgestellt werden. Harald Buchinger hat darauf hingewiesen, dass die dem römischen Ritus typische kanonische Bibellektüre durch die jüngste Liturgiere-

---

60 Vgl. *Hansjakob Becker*, Wortgottesdienst als Dialog der beiden Testamente. Der Stellenwert des Alten Testaments bei einer Weiterführung der Reform des Ordo Lectionum Missae, in: Streit am Tisch des Wortes?, 659–689.

61 Vgl. *Georg Braulik*, Die Tora als Bahnlesung. Zur Hermeneutik einer zukünftigen Auswahl der Sonntagsperikopen, in: Erneuern und bewahren. Studien zur Meßliturgie (FS Hans Bernhard Meyer), hg. v. Reinhard Meßner, Eduard Nagel, Rudolf Pacik (IThS 42), Innsbruck 1995, 50–76; *ders. – Norbert Lohfink*, Liturgie und Bibel. Gesammelte Aufsätze (ÖBS 28), Frankfurt am Main 2005, 125–266.

62 Vgl. *Benedikt Kranemann*, Anmerkungen zur Dramaturgie des Wortgottesdienstes der Meßfeier, in: Streit am Tisch des Wortes?, 759–768.

63 Vgl. *Benedikt Kranemann*, „Lesejahr D"? Das Johannesevangelium in der Liturgie, in: BiKi 59 (2004) 167–170.

form einem zunehmend christologisierenden Verständnis der Schriftrezeption im Gottesdienst gewichen sei.[64] Statt dem prägenden Ziel der Einübung und Verinnerlichung des biblischen Wortes in seiner kanonischen Form habe sich die ursprünglich nur an Festtagen belegte typologische Schriftauslegung durchgesetzt, abgesehen von Lesehore und den neu geschaffenen Wochentagsmessformularen. Er fragt, ob Christen Aneignung und Verinnerlichung des Alten Testaments möglich ist, in einer Form, die der römischen Tradition eigen ist, die den „hermeneutischen ‚Eigenwert' und ‚Überschuss' des Alten Testaments"[65] wahrt, das Alte Testament nicht als „Steinbruch für christliche Neuinterpretation"[66] missbraucht, so dass insgesamt die kanonische Einheit der Heiligen Schrift bewusst wird. Die Diskussion um die rechte Perikopenordnung wird wohl weitergehen.

4.2 Verweilen am Wort Gottes – durch Meditieren, Schweigen, Singen und Musizieren

Viel ist über die mangelnde Praxis und vielschichtige Funktion des Antwortpsalms als Gesang und Schrifttext geschrieben worden.[67] Da er Teil der Perikopenordnung ist, gelten für ihn ebenso die zuvor genannten Fragestellungen. Unabhängig davon liegt ein hoher Wert in der Lebensnähe der Psalmen, werden in den alten Texten doch eine Vielzahl menschlicher Lebenssituationen zum Ausdruck gebracht: Freude und Leid, Dank und Bitte, Hoffnung und auch Klage. In ihrer Vielgestaltigkeit wollen sie zur Veranke-

64 Vgl. *Harald Buchinger*, Mehr als ein Steinbruch? Beobachtungen und Fragen zur Bibelverwendung der römischen Liturgie, in: BiLi 82 (2009) 22–31.

65 Ebd., 25.

66 Ebd., 27.

67 Vgl. *Rudolf Pacik*, Der Antwortpsalm, in: LJ 30 (1980) 43–66; *Ansgar Franz*, Der Psalm im Wortgottesdienst. Einladung zur Besichtigung eines ungeräumten Problemfeldes, in: BiLi 68 (1995) 198–203; *Anton Willa*, Singen als liturgisches Geschehen. Dargestellt am Beispiel des „Antwortpsalms" in der Messfeier (StPaLi 18), Regensburg 2005.

rung des zuvor Gehörten im Leben der Gläubigen beitragen; sie wollen eine Verstehenshilfe zur Deutung des eigenen Lebens im Lichte des Glaubens, der Heiligen Schrift, sein. Um dieses offene, polyphone, je nach Kontext je neu konstituierte Deutungspotenzial voll zu erfüllen und die Mitfeiernden an den Erzählungen der Heiligen Schrift partizipieren zu lassen, ist nicht nur eine rechte, meditierende Vortragsweise des Antwortpsalms durch einen Psalmisten einzuüben. Besonders Momente der Stille, des Schweigens, des Verweilens am erzählten Wort sollten die Verkündigung und Auslegung des Wortes Gottes begleiten und – von der Hineinnahme in die Geschichte Gottes erfüllt – zum Gebet hinführen.[68]

In der neuen „Grundordnung des römischen Messbuchs“ ist deshalb vor dem Abschnitt zu den biblischen Lesungen eine eigene Nummer zum „Schweigen“ in der Wortliturgie eingefügt worden.[69] Es könnte auf den ersten Blick seltsam anmuten, in einem Kapitel, in dem es um das Hören auf das Wort Gottes geht, auf Momente der Stille hinzuweisen. Doch jeder Dramaturg weiß zu gut, dass nicht beim Hören selbst, sondern erst danach eine Begegnung, eine Betrachtung, eine Besinnung, ein Verstehen des Gehörten einsetzt, innere Textbezüge erkannt und verstanden werden können.

Instrumentalmusik – wie etwa Orgelspiel – und auch Kirchenlieder gehören eigentlich nicht zum Kernbestand der lateinischen Liturgie, deren Kirchenmusik immer wort- und schriftbezogen, logosgemäß, war und ist. Die historisch bedingten Vorbehalte gegen Instrumentalmusik wie gegen religiösen Volksgesang dürften heute aber als überwunden gelten. Gerade in der Vollgestalt der Liturgie des Wortes tut es der hohen Bedeutung der Schriftverkündigung keinen Abbruch, wenn dem Verweilen am Wort zur ganz persönlichen Aneignung neben Psalm und Stille auch der meditativen Musik, einem nachklingenden Orgelspiel, einem

68 Vgl. *Emmanuel von Severus*, Vom Verweilen beim Wort, in: Gott feiern. Theologische Anregung und geistliche Vertiefung zur Feier von Messe und Stundengebet (FS Theodor Schnitzler), hg. v. Josef G. Plöger, Freiburg – Basel – Wien 1980, 133–135.

69 Vgl. GORM 56.

Psalm-, Evangelien- oder Predigtlied oder anderen poetisch-musikalischen Formen mehr Raum gegeben wird.[70]

4.3 Auslegen des Wortes Gottes – angesichts von Liturgie und Leben

Der Homilie im Sinn einer mystagogischen Predigt kommt grundsätzlich eine „doppelte Schanierfunktion" zu: Zum einen der Brückenschlag zwischen dem Wort Gottes und dem Leben der Menschen, zum anderen die Verbindung von Wortlliturgie und eucharistischer Liturgie.[71] Wie Norbert Weigl in seiner Dissertation zur „Messfeier in der Predigt" festgestellt hat, führt die mystagogische beziehungsweise liturgische Predigt in der Praxis aber weitestgehend ein Schattendasein.[72] Die Einführung des erneuerten *Ordo Lectionum Missae* hat faktisch eine Konzentration auf die Auslegung der Lesungen in der Homilie bewirkt, ohne deren Kontextualisierung in der gesamten Messfeier zu berücksichtigen und in dem Bezugspunkt der Homilie, dem „textus sacer" (SC 52), den gesamten biblischen und liturgischen Text der Messfeier zu erkennen.

Wenn die Homilie als Wesensbestandteil der Messfeier gelten kann und nicht als aliturgische Einschaltung, zu der der Priester signifikant seine Kasel ablegt und auf die Kanzel steigt, dann

---

70 Vgl. dazu besonders *Thomas Eicker*, Wie die Musik im Gottesdienst den Menschen stimmt, in: Zeit – Kunst – Liturgie. Der Gottesdienst als privilegierter Ort der Ästhetik, hg. v. *Guido Schlimbach, Stephan Wahle* (Aachener Beiträge zu Pastoral- und Bildungsfragen 33), Aachen 2011, 154–159.

71 Vgl. *Albert Gerhards*, Deuten und Bedeuten. Zum Wechselspiel von Predigt und Sonntäglicher Eucharistiefeier, in: Sonntäglich. Zugänge zum Verständnis von Sonntag, Sonntagskultur und Sonntagspredigt (FS Ludwig Mödl), hg. v. *Ursula Roth, Heinz-Günther Schöttler, Gerhard Ulrich* (ÖSP 4), München 2003, 159–168.

72 Vgl. *Norbert Weigl*, Liturgische Predigt seit dem Zweiten Vatikanischen Konzil. Eine Untersuchung zur Messfeier anhand der Zeitschrift „Der Prediger und Katechet" (StPaLi 21), Regensburg 2009.

erwächst ihr Wert aus dem persönlichen Glaubenszeugnis des Predigers – ein Glaubenszeugnis, das nicht subjektivistisch missverstanden werden darf, sondern daran festhält, dass sich Gottes Handeln auch als menschliche Kunst erweist. So wie das Wort Gottes erst durch menschliches Reden und Hören zustande kommt, so ist auch die Antwort der Menschen „keine autonome religiöse Äußerung der Gemeinde, sondern Reaktion auf das von außen ergehende Wort – obwohl dieses Wort nur durch Prediger und Gemeinde funktioniert"[73]. Für Martin Luthers Gottesdiensttheorie sind Glaube, Wort und Herz die entscheidenden Begriffe. „Herz" steht für seine Überzeugung, dass die Rettung allein durch Christus im Glauben erfolgt, aber nicht irgendwo und irgendwie, sondern am „Ort der Subjektivität [...] im Herzen als Personenzentrum"[74].

Die Aufgabe des Predigers besteht nicht allein in der Verkündigung und Auslegung der heiligen Schriften, sondern in der Anregung des Herzens, in der Hinführung zu religiöser Selbsttätigkeit durch sein eigenes, persönliches, innerstes Glaubenszeugnis als Beispiel gebende religiöse Rede. Von daher braucht die Homilie nicht als vermeintlich subjektives Element in der Messfeier gefürchtet zu werden. Vielmehr ist sie als persönliches Glaubenszeugnis aus der Kraft des Heiligen Geistes Darstellung und Mitteilung göttlichen Handelns durch den Menschen und somit wesentlich.

4.4 Antworten auf das Wort Gottes – Credo und das Allgemeine Gebet der Gläubigen

Auf vielfache Weise geben die Gläubigen eine Antwort auf das ergangene, meditierte, ausgelegte Wort Gottes: im Psalm als Antwort auf die erste Lesung, im Ruf vor dem Evangelium als Begrüßung des Herrn, im Credo als Zustimmung zur Glaubensüberlie-

73 *Michael Meyer-Blanck*, Gottesdienst – Dramaturgie und Erlebnis: Einführung und theoretische Grundlegung, in: Thema: Gottesdienst 17 (2001) 5–17, hier 6.
74 Ebd. 7.

ferung und schließlich in den Fürbitten als Vollzug des königlichen Priestertums aller Gläubigen.[75]

Die Wiederaufnahme des Allgemeinen Gebets als „Gebet der Gläubigen“ muss im Kontext der Wiederentdeckung des Gemeinsamen Priestertums aller Getauften und Gefirmten verstanden werden und kann daher nicht hoch genug eingeschätzt werden.[76] In der praktischen Realisierung stößt diese Anerkennung der priesterlichen Aufgabe aller Gläubigen im Gebet allerdings oft an ihre Grenzen.[77] In das Lamento über moralisierende Fürbitten dürfte jeder Theologe irgendwann einmal selbst eingestimmt haben. Und doch darf die mitunter defizitäre Praxis nicht dazu führen, den Ritus insgesamt wieder schlecht zu reden. Es gilt eher, die priesterliche Berufung aus der Taufe heraus eindeutig anzuerkennen und nach Wegen einer aktiven Feier- und Gebetskompetenz zu suchen, statt diese wieder ausschließlich dem stellvertretenden Handeln des Priesters zu überlassen.

Auch hier gilt SC 28: „Bei den liturgischen Feiern soll jeder, sei er Liturge oder Gläubiger, in der Ausübung seiner Aufgabe nur das und all das tun, was ihm aus der Natur der Sache und gemäß den liturgischen Regeln zukommt.“ Auch wenn das Handeln des Priesters – selbst in der *missa solitaria* – nie privater Natur ist, sondern immer kirchliches Handeln, so kann man den darin einwohnenden Gedanken der Stellvertretung auch überstrapazieren – mit der Folge, dass es das Volk verlernt hat, angemessen öffentlich vor Gott für die Welt zu beten.

Als ein Vorbild für das Allgemeine Gebet gelten die Großen Fürbitten des Karfreitags mit der Dreierstruktur: Gebetseinladung – stilles Gebet – Kollekte. Allzu vorgefertigte Gebetssätze, die keinen Raum für das stille Gebet eröffnen, lassen das Allgemeine Gebet zu Routine erstarren. Eine gemeinsame Akklamation

75 Vgl. *Nagel*, Gottes Wort feiern, 21–23.

76 Vgl. SC 53.

77 Vgl. zu Geschichte und Praxis der Fürbitten besonders *Olaf Liborius Lumma*, Für-Bitten. Das allgemeine Gebet in der Eucharistiefeier und anderen Gottesdiensten für alle Zeiten des Kirchenjahres und für besondere Anlässe, Innsbruck 2007.

der Gemeinde ist daher erst nach einem Augenblick „epikletischen Schweigens" sinnvoll und kann in bestimmten Situationen auch ausfallen.

4.5 Vortragen des Wortes Gottes – von den Diensten des Lektors, Psalmisten und Kantors

„Die Aufgabe, die Lesungen vorzutragen, ist, wie aus der Tradition hervorgeht, keine Sache des Vorstehers, sondern eines eigenen Dienstes."[78] Während dem Priester als Hörer des Wortes Gottes primär in der Predigt und der Leitung des Allgemeinen Gebets eine aktive Rolle zukommt, sind es die liturgischen Laiendienste des Lektors, Psalmisten und Kantors, die neben dem Diakon die primären Funktionsträger der Wortliturgie sind.

Im Zuge der Abschaffung der niederen Weihen ist der Lektorendienst als Laiendienst in der lateinischen Tradition wieder eingeführt worden. Im Gegensatz zu den Diensten des Psalmisten und Kantors hat er hierzulande eine breite Rezeption und Anerkennung gefunden. Dass es sich bei allen drei Diensten um wahrhaft liturgische Dienste handelt, die in der Tauf- und Firmberufung sakramental begründet sind, zu dem aber die notwendigen Fähigkeiten erlernt werden müssen, ist in der Praxis nicht immer bewusst. Der vollzogene Paradigmenwechsel vom Gedanken des stellvertretenden Handelns des Priesters zum gemeinsamen Handeln des Gottesvolkes negiert nicht die notwendige hierarchische Gliederung der Kirche, macht aber die von Gott gegebene und berufene Vielfalt der Charismen deutlicher. Da Verkündigung immer auch ein Zeugnis des eigenen Glaubens und Lebens ist, müssen Lektoren und Psalmisten nicht nur vom Sinn des Schrifttextes erfasst sein, sondern in Wort und Tat überzeugende Glaubensträger verkörpern.[79]

78 GORM 59.

79 Vgl. *Michael Kunzler*, Dienst am Wort Gottes. Eine Einführung in den Lektorendienst, Paderborn 2009.

4.6 Feiern des Wortes Gottes – in sinnenfälligen Zeichen und am rechten Ort

Wenn der Begriff *Feier* des Wortes Gottes ernst genommen wird, dann sind auch ästhetische Überlegungen unabdingbar, denn Wortliturgie ist „kein reiner Akt der Textverlesung bzw. – darbietung [..., sondern] symbolische Handlung“[80]. Angesichts der Komplexität soll der Fokus an dieser Stelle auf den Ort der Wortverkündigung, speziell dem Ambo, gelegt werden, so dass so wichtige Elemente der rituell inszenierten Wortliturgie wie die Gestalt von Lektionar und Evangeliar (oder nur eine Lesungsbibel?), die Evangeliarprozession, der Aufbewahrungsort der Heiligen Schrift nach der Verkündigung, die liturgischen Gewänder für die genannten Laiendienste, Haltungen und Gebärden, Kantillation und Akklamationen ausgespart werden müssen.[81]

Neben der Aufstellung der sogenannten „Volksaltäre“ ist die (Wieder-)Einführung des Ambos als fester und eigener Ort die zweite augenscheinliche Veränderung in der Ästhetik des katholischen Kirchenraums nach dem Zweiten Vatikanischen Konzil.[82] Doch wie wörtlich darf man die Rede vom „Tisch des Wortes“[83]

---

80 *Meßner*, Die Kirche an der Wende zum neuen Äon, 233; vgl. ebd. 231–235.

81 Vgl. *Reinhard Meßner*, La liturgie de la Parole pendant la messe: l'anamnèse du Christ mise en scène, in: MD 243 (2005) 43–60; *Kranemann*, Anmerkungen zur Dramaturgie.

82 Vgl. auch die Beiträge von Albert Gerhards und Maria Weiland in diesem Band. Zum Ambo vgl. *Rudolf Pacik*, Der Ambo in der erneuerten Liturgie, in: Sursum Corda. Variationen zu einem liturgischen Motiv (FS Philipp Harnoncourt), hg. v. *Erich Renhart, Andreas Schneider*, Graz 1991, 243–254; Themenheft „Orte der Verkündigung“, in: Mün. 58 (2005) 337–380; *Albert Gerhards*, Der Ambo als Ort der Wortverkündigung, in: Die Wort-Gottes-Feier. Eine Herausforderung für Theologie, Liturgie und Pastoral, hg. v. *Benedikt Kranemann*, Stuttgart 2006, 148–157; *André Birmelé* u. a., L'Ambone. Tavola della parola di Dio. Atti del III Convegno liturgico internazionale Bose, 2–4 giugno 2005, hg. v. *Goffredo Boselli*, Magnano 2006; *Klaus-Peter Dannecker*, Der Ambo. Überlegungen zur Entwicklung, Gestalt und Bedeutung eines liturgischen Ortes, in: HlD 65 (2011) 90–104.

83 SC 51; vgl. DV 21.

nehmen, wenn es um dessen Gestaltung und Platzierung im Kirchenraum geht? Dezidierte Hinweise auf einen eigenen Ort der Wortverkündigung gibt das Konzil nicht.[84] Ist der Ambo also als „Tisch“ mit dem Altar vergleichbar, daher entsprechend zu gestalten und im Kirchenraum wie ein zweiter, gleichberechtigter Pol zu positionieren? Auch wenn gilt, dass der Ambo „als plastisches Element in ästhetischer Harmonie mit dem *Altar* entworfen sein (sollte), so dass auch optisch der theologische Sinn des *zweifachen Tisches des Wortes und der Eucharistie* vermittelt wird“[85], bleibt der Wert des Ambos funktionsbezogen, selten beziehungsweise sekundär symbolisch aufgeladen.[86] Nur im Vollzug des Verkündigungsgeschehens ist er mit dem Altar vergleichbar. Eine Positionierung von Ambo und Altar nebeneinander ist in der Regel nicht gelungen, „da der ‚Tisch des Wortes‘ im Unterschied zum Tisch des eucharistischen Mahles eine Metapher und keine realsymbolische Größe darstellt.“[87] Er dient eher als Hilfsmittel, als Buchpult, Brüstung, als erhöhter Ort,[88] auf den man notfalls auch ver-

---

84 Vgl. statt dessen GORM 299. 309.

85 *Benedikt XVI.*, Nachsynodales Apostolisches Schreiben *Verbum Domini*, Nr. 68 (S. 108).

86 Klassische Ambonen, z. B. in S. Clemente, Rom, kommt die symbolische bzw. monumentale Bedeutung des leeren Ostergrabs zu, vgl. *Dannecker*, Der Ambo, 93. Daneben kann der Ambo als „Thron der Gegenwart Gottes in seinem Wort“ fungieren; *Nagel*, Gottes Wort feiern, 28. Vgl. *Benedikt Kranemann*, Wort – Buch – Verkündigungsort. Zur Ästhetik der Wortverkündigung im Gottesdienst, in: Liturgia et Unitas. Liturgiewissenschaftliche und ökumenische Studien zur Eucharistie und zum gottesdienstlichen Leben in der Schweiz (FS Bruno Bürki), hg. v. *Martin Klöckener, Arnaud Join-Lambert*, Freiburg/Schweiz 2001, 57–72.

87 *Gerhards*, Der Ambo als Ort der Wortverkündigung, 156.

88 Das Wort Ambo leitet sich vom gr. *anabainein* = hinaufsteigen ab und meint daher nichts anderes als einen „erhöhten Ort“ im Kirchenraum. Historische Vorbilder können vor allem in antiken Synagogen sowie im Bema syrischer Kirchen, einem erhöhten Platz mit Brüstung im Kirchenraum, gesehen werden. Vgl. auch die Bestimmungen zum Ambo in: Leitlinien für den Bau und die Ausgestaltung von gottesdienstlichen Räumen. Handreichung der Liturgiekommission der Deutschen Bischofskonferenz (Die deutschen Bischöfe. Erklärungen der Kommissionen 9),

zichten und der durch eine Person, die das Buch hält, ersetzt werden kann.[89]

Aufgrund dieser ambivalenten Einschätzung kommt es in der Praxis zu sehr unterschiedlichen Ausführungen; eine Idealgestalt und einen Idealort für den Ambo zeichnet sich bis heute nicht ab. Die zunehmend anzutreffende Aufstellung auf der Mittelachse des Raumes, vergleichbar mit altkirchlichen Vorbildern wie dem Bema, der Schola Cantorum oder der Kanzel im Kirchenschiff, scheint zukunftsträchtig zu sein. Die so entstandene Bipolarität des Raumes entspricht der Zweiteilung des einen Kultakts der Messfeier. Bei achsialer Aufstellung stellt sich aber die entscheidende Frage: Welcher Ort, Ambo oder Altar, sollte das Kirchenschiff ausfüllen, welcher Ort sollte die orientierte Blickachse des Raumes schließen?[90] Eine Antwort ist von den Bedingungen des jeweiligen Kirchenraums abhängig. Es kommt zudem darauf an, den drei Grundgestalten der Messfeier – Wortliturgie, Gebet und Eucharistiefeier – sowie den weiteren gemeinschaftlichen wie auch privaten Frömmigkeitsformen Rechnung zu tragen.[91]

5. Schlusswort

Es dürfte deutlich geworden sein, dass die unbestreitbare Qualität der *liturgia verbi* als erster Teil der Messfeier in ihrer potentiellen Eröffnung eines intermediären Raums liegt, in dem die Lebenser-

---

Bonn [6]2002, 25 f. Hier wird die kommunikative Funktion des Ambos in den Vordergrund gestellt.

89 Beispielsweise hat Karl Prantl für die Kirche St. Maria Immaculata in Sargenzell bei Hünfeld, Diözese Fulda, den Ambo lediglich als erhöhte Plattform realisiert, vgl. *Dannecker*, Der Ambo, 99 f.

90 Zum Modell der „orientierten Versammlung" mit zentraler Aufstellung des Altars vgl. den Beitrag von Albert Gerhards in diesem Band.

91 Vgl. *Reinhard Meßner*, Gebetsrichtung, Altar und exzentrische Mitte der Gemeinde, in: Communio-Räume. Auf der Suche nach einer angemessenen Raumgestalt katholischer Liturgie hg. v. *Albert Gerhards, Thomas Sternberg, Walter Zahner* (Bild – Raum – Feier. Studien zu Kunst und Kirche 2), Regensburg 2003, 27–36.

fahrungen der einzelnen Gläubigen in einen Zeiten und Generationen übergreifenden Zusammenhang gestellt werden, dem kulturellen Gedächtnis des Christentums – kanonisch verbürgt in der Heiligen Schrift. Die anamnetische Struktur der Wortverkündigung geschieht nicht zur bloßen Informierung, sondern zur Transformation der Gläubigen durch das Brot des Lebens, gereicht am Tisch des Wortes und des Herrenmahls. Mehr denn je ist heute eine solche anamnetische Praxis zur christlichen Identitätsbildung im Hören auf das im Gottesdienst erzählte und gefeierte Gotteswort gefordert.

Offerimus tibi, Domine

Die alten und neuen Offertoriumsgebete des römischen Messritus

Helmut Hoping, Freiburg i.Br.

I. Hinführung zum Thema

Am Ende des Eucharistictraktats seiner „Summa Theologiae“ erläutert Thomas von Aquin († 1274)[1] in einer knappen, aber sehr dichten Darstellung den Ritus der römischen Messe.[2] Dabei kommt er auch auf das Opfer der Eucharistie zu sprechen, das für ihn durch die Darbringung (*oblatio*), die Heiligung (*consecratio*) und den Empfang (*receptio)* des Sakraments konstituiert wird.[3] Nach Thomas sprechen wir im engeren Sinn dort von einem Opfer, wo Gott etwas dargebracht wird: „sacrificia proprie dicuntur quando circa res Deo oblatas aliquid fit."[4] Vom *sacrificium* ist die *oblatio* zu unterscheiden. Für Thomas ist zwar jedes Opfer eine *oblatio*, doch nicht jede *oblatio* ist ein *sacrificum*: „Unde omne sacrificum est oblatio, sed non convertitur."[5] Zum *sacrificium* gehört neben der Darbringung auch das „facere aliquid sacrum“[6] („sacrificium importat factionem sacri“[7]). Die für das eucharistische Opfer entscheidende Heiligung geschieht in der Konsekration von Brot und Wein. Primäres Subjekt ist dabei Christus in seiner Selbstvergegenwärtigung durch den Geist. Der von der Kir-

1 Vgl. *Thomas von Aquin*, STh III, qq.78–83.
2 Vgl. *Thomas von Aquin*, STh III, q.83.
3 Vgl. *Thomas von Aquin*, STh III, q.83, a.4c.
4 *Thomas von Aquin*, STh II-II, q.85, a.3 ad3.
5 *Thomas von Aquin*, STh II-II, q.85, a.3, ad3.
6 *Thomas von Aquin*, STh II-II, q.85, a.3 ad3.
7 *Thomas von Aquin*, In Psalmos 39, n.4.

che geweihte Priester wirkt bei der Heiligung der Gaben von Brot und Wein als Diener und Repräsentant Christi mit: Als Bild Christi (*imago Christi*) bringt er die Opfergaben dar und spricht in der Person Christi die Konsekrationsworte.[8] Darbringung und Konsekration münden in das eucharistische Mahl, in welchem das Sakrament empfangen wird.

In seinem Messopferdekret von 1562 nennt das Konzil von Trient die Eucharistie ein *sacrifcium visibile*, ein sichtbares Opfer.[9] Die Opferhandlung, so das Konzil, sei vom Mahl zu unterscheiden; sie bestehe nicht darin, dass uns das Sakrament der Eucharistie in der Kommunion gereicht wird.[10] Das Konzil von Trient hatte Opfer und Sakrament der Eucharistie in zwei gesonderten Dekreten behandelt. Beide gehören aber untrennbar zusammen.[11] Das Zweite Vatikanische Konzil (1962–1965) bekräftigte den Kern der katholischen Lehre vom Messopfer. So heißt es in *Sacrosanctum Concilium* (1963) vom „Opfer der Eucharistie" (*sacrificum eucharistiae*), die Gläubigen sollen dabei „Gott Dank sagen und die makellose Opfergabe (*immaculata hostia*) nicht allein durch die Hände des Priesters, sondern auch gemeinsam mit ihm darbringen"; dadurch sollen sie „lernen, sich selbst darzubringen"[12]. Die Messbuchreform nach dem Zweiten Vatikanischen Konzil führte zu einer Neuordnung des *Offertorium*. Kaum ein Teil der römischen Messe wurde so stark verändert wie der Anfang der eucharistischen Liturgie.

Ein Haupteinwand gegen die unter Papst Paul VI. (1963–1978) durchgeführte Messbuchreform lautet, durch die Neuordnung des *Offertorium* sei der Opfercharakter der Messe zerstört worden.[13] Wenn der Autor einer 2009 erschienenen Einführung in

8 Vgl. *Thomas von Aquin*, STh III, q.83, a.1, ad3.

9 Vgl. DH 1740.

10 Vgl. DH 1751.

11 Vgl. *Helmut Hoping*, Mein Leib für euch gegeben. Geschichte und Theologie der Eucharistie, Freiburg – Basel – Wien 2011, 264–261.274–287.

12 SC 48 (DH 4048). Vgl. LG 11 (DH 4127).

13 Vgl. *Marcel Lefebvre*, Offener Brief an die ratlosen Katholiken, Wien 1986, 38; *Wigand Siebel*, Katholisch oder konziliar? Die Krise der

die Feier der Eucharistie schreibt, die eucharistische Liturgie bestehe aus drei Teilen, nämlich „Brot nehmen" (Gabenbereitung), „Dankgebet sprechen" (Hochgebet) und „darreichen" (Kommunion),[14] könnte es scheinen, dass der Einwand gegen den *Novus Ordo Missae* Pauls VI. berechtigt sei. Doch auch wenn die Neuordnung des *Offertorium* einige Fragen aufwirft, vor allem in ihrer Adaptation im Messbuch für das deutsche Sprachgebiet, wird der Opfercharakter der Messe durch die Neuordnung nicht in Frage gestellt.

Es war kein Geringerer als der frühere Erzbischof von München und Freising, Joseph Kardinal Ratzinger, der im Todesjahr Papst Pauls VI. die Neuordnung des *Offertorium* gegen traditionalistische Angriffe verteidigte. Über die alten Offertoriumsgebete des *Missale Romanum* von 1962 sagte Ratzinger: „Es waren schöne und tiefe Gebete. Aber man muss doch auch zugeben, dass eine gewisse Missverständlichkeit in ihnen lag. Sie wurden immerfort im Vorgriff auf das eigentliche Geschehen des Kanons formuliert."[15] Das Zentrum des eucharistischen Opfers bildet aber die Konsekration der Opfergaben. Ausgehend von der Entscheidung Papst Benedikts XVI. (2005–2013) im Motu Proprio *Summorum Pontificum* (2007), den Ausführungsbestimmungen der Kommission *Ecclesia Dei* in der Instruktion *Universae Ecclesiae* (2011) und der Diskussionen um eine „Reform der Reform" sollen die Offertoriumsgebete der klassischen und der modernen Form des römischen Messritus miteinander verglichen werden.

Kirche heute, München 1978, 375–377; *Georg May*, Die alte und die neue Messe. Die Rechtslage hinsichtlich des Ordo Missae, St. Augustin 1984, 64–66.

14 Vgl. *Thomas Schumacher*, Die Feier der Eucharistie. Liturgische Abläufe, geschichtliche Entwicklungen, theologische Bedeutung, München 2009, 57. Ähnlich auch *Alexander Saberschinsky*, Einführung in die Feier der Eucharistie. Historisch-Systematisch-Praktisch, Freiburg – Basel – Wien 2009, 34, im Anschluss an GORM 72.

15 *Joseph Ratzinger*, Eucharistie – Mitte der Kirche, in: Theologie der Liturgie. Die Sakramentale Begründung der christlichen Existenz (Gesammelte Schriften 11), Freiburg – Basel – Wien 2008, 305–358, hier 339.

II. Die Offertoriumsgebete des *Missale Romanum* von 1962

Der Ort der Darbringung der Eucharistie ist der Altar, an dem die eucharistische Liturgie mit dem *Offertorium* beginnt. Die komplizierte Entstehungsgeschichte des *Offertorium* kann hier nur angedeutet werden. Bis zum Ende des 2. Jahrhunderts existierte kein gesonderter Ritus für die Darbringung von Brot und Wein. Die Gaben lagen bereits auf dem Altar. Die Darbringung der Opfergaben von Brot und Wein erwuchs aus der *oblatio* der Gläubigen. Schon Tertullian († 230) spricht von *offere*, darbieten, darbringen, um den Akt der Darbringung der von den Gläubigen mitgebrachten Gaben zu bezeichnen.[16] Bei Cyprian († 258) ist die Darbringung schon zu einer festen Regel geworden,[17] so dass eine Ritualisierung der *oblatio* von Brot und Wein nur eine Frage der Zeit war.[18]

Im *Ordo Romanus* I ist beim *Offertorium* der päpstlichen Stationsliturgie in der Zeit um 700 eine doppelte Altaroblation mit Brot und Wein festzustellen.[19] Die ältere römische Liturgie hatte als einziges Offertoriumsgebet die *oratio super oblata*, dazu kam der Offertoriumsgesang, der in Nordafrika durch Augustinus eingeführt wurde[20] und in Rom wohl nur wenig später entstanden ist.[21] Seit dem 7. Jahrhundert wird der Gesang zur Gabendarbringung *Offertorium* oder auch *antiphona ad offertorium* genannt. Der Text wurde vornehmlich aus dem Psalter entnommen. Anfänglich antiphonal, wurde das *Offertorium* schon bald responsorial gesungen. Zum Teil erfolgte eine gemeinsame Darbringung von Brot und Wein in einem Oblationsakt, doch setzte sich die

16 Vgl. *Tertullian*, De exhortatione cat. 11 (CSEL 70, 146f).

17 Vgl. *Cyprian von Karthago*, De opere et eleemosynis 15 (CSEL 3, 384).

18 Vgl. *Irenäus von Lyon*, Adversus haereses IV 31, 5; Synode von Hippo (396), Canon 23 (Mansi III, 922).

19 Vgl. Ordo Romanus I, n.13–15.

20 Vgl. *Augustinus*, Retractationes 2, 11.

21 Vgl. *Josef Andreas Jungmann*, Missarum Sollemnia. Eine genetische Erklärung der römischen Messe. Bd. II, Freiburg – Basel – Wien [5]1962, 33. Anders *Johannes Brinktrine*, Die heilige Messe, Paderborn [3]1950, 134 f.

getrennte Oblation von Brot und Wein durch.[22] Zwischen dem Früh- und Hochmittelter kam es in einem komplexen Prozess zu einer textlichen und rituellen Anreicherung, Umstellung und Überformung des Oblationsritus, der nun zahlreiche Gebete umfasste.[23]

Ein frühes, still gesprochenes Gebet zur Gabendarbringung durch den Zelebranten überliefert das Sakramentar von Amiens (9. Jahrhundert): „Hanc oblationem, quaesumus, omnipotens Deus, placatus accipe, et omnium offerentium et eorum, pro quibis tibi offertur, peccata indulge."[24] Es folgt das Gebet „In spiritu humilitatis", das Dan 3,39f (Gebet des Asarja) aufnimmt. Die Darbringungsgebete sind im Westen mit der Formulierung bestimmter Anliegen von Gläubigen verbunden gewesen. Zumeist begannen sie mit der Formel *Suscipe, sancta Trinitas, hanc oblationem, quam tibi offero pro.* Der Gebetstyp *Suscipe, sancta Trinitas*, der mit dem Gebet *In spiritu humilitatis* konkurrierte, stand zunächst am Anfang der Offertoriumsgebete (9./10. Jahrhundert) und wanderte, als die Gläubigenoblation nicht mehr praktiziert wurde, an das Ende des *Offertorium.*

In den im frühen Mittelalter entstandenen Begleitgebeten zur Darbringung der Opfergaben von Brot und Wein (*Suscipe, sancte Pater; Offerimus, tibi*) ist wie im *Unde et memores* des Römischen Kanon von der makellosen Opfergabe (*immaculata hostia*) und dem Kelch des Heiles (*calix salutaris*) die Rede. Wie die älteren Gebete des Priesters zur Entgegennahme von Brot und Wein aus den Händen des Diakons zeigen[25], dürfte dahinter, wie beim *Supra quae*, das vom Opfer Melchisedeks als *immaculata hostia* spricht, ursprünglich typologisches Denken gestanden haben: *immaculata hostia* und *calix salutaris* sind die für die Feier der Eucharistie

22 Vgl. *Jungmann*, Missarum Sollemnia II, 67.

23 Zum Vergleich zwischen westlichem *Offertorium* und östlicher *Proskomidie* vgl. *Michael Kunzler*, Gabenbereitung oder Opferung? Ein Vergleich der Gabenbereitung in der abendländischen Eucharistiefeier mit der byzantinischen Proskomidie zur Klärung der Frage nach dem Opfercharakter der Messe, in: ThGl 99 (2009) 29–113.

24 *Victor Leroquais*, Les sacramentaires et les missel manuscrits des bibliothèques publiques de France, t. 1., Paris 1924, 441.

25 *Jungmann*, Missarum Sollemnia II, 64.

ausgesonderten Gaben von Brot und Wein. Schon seit Cyprian wurden auch die Opfergaben der Gläubigen als *sacrificium* und wenig später ebenso als *hostia* bezeichnet.[26] Wie die Opfer des Alten Bundes (Lev 9,3; Dtn 15,12) sollen die für die Eucharistie ausgesonderten Opfergaben von Brot und Wein makellos sein; vom *calix salutaris* spricht Psalm 115 [116], 13 im Kontext eines Dankopfers.

Eine direkte Bezeichnung von Brot und Wein als *corpus et sanguis Domini,* wie sie in der Germanus von Paris († 576) zugeschriebenen Erklärung der vorkarolingischen Messe anzutreffen ist, fand keinen Eingang in die Offertoriumsgebete des römischen Ritus.[27] Seit der ersten Milleniumswende entwickelte sich das *Offertorium* aber immer mehr zu einem *Canon minor* mit eigenem Segensgebet, parallel zum *Canon maior* des Eucharistischen Hochgebets: „Der frühere Opferungsritus enthielt gerade die großen Kennzeichen des Kanon: oblatio (Suscipe, Offerimus), Epiklese (Veni sanctificator), Anamnese und Intercessio (Suscipe Sancta Trinitas)."[28] Von den ursprünglich drei Segensgebeten über Brot und Wein[29] blieb das zusammenfassende Segensgebet *Veni, sanctificator* übrig. Vom *Canon minor* wird mit Blick auf das *Offertorium* seit dem Hochmittelalter gesprochen.[30] Herausgefordert durch die Kritik Martin Luthers († 1546) am katholischen Messopfer beauftragte das Konzil von Trient eine Kommission mit der Erarbeitung von Vorschlägen zur Reform der römischen Liturgie. Für das *Offertorium* empfahl die Kommission eine Überprüfung der Ausdrücke *immaculata hostia* und *calix salutaris.* Die liturgische Reform unter Pius IV. (1559–1565) und Pius V. (1566–1572) ließ die Darbringungsgebete freilich unangetastet. Die Vorschläge der Konzilskommission zur Reform der Liturgie sind in das Reformdekret des Konzils von Trient zum größten Teil nicht eingegangen.

26 Vgl. *Cyprian von Karthago,* De opere et eleemosynis 15 (CSEL 3, 384)

27 Vgl. *Joseph Pascher,* Eucharistia. Gestalt und Vollzug, Münster 1947, 66.

28 *Jo Hermans,* Die Feier der Eucharistie. Erklärung und spirituelle Erschließung, Regensburg 1983, 218.

29 Vgl. *Jungmann,* Missarum Sollemnia II, 78–82.

30 Vgl. die Nachweise bei *Jungmann,* Missarum Sollemnia II, 118.

Die *oratio super oblata* wurde in der römischen Liturgie ursprünglich im Namen der Gläubigen gesprochen und verband nicht selten die Darbringung der Opfergaben von Brot und Wein mit der Selbstdarbringung der Gläubigen. In manchen Orationen kommt die zweifache Darbringung sehr schön zum Ausdruck, etwa in folgender Oration: „Suscipe, Domine, fidelium praeces cum oblationibus hostiarum: ut, per haec piae devotionis officia ad caelestem gloriam transeamus."[31] Im *Gregorianum Hadrianum* (GrH) ist diese Oration am Gedenktag des hl. Theodor vorgesehen, im *Missale Romanum* von 1962 für den 5. Sonntag nach Ostern[32] und im *Missale Romanum* von 1970 für den Dienstag der 7. Osterwoche. Im Messbuch Pauls VI. findet sich eine ähnlich lautende Oration, die mehrmals in der Osterzeit, unter anderem für den 6. Ostersonntag, vorgesehen ist: „Ascendant ad te, Domine, preces nostrae cum oblationibus hostiarum, ut tua dignatione mundati, sacramentis magnae pietatis aptemur."[33]

Zur abschließenden Bewertung des Offertoriumskreises in der klassischen Form der römischen Messe schreibt Josef Andreas Jungmann SJ († 1975), dass wir aufs Ganze gesehen keinen Grund haben, „Entstehung und Entwicklung des liturgischen Gebildes, das wir im Offertorium vor uns sehen, zu bedauern – wenigstens dann nicht, wenn wir bereit sind, in der Messe nicht bloß ein Geschehen von Gott her zu sehen, sondern auch ein Tun des Menschen anerkennen, der, von Gott gerufen, sich mit der irdischen Gabe auf den Weg macht, um seinem Schöpfer entgegenzuwandern."[34] In seinem letzten Buch „Messe im Gottesvolk. Durchblick durch ‚Missarum Sollemnia'" (1970) gibt Jungmann eine nüchterne Erklärung des neu gestalteten *Offertorium* und verteidigt den „mittleren Weg", den man dabei beschritten hat.[35]

31 GrH 743.

32 Vgl. Missale Romanum (1962), 347 (431).

33 Missale Romanum (1970), 304.

34 *Jungmann*, Missarum Sollemnia II, 121.

35 Vgl. *Josef Andreas Jungmann*, Messe im Gottesvolk. Ein nachkonziliarer Durchblick durch „Missarum Sollemnia", Freiburg – Basel – Wien 1970, 60–67. Vgl. den zugrundeliegenden Text: *Josef Andreas Jungmann*, *Oblatio* und *Sacrificium* in der Geschichte des Eucharistieverständnisses, in: ZKTh 92 (1970) 342–350.

Jungmanns Anliegen bei seinen Vorschlägen für die Reform des Messritus war es, das aktive Tun der Kirche bei der Feier des eucharistischen Opfers auch beim Hochgebet deutlich herauszustellen. Hier hatte er gegen die Vorbehalte von Pierre-Marie Gy († 2004) und Annibale Bugnini († 1982), den Sekretär des Rates zur Durchführung der Liturgiereform anzukämpfen.[36]

III. Die Offertoriumsgebete des *Missale Romanum* von 1970

Bei der Schaffung des *Novus Ordo Missae* (1969), der über die Änderungen des *Ordo Missae* von 1965 deutlich hinausging, gab es zunächst Bestrebungen, zur ursprünglichen römischen Ordnung des *Offertorium* zurückzukehren und alle Offertoriumsgebete bis auf die *oratio super oblata* zu streichen.[37] Hier zeigte sich eine Tendenz zum „liturgischen Archäologismus", wie sie im Rat zur Durchführung der Liturgiereform teilweise vorherrschte. Es war Papst Paul VI., der auf eigene Gebete zur Darbringung der Opfergaben von Brot und Wein bestand. Die traditionellen Gebete *Suscipe, sancte Pater* und *Offerimus, tibi* wurden freilich nicht überarbeitet, sondern durch neue, den jüdischen *berakhot*[38] nachempfundene Begleitgebete ersetzt. Das Gebet *Suscipe, sancta Trinitas* wurde ersatzlos gestrichen. Beibehalten wurde das Gebet *In spiritu humilitatis*,[39] wohl „weil es als zusammenfassendes Gebet der Darbringung ihren Sinn, der im *sacrificum invisibile* des

36 Ich verdanke den Hinweis Rudolf Pacik (Salzburg), der eine Edition von Jungmanns Tagebuch vorbereitet.

37 Vgl. *Annibale Bugnini*, Die Liturgiereform 1947–1975. Zeugnis und Testament. Deutsche Ausgabe herausgegeben von *J. Wagner* unter Mitarbeit von *F. Raas*, Freiburg – Basel – Wien 1988, 384.

38 Vgl. *Anton Hänggi – Irmgard Pahl*, Prex Eucharistica. Volumen I: Textus E Variis Liturgiis Antiquioribus Selecti, hg. v. *Albert Gerhards, Heinzgerd Brakmann* (Spicilegium Friburgense; Vol. 12), Freiburg Schweiz 1998, 6.

39 Das Gebet nimmt das nur griechisch erhaltene Gebet des Asarja in Dan 3,39f auf.

Herzens liegt, treffend zum Ausdruck bringt“[40]. Beibehalten wurde ebenfalls die Gebetseinladung *Orate frates* mit dem *Suscipiat*. Die *oratio super oblata*, der älteste Bestandteil des Offertoriums, stand von Beginn an nicht zur Disposition.

Für den Erhalt des Begleitgebets *Deus, qui humanae substantiae* zum Mischungsritus hatte sich Jungmann gegenüber Aimé-George Martimort († 2000) eingesetzt.[41] Jungmann setzte sich durch, doch wurde das Gebet überarbeitet. Warum man das Gebet, das eine leicht modifizierte alte römische Weihnachtsoration wiedergibt, inkarnationschristologisch eingeengt und die Motive der Menschenwürde und Wiedergeburt fallen gelassen hat, ist nicht ganz begreiflich. Jungmanns Begründung, im Sakrament soll „das geschehen, was in der Inkarnation begonnen wurde; wir sollen Anteil erhalten an der Gottheit Christi“[42], vermag nicht recht zu überzeugen, da wir als von Gott geschaffene und durch Christus erneuerte Menschen Anteil an seiner Gottheit erhalten.

Auch die Gebete zur Inzens sind der Liturgiereform zum Opfer gefallen, was gerade für die schönen Kurzgebete bedauerlich ist, die das Zitat aus Psalm 140 rahmen: „Incensum istud a te benedictum ascendat ad te, Domine: et descendat super nos misericordia tua.“ „Accendat in nobis Dominus ignem sui amoris et flammam aeternae caritatis.“ Nachvollziehbar ist dagegen die Kürzung des Gebets zur Händewaschung, dessen Entstehung nicht nur hygienisch, sondern durch kultische Reinheitsvorstellungen motiviert sein dürfte, die wohl auch in Psalm 25 (Vlg.) hineinspielen. In seiner Neufassung enthält das Gebet nur noch den Gedanken der Befleckung durch persönliche Schuld.

Das Segensgebet *Veni, sanctificator* über die Opfergaben, das der Händewaschung vorausgeht, wurde bei der Neuordnung des *Offertorium* ersatzlos gestrichen, weil man darin eine Vorwegnahme der Wandlungsepiklese des Hochgebets sah. Eine Segnung der für die Feier der Eucharistie ausgesonderten Opfergaben hat aber durchaus ihren Sinn, wurden früher doch alle Oblationen der

---

40 *Jungmann*, Messe im Gottesvolk 66.

41 Vgl. *Rudolf Pacik*, Das Konzilstagebuch Josef Andreas Jungmanns SJ, in: HlD 57 (2003) 244–259, hier 257.

42 *Jungmann*, Messe im Gottesvolk 66.

Gläubigen, aus denen die für die Eucharistie ausgesonderten Gaben von Brot und Wein genommen wurden, gesegnet. Ob die Segnung die Form einer Epiklese haben sollte, ist freilich eine andere Frage. Das abschließende Gebet *Suscipe, sancta Trinitas* ist weggefallen, weil man darin eine Doppelung zu den Interzessionen im Hochgebet erkannte. Gerade bei diesem Gebet aber zeigt sich, dass das Argument der Verdoppelung nicht immer sticht. Denn mit demselben Argument hätte man am Ende auch die *oratio super oblatio* in Frage stellen können, die Jungmann mit Recht eine „vorläufige Darbringung“[43] der Opfergaben nennt. In einer Oration des *Gregorianum Paduense* (GrP) kommt diese schön zum Ausdruck: „Tibi, Domine, sacrificia dicata reddantur: quae sic ad honorem nominis tui deferenda tribuisti, ut eadem remedia fieri nostra praestares. Per Dominum.“[44] Im *Missale Romanum* von 1962 ist die Oration für den 10. Sonntag nach Pfingsten vorgesehen, im Messbuch von 1970 für den Mittwoch der 5. Fastenwoche.

Für die Gebetseinleitung, die dem Gebet über die Opfergaben (*oratio super oblata*) vorausgeht, kennt das *Missale Romanum* von 1970 in allen drei Editionen (1970, 1975, 2002) ausschließlich das bis ins 8. Jahrhundert zurückreichende, im heutigen Wortlaut seit dem 12. Jahrhundert bezeugte *Orate fratres* mit dem dazugehörigen *Suscipiat*.[45] Wenn hierzulande das *Orate fratres* kaum noch Verwendung findet, hängt dies damit zusammen, dass das *Suscipiat* im Messbuch für das deutsche Sprachgebiet nur eine, und

43 *Jungmann*, Missarum Sollemnia II, 120.

44 GrP 592 (DOM 5 post VIII APLORUM Super oblatam).

45 Das *Orate fratres* richtete sich ursprünglich an die Kleriker. Nachdem der Zelebrant seine eigene Gabe zu den Gaben der Gläubigen und des Klerus hinzugelegt hatte, wandte er sich zu den umstehenden Priestern mit der Bitte zu, für ihn zu beten (Breviarium eccl. ord., Andrieu 1931–1969 III, 181, Z. 10). Ursprünglich war keine Antwort auf die Gebetseinladung vorgesehen, es war eine Gebetseinladung zum stillen Gebet. Seit Amalar von Metz († um 850) galt als Adressat des *Orate fratres* das Volk, das zum stillen Gebet aufgefordert wurde. In karolingischer Zeit entwickelte sich eine allgemeine Gebetsantwort. Verbreitet waren verschiedene *Suscipiat*-Formeln (vgl. z. B. das Sakramentar von S. Denis, Martène 1736/38, I, 526E).

zwar die letzte von drei Varianten zur Gebetseinladung darstellt. Die zweite Variante, die oft genommen wird, besteht in einem schlichten *Oremus* ohne jede Darbringungsaussage. Die erste Variante lautet: „Lasset uns beten zu Gott, dem allmächtigen Vater, dass er die Gaben der Kirche annehme zu seinem Lob und zum Heil der ganzen Welt."[46]

IV. Opfersprache und Übersetzungshermeneutik

Die Papst Paul VI. zur Überprüfung vorgelegten neuen Gebete zur Darbringung von Brot und Wein enthielten ursprünglich keine Opferaussage mehr. Der Zusatz *quem (quod) tibi offerimus*, „das Brot, das wir dir darbringen", „den Kelch, den wir dir darbringen", wurde erst auf Drängen Paulus VI. eingefügt.[47] Bei der deutschen Übersetzung scheute man sich offensichtlich, die vom Papst gewünschte Darbringungsaussage wegen der damit verbundenen Opferkonnotation direkt wiederzugeben,[48] etwa mit „wir bringen dar". Vermutlich konnte sich diese Übersetzung wegen der starken Vorbehalte gegenüber der Opfersprache in den 1970er Jahren nicht durchsetzen. Im Messbuch für das deutsche Sprachgebiet heißt es daher „wir bringen dieses Brot/diesen Kelch vor dein Angesicht", obschon von Gottes Angesicht in den neuen Begleitgebeten gar nicht die Rede ist. Annibale Bugnini zeigte sich zufrieden damit, dass in den meisten Übersetzungen das *offerimus* nicht mit „opfern" übersetzt wurde.[49] Die Übersetzungen des *Mis-*

46 Die Feier der heiligen Messe. Meßbuch für die Bistümer des deutschen Sprachgebietes. Authentische Ausgabe für den liturgischen Gebrauch. Teil I: Die Sonn- und Feiertage deutsch und lateinisch. Die Karwoche deutsch. Teil II: Das Meßbuch deutsch für alle Tage des Jahres außer der Karwoche, Einsiedeln u. a. 1975, 346 f.

47 Vgl. *Bugnini*, Die Liturgiereform, 398.

48 Zu den zum Teil fragwürdigen deutschen Übersetzungen des *Missale Romanum* (1970; [2]1975) vgl. *Alex Stock*, Liturgie und Poesie. Zur Sprache des Gottesdienstes, Kevelaer 2010; *ders.*, Orationen. Die Tagesgebete im Jahreskreis neu übersetzt und erklärt, Regensburg 2011.

49 Vgl. *Bugnini*, Die Liturgiereform, 406.

sale Romanum ins Deutsche waren zum Teil sehr frei und orientierten sich am Prinzip der dynamischen Äquivalenz. Dies hing mit einem Positionswechsel in der Übersetzungshermeneutik zusammen, der sich Ende der 1960er Jahre volllzog.

Auf der Grundlage des *Missale Romanum* von 1970 erschien 1975 das Messbuch für die Bistümer des deutschen Sprachraums. Im selben Jahr wurde von Papst Paul VI. die *Editio typica altera* des *Missale Romanum* promulgiert.[50] Die Übersetzungen der *Editio typica* sollten, anders als die deutschsprachigen Gebetstexte der Volksmessbücher, offizielle Gebetssprache und so Stimme der Kirche werden.[51] Für die Übersetzer bedeutete dies eine besondere Herausforderung.[52] Noch während des Zweiten Vatikanischen Konzils fand in Rom ein Kongress der Übersetzer liturgischer Texte statt. In seiner Ansprache an die Teilnehmer des Kongresses vom 10. November 1965 wies Papst Paul VI. auf die Schwierigkeiten der Übersetzung hin, indem er den heiligen Hieronymus († 420) zitierte: „Übersetze ich wörtlich, klingt es sinnwidrig; ändere ich, von der Notwendigkeit gedrängt, etwas am Satzgefüge und am Text, bietet es den Anschein, als sei ich der Aufgabe des Übersetzers nicht gerecht geworden."[53] Das Hieronymuszitat macht deutlich, dass es bei der Übersetzung liturgischer Texte um einen Ausgleich zwischen formaler und dynamischer Äquivalenz gehen muss, ähnlich wie bei der Übertragung von Texten der Bibel oder von Belletristik. Die Übersetzung liturgischer Texte, so Paul VI., solle keine Umgangssprache verwenden und die Tiefe der göttlichen Mysterien angemessen zur Sprache bringen. Dafür sei es erforderlich, behutsam einen Ausgleich zwi-

---

50 Vgl. Missale Romanum ex decreto Sacrosancti Oecumenici Concilii Vaticani II instauratum auctoritate Pauli PP. VI promulgatum. Editio typica altera. Typis Polyglottis Vaticanis 1975.

51 Vgl. *Papst Paul VI.*, Allocutio ad interpretes vom 10. November 1965, in: Notitiae 1 (1965) 379–381: 380 (DEL I, 263).

52 Zum Verhältnis von Liturgie und Sprache vgl. jetzt *Uwe Michael Lang*, The Voice of the Church at Prayer. Reflections on Liturgy and Language, San Francisco 2012.

53 *Papst Paul VI.*, Allocutio ad interpretes, 378–381, hier 378 (DEL I, 262). Vgl. *Hieronymus*, Praefatio ad Chronicam Eusebii Pamphilii (PL 26, 35).

schen christlicher Latinität und Volkssprache herzustellen und dabei die Kantillierbarkeit zu berücksichtigen.[54] Bei der Übersetzung der liturgischen Texte sei weiter darauf zu achten, dass die Texte vollständig übersetzt werden, also keine Teile weggelassen werden, die ohne Schwierigkeiten zu übertragen sind.[55]

Am 21. Juni 1967 bekräftigte Giacomo Kardinal Lercaro († 1976) in einem Brief des Liturgierates an die Vorsitzenden der Bischofskonferenzen, dass die Übersetzung des Kanon *literale et integrale* erfolgen müsse und die Texte so zu nehmen seien, „wie sie vorliegen, ohne irgendwelche Kürzungen oder Vereinfachungen. Die Anpassung an die moderne Sprache muss schlicht und maßvoll sein."[56] In einer Mitteilung vom 10. August 1967 wies Bugnini auf den Wunsch des Heiligen Stuhles hin, „dass die verschiedenen Übersetzungen des Römischen Kanon untereinander sich entsprechen, um auf diese Weise zumindest für diesen so heiligen Text der eucharistischen Feier eine gewisse Übereinstimmung zu bewahren."[57] Weiter erinnerte Bugnini daran, dass es der Wunsch des Papstes sei, „dass die Messbücher [...] in einer Gesamt- oder Teilausgabe immer den lateinischen Text neben der muttersprachlichen Fassung enthalten"[58], wie dies in den zweisprachigen Altarmessbüchern, die auf der Grundlage des *Ordo Missae* von 1965 publiziert wurden, der Fall war. Für die Übersetzung des Römischen Kanon, der den Kern der eucharistischen Liturgie bildet, forderte der Rat zur Durchführung der Liturgiereform am 10. August 1967 eine einheitliche Übertragung für alle Sprachen. Bei der Übertragung der Texte sollten die Extreme einer zu antiquierten und zu modernen Sprache vermieden werden.[59]

54 Vgl. *Papst Paul VI.*, Allocutio ad interpretes, 379 (DEL I, 263).

55 Vgl. *Papst Paul VI.*, Allocutio ad interpretes, 381 (DEL I, 265).

56 *Giacomo Kardinal Lercaro*, Epistula „Consilii", in: Notitiae 3 (1967) 289–296, hier 296 (DEL I, 503–510, hier 510).

57 *Mitteilung des Sekretärs des Consilium*, De interpretatione Canonis Romani vom 10. August 1967, in: Notitiae 3 (1967) 326–327, hier 326 (DEL I, 512–513, hier 512).

58 *Annibale Bugnini*, De interpretatione Canonis Romani, 327 (DEL I, 513).

59 Vgl. *Mitteilung des Sekretärs des Consilium*, De interpretatione Canonis Romani, Prooemium und Nr. 2 (DEL I, 512f).

So bestanden die Glaubenskongregation und das Staatssekretariat beim *pro multis* des Kelchwortes auf einer wörtlichen Übersetzung in allen zweisprachigen Altarmessbüchern. Es gab auch Stimmen, die sich dafür aussprachen, die *Verba Testamenti* nicht zu übersetzen.[60]

Einen Einschnitt bedeutete die Instruktion *Comme le prévoit* vom 25. Januar 1969.[61] Die Instruktion des Liturgierates forderte nur noch für das Eucharistischen Hochgebet eine Übersetzung *integre et fideliter.*[62] Die Orationen können dagegen frei und unter Verwendung selbst von Umgangssprache übersetzt werden. Auch sei hier, wie bei anderen Teilen der Messe, keine vollständige Übersetzung notwendig.[63] Die Instruktion gibt damit der dynamischen Äquivalenz einen deutlichen Vorrang vor der formalen Äquivalenz.[64] Auf der Grundlage dieser Entscheidung erfolgte schließlich die Übertragung des *Missale Romanum* in die Volkssprachen, einschließlich der Offertoriumsgebete und Hochgebete.[65] Eine Korrektur der Übersetzungshermeneutik von 1969 brachte die fünfte Instruktion zur ordnungsgemäßen Ausführung der Konstitution des Zweiten Vatikanischen Konzils über die heilige Liturgie *Liturgiam authenticam* vom 28. März 2001. Sie leitete eine umfassende Revision der volkssprachlichen Übersetzungen des *Missale Romanum* ein.[66] Die revidierte Fassung des *Roman*

---

60 Vgl. *Bugnini,* Die Liturgiereform 130 f.

61 Vgl. *Consilium,* Comme le prévoit, in: Notitiae 5 (1969) 3–12 (DEL I, 592–605).

62 Vgl. *Consilium,* Comme le prévoit Nr. 33.

63 Vgl. *Consilium,* Comme le prévoit Nr. 15; 34.

64 Zu Übersetzungstheorien im 20. Jahrhundert und ihrem Einfluss auf die volkssprachigen Übertragungen des *Missale Romanum* vgl. *Dennis McManus,* Translation theory in *Liturgiam authenticam* in: Benedict XVI and the Sacred Liturgy. Proceedings of the First Fota International Liturgy Conference, 2008 (Fota Liturgy Series), ed. by *N. J. Roy, J. E. Rutherford,* Dublin – Portland 2010, 116–131; *Lang,* The Voice of the Church at Prayer, 152–180.

65 Vgl. *McManus,* Translation theory in *Liturgiam authenticam,* 127–131.

66 Zu *Liturgiam authenticam* vgl. *Dieter Böhler,* Anmerkungen eines Exegeten zur Instructio Quinta „Liturgiam Authenticam", in: LJ 54 (2004) 205–222; *Winfried Haunerland,* Die Leitlinien der Revision: Texttreue und

Missal für den englischsprachigen Raum ist 2011 erschienen und zum 1. Adventssonntag eingeführt worden.[67] Darin wird das *quem (quod) tibi offerimus* wie schon im *Roman Missal* von 1974 wortgetreu mit „the bread we offer you" und „the wine we offer you" übersetzt.[68]

In einem Brief vom 14. April 2012 teilte Papst Benedikt XVI. dem Vorsitzenden der Deutschen Bischofskonferenz mit, dass in Zukunft das *pro multis* im Kelchwort der *Verba Testamenti* wörtlich mit „für viele" zu übersetzen sei.[69] Die Bedeutung des Briefes geht über die Frage der richtigen Übersetzung des *pro multis* weit hinaus; dem ins Stocken geratenen Prozess zur Revision des Messbuchs für das deutsche Sprachgebiet könnte der Brief des Papstes einen neuen Impus geben. Denn der Brief bekräftigt das von der Instruktion *Liturgiam authenticam* (2001) für die Revision der

---

Verständlichkeit. Referat zur Auftaktveranstaltung der Kommission „Ecclesia Celebrans" in Bensberg (30.–31. März 2005). Wiederabdruck in: Gottesdienst 39 (2005) 153–156. *Klemens Richter* und *Reiner Kaczynski* unterschlagen in ihrer Kritik an *Liturgiam authenticam*, dass die Instruktion *De interpretatione textuum liturgicorum* die Übersetzungshermeneutik einseitig zugunsten einer dynamischen Äquivalenz verändert hatte. Vgl. *Klemens Richter*, Die Liturgiekonstitution Sacrosanctum Concilium. Ziele, Widerstände, Würdigung, in: Liturgiereform – eine bleibende Aufgabe. 40 Jahre Konzilskonstitution über die heilige Liturgie, hg. v. *dems.*, *Thomas Sternberg*, Münster 2004, 23–51, hier 39; *Reiner Kaczynski*, Angriff auf die Liturgiekonstitution? Anmerkungen zu einer neuen Übersetzer-Instruktion, in: StZ 219 (2001) 651–666.

67 The Roman Missal. Renewed by Decree of the Most Holy Second Ecumenical Council of the Vatican, promulgated by Authority of Pope Paul VI and Revised at the Direction of Pope Paul II. English Translation According to the Third Typical Edition for Use in the Dioceses of the United States of America. Approved by the United States Conference of Catholic Bishops and Confirmed by the Apostolic See, New Jersey 2011.

68 The Roman Missal (2011), 381.

69 Vgl. http://www.vatican.va/holy_father/benedict_xvi/letters/2012/documents/hf_ben-xvi_let_20120414_zollitsch_ge.html. – Zur Diskussion um das *pro multis* vgl. *Helmut Hoping*, „Für die vielen". Der Sinn des Kelchwortes der römischen Messe, in: Gestorben für wen? Zur Diskussion um das „pro multis", hg. v. *Magnus Striet*, Freiburg – Basel – Wien 2007, 65–79.

volkssprachlichen Übersetzung geforderte Prinzip der Texttreue gegenüber dem seit der Instruktion *Comme le prévoit* einseitig zur Geltung gebrachten Prinzip der dynamischen Äquivalenz. Das Prinzip der Texttreue, das etwa bei der laufenden Revision der Einheitsübersetzung ganz selbstverständlich angewendet wird, hat auch für die Übersetzung der Messbuchtexte zu gelten, nicht zuletzt dort, wo es sich, wie bei den *Verba Testamenti*, um biblische Zitate handelt.

V. Die Einheit von Darbringung, Heiligung und Kommunion

Schon zu Beginn wurde deutlich, dass es sich beim *Offertorium* nicht nur um eine Bereitstellung der Gaben handelt, sondern um eine *oblatio*, eine Darbringung – anders als es die Übersetzung von *Offertorium* mit „Gabenbereitung" in den Rubriken zu insinuieren scheint. Zwar unterscheidet die *Institutio Generalis* bei der „Liturgia eucharistica" *praeparatio donorum*, *prex eucharistica*, *fractio panis* und *communio*.[70] Bereitstellen der Gaben (*affere*, *deponere*) und Darbringen der Gaben (*offere*) werden in der *Institutio Generalis* aber deutlich als zwei Momente des *Offertorium* unterschieden. Die Darbringung der Opfergaben wird auch durch die *oratio super oblata* unterstrichen.[71] Daher ist Alex Stock zuzustimmen, wenn er feststellt, dass es beim *Offertorium* um mehr geht als ein „rituelles Tischdecken"[72]. Da die Gaben von Brot und Wein durch ihre Bereitstellung auf dem Altar und ihre Darbringung dem gewöhnlichen Gebrauch entzogen werden, erscheint auch die Übersetzung von *oratio super oblata* mit „Gabengebet" unzureichend. Umstritten ist, warum die *oratio super oblata* als *secreta* bezeichnet wird. Josef Andreas Jungmann meint, dass die Oration *secreta* genannt wird, weil der Priester sie *secretus*

70 Vgl. IGRM Nr. 72.
71 Vgl. IGRM Nr. 73.
72 *Alex Stock*, Gabenbereitung. Zur Logik des Opfers, in: LJ 53 (2003), 33–51, hier 37.

spricht.[73] Seit Pierre Battifol († 1929) wird auch die These vertreten, dass der Ausdruck *Secreta* von *secernere* (absondern) im Sinn von *benedicere* kommt.[74]

Die Opfergestalt der Eucharistie macht deutlich, was es heißt, dass die Eucharistie wahrhaft Sakrament, nämlich sichtbares Zeichen des Opfers Christi ist. Zur Signatur des eucharistischen Opfers gehört nicht nur die Gabe, die wir empfangen, sondern nach katholischem Verständnis zuvorderst ihre Darbringung und Heiligung, wie dies sowohl in der klassischen als auch in der modernen Form des römischen Messritus zum Ausdruck kommt – bei allen Rückfragen, die man im Einzelnen sowohl an die klassische wie an die moderne Form stellen kann. Das *Offertorium* im *Missale Romanum* Pauls VI. hat den Opfercharakter der Messe nicht zerstört. Entscheidend für die Einheit des römischen Ritus ist, dass in beiden Formen des Messritus (*usus antiquior, usus modernus*) Darbringung, Heiligung und Kommunion zum eucharistischen Opfer gehören.

Es ist fragwürdig, wenn das *Offertorium* auf eine Bereitstellung der Gaben reduziert wird. Dies geschieht nicht nur in der liturgischen Praxis, wenn etwa ausschließlich die Gebetseinleitung *Oremus* und anstatt der vorgesehenen *oratio super oblata* ein frei formulierter Text ohne den Gedanken der Darbringung verwendet wird. Man findet diese Tendenz auch in diözesanen Handreichungen, wie die folgende Erläuterung zum Sinn der Gabenbereitung zeigt: „Mit ‚Gabenbereitung' wird das Herbeibringen und Bereitstellen von Brot und Wein für die Eucharistie bezeichnet. Unter Gottes Segen und durch menschliche Arbeit entstehen Brot und Wein. Sie sind Zeichen von Leben und Freude. Die ‚Bereitung' dieser Gaben soll zum Ausdruck bringen, dass wir sie und darin auch uns ‚bereithalten' für Gottes schöpferische und verwandelnde Kraft."[75]

---

73 Vgl. *Jungmann*, Missarum Sollemnia II, 109.

74 So neuerdings auch *Saberschinsky*, Einführung in die Feier der Eucharistie, 34 f.

75 Erdentöne – Himmelsklang. Neue geistliche Lieder, hg. v. der *Diözese Rottenburg-Stuttgart*, vertreten durch das *Amt für Kirchenmusik* und

Eine bessere liturgische Bildung und eine gute *ars celebrandi* des Priesters können den Gläubigen helfen, die Einheit von Darbringung, Heiligung und Kommunion in der eucharistischen Liturgie genauer zu erkennen, wie sie im *Suplices te rogamus* des Römischen Kanon trefflich zum Ausdruck kommt: „Wir bitten dich, allmächtiger Gott: Dein heiliger Engel trage diese Opfergabe auf deinen himmlischen Altar vor deine göttliche Herrlichkeit; und wenn wir durch unsere Teilnahme am Altar den heiligen Leib und das Blut deines Sohnes empfangen, erfülle uns mit aller Gnade und allem Segen des Himmels."[76] Thematisch ist darin aufs Engste miteinander verbunden, was den Kern der eucharistischen Liturgie ausmacht: Sie ist zugleich Darbringung und Heiligung, Opfer und Mahl.

---

das *Bischöfliche Jugendamt*, Ostfildern [7]2010 (zu Beginn der Lieder zur „Gabenbereitung").

76 Messbuch 475; vgl. GORM 96.

Der *Canon Romanus* und die neuen Hochgebete

Problemanzeige und Perspektiven in spätmoderner Zeit

Peter Ebenbauer, Graz

Wie für alle liturgischen Textsorten gilt auch für das Eucharistische Hochgebet im *Ordo Missae* der römisch-katholischen Kirche: Der Gebetstext ist nicht isoliert von seiner liturgischen Inszenierung und von seinem rituellen Kontext zu verstehen. Der rituelle Kontext des Hochgebetes erstreckt sich zunächst von der Gabenbereitung bis zur Kommunion, umfasst also das Geschehen des eucharistischen Teiles der Messfeier. In einem weiteren Sinn ist gewiss die gesamte Messfeier als Kontext des Hochgebetes zu verstehen; insbesondere dann, wenn man der konziliaren Aufwertung des Wortgottesdienstes als *Liturgia Verbi* Rechnung trägt, in der Christus durch sein Wort der Kirche gegenwärtig ist, und die Kirche durch ihr Bekenntnis und Gebet mit Gott in Kommunikation tritt. Im weitesten Sinn erstreckt sich der Kontext des Eucharistischen Hochgebetes auf das Leben der Kirche in all ihren Gliedern und Facetten sowie auf ihren Sendungsauftrag in die Welt hinein. Die eucharistische Danksagung gilt ja dem erlösenden Handeln Gottes im Paschamysterium Jesu Christi und greift von da her auf die gesamte Schöpfung aus: „Haec Hostia nostrae reconciliationis proficiat, quaesumus, Domine, ad totius mundi pacem atque salutem. / Dieses Opfer unserer Versöhnung bringe der ganzen Welt Frieden und Heil" heißt es im Dritten Hochgebet des *Missale Romanum* 1970. Zudem lebt die Kirche aus dem Geheimnis der Eucharistie und findet darin ihre innigste Gott-Verbundenheit, ihre Identität und ihre Bestimmung.[1]

1 Vgl. Sacrosanctum Concilium, Liturgiekonstitution des Zweiten Vatikanischen Konzils, Art. 10 u. ö.; *Johannes Paul II.*, Enzyklika Ecclesia de Eucharistia, Rom 2003.

Jede liturgie- und sakramententheologische Reflexion über das Eucharistische Hochgebet muss diese Kontexte im Blick behalten. Insbesondere die innerliturgische Verbindung zur Gabenbereitung und, noch bedeutsamer, der Konnex zur Kommunion entscheiden darüber mit, wie das Hochgebet in seiner sakramentalen Sinnlogik verstanden und gefeiert wird.

Dass das Eucharistische Hochgebet das Herzstück allen liturgischen Betens der Kirche darstellt, war vor der Liturgiereform des Zweiten Vatikanums genauso unbestritten wie danach. Wie sich allerdings dieses Herzstück im Einzelnen ausmacht, worin sein gebets- und eucharistietheologischer Gehalt liegt, in welchen Text- und Aktionsgestalten es vollzogen wird, und wie es schließlich in den Gesamtzusammenhang der Feier eingebettet ist, darin unterscheiden sich sowohl die liturgischen Bücher vor und nach dem Konzil als auch die praktischen Umsetzungsgestalten in den Gemeinden und Teilkirchen beträchtlich.

In diesem Beitrag können aus der Fülle dessen, was das Thema der Hochgebetsreform erfordern würde, nur einige wenige Punkte angesprochen werden:

1. Zum gegenwärtigen Verständnis des Eucharistischen Hochgebets gemäß dem *Missale Romanum*
2. Der *Canon Romanus*: geschichtliche Stationen und Transformationen
3. Motive und Prinzipien zur Ausarbeitung neuer Hochgebete nach dem Zweiten Vatikanum
4. Die römisch-katholische Synthetik von Eucharistiegebet, Messritus und Eucharistielehre: ein zusammenfassender Befund und eine offene Frage
5. Eucharistietheologische Perspektiven aus der alten Gebetslogik des *Canon Romanus* für spätmoderne Zeiten

1. Zum gegenwärtigen Verständnis des Eucharistischen Hochgebets gemäß dem *Missale Romanum*

In Art. 72,2 der *Institutio Generalis* des Römischen Messbuchs (IGMR)[2] heißt es: „Im Eucharistischen Hochgebet wird Gott für das gesamte Heilswerk Dank gesagt, und die Opfergaben werden Christi Leib und Blut." Dieser auf Danksagung und Wandlung als die beiden Hauptmomente des Eucharistischen Hochgebetes konzentrierten Kurzformel folgen differenziertere Erklärungen:

> „Nun beginnen Mitte und Höhepunkt der ganzen Feier: das Eucharistische Hochgebet selbst, das heißt, das Gebet der Danksagung und der Heiligung. Der Priester lädt das Volk ein, die Herzen zum Herrn in Gebet und Danksagung zu erheben und vereint es [das Volk] mit sich in jenem Gebet, das er im Namen der ganzen Gemeinschaft durch Jesus Christus im Heiligen Geist an Gott den Vater richtet. Sinn dieses Gebetes aber ist es, dass die ganze Versammlung der Gläubigen sich mit Christus im Lobpreis der großen Taten Gottes und in der Darbringung des Opfers verbindet. Das Eucharistische Hochgebet verlangt, dass alle es ehrfürchtig und schweigend anhören." (IGMR 78)
>
> Hier kommen die Motive der Verbindung der ganzen Versammlung der Gläubigen und der Darbringung des Opfers hinzu, auch die trinitarische Logik des Hochgebetes wird betont: Durch Jesus Christus und im Heiligen Geist richtet der Priester dieses Gebet im Namen der ganzen Gemeinschaft der Gläubigen an Gott, den Vater.
>
> Anschließend werden die einzelnen Strukturelemente des eucharistischen Hochgebetes aufgezählt und in ihrer inhaltlichen Ausrichtung beschrieben:

2 Missale Romanum, Editio typica tertia 2002, Grundordnung des Römischen Messbuchs, Vorabpublikation zum Deutschen Messbuch, approbiert von der Deutschen Bischofskonferenz, der Österreichischen Bischofskonferenz, der Schweizer Bischofskonferenz, dem Erzbischof von Vaduz und dem Erzbischof von Luxemburg, rekognosziert von der Kongregation für den Gottesdienst und die Sakramentenordnung (Arbeitshilfen 215), hg. vom *Sekretariat der Deutschen Bischofskonferenz*, Bonn ^{3}2007.

„Die Hauptbestandteile des Eucharistischen Hochgebetes können folgendermaßen unterschieden werden:
a) Die Danksagung, die besonders in der Präfation ihren Ausdruck findet: [...]
b) Die Akklamation: Darin vereint sich die ganze Versammlung mit den himmlischen Mächten und singt das Sanctus. [...]
c) Die Epiklese: Darin erfleht die Kirche durch besondere Anrufungen die Kraft des Heiligen Geistes, damit die von Menschen dargebrachten Gaben konsekriert, das heißt, Leib und Blut Christi werden und damit die makellose Opfergabe, die in der Kommunion empfangen wird, denen zum Heil gereiche, die daran Anteil erhalten.
d) Der Einsetzungsbericht und die Konsekration: Durch die Worte und Handlungen Christi wird das Opfer vollzogen, das Christus selbst beim Letzten Abendmahl eingesetzt hat, [...]
e) Die Anamnese: Durch sie begeht die Kirche das Gedächtnis Christi [...] Sie gedenkt dabei vor allem seines heiligen Leidens, seiner glorreichen Auferstehung und seiner Himmelfahrt.
f) Die Darbringung: Darin bringt die Kirche, und zwar besonders als hier und jetzt versammelte, bei der Begehung dieses Gedächtnisses im Heiligen Geist die makellose Opfergabe dem Vater dar. Die Kirche wünscht, dass die Gläubigen nicht nur die makellose Opfergabe darbringen, sondern auch lernen, sich selbst darzubringen, und dass sie so von Tag zu Tag durch Christus, den Mittler, vollendet werden zur Einheit mit Gott und untereinander, damit Gott schließlich alles in allem sei.
g) Die Interzessionen: Durch sie kommt zum Ausdruck, dass die Eucharistie in Gemeinschaft mit der ganzen Kirche, der himmlischen wie der irdischen, gefeiert wird und dass die Darbringung für sie und alle ihre Glieder geschieht, die Lebenden und Verstorbenen, die alle zur Teilnahme an der Erlösung und dem durch Christi Leib und Blut erworbenen Heil berufen sind.
h) Die Schlussdoxologie: Darin findet die Verherrlichung Gottes ihren Ausdruck; sie wird durch den Ruf Amen seitens des Volkes bekräftigt und abgeschlossen." (IGMR 79).

Es wird sich zeigen, dass die hier vorliegende eucharistietheologische Systematik in manchen Punkten in Spannung zum Gebetstext des *Canon Romanus* steht, wie sie auch in Spannung zu bedeutenden Traditionen eucharistischen Betens in den Kirchen des Ostens und Westens steht, während sie mit den neuen Hochgebeten des nachkonziliaren *Missale Romanum* wie auch mit der traditionellen katholischen Schultheologie über die Eucharistie sehr konform geht. Daher schon an dieser Stelle der Hinweis auf zwei Fragen, die möglicherweise überraschen:

Ist der *Canon Romanus* vielleicht doch nicht jener alt-ehrwürdige Garant klassisch katholischer Eucharistie- und Messopferlehre, als der er vielfach bezeichnet wird? – Was hätten dann die Spannungen zwischen der Gebetslogik des *Canon Romanus* und den neuen Hochgebeten für die Liturgiereform sowie für Theorie und Praxis der Eucharistie heute und morgen zu bedeuten?

2. Der *Canon Romanus*: geschichtliche Stationen und Transformationen

Zwischen dem 4. und dem 7. Jahrhundert ist der *Canon Romanus* aus vorgeprägten Einzelteilen zu einem kohärenten Textgefüge zusammengewachsen. „[...] der römische Messkanon [ist] mit seinen verschiedenen Gliedern und Stufen, mit seinen wiederholten Darbringungen und seinen Fürbitten, nicht zuletzt mit seinen Heiligenreihen entschieden ein sehr komplexes Gebilde."[3] Jungmann zufolge „muß gegen Ende des 4. Jahrhunderts wenigstens der Kern des römischen Kanons vorhanden gewesen sein."[4] Fürbitten und andere Elemente kommen dann im Lauf des 5. oder Anfang des 6. Jahrhunderts hinzu. Zur Zeit Gregors des Großen sei der Römische Kanon jedoch bereits eher reduzierend als produzierend normativ geregelt worden.[5]

Sprache und Rhetorik des *Canon Romanus* sind also durchaus spätantik geprägt. Aus dieser vormittelalterlichen Entwicklungsphase stammt auch die ganz selbstverständlich als Teil des Hoch-

3 *Josef Andreas Jungmann*, Missarum Sollemnia, Bd. 1, Wien ^{3}1952, 64.

4 Ebd., 66.

5 Vgl. ebd., 67–77.

gebets verstandene, in ihrem konkreten Text häufig wechselnde Präfation mit ihrem Einleitungsdialog sowie das *Sanctus* als hymnische Akklamation des Volkes am Ende der anamnetisch-lobpreisend akzentuierten Präfation. Das *Te igitur, clementissime Pater* [...] leitet nach dem *Sanctus* organisch in die folgenden Abschnitte über.

Spätestens seit dem 8. Jahrhundert beginnen formale und rituelle Transformationsprozesse hinsichtlich der Feiergestalt der Eucharistie. Dazu gehört die Trennung des Canongebetes ab dem *Te igitur* von Präfation und *Sanctus*, wobei zur festen Regel wird, dass vom *Te igitur* bis zur Doxologie der nun separat als Canon bezeichnete Text vom zelebrierenden Priester still zu beten ist; ferner die immer konsequentere Trennung des Eucharistiegebetes beziehungsweise der eucharistischen Liturgie von der Gläubigenkommunion. Im Lauf der Zeit kommen rituelle Elemente zur Konzentration des Gebetsgeschehens auf den Einsetzungsbericht hinzu: Kniebeugen des Priesters, Elevation von Hostie und Kelch, Glockenzeichen. Die liturgisch-musikalischen Entwicklungen führen dazu, dass der still gebetete Canon durch den Gesang des ersten Teiles des *Sanctus* vor der Wandlung und des *Benedictus* nach der Wandlung überlagert wird.

Schließlich setzt sich ein Interpretationsmodell des *Canon Romanus* durch, das zwar der rhetorischen Struktur des Textes mit seiner Zentralstellung des Einsetzungsberichtes zu entsprechen scheint, nicht aber dem ursprünglichen inhaltlichen Duktus des Canons gehorcht, wie Reinhard Meßner bereits vor Jahren mit überzeugenden Argumenten dargestellt hat.[6]

Das *Quam oblationem* wird nun nicht mehr als Annahmebitte, bezogen auf das Opfer der Kirche, sondern als epikletische Wandlungsbitte vor der Konsekration gedeutet.[7] Das *Qui pridie*, also der

6 Vgl. *Reinhard Meßner*, Einige Probleme des eucharistischen Hochgebets, in: Bewahren und Erneuern. Studien zur Meßliturgie (FS Hans Bernhard Meyer), hg. v. *Reinhard Meßner, Eduard Nagel, Rudolf Pacik* (IThS 42), Innsbruck 1995, 174–201.

7 Dazu schreibt Helmut Hoping: „Der zweite Teil des *Quam oblationem* besteht aus einer Bitte um Wandlung der Gaben in den Leib und das Blut

Einsetzungsbericht, wird als Konsekrationsformel in seiner rituellen Ausgestaltung vom Kontext abgehoben, obwohl es sprachlich als Relativsatz in das Gefüge von Anamnese und Darbringung eingebettet ist. Die Konzentration auf die konsekratorische Wirkung des Einsetzungsberichtes wird zur unhintergehbaren Norm für das Verständnis des gesamten Kanongebetes.

Dies lässt sich beispielsweise am *Supplices*-Gebet im letzten Drittel des Canons zeigen: Nach dem Einsetzungsbericht folgt zunächst das *Unde et memores* mit der speziellen Christusanamnese und der damit verbundenen Darbringungsaussage, dann das *Supra quae* mit der Abraham-, Abel- und Melchisedek-Typologie, und schließlich das *Supplices*, worin Gott gebeten wird, er möge veranlassen, dass durch die Hand seines heiligen Engels die Opfergabe der Kirche zum himmlischen Altar vor sein Angesicht getragen werde:

> Supplices te rogamus, omnipotens Deus:
> iube haec perferri per manus sancti Angeli tui in sublime altare tuum,
> in conspectu divinae maiestatis tuae:
> ut, quotquot ex hac altaris participatione sacrosanctum Filii tui Corpus et Sanguinem sumpserimus,
> omni benedictione caelesti et gratia repleamur.

Christi – mit dem Ziel ihres Empfanges in der Kommunion." Es handle sich um eine „eucharistische Gabenepiklese"; zugleich wird mit Verweis auf Odo Casel eingeräumt: „Zwar ist es möglich, dass das *Quam oblationem* ursprünglich nicht mehr war als eine Opferannahmebitte." *Helmut Hoping*, Mein Leib für euch gegeben. Geschichte und Theologie der Eucharistie, Freiburg – Basel – Wien 2011, 168. Dagegen Reinhard Meßner nach ausführlichen textgeschichtlichen Analysen: „Auf der Wandlungsbitte liegt also nicht der Akzent des Quam oblationem: dessen Hauptaussage auch im endgültigen (gregorianischen) Text ist die Bitte, daß Gott das Opfer der Kirche als die λογικὴ θυσία ansehen und annehmen möge." *Meßner*, Einige Probleme des eucharistischen Hochgebets, 180.

> Wir bitten dich, allmächtiger Gott:
> Durch die Hand deines heiligen Engels werde diese [Opfergabe] auf deinen erhabenen/himmlischen Altar getragen,
> vor das Angesicht deiner göttlichen Herrlichkeit;
> auf dass wir, da wir aus dieser Teilhabe des Altares
> den heiligen Leib und das Blut deines Sohnes empfangen werden,
> mit allem himmlischen Segen und aller Gnade erfüllt werden.[8]

Gemäß der veränderten mittelalterlichen Kanonhermeneutik werden die Gebete nach dem *Qui pridie*, und damit eben auch das *Supplices* konsequent so interpretiert, dass die Konsekrata, also die durch den Einsetzungsbericht in den Leib und das Blut Christi gewandelten Gaben am himmlischen Altar Gottes dargebracht oder geopfert werden.

Der ursprüngliche gebetstheologische Sinn dieses Canon-Teiles liegt jedoch darin, dass die Gaben, die die Kirche in der eucharistischen Feier darbringt, Brot und Wein, und mit ihnen die gesamte Hingabebewegung der Kirche in der Nachfolge Jesu von Gott geheiligt werden – im Sinn des Testaments Christi gemäß seiner Stiftung im Abendmahlssaal und in der Figur seiner Lebenshingabe „bis zum Tod am Kreuz" – damit sie in der Kommunion die Gläubigen mit Gnade und Segen erfüllen. Wir haben hier eine epikletische Gebetsbewegung vor uns, die zwar nicht explizit vom Heiligen Geist spricht, in der jedoch der klassisch altkirchliche Duktus der Epiklese erkennbar ist, und zwar jener nicht getrennten Epiklese, in der die eucharistischen Gaben mit der Zielrichtung auf die Kommunion dem heiligenden und Leben spendenden Wirken Gottes anheimgestellt werden.[9] Bereits Jungmann schreibt über die Sinnlogik des *Supplices* Gebetes: „Das

---

8 Die Feier der Heiligen Messe. Messbuch für die Bistümer des deutschen Sprachgebietes. Authentische Ausgabe für den liturgischen Gebrauch. Teil I: Die Sonn- und Feiertage deutsch und lateinisch. Die Karwoche deutsch, Einsiedeln u. a. 1975, 484.

9 „Über die Darbringung der Kirche wird [...] in der Epiklese der Geist herabgerufen (bzw. im römischen Kanon: die Darbringung der Kirche möge auf dem himmlischen Altar, vor Gottes Angesicht, geheiligt werden)." *Meßner*, Einige Probleme des eucharistischen Hochgebets, 192.

christliche Opfer ist eben von der Art, dass die darbringende Gemeinde von vornherein auch zum Opfermahl geladen ist. Der Ausblick auf dieses ergibt sich darum ohne weiteres, sobald die Darbringung vollzogen ist, und dass dieser Ausblick auch hier zur demütigen Bitte wird, ist durchaus angemessen."[10] Im Einklang mit der altkirchlichen Hochgebets-Tradition kennt die Gebetslogik des *Canon Romanus* die Problematisierung eines (auch) auf die eucharistischen Gaben bezogenen epikletischen Gebetes nach dem Einsetzungsbericht nicht.

In den mittelalterlichen Entwicklungsprozessen der Eucharistielehre und der liturgischen Gestaltung des Hochgebetes beziehungsweise der Messfeier insgesamt geht also die ursprüngliche eucharistietheologische Kohärenz des *Canon Romanus* mit den großen Linien der altkirchlichen Hochgebetstradition in mehreren Punkten verloren, ohne dass sich sein Gebetstext verändert hätte. Mit der Liturgiereform des Tridentinums und dem Missale von 1570 erfolgt als Reaktion auf die reformatorischen Abendmahlstheologien die Bestätigung des Canons in der bis dahin gewachsenen Synthese von spätantikem Textkomplex und in späteren Jahrhunderten hinzu gekommenen strukturellen und rituellen Neuakzentuierungen.

Im 19. und 20. Jahrhundert erfährt der *Canon Romanus* einerseits eine bis dahin nicht gekannte Thematisierung und Problematisierung seiner Geschichte und seiner Spezifika als Text und als liturgischer Handlungskomplex, und zwar im Rahmen einer breit ausdifferenzierten, östliche und westliche Traditionen und Sprachen einbeziehenden Liturgiegeschichtsforschung. Dies führt schließlich im Rahmen der Arbeit am neuen Missale Papst Pauls VI. nach dem Zweiten Vatikanum zur Diskussion um die textliche und rituelle Gestalt des Eucharistischen Hochgebetes in der römisch-katholischen Kirche, die aus liturgiewissenschaftlichen, aber auch aus pastoralen und katechetischen Gründen kontrovers geführt wird; nicht nur hinsichtlich der Frage, ob der Canon in die Volkssprachen übersetzt werden darf oder soll, sondern grundsätzlicher: Es erhebt sich die Frage, wie die römisch-

10 *Josef Andreas Jungmann*, Missarum Sollemnia, Bd. 2, Wien ^{3}1952, 293.

katholische Kirche in Hinkunft ihr Eucharistisches Hochgebet formulieren und zelebrieren sollte.

Mit Ausnahme von kleinen textlichen Details ist der *Canon Romanus* schließlich als Erstes Hochgebet erhalten geblieben. In seiner rituellen Gestalt und Kontextbezogenheit innerhalb der Messfeier wurde er als laut gesprochenes Gebet ohne Überlagerung durch musikalische oder andere Parallelelemente, und in seiner Integrität von der wechselnden Präfation bis zur Schlussdoxologie wiedergewonnen.

3. Motive und Prinzipien zur Ausarbeitung neuer Hochgebete nach dem Zweiten Vatikanum

Das Consilium zur Umsetzung der Liturgiereform machte 1966 dem Papst den Vorschlag, neben dem *Canon Romanus* ein neues Hochgebet zu entwerfen und dafür verschiedene Vorschlagsvarianten zu erarbeiten, wobei man sich verpflichtet sehe, „dafür zu sorgen, dass auch im neuen Hochgebet der römische Genius erkennbar ist, so dass die römische Messe in Verbindung bleibt mit dem Geist der römischen Liturgie."[11] Der Papst reagierte mit folgender Anweisung: „Man lasse das augenblickliche Hochgebet unverändert und suche nach zwei oder drei anderen, die man zu bestimmten Zeiten nehmen kann."[12]

In den selbst gesetzten Richtlinien über das Bauprinzip der neuen Hochgebete folgte das Consilium der römisch-katholischen Eucharistielehre in ihrer seit dem Hochmittelalter bestehenden Form und goss diese in eine spezifische Struktur, obschon durch die erwähnten Studien und Kontroversen – beispielsweise um Bedeutung und Stellung der Epiklese – andere Akzente möglich

11 *Annibale Bugnini*, Die Liturgiereform. 1948–1975 Zeugnis und Testament, deutsche Ausgabe hg. v. *Johannes Wagner* unter Mitarbeit von *François Raas*, Freiburg – Basel – Wien 1988, 480.

12 *Bugnini*, Die Liturgiereform, 481. Cypriano Vaggagini bereitete daraufhin zwei neue Entwürfe für Eucharistische Hochgebete vor.

gewesen wären. Der strukturelle Duktus der neu zu erarbeitenden Hochgebete wurde folgendermaßen festgelegt:

Präfation, Sanctus, Überleitung zur Epiklese, konsekratorische Epiklese (Gabenepiklese), Einsetzungsbericht, Anamnese und Darbietung der Opfergabe, Bitte um Annahme der Opfergabe und um eine fruchtbringende Kommunion, Gedächtnis der Heiligen und Fürbitten, Doxologie.[13]

Bugnini macht in seinem Bericht über die Festlegung dieser Gebetslogik für die neuen Hochgebete unmissverständlich klar, dass man hierbei zwei Merkmale für den genuin römischen Geist des eucharistischen Hochgebetes festhalten wollte: erstens die Gabenepiklese vor dem Einsetzungsbericht,[14] und zweitens die Vorstellung, dass über die Darbringung beziehungsweise Opferung der eucharistischen Gaben und die Hingabe der Gläubigen selbst in Form der Liebesnachfolge Jesu – dass also über diese Opferbewegungen der Kirche hinaus – auch und vordringlich zu ihrem Opfer gehöre, „dass das, was wir opfern, vor allem Christus selber ist."[15]

Geschuldet ist diese Vorstellung dem Festhalten daran, dass der als Wandlung verstandene Einsetzungsbericht des *Canon Romanus* der Dreh- und Angelpunkt des gesamten eucharistischen Geschehens sei, dass das *Quam oblationem* vor dem Einsetzungsbericht als Äquivalent einer konsekratorischen Gabenepiklese zu lesen sei, und dass die postkonsekratorischen Gebete auf eine Darbringung der Konsekrata vor Gottes Angesicht durch die Kirche hinzielten, ohne dabei auf die fundamentale Grundausrichtung des eucharistischen Geschehens zu achten.

Denn selbst wenn man dem *Quam oblationem* eine ursprünglich epikletische Konnotation im Sinn einer Gabenepiklese, dem Einsetzungsbericht die zentrale konsekratorische Wirkung und den postkonsekratorischen Gebeten des *Canon Romanus* die

13 Vgl. ebd., 482.

14 Ebd., 483: „[...] die einmalige konsekratorische Epiklese unmittelbar vor dem Einsetzungsbericht: etwas, das unter allem anderen das typischste [sic!] in der römischen Tradition ist (im Römischen Kanon das ‚Quam oblationem')".

15 Ebd., 489 (hier mit Bezug auf die entsprechende Passage im Dritten Hochgebet).

Bedeutung einer Darbringung der Konsekrata vor Gottes Angesicht zuschreiben möchte,[16] bleibt doch festzuhalten: Der *Canon Romanus* lässt an keiner Stelle Zweifel daran aufkommen, dass das Darbringungs- beziehungsweise Opferhandeln der Kirche und die Wandlung der eucharistischen Gaben in den Leib und das Blut Jesu Christi von jener *primären Hingabe- oder Opferbewegung* ermöglicht und getragen werden, die von Christus ausgeht. „Die Eucharistie ist ein[e] *oblatio* (Darbringung, Opfer) in der Form der Danksagung und des Gedächtnisses. Die Kirche opfert also nicht Christus dem Vater, vielmehr setzt unsere *oblatio* Gottes Gabe an uns voraus."[17] Der *Canon Romanus* trennt auch an keiner Stelle das Darbringungs- beziehungsweise Opferhandeln der Kirche und die Wandlung der eucharistischen Gaben von der *primären Bestimmung* des gesamten eucharistischen Geschehens, das sich auf die danksagende und lobpreisende Teilhabe der Gläubigen an der endzeitlichen Liebes-Communio mit Gott richtet und im Empfang der Kommunion an ihr Ziel gelangt.

In allen neuen Hochgebeten des *Missale Romanum* – auch in denen, die über die vier zunächst gesamtkirchlich festgelegten hinaus gehen und sich nicht nur in Sonderfaszikeln, sondern auch in der ersten Druckausgabe der *Editio tertia* (2002) finden, ist dem gegenüber die vom Consilium beschlossene Gebetslogik samt den von Bugnini berichteten Akzentsetzungen realisiert. Und zwar auch in jenen Hochgebeten, die nach altkirchlichen Vorlagen erarbeitet wurden, und bei denen die Transformationen hin zum „römischen Geist" deutlich nachverfolgbar sind; also im Zweiten Hochgebet, das dem Eucharistiegebet aus der sogenannten *Traditio Apostolica* (3. Jh.) nachgebildet ist, und im Vierten Hochgebet in Anlehnung an die antiochenische Hochgebetstradition.[18]

---

16 So aktuell unter Berufung auf die Verwandtschaft des *Canon Romanus* mit der ambrosianischen Eucharistielehre und Gebetspraxis, *Hoping*, Mein Leib für euch gegeben, 167–177.

17 Ebd., 448.

18 Vgl. *Meßner*, Einige Probleme des eucharistischen Hochgebets, 192–201; *Winfried Haunerland*, Die Eucharistie und ihre Wirkungen im Spiegel der Euchologie des Missale Romanum (LQF 71), Münster 1989; *Martin Stuflesser*, Memoria passionis. Das Verständnis von lex orandi und lex

Die Fragen der grundsätzlich beibehaltenen und insgesamt ein wenig gesteigerten Variabilität bestimmter Partien des Hochgebetes wie Präfationen, Embolismen für bestimmte Feste und Feieranlässe sowie über die Akklamationen des Volkes innerhalb des Hochgebetes und über die spannende Geschichte der Zulassung und Verweigerung von Hochgebetsformularen, die von regionalen oder nationalen Bischofskonferenzen oder Interessensgruppen vorgeschlagen, gefordert oder auch einfach praktiziert worden sind, können hier leider nicht weiter verfolgt werden. Ebensowenig kann auf die vielen interessanten Detailfragen der Textgestaltung und der Übersetzungen der Hochgebete in die Volkssprachen eingegangen werden, die ja im Licht der römischen Instruktion *Liturgiam authenticam* (2001) zur Zeit wieder sehr brisant sind.

4. Die römisch-katholische Synthetik von Eucharistiegebet, Messritus und Eucharistielehre: Ein zusammenfassender Befund und eine offene Frage

Blicken wir an dieser Stelle noch einmal auf die einleitend zitierten Punkte aus der *Institutio Generalis* des *Missale Romanum* zurück:[19] Sie konzentrieren sich zunächst auf die Aspekte der Danksagung und Heiligung beziehungsweise der Danksagung und Wandlung der Opfergaben, um die Charakteristik des Eucharistischen Hochgebetes zu beschreiben. In der Aufzählung der einzelnen Strukturelemente des Hochgebetes wird dann vor allem der Zusammenhang von Gabenepiklese, Konsekration und Opfer herausgestrichen: Die Konsekration wird als „Vollzug des Opfers" beschrieben, die Darbringung nach der Konsekration wird dann noch einmal als Opfer der Kirche bezeichnet, in welchem sie die „makellose Opfergabe", die zuvor schon mit dem

---

credendi am Beispiel des Opferbegriffs in den eucharistischen Hochgebeten nach dem II. Vatikanischen Konzil (MThA 51), Altenberge 1989.

19 Vgl. Anm. 2.

„Leib und Blut Christi" identifiziert wurde, Gott dem Vater darbringt. Lobpreis und Dank, die in der Präfation situiert werden, sowie die Anamnese des Christus-Mysteriums, die nach der Konsekration erfolgt, scheinen damit in einem eher losen Zusammenhang zu stehen. Auf die Kommunion wird lediglich einmal Bezug genommen, und zwar in der Beschreibung der Epiklese vor dem Einsetzungsbericht, „[...] damit die makellose Opfergabe, die in der Kommunion empfangen wird, denen zum Heil gereiche, die daran Anteil erhalten". Die Interzessionen werden schließlich fest an die Darbringung des Opfers gebunden: In ihnen „kommt zum Ausdruck, dass die Darbringung für sie [die himmlische und irdische Kirche] und alle ihre Glieder geschieht, die Lebenden und Verstorbenen, die alle zur Teilnahme an der Erlösung und dem durch Christi Leib und Blut erworbenen Heil berufen sind." (IGMR 79).

Dieses eucharistietheologische Konzept ist, wie bereits gesagt, in den neuen Hochgebeten deutlich umgesetzt, steht in Einklang mit der klassischen Eucharistielehre der römisch-katholischen Kirche und mit der rituellen und strukturellen Gestaltung des eucharistischen Opfers in der Messliturgie seit dem Hochmittelalter, zugleich jedoch in Spannung zur Gebetslogik des *Canon Romanus*.

Die offene Frage, die sich daraus ergibt, lautet: Wie ist der Zusammenhang von Lobpreis, Danksagung, Anamnese, Epiklese, Darbringung beziehungsweise Opfer, Einsetzungsbericht, Interzessionen und Doxologie zu gestalten, damit das Eucharistische Hochgebet stiftungsgetreu und authentisch jenes Mysterium der Erlösung und der Teilhabe an Gottes Liebes-Communio zum Ausdruck bringt und zu feiern gestattet, aus dem die Kirche lebt?

Ich versuche im letzten Abschnitt eine Antwort auf diese Frage, die nicht nur dem alten und bis heute gültigen Text des *Canon Romanus* entspricht, sondern auch Sinn erschließend sein könnte für christliches Leben und Glauben in spätmoderner Zeit.

5. Eucharistietheologische Perspektiven aus der alten Gebetslogik des *Canon Romanus* für spätmoderne Zeiten

Freiheitsbestrebungen in individueller, sozialer und ökonomischer Hinsicht können als die mächtigen Antriebskräfte der Moderne angesehen werden. Deren Verwirklichungsversuche geraten allerdings immer wieder in Aporien, weil sie vielfach doch um den hohen Preis elementarer menschlicher Bedürfnisse und Werte errungen werden; und zwar auch solcher Bedürfnisse und Werte, die ebenso als Pfeiler der Moderne gelten – wie die unbedingte Würde der menschlichen Person und die daraus abzuleitenden fundamentalen Menschenrechte. Die Dynamik moderner Fortschritts- und Wachstumsprojekte konterkariert jedoch in vielfältiger Weise die Ideale einer menschenfreundlicheren und gerechteren Welt.

Die Kirche ist daher aufgefordert, christliches Leben und Handeln in kritischer Modernität zu gestalten: Die Freiheitsprinzipien der Moderne sind durchaus anschlussfähig an die christliche Botschaft von der Freiheit der Kinder Gottes; die Verzerrungen dieser Ideale erfordern jedoch auch kritische Impulse seitens der Kirche, die sich mit zeitgeistigen Trends und mit den Aporien moderner Lebensdynamik nicht einfach abfinden kann, sondern ein Lebens- und Glaubensmodell zu gestalten hat, das imstande ist, sowohl die Freiheit als auch die Bedürftigkeit des Menschen in religiöser, sozialer, politischer, kultureller und individueller Hinsicht zu respektieren und zu integrieren.

Was hat das mit der Eucharistiefeier und mit der Sinnlogik des *Canon Romanus* zu tun? Alle Mitfeiernden, die in der Gemeinschaft der Kirche untereinander und mit Christus verbunden sind, öffnen in der Eucharistiefeier ihre fragmentarisch vor-liegende Geschichte, ihre Freiheits- und ihre Bedürftigkeitserfahrungen, ihre leid- und glückvoll erfahrenen Situationen, die Gaben und Lasten des Daseins, und damit stellvertretend alle geschöpfliche Wirklichkeit auf ihren Ursprung und ihr Ziel, auf Gott hin, vertrauen sie ihm an und legen sie in Gestalt von Brot und Wein unter Dank und Bitten auf den Altar (Opfer der Kirche). Als geistlich begabte und existentiell mit Geben und Empfangen vertraute weiß die Kirche um die Bedürftigkeit ihrer selbst und der ganzen Welt und zugleich um ihre gottgeschenkte Berufung zur Freiheit der Kinder Gottes, weiß sie um die Notwendigkeit und den Segen der Öffnung und der Äußerung ihres Daseinsglücks und ihrer Daseinsnöte auf den Ursprung und das Ziel ihres Lebens, auf Gott hin.

Indem sie aber dieses Wissen in Erwartung der Zuneigung und des Erbarmens Gottes in eucharistisches, das heißt danksagendes, der Liebe Gottes gedenkendes und sich selbst dieser Liebe übereignendes Handeln umsetzt, durchdringt sie die Verstrickungen des alltäglichen Laufs der Dinge, wie sie uns gewöhnlich vereinnahmen und bestimmen.

Die Feier der Eucharistie trägt somit aus ihren Urmotiven der Hingabe und der Erwartung göttlicher Lebensfülle das Potenzial zur Befreiung des Gegenwärtigen und des Vergangenen aus seinen oft lähmenden Verhältnissen in sich, das Potenzial zur Erfahrung der Zukunft, des Kommens Gottes hier und jetzt, zur existentiellen Aneignung der Lebens-, Sterbens- und Auferstehungsgestalt Jesu Christi. Jede Eucharistiefeier initiiert und erneuert damit jene befreiende Durchbruchs- und Hoffnungserfahrung, die aus dem Gedächtnis des Pascha-Mysteriums Jesu Christi und aus der vertrauensvollen Erwartung seines Wirksamwerdens herrührt. Die Feier der Eucharistie ist anamnetische Vergegenwärtigung und sakramentale Aktualisierung des Lebens-Opfers Jesu Christi, in dem Gott die Welt mit sich versöhnt und den eschatologischen Anbruch einer neuen Schöpfung gestiftet hat.

Eine eucharistische Opfertheologie, die in Einklang mit der Gebetslogik des *Canon Romanus* steht und zugleich den christlichen Glauben im Kontext spätmoderner Kultur und Gesellschaft bewährt, sollte daher meines Erachtens grundlegend orientiert sein am Ereignis der wechselseitigen Selbst-Übereignung von Vater und Sohn, die die Lebensbewegung Jesu gemäß der Botschaft der neutestamentlichen Schriften bestimmt. Ich wähle den Ausdruck Selbst-Übereignung vor allem deshalb, weil er erstens Freiheit, also den Ausschluss von Zwang oder Nötigung in individuellen und sozialen Beziehungsgefügen – und damit ein Grundmotiv modernen Selbstverständnisses, und zweitens die Grundbewegung liebender Anerkennung, nämlich die vorbehaltlose Öffnung des eigenen Daseins hin zu einer größeren Lebensfülle mit dem und im Anderen impliziert – also einen durchaus kritischen, aber im letzten zutiefst freiheitsfördernden Begleitimpuls zu den Aporien und Ideologie-Anfälligkeiten der Moderne.

Jesu Leben und Sterben kann als Opfer bezeichnet werden, weil und insofern es bestimmt ist durch Selbst-Übereignung in wechselseitigem Geben und Empfangen göttlicher und menschlicher Zuneigung.[20] Sowohl das eucharistische Gedächtnis im engeren Sinn, die Anamnese des Lebens, Leidens, des Sterbens und der Auferstehung Jesu, als auch die eucharistischen Darbringungs- und Hingabegesten sind auf dieses gott-menschliche Beziehungsgeschehen hin fokussiert. Im Sinn eines affirmativen Gedächtnisses der liebenden Selbst-Übereignung Jesu an Gott und an die Menschen, und des diakonischen sowie rituell-symbolischen Sich-Ergreifen-Lassens von dieser Selbst-Übereignung wird die eucharistische Feiergemeinde in die Bewegung des „Opfers Christi" hineingezogen.[21]

Eine so gefasste eucharistische Opfertheologie räumt der sozialen und diakonischen Disposition der Eucharistie einen substantiellen Platz ein: Die in der Eucharistiefeier zugleich vorausgesetzte und initiierte Diakonie bedeutet Opfer im Sinn eines Engagements, das sich selbst und die eigenen Ressourcen für das Lebenkönnen der Anderen aufs Spiel setzt; nicht um dadurch für Gott erst annehmbar zu werden, sondern um in diesem Einsatz zusammen mit dem Anderen in der Lebensfigur Jesu Christi – um es poetisch zu sagen – „froh und frei", oder theologisch gesprochen: „geheiligt" zu werden.

---

20 Hier sei auch auf die bereits lange vorliegenden Ergebnisse ökumenischer Dialoge zu Fragen der eucharistischen Opfertheologie hingewiesen, dokumentiert in dem von Karl Lehmann und Edmund Schlink herausgegebenen Band: Das Opfer Jesu Christi und seine Gegenwart in der Kirche. Klärungen zum Opfercharakter des Herrenmahles, hg. v. *Karl Lehmann, Edmund Schlink* (Dialog der Kirchen 3), Freiburg – Göttingen 1983. Zu einer christlich-liturgischen Opfertheologie insgesamt vgl. Das Opfer. Biblischer Anspruch und liturgische Feier, hg. v. *Albert Gerhards, Klemens Richter* (QD 186), Freiburg – Basel – Wien 2000.

21 Zur opfertheologischen Deutung des Todes Jesu vgl. *Christina M. Kreinecker*, Das Leben bejahen: Jesu Tod, ein Opfer. Zur Bedeutung der unterscheidenden Rede von *victima* und *oblatio*, in: ZKTh 128 (2006) 31–52.

In dieser eucharistischen Opferlogik, deren Grundpfeiler Freiheit, Liebe und unbedingte Anerkennung des Anderen sind, erscheint die Macht und Herrlichkeit Gottes gerade nicht als Verlangen nach einer ihm geschuldeten Gabe. Sie erscheint vielmehr als auferweckender und versöhnender Durchbruch zu neuem Leben. Dem muss das Eucharistiegebet in seiner Sinnlogik Rechnung tragen, und dies gelingt nicht, indem es zum Ausdruck bringt, dass die Kirche die konsekrierten Gaben, Leib und Blut Christi, opfert, sondern indem es den Konnex zwischen Anamnese, Epiklese, Opfer der Kirche und Opfer Christi einerseits und Kommunion andererseits ausdrücklich macht, in welcher die dargebrachten Gaben und mit ihnen alle Opferbewegungen der Kirche als Frucht und Teilhabe am Opfer Christi, als göttliche Lebensnahrung der neuen Schöpfung in Christus zurückgewendet werden an die Feiernden und ihre Welt.[22] Genau dies aber verfolgt die Gebetslogik des *Canon Romanus*.

Die in der Kommunion an ihr Ziel kommenden Opferbewegungen in der Nachfolge der Selbst-Übereignung Jesu Christi sind als integrale Momente an jenem Geschehen der Daseinsöffnung und -äußerung zu verstehen und zu gestalten, das im Hochgebet artikuliert wird. Ihre Zielrichtung ist die durch Dank und Lobbekenntnis begleitete Öffnung oder Aussetzung des Daseins für das auferweckende, diakonische, lebenspendende Wirken Gottes, zugleich die Bitte um die Einlösung der Erwartung der Lebensfülle Gottes in der Feierhandlung selbst sowie in Zeit und Ewigkeit. Die unter persönlichem Gebet und Dank empfangene Kommunion des Leibes und Blutes Jesu Christi ist der Zielpunkt der Eucharistiefeier, in dem alle Gaben, Darbringungs- und Opfergesten der Kirche den Glaubenden und ihrer Welt als göttliche

22 Vgl. *Thomas Pröpper*, Zur vielfältigen Rede von der Gegenwart Gottes und Jesu Christi. Versuch einer systematischen Erschließung, in: Wie das Wort Gottes feiern? Der Wortgottesdienst als theologische Herausforderung, hg. v. *Benedikt Kranemann*, *Thomas Sternberg* (QD 194), Freiburg – Basel – Wien 2002, 100–122, hier: 120: „Im Blick auf Jesus Christus lässt sich die Eucharistie als ‚Opfer' in dem abgeleiteten Sinn bezeichnen, dass er als Erhöhter die geschichtlich von ihm durch die Hingabe bis zum Tod vollbrachte Liebe uns (vermittels des Geistes) zueignet und durch solches Wirken an und für uns seine irdische Proexistenz fortsetzt."

Lebensspeise und als göttlicher Lebenstrank von Gott her zurückgeschenkt werden.[23] – Darin ereignet sich die Besiegelung der Communio der Glaubenden mit Christus zu gemeinsamer und gegenseitiger Selbst-Übereignung aus der Kraft Gottes, die Vorwegnahme der vollendeten Liebesgemeinschaft zwischen Gott und seiner Schöpfung, die befreiende und Hoffnung stiftende Erfahrung innigen Verbundenseins der Glaubenden unter der Gastgeberschaft des menschenfreundlichen Gottes durch Jesus Christus im Heiligen Geist.

Die Heilsdynamik der Opferbewegung Jesu Christi funktioniert gerade nicht nach der Logik: Darbringung von Opfer(gabe)n zum Ausgleich von Schuld, Unvollkommenheit oder Defiziten, auch nicht nach der Logik: kultische Aussonderung einer Gabe, um sie als Bild und Mahnmal des Mysteriums zu idolisieren. Die Heilsdynamik des Opfers Christi ist vielmehr kenotisch/diakonisch verfasst und heißt: entschiedenes Verfügbarmachen von Lebenspotenzen zu ihrer gottgemäßen Entfaltung.

Für das eucharistische Opfer bedeutet dies: Aussonderung von Opfergaben, um an ihnen und durch sie die erlösende Frucht von Gottes Lebensmacht in menschlicher Bedürftigkeit zu erfahren. Dieses Aussondern oder Verfügbarmachen bedeutet dann aber konsequenterweise Teilen und gemeinsames Verkosten göttlicher Lebens-Nahrung hier und heute.

Wie Gott in Jesus Christus nichts von der Potenzialität seiner Liebe zurückgehalten hat, so kann auch im sakramentalen Vollzug des Gottesmysteriums nichts von dem zurückgehalten werden, was als Nachfolgegestalt seiner Liebeshingabe dargebracht wird; es wird vielmehr restlos, ja in überfließender Nährkraft zurückgeschenkt, um den Kreislauf göttlichen Lebens und göttlicher Liebe zwischen Gott und Mensch zu beleben. Jesus Christus ist das ultimative Ereignis dieser Dynamik: In seiner Lebensbewegung kommt die äußerste Potenzialität Gottes selbst zum Vorschein und zur Entfaltung. Die Erfüllung der biblischen Uranweisung zur Feier der Eucharistie: „Tut dies zu meinem Gedächtnis“ muss in ihrer Gabe- und Empfangsstruktur das aus freiem Entschluss hingebende Verfügbarmachen von Lebenspotenzen zu

23 Vgl. ebd., 121.

ihrer gottgemäßen Entfaltung sein, auf die Feier hin gewendet: Lobbekenntnis, Danksagung und Gedächtnis des Pascha-Mysteriums Jesu Christi, Selbst-Übereignung und Gaben-Darbringung, Bitte um Wandlung und Heiligung, um Entfaltung göttlicher Lebenskraft, solidarisches und fürbittendes Miteinbeziehen von Mensch und Schöpfung in diese Bewegung, Empfang der geheiligten, in der Kraft des Geistes Gottes gewandelten Gaben.

Wenn diese Bewegung im Eucharistischen Hochgebet und in der gesamten Feiergestalt der Messe klar und deutlich zum Ausdruck kommt, dann erscheint es auch möglich, dass innerhalb dieser Bewegung die sakramentalen Gestalten der Selbst-Übereignung Gottes an den Menschen, Leib und Blut Christi, aus purem Dank und aus Zuneigung vor Gott hochgehalten werden, um die Göttlichkeit, Größe und Gnade dieser Gabe zu versinnbildlichen und so noch einmal Dank, Lob und Verherrlichung zum Ausdruck zu bringen. Eine postkonsekratorische Darbringung von Christi Leib und Blut vor das Angesicht Gottes könnte allein hierin ihre Legitimität und Dignität finden. Und wenn bereits die spätantike Textkomposition des *Canon Romanus* im Zusammenhang mit der ambrosianischen Eucharistietradition dahingehend interpretiert werden kann, dann liegt seine eucharistietheologische Stärke garade darin, dass er – wesentlich deutlicher als die neuen Hochgebete des *Missale Romanum* – die eben geschilderte Grundbewegung der Eucharistie dadurch nicht in Frage stellt, sondern bekräftigt.

Sakramentale Teilhabe am Opfer Christi durch die Eucharistiefeier der Kirche bedeutet also Teilen und Verkosten jenes zur Auferstehung aufgebrochenen Lebens, das sich aus freier, entschiedener Hinkehr Gottes und der Menschen zueinander entfaltet.

Aufgabe und Ziel des Eucharistischen Hochgebetes ist es, diese befreiende, heilige, sinnstiftende Lebensbewegung zwischen Gott und Mensch in der Gemeinschaft der Kirche zu feiern und zu kommunizieren, ihr in Wort und Gebärde, in entsprechender innerer und äußerer Gestimmtheit jenen gott- und menschengemäßen Ausdruck zu verleihen, der der Lebensfigur und der Stiftung Jesu Christi ebenso entspricht wie der tiefsten Herzenssehnsucht des Menschen auf dem Weg des Glaubens.

Der Gebetstext des *Canon Romanus*, sein „römischer Geist“, repräsentiert dafür bei all seiner Sperrigkeit und Zeitgebundenheit jenen aus spätantiken Kontexten erwachsenen Sinn eucharistischen Betens, der es verdiente, in unserer religiösen und kulturellen Welt des 21. Jahrhunderts noch einmal neu entdeckt zu werden.

IV. Im Fokus: Welche Sprache braucht das Messbuch?

Orationen übersetzen

Regeln und Vorschläge

Alex Stock, Köln

1. Die Entscheidung des Zweiten Vatikanischen Konzils, die Liturgie für die Volkssprachen des Erdkreises freizugeben, war nicht so gemeint, dass nun nach jeweiligem Landesbrauch neue Liturgien mit eigenen Texten zu schaffen seien. Die lateinische Vorlagen sollten übersetzt werden und zwar so, dass die deutschen Fassungen selbst als die authentischen liturgischen Texte fungieren konnten. Die Geschichte der Liturgiereform zeigt, dass man sich über Sinn und Reichweite dieses Übersetzungsunternehmens nicht völlig klar und einig war, als man den Exodus aus dem lateinischen Gehäuse beschloss.[1]

2. Da ich mich vor allem mit den Orationen der Messe befasst habe[2] und sie zum Römischsten der römischen Liturgie gehören, will ich bei den folgenden Überlegungen von ihnen ausgehen, in der Annahme, dass die hier auftretenden Phänomene übertragbar sind. Die mit dem Messbuch von 1975 eingeführte deutsche Fassung der Orationen hat inzwischen eine längere Gebrauchsgeschichte hinter sich. Wenn man seinen Gottesdienstbesucherohren trauen darf, ist ein lockerer Umgang mit den verordneten Formularen nicht ganz unüblich. Durch leichte Paraphrasierung des Originals oder den Austausch gegen Eigenorationen unterschiedlicher Provenienz werden mundgerechtere Lösungen zeit-

---

1 Vgl. *Johannes H. Emminghaus*, Überlegungen und Anmerkungen zur Übersetzung der lateinischen Orationen, in: *Alfred Schilling*, Orationen der Messe in Auswahl. Ein Beitrag zum Problem ihrer Übersetzung in unsere Zeit, Essen 1968, 9–36.

2 *Alex Stock*, Orationen. Die Tagesgebete im Jahreskreis neu übersetzt und erklärt, Regensburg 2011.

genössischen Betens gesucht. Die unteren Dienstgrade vor Ort konnten dafür durchaus Anhalt bei ihren liturgiewissenschaftlichen Lehrern finden, die eine gewisse Reserve gegenüber der abstrakten Kürze und Kühle dieser römischen Gattung nicht verhehlten, verbunden mit dem Wunsch, „die Oration selbst sprachlich bereichern und ausbauen“[3], „eine biblischere, freilich dann die Vorlage nicht mehr wortgetreu wiedergebende, sondern mehr paraphrasierende Ausdrucksweise“[4] entwickeln zu können. Das Vorbild des frei formulierenden Vorstehers der christlichen Frühzeit stand durchaus vor Augen.

Die kirchliche Obrigkeit ist begreiflicherweise an allzu freiem Umgang mit den von ihr edierten liturgischen Formularen nicht besonders interessiert, sucht deshalb allfällige Weiterentwicklung selbst in die Hand zu nehmen. Eine bischöflich eingesetzte Studienkommission arbeitete daher viele Jahre an diesem von Anspruchsdivergenzen bedrängten Projekt. Über die Gesichtspunkte und Regeln ihrer Arbeit hat sie öffentlich Auskunft gegeben.[5]

Eine der Grundregeln lautet: „Ein Gebet, das von einem/einer einzelnen vorgetragen wird (Vorstehergebete/Fürbitten), muß beim Hören unmittelbar verständlich sein. Denn die Rezipienten sind auf das einmalige Hören angewiesen.“[6] Eines scheint diese verschärfte Verständlichkeitsregel übersetzungspraktisch nach sich zu ziehen, die Tendenz zur Vereinfachung. Lateinische Orationen gelten als abstrakt und vertrackt. Syntaktische Auflösungen und semantische Nachbesserungen legen sich nahe. Die Rezeptionsbedingungen einer „durchschnittlichen Gottesdienstgemeinde“ werden als Instanz genannt, womit man sicher eine schwer taxierbare Variable in die Übersetzungsarbeit einführt. Die von der Kommission als „Revisionsentwurf“ publizierten Überset-

3 *Emminghaus*, Überlegungen, 33.

4 Ebd., 35.

5 Studien und Entwürfe zur Meßfeier. Texte der Studienkommission für die Meßliturgie und das Meßbuch der Internationalen Arbeitsgemeinschaft der Liturgischen Kommission im deutschen Sprachgebiet 1, hg. v. *Eduard Nagel*, Freiburg – Basel – Wien [2]1996.

6 Studien und Entwürfe zur Meßfeier, 60.

zungen der Tagesgebete im Jahreskreis lassen zusammen mit den beigefügten Begründungen genau erkennen, was den Bearbeitern als verständlich oder nicht mehr verständlich erscheint. Für den zugrundeliegenden pastoralen Plausibilitätshorizont ist das aufschlussreich.

3. Vielleicht war es die in dieser pastoralen Hörerorientierung sich heimlich anbahnende Emanzipation der landessprachlichen Liturgieprovinzen, die die römische Zentrale zu Beginn des neuen Jahrtausends zu einer harschen Reaktion veranlasste. Unter dem Titel *Liturgiam authenticam* erschien im Jahre 2001 eine Instruktion der römischen Kongregation für den Gottesdienst, die sich mit dem „Gebrauch der Volkssprache bei der Herausgabe der Bücher der römischen Liturgie“ befasste.[7] In der Sicht der Ritenkongregation war es weltweit zu einer schleichenden Entfernung vom lateinischen Urtext gekommen, eine Entwicklung, die die „Identität des römischen Ritus“[8] und die *sana doctrina*[9] der römischen Kirche offenbar bedrohte. Die kirchliche Autorität sorgte sich um die „Grundlagen des Glaubens und der christlichen Sittenlehre“[10], die bei der pastoral freundlichen Assimilation an die modernen Hörerschaften ausgewaschen zu werden drohe. Der Ton dieser Verlautbarung war nicht besonders freundlich.[11] Liturgiker, die sich der mühsamen Arbeit der Übersetzung jahraus jahrein unterzogen hatten, wurden, statt Anerkennung für ihre

7 *Congregatio de Cultu Divino et Disciplina Sacramentorum*, Liturgiam authenticam. De usu linguarum popularium in libris liturgiae Romanae edendis, zit. nach der lat.-deutschen Ausgabe in den Verlautbarungen des Apostolischen Stuhls Nr. 154, hg. vom *Sekretariat der Deutschen Bischofskonferenz*, Bonn 2001.

8 Liturgiam authenticam Nr. 5 (S. 13).

9 Liturgiam authenticam Nr. 3 (S. 10).

10 Liturgiam authenticam Nr. 26 (S. 33).

11 Als Reaktionen aus dem amerikanischen Bereich vgl. z. B. Adoremus Bulletin www.adoremus.org/0601 responses.html; *Peter Jeffrey*, A Chant Historian Reads Liturgiam Authenticam 1: The Latin Liturgical Traditions, in: Worship 78 (2004) 2–24.

Inkulturationsarbeit im Weinberg des Herrn zu erhalten, mit kleinlichem Regelwerk gemaßregelt.[12]

Es geht der Instruktion um *principia translationis*, um Grundsätze der Übersetzungstätigkeit. Zunächst und vor allem: „integerrime et peraccurate transferatur“[13]. Es wird eingeprägt, „daß die Übersetzung der römischen Texte nicht in erster Linie ein kreatives Werk ist, sondern vielmehr erfordert, in die Volkssprache getreu und genau zu übertragen“[14]; *fideliter et accurate* – das ist eigentlich eine einsichtige Anforderung an jede Übersetzung. Der einer fremden Sprache nicht oder nur begrenzt kundige Empfänger einer Übersetzung möchte in seiner Sprache einen verlässlichen Text erhalten, der dem Urtext so weit wie eben möglich entspricht.

Die Kongregation findet nun, dass das Gegenteil davon das ist, was sie „ein kreatives Werk“ nennt. Wo im deutschen Text „kreatives Werk“ steht, heißt es im lateinischen *opus artificii*, was, etwas hölzern, „Kunstwerk“ besagen kann und im Gegensatz zu *fideliter et accurate* wohl meint, dass einer nach eigenem Belieben aus dem vorgegebenen Text etwas Neues bastelt. *artifex* ist nach üblichem lateinischen Verstand eigentlich jemand, der sein Handwerk versteht, das Handwerk der Übersetzung also im vorliegenden Fall, und nicht ein Pfuscher. Wird da, so möchte man vorsichtig fragen, von den gestrengen Kirchenherren wirklich akkurat genug mit der Sprache umgegangen, der lateinischen wie der deutschen?

Was in einer Übersetzung zu bewerkstelligen ist, ist für jeden, der sich aktiv oder rezeptiv mit Übersetzungen ein wenig auskennt, genau das, was die Instruktion abzuwehren scheint, ein durchaus „kreatives Werk“, ein Werk kreativer Bescheidenheit natürlich, keine *creatio ex quasi nihilo*. Wenn in römischen Texten dem „Machen“ in liturgischen Dingen immer wieder das „organi-

12 *Reiner Kaczynski*, Angriff auf die Liturgiekonstitution? Anmerkungen zu einer Übersetzer-Instruktion, in: StZ 219 (2001) 651–668; *Joseph Cardinal Ratzinger*, Um die Erneuerung der Liturgie. Antwort auf Reiner Kaczynski, in: ebd. 837–843.

13 Liturgiam authenticam Nr. 20 (S. 26).

14 Liturgiam authenticam Nr. 20 (S. 26f).

sche“ Wachstum gegenübergestellt wird, so muss man doch sagen, dass wir keine Bäume sind, denen die Texte wie Blätter aus den Fingern wachsen, sondern dass Übersetzen harte Arbeit ist, bei der man sich mit den Möglichkeiten der eigenen Sprachkultur ebenso gut auskennen muss wie mit dem Ausgangstext.

Was an dieser obrigkeitlichen Art, die Sache zu behandeln, dem Philologen, also dem Liebhaber der Sprache, der deutschen wie der lateinischen, am meisten missfällt, ist, dass nicht die Liebe zur Religion, zu ihrem Reichtum, ihrer Schönheit, sondern doktrinale Herrschsucht die Atmosphäre bestimmt. So muss man sich aus dem amtlich verursachten Pressionsgefüge erst befreien, um die Überlieferung für die Zukunft zu retten.

4. Die römischen Orationen sind keine freie Lyrik, es sind liturgische Gebrauchstexte, aber es handelt sich doch um Kunstprosa, um äußerst kurze, dichtgefügte Texte. So wäre, ehe man zu schnell nach zeitgenössischen Zumutbarkeiten schielt, doch der Versuch lohnend, die lateinischen Orationen nicht weniger sorgsam zu übertragen als ein Stück fremdsprachlicher Lyrik, und zwar um des erhofften Gewinns willen, nicht aus blindem Gehorsam gegenüber einer um Katechismustreue[15] besorgten Sprachleitzentrale.

Wenn nicht ein neuer Text gesetzt, sondern ein alter übersetzt wird, gilt der Vorrang des alten als selbstverständlich. Dem Urtext, den man in die eigene Sprache hereinzuholen versucht, wird ein Sinnvorsprung eingeräumt, an dem man teilzunehmen wünscht, den man durch die Übersetzung für die eigene Sprachwelt gewinnen möchte. Je kunstvoller ein Text ist, das heißt je größer die Bedeutung der Sprachform selbst für die Mitteilung wird, um so sorgfältiger hat der, der einen Text übersetzen will, das sprachliche Gefüge des Ausgangstextes zu studieren, die semantischen Felder, die syntaktischen Fügungen, den Klang und Rhythmus des Ganzen. Eine solche von Liebe und Hochschätzung getragene Aufmerksamkeit – das meint das lateinische *diligentia* – für den zu übersetzenden Text ist die erste hermeneutische Voraussetzung. Wer dem Text nicht viel zutraut oder ihn nur oberflächlich zur Kenntnis nimmt, verfehlt sie. Das Vertrauen kann natürlich

15 Vgl. Liturgiam authenticam Nr. 50 (S. 51).

auch enttäuscht werden. Es gibt lateinische Orationstexte, die auch bei freundlichster Zuwendung theologisch mager und poetisch hölzern bleiben, außerhalb des überlieferungsgeschichtlich alten Terrains der Tagesgebete der Sonntage des Kirchenjahres nicht wenige, auch unter den Gaben- und Schlussgebeten. Bei Gebetstexten, die sich nach sorgfältiger Prüfung als minderwertig erweisen, kann ein Übersetzer die Sache nur, wohlbegründet, zurückgeben und bitten, doch nach besseren Vorlagen im Schatz der Tradition zu suchen, oder eben vorschlagen, nunmehr in landessprachlicher Kompetenz selbst Besseres zu schaffen. Nicht nur hier, sondern auch auf anderen Feldern, zum Beispiel dem des Lektionars oder der Hymnen des Breviers, wäre eine kritische Durchsicht des lateinischen Repertoires selbst, und nicht erst seiner landessprachlichen Übersetzungen, sehr zu wünschen.

5. Meine eigene Übersetzung der Tagesgebete der Sonntage im Jahreskreis[16] ist eine Arbeit ohne kirchlichen Auftrag, nur aus dem persönlichen Interesse an der Materie erwachsen. Selbstverständlich gehört zu ihr die sorgfältige Auseinandersetzung mit früheren Übersetzungen, wie sie im Deutschen Messbuch und im Revisionsentwurf der „Studienkommission für die die Meßliturgie und das Messbuch" öffentlich zugänglich sind. Der ausdrückliche Bezug darauf dient dazu, die neu versuchten Fassungen zu begründen und der kritischen Erörterung auszusetzen.

Als allgemeine Regeln der Übersetzung haben sich mir im Vollzug selbst ergeben:

a. Die Übersetzung hat die textpragmatische Situation im Auge. Der Priester spricht in den Orationen als Einzelperson, aber im grammatischen Plural, also stellvertretend. Er tritt im Namen einer Kommunität vor das Angesicht des unsichtbaren Gottes. An ihrer Spitze, die Delegation hinter sich, überbringt er dem Schöpfer der Welt ein Anliegen der Menschenkinder, eine Petition. Sie ist kurz und wird in aller Kürze begründet. Das ist die *brevitas Romana,* die sich vor dem *Dominus* kein weitschweifiges Gerede erlaubt. Kürze aber bedeutet Konzen-

16 Vgl. Anm. 2.

tration dessen, was man sagen will, in rhetorisch gespannter Form. Es ist eine lapidare Form römischer Kunstprosa.

b. Die Übersetzung sollte semantisch so genau wie möglich sein. Die möglichst anschauliche Konsistenz des semantischen Feldes ermöglicht ein szenisches Verstehen der Situation *coram Deo*. Eng am Text ist pastoraler Jargon ebenso zu vermeiden wie modische Extravaganz: „Sei, Herr, deinen Dienern nahe, achte gütig auf ihr Gebet. Sie sind stolz, dich als Schöpfer zu haben, einen, der die Geschichte lenkt: Stell ihr Ansehen wieder her und bewahre es ihnen dann auch."[17]

c. Die Übersetzung sollte die syntaktische Struktur des Textes achten. Wenn in der grammatischen Verschachtelung nicht nur ein rhetorisches Ornament zu sehen ist, sondern sich die Komplexität der Sache selbst artikuliert, dann sollte der Katarakt nicht zu schnell in die Flüssigkeit einer gängigen Periode begradigt werden. Gebrochener Satzbau kann gedankenloses Persolvieren stören. Also nicht immerzu: „Allmächtiger, ewiger Gott, du hast uns …", sondern zum Beispiel: „Gott, dem alles Gute entspringt, wir bitten dich inständig, gib, dass wir, beseelt von dir, denken, was richtig ist, und es, geleitet von dir, dann auch tatsächlich tun."[18] Der österreichische Bildhauer Karl Prantl hat über den von ihm geschaffenen Altar des Grazer Doms gesagt, er habe die Altarplatte so uneben gemacht, nicht aus irgendwelchen symbolischen Gründen, sondern damit die Priester den Kelch behutsam absetzen.

d. Die Interpunktion markiert Sinnabschnitte, aber sie kann auch als Taktierung des Sprachvollzugs angesehen werden, als Zeichen von Atemeinheiten.[19] Ein Sprechtakt kann von einer Reihe von Worten oder nur von einem einzigen, dem eine nachfolgende Pause Gewicht verleiht, ausgefüllt werden. Die nachdrückliche Art des Sprechens könnte dem Gefüge plastische Präsenz verleihen: „Gott, der du durch deinen Sohn, durch seine Niedrigkeit, die Welt, die am Boden lag, wieder

---

17 *Stock*, Orationen, 62 (18. Sonntag im Jahreskreis).

18 Ebd., 43 (10. Sonntag im Jahreskreis).

19 Vgl. *Josef Andreas Jungmann*, Missarum sollemnia. Eine genetische Erklärung der römischen Messe, Bd. 1, Wien 1958, 484.

erhoben hast, gib deinen Gläubigen denn, daß sie, Sklaven der Sünde nicht mehr, der gewonnenen Freiheit sich freun und in Ewigkeit glücklich sind."[20]

e. Auf Singbarkeit habe ich bei meinen Übersetzungen nicht geachtet. Ob die Texte singbar sind, steht dahin. Sollten sie es auf jeden Fall sein? In der Weise der alten Orationen? Und sollte man solcher Kantillation die poetisch-theologische Genauigkeit notfalls opfern?[21] Anders als die Präfationen, die die solistische Eröffnung eines kollektiven Gesangs sind, ist die Oration eine Petition, die nichts anderes als die Zustimmung der Petenten erwartet. Ist einer Oration als dichter Form des Gebets im Angesichte Gottes rhetorische Sprechintensität vielleicht doch eher angemessen als eine Art Oratorien-Ton?

6. Regeln sind zu diskutieren, ihr Ernstfall aber ist die wirkliche Übersetzung. Übersetzungen vorzulegen, zu begründen, der poetisch-theologischen Kritik wie auch dem praktischen Versuch auszusetzen, gegebenenfalls zu verwerfen und durch eine bessere Lösung zu ersetzen, scheint mir eine Arbeit zu sein, die, wie die Übersetzungsarbeit an der Bibel zeigt, über die praktische Zielsetzung hinaus auch einen theologischen Erkenntnisgewinn erbringen könnte.

Dass man heutzutage in den Landessprachen Gebete neu machen kann, auch in Anlehnung an die literarische Form der alten römischen Oration, ist keine Frage, und notfalls sind sie, in aller gebotenen Sorgfalt, eben zu machen, wenn die Schwäche von vorhandenen nicht erst auf einem cisalpinen Schreibtisch eingesetzt hat. Die Tagesgebete der Sonntage im Jahreskreis des heutigen Messbuchs sind freilich eine alte liturgische Fracht aus der Übergangszeit zwischen Spätantike und frühem Mittelalter, sie stammen aus Sakramentaren des 6. bis 9. Jahrhunderts.[22] Sie

---

20 *Stock*, Orationen, 53 (14. Sonntag im Jahreskreis).

21 Vgl. *Christof Emanuel Hahn*, Die Orationen im Meßbuch. Zur Klanggestalt des Textes, in: Studien und Entwürfe, 171–184; vgl. *Emminghaus*, Überlegungen, 20f.

22 Zur Herkunft im einzelnen vgl. *Antoine Dumas*, Les sources du Missel Romain, in: Notitiae 7 (1971), 37–42; 74–77; 94f, 134–136; 276–280;

nicht zu ersetzen oder freizügig zu paraphrasieren, sondern sie nach Kräften über die Sprachgrenze herüberzuretten, ist der Versuch, Kontinuität zu wahren zu einem kleinen Stück, das, in lateinischer Sprache, jahrhundertelang den Gottesdienst mitgetragen hat, und darin mit seiner eigentümlichen Prägnanz vielleicht immer noch einen widerständigen Dienst tun kann. Die darin eingelagerte Theologie repräsentiert eine römische Denkform der christlichen Religion, die natürlich nicht die einzige ist in ihrem Frömmigkeitshaushalt – die der Psalmen ist eine andere –, aber doch eine, die der Erinnerung wert ist im multikulturellen Gedächtnis der Kirche.

409f; vgl. auch die Angaben in: *Josef Pascher*, Die Orationen des Missale Romanum Papst Pauls VI. 4 Bde., hg. v. *Walter Dürig*, St. Ottilien 1981–1983 und *Klemens Richter*, Höre unser Gebet. Betrachtungen zu den Orationen der Sonntage und Hochfeste des Herrn, Mainz 1988.

Bessere Texte!

Ein Plädoyer angesichts der Übersetzungen von Alex Stock

Winfried Haunerland, München

1. Die Eingangsfrage „Welche Sprache braucht das Messbuch?" ist im Grunde schon zu undifferenziert gestellt. Denn das Messbuch enthält unterschiedliche Textsorten, für die die Frage nach der angemessenen Sprachgestalt jeweils mit eigenen Akzenten beantwortet werden muss.[1] Die – meist biblischen – Antiphonen zum Einzug und zur Kommunion brauchen keine eigene Sprache für das Messbuch, sondern folgen – wo immer es die lateinische Vorlage erlaubt – der für die Liturgie vorgesehenen Bibelübersetzung. Admonitionen sind mystagogisch einführende Worte, die sich direkt an die feiernde Gemeinde richten, von dieser also verstanden werden und insofern konsequent auf deren Rezeptionsmöglichkeiten abgestimmt sein müssen. Schon von der Anzahl der Texte her wird die Frage nach der Liturgie- oder Messbuchsprache allerdings vor allem im Blick auf die Gebetstexte gestellt.[2] Doch sollte bedacht sein, dass auch hier zu unterscheiden ist:

1 Vgl. dazu *Winfried Haunerland*, Sprachkultivierung und Gottesdienst. Zur praktischen Relevanz einer liturgischen Textsortenlehre, in: HlD 56 (2002) 240–248.

2 Im Rahmen der Studienkommission für die Messliturgie und das Messbuch hat eine eigene Arbeitsgruppe zwischen 1988 und 2001 in diesem Feld intensiv gearbeitet und dabei auch Rechenschaft über ihre Übersetzungsphilosophie gegeben. Vgl. dazu Leitlinien für die Revision der Gebetstexte des Meßbuchs, in: Studien und Entwürfe zur Meßfeier. Texte der Studienkommission für die Meßliturgie und das Meßbuch der Internationalen Arbeitsgemeinschaft der Liturgischen Kommissionen im deutschen Sprachgebiet 1, hg. v. *Eduard Nagel*, Freiburg – Basel – Wien 1995, 55–62; erste neue Übertragungsversuche ebd., 63–98 (auf

Hochgebetstexte werden häufiger gesprochen, dürfen also keinesfalls so einfach sein, dass das wiederholte Hören zum Ärgernis wird; sie können auch anspruchsvoller sein, weil sich manches vielleicht auch erst nach längerer Zeit erschließt und erschließen darf. Die meisten Orationen dagegen werden nur einmal im Jahr verwendet; die Mitfeiernden nehmen sie in der Regel nur einmal hörend wahr. Dabei entscheidet sich, ob sie etwas Sinnvolles aufnehmen oder ob sie nur unverständliche Wörter wahrnehmen. Wenn diese Gebete nicht nur Gebete der Kirche als Ganze sein sollen, sondern auch zu Gebeten der konkret versammelten Gemeinde werden sollen, muss diese ein grundlegendes Verständnis des Inhalts haben, um sich das Gebet zu eigen machen und bewusst mit ihrem „Amen" bestätigen zu können.

2. Es ist keine Frage, dass mit der fünften Instruktion zur Ausführung der Liturgiekonstitution *Liturgiam authenticam* ein Paradigmenwechsel verbunden ist.[3] Die erste Übersetzerinstruktion *Comme le prévoit*, die eindeutig auf die Zielsprache hin orientiert war, favorisierte faktisch das Prinzip der dynamischen Äquivalenz;[4] die Instruktion *Liturgiam authenticam* schärft die Maßgeblichkeit der Quellsprache ein und verlangt von daher größere Wörtlichkeit. In seinem Brief an Erzbischof Zollitsch zur Frage der Übersetzung der Formel *pro multis* im Kelchwort des Eucharistischen Hochgebetes spricht Papst Benedikt XVI. von den Grenzen, die „das Prinzip der nicht wörtlichen, sondern strukturellen Entsprechung als Übersetzungsleitlinie" beinhalte, und unterstreicht das Anliegen der Instruktion, die „das Prinzip der

diese Texte bezieht sich teilweise Alex Stock in seinem in Anm 7. angebenen Buch). – Mit der Vorlage der Instruktion *Liturgiam authenticam* hatte sich allerdings die Grundlage dieser Übersetzungsarbeit wesentlich verändert.

3 Vgl. *Kongregation für den Gottesdienst und die Sakramentenordnung*, Instruktion *Liturgiam authenticam*. 28.03.2001 (VApS 154). – Die Instruktion wird im Folgenden mit LA und der Abschnittsnummer zitiert.

4 Vgl. *Rat zur Ausführung der Liturgiekonstitution*, Instruktion *Comme le prévoit*. 25.01.1969 (EDIL/DEL 1200–1242).

wörtlichen Entsprechung in den Vordergrund gerückt [habe], ohne natürlich einen einseitigen Verbalismus vorzuschreiben“[5].

Bei aller Sorge um eine genaue und an der lateinischen Vorlage orientierten Übersetzung bringt auch die Instruktion *Liturgiam authenticam* zum Ausdruck, dass die liturgischen Texte in den Volkssprachen verständlich sein sollen. So heißt es: „Damit der Inhalt des Originaltextes auch weniger gebildeten Gläubigen zugänglich und verständlich ist, sollen die Übersetzungen sich dadurch auszeichnen, dass sie in Worte gefasst werden, die dem Verständnis angepasst sind und doch zugleich die Würde, die Schönheit und den genauen Lehrinhalt solcher Texte bewahren.“ (LA 25) Deshalb verlangt die Instruktion auch, man müsse „Wörter und Ausdrücke meiden, die wegen ihres allzu ungewohnten oder schroffen Charakters das leichte Verstehen behindern“ (LA 27). Sie erlaubt ausdrücklich, „die Worte so anzuordnen und Satzbau wie Stil so zu gestalten, dass ein flüssiger und dem Rhythmus des Gemeindegebetes angepasster volkssprachiger Text entsteht“ (LA 20).

Damit ist deutlich: Nicht nur die Texttreue, sondern auch die Verständlichkeit gehört zu den Prinzipien der Instruktion *Liturgiam authenticam.*[6] Insofern liegt es nahe, dass mögliche Schwierigkeiten bei den neuen Übersetzungen nicht in der Instruktion selbst liegen, sondern in deren einseitiger Anwendung. Ein guter deutscher Text muss eben nicht nur texttreu sein und darf auch nicht – um die Formulierung des Papstes aufzugreifen – einem einseitigen Verbalismus folgen. Ein guter Text ist für den gottesdienstlichen Vollzug geeignet. Für die Texte des zukünftigen deutschen Messbuches heißt das: Sie müssen gut sprechbar und im Hören so zu verstehen sein, dass alle, die der deutschen Sprache mächtig und mit der katholischen Liturgie vertraut sind,

---

5 *Benedikt XVI.*, Brief an die Mitglieder der Deutschen Bischofskonferenz zur Frage der Übersetzung des Kelchwortes. 14.04.2012, hier zit. nach: Gd 46 (2012) 81–84, hier 82.

6 Vgl. dazu *Winfried Haunerland*, Texttreu und verständlich. Die Leitlinien der Revision des Messbuchs, in: Gd 39 (2005) 153–156; Wiederabdruck in: „... Ohren der Barmherzigkeit“. Über angemessene Liturgiesprache, hg. v. *Benedikt Kranemann, Stephan Wahle* (Theologie kontrovers), Freiburg – Basel – Wien 2011, 62–71.

die Texte als sinnvoll wahrnehmen können, auch wenn ihnen natürlich nicht bei einem einmaligen Hören alle Nuancen, Zwischentöne und Tiefendimensionen eines Textes sofort aufgehen und plausibel sein können und müssen.

3. Alex Stock hat nun den verdienstvollen Versuch gemacht, die Tagesgebete der Sonntage im Jahreskreis neu zu übersetzen. Er wollte dabei „semantisch so genau wie möglich sein"[7] und „die syntaktische Struktur des Textes achten"[8]. Er vertraut dabei darauf: „Die Art des Sprechens könnte dem Gefüge plastische Präsenz verleihen."[9]

Schon vor fast 50 Jahren wusste der Münchener Liturgiewissenschaftler Josef Pascher,[10] dass jeder, der eine Übersetzung für den liturgischen Gebrauch vorlegt, sich angreifbar macht.[11] Auch wenn die von Stock vorgelegten Texte natürlich nicht für den sofortigen Gebrauch in der Liturgie vorgesehen sind und die approbierten Messbuchtexte nach dem Gutdünken der Priester ersetzen sollen, so erheben sie doch den Anspruch, für den gottesdienstlichen Vollzug geeignet zu sein. Sie sind insofern ein Angebot an die offizielle Übersetzerkommission *Ecclesia Celebrans*, die seit 2005 eine Approbationsvorlage für ein neues deutschsprachiges Messbuch vorbereitet.[12] Natürlich steht es den Bischöfen frei,

7 *Alex Stock*, Orationen. Die Tagesgebete im Jahreskreis neu übersetzt und erklärt, Regensburg 2011, 16.

8 Ebd., 17.

9 Ebd., 17.

10 Vgl. zu ihm jetzt *Markus Roth*, Joseph Maria Pascher (1893–1979). Liturgiewissenschaftler in Zeiten des Umbruchs (MThS. H 39), St. Ottilien 2011.

11 Auf den Dank der Bischöfe für seine Arbeit an dem dreibändigen Altarmessbuch von 1965 antwortete Pascher seinerzeit weitsichtig mit den Worten: „Wenn Sie mir danken wollen, dann nicht für das vorliegende Werk, das ohne Zweifel zerrissen wird, sondern für den Mut, mich damit exponiert zu haben." Hier zit. nach *Johannes Wagner*, Erinnerungen an Joseph Pascher (1893–1979), in: Notitiae 15 (1979) 668–672, hier 669.

12 Vgl. dazu *Winfried Haunerland*, Messbuchreformen im deutschen Sprachgebiet. Instanzen und Prozesse, in: Liturgiereform vor Ort. Zur Rezeption des Zweiten Vatikanischen Konzils in Bistum und Pfarrei,

auf dieses Angebot zurückzugreifen. Durch die Publikation der 34 Orationen können sich aber alle ein Urteil bilden, ob in ihren Augen solche Übersetzungen für das zukünftige Messbuch geeignet sind.

Weil die Texte nach Möglichkeit die Syntax der lateinischen Texte aufzugreifen suchen, entsprechen sie keinem üblichen deutschen Satzbau. Wer diese Texte vorträgt, muss sich vorher mit diesen Texten vertraut gemacht haben. Dabei handelt es sich jeweils nur um das Tagesgebet, als um einen einzelnen Text von zahlreichen Texten, die in der Messfeier vorzutragen sind. Die Vorstellung, dass alle liturgischen Texte jeweils sprecherisch einzuüben sind, ist aber völlig unrealistisch. Katholischen Priestern wird empfohlen, täglich die Messe zu feiern. Viele Priester in der Pfarrseelsorge zelebrieren gerade am Samstag und Sonntag mehrfach, oft durch Trauungen und Taufen unterschiedliche Gottesdienste mit wechselnden Texten, also verschiedenen Schriftlesungen und variierenden Gebetstexten. Gerade wenn man erwartet, dass ein Priester sich für die Predigt zumindest mit einer der Schriftlesungen intensiv auseinandergesetzt hat, müssen die anderen liturgischen Texte so sein, dass sie von ihm, wenn er grundsätzlich mit dem Genus dieser Texte vertraut ist, auch ohne intensive Vorbereitung sachgerecht vorgetragen werden können. Bei vielen der Texte, die Alex Stock vorgelegt hat, stellt sich allerdings die Frage, ob ein solcher Vortrag im Normalfall gelingen wird, auch wenn die schon jetzt üblichen Lesehilfen durch Sprechzeilen und ähnliches verbessert und noch intensiver genutzt werden.

Die Problematik verschärft sich im Blick auf jene Priester, deren Muttersprache nicht Deutsch ist. Die kunstvolle oder manchmal auch künstlich erscheinende Sprache Stocks erschließt sich schon dem Muttersprachler nicht an allen Stellen leicht – gelegentlich kann es sogar hilfreich sein, einen Blick auf den lateinischen Text zu werfen, um den Sinn der deutschen Übersetzung zu verstehen. Es dürfte für den Großteil der Priester nichtdeutscher Muttersprache eine Überforderung sein, die Texte, die Stock

---

hg. v. *Jürgen Bärsch, Winfried Haunerland* (StPLi 25), Regensburg 2010, 15–42, hier 35–40.

vorgelegt hat, sich selbst in kurzer Zeit anzueignen, um sie dann so vortragen zu können, dass die Hörer nicht nur einzelne Wörter verstehen, sondern dass sich ihnen die syntaktischen und logischen Bezüge erschließen.

4. Als im Jahr 2009 die zweite authentische Ausgabe des liturgischen Buches „Die kirchliche Begräbnisfeier" erschien, stieß dieses Buch auch bei solchen Priestern auf Kritik, für die die Verwendung der liturgischen Bücher bisher keine Frage war, weil sie diese Bücher und ihre Texte als verlässlich, qualitativ angemessen und insgesamt gut brauchbar erfahren hatten.[13] Ihr Ärger basierte darauf, dass sie erstmals in der jüngeren Geschichte in diesem Buch mit Texten konfrontiert wurden, bei denen sie Schwierigkeiten mit der sprecherischen Umsetzung, aber auch mit dem inhaltlichen Nachvollzug hatten. Die Verwunderung, die liturgische Enttäuschung und der pastorale Ärger würden bei einem Messbuch, das sich die Übersetzung von Alex Stock zum Vorbild nähme, wohl noch größer sein. Denn es reicht nicht, wenn die Wörter und Wortverbindungen nach dem Duden oder dem Grimmschen Wörterbuch (gerade noch) möglich sind und die Satzkonstruktionen grammatisch korrekt sind.

Nach 40 Jahren hat die Instruktion *Liturgiam authenticam* mit guten Gründen die Frage aufgeworfen, ob der inhaltliche Reichtum der lateinischen Vorlagen in angemessener Weise in den Übersetzungen aufgenommen ist. In der Tat soll die Liturgie auch in ihrer textlichen Gestalt den Glauben der Kirche bezeugen. Aber sie muss dies in einer Weise tun, in der den feiernden Gemeinden die Möglichkeit gegeben ist, sich die Worte und Gedanken der Kirche zu eigen zu machen. In diesem doppelten Sinn muss ein

13 Vgl. Die kirchliche Begräbnisfeier in den Bistümern des deutschen Sprachgebietes. Zweite authentische Ausgabe auf der Grundlage der Editio typica 1969, Freiburg – Basel – Wien 2009; zur Kritik etwa *Benedikt Kranemann*, Mangelnde Sensibilität. Das neue liturgische Buch für die kirchliche Begräbnisfeier, in: HerKorr 64 (2010) 185–189; zum Rezeptionsprozess insgesamt *Winfried Haunerland*, Das eine gescheitert, das nächste gescheiter? Zwölf Anmerkungen zur Rezeption eines liturgischen Buches, in: Gd 44 (2010) 173–176.

zukünftiges deutsches Messbuch besser als das bisherige sein. Denn zu Recht hat Kardinal Joachim Meisner schon 2005 darauf hingewiesen: „Wir brauchen nicht einfach neue oder andere Texte, sondern – wo es notwendig und möglich ist – bessere Texte. In diesem Sinn ist unsere Aufgabe die Weiterentwicklung der deutschen Liturgiesprache im Allgemeinen und des Deutschen Messbuches im Besonderen."[14]

---

14 *Joachim Kardinal Meisner*, Der Auftrag: Übersetzung und Revision. Statement am 30. März 2005 bei der Auftaktveranstaltung der Kommission *Ecclesia celebrans* zur Revision des Deutschen Messbuchs in Bensberg, in: Gd 39 (2005) 89–92, hier: 92; Wiederabdruck in: „… Ohren der Barmherzigkeit", 51–61, hier 59.

Liturgie in heutiger Sprache

Einige Kriterien

Rudolf Pacik, Salzburg

1. Angemessenheit

Dass die lateinischen Vorlagen, also die Texte des *Missale Romanum* 2002, *fideliter et accurate* wiedergegeben werden, wie es die Instruktion *Liturgiam authenticam* (28. März 2001) in n. 20 verlangt, ist vorauszusetzen.

Die volkssprachige Textgestalt sowie die Vortragsweise(n) müssen auch dem Charakter des Gottesdienstes gerecht werden, das heißt der Tatsache, dass wir in der Liturgie Gott begegnen und er an uns Menschen handelt. Man mag diese Eigenschaft mit dem mehrdeutigen Wort „Sakralität" benennen; meines Erachtens genügt – in Anschluss an Philipp Harnoncourt – „Angemessenheit". „Es gibt zwar keine ‚heilige Sprache', aber ein dem Reden von Gott und der Artikulation des Glaubens angemessenes Sprechen. Es gibt zwar keine ‚heilige Musik', aber eine dem Geschehen, in welchem wir der Gegenwart des Herrn und seines Wirkens gewiß sind, und eine der Artikulation des Glaubens angemessene Musik."[1]

2. Sprach-Niveau

Zur Angemessenheit gehört das rechte Sprachniveau, das sich jedenfalls von der Umgangssprache unterscheidet, aber nicht gekünstelt oder esoterisch wirkt. Der Stil wird nach literarischen

---

1 *Philipp Harnoncourt*, Die Bildungsfunktion des Gottesdienstes, in: Musik und Altar 23 (1971) 51–66, hier 55.

und poetischen Gattungen differieren (Oration, Eucharistiegebet, Ruf, Antiphon, Hymnus etc.), wobei immer die Forderung der „edlen Einfachheit“ (vgl. Liturgiekonstitution n. 34) gilt. Hier lässt sich sinngemäß auch der Hinweis der Instruktion *Musicam sacram* (5. März 1967), n. 11, anwenden, es gehe nicht um Pracht und aufwendiges Zeremoniell, sondern um „Würde und Frömmigkeit der Feier, bei welcher die Integrität der liturgischen Handlung, das heißt der wesensgemäße Vollzug all ihrer Teile beachtet wird“.

3. Verständlichkeit

Muttersprachige Texte sollten so beschaffen sein, dass ihr Sinn sich beim Hören zumindest teilweise erschließt. Das bedeutet nicht, allein Fassungskraft und Sprachgewohnheit der Gemeindemitglieder zu berücksichtigen, als müsste jede/r alles in einer Feier Vorgetragene sofort ganz aufnehmen können. Wer regelmäßig Gottesdienst mitfeiert, erhält die Chance, mit den Texten vertraut zu werden und tiefer in ihren Sinn einzudringen.

Heinrich Schlier hat darauf hingewiesen, „daß das Verständliche nicht immer das ist, was da am leichtesten und glattesten redet. Auch hier kann man sagen, seien wir nicht zu sehr um das Verständliche, sondern mehr um das Verstehen bemüht. Dann kommt das Verstandene am ehesten verständlich zur Sprache. Im übrigen bringt oft gerade *die* Sprache die Sache verständlich zu Wort, die gesammelte Aufmerksamkeit erfordert.“[2]

Zum Verstehen hilft die passende syntaktische Gestalt: Schlier nennt sie „Hördeutsch“, das sich vom regelkonformen „Lesedeutsch“ (gemeint ist eigentlich: Schreibdeutsch) unterscheidet. Dazu gehört etwa, dass sinntragende Verben eher nach vorn gezo-

---

2 *Heinrich Schlier*, Erwägungen zu einer deutschen Einheitsübersetzung der Heiligen Schrift, in: *ders.*, Besinnung auf das Neue Testament. Exegetische Aufsätze und Vorträge II, Freiburg i. Br. ²1967, 63–82, hier 74.

gen werden, ja „daß die Wortführung überhaupt zum Verständnis hinleitet“.[3]

Hier bestehen sicherlich Spannungen zwischen mehreren Kriterien – Authentizität des/der Vortragenden, Verständlichkeit für die Hörenden, Angemessenheit gegenüber dem Inhalt –, die sich nicht ganz auflösen lassen. Man sollte diese Kriterien jedenfalls (an)erkennen und nicht eines zum alleinigen Maßstab liturgischer Sprache nehmen.[4]

4. Muttersprachigkeit/Inkulturierung

Der Gebrauch der Muttersprachen schafft keine neuen Riten oder Ritusfamilien; doch sollten Übersetzungen ein Stück Inkulturation leisten. Im Idealfall merkt man volkssprachigen Liturgie-Texten nicht an, dass es sich um Übersetzungen handelt. Dies hat Romano Guardini schon 1922/23 gefordert. Was er von Volksmissalien und ähnlichen Behelfen erwartete (eine muttersprachige Liturgie war ja noch nicht in Sicht), gilt umso mehr für Bücher, die im Gottesdienst selbst gebraucht werden. Hier einige Aussagen im Wortlaut:

---

3 Ebd., 75. Schlier orientiert sich an Luthers deutscher Bibel, versucht auch selbst einzelne Formulierungen. Ein Beispiel: „Also darf man m. E. nicht so übersetzen: ‚Christus hat uns vom Fluch des Gesetzes losgekauft, indem er für uns zum Fluch geworden ist‘ (Gal 3,13), sondern besser ist so: ‚Christus hat uns losgekauft von dem Fluch des Gesetzes, da er ward ein Fluch für uns‘ (Luther). Im ersten Fall stehen nämlich gerade die entscheidenden Worte: ‚Gesetzes‘ und das zweite ‚Fluch‘ auf den schwachen Stellen des Satzgefälles, und der Zweiklang ‚Fluch des Gesetzes‘ ist ebenso aufgelöst wie die Gemessenheit der zweiten Satzhälfte, die in das alles sammelnde und entscheidende ‚Fluch für uns‘ mündet.“ (Ebd., 75 f.)

4 Vgl. *Harnoncourt*, Bildungsfunktion, 59.

> „Ferner muß man wünschen, daß die Übersetzungen wirklich gutes Deutsch schreiben. Die Texte müssen deutsch umgedacht werden und dürfen kein verkleidetes Latein darstellen. Liturgie ist Kultur gewordene religiöse Übung. Deren wichtigster Bestandteil aber ist die Sprache. Soll die Liturgie wirklich Gemeingut des Volkes werden, so muß sie in hochwertiger Sprache wiedergegeben sein."[5] – „Ein Wort nur zur Sprache. [Joseph] Kramp sagt in der Einleitung, die Übersetzung werde stets Härten haben, denn man müsse den Charakter des Originals wahren. Ich meine, der sachliche Charakter muß gewahrt werden, nicht aber der sprachliche. Die Sprache muß deutsch sein, und zwar ganz. Nicht die einzelnen Wörter in ihrer Satzfügung müssen übertragen, sondern der Inhalt des Wortes und Satzes muß durch das geistige Zentrum des Übersetzenden gehen und von dort als deutsches Wort, deutscher Satz herauskommen. Darum ist Übersetzen auch so schwer. Der lateinische Relativsatz z. B. ist fast in keiner Übersetzung deutsch ganz bewältigt."[6]

Trotz der Tradition der Volksmessbücher – die ja zum stillen Mitlesen bestimmt waren, obwohl Vorbeter/innen sie später in den Gemeinschaftsmessen verwendeten – und trotz zweier Instruktionen (1969 und 2001) stehen wir in der Übersetzer-Kunst erst am Anfang. Der Liturgiker und Musiker Joseph Gelineau SJ berichtet über seine Erfahrungen: „Ich musste es [das Übersetzen] lernen, denn dieses Metier konnte niemand lehren. Wir lehrten es einan-

5 *Romano Guardini*, Liturgische Bewegung und liturgisches Schrifttum, in: Literarischer Handweiser 58 (1922) 49–58, hier 58.

6 *Romano Guardini*, Liturgische Bewegung und liturgisches Schrifttum. Zweite Folge, in: Literarischer Handweiser 59 (1923) 589–598, hier 596 [über *Joseph Kramp*, Meßliturgie und Gottesreich]. – Die hier wiedergegebenen Guardini-Zitate finden sich auch bei *Gunda Brüske*, „Kein verkleidetes Latein". Sinn und Grenze sakraler Sprache in volkssprachlicher Liturgie, in: HlD 59 (2005) 62–72, hier 62; gekürzt wieder abgedruckt: „... Ohren der Barmherzigkeit". Über angemessene Liturgiesprache, hg. v. *Benedikt Kranemann, Stephan Wahle* (Theologie kontrovers), Freiburg – Basel – Wien 2011, 170–183, hier 170. Mit dem lateinischen Relativsatz meint Guardini vermutlich die Gottesprädikationen in den Vorstehergebeten.

der. Selbst in der Liturgiereform, als wir mit Patrice de La Tour du Pin, Didier Rimaud und anderen die Übersetzungen für die Liturgie zu erarbeiten hatten, mussten wir einer vom anderen lernen, wie man eine Oration übersetzen kann oder wie man einen französischen Hymnus dichtet."[7]

Jede Sprache hat ihre besonderen Stil-Normen (die sich wieder nach Texten und Textsorten, Kommunikationssituationen und -bereichen unterscheiden).[8] Im Deutschen etwa gelten heute Genitiv-Folgen, Ketten- und Schachtelsätze, der vermehrte Gebrauch von Substantiven, zumal von Abstracta, als Zeichen schlechten Stils.[9] Wenn nun *Liturgiam authenticam* n. 57 verlangt, in der Übersetzung solle „der bestehende Zusammenhang zwischen den Aussagen, z. B. in Neben- und Relativsätzen, in der Wortstellung und verschiedenen Arten des Parallelismus [...] auf eine der Volkssprache angepasste Weise gewahrt werden", muss man den Schluss des Zitats ebenso ernst nehmen wie die davor genannte Forderung. Denn wie Stilfiguren und syntaktische Bezüge des lateinischen Originals wiedergegeben werden, hängt auch von der Zielsprache ab. So wird es schwierig sein, die Struktur lateinischer Orationen – in der Regel eine einzige Satzperiode – im Deutschen unverändert zu übernehmen. Vielfach scheitert man schon an relativischen Prädikationen.

---

7 *Joseph Gelineau* – ein Komponist im Dienst der Liturgie. Der Schöpfer der französischen Psalmodie im Gespräch mit *Maurice Tanant,* in: HlD 50 (1996) 105–119, hier 106. – Den Dichter Patrice de La Tour du Pin (1911–1975) gewann Joseph Gelineau für die Übersetzungsarbeit (vgl. ebd., 111; http://latourdupin.org/). Didier Rimaud SJ (1922–2003), künstlerisch vielseitig tätig, schuf zahlreiche Texte gottesdienstlicher Gesänge; wie Gelineau wirkte er seit den 1950er Jahren im Centre national de pastorale liturgique an Übersetzungen für die Liturgie mit (vgl. http://www.jesuites.com/histoire/rimaud/poete.htm).

8 Vgl. *Willy Sanders*, Das neue Stilwörterbuch. Stilistische Grundbegriffe für die Praxis, Darmstadt 2007, 203 f.

9 Vgl. z. B. *Ludwig Reiners*, Stilkunst. Ein Lehrbuch deutscher Prosa. Völlig überarbeitete Ausgabe. Neubearbeitung von *Stephan Meyer, Jürgen Schiewe*, München 1991, 85–107.111–118.147–158.

5. Sprech- und Singbarkeit

Die lateinischen Gebete – Orationen, Präfationen, Kanon – sind in Kunstprosa verfasst und weisen eine um des lauten Vortrags willen rhythmisierte Sprache auf. Auch deutsche Texte müssen angemessen geformt und rhythmisiert sein – vor allem für die Kantillation. Das gregorianikartige Formel-Repertoire kann man auf moderne Sprachen anwenden – sofern deren Gesetze beachtet werden.[10] Die Melodiemodelle müssen sich der wechselnden Länge der Sätze sowie den mannigfaltigen Betonungsverhältnissen anpassen lassen. (Im Deutschen können Über- und Vollschweren an verschiedenen Stellen der Phrasen liegen.) Sind die Texte nicht adäquat gebaut, so besteht die Gefahr, dass deren Akzente und jene der Formeln voneinander abweichen. Oft genügen freilich kleine Korrekturen am Wortlaut und/oder eine flexiblere Handhabung der Modelle,[11] damit beides übereinstimmt.

Ein Wunsch für das künftige deutsche Messbuch: Alle Gebete sollten nicht nur darauf hin überprüft werden, ob sie das lateinische Original korrekt wiedergeben, sondern ebenso auf ihre zum Sprechen und Kantillieren geeignete Gestalt. Idealerweise sieht eine kompetente Person (oder eine Arbeitsgruppe) sämtliche Texte durch, sobald sie fertig vorliegen. Dafür müsste allerdings das Approbations- und Rekognitionsverfahren geändert werden; ob dies je geschieht, ist fraglich.

---

10 Vgl. *Christof Emanuel Hahn,* Die Präfationen im Meßbuch. Text- und Melodiegestalt, in: Studien und Entwürfe zur Meßfeier (Texte der Studienkommission für die Meßliturgie und das Meßbuch der Internationalen Arbeitsgemeinschaft der Liturgischen Kommissionen im deutschen Sprachgebiet 1), hg. v. *Eduard Nagel,* Freiburg – Basel – Wien 1995, 155–170; *ders.,* Die Orationen im Meßbuch. Zur Klanggestalt des Textes, in: ebd., 171–184; *Rudolf Pacik,* Die Kantillation – liturgisch gesehen, in: ebd., 149–154; *ders.,* Die Kantillation – gehobene Vortragsweise des Wortes, in: HlD 56 (2002) 277–281.

11 Man vergleiche etwa die sinnwidrige Textunterlegung der Karfreitagsfürbitten im deutschen Messbuch von 1975 mit der neuen, sprachgerechten Version im Karwochen-Messbuch von 1996.

Gewiss sind auch kunstvolle Übertragungen möglich, die sich eng an Sinn und Duktus der lateinischen Vorlagen halten und die Mittel der deutschen Sprache ausschöpfen, ohne auf Singbarkeit angelegt zu sein – wie etwa Alex Stocks Texte.[12] Liegt in solchen Formen die Zukunft liturgischen Betens? Immerhin scheint es überlegenswert, ob ein neues deutsches Messbuch wenigstens von den Sonn- und Festtags-Kollekten zwei Fassungen enthalten könnte: eine artifiziell-poetische und eine singbare (damit auch leichter sprechbare) Version. Solange die ideale Art liturgischer Übersetzungen noch nicht gefunden ist, wäre dies meines Erachtens ein gangbarer Weg.

6. *Ars orandi*

Der rhetorisch bestgeformte Text, das grafisch ansprechendste und funktionsgerecht gestaltete Buch nützen nichts, wenn Vorsteher, Diakone, Lektor/inn/en, Psalmist/inn/en ihren Part schlecht ausführen. Die Kulturtechnik des sinnerfassenden Lesens ist heute nicht mehr selbstverständlich; um so weniger die Fertigkeit öffentlichen Vortragens. Gottesdienste sollten aber nicht zu Orten werden, an denen jede/r Dilettant/in auftreten darf.

Selbst viele Priester und Theolog/inn/en sind, trotz ihres Studiums, rhetorische und musikalische Laien. Die liturgischen Dienstträger/innen müssen darum den Umgang mit dem Werkzeug Sprache bewusst erlernen und pflegen sowie sich auf jeden Einsatz gewissenhaft vorbereiten. Gerade weil die Liturgie stets die Kunst der Rede erfordert, hätte die Kirche hier eine wichtige Bildungsaufgabe.

---

12 *Alex Stock*, Orationen. Die Tagesgebete im Jahreskreis neu übersetzt und erklärt, Regensburg 2011.

Fremdheit und Vertrautheit der Liturgiesprache

Uwe Michael Lang, London

1. Der christliche Glaube kann nicht von der konkreten Sprache, in die er von seinem Ursprung her gefasst wurde, getrennt werden. Sie zu erlernen, gehört wesentlich zur Einführung ins Christentum. Dies liegt im historischen Charakter der Offenbarung begründet und kann mit dem theologischen Begriff der Erwählung benannt werden: Das göttliche Wort ist in einer bestimmten Zeit und zu einem bestimmten Ort Mensch geworden. Diese durch die Heilige Schrift geprägte und in der Kirche tradierte Sprache, die Augustinus als „Redeweise des Herrn“ bezeichnete,[1] hat kulturbildende Kraft und übersteigt nationale Sprachgrenzen: Glaube, Hoffnung und Liebe, Sünde und Vergebung, Lamm Gottes, Brot des Lebens, Kelch des Heils und so fort. Hinzu kommen Orts- und Personennamen, die im jüdischen und christlichen Vokabular zum heilsgeschichtlichen Gedächtnis gehören. Dabei handelt es sich um eine gemeinsame Sprache in dem Sinn, dass die Begriffe mit einem gemeinsamen Repertoire an Assoziationen verbunden sind, das wiederum auf gemeinsamen Erinnerungen beruht.[2]

2. Dieses biblisch geprägte Idiom speiste auch den Gottesdienst. Bei der Sprache des liturgischen Gebets steht nicht Kommunika-

---

1 Dies erläutert *Robert Louis Wilken*, The Church as Culture, in: First Things 142 (April 2004) 31–37 und The Church's Way of Speaking, in: First Things 154 (August/September 2005) 27–31. Zum Thema siehe jetzt auch *Uwe Michael Lang*, The Voice of the Church at Prayer: Reflections on Liturgy and Language, San Francisco 2012; deutsche Ausgabe: Die Stimme der betenden Kirche. Überlegungen zur Sprache der Liturgie (Neue Kriterien 14), Freiburg i. Br. 2012.

2 Vgl. die Überlegungen von *Robert Spaemann*, Europa – Wertegemeinschaft oder Rechtsordnung?, in: Transit – Europäische Revue 21 (2001) 172–185, hier 172–173.

tion im gewöhnlichen Sinn im Vordergrund, vielmehr soll durch uneigentliche Rede und auf durchaus paradoxe Weise eine Verbindung zum transzendenten Gott ausgedrückt werden. Dabei spiegelt sich in der Sprachform das Anderssein der göttlichen im Vergleich mit der alltäglich erfahrenen Welt wieder. Diese stilisierte Rede soll die geistige Haltung der zum Gottesdienst Versammelten sowohl wiedergeben als auch fördern. Als religiöse Ausdrucksform geht sie dabei über die Erfahrung von Individuen hinaus und ist einer bestimmten Gemeinschaft verpflichtet. Der Sprachgebrauch ist von den Traditionen dieser Gemeinschaft geprägt und wird in dieser von Generation zu Generation weitergegeben. Nach Christine Mohrmann, deren Arbeiten zum christlichen Latein trotz aller berechtigten Kritik an der überholten Theorie einer „Sondersprache" wegweisend bleiben, zeichnet sich eine solche Sakralsprache durch drei allgemeine Tendenzen aus: Erstens herrscht eine starke Neigung, archaisch wirkende Sprachformen beizubehalten, auch wenn dadurch das Verständnis erschwert wird. Zweitens wird durch den Gebrauch von Fremdwörtern die Verbindung mit einer alten religiösen Tradition hergestellt. Als Beispiel ist bereits der hebräisch-biblische Wortschatz im christlichen Latein zu nennen (*amen, alleluia, osanna*). Drittens zeichnen sich Sakralsprachen durch eine rhetorische Stilisierung aus (Parallelismus, Reim, Alliteration, rhythmischer Satzschluss).

3. Der Gebrauch einer Sakralsprache im Gottesdienst ist ein allgemeines Phänomen der Religionsgeschichte und der jüdisch-christlichen Tradition keineswegs fremd. Noch heute wird die Heilige Schrift in der Synagoge auf Hebräisch verlesen, eine Sprache, die schon zur Zeit Jesu nicht mehr allgemein gesprochen wurde. Die im ersten Jahrtausend geformten christlichen Liturgiesprachen können als Sakralsprachen sekundärer Art bezeichnet werden, da sie nicht schon als solche gebildet, sondern erst im Lauf der Zeit als solche erfahren wurden.

Das liturgische Latein begegnet uns in den ältesten erreichbaren Quellen bereits als stilisierte Sakralsprache, die Teil eines umfassenden Projekts zur Evangelisierung der römischen Kultur darstellte. Zu den eindrucksvollen Zeugnissen dieser Sprachschöpfung gehören vor allem die Orationen, die als Meisterwerke spätantiker Kunstprosa gelten. Daneben ist aber auch die kraftvolle Rhetorik des Messkanons zu nennen, dessen zentrale Partien auf das 4. Jahrhundert zurückgehen.

4. Nachdem der teilweise Gebrauch von Landessprachen für die Sakramentenspendung schon im Laufe des 20. Jahrhunderts zugelassen worden war, beschloss das Zweite Vatikanische Konzil, der Volkssprache in der Messliturgie weitgehend Raum zu geben, wobei der Gebrauch der lateinischen Sprache freilich erhalten bleiben sollte (*Sacrosanctum Concilium*, Nr. 36, 54 und 101). Dadurch wurden vielfältige und komplexe Probleme aufgeworfen, die zunächst mit der grundsätzlichen Schwierigkeit der Übersetzung von Texten zusammenhängen und von den bereits umrissenen Eigenheiten liturgischer Rede noch verstärkt werden.

Unmittelbar im Anschluss an die Liturgiekonstitution des Zweiten Vatikanums kam es zu Übersetzungen von Teilen des *Missale Romanum*, die beispielsweise in das lateinisch-deutsche Altarmessbuch von 1965 und eine Reihe von weiteren Veröffentlichungen zum liturgischen Gebrauch eingingen. Die Frage stellte sich mit noch größerer Dringlichkeit angesichts der Einführung des neuen *Missale* 1969/1970. Maßgeblich für dessen Übersetzung wurde die Instruktion *Comme le prévoit*, die von dem *Consilium* zur Ausführung der Liturgiereform im Jahre 1969 herausgegeben worden war. Diese Instruktion ist der von Eugene Nida für Bibelübersetzungen formulierten Theorie der „dynamischen Äquivalenz" verpflichtet, die abrückt von einer in Inhalt und Form nach Möglichkeit nahe am Original gehaltenen Übersetzung, vielmehr die im Text enthaltene Botschaft von seiner sprachlichen Originalform zu isolieren und sie in ihrem Bedeutungskern in die Zielsprache zu übertragen sucht. Umschreibungen und Neuformulierungen dienen dazu, beim Leser oder Hörer heute die gleiche informative und emotionale Wirkung hervorzurufen, die der Originaltext in seiner ursprünglichen Gestalt erzielte. Die Schwächen dieser Theorie werden heute weithin beanstandet[3] und haben

3 Zur Frage der Übersetzungshermeneutik siehe jetzt *Dennis McManus*, Translation Theory in *Liturgiam authenticam*, in: Benedict XVI and the Sacred Liturgy. Proceedings of the First Fota International Liturgy Con-

schließlich zu neuen Richtlinien für die Übersetzung liturgischer Texte geführt, die in der Instruktion *Liturgiam authenticam* der Kongregation für den Gottesdienst und die Sakramentenordnung aus dem Jahr 2001 darlegt werden.

5. In *Liturgiam authenticam* wird daran erinnert, dass der römische Ritus „aus der jahrhundertelangen kirchlichen Erfahrung in der Weitergabe des von den Vätern empfangenen Glaubens der Kirche" schöpft. Damit dieses große und reiche Erbe bewahrt wird, sollen der eigene Stil und die eigene Struktur dieses Ritus auch in der Übersetzung so weit wie möglich erhalten bleiben. Es sollen – und dies ist die Schlüsselaussage der Instruktion – „Originaltexte in die Volkssprache getreu und genau" übertragen werden, wobei die nötigen „Anpassungen an die Eigenart und den Charakter der verschiedenen Volkssprachen [...] behutsam vorgenommen werden" müssen (Nr. 20). Damit wird die Übersetzungshermeneutik der dynamischen Äquivalenz ausdrücklich zurückgewiesen und der formalen Äquivalenz der Vorzug gegeben. Auf dieser Grundlage legt *Liturgiam authenticam* Richtlinien vor für eine Revision der nachkonziliaren Übersetzungsarbeit vor, die trotz der Neuheit der Aufgabe unter großem Zeitdruck erstellt werden musste und daher oft ohne genauere Prüfung approbiert wurde.

Papst Benedikt XVI. bemerkt in seinem Schreiben an den Erzbischof von Freiburg und Vorsitzenden der Deutschen Bischofskonferenz vom 14. April 2012 – ein Text, dessen Bedeutung weit über die Frage der Übersetzung der Worte „*pro multis*" im Kelchwort hinausgeht – zu *Liturgiam authenticam*:

> „Die wichtige Einsicht, die dieser Instruktion zugrunde liegt, besteht in der eingangs schon ausgesprochenen Unterscheidung von Übersetzung und Auslegung. Sie ist sowohl dem Wort der Schrift wie den liturgischen Texten gegenüber notwendig. Einerseits muss das heilige Wort möglichst als es selbst erscheinen, auch mit seiner Fremdheit und den Fragen, die es in sich trägt; andererseits ist der Kirche

ference 2008 (Fota Liturgy Series), hg. v. *Neil J. Roy, Janet E. Rutherford*, Dublin 2010, 116–131.

der Auftrag der Auslegung gegeben, damit – in den Grenzen unseres jeweiligen Verstehens – die Botschaft zu uns kommt, die der Herr uns zugedacht hat. Auch die einfühlsamste Übersetzung kann die Auslegung nicht ersetzen: Es gehört zur Struktur der Offenbarung, dass das Gotteswort in der Auslegungsgemeinschaft der Kirche gelesen wird, dass Treue und Vergegenwärtigung sich miteinander verbinden. Das Wort muss als es selbst, in seiner eigenen vielleicht uns fremden Gestalt da sein; die Auslegung muss an der Treue zum Wort selbst gemessen werden, aber zugleich es dem heutigen Hörer zugänglich machen".[4]

6. Jede Übertragung eines Textes von einer Sprache in eine andere kann freilich nur annähernd dem Original gerecht werden, und dies gilt umso mehr für Texte von solch rhetorischer Dichte und Schönheit wie die klassischen Messorationen. Kein geringerer als Martin Luther bemerkte, dass man Dichter bräuchte, um eine Liturgie in der Volkssprache zu schaffen.[5]

Die Übersetzungen der Tagesgebete im Jahreskreis von Alex Stock halte ich für ein ausgesprochen gelungenes Beispiel dafür, wie die Kriterien von *Liturgiam authenticam* umgesetzt werden können, auch wenn der Autor gegenüber der Instruktion eine meines Erachtens unnötige Abwehrhaltung einnimmt. Die Übersetzungen Stocks zeichnen sich durch semantische Genauigkeit aus und scheuen nicht vor einer gewissen Fremdheit zurück, die jedoch nicht Selbstzweck ist, sondern theologisch wohlbegründet: „Wenn in der grammatischen Verschachtelung nicht nur ein rhetorisches Ornament zu sehen ist, sondern sich die Komplexität der Sache selbst artikuliert, dann sollte der Katarakt nicht zu schnell in die Flüssigkeit einer gängigen Periode begradigt werden".[6] Dies

4 Das Schreiben ist veröffentlicht auf http://www.vatican.va/holy_father/benedict_xvi/letters/2012/documents/hf_ben-xvi_let_20120414_zollitsch_ge.html.

5 *Martin Luther*, Formula Missae et Communionis (1523): Weimarer Ausgabe, XII, 218.

6 *Alex Stock*, Orationen. Die Tagesgebete im Jahreskreis neu übersetzt und erklärt, Regensburg 2011, 17.

kommt gut zur Geltung etwa im Tagesgebet des 26. Sonntags im Jahreskreis:

> *Deus, qui omnipotentiam tuam parcendo maxime et miserando manifestas, gratiam tuam super nos indesinenter infunde, ut, ad tua promissa currentes, caelestium bonorum facias esse consortes.*
> Gott, der du deine Allmacht am meisten im Schonen und im Erbarmen zeigst, gieße über uns deine Gnade aus, ohne Unterlass, dass wir dem Ziel zulaufen, das du verheißen hast, und Anteil erhalten an den himmlischen Gütern.[7]

7. Wenn solche Entwürfe in der gegenwärtigen Diskussion kaum Gehör finden, dann liegt das daran, dass das eigentliche Problem weit über Fragen einer angemessenen Übersetzung hinausgewachsen ist. Vielmehr sind die grundsätzliche Verständlichkeit der biblisch-liturgischen Sprache und damit die konkrete Verwurzelung des christlichen Glaubens in eine Krise geraten. Das durchaus drängende Anliegen der Vermittlung dieser Rede heute lässt sich nicht dadurch lösen, dass man ihren Charakter als Sakralsprache in der Übersetzung weitgehend tilgt, wie dies vor allem im englischen Sprachraum geschah, in dem das Prinzip der dynamischen Äquivalenz am radikalsten angewandt worden war, aber auch in geringerem Maße im deutschen Messbuch unternommen wurde.[8]

Die Liturgie hat nicht primär katechetische oder didaktische Funktion und kann diese auch gar nicht erfüllen. In dem schon genannten Schreiben Benedikts XVI. wird daher zu Recht die Unterscheidung von Übersetzung und Auslegung hervorgehoben sowie die Notwendigkeit der Katechese betont. Auch in *Liturgiam authenticam* wird mehrfach unterstrichen, dass es die Aufgabe von Homilie und Katechese ist, die Bedeutung der liturgischen

7 Ebd., 83.

8 Zu den Defiziten der aktuellen Übersetzung des Messbuches von 1975/1988 vgl. *Norbert Lohfink*, Liturgische Bibelverdunstung. Die Bibel-Intertextualität bei der Verdeutschung der lateinischen Liturgie, in: StZ 218 (2000) 247–259 und *Joseph Ratzinger*, Um die Erneuerung der Liturgie. Antwort auf Reiner Kaczynski, in: StZ 219 (2001) 837–843.

Texte zu erschließen (Nr. 29, 30, 43). Hier sind gerade die Ortskirchen in der Pflicht, die Neuausgaben der liturgischen Bücher in den Volkssprachen durch Fortbildung, Seminare und ähnliche Initiativen zu begleiten, wie dies in vielen Ländern englischer Sprache geschehen ist, bevor das neue *Roman Missal* im Laufe des Jahres 2011 eingeführt wurde, und wie es der Papst für die Einführung der revidierten Übersetzung des „*pro multis*" mit „für viele" fordert.

„What, if we just …?“

Das neue *Roman Missal* (2011) im angelsächsischen Sprachraum als Testfall für die Suche nach einer angemessenen liturgischen Volkssprache

Martin Stuflesser, Würzburg

Prolegomena: Die Suche nach einer angemessenen Volkssprache für die Liturgie

Die Verwendung der Volkssprache in der Feier der Liturgie gilt gemeinhin als eines der wichtigsten Merkmale, wenn nicht sogar als das wichtigste Charakteristikum der nachkonziliaren Liturgiefeier in der römisch-katholischen Kirche. Mag dabei auch das häufig zu hörende Diktum, das Zweite Vatikanische Konzil habe das Latein in der Liturgie abgeschafft, in der Liturgiekonstitution *Sacrosanctum Concilium* so unmittelbar keine Entsprechung finden,[1] korrekt ist sicherlich das Empfinden, das sich in solchen Aussagen Ausdruck verleiht. Die Zulassung der Volkssprache in der Liturgie stellt eine bedeutsame und nach außen hin wahrnehmbare Konsequenz der nachkonziliaren Liturgiereform dar. Dies gilt, wie ich an anderer Stelle versucht habe aufzuzeigen, sicher nicht nur für das deutsche Sprachgebiet, sondern auch für den englischen Sprachraum.[2]

1 SC 36 § 2 spricht im Gegensatz davon, dass die Gläubigen die ihnen zustehenden Teile auf Latein können sollen und gestattet lediglich, dass die „Muttersprache“ breiteren Raum einnehmen dürfe, der dann relativ präzise definiert wird: in den Lesungen, in den Fürbitten.

2 Vgl. *Martin Stufleser*, Die Implementierung der Liturgiereform in der Erzdiözese Boston/USA. Eine Untersuchung anhand von Quellen aus der Erzbischöflichen Kanzlei (1964–1966), in: Liturgiereform vor Ort. Zur Rezeption des Zweiten Vatikanischen Konzils in Bistum und Pfarrei, hg. v. *Jürgen Bärsch, Winfried Haunerland* (StPaLi 25), Regensburg 2010,

Da mit Wirkung vom 1. Advent 2011 in den USA das neue *Roman Missal*[3] als neue englisch-sprachige Übersetzung der *Editio tertia* des lateinischen *Missale Romanum* aus dem Jahr 2001 (=MR³)[4] eingeführt wurde, bietet es sich an, dies zum Anlass zu nehmen, an dieser Stelle einige grundsätzliche Überlegungen zur Frage der Liturgiesprache in der Feier der Eucharistie vorzulegen.

Die gerade aktuell in den USA zu beobachtenden Erfahrungen mit der neuen Messbuchübersetzung sind, ebenso wie deren Vorgeschichte, hierzulande oftmals zu wenig bekannt (2). Sie verdienen jedoch aufgrund der (liturgie-) theologischen Fragestellungen, die mit der neuen englischsprachigen Übersetzung aufgeworfen wurden und die nun intensiv diskutiert werden, eine vertiefte Beachtung (3). Dies erscheint nicht zuletzt deshalb sinnvoll, weil aus den Erfahrungen in den USA und dem englischen Sprachgebiet unter Umständen auch Lehren gezogen werden können für die in Arbeit befindliche Neuübersetzung des MR³ ins Deutsche (4). Dies gilt besonders, will man zukünftig negative Erfahrungen wie zuletzt mit dem „Scheitern", also der Nicht-Rezeption, des erneuerten Begräbnisrituales (2009)[5] vermeiden.[6]

171–194. Tatsächlich fand sich in den Protokollen des Archivs der Erzdiözese Boston aus den Zeiten der unmittelbaren Umsetzung der Liturgiereform sehr häufig der Verweis, wie bedeutsam es sei, dass nun erlaubt werde „to say Mass in English". Ebd., 171 f.

3 Roman Missal. Third Edition. Collegeville (USA) 2011.

4 Missale Romanum. Ex decreto Sacrosancti Oecumenici Concilii Vaticani II instauratum auctoritate Pauli PP. VI promulgatum Ioannis Pauli II cura recognitum. Editio typica tertia, Rom/Vatikan 2002. [vgl. auch: Editio typica, Rom/Vatikan 1970; und: Editio typica altera, Rom/Vatikan 1975.]

5 Die kirchliche Begräbnisfeier in den Bistümern des deutschen Sprachgebietes. Zweite authentische Ausgabe auf der Grundlage der Editio typica 1969, Freiburg – Basel – Wien 2009.

6 Das Wort vom „Scheitern" findet sich im Schreiben des Vorsitzenden der Liturgiekommission der Deutschen Bischofskonferenz, Kardinal Joachim Meisner, an die Vorsitzenden der Bischofskonferenzen und konferenzfreien Bischöfe des deutschen Sprachgebietes: „Seit der Veröffentlichung begegnet das neue Rituale anhaltender Kritik bei Bischöfen, Priestern und Diakonen. Diese betrifft vor allem die Qualität der liturgischen Texte bzw. Übersetzungen, einzelne praxisfremde rubrikale Vorga-

1. Die Ausgangslage: Die Verwendung der Volkssprache in der Liturgie seit dem Zweiten Vatikanischen Konzil

1.1 Konsequenzen aus der Verwendung der Volkssprache in der Liturgie

Welche Konseqenzen ergeben sich aus der Zulassung der Volkssprache in der Liturgie durch das Zweite Vatikanische Konzil? Zunächst ist davon auszugehen, dass der vom Konzil in SC 36 § 2 angeratene „weitere Raum", der der „Muttersprache" („lingua vernacula") zugebilligt wird, neben pastoralen Gründen („nützlich") auch liturgietheologische Gründe hat. Die durch das Konzil erwirkte – vielzitierte – „Kopernikanische Wende" in der Liturgie, die Hinwendung zum Volk Gottes als Träger (Subjekt) der Liturgie, dieser Paradigmenwechsel war es, der letztlich auch zur Verwendung der Volkssprache in der Liturgie führte. Dabei steht der in SC 14 eingeführte Begriff der *participatio actuosa* als liturgietheologischer Beweggrund aller durch das Konzil angeregten Liturgiereform im Vordergrund: Wenn das Volk Gottes Träger der Liturgie ist, dann versteht es sich von selbst, dass die Riten und Texte der Liturgie so beschaffen sein sollten, dass sie der „vollen,

---

ben, aber auch Größe und Umfang des Buches, die seine Verwendung erschweren. Einwände dieser Art werden aus dem gesamten deutschen Sprachraum geäußert und nicht selten mit der persönlichen Ankündigung verbunden, alternative Wege beschreiten zu wollen. [... / ...] Die beim „Forum Liturgie im deutschen Sprachgebiet" zusammenkommenden Bischöfe haben sich am 20./21. Januar 2010 ausführlich mit dieser Situation befasst und die dringende Empfehlung ausgesprochen, zur Abwendung größeren Schadens zunächst umgehend den weiteren Gebrauch des Rituale von 1972/1973 zu gestatten und eine grundlegende Revision der neuen Ausgabe vorzunehmen. [... / ...] Die Deutsche Bischofskonferenz ist im Rahmen ihrer Frühjahrsvollversammlung am 23. Februar 2010 zu der Feststellung gelangt, dass das neue Rituale in der vorliegenden Fassung als gescheitert gelten muss." (zitiert nach: Verordnungsblatt der Erzdiözese Salzburg Nr. 5, Mai 2010, 64). Siehe zur Frage der Rezeption von F.Begräbnis 2008: *Winfried Haunerland*, Das eine gescheitert, das nächste gescheiter? Zwölf Anmerkungen zur Rezeption eines liturgischen Buches, in: Gd 44 (2010) 173–177.

bewussten und tätigen Teilnahme an den liturgischen Feiern" dienlich sind. Für das Verhältnis von Liturgie und Theologie ist weiterhin interessant, dass das Konzil außer von der „participatio actuosa" auch noch von der „participatio conscia" [SC 14, 79], der „participatio facilis" [SC 79] und der „participatio plena" [SC 14, 21, 41] spricht.[7] Dabei darf wohl die „participatio conscia", die „bewusste Teilnahme" – mit Verweis auf SC 11 „scienter" – so gedeutet werden, dass das Konzil wohl eine Teilnahme der Gläubigen im Sinn hatte, die sich durch Wissen, Kenntnis und Bewusstsein der in der Liturgie ausgedrückten Inhalte auszeichnet.

In diese Richtung weist auch eine Passage aus der Ansprache des damaligen Mailänder Erzbischofs Kardinal G. B. Montini, des späteren Paul VI., in der 4. Generalkongregation des Konzils am 22.10.1962, wo er im Rückgriff auf 1 Kor 14 zu dem Schluss kommt:

> „Er [Paulus/M. S.] vertritt ja die Ansicht, daß der, welcher in der Kirche betet, mit dem Verstand begreifen muß, was sein Mund ausspricht, und daß er im Wissen um das, was er sagt, dann sein Amen sprechen soll […], dann muß vorsichtig, aber unverzüglich und ohne zu zögern das Hindernis einer Sprache beseitigt werden, die unverständlich ist […], die unser Volk nicht zur Teilnahme am Gottesdienst anleitet, vielmehr davon abhält."[8]

Die *participatio conscia* würde also dort verhindert, wo liturgische Texte das Verständnis von Glaubensinhalten erschweren oder gar unmöglich machen. Wenn diese liturgietheologischen Überlegungen des Konzils aber die Begründung liefern für die Verwendung der Volkssprache, dann ist der Begriff einer – wie auch immer gearteten – Liturgiesprache nur funktional, also von der Liturgie

---

7 Vgl. meine Überlegungen zur *participatio actuosa* in: *Martin Stuflesser*, Actuosa Participatio. Zwischen hektischem Aktionismus und neuer Innerlichkeit. Überlegungen zur „tätigen Teilnahme" am Gottesdienst der Kirche als Recht und Pflicht der Getauften, in: LJ 59 (2009) 147–186.

8 *Herman Schmid*, Die Konstitution über die heilige Liturgie. Text – Vorgeschichte – Kommentar (Herder Bücherei 218), Freiburg – Basel – Wien 1965, 232 f.

her zu bestimmen. Primäres Kriterium für die in der Liturgie verwendete Sprache wäre dann deren Funktionalität, die zu bestimmen wäre als die Eignung der verwendeten Sprache, die Liturgiefeiernden zur „vollen, tätigen und bewussten Teilnahme“ am Gottesdienst zu führen. Umgekehrt könnte und dürfte – als negatives Kriterium – Sprache, die diese Teilnahme erschwert oder verhindert, in der Liturgie keine Verwendung finden. Damit ist aber auch ausgeschlossen, dass es sich bei liturgischer Sprache um eine Fachsprache – vergleichbar etwa der Wissenschaftssprache der universitären Theologie – handelt, denn es geht um die Teilnahme *aller* Gläubigen.

Schon diese allerersten Überlegungen zeigen, dass das Konzept einer künstlich und neu zu schaffenden „Sakralsprache“ für die Feier der Liturgie, wie sie stellenweise in jüngerer Zeit wieder gefordert wird,[9] vor dem Hintergrund der konziliaren Liturgietheologie äußerst kritisch zu sehen ist.[10]

Die Sprache für die Liturgie nennt das Konzil „lingua vernacula“, im deutschen Text mit „Muttersprache“ übersetzt, besser wohl mit „Volkssprache“ wiedergegeben, um eine Verwechslung von „Muttersprache“ mit „Erstsprache“ zu vermeiden. Außerdem bietet der Ausdruck „Volkssprache“ den Vorteil, dass der für die Überlegungen des Konzils grundlegende Gedanke einer Volk-Gottes-Ekklesiologie anklingt. Unter „Volkssprache“ wäre somit die gesprochene Umgangssprache als Sprache des täglichen Lebens zu verstehen.

9 Vgl. etwa die Ausführungen von: *Cuthbert Johnson*, A place for mystery and formality, in: The Tablet (5. Juni 2010) 10–11.

10 Vgl. hierzu die sehr kritischen, aber die Intention der konziliaren Dokumente im Hinblick auf die Bedeutung der tätigen Teilnahme durchaus treffenden Ausführungen von: *Donald Trautman*, The Language of the New Missal in Light of the Constitution on the Sacred Liturgy, in: The Jurist 70 (2010) 455–472, hier bes. 457. Bischof Donald W. Trautmann ist Bischof des Bistums Erie in Pennsylvenia/USA und ehemaliger Vorsitzender der Liturgiekommission der US-Bischofskonferenz. Es handelt sich hier um die schriftliche Fassung eines Vortrags vom 22. Oktober 2009 an der Catholic University of America in Washington DC.

1.2 Die Ermöglichung der *participatio actuosa* als hermeneutisches Leitprinzip für die Übersetzungsarbeit aus dem Lateinischen

Nun besteht aber ein grundlegendes Problem bei der Untersuchung liturgischer Gebetstexte in der römisch-katholischen Kirche darin, dass es sich zumeist nicht um – aus eben dieser Volkssprache neu geschaffene – Eigenorationen handelt, sondern um die Übersetzung oder Übertragung bereits tradierter lateinischer Gebetstexte, sogenannter Orationen,[11] in die jeweilige Volkssprache. Da es sich aber bei den meisten lateinischen Orationen um Zeugnisse einer hochstilisierten Sprachform handelt, ist zu fragen, inwieweit diese vorgegebene Stilebene auch für die Übertragung der Texte in volkssprachige Fassungen bindend ist. Auskunft ist hier zunächst von der Übersetzerinstruktion *Comme le prévoit* aus dem Jahr 1969 zu erwarten, wo es heißt:

> „Die verwendete Sprache soll die des täglichen Umgangs sein, also angepaßt an die Gesamtheit der Gläubigen [...]. Daraus folgt nicht, daß diese Sprache vulgär sein dürfte;‚denn sie muß immer der hohen Wirklichkeit würdig sein, die sie ausspricht' [...] und literarisch tadellos. Auf der anderen Seite macht der Gebrauch der Umgangssprache keineswegs eine Einführung der Gläubigen in den besonderen biblischen und christlichen Sinn bestimmter Worte und Sätze überflüssig. Man darf aber nicht so übersetzen, daß die Gläubigen eine besondere literarische Bildung besitzen müßten, um den Zugang zum Ganzen der liturgischen Texte zu finden. Schließlich muß noch bemerkt werden, daß der Gottesdienst nicht selten sich echt poetischer Texte bedient, was keineswegs den Gebrauch der, allerdings gewählten, Umgangssprache ausschließt."[12]

11 Vgl. zur Textsorte der Orationen: *Martin Stuflesser*, Die Oration als Beispiel liturgischer Sprache, in: Der Prediger und Katechet 142 (2003) 285–291.

12 Comme le prévoit, Nr. 15,1 zitiert nach: Dokumente zur Erneuerung der Liturgie, Bd. 1. Dokumente des Apostolischen Stuhls 1963–1973 und des Zweiten Vatikanischen Konzils, hg. v. *Heinrich Rennings*, Kevelaer – Freiburg/Schweiz, 592–605, hier Nr. 1214. Vgl. hierzu grundlegend:

Scheint im Jahr 1969 noch ein Konsens zumindest darin zu bestehen, dass am Ende eines solchen Übersetzungsprozesses ein volkssprachlicher Text stehen sollte, dem das Übersetzungsprinzip der „dynamic equivalence" zugrunde liegt[13] und kein übersetzter lateinischer, so ist diese Zielvorgabe seit dem Erscheinen der „V. Instruktion zur ordnungsgemäßen Durchführung der Konstitution des Zweiten Vatikanischen Konzils über die heilige Liturgie" mit dem Titel *Liturgiam authenticam* aus dem Jahr 2001 nicht mehr so eindeutig.[14]

So fordert die neue Übersetzer-Instruktion eine vollständige und genaue Übersetzung der lateinischen Originaltexte des römi-

---

Keith Pecklers, Dynamic Equivalence: The Living Language of Christian Worship, Collegeville (USA) 2003.

13 Der Terminus „dynamic equivalence", der im englischen Sprachraum geradezu als Synonym steht für die von *Comme le prévoit* (1969) vorgesehene Übertragung von Texten aus dem Lateinischen in die jeweiligen Volkssprachen, lässt sich im Deutschen mit „dynamische Entsprechung" nur sehr ungenau wiedergeben. Am ehesten trifft dies, dass die Übersetzerinstruktion von 1969 eine Übertragung (!) im Gegensatz zu einer wortgetreuen „Übersetzung" von Texten in die Volkssprache intendiert. Vgl. hierzu die umfassende Arbeit von: *Pecklers*, Dynamic Equivalence, 208–216. Leider endet Pecklers' materialreiche Untersuchung im Jahr 1965.

14 *Kongregation für den Gottesdienst und die Sakramentenordnung*, Der Gebrauch der Volkssprache bei der Herausgabe der Bücher der römischen Liturgie *Liturgiam authenticam*. Fünfte Instruktion „zur ordnungsgemäßen Ausführung der Konstitution des Zweiten Vatikanischen Konzils über die heilige Liturgie" (zu Art. 36 der Konstitution); lateinisch–deutsch; 28. März 2001 (VApS 154), hg. v. *Sekretariat der Deutschen Bischofskonferenz*. Bonn 2002. Kritisch hierzu: *Reiner Kaczynski*, Angriff auf die Liturgiekonstitution?: Anmerkungen zu einer neuen Übersetzer-Instruktion, in: StZ 219 (2001) 651–668; *Joseph Ratzinger*, Um die Erneuerung der Liturgie. Antwort auf Reiner Kaczynski, in: StZ 219 (2001) 837–843. – Die Problematik der neuen Übersetzungsregeln behandelt am Beispiel der Schrifttexte: *Albert Gerhards*, Tradition versus Schrift? Die Übersetzerinstruktion „Liturgiam authenticam" und die deutsche Einheitsübersetzung, in: StZ 224 (2006) 821–829. Die wohl umfassendste Kritik auf philologischer Basis, die zugleich auf die logischen und theologischen Unstimmigkeiten im Text der Instruktion selbst aufmerksam macht, findet sich bei: *Peter Jeffery*, Translating Tradition. A Chant Historian reads Liturgiam Authenticam. Collegeville (USA) 2005.

schen Ritus und untersagt etwaige Auslassungen und Hinzufügungen. Auch Anpassungen an die jeweiligen Eigenheiten der verschiedenen Sprachen sind bei der Übersetzung der lateinischen Texte mit Bedacht und Vorsicht durchzuführen [Art. 20–23]. Maßgeblich für die Übersetzungen ist lediglich der lateinische Originaltext [Art. 24], die Übersetzungen haben so auszufallen, dass sie auch von weniger gebildeten Menschen verstanden werden [Art. 25]; ein sakraler Stil, den die Übersetzerinstruktion von 1969 ausdrücklich vermeiden wollte, wird nun sogar empfohlen, was auch die Verwendung veralteter Wörter aus dem jeweiligen Wortschatz einschließt [Art. 27]. Selbst der hypotaktische Satzbau des Lateinischen mit seinen komplexen Partizipialkonstruktionen und seinen verschachtelten Konstruktionen aus Haupt- und Gliedsätzen soll im übersetzten Text beibehalten werden [Art. 57]. Mehrfach wird betont, dass die Übersetzungen, sogar der Allgemeinen Einführungen zu den jeweiligen liturgischen Büchern, „ad litteram" zu geschehen haben, also: „wortwörtlich".

Dabei erweckt die V. Instruktion *Liturgiam authenticam* den Eindruck, dass es ihr weniger um die *Einheit* des Römischen Ritus als um dessen (theologisch noch zu prolematisierende) *Einheitlichkeit* geht. Während die Liturgiekonstitution in SC 37 ausdrücklich vor einer solchen „starren Einheitlichkeit der Form" warnt, scheinen die Verfasser der neuen Instruktion genau eine solche als Ziel vor Augen zu haben. Reiner Kaczynski merkt hierzu kritisch an:

> „Wer je lateinische Orationen übersetzt hat, weiß, dass ihre kurze und knappe Ausdrucksweise in den lebendigen Sprachen nicht nachgeahmt werden kann, wenn der volkssprachliche Text einer Gemeinde, die ihn hört, verständlich bleiben und geistlichen Gewinn bringen soll […]. Die mehrfach geforderte Wortwörtlichkeit (‚ad litteram') und die Nachahmung des lateinischen Satzbaus mit untergeordneten Nebensätzen, Relativsätzen, Parallelismen und besonderen Wortstellungen können nicht unbedingt eine brauchbare Übersetzung gewährleisten."[15]

15 *Kaczynski*, Angriff auf die Liturgiekonstitution?, 663.

Vergleicht man die eben aufgelisteten Vorgaben aus *Liturgiam authenticam* nochmals mit den Ausführungen der Übersetzerinstruktion aus dem Jahr 1969, so wird deutlich, dass diese Anforderungsprofile, sowohl was das Prozedere des Übersetzungsvorganges als auch, was das Sprachideal einer für die Feier der Liturgie geeigneten Sprache angeht, sich grundlegend unterscheiden. Zusammenfassend lässt sich festhalten: In *Comme le prévoit* wird keine Übersetzung „ad litteram“ eingefordert. Insofern scheint dort auch der Begriff „Übertragung“ angemessener zum Ausdruck zu bringen, worum es inhaltlich geht, als der Begriff „Übersetzung“.

2. Rückblick: Die Entstehungsgeschichte der englischsprachigen Übersetzungen des nachvatikanischen *Missale Romanum*

Die Geschichte der Übersetzungen des *Missale Romanum* ins Englische ist eng verbunden mit der Arbeit der Kommission „ICEL“.[16] Hinter dieser Abkürzung verbirgt sich die „International Commission on English in the Liturgy“ aus insgesamt elf englischsprachigen römisch-katholischen Bischofskonferenzen.[17] ICEL wurde

---

16 *John R. Page*, ICEL, 1966–1989: Weaving the Words of Our Common Christian Prayer, in: Shaping English Liturgy. Studies in Honor of Archbishop Denis Hurley, hg. v. *P. C. Finn* u. a., Washington D. C. (USA) 1990, 473–489. Vgl. auch: *Teresa Berger*, Die nachkonziliare Liturgiereform in den USA, in: Liturgiereformen. Historische Studien zu einem bleibenden Grundzug des christlichen Gottesdienstes. Teil II: Liturgiereformen seit der Mitte des 19. Jahrhunderts bis zu Gegenwart, hg. v. *Martin Klöckener, Benedikt Kranemann* (LQF 88), Münster 2002, 951–964. *John F. Baldovin*, Reforming the Liturgy. A Response to the Critics, Collegeville (USA) 2008, 113–126.

17 Hierzu gehören die Bischofskonferenzen von: Australien, England und Wales, Indien, Irland, Kanada, Neuseeland, Pakistan, den Philippinen, Schottland, Südafrika und den USA. Vgl. als kurzen und prägnanten historischen Abriss der Entstehungsgeschichte und der Arbeit von ICEL: *Kevin Seasoltz*, It's the Eucharist, Thank God, in: Worship 85 (2011) 244–256. Sowie: *Robert Mickens*, Unlocking the Door of the Vernacular, in: The Tablet (18. Juni 2011) 11–12.

bereits im Jahr 1963, also noch während des Zweiten Vatikanischen Konzils, von den elf beteiligten Bischofskonferenzen gegründet.[18] Dies geschah auf ausdrückliche Intervention Papst Pauls VI., der eine einzelne Übersetzungskommission für den gesamten englischen Sprachraum wünschte. Der Sitz von ICEL ist in Washington D.C. in den USA. Die Kommission ICEL verfertigt ihre Übersetzungen mit Hilfe von Experten aus dem Bereich der universitären Theologie und Philologie. Diese Übersetzungen der ICEL, die lediglich Vorschlagscharakter hatten, wurden dann den einzelnen Bischofskonferenzen zur Approbation vorgelegt.[19] Bereits 1966 hatte ICEL das Dokument „First Principles of Translation" und damit Leitlinien für die eigene Übersetzungsarbeit erstellt. Dieses Dokument, das sich dem Übersetzungsprinzip der „dynamic equivalence" verpflichtet sah, wurde vom Consilium im Jahr 1969 mit der Publikation der ersten Übersetzerinstruktion *Comme le prévoit* aufgegriffen und bestätigt.[20]

Nur zwei Jahre nach dem Erscheinen der nachvatikanischen lateinischen *Editio typica* des *Missale Romanum* im Jahr 1970 legte ICEL bereits 1972 eine englische Übersetzung des Messbuchs ins Englische vor.[21] Diese wurde im Jahr 1973 noch von den elf betei-

---

18 Vgl. *Keith Pecklers*, The Genius of the Roman Rite. On the Reception and the Implementation of the New Missal. Collegeville (USA) 2009, hier 51–53. Neben den bereits erwähnten elf Bischofskonferenzen gibt es in ICEL auch fünfzehn weitere, als assoziierte Mitglieder geführte Bischofskonferenzen.

19 Jeweils mit Zweidrittel-Mehrheit. Vgl. Editorial. Vatican gets its way on the English Missal, in: The Tablet (1. November 2003) 23–28, hier 23.

20 Vgl. *Seasoltz*, It's the Eucharist, hier 246. *Pecklers*, Genius of the Roman Rite, 55–60.

21 Die Arbeit der ICEL kann hierbei auch in ökumenischer Hinsicht nicht als bedeutsam genug eingestuft werden. Die ICEL hatte sich mit CCT und JLG zusammengeschlossen und bildete so die International Consultation on English Texts (ICET). Diese haben unter anderem eine ökumenische Version zentraler liturgischer Texte vorgelegt, darunter für: Gloria, Credo, Sanctus, Vater unser, Ehre sei dem Vater, für das Benedictus, das Magnificat und das Te Deum (veröffentlicht unter dem Titel: „Prayers We Have in Common"). Die ELLC (English Language Liturgical Consultation) hat die Arbeit der ICET weitergeführt, wobei der ELLC auch die liturgischen ökumenischen Konferenzen von Australien, Irland,

ligten Bischofskonferenzen approbiert und von Rom rekognosziert. Diese Erstauflage des nachvatikanischen englischen Messbuchs („Sacramentary") enthielt auch als erste volkssprachige Ausgabe eigene Neuschöpfungen: Tagesgebete zur Auswahl für Sonn- und Festtage des Kirchenjahres.[22]

Bereits in den Folgejahren äußerten sich jedoch vermehrt auch kritische Stimmen zur Qualität der Übersetzung, die in großer Eile angefertigt worden war. So übernahm ICEL ab dem Jahr 1983 die Aufgabe einer Revision der bis dato in Gebrauch befindlichen Messbuchübersetzung.[23] Diese Revision, die in vielen Fällen eine Neuübersetzung bedeutete, wurde im Jahr 1993 abgeschlossen. Kevin Seasoltz fasst die Leitlinien der Revisionsarbeit wie folgt zusammen:

> „Hence in the new translation of the missal careful attention was given to a substantive fidelity to the Latin originals, but attention was also given to a fuller vocabulary with a more extensive use of adjectives and strong verbs as well as to speech stresses and the rhythm and cadence oft the prayers. Likewise careful attention was given to the requirements of proclamation – facility for those who would proclaim the texts and for those who would hear them."[24]

Hinzuzufügen ist, dass bei der Revisionsarbeit ebenfalls sprachlich eine größere Nähe zur Sprache der Heiligen Schrift, also zu

---

Kanada, Neuseeland und Südafrika angehören. Die von der ELLC erarbeiteten gemeinsamen ökumenischen Texte wurden veröffentlicht unter dem Titel: „Praying Together". Dass das neue *Roman Missal* (2011) nun von den gemeinsamen ökumenischen Grundtexten abweicht (etwa beim Gloria und beim Credo), hat für nicht wenige ökumenische Irritationen gesorgt. Vgl. *Seasoltz*, It's the Eucharist, 253. Und die sehr grundsätzliche Kritik von: *Maxwell E. Johnson*, The Loss of a Common Language: The End of Ecumenical Liturgical Convergence?, in: StLi 37 (2007) 55–72.

22 *Berger*, Die nachkonziliare Liturgiereform in den USA, hier 952.

23 Vgl. *Maurice Taylor*, It's the Eucharist, Thank God, Brandon Suffolk (Großbritanien) 2009, hier 42–44.

24 *Seasoltz*, It's the Eucharist, 247. Hierbei wurde auch auf neuere sprachwissenschaftliche Erkenntnisse rekuriert, wie etwa Noam Chomskys „Syntactic Structure"; ebd., 254.

der in der Feier der Liturgie verwendeten Bibelübersetzung, gesucht wurde.[25] Diesem Anliegen sollten unter anderem alternative Tagesgebete, die dem sonntäglichen Zyklus der drei Lesejahre folgten, dienen.[26] Bereits während der Revisionsarbeit hatte ICEL die römische Gottesdienstkongregation regelmäßig (1988/1990/1992) über den Fortgang der Arbeiten informiert.

In allen beteiligten elf Bischofskonferenzen wurde das Ergebnis der ICEL-Messbuchrevision, oftmals nach einer längeren Modi-Phase durch die einzelnen Bischöfe, in den Folgejahren approbiert, häufig genug einstimmig, und in den Jahren 1998/1999 in Rom zur Rekognoszierung vorgelegt. Dieser Neuübersetzung des *Missale Romanum* verweigerte jedoch die Gottesdienstkongregation im Jahr 1999 ihre Zustimmung.[27]

Allerdings hatte sich schon in den vorausgegangenen Jahren ein Konflikt zwischen ICEL und der Gottesdienstkongregation angebahnt,[28] der unter deren damaligem Präfekt Kardinal Medina Estévez weiter eskalierte.[29] So ordnete der Präfekt schließlich im Jahr 1999 eine Revision der Statuten von ICEL an;[30] mit der Veröffentlichung der neuen Übersetzerinstruktion *Liturgiam authenticam* im Jahr 2001 mussten diese Statuten dann ohnehin von römischer Seite aus konfirmiert werden, und 2002 wurde schließlich, gemäß der neuen, in *Liturgiam authenticam* dargelegten Vorgehensweise,[31] die neue Kommission *Vox Clara* zur Oberaufsicht über die Übersetzungsarbeit (im englischen Sprachraum)

25 Vgl. *Trautman*, The Language oft he New Missal, hier 459.

26 Dies war freilich kein außergewöhnliches Anliegen, auch das revidierte italienische „Messale Romano“ von 1982 enthält solche sog. „Perikopenorationen“. Vgl. *Seasoltz*, It's the Eucharist, 252. *Pecklers*, Genius of the Roman Rite, 56.

27 Vgl. *Seasoltz*, It's the Eucharist, 248–249.

28 Vgl. *Robert Mickens*, How Rome moved the Goal Posts, in: The Tablet (25. Juni 2011) 8–9.

29 Was allerdings die ICEL nicht daran hinderte, zunächst Ihren Arbeitsauftrag zur Revision der Messbuchübersetzung fortzusetzen. Vgl. hierzu: *Keith Pecklers – Mark R. Francis*, Liturgy for the New Millenium. A Commentary on the Revised Sacramentary, Collegeville (USA) 2000.

30 Vgl. *Berger*, Die nachkonziliare Liturgiereform in den USA.

31 Liturgicam authenticam, Nr. 92–105.

eingesetzt. Deren Vorsitzender wurde der amtierende Erzbischof von Sydney, Kardinal George Pell. Auch wenn die neue Kommission *Vox clara* nach der Einschätzung von Kardinal Pell gerade nicht als Ersatz für ICEL intendiert war,[32] sondern eher als eine Art Oberaufsicht und koordinierende Zwischeninstanz zwischen Rom und den beteiligten Bischofskonferenzen, führten die Spannungen zwischen ICEL und *Vox clara* in den Folgejahren zu einer Reihe von Irritationen, welche auch die Arbeit an einer nochmals neuen, nun den Prinzipien von *Liturgiam authenticam* folgenden Übersetzung der neuen lateinischen *Editio tertia* des *Missale Romanum* (2002) überschatteten.[33]

Die Fortsetzung der Revisionsarbeit durch ICEL gestaltete sich dementsprechend äußerst komplex.[34] Positiv kann sicherlich festgehalten werden, dass die einzelnen beteiligten Bischofskonferenzen intensiv am Entstehungsprozess des neuen *Roman Missal* beteiligt waren. Der (erst später publizierte) Brief des ICEL-Vorsitzenden, Bischof Artur Roche, vom 28. Juni 2007 an die Vorsitzenden der englischsprachigen Bischofskonferenzen zeigt zudem, wie sehr sich die Bischöfe bemühten, zwar den Vorgaben von *Liturgiam authenticam* gerecht zu werden, dennoch aber ebenfalls einen pastoral vertretbaren „Mittelweg" zu gehen, was die Verständlichkeit der neuen liturgischen Texte anbelangt.[35] Ob die Komplexität des Entstehungsprozesses allerdings korreliert mit der Qualität des Endprodukts, wäre an anderer Stelle ausführlicher zu diskutieren.[36]

32 So äußerte sich Kardinal Pell in einem Interview mit „The Tablet": Vox Clara was „simply a committee of advice to the Congregation for the Sacraments and no more than that." In: Editorial. Vatican gets its way on the English Missal, in: The Tablet (1. November 2003) hier 23.

33 Vgl. *Seasoltz*, It's the Eucharist, 250–251.

34 Einen guten, noch recht knapp gehaltenen, aber dennoch, was die Komplexität der einzelnen Schritte anbelangt, verwirrend zu lesenden Überblick bietet: *Pecklers*, Genius of the Roman Rite, 98.

35 Vgl. *Pecklers*, Genius of the Roman Rite, 96 f. Vgl. hierzu kritisch: *Philip Endean*, Worship and Power, in: The Tablet (28. August 2010) 8–9, hier 8.

36 Vgl. 4.2.

Im Hinblick auf die weitere Arbeit der ICEL lässt sich festhalten, dass bereits im Jahr 2003 eine komplette Überarbeitung der Statuten gemäß den Vorgaben von *Liturgiam authenticam* erfolgte. Eine „Ratio Translationis" für die nun wieder neu aufgenommene Arbeit an der Übersetzung des Missale wurde 2005 erstellt und erhielt 2007 die Bestätigung durch Rom (für fünf Jahre, also bis 2012). In diesem Dokument heißt es, dass es sich bemüht, eine Volkssprache („liturgical vernacular") zu schaffen, die

> „faithfully […]) conveys the language and content of the prayers of the Roman Rite for the public proclamation. The corresponding ‚sacral' or ‚liturgical' vernacular will reflect not only Catholic belief, but also the important ways in which the Roman Rite has expressed such belief over the centuries. Not unexpectedly, such an ‚syntax-in-translation' will sometimes differ noticeably from ordinary speech in the same language."[37]

In diesem knappen Paragraphen aus der *Ratio Translationis* ist bereits ein Großteil des Konflikpotentials enthalten, das sich nun, angesichts der Implementierung des neuen *Roman Missal*, entladen hat. Im Folgenden wollen wir uns den einzelnen Themenfeldern zuwenden, die hiermit aufgeworfen wurden und demnach auch in der Diskussion der zeitgenössischen Liturgiewissenschaft im angelsächsischen Raum ihren Niederschlag finden.

3. Einblick: Die zentralen (liturgie-)theologischen Diskussionsfelder

Im Folgenden sollen die zentralen Diskussionsfelder dargestellt werden, die die Promulgierung der neuen englischsprachigen Übersetzung des *Roman Missal* (2011) begleiten. Die nachfolgend aufgeführten Argumente stellen damit notwendigerweise nicht

---

37 Ratio Translationis, Nr. 110, zitiert nach: *Pecklers*, Genius of the Roman Rite, 65.

unbedingt die Meinung des Autors dar. Wir referieren diese lediglich (und auch dies nur paradigmatisch, überblicksartig und ohne den Anspruch auf Vollständigkeit), weil sich hieran grundlegende Fragen und Problemfelder der Messbuchübersetzung aufzeigen lassen.

3.1 Volkssprache und/oder sakrale Sprache

Schon die *Ratio Translationis* für das neue *Roman Missal* gibt als Ziel eine Sprache für die Liturgie an, die sich signifikant von der gewöhnlichen Umgangssprache der Gegenwart unterscheidet. Am deutlichsten hat dieses Konzept einer Sakralsprache („sacred language") wohl der Bischof von Erie, Donald Trautman, kritisiert, wenn er schreibt:

> „What is the origin of this concept of ‚sacred language'? When St. Jerome translated the scriptures from the biblical languages into Latin, the vernacular of his day, he did not focus on producing a sacred language. Jerome rendered the inspired word into clear, accurate, intelligible texts. When the council fathers of Vatican II made the historic decision that the liturgy of the church should be in the vernacular, there was no emphasis of a sacred language. The council fathers' intent was pastoral – to have the liturgy of the church prayed in vernacular or living languages. There was no mention of any sacred language or sacred vocabulary."[38]

---

38 *Trautman*, The Language of the New Missal, 457. Die Frage nach einer (gewünschten) Sakralsprache als Sondersprache der Liturgie taucht auch in der deutschsprachigen Diskussion immer wieder auf. Vgl. etwa: Gunda Brüske, „Kein verkleidetes Latein". Sinn und Grenze sakraler Sprache in volkssprachlicher Liturgie, in: „… Ohren der Barmherzigkeit". Über angemessene Liturgiesprache, hg. v. *Benedikt Kranemann, Stephan Wahle* (Theologie kontrovers), Freiburg – Basel – Wien 2011, 170–183. Die Überlegungen Brüskes, die Notwendigkeit einer sakralen Sprache von der Heiligung des (Gottes-)Namens in der Liturgie her abzuleiten (ebd., 181 f.), überzeugt jedoch nicht ins Letzte und bleibt systematisch-theologisch wie sprachwissenschaftlich eher unterbestimmt.

Trautman kritisiert *Liturgiam authenticam* als dasjenige Dokument, das mit dem Wunsch nach einer sakralen (Volks-)Sprache für die Liturgie sich deutlich von den Vorgaben der Liturgiekonstitution (SC, Art. 21 u. 34) distanziert habe.

Die entgegengesetzte Meinung vertritt etwa Peter J. Elliott, der die Frage der liturgischen Übersetzung zur Wahrheitsfrage stilisiert, wenn er zu der bisherigen in der Liturgie verwendeten Übersetzung kritisch anmerkt: „This is simply the question of whether this vernacular text tell the truth, the question of truthfulness or truthful accuracy in translation. Do these English words convey the Catholic doctrinal meaning that is embodied in the words oft the Latin original authorized by the church?“[39] So kritisiert Elliott etwa, dass in den bisherigen Messbuch-Texten von 1973 das lateinische „gratia“ alleine in sieben Tagesgebeten der Sonntage im Jahreskreis, in denen es im lateinische MR 1970 vorkommt, nicht etwa mit dem Wort „grace“ (wörtlich) wiedergegeben werde, sondern in sehr freien Übertragungen, wie „love“, „gifts of love“, die nach Meinung Elliotts den weit gesetzten Bogen der „dynamic equivalence“ überspannen und den Textinhalt verfälscht wiedergeben.[40]

Eine vermittelnde Position nimmt etwa Abt Cuthbert Johnson OSB, Berater der *Vox Clara* Kommission ein, wenn er ausführt: „Despite its strengths, the language oft the 1973 Missal is too flat and ordinary, and lacks the resonance and rhythm of the Latin original.“[41] Johnson kritisiert hierbei die, in seinen Augen naive, Haltung, mit der Einführung der Volkssprache, der Zelebrationsrichtung *versus populum* und von liturgischen Laiendiensten wie Lektorinnen und Lektoren sei die Feier der Liturgie quasi selbst-

39 *Peter J. Elliot*, Liturgical Translation: A Question of Truth, in: Antiphon 10 (2006) 228–238, hier 228.

40 *Elliott*, A Question of Truth, hier 229. Für Elliott offenbart sich im s.E. schlampigen Umgang mit zentralen Theologoumena des christlichen Glaubens ein Grundproblem: „Taking the essential Christian word ‚grace‘ out of seasonal liturgical prayers is a symptom of a deeper doctrinal malaise underlying the current ICEL texts. As others have noted, this is a kind of Pelagianism. What *we* do is what matters. So *we make* the liturgy.“ Ebd., 229f (Hervorhebungen im Text).

41 *Johnson*, A Place for Mystery and Formality, 11.

erklärend und benötige keine Katechese mehr. Dies betrifft seines Erachtens auch die liturgische Sprache; so habe schon Dom Prosper Guéranger betont, die Leute würden wohl kaum ihre Arbeit oder Freizeit verlassen, um dann in der Kirche dieselbe Sprache wie auf der Straße zu hören. Liturgische Sprache sei eine Fachsprache („a specialist vocabulary") und liturgische Texte sollten so sein, „[...] that we grow into them not out of them"[42]. Für Johnson bietet die neue Übersetzung des *Roman Missal* denn auch die Chance einer umfassenden Liturgiekatechese. Er beschließt seine Ausführungen wiederum mit einem Diktum Guérangers: „You cannot change the mind of a people as easily as you can change a liturgical book."[43]

3.2 Verständlichkeit und/oder Treue zur lateinischen Vorlage

Nun werden im englischen Sprachraum zur Zeit erste Erfahrungen mit den neu-übersetzen Texten des neuen *Roman Missal* gesammelt,[44] die zum Teil wenig ermutigend sind. Kritiker bescheinigen den neuen englischen Texten eine „verworrene Sprache", „unverständliche Worte", gar „grammatikalisch falsche Sätze", nur um möglichst nahe an Wortwahl, Satzbau und Grammatik der lateinischen Vorlage zu bleiben.[45] Da in den vergangenen Mona-

42 Johnson bezieht sich vor allem auf Ausführungen des Benediktiners Dom Henry Ashworth, welche dieser in einem Schreiben vor 50 Jahren an den damaligen Sekretär der ICEL artikuliert hatte. Vgl. *Johnson*, A Place for Mystery and Formality, 10–11.

43 *Johnson*, A Place for Mystery and Formality, 11.

44 Diese wurde am 25. März 2010 durch Papst Benedikt XVI. im Beisein der Kommission „Vox clara" in Rom konfirmiert, ohne jedoch zuvor von den jeweiligen Bischofskonferenzen approbiert worden zu sein. Vgl. SC, Art. 22 und 36 § 4

45 Dr. Tom Elich, Sekretär der Liturgischen Kommission des Bistums Brisbane in Australien spricht in einem Interview mit „The Australian" von: „convoluted expressions, incomprehensible words and ungrammatical sentences in its attempt to be faithful to the Latin." (URL: http://www.theaustralian.com.au/news/features/fresh-embrace-of-everlasting-salvation/story-e6frg6z6-1225869540589. Aufgerufen am 15.03.2012).

ten eine Fülle von Publikationen erschienen ist, die einzelne Teile der neuen Messbuch-Übersetzung kritisch evaluieren und – je nach Position des Autors – damit das neue *Roman Missal* insgesamt eher positiv oder negativ bewerten,[46] sei hier nur auf einige besonders bekannte Beispiele eingegangen, die zur Zeit in der Öffentlichkeit diskutiert werden.[47] Hierbei handelt es sich im Regelfall um liturgische Texte, die von der Gemeinde zu beten und zu sprechen sind, und die damit naturgemäß einen größeren Adressatenkreis betreffen als die Präsidialgebete des Vorstehers. Ein solches umstrittenes Beispiel ist etwa die Übersetzung des liturgischen Grußes zu Beginn der Messfeier:

Sacramentary 1973	***Roman Missal 2011***
Priest: The Lord be with you.	Priest: The Lord be with you.
People: **And also with you.**	People: **And with your spirit.**

Nun dürfte den Mitgliedern der ICEL auch in den Jahren 1969 bis 1972 von ihrer Kenntnis der lateinischen Sprache her klar gewesen, dass „And also with you " eine allenfalls sehr freie Wieder-

46 Eine ausführliche, kritische Diskussion der Neuübersetzung findet sich in: Trautman, The Language of the New Missal, 459–467. Pecklers, Genius of the Roman Rite, 99–102. *Baldovin*, Reforming the Liturgy, 113–126. *Jeffery*, Translating Tradition, bes. 18–31.

47 Nicht zu unterschätzen ist hierbei auch die Diskussion in den neuen Medien. So allen voran der Blog „Pray Tell", für den vor allem der Benediktiner Anthony Ruff verantwortlich zeichnet, und der die Einführung des neuen *Roman Missal* kritisch begleitete: http://www.praytellblog.com/

In den Social Media vertreten ist vor allem die Gruppe „What if we just said wait?" (URL: https://www.facebook.com/pages/What-If-We-Just-Said-Wait/196757514564. Aufgerufen am 15.03.2012), die auf eine Online-Petition gleichen Namens zurückgeht, die dem Zweck diente, die Einführung des neuen *Roman Missal* zu verzögern: http://www.whatifwejustsaidwait.org/ (alle Internetseiten aufgerufen am 15.03.2012). Diese Seite, zu deren fast 2000 Unterstützern bei Facebook auch viele namhafte Liturgiewissenschaftler wie John Baldovin und Mark Francis gehören, diente zugleich als Namensgeber für diesen Artikel.

gabe des lateinischen „Et cum spiritu tuo" darstellt.[48] Erschwerend kommt noch hinzu, dass sich auch in den englisch-lateinischen Zwischenmissalien der unmittelbaren Nachkonzilszeit (1964/1966) bereits die (wörtlich übersetzte) Antwort: „And with your spirit" findet.[49] Diese wurde also in der Übergangszeit von 1964 bis 1973 in der gefeierten Liturgie verwendet und erst im Jahr 1973, mit der Publikation des neuen Sacramentary, entsprechend abgeändert. Es lässt sich rekonstruieren, dass die Übertragung „And also with you" zunächst von der ökumenischen Kommission ICET vorgeschlagen wurde[50] und dann von der ICEL, als Teil der gemeinsamen ökumenischen Texte für die Feier der Liturgie (neben dem *Gloria*, dem *Credo*, dem *Sanctus* etc.), übernommen wurde.[51]

In den Folgejahren übernahmen die Antwort „And also with you" auch Anglikaner, Methodisten und Lutheraner für ihre jeweiligen liturgischen Bücher. Wenn sich mit dem neuen *Roman Missal* 2011 die Antwort auf den liturgischen Gruß nun im Bereich

48 Eine noch freiere Übertragung findet sich bislang lediglich im Brasilianischen Messbuch, wo die Antwort des Volkes übersetzt lautet: „Er ist in unserer Mitte." Vgl. *Pecklers*, Genius of the Roman Rite, 106.

49 Vgl. Roman Missal. Missale Romanum ex decreto Sacrosancti Concilii Tridentini restitutum summorum Pontificum cura recognitum cum versionibus lingua anglica exaratis et a Coetu Episcoporum Civitatum Foederatarum Americae Septentrionalis rite approbatis actibus ab Apostolica Sede confirmatis, New York Benziger Bros. 1964. Sowie auch: The English-Latin Sacramentary for the United States of America. The Prayers of the Celebrant of Mass together with the Ordinary of the Mass. English Translations Approved by the National Conference of Bishops of the United States of America and Confirmed by the Apostolic See, Catholic Book Publishing New York 1966.

50 Vgl. hierzu Anm. 19. Sowie meine Überlegungen in: *Martin Stuflesser*, „… zu fördern, was immer zur Einheit aller, die an Christus glauben, beitragen kann …" Liturgie und Ökumene – Versuch einer Standortbestimmung, in: LJ 60 (2010) 69–93.

51 Ich verdanke diese Information dem Kollegen Paul Turner. Interessant ist, dass der ursprüngliche Vorschlag der ICEL, nach Angaben Turners, wohl lautete: „May the spirit of the Lord be with you. And also with you.". Hier war der Hl. Geist im Gruß des Priesters demnach noch enthalten. Durch die Übernahme der gemeinsamen Grußformel entfiel er dann jedoch vollständig.

der römisch-katholischen Kirche ändert, so wird dies von außen betrachtet naturgemäß als anti-ökumenischer Affront angesehen.[52] Warum man allerdings 1973 die Notwendigkeit sah, den damals schon fast zehn Jahre lang (ein)gebeteten Text, der eine wörtliche Übersetzung des Lateinischen darstellt, abzuändern, lässt sich im Nachhinein wohl nicht mehr exakt eruieren.

Überhaupt darf man an dieser Stelle bereits festhalten, dass die genaueren Intentionen der Arbeit von ICEL an der Erstauflage des Sacramentary von 1973 bei einzelnen Übersetzungen im Detail nur schwer nachzuvollziehen sind. Klar und einsichtig ist lediglich die Orientierung am Prinzip der „dynamic equivalence". Da die erste Übersetzerinstruktion *Comme le prévoit* de facto ein Gemeinschaftswerk zwischen Consilium und ICEL war, darf davon ausgegangen werden, dass die hier grundgelegten Übersetzungsprinzipien für die Arbeit der ICEL bei der Übersetzung des *Missale Romanum* 1970 maßgeblich waren. Gerade SC, Art. 34, der betont, die Sprache solle „der Fassungskraft der Gläubigen angepaßt" sein, hatte für das englische Sprachgebiet naturgemäß noch einmal eine besondere Bedeutung, da viele Migranten Englisch als Zweitsprache verwendeten und in dieser nun auch Gottesdienst feierten. Schon 1965 hatte Papst Paul VI. in einer Ansprache an Übersetzer betont: „[...] the vernacular now taking place in the liturgy ought to be within the grasp of all, even children and the uneducated."[53] Ob die neuen Texte des *Roman Missal 2011* im Einzelnen diese Anorderung erfüllen, kann hier nicht abschließend beurteilt werden. Die Fülle der kritischen Äußerungen zu den neuen liturgischen Texten lässt hier jedoch begründete Zweifel aufkommen.[54]

---

52 So etwa bei: *Johnson*, The Loss of a Common Language: The End of Ecumenical Liturgical Convergence? 55–72. Siehe hierzu auch die jüngste Stellungnahme der ELLC „The Reims Statement" vom 16. August 2011 unter dem Titel „Praying with One Voice", das klar von der Sorge um den Verlust gemeinsamer ökumenischer, liturgischer Texte gekennzeichnet ist. Das Statement ist im Internet abrufbar unter: www.englishtexts.org

53 Notitiae 12 (1965) 393–395.

54 Vgl. etwa die gute, knappe Übersicht bei: *Pecklers*, Genius of the Roman Rite, 98–109.

Weitere Beispiele für textliche Veränderungen in den Teilen, die der Gemeinde zukommen und die sich nun im neuen *Roman Missal* 2011 finden, sind:

Das *Gloria:*

Sacramentary 1973	*Roman Missal 2011*
Glory to God in the highest, and **peace to his people on earth.** Lord God, heavenly King, **almighty God and Father, we worship you, we give you thanks, we praise you for your glory.**	Glory to God in the highest, and **on earth peace to people of good will. We praise you, we bless you, we adore you, we glorify you, we give you thanks for your great glory, Lord God, heavenly King, O God, almighty Father.**
Lord Jesus Christ, only Son of the Father, Lord God, Lamb of God, you take away the sin of the world: have mercy on us; you are seated at the right hand of the Father: **receive our prayer**. For you alone are the Holy One, you alone are the Lord, you alone are the Most High, Jesus Christ, with the Holy Spirit, in the glory of God the Father. Amen.	Lord Jesus Christ, Only Begotten Son, Lord God, Lamb of God, **Son of the Father**, you take away the sins of the world, have mercy on us; **you take away the sins of the world, receive our prayer**; you are seated at the right hand of the Father, **have mercy on us.** For you alone are the Holy One, you alone are the Lord, you alone are the Most High, Jesus Christ, with the Holy Spirit, in the glory of God the Father. Amen.

Und das *Sanctus:*

Sacramentary 1973	*Roman Missal 2011*
Holy, holy, holy Lord, **God of power and might.**	Holy, Holy, Holy **Lord God of hosts.**

Vor allem die Übersetzung „Lord God of hosts" wurde hier als artifiziell und unverständlich kritisiert, zudem als auch nicht näher am lateinischen „Dominus Deus Sabaoth" als die bisherige Fassung von 1973.

Schwerwiegender sind jedoch die Veränderungen im (Großen) Credo der Messfeier:

Sacramentary 1973	***Roman Missal 2011***
We believe in one God, the Father, the Almighty, maker of heaven and earth, of all that is seen and unseen. We believe in one Lord, Jesus Christ, the only Son of God, eternally begotten of the Father, God from God, Light from Light, true God from true God, begotten, not made, **one in Being with the Father.**	**I believe** in one God, the Father almighty, maker of heaven and earth, of all things visible and invisible. I believe in one Lord Jesus Christ, the Only Begotten Son of God, born of the Father before all ages. God from God, Light from Light, true God from true God, begotten, not made, **consubstantial with the Father;**
[…]	[…]
by the power of the Holy Spirit **he was born of the Virgin Mary**, and became man.	and by the Holy Spirit **was incarnate** of the Virgin Mary, and became man.
[…]	[…]

Diese textlichen Veränderungen im Credo wurden breit diskutiert. So kritisiert Peter Jeffrey, dass die Änderung von „We believe“ zu „I believe“ gerade nicht der Tradition entspricht, denn das Nicaeno-Constantinopolitanum ist im Originaltext in der Wir-Form formuliert.[55] Die Änderung von „one in Being“ zu „consubstantial“ als Übersetzung des griechischen „homoousios“ ist analog zu sehen zur Änderung des „he was born of the Virgin Mary“ hin zu: „was incarnate of the Virgin Mary“.[56]

Beide Neuübersetzungen sind im engeren Sinn keine Übersetzungen, sondern sind Neologismen, neu geschaffene Lehnworte, die ihre Herkunft aus dem Lateinischen nicht verbergen können

55 Vgl. *Jeffrey*, Translating Tradition, 18–22.

56 Allerdings wird die neue Fassung des Credo hiermit sogar ein wenig ökumenischer, denn die Formlierung „was incarnate of the Virgin Mary“ findet sich so schon in alternativen liturgischen Übersetzungen des Credo bei Anglikanern und Lutheranern in den USA, vgl. *Pecklers*, Genius of the Roman Rite, 106.

(und wollen). Ob eine solche Treue zur lateinischen Vorlage wirklich dem Verständnis des übersetzten Textes dienlich ist, darf indes bezweifelt werden.[57] Hinzu kommt, dass ausgerechnet der erste Fall, das lateinische „consubstantialem Patri", in *Liturgiam authenticam* als Beispiel genannt wird, bei dem man überlegen solle, hier freier zu übertragen anstatt wortwörtlich zu übersetzen.[58] Die bisherige englische Übersetzung „one in being with the father" erfüllt demnach die Bedingungen von *Liturgiam authenticam*. Dies wirft dann aber die Frage auf, warum sie dennoch geändert wurde.[59]

3.3 Die Frage der liturgischen Übersetzungen als Testfall der Umsetzung der Liturgiereform des Zweiten Vatkanischen Konzils

Bedeutet also die neue Übersetzung des *Roman Missal* einen „Verrat" an den Prizipien der Liturgiekonstitution *Sacrosanctum Concilium* und an der Liturgiereform des Zweiten Vatikanischen Konzils? Es ist dieser Vorwurf, der – ausgesprochen oder eher implizit formuliert – die gegenwärtige öffentliche Debatte um das neue englischsprachige Messbuch (mit)bestimmt. Konkret geht es hier um nicht weniger als um einen fundamentalen Richtungsstreit bezüglich der grundlegenden Hermeneutik im Umgang mit den konziliaren Texten und Prozessen.

57 Vgl. die kritischen Anmerkungen von: *Trautman*, The Laguage of the New Missal, 462f.

58 Wenn es in LA, Nr. 53 heißt: „Sooft ein lateinisches Wort einen gewichtigen Sinn enthält, der in die Gegenwartssprache schwer zu übertragen ist (wie die Wörter munus, famulus, consubstantialis, propitius usw.), kann man in der Übersetzung verschiedene Methoden anwenden: Entweder man gibt das lateinische Wort mit einem Wort oder mit mehreren verbundenen Wörtern wieder, oder man schafft ein neues Wort, das im Vergleich zum Original (vgl. oben Nr. 21) vielleicht angepasst oder anders geschrieben ist, oder man nimmt ein Wort auf, das schon mehrere Bedeutungen trägt."

59 Vgl. *Trautman*, The Laguage of the New Missal, 462f.

Widerspricht die Instruktion *Liturgiam authenticam* mit ihrem Wunsch nach einer möglichst wortgetreuen Übersetzung und einer gehobenen Sprache also SC, Art. 21, wo es heißt: „Bei dieser Erneuerung sollen Texte und Riten so geordnet werden, daß sie das Heilige, dem sie als Zeichen dienen, deutlicher zum Ausdruck bringen, und so, daß das christliche Volk sie möglichst leicht erfassen und in voller, tätiger und gemeinschaftlicher Teilnahme mitfeiern kann"? Hier ist von „leicht erfasssen" die Rede, ein Erfassen, das zudem ganz der vollen, tätigen und gemeinschaftlichen Teilnahme an den heiligen Handlungen dient. Das Konzil spricht hingegen nicht von einer möglichst komplexen Ausdrucksweise, welche die tätige Teilnahme eher behindert denn befördert.

Oder wie verhalten sich die Aussagen von *Liturgiam authenticam* zu SC, Art. 34: „Die Riten mögen den Glanz edler Einfachheit an sich tragen und knapp, durchschaubar und frei von unnötigen Wiederholungen sein. Sie seien der Fassungskraft der Gläubigen angepaßt und sollen im allgemeinen nicht vieler Erklärungen bedürfen"? Wie verhalten sich die Aussagen von *Liturgiam authenticam* zum Wesen und der Vorgehensweise von Übersetzungen zur Erklärung der Päpstlichen Bibelkommission aus dem Jahr 1993, in der es heißt: „Eine Übersetzung ist in der Tat immer mehr als eine bloße Übertragung des Originaltextes in eine andere Sprache. Der Übergang von einer Sprache zur andern bringt notwendigerweise eine Änderung des kulturellen Kontextes mit sich: die Begrifflichkeit ist nicht dieselbe, und die Bedeutung der Symbole ist verschieden, denn sie wachsen aus anderen Denktraditionen und anderen Lebensformen heraus"[60]?

Bischof Trautman merkt hierzu kritisch an:

> „How do the words ‚ineffable', ‚consubstantial', ‚inviolate', ‚ignominy', ‚precursor', ‚suffuse' fullfill the words oft the Constitution on the Sacred Liturgy that ‚texts be within the people's power of comprehension' and ‚not require much explanation'? How does the

60 *Päpstliche Bibelkommission*, Die Interpretation der Bibel in der Kirche, Vatikan 1993, hier IV–B.

> Preface of Christ the King with its one sentence in 13 lines and 88 words fullfill the directives of the council fathers for texts to be understood ‚easily'?"[61]

Gerade das von Trautman aufgeführte Beispiel des ungebräuchlichen Wortes „inviolate" greift Keith Pecklers in seinen kritischen Anmerkungen auf. Es war ursprünglich in der Approbationsvorlage (dem sogenannten „Grey Book") enthalten in der Formulierung: „the inviolate Virgin Mary". Diese Formulierung wurde dann von den Bischöfen nach längerer Diskussion geändert in „ever virgin", von Pecklers apostrophiert als: „clearly a much more accesible term"[62]. Pecklers deutet die Vorgehensweise der Bischöfe so, dass diesen letztlich die Leitprinzipien der Liturgiekonstitution (Verständlichkeit, Förderung der tätigen Teilnahme) höherrangig erschienen als diejenigen von *Liturgiam authenticam* (möglichst wortgetreu zu übersetzen).

Man wird der ICEL ebenfalls zugute halten können, dass es hier keine „hidden agenda" gab. Es war das Prinzip der „dynamic equivalence", das Bemühen um größtmögliche Einfachheit und Verständlichkeit der liturgischen Sprache, ganz im Sinn von SC, Art. 21 und 34, sowie der enorme Zeitdruck, unter dem das Missale in nur drei Jahren ins Englische übersetzt wurde, was zu den Ergebnissen mit all den inhärenten Stärken und Schwächen führte.

Vorwürfe, wie sie vor allem aus ultra-konservativen Kreisen immer wieder erhoben wurden, die ICEL-Texte seien bereits infiltriert von falsch verstandener „political correctness", vom Geist des Relativismus, des Feminismus oder sonstiger -ismen[63], sind schon aus rein zeitgeschichtlicher Perspektive unsinnig, da eine Sensibilität für eine inklusive Sprache („inclusive language") in diesen Jahren noch nicht gegeben war. Man kann bei genauer philologischer Analyse sogar feststellen, dass die neuen Texte des

61 *Trautman*, The Language of the New Missal, 463.

62 *Pecklers*, Genius of the Roman Rite, 96–97.

63 Vgl. *Elliott*, Liturgical Translation, 228–238.

Roman Missal von 2011 in einigen Fällen eher „gender inclusive" formuliert sind als die Texte des Sacramentary 1973.[64]

Allerdings handelt es sich hierbei wohl eher um Ausnahmefälle, welche, angesichts der vielen kritisierten Passagen im neuen *Roman Missal* und der fundamentalen Kritik an dessen Entstehungsprozess überhaupt, wohl kaum als pars pro toto angesehen werden können. Die Breite der kritischen Anfragen an die neue Messbuchübersetzung lässt eher den Schluss zu, dass sich hier ein diffuses Unbehagen manifestiert, wie es der Jesuit Philip Endean artikuliert: „If Rome's real agenda when liturgical change is in question is that the English-speaking Churches got Vatican II wrong (or indeed the other way round), we should have that conversation openly."[65]

3.4 Ekklesiologische Fragestellungen im Hintergrund

Die hiermit aufgeworfenen ekklesiologischen Fragestellungen betreffen zum einen die formale Seite des Prozesses der Herausgabe neuer liturgischer Bücher. Bischof Trautman fragt: Was bedeutet es, wenn die Liturgiekonstitution den Bischofskonferenzen weitreichende Befugnisse einräumt, diese aber in den vergangenen vierzig Jahren sukzessive beschnitten wurden? Was bedeutet es, wenn das neue *Roman Missal* am 25. März 2010 durch Papst Benedikt XVI. im Beisein der Kommission *Vox Clara* in Rom konfirmiert wurde, ohne jedoch zuvor von den jeweilig zuständigen Bischofskonferenzen approbiert worden zu sein? Wie verhält sich dies zu den Aussagen der Liturgiekonstitution in SC, Art. 22 und 36 § 4?[66]

Kritisch wird aber auch die inhaltliche Seite hinterfragt: Was bedeutet es, wenn der von ICEL nach den Prinzipien von *Liturgiam authenticam* erstellte Entwurf von 2008, den die Bischofskonferenzen schlussendlich approbiert hatten, dann von der Gottes-

64 Vgl. *Pecklers*, Genius of the Roman Rite, 101 f.

65 *Endean*, Worship and power, 9.

66 Vgl. *Trautman*, The Language of the New Missal, 462–464.

dienstkongregation mit an die 10.000 Korrekturwünschen versehen an die Bischofskonferenzen zurück gesandt wurde?[67] Dabei wurde nicht nur die Qualität der römischen Korrekturvorschläge kritisiert („poor quality"), die oftmals eine deutliche Abkehr von den Prinzipien der Instruktion *Liturgiam authenticam* und damit eine sprachliche Verschlechterung bedeuteten,[68] sondern auch das Gesamtprozedere.[69] Robert Mickens merkt hierzu kritisch an: „But the real shock came in November 2010, when a scathing report, written anonymously, produced extensive evidence that last-minute changes had been made to the English Missal without the knowledge or approval oft the competent conferences and in violation oft the Vatican's own translation rules. This was six months after Pope Benedict XVI. had received the CDW-approved final version of the Missal."[70]

So wird gefragt: Wie kann es angehen, dass die lokalen Bischofskonferenzen einen liturgischen Text approbieren, der getreu den römischen Vorgaben von *Liturgiam authenticam* erstellt wurde, dass dieser dann aber mit einer solchen Fülle von Korrekturen zurück gesandt wurde?[71]

---

67 Vgl. *Robert Mickens*, A War of Words, in: The Tablet (2. Juli 2011) 8–9, hier 9.

68 Vgl. etwa am Beispiel der Osterpräfationen die deutliche Kritik von: *Alan Griffiths*, A carricature of the Text, in: The Tablet (18. Juni 2011) 12.

69 Zur Beteiligung der Bischofskonferenzen an der Erstellung des „Grey Books", vgl. *Pecklers*, Genius of the Roman Rite, 94–98.

70 *Mickens*, A War of Words, 9. CDW = Congregation for Divine Worship (and the Disciplin of the Sacraments) = Gottesdienstkongregation.

71 Winfried Haunerland merkt zum Prozedere der Recognitio kritisch an: „Überfordert sich Rom nicht mit dem neuen Modell der Recognitio? In den ersten Jahren und Jahrzehnten wurden die Beschlüsse der Bischofskonferenzen konfirmiert. In den meisten Fällen ging es dabei um die Prüfung, ob die Beschlüsse ordnungsgemäß zustande gekommen waren. Dass die Approbation ein Akt der Bischofskonferenz war, wurde dabei nicht in Frage gestellt. Mit der heutigen Recognitio und dem umfassenden Prüfungsverfahren, das auch Eingriffe der Gottesdienstkongregation in den Text nach der bischöflichen Approbation ermöglicht, übernimmt die römische Behörde für alle liturgischen Sprachen eine Ver-

Wie kann es sein, dass diese Korrekturen von römischer Seite direkt – unter Umgehung der lokalen Instanzen – in den Endtext eingearbeitet wurden? Kann es sein, dass der Endtext, der sich jetzt im *Roman Missal 2011* befindet, nicht identisch ist mit demjenigen, den die Bischöfe approbiert hatten, nicht identisch ist mit demjenigen, den die Kongregation rekognosziert hatte, nicht identisch ist mit demjenigen, den Papst Benedikt konfirmiert hatte?[72]

Andere Stimmen räumen ein, dass viele der Korrekturen nur marginaler Art seien. Dennoch wirft das Prozedere Fragen auf: Zum Umgang von Bischöfen mit Bischöfen, von römischen Dikasterien mit lokalen Bischofskonferenzen und umgekehrt, und ganz grundsätzlich über den (un-)kollegialen Umgangsstil miteinander in der Kirche überhaupt.

Diese Fragen sind insofern nicht marginal, als sie die englischsprachige Kirche in einer der schwersten Krisensituationen ihrer Geschichte treffen, hervorgerufen durch den sexuellen Missbrauch, den Kleriker an schutzbefohlenen Kindern und Jugendlichen verübt haben. Die Aufdeckung dieses Missbrauchsskandals, ausgehend von der Erzdiözese Boston im Jahr 2005, hat die Kirche in den USA sowie in weiten Teilen der englischsprachigen Welt (Irland, Großbritannien etc.) bis in die Grundfesten erschüttert. Die Krise und der Streit um die Neuübersetzung des englischen Messbuchs mögen im Vergleich hierzu marginal erscheinen. Sie treffen aber auf eine Kirche, die sich bereits in einer Glaubwürdigskeitskrise befindet. Diese wirkt nun auch zurück auf die Frage der Implementierung des neuen *Roman Missal*.

---

antwortung, der sie schon aus Gründen ihrer personellen Ressourcen nicht gerecht werden kann. Zugleich fördert sie damit die Mentalität, dass die Arbeit auf der Ebene der Bischofskonferenz nicht mit letztem Ernst gemacht werden muss, haben doch selbst deren Approbationenen nur vorläufigen Charakter." In: *Winfried Haunerland*, Katholisch und deutsch – zur volkssprachigen Liturgie in der Gegenwart, in: „... Ohren der Barmherzigkeit", 99–111, hier 107 f.

72 Vgl. *Mickens*, A War of Words, 9.

3.5 „What's at stake ...!" Der Entstehungsprozess des neuen *Roman Missal* (2011) als Symptom einer Glaubwürdigkeitskrise?

Ist also der Entstehungsprozess des neuen *Roman Missal* lediglich ein Symptom für eine allgemeine Glaubwürdigkeitskrise der Kirche? Der Jesuit Philip Endean zieht hier bewusste Parallelen zur Missbrauchskrise: „Of course the objective damage done by bad liturgy is as nothing to the moral wrong of children being violated. But in both cases authority has dealt high-handedly and secretively with the sacred, the intimate, the vulnerable."[73] Endean blickt hierbei zurück in die 1990er Jahre und fragt, wie es sein kann, dass die Mehrheit der Bischöfe der Neuübersetzung des Missale von 1998 durch die ICEL erst begeistert zustimmt, dann aber, nachdem diese von Rom zurückgewiesen wurde und nach der Publikation von *Liturgiam authenticam* 2001, einfach weiter fortfährt „without any complaint or question"[74].

Nach Edean sei ein solches Verhalten nicht gerade dazu angetan, das Vertrauen in die kirchlichen Autoritäten zu stärken. Edean fragt, wie etwa damit umzugehen sei, dass Bischof Arthur Roche, der gegenwärtige Vorsitzende der ICEL, in einer Pressemitteilung behaupte, das neue *Roman Missal* sei: „a text of highest quality that can truly be called a work of the Church", wenn doch anhand der breit dokumentierten Entstehungsgeschichte des *Roman Missal* und der aktuellen Kontroversen um die Neuübersetzung weder das eine („text of highest quality") noch das andere („a work of the Church") ehrlichen Herzens behauptet werden könne.

Dabei betont Edean durchaus seine Loyalität zur Kirche, wenn er ausführt, er könne sogar damit leben, wenn die Bischöfe von den Priestern verlangten: „don't desert the people of God at a moment of need – help them make the best of a bad job." Was aber, so fährt Edean fort, wenn die eigentliche Begründung für die aktuelle Vorgehensweise lautete: „as victims of abusive power relations that we [the bishops/M. S.] are only beginning to per-

73 *Endean*, Worship and Power, 8.

74 Ebd.

ceive, we ask you [the priests/M. S.] to join us in passing that culture on"?[75]

Und er fasst seine Befürchtung, dass es hierbei in Sachen Glaubwürdigkeit der Kirche um mehr gehe als um die Frage der wortgetreuen Übersetzung vom Lateinischen ins Englische, in den Worten zusammen: „If the new translations are to be introduced succesfully, we need a sense that our competent leaders really believe in them, and are commending them out of intelligent conviction rather than instinctive deference."[76]

Hinzu kommt, dass die Übersetzung des Sacramentary von 1973 bereits über 40 Jahre lang das liturgische Leben der römisch-katholischen Kirche im englischen Sprachgebiet bestimmt hat. Die teilweise massiven Eingriffe in die Sprachgestalt der eucharistischen Liturgie durch das neue *Roman Missal 2011* werfen hier auch bei einfachen Gläubigen durchaus berechtigte Fragen auf. Fragen wie: Haben wir 40 Jahre lang falsch, oder präziser: das Falsche gebetet?[77]

Der Hinweis von Liturgiewissenschaftlern wie Aidan Kavanagh, der bereits in den 1970er Jahren die Sprachgestalt der englischen Liturgiesprache harsch kritisierte, mag zutreffen, wenn er schon damals anmerkte: „[...] liturgical English is presently a pidgin form of the language posessing all the stylistic flair of a wet potato chip."[78] Doch, wenn dem so war und Liturgiewissenschaftler vom Range Aidan Kavanaghs bereits drei Jahre nach der Publikation des Sacramentary die schlechte Qualität der liturgischen Übersetzungen so deutlich vor Augen hatten, wieso ist man dann nicht früher eingeschritten?

---

75 Ebd.

76 Ebd., 9

77 Vgl. *Elliott*, Liturgical Translation, 237 f. (Elliott scheut sich nicht davor, die in seinem Augen falsche und fehlerhafte und damit die Wahrheit der Liturgie unterdrückende Übersetzung von 1973 in ethischer Perspektive als „Sünde" zu charakterisieren. Ebd., 237.)

78 *Aidan Kavanagh*, Liturgical Business Unfinished and Unbegun, in: Worship 50 (1976) 356.

4. Ausblick: *Quaestiones disputatae ...*

Am Ende meiner Überlegungen sollen zwei bewusst als Frage formulierte Abschnitte stehen, die eine Richtung aufzeigen, in welche die Diskussion meines Erachtens weiter zu führen wäre. Denn auch im deutschen Sprachgebiet wird derzeit von einer Kommission *Vox Clara* an einer Neuübersetzung der *Editio tertia* des *Missale Romanum* gearbeitet. Lässt sich also etwas lernen aus der gegenwärtigen Situation im englischen Sprachraum? Und, wenn ja, was?

4.1 Die Chancen: Ein vertieftes Verständnis der Liturgie und die Notwendigkeit liturgischer Katechese

Die Sprache, in der wir in der Liturgie beten und singen, ist nichts Beliebiges. Die zum Teil heftigen Auseinandersetzungen im englischen Sprachraum um die Neuübersetzung des *Roman Missal* zeigen dies eindrücklich. Ausnahmslos alle Autoren, gleich von welcher Seite des kirchenpolitischen Spektrums, die hier zitiert wurden, betonen dabei positiv, dass selten in der jüngeren Kirchengeschichte so intensiv um die Liturgie gerungen wurde, über sie debattiert, um ihr rechtes Verständnis und ihre angemessene Feiergestalt gestritten wurde. Sie alle sehen dies als ein positives Zeichen an – Liturgie und die Sprache, in der diese gefeiert wird, sind den Gläubigen keinesfalls egal.

Man darf sagen, dass die beteiligten Bischofskonferenzen die Einführung der englischen Neuübersetzung als Kairos erkannt haben und diesen nun nutzen zu einer beispielhaften konzertierten Aktion liturgischer Katechese.[79] Mag auch aus europäischer Sicht der Pragmatismus, der hier vorherrscht, erstaunen, der eher

79 Beispielhaft seien hier nur erwähnt, aus den USA: Parish Guide to Implement the Roman Missal. Third Edition. Committee on Divine Worship United States Conference of Catholic Bishops. Washington D.C. (USA) 2010. Oder aus Irland: The New Missal. Explaining the Changes. National Centre for Liturgy, Dublin 2011.

an den bereits zitierten Grundsatz „to make the best of a bad job“ gemahnt – positiv wird man festhalten können, dass sowohl Bischöfe als auch Liturgiewissenschaftler sich ihrer Verantwortung bewusst sind[80] und diese Situation aktiv nutzen, um das Beste daraus zu machen.

Man wird im Rückblick auf nahezu 50 Jahre Liturgiereform, die wir im Jahr 2013 mit dem 50. Jahrestag der Promulgierung der Liturgiekonstitution *Sacrosanctum Concilium* feiernd begehen, sagen dürfen, dass es vielleicht wirklich zu blauäugig und naiv war, anzunehmen, mit der Einführung der volkssprachigen Liturgie sei die Feier dieser Liturgie nun verständlich und damit nahezu selbsterklärend. Die Erfahrungen der Praxis und ein leider weit verbreitetes Unverständnis für Sinn- und Feiergestalt der Liturgie legen eher den Umkehrschluss nahe: Durch die volkssprachigen Liturgie sind die Defizite in der liturgischen Bildung noch deutlicher zutage getreten. Insofern wäre die Frage, wie man auch im deutschen Sprachgebiet die Einführung eines neuen Messbuchs nutzen kann, um mit Hilfe von liturgischer Katechese die liturgische Bildung bei den für die Liturgie verantwortlichen Hauptamtlichen (Pfarrern, Diakonen und Laientheologinnen und -theologen) wie bei den einfachen Gläubigen zu vertiefen.

Hier drängt allerdings die Zeit, und es ist nach den im englischen Sprachgebiet gemachten Erfahrungen nahezu unverständlich, weshalb nicht längst konkrete Pläne für eine solche katechetische Großaktion auch für das deutsche Sprachgebiet entwickelt wurden.

80 Positiv sei hier der neue Kommentar zum *Roman Missal* erwähnt. Die beteiligten Liturgiewissenschaftler, die sich bislang durchaus kritisch zur Neuübersetzung geäußert haben, enthalten sich hierin bewusst jedweder Polemik und versuchen stattdessen, die Chance zu nutzen, das neue *Roman Missal* und dessen Sprache den Gläubigen mystagogisch zu erschließen. Vgl. A Commentary on the Order of Mass of the Roman Missal, hg. v. *Ed Foley*, Collegeville (USA) 2011.

4.2 Die Gefahren: Cafeteria-Style in der Liturgie?

Die Diskussion um die liturgische Sprache und die Neueinführung liturgischer Bücher ist allerdings längst auch zu einem Kampfplatz geworden, auf dem ein Stellvertreterkrieg um die Deutung und Bedeutung des Zweiten Vatikanischen Konzils stattfindet.[81] Hier ist durchaus eine unterschiedliche Hermeneutik am Werk, und es wäre vielleicht ein erster Schritt, dies klar zu benennen.[82]

---

81 Vgl. *Massimo Fagioli*, Vatican II. The Battle for Meaning, New York (USA) 2012, bes. 102–105. Fagiolis Studie dürfte derzeit eine der luzidesten Analysen der Gegenwartstheologie sein im Hinblick auf die „Schlacht" („battle"), die nach Meinung des Autors zur Zeit innerhalb der römisch-katholischen Kirche um eine angemessene Interpration des Zweiten Vatikanischen Konzils geführt wird.

82 Häufig wurde in diesem Zusammenhang auf eine Weihnachtsansprache von Papst Benedikt XVI. an Mitarbeiter der römischen Kurie vom 22. Dezember 2005 verwiesen, in der dieser – so einige Autoren – vor einer Hermeneutik des Bruches gewarnt habe, also einer Auslegung, die das Konzil und seine Liturgiereform als Bruch mit der bisherigen kirchlichen Tradition interpretiert, und stattdessen eine Hermeneutik der Kontinuität gefordert habe. Benedikt XVI. führt dort aus: „Nun ja, alles hängt ab von einer korrekten Auslegung des Konzils oder – wie wir heute sagen würden – von einer korrekten Hermeneutik, von seiner korrekten Deutung und Umsetzung. Die Probleme der Rezeption entsprangen der Tatsache, dass zwei gegensätzliche Hermeneutiken miteinander konfrontiert wurden und im Streit lagen. […] Auf der einen Seite gibt es eine Auslegung, die ich ‚Hermeneutik der Diskontinuität und des Bruches' nennen möchte […]. Auf der anderen Seite gibt es die ‚Hermeneutik der Reform', der Erneuerung des einen Subjekts Kirche, die der Herr uns geschenkt hat, unter Wahrung der Kontinuität; die Kirche ist ein Subjekt, das mit der Zeit wächst und sich weiterentwickelt, dabei aber immer sie selbst bleibt, das Gottesvolk als das eine Subjekt auf seinem Weg." *Papst Benedikt XVI.*, Ansprache an das Kardinalskollegium und die Mitglieder der Römischen Kurie beim Weihnachtsempfang. 22. Dezember 2005 (URL: http://www.vatican.va/holy_father/benedict_xvi/speeches/2005/december/documents/hf_ben_xvi_spe_20051222_roman-curia_ge.html. Abgerufen am 15.03.2012). Demnach ist kritisch festzuhalten, dass Papst Benedikt zwar in besagter Ansprache wirklich von einer „Hermeneutik des Bruches" spricht, die er ablehnt, sich aber dann für eine „Hermeneu-

Denn die Betonung einer möglichst akkuraten, textgetreuen Übersetzung aus dem Lateinischen in die jeweiligen Volkssprachen ist gemäß *Liturgiam authenticam*[83] kein philologischer Selbstzweck, sondern dient der doktrinalen Übereinstimmung zwischen Rom und den Ortskirchen.[84] Wenn aber gilt: größere Nähe zum lateinischen Text entspricht, so *Liturgiam authenticam*, größerer Nähe in den zu glaubenden Inhalten, so muss man dies auch offen und ehrlich gegenüber jenen kommunizieren, die die Liturgie feiern. Zumal die erste Übersetzerinstruktion *Comme le prévoit* hier, vielleicht mangels bereits gemachter, negativer Erfah-

---

tik der Reform" stark macht. So verweisen ja auch die Eingangsworte des Motu Proprio *Summorum Pontificum* darauf, dass es immer wieder die Sorge der Päpste war, die Liturgie zu ordnen, was eben nichts anderes heißt, als sie zu reformieren.

83 Vgl. etwa Liturgiam authenticam, Nr. 3: „Ebenso werden höchste Klugheit und Sorgfalt verlangt bei der Herausgabe der liturgischen Bücher, damit sie sich durch gesunde Lehre auszeichnen, in der Sprache genau und von jeder ideologischen Tendenz frei sind. Im übrigen sollen sie sich durch jene Eigenschaften auszeichnen, durch die die heiligen Mysterien des Heils und der unversehrte Glaube der Kirche mit Hilfe der menschlichen Sprache wirksam in Gebet gefasst werden und Gott, der der höchste ist, der angemessene Kult erwiesen wird."

84 Auch diese Beschreibung einer in der Liturgie verwendeten Sakralsprache ist demnach funktionaler Art und ganz auf die eigentliche Feier der Liturgie bezogen. Allen Versuchen, durch eine möglichst komplexe, gar abschreckende „Sakralsprache" das „Sacrum" (= das gefeierte Mysterium?!) vor dem Verständnis durch die Gläubigen geradezu zu „schützen", ist im Sinn des Konzils eine Absage zu erteilen (vgl. etwa SC, Art. 48, der betont, dass die Gläubigen der Feier gerade nicht wie „Außenstehende" und „stumme Zuschauer" lediglich bewohnen, sondern das (Pascha-)Mysterium voll, tätig und bewusst mitfeiern sollen.) Ein Beispiel der Bemühung um eine solch abgrenzende Sakralsprache findet sich bei Elliott, der das Latein im römischen Ritus der Vorkonzilszeit mit der Ikonostase der Ostkirchen vergleicht und danach strebt, eine neue Übersetzung ins Englische müsse den selben, abwehrenden, das „Geheimnis" bewahrenden Effekt haben – eine Intention, die sicherlich gegen jene des Zweiten Vatikanischen Konzils geht. Vgl. *Elliott*, Liturgical Translation, 231 f.

rungen, offensichtlich eine größere Weite hatte, die jedoch keinesfalls als Beliebigkeit gedeutet werden darf.[85]

Wenn man also nach über 40 Jahren Erfahrung im Umgang mit volkssprachigen Texten zu dem Schluss kommt, dass nur eine größere Nähe zu den lateinischen Texten die doktrinale Übereinstimmung und damit lehrmäßige Orthodoxie innerhalb einer Weltkirche sichern kann, dann ist dies als Ergebnis eines Lernprozesses festzuhalten und auch als solches zu kommunizieren.

Die grundlegende Frage, wieviel Einheitlichkeit in der Liturgie und damit auch in der liturgischen Sprache notwendig ist, damit der Gottesdienst noch als Gottesdienst der einen katholischen Kirche wahrgenommen wird, und wieviel Vielfalt möglich ist, damit er zugleich authentischer Glaubensausdruck der feiernden Ortskirche ist, wird dabei nicht einmal und für alle Zeiten zu beantworten sein. Die hier formulierte Spannung, dies lehrt auch die Erfahrung mit dem neuen *Roman Missal*, ist nicht einfach nach einer Seite hin aufzulösen.[86]

Die Übersetzung und Übertragung von liturgischen Texten in Volkssprachen ist und bleibt vor diesem Hintergrund ein mühsames Unterfangen, da diese Volkssprachen lebendigem Wandel unterworfen sind.[87] In der Zeit unmittelbar nach dem Konzil

---

85 Gerade diese unbeabsichtigte Konsequenz des Vorher-Nachher-Effekts gilt es zu vermeiden. Als sei es komplett beliebig, wie Kirche jeweils ihre Liturgie in der Volkssprache feiert. Dieser „Cafeteria-Style" wird zurecht in anderen Bereichen des kirchlichen Lebens kritisiert. Insofern ist er auch im Bereich der gefeierten Liturgie zu vermeiden. Im Sinn einer Hermeneutik der Kontinuität wird man gerade diese großen, durchgehenden Linien auch der jüngeren liturgischen Tradition betonen müssen.

86 Vgl. *Haunerland*, Katholisch und deutsch, 107.

87 Für die Übertragung der Liturgie ins Deutsche finden sich etwa weiterführende Überlegungen bei: *Martin Klöckener*, Auf der Suche nach einer „angemessenen Liturgiesprache. Perspektiven für eine ungelöste Problematik, in: „... Ohren der Barmherzigkeit", 222–235. Klöckener kommt zu dem Schluss: „Gleichwohl ist das Prinzip, dass die Liturgiesprache für die meisten Mitfeiernden verstehbar und mitvollziehbar sein muss, nicht verhandelbar, wenn nicht wesentliche Konzilsanliegen aufgegeben werden sollen. Die Liturgie verlangt von ihrem Wesen her eine Sprache, die den gemeinschaftlichen Vollzug, die ‚participatio actuosa'

musste die Kirche erst lernen, so der australische Liturgiewissenschaftler Tom Elich, der als langjähriges Mitglied der ICEL auf die Zeit der Entstehung des *Sacramentary* von 1973 zurück blickt: „how to pray in the vernacular". Man dachte damals im englischsprachigen Raum wohl, so Elich, man müsse die Sprache der Liturgie möglichst einfach und schlicht halten, damit diese im hörenden und mitfeiernden Vollzug besser verstanden werde. Tom Elich beschreibt den Lernprozess der vergangenen 40 Jahre wie folgt: „We who speak English have learned through our experience of vernacular worship that greater complexity and richness is both possible and desirable. ICEL liturgical translations have developed and changed accordingly."[88]

Der fatale Eindruck der Gläubigen in den USA und in anderen Bereichen der englischsprachigen Welt, man habe 40 Jahre lang „falsch" gebetet, ist deshalb mit dem ehrlichen Verweis auf einen Lernprozess im Umgang mit volkssprachiger Liturgie unbedingt zu vermeiden.[89]

Dies gilt auch für das Prozedere: Man darf in aller Vorsicht festhalten, dass dieses bei der Erstellung des neuen *Roman Missal*

---

aller ermöglicht und damit den Glauben an den dreifaltigen Gott mit Hilfe der Sprache weckt, stärkt und neu inspiriert." Ebd., 228.

88 *Tom Elich*, Liturgical Translation at Crossroads, in: Compass 36 (2002) 29–34, hier 34.

89 Häufig wird hierbei auf ein Dictum Benedikts XVI. verwiesen, das sich im Begleitschreiben zum Motu Proprio *Summorum Pontificum* (2007) findet. Es heißt dort: „Was früheren Generationen heilig war, bleibt auch uns heilig und groß; es kann nicht plötzlich rundum verboten oder gar schädlich sein." Kritisch wird zurückgefragt, ob dies denn dann nicht auch für die bisherige Übersetzung des Messbuchs gelte, die immerhin auch rund 40 Jahre lang die Feiergestalt der Liturgie prägend bestimmt hat. Im Gesamtzusammenhang liest sich der Satz freilich schon etwas anders: „Es gibt keinen Widerspruch zwischen der einen und der anderen Ausgabe des Missale Romanum. In der Liturgiegeschichte gibt es Wachstum und Fortschritt, aber keinen Bruch. Was früheren Generationen heilig war, bleibt auch uns heilig und groß; es kann nicht plötzlich rundum verboten oder gar schädlich sein." Die Leitfrage wäre also, wie kann die Weiterentwicklung einer liturgischen Volkssprache im Sinn der Leitbegriffe von „Wachstum" und „Fortschritt" gelingen?

nicht optimal verlaufen ist und noch weniger optimal kommuniziert wurde. Der Eindruck, der in der Öffentlichkeit vorherrschend war, die Bischöfe beugten sich nun lediglich, wider besseres Wissen, dem Diktat Roms, ist verheerend für die Autorität der Leiter der Ortskirchen und führt nur zu einem (weiteren) Glaubwürdigkeitsverlust kirchlicher Autorität.

4.3 Ausblick: Lernen für die Zukunft ...

Weder das am 1. Advent 2011 neu eingeführte *Roman Missal* noch ein gerade im Übersetzungsprozess befindliches neues Messbuch für das deutsche Sprachgebiet werden aller Voraussicht nach die letzten ihrer Art sein. Insofern bieten die gemachten Erfahrungen, auch diejenigen negativer Art, die Chance, hieraus für die Zukunft zu lernen. Dabei lässt sich mit Keith Pecklers im Hinblick auf die Zukunft des Messbuchs in der römischen Liturgie des lateinischen Westens festhalten:

> „The future of the Roman Rite will be determined by its continued capacity to be inculturated and contextualized in very diverse circumstances and situations, in a way radically different from 1963 when Sacrosanctum concilium was promulgated. But such contextualization in no way suggests that worship be self-referential. If our liturgical participation is only about us in this particular time and place, forgetting the rest of God's world especially where it is most in need, then the community will be celebrating nothing more than itself – a sort of ‚liturgical isolationism'. On the other hand, if the Roman Rite of the twentyfirst century fails to intersect with the lives of those gathered for worship – if they fail to recognize themselves within the Rite – then the future of Roman Catholic worship is very bleak indeed. The choice is ours."[90]

90 *Pecklers*, Genius of the Roman Rite, 116–117.

Autorenverzeichnis

Prof. Dr. Jürgen Bärsch, Professor für Liturgiewissenschaft an der Theologischen Fakultät der Katholischen Universität Eichstätt-Ingolstadt

Prof. Dr. Peter Ebenbauer, ao. Professor für Liturgiewissenschaft an der Katholisch-Theologischen Fakultät der Universität Graz

Prof. Dr. Hans-Jürgen Feulner, Professor für Liturgiewissenschaft und Sakramententheologie an der Katholisch-Theologischen Fakultät der Universität Wien

Prof. Dr. Albert Gerhards, Professor für Liturgiewissenschaft an der Katholisch-Theologischen Fakultät der Universität Bonn

Prof. Dr. Winfried Haunerland, Professor für Liturgiewissenschaft an der Katholisch-Theologischen Fakultät der Universität München

Prof. Dr. Helmut Hoping, Professor für Dogmatik und Liturgiewissenschaft an der Theologischen Fakultät der Universität Freiburg im Breisgau

PD Dr. Julia Knop, Privatdozentin für Dogmatik an der Theologischen Fakultät der Universität Freiburg im Breisgau, derzeit Vertretung der Professur für Systematische Theologie an der Bergischen Universität Wuppertal

P. Dr. Uwe Michael Lang CO, Lecturer in Church History, Heythrop College, University of London

Prof. Dr. Dr. h.c. mult. Hans Maier, em. Professor für christliche Weltanschauung, Religions- und Kulturtheorie an der Universität München (Guardini Lehrstuhl), Bayerischer Staatsminister für Unterricht und Kultus a. D.

Prof. Dr. Reinhard Meßner, Professor für Liturgiewissenschaft an der Katholisch-Theologischen Fakultät der Universität Innsbruck

Prof. Dr. Andreas Odenthal, Professor für Liturgiewissenschaft an der Katholisch-Theologischen Fakultät der Universität Tübingen

Prof. Dr. Rudolf Pacik, em. Professor für Liturgiewissenschaft und Sakramententheologie an der Katholisch-Theologischen Fakultät der Universität Salzburg

Dr. Alcuin Reid, Monastère Saint-Benoît, Diözese Fréjus-Toulon (Frankreich)

Prof. Dr. Alex Stock, em. Prof. für Theologie und ihre Didaktik an der Universität zu Köln

Prof. Dr. Martin Stuflesser, Professor für Liturgiewissenschaft an der Katholisch-Theologischen Fakultät der Universität Würzburg

Dr. Stephan Wahle, Akademischer Oberrat für Liturgiewissenschaft an der Theologischen Fakultät der Universität Freiburg im Breisgau

Dr. Maria Weiland, Pastoralreferentin in der Diözese Augsburg